Découvrez l'histoire par les archives de presse

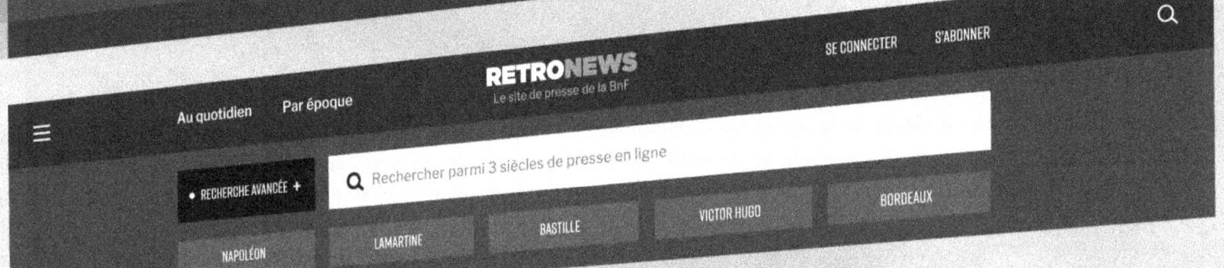

RETRONEWS

Le site de presse de la BnF

www.retronews.fr

NOUVELLES GÉOGRAPHIQUES

28074. — PARIS. — IMPRIMERIE LAHURE
9, rue de Fleurus, à Paris.

NOUVELLES GÉOGRAPHIQUES

PUBLIÉES SOUS LA DIRECTION

DE

F. SCHRADER

CHEF DES TRAVAUX CARTOGRAPHIQUES DE LA LIBRAIRIE HACHETTE ET Cie

AVEC LA COLLABORATION

DE

H. JACOTTET

TROISIÈME ANNÉE

PARIS

LIBRAIRIE HACHETTE ET CIE

79, BOULEVARD SAINT-GERMAIN, 79

1893

NOUVELLES GÉOGRAPHIQUES

M. GEORGES HACHETTE

Après la mort de M. Émile Templier, qui nous semble encore d'hier, un autre deuil profond vient de nous atteindre.

M. Georges Hachette, le doyen des chefs actuels de la puissante maison qui porte son nom, vient d'être enlevé en deux jours par une congestion cérébrale. Il n'avait que cinquante-cinq ans.

Ce n'est point aujourd'hui ni dans ces feuilles que sa carrière peut être retracée en entier. Nous devons nous borner à signaler les rares qualités de ce puissant travailleur, qui avait conservé dans la plénitude de l'âge mûr les ardeurs et les enthousiasmes de la jeunesse; qui savait voir grand en même temps que juste; qui apportait dans toutes les branches de son activité les ressources d'un esprit singulièrement inventif et ingénieux; qui ne se livrait pas aisément, mais qui ne se donnait pas à moitié, et qui, ouvrier de la pensée, tombe frappé sur son champ de travail, alors que son activité semblait devoir grandir et s'élever encore.

Il nous appartient surtout de rappeler ici l'ardeur et la ténacité avec lesquelles, aux côtés de M. Émile Templier, il soutenait les travaux de géographie et de cartographie qu'il avait vus naître et grandir. Plus que personne, nous savons ce qu'il a fallu de hauteur de vues, de fermeté et de volonté, pour traverser sans un moment de découragement les années de lutte et d'effort, les périodes de sacrifices, en tenant toujours le regard fixé sur le but dont on se rapprochait lentement et auquel on touchait au moment où disparaît celui qui avait si bien mérité de l'atteindre.

Avant de mourir, M. Hachette aura eu la joie de voir la géographie et la cartographie françaises s'élever vers le niveau que, de concert avec ses collaborateurs, il leur avait assigné; mais il lui aura manqué la satisfaction d'assister à la réalisation de certains grands travaux de cartographie, auxquels il consacrait ses dernières forces, la veille même de sa mort. Ces travaux n'en seront pas moins échauffés de sa flamme et pénétrés de son esprit.

F. SCHRADER.

LE RECENSEMENT DÉCENNAL

DE LA PUISSANCE DU CANADA EN 1891

Difficultés auxquelles s'est heurté le dénombrement. — Le recensement du Canada en 1891 a coûté beaucoup de temps, beaucoup d'argent, et cependant il ne vaudra pas, à beaucoup près, ceux de 1871 et de 1881 dont la surintendance avait été confiée à J.-C. Taché, statisticien très éminent, très patient, très consciencieux.

Il pèche même gravement, comme on l'expliquera plus loin, par la très grande insuffisance de ses documents sur les diverses nationalités dont se compose le peuple canadien, et par son injustice flagrante pour l'élément français, qui est le plus ancien et l'un des plus importants de tous.

Dans les contrées fort peuplées, dit M. George Johnson, le directeur du recensement de 1891, le dénombrement de la population de fait (*de facto* et non *de jure*) ne dure que quelques jours. En Angleterre 40 000 énumérateurs chargés de l'opération la mènent très rapidement à bien, chacun d'eux ayant à rassembler les renseignements les plus divers sur une moyenne de 700 familles. Et il a suffi d'un million de recenseurs, ou à peu près, pour débrouiller en vingt-cinq jours la foule immense de l'Inde Anglaise, soit quelque chose comme 284 à 285 millions d'êtres humains.

« Au Canada l'œuvre de 1891 a été confiée à 4 300 personnes qui se sont transportées de lieu en lieu par les moyens de locomotion les plus variés. C'est ainsi qu'un vapeur ayant des recenseurs à son bord a parcouru de fiord en fiord les profondes indentations de la côte du Pacifique jusqu'aux frontières de l'Alaska, puis a tourné sa proue vers les îles de la Reine-Charlotte. C'est à cheval que d'autres « preneurs de noms » ont transporté leurs registres et papiers à travers les solitudes montagneuses de la Colombie anglaise, dans les plateaux, gorges et vallées des Rocheuses. Dans les pays de la Saskatchewan on s'est servi de traîneaux à chiens. Sur le versant septentrional de la Hauteur des terres, au nord de la province de Québec et de l'Ontario, un grand canot a mené les recenseurs des sources de la rivière du Lièvre jusqu'à l'embouchure de l'Albany dans la baie de James, de lac en lac, par une infinité de portages. Ceux qui ont dénombré dans le district de Nipissing ont eu besoin de canots, de tentes.... Ceux qui ont opéré dans le Manitoba l'ont fait, ici à pied, là en barque, ailleurs en *buckboard*, c'est-à-dire dans une espèce de voiture sans ressorts, et l'on a failli avoir à déplorer la mort de l'un d'eux, perdu dans un désert et qui n'a sauvé sa vie qu'en tuant et mangeant son cheval. Dans maints cantons de l'Algoma, les marches et contremarches ont été lentes et fatigantes. Sur le rivage septentrional du golfe du Saint-Laurent, on a dû fréter une goélette, égrener les dénombreurs le long de la côte jusqu'au détroit de Belle-Isle, puis cingler vers l'île d'Anticosti, en recenser les bourgades littorales, revenir de cette île au susdit détroit, et là reprendre le chemin de l'embouchure du Saguenay pour réembarquer un à un tous les énumérateurs laissés sur la rive du fleuve, puis du golfe. »

Principes généraux du recensement. — Les dénombrements précédents n'auraient pas été, paraît-il, assez sévères pour les absents. Ils ne considéraient comme ayant définitivement quitté le pays que ceux qui en étaient partis depuis longtemps, parfois depuis de nombreuses années ; ils arrivaient donc à des chiffres trop grands, et beaucoup de milliers d'hommes (sinon même beaucoup de milliers de familles) demeurèrent, de par ces recensements, spécialement de par le dernier, propriété canadienne, tandis qu'en réalité ils étaient déjà irrévocablement acquis aux États-Unis, principalement à la Nouvelle-Angleterre.

En 1891 ont été considérés comme définitivement, non temporairement absents, et tout à fait perdus pour la Puissance, tous ceux dont l'absence durait depuis plus d'un an : d'où il résulte qu'en vérité vraie le « Dominion » a gagné de 1881 à 1891 plus de monde (mais on ne sait combien) que ne lui en attribue la comparaison pure et simple des deux « census ».

Les recensements d'avant 1891 avaient aussi, d'après M. George Johnson, le tort grave de compter souvent deux fois les domestiques, employés, commis : une première fois dans leur famille, à la campagne, une seconde fois chez leur maître ou patron, en ville. Celui de 1891 a soigneusement évité de commettre cette réduplication : d'où une nouvelle cause de perte apparente dans la population canadienne.

En se montrant plus exigeants sur la question de domicile, sur celle d'absence trop longtemps « temporaire », les énumérateurs de 1891 ont mieux fait que leurs devanciers, si nous en croyons le surintendant du dénombrement nouveau.

Mais, en un point, et certes c'est le plus important de tous aux yeux du philosophe, de l'ethnographe, de l'historien, de l'homme curieux des origines, des races, des langues, ils ont mis leur recensement en état d'infériorité manifeste. Ils ont eu la malencontreuse idée de renoncer aux nombreuses subdivisions de l'une des quatre parties des « cens » précédents.

Qu'on prenne par exemple le premier des quatre ou cinq volumes du recensement de 1881, le plus essentiel, en ce qu'il s'occupe des hommes, et seulement des hommes, laissant aux autres les détails infinis, non moins qu'infiniment fastidieux sur les produits, les industries, les métiers, le commerce, etc., etc., on le voit partagé en quatre sections.

La première section donne le nombre des habitants, celui des maisons où ils vivent, celui des familles, les sexes, l'état de célibat, mariage ou veuvage, le nombre des enfants, etc.

La seconde répartit les Canadiens suivant les religions et sectes, au nombre de vingt-huit, pas moins, qui sont, dans l'ordre même adopté par les recenseurs, c'est-à-dire l'ordre orthographique (en anglais) : les adventistes, les baptistes purs, les baptistes de la libre volonté, les mennonites, les frères (moraves ?), les Catholiques romains, les anglicans, les congrégationalistes, les disciples, les épiscopaux réformés, les juifs, les luthériens, les méthodistes de l'église canadienne, les épiscopaux, les chrétiens bibliques, les chrétiens primitifs, les autres (méthodistes), les païens, les presbytériens de l'église du Canada, les presbytériens de l'église d'Écosse, les presbytériens réformés, les autres (presbytériens), les protestants, les quakers, les unitaires ou unitariens, les hommes des confessions autres que celles ci-dessus, enfin ceux qui ont déclaré ne professer aucune religion.

La troisième subdivise les nationalités, dans l'ordre ci-dessous, ordre orthographique (en anglais) : Africains ou Nègres, Chinois, Hollandais, Anglais, Français, Allemands, Islandais, Indiens ou sauvages, Irlandais, Italiens, Juifs, Russes et Polonais, Scandinaves, Écossais, Espagnols et Portugais, Suisses, Gallois, hommes qui ne se rattachent à aucune des origines précédentes.

La quatrième indique les lieux de naissance suivant l'ordre que voici : Iles Britanniques (Angleterre et Pays de Galles, Écosse, Irlande), Canada (Iles du Prince-Édouard, Nouvelle-Écosse, Nouveau-Brunswick, province de Québec, Ontario, Manitoba, Colombie Britannique, Nord-Ouest et Territoires), autres colonies anglaises (Terre-Neuve, îles de la Manche, colonies quelconques), France, Allemagne, Italie, Russie et Pologne, Espagne et Portugal, Suède, Norvège et Danemark, États-Unis, contrées autres que celles ci-dessus, nés en mer.

La seule coupe à pratiquer dans cette forêt touffue, c'était celle des sectes, dont plusieurs sont souverainement ridicules et qui rentrent la plupart aisément les unes dans les autres. Quel intérêt l'ensemble des hommes civilisés a-t-il à savoir que telle province, le Manitoba par exemple, renfermait en 1881 un troupeau dispersé de 8 adventistes, l'île du Prince-Édouard 4 luthériens, la Nouvelle-Écosse 2 chrétiens primitifs, et l'ensemble des territoires 1 quaker?

Rien de plus vain que le décompte minutieux de ces confessions et sous-confessions, « chimères qui bombinent dans le vide ». Il suffisait de mettre en regard, conformément à la réelle importance des choses, les Protestants, les Catholiques, les Païens.

Et justement l'on a respecté, sinon ces sous-castes, au moins les castes, puisque le recensement de 1891 nous met sous les yeux, toujours par nomenclature alphabétique anglaise, les baptistes, les catholiques, les anglicans ou adhérents de l'église établie, les méthodistes, les presbytériens ; plus, une colonne pour tous les autres.

Mais on a coupé les nationalités au pied. Et désormais nous ne saurons plus ce qu'il y a d'Irlandais, d'Allemands, de Gallois, etc., etc., dans le Dominion, mais seulement combien de gens y parlent anglais, et combien y parlent français ; et nous ne le saurons même pas, comme ne le prouve que trop le présent dénombrement, par la simple raison que, les Anglophones étant en grande majorité, les recenseurs auront toujours un penchant fatal à compter comme Anglais ceux qui répondront à leurs questions dans la langue de *yes* et qui ne revendiqueront pas délibérément leur qualité de Français parlant la langue de *oui*. Et d'autre part, n'est-il pas excessif de mettre, par exemple, au nombre des Anglophones les Italiens ou Espagnols de Montréal, bons catholiques et hommes latins, probablement, presque sûrement destinés à devenir à bref délai des Canadiens Français?

———

Résultats généraux du décompte. — Toutes réserves faites sur la perte apparente que la nouvelle conception de l'absence et du domicile a fait subir à la population de 1891 comparée à celle de 1881, ce dénombrement n'est pas favorable.

Les Canadiens ont beaucoup moins crû qu'on ne l'espérait.

Ils ont émigré en masse aux États-Unis, les Canadiens anglais encore plus que les Canadiens français.

Les villes, surtout Toronto et Montréal, ont grandi beaucoup plus que les campagnes; elles sont comme le lion cherchant autour de lui la proie qu'il pourra déchirer; et tant par cette immigration vers les grands centres que par cette émigration vers les États-Unis, nombre de comtés canadiens ont moins d'habitants en 1891 qu'en 1881, exactement comme nombre de départements français sont moins peuplés en 1891 qu'en 1886.

Le tableau ci-dessous range les habitants de 1891 en face de ceux de 1881, par provinces :

Provinces	Population en 1881	Population en 1891	Gain
Ile du Prince-Édouard..	108 891	109 088	197
Nouvelle-Écosse.. . . .	440 572	450 523	9 951
Nouveau-Brunswick.. .	321 233	321 294	61
Québec.	1 359 027	1 488 586	129 559
Ontario.	1 926 922	2 112 989	186 067
Manitoba..	62 260	154 442	92 182
Nord-Ouest et territoire inorganisé	56 446	99 722	43 276
Colombie Britannique. .	49 459	92 767	43 308
Total de la Puissance. .	4 324 810	4 829 411	504 601

Dans la décade précédente, de 1871 à 1881, l'accroissement, tout au moins l'accroissement apparent, avait été de 638 214.

Cette augmentation de 50 000 personnes environ par année, dans un pays si jeune, si vaste, qui reçoit tant d'immigrants, est positivement misérable; loin de répondre au total des naissances pendant la décade, complété par le nombre des « las d'Europe » inscrits sur les statistiques officielles de l'immigration, il n'équilibre même pas soit l'un, soit l'autre, de ces deux éléments d'accroissement, avec cette double réserve : il ne faut avoir qu'une foi chancelante dans les documents canadiens sur le va-et-vient des colons, et nous ne connaissons guère le gain des naissances sur les décès pour les contrées de la Puissance qui ne sont pas le Canada français (tant la province de Québec que les paroisses franco-canadiennes dispersées dans le reste du Dominion), parce que dans tout ce qui est Canada anglais, les registres de l'état civil manquent ou sont fort mal tenus.

Si nous voulons bien nous fier aux nombres officiels, à ces 80 000, 100 000, 130 000 hommes et plus qui arrivent chaque année au Canada en manifestant l'intention formelle de s'y établir — toute abstraction faite des foules nombreuses qui ne débarquent dans la Puissance que pour aller s'absorber dans l'Union par le chemin de Chicago et autres routes plus courtes que celle de New-York — nous n'avons qu'à dresser, d'après les rapports annuels du Ministère de l'agriculture, chargé de la statistique de l'immigration, le tableau des colons qui, de 1882 à 1891 inclus, soit durant les dix années entre les deux recensements, ont déclaré choisir le Canada pour patrie nouvelle.

Années.	Nombre d'immigrants.
1882	112 458
1883	133 624
1884	103 824
1885	79 160
1886	69 152
1887	84 526
1888	88 766
1889	91 600
1890	75 067
1891	82 165
Total	920 349

920 349 immigrants, soit presque 416 000 de plus que les cinq cents et quelques mille personnes qui résument la supériorité des Canadiens de 1891 sur ceux de 1881!

A supposer ces statistiques exactes, et d'après nous elles le sont, quel qu'ait été le total réel des immigrants, qu'il y en ait eu un million, un demi-million, cent mille, moins encore, tout ce peuple d'arrivants a disparu; mieux encore, il a fallu que des milliers et des milliers de Canadiens s'en aillent pour que la Puissance ne bénéficie que de 504 601 existences dans les dix ans.

Car les Canadiens gagnent certainement plus de 50 000 personnes annuellement par leur propre efflorescence. A eux seuls, les Canadiens Français de la province de Québec qui ne font même pas tout à fait le quart de l'entière population de la Puissance (ils ne sont près du tiers qu'en leur ajoutant leurs frères des autres provinces), les Français québecquois, disons-nous, augmentent tantôt de 20 000, tantôt de 25 000 par année; le Dominion devrait donc croître par lui-même de 80 000 à 100 000 tous les douze mois si les Canadiens non français avaient la puissance de « survie » des francophones de la Confédération. Ce n'est certes pas le cas, mais le croît annuel des « confédérés » ne peut pas ne pas dépasser 50 000.

D'où il faut nécessairement conclure que la phalène va se brûler au flambeau; que les Européens appelés au Canada par une propagande infatigable n'y restent pas, du moins la plupart, et qu'ils se font dévorer par les États-Unis; qu'une foule de Canadiens les imitent, béatement, très souvent à leur dam; non seulement les Canadiens Français, comme on ne sait que trop, mais aussi et même surtout les Canadiens Anglais; tout le démontre : le peu de progrès de la Nouvelle-Écosse, la stagnation du Nouveau-Brunswick et de l'île du Prince-Édouard, la non-augmentation de l'élément anglophone dans la province de Québec, enfin l'insuffisance extrême de son accroissement dans la province d'Ontario.

A cette expatriation qui décime douloureusement la Puissance au profit de l'Union s'ajoute, en ce qui concerne les Canadiens anglophones, une diminution visible de la natalité. Les auteurs du recensement décennal de 1891 ne cachent pas cette cause d'infériorité de l'élément principal de la population canadienne vis-à-vis de l'autre et beaucoup moindre élément :

« Une autre cause de moindre augmentation, dit le deuxième fascicule du recensement, consacré à la grande province d'Ontario, c'est le ralentissement du croît naturel qui se fait aussi sentir en France, dans une partie de la Belgique, en Écosse, un peu en Angleterre et dans certains districts des États-Unis. Malgré l'arrivée de plus de cinq millions d'immigrants d'Europe, le progrès des États de l'Union américaine n'a pas été de 1880 à 1890 ce qu'il avait été de 1870 à 1880 : si la dernière décade y a montré un développement de population de 24,86 pour 100, l'avant-dernière en avait offert un de 30,08 pour 100. Le Canada (sous-entendu : anglais) ne pouvait espérer d'échapper tout à fait à ce courant, et les naissances y ont relativement diminué, comme en plusieurs autres contrées, en même temps que montent les gages et que se propage l'instruction. Le nombre des membres de la famille moyenne a baissé depuis vingt ans dans l'Ontario : en 1871 la famille ontarienne comptait moyennement 5,54 personnes, en 1881 elle n'en compte plus que 5,24, et 1891 la réduit à 5,10. Si la famille de 1891 valait numériquement celle de 1871, le dernier dénombrement nous aurait donné 182 000 personnes de plus. »

Même plainte dans le troisième fascicule à propos des Provinces Maritimes, des trois États qui se partagent la plus grosse part de l'antique Acadie : île du Prince-Édouard, Nouvelle-Écosse et Nouveau-Brunswick. En Acadie (non pas certes chez les Acadiens Français), en Acadie la famille décroît : « En 1871 elle comprenait moyennement 5,74 membres, en 1881 elle n'en avait que 5,57, en 1891 elle se borne à 5,43. Si la moyenne du nombre de membres de la famille acadienne était la même en 1891 qu'en 1871, le nombre total des habitants des trois provinces serait de 923 198 au lieu de 880 842 ; si elle était la même qu'en 1881 elles auraient 15 000 âmes de plus. »

Mais dès qu'on entre chez les Français, dans la province de Québec, on envisage un fait contraire : « La population de la province de Québec, dit le quatrième bulletin du dénombrement, s'est accrue de 9,5 pour 100 durant les dix années 1881-1891, et le nombre des familles de 7 pour 100 seulement : il s'ensuit que le nombre des membres de la famille moyenne s'est légèrement augmenté dans l'intervalle des deux recensements ».

Donc, premier malheur du Canada, son fleuve de vie s'épanche vers les États-Unis, le pays perd son sang, à chaque jour, chaque heure, jusqu'à presque épuisement. Un second malheur, commun à tous les pays du monde, c'est l'abandon des campagnes pour les villes, la croissance excessive des grandes cités. De 1881 à 1891, sur les 50 comtés de l'Ontario, 21 ont perdu en population ; sur les 65 comtés de la province de Québec, 27 ont moins d'habitants qu'il y a dix années ; en Acadie sept des quatorze comtés du Nouveau-Brunswick ont diminué, et huit sur dix-huit en Nouvelle-Écosse, et un sur trois dans l'île du Prince-Édouard. Il convient d'ajouter que, parmi ceux qui ont augmenté, beaucoup ont crû de tellement peu qu'il y a très bonne justice à les traiter de stationnaires.

Le recensement de 1891 considère comme population urbaine (ainsi que le font les dénombrements anglais) tout ce qui vit dans les centres au-dessus de 1500 âmes. Fortes cités, villes, bourgs et gros villages, le « census » a reconnu que l'ensemble de ces agglomérations non rurales comprend 1 394 259 personnes, soit de 28 à 29 pour 100 de tout le peuple de la Puissance, soit aussi 384 146 personnes de plus qu'en 1881.

De la première à la dernière des dix années, les grandes villes (au-dessus de 5000 âmes) ont crû de 40,8 pour 100, les villes (de 3000 à 5000) ont gagné 44,9 pour 100, les villages (de 1500 à 3000) ont profité de 20,3 pour 100, et l'ensemble des urbains a progressé de 38,1 pour 100.

En 1881 il y avait 35 villes de plus de 5000 habitants ; 38 de 3000 à 5000 ; 55 de 1500 à 3000 ; en 1891 la première catégorie compte 47 villes, la seconde 45 bourgades, la troisième 91 villages.

Montréal sans les faubourgs gagne 61 413 habitants, soit 39,5 pour 100, et avec ses faubourgs quelque chose comme 85 000 personnes, et plus encore avec la banlieue urbaine desdits faubourgs : en la cotant à 240 000 âmes en 1891 (chiffre bien dépassé maintenant), la voilà déjà qui renferme plus des 16 centièmes de la nation québec-quoise : c'est comme si le nombre des Parisiens flottait entre les six millions et six millions et demi. Quel inexpri-mable malheur !

Toronto, la rivale ontarienne de Montréal, se remplit plus vite encore : de 96 196 en 1881, elle est arrivée en 1891 à 181 220, soit un progrès de 88,4 pour 100. La capitale de la Colombie Britannique, Victoria, n'avait pas tout à fait 6000 âmes, elle en a près de 17 000, soit 184,2 pour 100 de plus; mieux encore Winnipeg, le Paris du Manitoba, passe de moins de 8000 à près de 26 000 et grandit de 221,1 pour 100 ; et une ville de la Colombie, Vancouver, en face de l'île du même nom, apparaît sur le recense-ment avec 13 685 habitants en 1891, or elle n'existait pas en 1881.

La capitale fédérale Ottawa gagne 12 847 personnes, en partie par annexions; elle a maintenant 44 154 habi-tants, et 55 419 si on lui ajoute les 11 265 résidents de son faubourg français d'outre-Ottawa, Hull, cité bas-cana-dienne qui, elle, a crû de 63,5 pour 100 (on n'y comptait en 1881 que 6890 personnes). Et ainsi de suite. La vieille Québec n'a que 644 habitants de plus : de 62 446 elle n'a passé qu'à 63 090 ; en face, sur la rive méridionale du grand fleuve, Lévis (7301) a diminué de 296. Le chef-lieu de l'île du Prince-Édouard, Charlottetown (11 374), a perdu 111 per-sonnes; celui du Nouveau-Brunswick, Saint-Jean (39 179), a décrû de 2174 ; la capitale de la Nouvelle-Écosse, Halifax (38 556), a gagné 2 456.

———

INFLUENCE DU RECENSEMENT SUR LES CIRCONSCRIPTIONS ÉLECTORALES DE LA PUISSANCE. — La province de Québec est, en un certain sens, le pivot de la Confédération. Elle règle invariablement le nombre des députés que chacune des provinces de la Puissance envoie au parlement d'Ot-tawa. Voici comment :

Quelle que soit sa population, elle nomme toujours 65 députés. Le recensement décennal terminé, on divise par 65 le nombre des habitants de la province, et le chiffre obtenu de la sorte est pour ainsi dire l' « unité de dépu-tation ». Autant chaque province compte de fois ce quo-tient, autant elle nomme de représentants à la Chambre d'Ottawa.

Le dénombrement de 1891 ayant donné à la province de Québec 1 488 586 habitants, il en résulte que chacun de ses 65 députés répond à 22 900 personnes environ. Et dès lors, de 1891 à 1901, chacune des provinces a droit à au-tant de représentants au parlement fédéral qu'elle a de fois ce nombre de 22 900 habitants, devenu le « grand com-mun diviseur » pour toute la puissance.

Or de 1881 à 1891 la population de la province d'On-tario a crû suivant la même proportion que celle de la province de Québec, d'où il suit que sa représentation à Ottawa demeurera la même qu'en 1881-1891.

Le Manitoba s'étant développé beaucoup plus vite du-rant la décade que l'ancien Bas-Canada et l'ancien Haut-Canada gagne deux députés par suite de la division de son nombre d'habitants par 22 900; tout au contraire, le Nou-veau-Brunswick perd deux sièges, la Nouvelle-Écosse un,

l'île du Prince-Édouard un. Quant aux districts du Nord-Ouest, qui ont fort augmenté, comme ils ne forment pas encore d'États autonomes, et qu'ils dépendent toujours du pouvoir central, on les a laissés tels qu'ils étaient au point de vue de la représentation au Parlement; mais dès qu'ils auront leur existence propre, qu'ils seront devenus les provinces d'Assiniboïa, d'Alberta, d'Athabaska, de Saska-tchewan, chacune desdites provinces aura naturellement autant de députés qu'elle possédera de fois 22 900 âmes, ou tout autre nombre devenu, de par un autre recense-ment, le commun diviseur électoral de la Confédération.

En dehors de cette « redistribution des sièges » — c'est l'expression consacrée — Québec et Ontario se sont efforcées de rester fidèles aux indications du dénombre-ment en rapprochant autant que possible leurs circonscrip-tions de cette moyenne actuelle de 22 900 personnes. Pour cela il a fallu enlever des sièges aux contrées du Haut ou du Bas-Canada dont la population est restée stationnaire ou a diminué dans la décade, et les donner à celles qui se sont accrues en hommes : bien entendu, sans que la pro-vince de Québec dépasse son droit, qui est de 65 députés, et la province d'Ontario celui que lui vaut sa supériorité d'habitants sur le Bas-Canada.

Dans le Canada Français, les suppressions ont été de quatre sièges, et, par conséquent, les créations ont été de quatre.

Sur la rive septentrionale du grand fleuve, la ville de Trois-Rivières (qui n'a, en réalité, que deux courants d'eau, mais ils s'appellent Saint-Laurent et Saint-Mau-rice), Trois-Rivières et le comté de Saint-Maurice nom-maient chacun son député; fondues en une seule circon-scription électorale, elles n'en éliront plus qu'un à eux deux; sur la rive méridionale, au long de la belle rivière Richelieu, Chambly et Rouville ne feront désormais qu'un seul arrondissement électoral; il en sera de même de Saint-Jean et d'Iberville, de Napierville et de Laprairie ou la Prairie.

Pour rétablir l'équilibre, la ville de Montréal, qui s'est démesurément agrandie, aura deux députés de plus; le comté d'Hochélaga, dans la banlieue de Montréal, sera coupé en deux divisions; le grand comté d'Ottawa four-nira deux représentants au lieu d'un.

Des deux circonscriptions, ou, si l'on veut, des deux comtés que formera dorénavant le comté d'Hochélaga, l'un gardera le nom d'Hochélaga, l'autre prendra le glo-rieux nom de MAISONNEUVE, le fondateur de cette cité de Montréal qui absorbe gloutonnement bourgs, villes et vil-lages autour d'elle.

Le comté d'Ottawa, qui était à lui seul un petit em-pire, se partagera entre le comté de Wright et le comté de Labelle.

WRIGHT, c'est le nom de pionnier du pays, Philémon Wright, que les premières années du siècle virent s'instal-ler sur la rive gauche de la rivière de l'Ottawa, près du confluent de la Gâtineau; la forêt vierge où ce Yankee coupa les premiers arbres a fait place à la ville d'Hull, véritable faubourg canadien français de la capitale de la Puissance, Ottawa, dont Hull n'est séparé que par la grande « rivière des Outaouais ».

Quant au nom glorieux de LABELLE, il remémorera le curé patriote, l'apôtre ardent, le défricheur, le Canadien passionné. Quelques années avant sa fin, dégoûté de l'ab-jection des politiciens, écœuré de la brigue, de l'intrigue, de l'étroitesse, de la bassesse d'esprit des pasteurs de son peuple, il cherchait autour de lui sur quelles épaules de vaillant homme il pourrait jeter le « manteau d'Élie ». Il est mort, et mortes avec lui les audacieuses pensées et la lutte joyeuse pour le salut du nom français en Amérique.

Montréal nommait trois députés. Il en nommera cinq, et la ville sera découpée de manière que trois députés soient français, et deux anglais seulement, en conformité avec la croissante prépondérance de l'élément canadien dans cette ville qui fut un moment plus anglophone que francophone, mais où « nos gens » dépassent maintenant de « cent coudées » l'ensemble de toutes les nationalités étrangères, Anglo-Saxons, Irlandais, Germains, Scandinaves, Juifs allemands et russes, Yankees, Espagnols, Italiens, Chinois, etc.

Là-dessus, plaintes amères des Anglais de Montréal, non de tous, mais de beaucoup; et discussion au Parlement fédéral sur la justice ou l'injustice du sectionnement de Montréal : « Si les Français sont les plus nombreux dans la métropole du Canada, les Anglais y possèdent l'argent, l'influence, l'intelligence, le grand commerce, la haute banque; à eux l'esprit d'entreprise, les projets vertigineux, l'exécution prompte, le sens pratique, la force, la vertu, la sagesse ».

Il a fallu que le premier ministre du Canada, sir Abbott, montât à la tribune pour défendre les Montréalais français.

Naturellement le chef du cabinet a vaincu ses contradicteurs : d'abord parce que sa cause était bonne, que l'on ne peut décemment accorder trois représentants à 80 000 non-Français, et deux seulement à 120 000 Français, ce qui est à peu près la proportion des deux éléments dans la ville proprement dite; ensuite et surtout parce que le parti conservateur, qui l'a porté au pouvoir, dispose d'une grande majorité dans le Parlement fédéral. Or, dans ce Parlement-là comme dans plusieurs autres, les partis votent disciplinairement, sans le moindre égard à la convenance ou à l'inconvenance des mesures ou des lois proposées. Le gouvernement de sir Abbott ayant préparé la « redistribution des sièges », les susdits sièges ont été redistribués comme il l'avait proposé, notamment en ce qui concerne Montréal, la cité bilingue.

Dans la province d'Ontario, deux sièges disparaissent par la suppression pure et simple du comté de Monck et par la coagulation des deux comtés de Brant-Nord et de Wentworth en un seul arrondissement électoral. Par contre, on donne un député de plus à Toronto, la ville qui a relativement grandi plus que Montréal elle-même; et un représentant de plus à l'Algoma, ce grand territoire riverain du lac Huron et du lac Supérieur qui n'avait que 24 000 habitants en 1881, qui en a maintenant près de 42 000 et qui s'agite pour devenir une province indépendante.

Dans le Nouveau-Brunswick, la ville et le comté de Saint-Jean n'éliront ensemble qu'un député au lieu de deux, et le comté de Sunbury s'amalgame avec celui de Queen, soit deux représentants de moins.

Dans la Nouvelle-Écosse, les comtés de Queen et de Shelburne n'en feront plus désormais qu'un seul, d'où perte d'un député.

Perte également d'un député pour l'île du Prince-Édouard.

RELIGIONS. — Au lieu de nous donner par le menu, comme le faisaient les recensements antérieurs, le nombre des adhérents de vingt-sept confessions, plus celui des Canadiens qui déclarent n'appartenir à aucune religion, le dénombrement de 1891 n'a de colonne que pour les catholiques, les sectateurs de l'église établie d'Angleterre, les baptistes, les méthodistes, les presbytériens, et le *vulgum pecus* des sectes infimes, sous le titre de « les autres » ou « le reste », heureuse simplification qu'on pourrait simplifier encore en ne comptant que les protestants, les catholiques, les païens, et « le reste ». Ce qu'il aurait pu faire et n'a pas fait, nous le faisons dans le tableau suivant, et plus sommairement encore.

Le neuvième fascicule, qui est celui des religions, ne nous donne ni les païens, ni les hommes qui n'ont voulu se rattacher à aucune croyance ou sous-croyance : les libres penseurs, les sceptiques, les indifférents ayant conscience de leur dédain, les ennemis qui tiennent à marquer leur hostilité, ces derniers ne formant encore qu'une petite phalange, car la vie religieuse est intense dans l'Amérique du Nord. En l'absence des idolâtres et des hommes sans religion, nous ne diviserons les Canadiens qu'en catholiques et en acatholiques.

Provinces.	Catholiques		Acatholiques	
	En 1881	En 1891	En 1881	En 1891
Ile du Prince-Édouard.	47 115	47 837	61 776	61 251
Nouvelle-Écosse.. . .	117 487	122 452	323 085	328 071
Nouveau-Brunswick.	109 091	115 961	212 142	205 333
Québec..	1 170 718	1 291 969	188 309	196 617
Ontario.	320 839	358 300	1 606 083	1 754 689
Manitoba..	12 246	20 571	50 024	133 871
Nord-Ouest	4 443	13 008	56 446	86 714
Colombie Britannique.	10 043	20 367	23 543	72 400
Dans toute la Puissance.	1 791 982	1 990 465	2 532 828	2 838 946

Les 1 791 982 catholiques de 1881 formaient les 41,43 centièmes de la population de la Puissance, les 1 990 465 de 1891 ne répondent qu'à 41,21. Donc une très légère diminution, tenant purement et simplement à la colonisation du Manitoba, du Nord-Ouest, de la Colombie Britannique par des éléments presque exclusivement protestants ou luthériens.

Si l'on fait abstraction de ce « Grand-Ouest » et qu'on ne considère que le vieux Canada, le Canada historique avec l'Acadie sa dépendance naturelle, c'est-à-dire si l'on range en un Canada d'Orient, par opposition au Canada d'Occident, les cinq provinces de Québec et d'Ontario, du Nouveau-Brunswick, de la Nouvelle-Écosse, de l'île du Prince-Édouard, le phénomène contraire se produit. Les 1 765 000 catholiques de ce Canada-là faisaient en 1871 les 424 à 425 millièmes de la population, et en 1891 les 1 936 500 « papistes » en font les 432 millièmes.

L'accroissement des catholiques a pour principale cause l'augmentation du peuple canadien français; dans la plupart des districts du Canada oriental il n'y a guère que cette petite nation qui agrandisse le champ de la moisson « romaine », dans les autres elle se développe avec plus d'ardeur que les Irlandais, Écossais, Allemands catholiques, sans parler des lieux où ces derniers diminuent par départs, absorption ou autrement. Voilà pourquoi le recensement de 1891 ne réussit pas à prouver, comme il en a la prétention, que l'élément français a relativement décrû dans le Dominion ; sa statistique religieuse dément sa statistique des nationalités et prouve invinciblement que « Jean-Baptiste » ne recule pas. On l'expliquera plus loin tout au long, province par province.

En tout cas, les acatholiques sont demeurés presque stationnaires dans la Nouvelle-Écosse et le Bas-Canada, ils ont diminué dans l'île du Prince-Édouard et dans le Nouveau-Brunswick.

Augmentation des Canadiens-Français. Fraudes ou erreurs du recensement. — L'apparition du onzième fascicule du dénombrement, en juin 1892, a complètement renversé les calculs de probabilités auxquels le neuvième fascicule avait servi de base.

Ce neuvième fascicule ou bulletin, datant de mai 1892, concerne les religions professées par les Canadiens. Or, d'une part, dans beaucoup de comtés, de districts de la Puissance, les Franco-Canadiens sont les seuls ou presque les seuls catholiques, et, d'autre part, on sait vers quels lieux se porte leur émigration en Ontario, en Manitoba, au Nord-Ouest, vers quels lieux aussi se dirige le peu, le très peu de colons non protestants, non luthériens que reçoit le Canada depuis l'arrêt presque complet des arrivées d'Irlandais dans l'Amérique du Nord anglaise. Il est donc possible, presque facile de présumer, et en certains cas plus ou moins infailliblement, le nombre des Canadiens Français d'après le nombre des catholiques ; et là où il n'y a qu'eux, nulle erreur possible à supposer que le recensement des religions ait été consciencieusement fait.

Or voici que le onzième bulletin, qui relate les nationalités, est en complet désaccord avec le neuvième. Il accuse une stagnation de l'élément franco-canadien dans des régions où les Québecquois immigrent beaucoup et dont ils n'émigrent pas, — tels l'Ontario, le Manitoba, le Nord-Ouest, — et un recul de 25 pour 100 dans la Nouvelle-Écosse, contrée où le pis qui puisse leur arriver est de rester stationnaires.

A n'en pas douter, il y a soit erreur, soit fraude, soit plutôt tous les deux, ici l'une et là l'autre.

Tout d'abord voici les nombres officiels :

Provinces	Nombre des Canadiens Français		Croit	Décroit
	en 1881	en 1891		
Ile du Prince-Édouard.	10 736	11 847	1 111	
Nouvelle-Écosse . . .	40 997	30 181		10 816
Nouveau-Brunswick. .	56 572	61 767	5 195	
Québec	1 071 581	1 196 346	124 765	
Ontario	101 194	101 123		71
Manitoba.	9 868	11 102	1 234	
Nord-Ouest	2 633	1 543		1 090
Colombie Britannique.	723	1 181	458	
	1 294 304	1 415 090	132 763	16 197

Gain total. 120 786

Quand ces nombres ont paru, les Canadiens Français se sont indignés, les Canadiens Anglais se sont étonnés. Et vraiment on n'y peut croire.

Prenons les provinces les unes après les autres, dans l'ordre du tableau ci-dessus.

Dans l'ile du Prince-Édouard. — Dans cette île Saint-Jean des vieux Acadiens, le chiffre de Canadiens dénoncé par le recensement de 1891 a toutes chances d'exactitude : 1111 d'accroissement dans une population de 10 à 11 000 âmes qui envoie assez régulièrement une petite portion de sa jeunesse vers les colonies acadiennes du Nouveau-Brunswick et du comté bas-canadien de Bonaventure, ce progrès semble conforme à la nature des choses ; loin de l'infirmer, le bulletin des religions le confirme : le nombre des protestants y a diminué de plusieurs centaines, celui des catholiques, et spécialement des Acadiens, les plus féconds de tous les non-protestants, s'en trouve accru d'autant, puisque l'ensemble du pays n'a pas décru.

Dans la Nouvelle-Écosse. — Mais à qui fera-t-on bénévolement accepter que les Acadiens de la Nouvelle-Écosse ont diminué de 10 816, de plus d'un quart en dix années, sans qu'aucune des nouvelles qui nous viennent de ce pays aient pu nous préparer à un semblable désastre, quand nous savons, au contraire, que la population s'y est développée suivant la normale, que l'émigration vers les États-Unis ou le reste du Canada n'y a pas spécialement sévi, et quand les catholiques, dont les Acadiens sont un élément notable, ont relativement augmenté plus que les protestants durant les dix années qui vont de 1881 à 1891 ? Ils n'étaient, les catholiques romains, que 117 487 en 1881, et 1891 les porte à 122 452, soit un bénéfice de 4 965 quand la population de toute la province n'a gagné que 9 824, et les Français qui forment plus du tiers de cette confession dans la Nouvelle-Écosse auraient perdu 10 816 d'entre eux. Cela ne se peut ou du moins rien ne le faisait prévoir, et jusqu'à ce qu'on l'ait expliqué point par point, paroisse par paroisse, village de pêcheurs par village de pêcheurs, rien ne justifie ce formidable décroit.

En suivant l'un après l'autre les dix-huit comtés de la presqu'île néo-écossaise et de son annexe l'île de Cap-Breton, on ne remarque pas le moins du monde que les districts spécialement acadiens aient perdu beaucoup d'habitants. En commençant par le nord, par l'île de Cap-Breton, sur le littoral occidental, dans le comté d'Inverness, nous voyons Chéticamp, lieu presque uniquement acadien, passer de 2 750 à 3 377. Dans le comté de Richmond, également situé en Cap-Breton, les établissements plus ou moins acadiens de l'Ardoise, de d'Escousse ou Descousse, de la Rivière-Bourgeois augmentent, si ceux de Petit-de-Grat et d'Arichat décroissent, et en tout cas la population catholique, dont les Acadiens forment la plus grande part, n'y a perdu de 1881 à 1891 que 484 personnes, moins que n'en gagne Chéticamp. Dans la presqu'île néo-écossaise il n'y a que deux comtés plus ou moins acadiens, Yarmouth et Digby, celui-ci sur la baie de Fundy, l'autre à l'entrée de cette baie ; or le dénombrement des religions accuse une augmentation de 1 083 « romains » dans le comté de Yarmouth, et justement il n'y a guère ici d'autres catholiques que les Acadiens ; dans le comté de Digby, resté stationnaire (car un gain de 15 personnes ne compte pas), les catholiques, presque tous Acadiens, ont crû de 478.

Dans un plaidoyer *pro domo suâ*, le directeur du recensement, M. George Johnson, vivement attaqué non seulement par les Français, mais aussi par les Anglais, répond, en ce qui concerne la Nouvelle-Écosse, que les Acadiens de cette contrée ont indubitablement diminué pour trois raisons, l'une générale, les deux autres spéciales.

La raison générale, c'est que le cens de 1891 n'a admis comme habitants du Canada que ceux qui y résident véritablement et ceux qui, n'ayant pas quitté e pays depuis un an au plus, peuvent encore être regardés comme des émigrants temporaires, tandis que les dénombrateurs de 1881 avaient considéré comme citoyens de la Puissance des hommes déjà partis depuis longtemps pour les États-Unis et perdus à tout jamais pour la patrie ; il y a du vrai dans cette cause de décroît invoquée par M. Johnson, mais elle n'a pas agi seulement sur les Acadiens, elle a non moins influé sur les Néo-Écossais anglophones, qui émigrent autant, voire plus que les francophones ; or l'ensemble des habitants de l'État ayant augmenté de près de 10 000, sans aucune immigration, comment les Acadiens auraient-ils seuls pâti de cette plus grande précision du recensement? Johnson accuse ensuite du décroît des Français l'émigration qui a sévi chez eux à partir de 1882 parce que la pêche devint brusquement moins abondante ; à quoi l'on répond, d'abord qu'elle n'a pas décimé lesdits Français beaucoup plus que de coutume, ensuite que nombre de hameaux de pêcheurs n'en ont pas souffert et que, d'un bout à l'autre de la Nouvelle-Écosse, la plupart des bourgades agricoles de langue française se sont accrues comme d'habitude, sans immigration bien entendu, comme aussi sans beaucoup d'émigration. Enfin le directeur de ce singulier recensement signale une diphtérie qui régna sur les enfants en 1882 et années suivantes ; mais cette épidémie fut locale, et en réalité passagère : d'ailleurs ces accidents, fussent-ils plus graves encore, se réparent aisément chez des gens aussi féconds que les Français de la Nouvelle-Écosse.

La seule raison que l'intendant de la statistique du recensement de 1891 pouvait invoquer, mais qu'il n'a pas avancée, parce qu'il l'ignore, c'est que le dénombrement de 1881 avait attribué aux Acadiens, dans le comté de Yarmouth, à Chébogue, une population d'environ 1 000 personnes qui ne leur appartenait pas, par la raison qu'elle était entièrement anglaise. La comparaison des religions, des nationalités, permit à l'homme du monde qui connaît le mieux le Canada, à l'auteur de l'admirable livre *la France aux colonies*, à M. Saint-Edme Rameau de Saint-Père, de découvrir cette erreur, qu'il signala aussitôt au très éminent directeur des recensements de 18?1 et de 1881, à M. J.-C. Taché, dont les statistiques sont des modèles de précision, de vérité vraie. D'où une perte de mille Français, immédiatement compensée à une grande distance à l'ouest, en Bas-Canada, par la découverte d'une erreur de 1 311 personnes au préjudice des Français, à l'avantage des Allemands, dans le comté « uni » de Richmond et Wolfe, à Saint-Julien de Wolfestown, découverte due à un autre et moindre « canadianisant », à M. Onésime Reclus, qui la tira, comme M. Rameau, de la comparaison du bulletin des religions avec celui des nationalités. Si cette comparaison a permis de mettre au jour les deux seules erreurs du dénombrement de 1881, pourquoi ne dévoilerait-elle pas les incertitudes prodigieuses de celui de 1891?

Il semble donc absolument impossible d'accepter le prétendu décroît de 10 816 Francophones : le recensement des Acadiens Français en Nouvelle-Écosse est un recensement pourri. Tout au plus pouvons-nous admettre un *statu quo* dans l'île du Cap-Breton, les gains d'Inverness contre-balançant les pertes de Richmond, mais il y a évi-

demment quelques petits progrès dans la péninsule et il ne paraît pas injuste de porter les Francophones à 42 000, en tenant compte de l'erreur faite en 1881 au préjudice de l'élément anglais.

Au Nouveau-Brunswick. — Tout à côté de la Nouvelle-Écosse, et séparé d'elle par un étroit bras de mer, dans des conditions exactement semblables à peu de chose près, le Nouveau-Brunswick donne un accroissement de 5 195 Français contre les 10 816 de décroît chez les Néo-Écossais. M. Johnson, que cette diminution-ci n'étonne pas, s'indigne presque de cet accroissement-là : « Si j'avais quelques doutes, dit-il, ce serait au sujet des Acadiens du Nouveau-Brunswick. Une augmentation de 5 000 âmes dans l'élément français là où l'ensemble de la population n'a rien gagné, cette chose étonnante est une des surprises du recensement »

Il n'y a surprise que pour lui. S'il savait tant soit peu l'histoire des Acadiens, il n'ignorerait pas qu'ils s'emparent du Nouveau-Brunswick septentrional, que la reconquête de ce pays n'est pour eux qu'une affaire de temps. Qu'ils n'aient gagné que 5 195 personnes pendant les dix ans, voilà la vraie surprise, mais on en sait la cause. Ont été portés comme Canadiens Anglais ceux qui ont répondu en anglais aux questions du recenseur : « Parlez-vous anglais? Où êtes-vous né? Venez-vous des États-Unis? », etc. D'après le sénateur Joseph Tassé, dans son discours au Sénat fédéral, le 9 juillet 1892, sur les fautes et manquements du cens, le nombre des Acadiens inscrits comme Anglais serait bien plus considérable si l'on ne s'était aperçu de la tricherie au cours même de l'opération, et si l'on n'avait prémuni les paysans français contre elle ; mais le mal était en partie consommé déjà.

On peut croire que toute l'augmentation du comté de Gloucester leur revient ; il n'y a plus guère que des Francophones en ce pays où les Anglophones diminuent constamment ; cela fait 3 283, à supposer que l' « *english people* » n'ait pas décrû, suivant son habitude. A eux également les 1 250 qu'a gagnés le comté de Ristigouche où les Acadiens seuls colonisent les terres nouvelles. A eux les 1 379 habitants de Rogersville, paroisse entièrement française du comté de Northumberland. A eux aussi, peut-être à eux seuls, le croît du comté de Victoria où il n'y a guère que leurs établissements qui grandissent, d'eux-mêmes et par un petite immigration du Canada : ils ne peuvent pas y avoir augmenté de moins de 2 000. Tout cela donne aux Acadiens un surplus d'environ 8 000 personnes, sans compter leur part des 1 227 habitants qu'il y a de plus dans le comté de Kent où ils sont prépondérants, et ce qu'il y a d'Acadiens dans les 3 759 d'excédent du comté de Westmoreland. En tout cas, même officiellement, ils ont gagné 5 195 dans une contrée qui n'a passé que de 321 233 à 321 294, c'est-à-dire qui n'a pas acquis plus de 61 existences. Même phénomène que dans l'île du Prince-Édouard, autre contrée en partie acadienne où l'élément français s'est renforcé de 1 111, l'accroissement total n'allant qu'à 197 : d'où une perte de 914 pour l'ensemble des autres éléments. A côté de ces deux Acadies fragmentaires, toutes deux grandissantes en deux pays à peu près stationnaires, une troisième Acadie, dans la Nouvelle-Écosse, diminue d'un grand quart en un pays qui augmente. Miracle ayant pour cause efficiente une mesure de l'administration néo-écossaise aidée de la direction du recensement : parmi les énumérateurs chargés de compter, puis de diviser en catégories les habitants de la province, pas un seul n'appartenait à la race française, même dans les districts entièrement acadiens.

Pour en revenir au Nouveau-Brunswick, nous pensons que les Acadiens y ont gagné, non pas 5195, mais de 8 000 au moins à 10 000. Sans doute les catholiques n'ont progressé que de 6 870 dans les dix années, mais cela veut dire que conformément à une loi bien des fois confirmée durant ces dernières décades, partout où les Canadiens Français sont trop prépondérants, les catholiques non français diminuent, par intermariages, absorption ou départs : d'où il résulte que l'élément francophone s'accroît plus vite que l'élément « romain ».

Dans la province de Québec ou Bas-Canada. — Ici pas de grandes fraudes possibles. On a choisi des énumérateurs français dans les districts français, autrement dit, dans presque toute cette vaste contrée, des énumérateurs anglais dans les districts anglais ; et si l'on a forfait à cette règle, on peut assurer que c'est au détriment des Français, car, pour plusieurs raisons, dont la principale réside dans la richesse supérieure de l'élément anglais, celui-ci, qui ne fait même plus le cinquième de la nation, prend beaucoup plus que sa part proportionnelle d'argent, de place, d'influence, d'honneurs, en un mot de tout ce que confère ce qu'on nomme là-bas le patronage, autrement dit la faveur du gouvernement, *alias* du parti mis au pouvoir par l'intrigue ou le hasard des élections.

Il est cependant probable que, même dans cette province essentiellement française, les Français ont à se plaindre du recensement : là comme ailleurs les recenseurs anglais ont dû marquer comme Anglophones dans les villes, dans les districts bilingues, les familles dont le chef canadien a répondu béatement : « *Oh yes* », pour faire voir qu'il sait bredouiller l'anglais, à l'insidieuse question : « *Do you speak english?* » D'autre part, on affirme que nombre de Canadiens Français se sont dérobés, par suite de la peur que leur inspire l'opération du dénombrement, qu'ils regardent comme une manœuvre fiscale, comme un préliminaire d'impôts.

En 1881, le recensement avait campé 287 446 Canadiens Anglais contre 1 071 581 Canadiens Français ; celui de 1891 campe 1 096 346 Franco-Canadiens contre 292 189 Anglo-Canadiens, ce dernier groupe comprenant non seulement des Anglais, des Écossais, des Irlandais, mais aussi des Allemands, des Espagnols, des Italiens, bref toutes sortes de nationalités éparses dont plusieurs, en tant que catholiques ou en tant que latines, ont certainement plus de chances de s'amalgamer avec les Français qu'avec les Anglais.

En 1881 les Franco-Canadiens faisaient les 789 millièmes de la population totale de l'État ; en 1891, ils sont les 804 millièmes : ils ont donc atteint, puis dépassé la proportion de 4 sur 5 à laquelle ils tendaient, après avoir atteint, puis dépassé celle de 3 à 4.

Le recensement de 1844, le premier qui nous fournisse le détail des nationalités, constata que la province de Québec, alors appelée Bas-Canada, renfermait 524 344 Français sur 697 000 habitants, soit les 752 pour 1000 de la nation ;

Celui de 1851 reconnut la présence de 669 528 Franco-Canadiens sur 890 261 personnes, soit, pour « nos gens », cette même proportion de 752 pour 1000 ;

Celui de 1861 fixa le chiffre des Canadiens Français

à 847 615 sur 1 111 566, d'où il suit que cet élément forcette même mait alors les 762 pour 1000 ;

Celui de 1871 se résuma par 929 817 Français sur 1 191 516 « Québecquois », ce qui revient à 780 pour 1000 ;

Celui de 1881, comme dit ci-dessus, témoigna que l'élément « national » faisait les 789 pour 1000 de la population ;

Et celui de 1891 l'élève à 804 pour 1000. C'est un progrès que rien n'interrompt. Tantôt les Canadiens Français s'expatrient en plus grand nombre que d'habitude, ou bien les races hostiles, Anglais, Irlandais, Écossais et autres, déposent plus d'immigrants à Québec, à Montréal, à Sherbrooke, alors le gain des Francophones est moindre ; mais, dans l'ensemble, pas une seule décade ne leur est défavorable. C'est comme la marée dans un estuaire, le fleuve la repousse, le vent la combat, mais elle monte à son plein, soit en bruyant mascaret, soit paisiblement et sans qu'on entende la lente ascension de flot.

On contera plus tard, ici même, quand les documents complets auront paru, comment les Canadiens Français ont continué de 1881 à 1891 la conquête de leur grande ville de Montréal, comment ils s'emparent de plus en plus de la ville de l'Ottawa, du « royaume du Saguenay, des Cantons de l'Est, de la Gaspésie — cela malgré la formidable poussée vers les États-Unis et la toujours plus grande déviation de leurs familles vers l'ouest, qui est l'Ontario, et vers le nord-ouest, qui est l'ensemble encore quelque peu inorganique formé par le Manitoba, l'Assiniboïa, la Saskatchewan, l'Alberta, l'Athabaska.

Dans l'Ontario. — De cette poussée vers l'ouest, le recensement de 1891 ne tient aucun compte. Grâce à la fraude, ou plus justement aux fraudes, à l'inscription sur la liste des Anglais de ceux qui ont répondu aux questions en anglais, et de ceux qui sont venus, très nombreux, des États-Unis et qu'on a bien voulu pour cette raison classer comme Anglophones, les estimateurs ontariens ont trouvé que les Franco-Canadiens ne sont plus que 48 pour 1000 en Ontario au lieu de 52, et qu'ayant descendu de 101 194 à 101 123 ils ont diminué de 71 dans les dix années, en dépit de leur très puissante natalité et de leur avivement par une immigration très drue fournie par la province de Québec et les États-Unis, surtout la Nouvelle-Angleterre, tandis qu'aucune émigration ne les décime.

Personne au monde ne s'attendait à l'annonce d'un pareil phénomène. On a crié au scandale, les Français d'abord, les Anglais ensuite, et le Canadien qui est le mieux au fait du mouvement d'invasion de ses compatriotes dans l'Ontario, le sénateur Joseph Tassé, en a fait l'objet d'une interpellation au Sénat fédéral. Dans la séance du 9 juillet 1892 il a publiquement dénoncé l'injustice, et il en a réclamé le redressement immédiat.

Voici quelques passages de son discours :

« .... Je regrette qu'on ait changé le système suivant lequel le recensement établissait l'origine de nos populations. C'est un changement qui n'est pas un progrès, c'est une réforme à rebours. Autrefois on pouvait savoir combien il y a chez nous de personnes d'origine anglaise, française, irlandaise, écossaise, allemande, suisse, russe, italienne, polonaise, scandinave, chinoise, etc., et ce tableau était consulté avec intérêt par les hommes politiques, les journalistes, les étrangers, par tous ceux qui s'occupent de statistique. Sous prétexte d'innover, cela a été supprimé. Tout est condensé maintenant dans deux tableaux, l'un portant pour titre : « Canadiens parlant français et Canadiens parlant anglais », et l'autre indiquant le nombre de Canadiens nés dans le pays en regard de ceux qui ont vu le jour à l'étranger.

« Le premier de ces tableaux ne peut être vrai, puisqu'il y a une foule de gens qui ne parlent ni anglais ni français et qui nous arrivent par chaque vapeur de l'autre côté des mers. Et combien de citoyens qui savent l'anglais, mais qui sont de sang français, et que l'on a dû classer dans la colonne : « Canadiens parlant anglais ! » Le mérite d'un recensement est d'être marqué au coin de la vérité : cette indispensable qualité me paraît inconnue au onzième bulletin....

« Des chiffres qu'il nous donne, il ressort que l'augmentation de la population française dans la Puissance n'a été que de 120 786 durant les dix années 1881–1891. C'est une impossibilité. Je n'ai guère besoin de vous dire que nos familles sont exceptionnellement nombreuses, que nous sommes le peuple le plus prolifique de la terre, que nous suivons à la lettre le précepte divin : *Crescite et multiplicamini*, et qu'une grande cause de l'émigration aux États-Unis est la surabondance de nos enfants. Je me rappelle avoir pénétré un jour dans une cabane de colons, sur les bords du lac Nominingue ; j'y rencontrai trois chefs de famille, qui, à eux seuls, représentaient 54 enfants. — « Nous sommes terribles pour les enfants », disait avec raison un habitant canadien au célèbre voyageur J.-J. Ampère. Or, tout en tenant compte des calculs les plus pessimistes au sujet des pertes que nous cause cette émigration de l'autre côté de la frontière, je n'hésite pas à déclarer que le onzième bulletin du recensement est faux, quant au chiffre de la population qui parle le français....

« A quel homme sérieux fera-t-on croire, par exemple, que la population française d'Ontario, loin d'avoir augmenté dans la dernière décade, a diminué de 71 âmes ? A moins que tous les dénombrements antérieurs ne soient faux, il est impossible qu'il en soit ainsi. En 1851, il y avait 27 424 Canadiens parlant français dans l'Ontario ; en 1861, 35 676 ; en 1871, 75 383 ; et en 1881, 102 743, soit une augmentation de 37 360 de 1871 à 1881. Donc il y a eu augmentation constante, régulière, à tel point qu'il n'y a pas aujourd'hui dans l'Ontario un seul comté où ne se trouve un groupe français quelconque....

« Honorables messieurs, j'ai représenté la cité d'Ottawa pendant les sessions de deux parlements, de 1878 à 1887 ; j'ai pu suivre de près, par conséquent, le mouvement de la population dans l'Ontario, et je n'hésite pas à exprimer l'extrême surprise tout comme la profonde incrédulité avec lesquelles j'ai accueilli les chiffres de ce fameux bulletin. Ici même, dans cette ville d'Ottawa, depuis quelques années, l'on a dû consacrer trois églises à la desserte des seuls Canadiens parlant français ; la paroisse Saint-Jean-Baptiste, qui comptait 300 familles il y a quelques années, en accuse aujourd'hui plus de 600. Le comté de Prescott, qui était aux trois quarts anglais voilà quarante ans, a absolument renversé cette proportion. Dans Russell, dans Glengarry, dans Cornwall et Stormont, nous avons fait des progrès énormes. Nos gens prennent racine dans un sol qui est déserté par ses anciens occupants anglais. Le docteur Bergin, député de Cornwall, me disait l'autre jour que l'augmentation française depuis dix ans dans le collège électoral qu'il représente, doit être d'au

moins 2000 personnes. Dans une concession du voisinage de Cornwall, a-t-il ajouté, on ne comptait que deux votes français à l'élection de 1887, et il y en avait 60 à la dernière élection....

« D'après une information que je tiens de Mgr Routhier, vicaire général de l'archevêché d'Ottawa, les Canadiens ont fondé depuis dix ans, dans les seuls comtés de Prescott et de Russell, les paroisses de Sainte-Anne de Prescott, Wendover, le Brook, Rockland, Sarsfield, Saint-Albert, Casselman, plus les trois missions de Saint-Laurent, de South Indian, de Billing's Bridge ; Sarsfield, par exemple, qui n'avait que 79 familles en 1886, en compte 153 en 1892.

« Tous ceux qui ont voyagé vous diront que, le long de la rive méridionale (ou ontarienne) de l'Ottawa, il s'est fondé l'on ne sait combien d'établissements français depuis dix années. Je tiens aussi de bonne source qu'à l'autre bout du pays, la population française des deux comtés d'Essex et de Kent, non seulement n'a pas diminué, mais a tout au contraire augmenté.

« Ainsi, dans le comté d'Essex Nord, pour m'en tenir aux documents que me fournit l'honorable M. Casgrain, le seul sénateur français d'Ontario, Anderson a bien perdu 393 âmes de 1881 à 1891, Sandwich Est 8 et Sandwich Ouest 100, Belle-Rivière a gagné 101 Français, Rochester 323, la ville de Sandwich proprement dite 100, Tilbury Ouest 690, et Windsor 1000, soit, en compensant les plus et les moins, un gain de 1713 personnes....

« D'autre part, s'il est un fait indiscutable, c'est que l'augmentation de la population catholique dans la Puissance est due principalement à la progression de la race française.... En calculant sur le croît des catholiques dans l'Ontario, nous y devons gagner au moins 25 000 âmes....

« Ces faits me forcent à concevoir des doutes sérieux sur l'exactitude de tout ce onzième bulletin, qui nous intéresse à un si haut degré. Il prétend que notre proportion, vis-à-vis des autres races, qui était de 30,1 en 1881, est tombée à 29,4 en 1891. Mais je n'y ajoute aucunement foi. Il me faudra d'autres preuves et une vérification sévère, complète, avant d'arriver à cette conclusion....

« Honorables messieurs, la race au nom de laquelle j'élève la voix ne demande ni faveur, ni privilège. Tout ce que nous voulons, c'est justice et franc jeu....

« J'en ai dit suffisamment pour montrer que, si le bulletin 11 prête le blâme à de graves soupçons, le volume qui doit contenir cette partie de notre statistique décennale ne devra pas être publié sans une revision rigoureuse. En attendant, il serait à désirer que l'on nommât trois commissaires pour instituer une enquête sérieuse....

« Je le répète, nous ne pouvons accepter comme correcte la statistique du onzième bulletin. Je crois qu'elle constitue une grave injustice pour mes compatriotes, et je demande une enquête. »

L'enquête a été promise, mais : Promettre est un, et tenir est un autre.

Aux faits avancés par le sénateur Taché nous ajouterons que la paroisse canadienne-française de Toronto, à peu près embryonnaire en 1881, compte maintenant plus de 600 personnes ; que de nulle part pendant ces dix ans il n'est venu la nouvelle que des Canadiens aient quitté le pays, qu'au contraire ils arrivent journellement en grand nombre, un peu partout, mais principalement tout le long de la ligne du Pacifique et de ses embranchements, de l'Ottawa jusqu'aux rives du Supérieur, et surtout de la station de Matawan à celle de Chapleau ; ils ont envahi ce pays, à peu près désert en 1881 ; on les trouve en prépondérance, en nombre égal, ou en forte minorité, à Eau Claire, Rutherglen, Callender, Nasbonsing, Thorncliff, North Bay, Beaucage, Meadowside, Sturgeon Falls, Cache Bay, Verner, Warren, Markstay, Wahnapitae, Bomford, Sudbury, Chelmsford, Larchwood, Onaping, Cartier, Straight Lake, Pogamasing, Metagama, Biscotasing, Ramsay, Woman River, Nemegosenda, Chapleau. La plupart, ou du moins un très grand nombre, étant revenus des États-Unis, auront été classés au nombre des Yankees et, comme tels, inscrits sur la liste des Canadiens parlant anglais.

Que disent les Anglais de ce tour de passe-passe? Ils disent comme, par exemple, un journal peu francophile publié dans la capitale fédérale :

« Ceux qui savent par un examen personnel qu'il y a eu une augmentation considérable de la population française dans les comtés de Prescott, Russell, Carleton et Glengarry, ainsi que dans la cité d'Ottawa et le district de Nipissing, durant les dix dernières années, seront certainement surpris d'apprendre que les Canadiens ont diminué en nombre de 1881 à 1891 dans notre province. Et vraiment il y a lieu d'en être stupéfait. On le serait à bien moins ! »

Ils disent, avec un journal de Toronto, que « si le gouvernement d'Ontario n'adopte pas une politique énergique d'immigration, et cela dans un bref délai, toute la portion de la province située au nord des Grands Lacs, et tout au long du chemin de fer du Pacifique, passera presque exclusivement aux mains de Jean-Baptiste, *id est* des Canadiens Français ».

Le directeur du recensement, M. Johnson, reconnaît que les Canadiens ont augmenté de plus de 18 000 dans la portion de la province où tout le monde admet qu'ils vont de conquête en conquête, c'est-à-dire dans les comtés de Cornwall et Stormont, Glengarry, Prescott, Russell, Carleton et ville d'Ottawa, Renfrew, les districts de Nipissing et d'Algoma, les comtés d'Essex et de Kent. Or ces comtés et districts renfermaient, en 1881, 70 000 Canadiens Français (exactement 69 661) sur les 101 194 que contenait la province entière. Il ne restait donc, pour tout le reste de l'Ontario, que 31 533 Franco-Canadiens, et c'est ce petit nombre qui aurait diminué de plus de 18 000 pour parfaire la compensation, puisque dans l'ensemble les Français seraient à peu près stationnaires.

Ainsi, sur 31 533 Canadiens, plus de 18 000 ont disparu en dix ans, on ne sait comment, en silence, au milieu des ténèbres, sans qu'on les voie partir, quand, au contraire, ils reçoivent plus de compatriotes qu'ils n'en perdent, et célèbrent beaucoup plus de naissances qu'ils ne déplorent de funérailles !

D'autre part le fascicule des religions nous apprend que les catholiques ont crû de 37 461 dans les dix années 1881-1891, et notons-le bien, sans immigration notable d'Européens non protestants et, tout contrairement, avec une constante et « nombreuse » arrivée de Franco-Canadiens.

Observons aussi que, d'après le onzième bulletin, la province d'Ontario renferme 68 426 personnes nées dans les autres États ou territoires de la Puissance ; en 1881 il n'y en avait que 57 862, dont 50 407 arrivées de la province de Québec : d'où, par un calcul de proportions, la vraisemblance que 60 000 (ou bien près) des 68 426 « Néo-Ontariens » de 1891 viennent de Québec, soit entre 9 000 et 10 000 Québecquois, presque tous francophones, ayant immigré dans les dix années.

Tout ceci bien pesé, le recensement des religions suivi comté par comté, on ne peut accepter une augmentation des Canadiens Français inférieure à 25 000 ; il semble même raisonnable d'accepter le chiffre de 30 000.

Onésime Reclus.

(La fin à la prochaine livraison.)

⚜ ⚜ ⚜

CHRONIQUE GÉOGRAPHIQUE

AFRIQUE

Départ de MM. Méry et Fourneau. — L'explorateur Méry a quitté Biskra au commencement du mois pour rejoindre les ambassadeurs touareg, qui se dirigent sur El-Oued, d'où les Touareg doivent servir de guides à M. Méry dans son voyage sur Ghadamès.

D'autre part M. Fourneau, chargé d'une mission par le gouvernement dans l'extrême Sud, doit quitter Biskra incessamment, avec une escorte de Châamba.

Chemin de fer au Sénégal. — Le 20 décembre, M. le commandant Marmier, accompagné de deux autres officiers, est parti de Bordeaux à destination du Sénégal pour étudier l'avant-projet d'une voie ferrée allant de Tiouaouane, station du chemin de fer de Dakar à Saint-Louis, à Fatik dans le Siné, sur un petit affluent de la rivière Saloum.

Le commandant Marmier avait déjà été chargé en 1891-1892 de faire l'étude du chemin de fer de Bafoulabé à Kita. On pense que l'expédition durera cinq à six mois.

Mission Mizon. — La mission que dirige M. le lieutenant Mizon vers l'Adamaoua et qui était partie de Bordeaux le 11 août dernier, serait, d'après les nouvelles anglaises, arrêtée dans la Bénoué par suite de l'échouage, sur un banc de sable, du vapeur qui transportait les voyageurs. C'est le 29 septembre que la mission commença à remonter le Niger. Le 8 octobre elle était à Ida, le 11 à Lokodja, et le 13 la flottille s'engageait dans la Bénoué. C'est le 24 octobre, à 3 milles en amont de Chirou, à 180 kilomètres d'Ibi et à 200 kilomètres de Yola qu'aurait eu lieu l'accident causé par le trop grand tirant d'eau des deux vapeurs *Sergent-Malamine* et *Mosca*, et par la baisse subite des eaux. Il faudrait, paraît-il, plusieurs mois pour permettre le renflouement des vapeurs. Ces nouvelles, dont nous attendons la confirmation directe, sont parvenues en Europe par le courrier de la Royal Niger Company.

Mort du docteur Crozat. — On annonce la mort du docteur Crozat, emporté par une maladie à Tengréla, dans les États de Tiéba. La nouvelle a été communiquée par Tiéba lui-même au colonel Archinard.

Le docteur Crozat avait fait partie de la mission de délimitation du capitaine Binger. Au départ de Kong il s'était dirigé vers Sakhala et Seguéla pour essayer de retrouver les papiers du capitaine Ménard. Il devait, cette mission accomplie, remonter au nord par Tengréla pour rejoindre Tiéba à Sikasso. Au cours du séjour de deux ans qu'il fit auprès de Tiéba de 1889 à 1892, le docteur Crozat avait refait le voyage de Binger de Sikasso au Mossi et renoué avec les Nabas de Ouagadougou les relations amicales commencées par Binger.

La France perd dans le docteur Crozat un de ses plus vaillants et de ses plus dévoués explorateurs.

Côte de l'Ivoire. — On annonce que la canonnière *Scorpion*, qui faisait partie de la flottille du blocus du Dahomey, a dû aller visiter les établissements français de la Côte de l'Ivoire pour remettre aux chefs ayant accepté notre protectorat les présents qui leur avaient été promis. Les chefs du village de Tiassalé, aux environs duquel ont été massacrés nos malheureux compatriotes Voituret et Papillon, viennent à leur tour de faire leur soumission : ils ont été condamnés à payer une forte amende.

D'autre part, nous apprenons que les négociations qui avaient été engagées à plusieurs reprises entre la France et la République de Liberia au sujet du règlement de la question des territoires contestés sur la Côte de l'Ivoire et sur la Côte des Graines viennent d'aboutir à une convention qui a été signée par MM. Hanotaux et Haussmann, délégués du gouvernement français, et le baron de Stein, délégué de Liberia.

D'après cette convention, la France reconnaîtrait à la République de Liberia la possession de certains points de la Côte des Graines sur lesquels elle possédait des droits en vertu d'anciens traités remontant à la première moitié de ce siècle, et la République de Liberia, en échange, abandonnerait les droits qu'elle pouvait faire valoir sur la côte, à l'est de l'embouchure du rio Cavally. Dans l'intérieur, la frontière suivrait le cours du rio Cavally jusqu'à son confluent avec le Firédougouba, un affluent de droite récemment découvert par le capitaine Marchand, et de là, la ligne de faîte du bassin du Firédougouba, pour rejoindre la frontière anglaise de Sierra Leone, en passant au sud de Mousardou et de Mahommadou.

Délimitation entre la France et l'État du Congo. — M. de Grelle-Rogier, secrétaire d'État aux affaires étrangères de l'État du Congo, est en ce moment à Paris pour reprendre les pourparlers engagés au sujet de la délimitation des sphères d'action de la France et de l'État indépendant dans le bassin de l'Oubanghi. On sait que ces négociations avaient été interrompues cet été après les incidents qui ont accompagné la mort de M. de Poumayrac.

Il a été reconnu que l'État indépendant n'était pas responsable du meurtre de notre agent par les Boulous dans la vallée du Kotto, affluent de droite de l'Oubanghi ; mais que pour mettre fin aux conflits continuels qui se produisent entre les agents indigènes de l'État indépendant et les miliciens qui gardent les postes de la rive française, il était nécessaire de procéder à une nouvelle délimitation des frontières considérées par l'État du Congo comme indéterminées.

Le numéro du 19 décembre du *Mouvement géographique* contient du reste une carte du domaine géographique de la compagnie du Congo, où la limite, partant du confluent de l'Ouellé et du M'Bomou, suit vers l'est le 4ᵉ degré de latitude. Dès lors, sur quoi peut encore porter le litige? Il nous paraît bien près d'être réglé.

Expédition du duc d'Uzès. — L'expédition de M. le duc d'Uzès dont nous avons rendu compte en son temps dans le numéro de mai 18:2 des *Nouvelles géographiques*, p. 79, a dû, à cause du soulèvement des Arabes dans le haut Congo, modifier son plan primitif. L'expédition devait, comme nos lecteurs le savent, remonter le Congo et traverser l'Afrique par la région des Grands Lacs.

Devant l'impossibilité d'exécuter cette entreprise, le duc d'Uzès a résolu de se diriger sur le haut Oubanghi. Il a quitté Brazzaville le 23 septembre avec le lieutenant Julien et M. Poltier, chef de caravane, et une escorte de vingt-cinq miliciens. M. Hess, qui avait accompagné l'expédition jusqu'à Brazzaville, a dû s'en séparer à cause des dissentiments qui s'étaient élevés entre lui et quelques-uns de ses membres.

État du Congo. — On annonce la mort du lieutenant Liégeois qui a été tué par les indigènes sur la rive gauche de l'Oubanghi à un jour de pirogue de Yakoma. Le commandant de la force publique de l'État dans ces régions n'a pu châtier les indigènes, ceux-ci étant passés sur la rive française ; aussi s'est-il adressé, pour avoir justice, aux autorités du Congo français. Malheureusement celles-ci, à cause de leur grande faiblesse numérique, n'ont pu que faire une démonstration chez les assassins et brûler quelques huttes.

Expédition Delcommune. — Le *Mouvement géographique* de Bruxelles vient de publier un rapport succint des voyages de M. A. Delcommune, qui avait reçu de la Société du Congo pour le commerce et l'industrie, la mission d'étudier les voies de communication et les ressources naturelles du Katanga et en général de toute la région du haut Louabala.

Partie de Bruxelles au mois de juillet 1890, l'expédition quittait Stanley Pool au mois d'octobre et au mois de décembre elle se trouvait réunie à Béna-Kamba sur le Lomami. Le 30 janvier 1891 elle remontait la rivière jusqu'à Gongo-Loutita, village situé sur la rive gauche par 4°48'36" de latitude sud. La navigation du Lomami, entre les deux points, fut très difficile à cause des trois groupes de rapides qu'il fallut franchir et dans lesquels on perdit plusieurs embarcations. Après avoir quitté le 18 mai Gongo-Loutita et la voie fluviale du Lomami l'expédition se dirigea sur Kilembo-Masseia. résidence du roi Kassongo Kalombo, dans le territoire duquel elle résida un mois. Après avoir poussé une pointe vers le sud pour visiter les lacs Samba, M. Delcommune prit une direction est et le 27 août il atteignit le lac Kassali, dont Cameron, qui le premier a signalé son existence, n'avait pu s'approcher qu'à une distance de 30 kilomètres. Ce fut dans cette région que l'arrière-garde de l'expédition et son chef le lieutenant Hakansson furent massacrés par les naturels. Après avoir contourné le lac et traversé le Loualaba, M. Delcommune se dirigea vers le sud où, le 6 septembre, il rencontra à Kayombé le Loufira qu'il remonta, harcelé par les attaques des riverains indigènes. Le 6 octobre enfin il atteignait Bounkeïa.

Après un court séjour dans la capitale de Msiri, l'expédition continua sa route vers le sud à travers le Katanga, dévasté à cette époque par la guerre et la famine. Passant par les villages de Katanga et de Ntenke, elle arriva le 20 décembre à Moussima sur les bords du Loualaba, après avoir enduré les plus cruelles souffrances et vu son effectif réduit de plus des deux tiers par la famine. Il fallut séjourner deux mois à Moussima pour construire des embarcations, puis l'expédition commença la descente du Loualaba Après sept semaines de navigation, continuellement interrompue par des rapides nombreux et violents, les voyageurs furent arrêtés par les rapides des gorges de Nzilo.

A cet endroit le fleuve coupe à angle droit une chaîne de montagne de 300 mètres d'altitude se dressant brusquement au-dessus de la plaine et dans un couloir étroit, long de 76 kilomètres, se précipite de chute en chute d'une hauteur de plus de 500 mètres. La famine se fit sentir de nouveau, les désertions devinrent continuelles et l'expédition, réduite à 52 hommes, dut renoncer à la descente du Loualaba. Il fallut, après avoir vainement tenté de transporter les embarcations à travers un pays accidenté où l'expédition n'avança, en un mois, que de 16 kilomètres, abandonner toute la flottille et se diriger en toute hâte vers l'est sur Mpala.

Le 8 juin 1892 M. Delcommune arrivait à Bounkeïa, où il rencontrait l'expédition du capitaine Bia. Le 4 août il constatait, après avoir traversé le Louapoula, à sa sortie du lac Moéro, que cette rivière a un débit supérieur de plus du double de celui du Loualaba regardé jusqu'ici, d'après Reichard, comme la branche mère du Congo. Le 20 août l'expédition atteignit le lac Tanganyika et se rendait à Albert ville pour se joindre aux forces antiesclavagistes des capitaines Jacques et Joubert, attaquées par les Arabes.

M. Delcommune va tenter d'atteindre la Loukouga et de la descendre jusqu'au Loualaba et ensuite, d'après la tournure que prendront les relations des agents de l'Etat à Kassongo et aux Falls, il réglera son itinéraire, soit vers Béna-Kamba, soit vers Lousambo.

Ouganda. — On sait que le gouvernement anglais, sous la pression de l'opinion, a décidé de maintenir l'Ouganda dans sa sphère d'influence. Il vient d'y envoyer, en la personne de sir Gerald Portal, consul général à Zanzibar, un commissaire qui doit le représenter dans le pays après le 31 mars 1893, date à laquelle la Compagnie de l'Est Africain devra l'avoir évacué.

Il est permis d'espérer que le gouvernement va replacer l'Ouganda dans des conditions plus conformes au droit des États indigènes africains, tel qu'il a été établi par les actes des conférences de Berlin en 1881 et de Bruxelles en 1891.

Afrique occidentale. Nouvelles d'Emin Pacha. — Le *Morning Post* avait annoncé la mort d'Emin Pacha, tué au mois de mars sur les bords de la rivière Itouri par les indigènes. Le *Kolonial Blatt* de Berlin publie au contraire une information aux termes de laquelle Emin n'aurait pas été tué le printemps dernier, car on l'aurait vu, au mois d'août, campant à peu de distance du Victoria Nyanza. Il se trouvait alors dans un dénûment complet et désirait regagner la côte le plus tôt possible.

Zambézie. — D'après M. Rankin, l'explorateur anglais qui a découvert le Chindé, la branche du delta du Zambèze accessible aux navires maritimes, la *South African Company* n'a obtenu, autour du lac Bangouéolo, aucune cession de territoire; seul un petit chef, sans influence, lui a cédé ses droits sur un espace sans importance. Depuis le commencement de l'année 1890 jusqu'au mois de juin de cette année-ci, M. Rankin a exploré la région située au nord du Zambèze. Cette contrée s'élève graduellement, des rives du fleuve jusqu'à un plateau qui atteint en certains endroits plus de 2500 mètres. Il s'y trouve d'immenses forêts où abondent le tek et l'ébène; le climat varie suivant l'altitude du pays; la température moyenne y est celle du nord de l'Italie. Le café y est cultivé avec succès. Une société possède un million de caféiers dont le produit s'exporte. L'acclimatation est facile pour les blancs. L'or aussi existe en abondance.

Délimitation anglo-portugaise dans l'Afrique australe. — Les *Proceedings* donnent un compte rendu des travaux de la Commission de délimitation anglo-portugaise.

Les officiers anglais attachés à cette commission ont remonté le Poungoué en bateaux jusqu'au Mapanda et de là se sont dirigés sur Massikessé en faisant en sens inverse le chemin parcouru l'année dernière par M. Bent. Les principaux résultats géographiques recueillis jusqu'à présent sont les suivants : Massikessé doit être reporté, sur la plupart des cartes anglaises, de 15 à 20 milles plus à l'est; la remarquable courbe que décrit la rivière Oumouilizi se trouve indiquée, paraît-il, assez exactement en pointillé, sur la carte de l'*Intelligence Branch*. A la fin d'août la commission était sur le point d'entrer dans un district presque inconnu situé entre le Massikessé et le Limpopo et qui n'est indiqué sur les cartes que par un blanc. Jusqu'à cet endroit, le pays traversé avait été très montagneux, bien arrosé et presque partout fertile. Là où il n'y avait pas de forêts, le sol, même jusqu'aux sommets des montagnes, se trouvait couvert d'une herbe épaisse et haute de 2 mètres à 4 mètres et demi. Les altitudes variaient de 700 à 900 mètres. Toutes les opérations pour l'année courante ont pris fin au mois de novembre.

ASIE

Asie centrale. — Le général russe Alexis Tillo a publié dans le n° 19 des *Comptes Rendus de l'Académie des sciences* une liste de positions astronomiques déterminées par le général Pevtsoff pendant son voyage dans l'Asie centrale, en 1889 et 90.

Nous avons eu plusieurs fois occasion de parler de ce voyage, tant dans les *Nouvelles Géographiques* que dans l'*Année cartographique*. La liste qui suit complète nos articles à ce sujet.

Stations.	Latitude.	Longitude E. de Paris.
Prjevalsk	42° 29′,9	76° 5′,1
Takhta-Khon	37° 6′,0	74° 43′,3
Khotan	37° 8′,0	77° 37′,5
Nia	37° 4′,6	80° 27′,0
Dachi Koul	36° 34′,9	82° 13′,5
Tchertchen	38° 8′,9	83° 10′,8
Yachil Koul	36° 51′,5	85° 5′,9
Lob-Nor	39° 30′,9	86° 39′,2
Kourla	41° 43′,7	?
Ouroumtsi	43° 44′,8	85° 14′,8

Nous avons rectifié la longitude de Takhta-Khon, pour laquelle le général Tillo donne 37° 3′,5. E. de Greenwich, chiffre manifestement faux. 37° y est probablement mis pour 77°. Quant à la longitude de Kourla, non moins fausse (36° 8′,2), nous ne voyons par la possibilité de la rectifier, le premier chiffre n'étant pas le seul qui y soit faux. Au moins sur notre carte (voir l'*Année cartographique*, 2ᵐᵉ année), faite d'après celle du général Pevtsoff, Kourla se trouve à l'est du 84° méridien est de Paris.

D. A.

AUSTRALIE ET OCÉANIE

Nouvelle-Guinée. — Le gouverneur de la Nouvelle-Guinée britannique, Sir William Macgregor, continue ses voyages d'exploration dans l'île. Il a visité récemment quelques parties de l'extrémité orientale, près du petit fleuve Vanigira ou Kemp Welch, où se trouvent de bons terrains pour le bétail, et l'île Yela, nom indigène de *Rossel Island*, la dernière à l'est de l'archipel de la Louisiane. La côte sud de cette île est montagneuse, couverte de forêts épaisses, et flanquée, à une distance de 800 à 1500 mètres, d'un récif côtier continu. Les tribus de l'île appartiennent à la race papoue. Ils en seraient même, d'après M. Macgregor, les représentants les plus purs. Leur langue est particulièrement intéressante et diffère beaucoup de celle des îles voisines. M. Macgregor croit que cette petite île peut devenir le centre d'un certain commerce. Le récif côtier fournit toujours une certaine quantité de trépang ; les forêts produisent de très bonnes gommes ; d'autres articles de trafic sont la canne à sucre, les coquillages, les éponges.

Nous avions parlé (*Nouvelles géographiques*, 1892, p. 126) d'un missionnaire anglais, M. Montague, fait prisonnier par la tribu des Fugere, et recueilli par un bâtiment hollandais. Des doutes sérieux s'étaient élevés sur l'authenticité de sa relation. La Société des Messageries de Batavia a répondu, d'après les *Mitteilungen*, que M. Montague s'est, il est vrai, faussement donné pour un missionnaire, mais qu'il a été réellement recueilli sur la côte néo-guinéenne, et qu'il paraissait alors en très bonnes relations avec les indigènes. Les faits qu'il relate pourraient donc avoir une certaine réalité, de même que sa carte de la côte qui va de l'île Frederick Hendrick à la frontière anglaise, une certaine mesure de vérité. Mais, concluent fort justement les *Mitteilungen*, puisque cet aventurier a complètement disparu de la circulation, on devrait laisser ses renseignements en faire de même.

RÉGIONS POLAIRES

L'expédition danoise au Grœnland. — L'expédition au Grœnland commandée par le lieutenant Ryder avait pour but d'explorer la région de la côte orientale qui s'étend de 73° à 66° latitude nord. De cette région la partie septentrionale, entre le Franz-Josef Fiord et le cap Brewster, 70° latitude nord, n'avait été visitée jusqu'ici que par Scoresby, qui avait pu y aborder sur deux points ; en revanche, la partie méridionale, de 70° à 66°, était presque totalement inconnue, et la petite carte que le capitaine Holm avait dressée de 65° à 66° ne l'avait été que sur les dires des indigènes.

L'exploration de cette partie du Grœnland présentait donc un grand intérêt. Il s'agissait de parcourir les fiords, très ramifiés, qui l'indentent, de voir à quelle distance de la côte s'arrête l'*inlandsis*, ou glace intérieure, d'étudier la nature des roches découvertes et des plantes qui ont pu s'y abriter. Il s'agissait aussi de savoir si, comme on l'avait dit, pour le contester plus tard, quelques Esquimaux isolés de leurs congénères ne vivaient pas dans ces parages.

Nous avons déjà dit quelques mots de l'expédition. Les *Mitteilungen* de novembre nous apportent un court résumé de son œuvre, dû à la plume de M. N. Hartz, le botaniste qui l'accompagnait. Partie le 7 juin 1891 de Copenhague, sur le bateau l'*Hekla*, elle n'arriva que le 17 juillet en vue de la côte grœnlandaise, par 74° 34' latitude nord. Les glaces de la banquise, très large cette année, et d'épais brouillards avaient retardé la marche du bateau. Il avait même poussé jusqu'au 76° latitude nord. Après une brève descente à terre, l'expédition, naviguant au sud, franchit, le 23 juillet, le Franz-Josef Fjord, dont la glace défendait encore l'entrée, puis, deux jours plus tard, ayant essuyé une tourmente terrible, elle atteignait le Scoresby Sund. C'était là, près du cap Stewart, que le lieutenant Ryder pensait hiverner ; mais il dut y renoncer, l'abordage se trouvant trop difficile. En attendant, une partie de l'expédition explorait le Jameson Land, île ou presqu'île basse et plate, qui forme le littoral nord du fiord, et fait face à de hautes falaises de basalte bordant un plateau de 1 900 mètres, que surmontent des glaciers nombreux. Le Jameson Land est parcouru par des bœufs musqués et des rennes ; sa parure de plantes est presque riche,

au milieu de ces déserts de glace. Sur plusieurs points il y a des restes de huttes, des tombeaux, des emplacements de tentes, qui indiquent que les Esquimaux ont habité le pays ; mais ils l'ont abandonné depuis longtemps. On trouve de ces débris jusqu'à une distance de 300 kilomètres des rives du fiord.

Le 6 août, l'*Hekla* pénétra dans le Scoresby Sund en pleins brouillards, au milieu d'épais *icebergs*. Elle ancra le 8 dans un petit port, blotti au sud d'une petite île, et qu'on appela le *Port Hekla*. C'est là qu'elle allait hiverner.

On mit à profit les quelques jours d'eau libre qui restaient pour explorer avec la chaloupe à vapeur les ramifications du Sund. Partout elles se terminaient par de puissantes coulées de glace, descendues de l'*inlandsis*. Malheureusement on ne put étudier aucun de ces glaciers. Mais on jugea de leur puissance par les immenses blocs qu'ils laissaient tomber dans la mer. L'un d'eux avait 900 mètres de longueur, autant de largeur, et 60 mètres de hauteur visible. Les rives du Scoresby Sund sont formées principalement de roches primitives et de basaltes. On y trouve aussi des grès, des conglomérats, des schistes et des calcaires. Il y a quelque végétation : des saules, des bouleaux nains ; en tout, cent soixante espèces de phanérogames.

C'est le 23 août que l'expédition prit ses quartiers d'hiver : une maison, apportée démontée de Copenhague, un hangar pour les provisions, et deux Observatoires pour les observations magnétiques et astronomiques qui furent, avec les recherches d'histoire naturelle, les principales occupations de ce long hivernage.

Voici les températures observées pendant neuf mois :

	Température moyenne.	Maximum.	Minimum.
Septembre (à partir du 18) .	— 2°,95	+ 0°,1	— 7°,4
Octobre.	— 7°,00	+ 1°,0	— 18°,6
Novembre.	— 20°,23	— 6°,1	— 33°,0
Décembre.	— 20°,29	— 8°,4	— 38°,6
Janvier.	— 18°,6	+ 4°,9	— 33°,6
Février.	— 24°,2	+ 7°,9	— 42°,4
Mars.	— 25°,5	— 4°,0	— 46°,6
Avril.	— 17°,1	— 1°,0	— 31°,5
Mai.	— 5°,1	+ 8°,3	— 18°,2

Les *maxima* sont dus à une sorte de *fœhn*, qui soufflait parfois avec une extrême violence.

Du 27 mars au 7 juin, les membres de l'expédition firent plusieurs voyages en traîneaux sur une longueur totale de 850 kilomètres. Le 8 août le bateau quitta le port où il était retenu depuis un an entier, et, sorti du Scoresby Sund, il prit la direction du sud. Mais l'état de la glace l'obligea à rebrousser chemin, à peine arrivé à 69° ; il reprit alors la haute mer, et atteignit l'Islande.

De là, les voyageurs repartirent, à la fin du mois, pour la route du Grœnland. Ils arrivèrent à Angmagsilik, mais ne purent même atteindre, le long de la côte, le point où Holm s'était arrêté. Le 12 octobre, l'*Hekla* était de retour à Copenhague.

Ainsi le lieutenant Ryder n'a pas accompli son dessein principal : le levé de la côte orientale de 66° à 70° latitude nord. Néanmoins l'expédition n'a été ni sans profit, ni sans intérêt. Elle a pu étudier, sur huit degrés, de 68 à 76° latitude nord, l'état de la glace flottée en 1891 ; elle a dressé une carte des nombreuses ramifications du Scoresby Sund ; elle a constaté sur son littoral l'existence d'un *inlandsis* tout semblable à celui de la côte orientale ; enfin elle a rapporté beaucoup de collections et d'observations.

BIBLIOGRAPHIE

REVUE DES PÉRIODIQUES

Articles signalés :

Bulletin de la Société de Géographie. — 3ᵐᵉ trimestre 1892. — *L'hydrographie du bassin de l'ancien Oxus*, par Edouard Blanc (Fort intéressant article avec une carte au 1|5 000 000ᵉ allant de la Caspienne à l'Issyk-Koul. L'auteur, après avoir passé en revue les différentes hypothèses concernant les anciens cours du Syr-Daria et de l'Amou-Daria et exposé la possibilité de ramener ce dernier à la Caspienne, arrive à la conclusion, très juste à notre avis, que l'on peut trouver pour les eaux du fleuve un bien meilleur usage, c'est-à-dire les employer en totalité à alimenter les canaux d'irrigation destinés à des cultures nouvelles et à faire ainsi reculer les limites des déserts. L'augmentation de territoire utile et de population qui en résultera pour le pays semble devoir être infiniment plus avantageuse que la constitution de voies navigables auxquelles il est possible aujourd'hui de suppléer par des voies ferrées). — *Observations et notes météorologiques sur l'Asie centrale et notamment des Pamirs*, par Guillaume Capus. — *Une mission en Indo-Chine*, par Etienne Aymonier. (Dernière partie du récit des remarquables explorations faites par l'auteur, de 1882 à 1885, au Cambodge, au Laos, au Siam et en Annam. M. Aymonier dit, en terminant, qu'il ne considérera sa mission comme achevée qu'après avoir publié, traduit ou commenté tous les documents épigraphiques écrits dans les langues vulgaires du Cambodge et du Tchampas). — *Voyage dans le pays des Trarzas et dans le Sahara occidental,* par Léon Fabert. (Cette exploration date de 1891. Le voyageur, parti de Dagana, sur le Sénégal, fut arrêté à trois journées de marche de l'Adrar. Néanmoins il obtint, comme on le sait, du cheikh Ahmed, la reconnaissance du protectorat français. Il revint en suivant le littoral, et put constater que Andiil, ou le vieux Portendik, porté sur les cartes, est absolument inconnu des Maures, que le nouveau Portendik se trouve à Marsa, et que le *Tiourourt* des cartes s'appelle en réalité *Tivourourt*.)

Proceedings of the Royal Geographical Society. — *Travels from the East Coast to Uganda, Lake Albert Edward and Lake Albert*, par le capitaine D. G. Lugard. (Résumé des voyages du capitaine Lugard dans l'Ouganda. Nous en avons déjà rendu compte dans notre numéro de décembre, p. 189. L'article est accompagné d'une carte, qui donne, avec l'itinéraire du capitaine, un tracé proposé de la ligne de Mombaz au lac Nyanza.) — *The Oræfa Jökull, and its first ascent,* par Frederick W. W. Howell.

Mitteilungen de Petermann, novembre 1892. — *Die deutschen Missionsunternehmungen im Njassa-Gebiet*, par H. Wichmann. — *Die Sprachverhältnisse in Schleswig*, par Paul Langhans. — *Vorläufige Mitteilungen über zwei*

Nordlichtwerke (fin), par Saphus Tromholt. Ibid., décembre 1892. — *Aus dem Staate São Paolo, Brasilien*, par le prof. Dᴿ Henry Lange (Notice sur l'Etat de São Paolo, spécialement sur la vallée du Parapanema, et sur la flore des *campos*, résumée d'après le Bulletin de la commission géographique et géologique de l'Etat). — *Die Ruinen von Simbabye,* par le Dᴿ Heinrich G. Schlichter. (Article sur les ruines de Zymbabye, dont nous avons déjà parlé, 1892, p. 129. En étudiant le plan des ruines, M. Schlichter arrive à la conclusion qu'une partie des bâtiments servait aux observations astronomiques. Grâce aux dessins d'ornementation conservés sur les murs, M. Bent a pu fixer exactement les points de l'horizon où l'on observait le lever et le coucher du soleil pendant les solstices, ainsi que la direction du méridien. M. Schlichter a trouvé que cette dernière était la même que maintenant. Quant à celles des points du lever et du coucher du soleil pendant les solstices, elles diffèrent des directions actuelles d'un demi-degré environ. La vitesse de déplacement de l'axe terrestre sur le plan de l'écliptique étant plus ou moins connue, il suffirait de connaître exactement la latitude d'un point quelconque des ruines pour en déterminer l'âge approximatif. Malheureusement nous n'avons pas encore cette position exacte). — *Kleinere Mitteilungen :* Drygalski, *Zur Bestimmung der Meeresfarbe.* — Ule, *Die Temperaturverhältnisse in den baltischen Seen.* — Polakowsky, *Die Markierung der Grenze zwischen Costa-Rica und Nicaragua.* — Philippi, *Andesbahnen,* et *Analogien zwischen der chilenischen und europäischen Flora.*

COMPTES RENDUS

Pierre Bonnassieux : *Les grandes compagnies de commerce. Etude pour servir à l'histoire de la colonisation.* Paris, Plon, 1892, in-8°.

Cet ouvrage a été d'abord un mémoire, présenté à l'Académie des sciences morales et politiques en réponse à une question mise au concours en 1880, et couronné par elle. L'auteur le publie aujourd'hui légèrement remanié. Il contient l'histoire de toutes les compagnies de commerce depuis les ghildes et la ligue hanséatique jusqu'à nos jours ; il a été augmenté de quelques pages sur des compagnies récemment fondées, en Angleterre, en Allemagne, en Belgique, en Portugal et en Hollande, et d'une analyse critique du projet de loi de 1891, sur des compagnies du même genre qu'il s'agirait de fonder en France.

On voit que ce livre vient au bon moment. La question des grandes compagnies commerciales est à l'ordre du jour ; nos lecteurs se souviennent sans doute de l'article que leur a consacré dans notre recueil notre collaborateur M. Harry Alis (1892, p. 33).

Ce livre, puisé aux sources mêmes — l'auteur est archiviste aux Archives nationales, — est indispensable aux personnes qui voudront désormais s'occuper de cet important sujet. L'histoire de toutes les compagnies y est résumée, par ordre de pays d'origine d'abord, puis, pour chacun d'eux, par ordre de pays de destination, et pour chacun de ceux-ci par ordre chronologique. Ainsi, le livre consacré à la France est divisé en trois chapitres : *Europe et Levant, Afrique, Asie, Amérique*, et chacun de ces chapitres contient, en autant de paragraphes, l'histoire des différentes compagnies. A côté de la France, les deux grands pays à compagnies sont l'Angleterre et la Hollande. Mais la plupart des autres États de l'Europe figurent dans le livre au moins par quelques entreprises.

De cette histoire, M. Bonnassieux dégage quelques conclusions qu'on lira avec intérêt. A son avis, les compagnies de commerce ont eu plus d'inconvénients que d'avantages : elles ont, pour la plupart, mal fait leurs propres affaires ; elles ont, par leur monopole, nui aussi bien au commerce national qu'au commerce universel. Il est vrai de reconnaître d'autre part que c'est à elles en définitive que les grands pays doivent leurs colonies actuelles.

M. Bonnassieux estime que pour réussir les nouvelles compagnies doivent être établies sur des bases plus libérales que les anciennes. C'est seulement à cette condition qu'elles rendront les services qu'on attend d'elles. Mais l'auteur ne fait qu'effleurer la question. Elle est ouverte, on le sait. Ceux qui s'apprêtent à la discuter sauront gré à M. Bonnassieux de tous les matériaux qu'il leur fournit.

H. J.

Charles Lenthéric : *Du Saint-Gothard à la mer. Le Rhône. Histoire d'un fleuve.* Paris, Plon, 1892, 2 vol. in-8°, avec dix-sept cartes et plans.

M. Charles Lenthéric, déjà connu par ses beaux livres sur le littoral français de la Méditerranée, vient de publier, en deux volumes, une monographie du Rhône, telle qu'on en souhaiterait une semblable à tous les grands fleuves de France. Le sujet est un des plus riches qui se puissent rencontrer ; mais, pour le traiter comme il le méritait, il fallait un ensemble de qualités qui se trouvent rarement réunies. M. Lenthéric est à la fois un ingénieur et un savant, un écrivain et un érudit ; il a de plus, ce que rien ne remplace, un amour passionné pour le fleuve dont il nous dit l'histoire.

Du haut Valais au Léman, du Léman à Lyon, de Lyon à la mer, M. Lenthéric suit lentement ce Rhône fougueux, s'arrêtant ici pour nous parler des glaciers, là pour étudier à fond l'admirable bassin lacustre où le fleuve entre si boueux, et d'où il sort si merveilleusement limpide. Plus loin il nous dit les destinées des grandes villes que baigne le fleuve ; les souvenirs de l'antiquité le retiennent longtemps et lui inspirent des chapitres pleins d'intérêt sur Lyon, Vienne, Avignon, Orange, Arles. Peut-être l'histoire du moyen âge et des temps modernes, qui a pourtant, sur le Rhône, des épisodes si intéressants, est-elle un peu trop sacrifiée à l'histoire ancienne. Puis l'auteur arrive à cette curieuse région du delta, qu'il a parcourue dans tous les sens, et dont il nous décrit les empiétements successifs sur la mer. Enfin dans un dernier chapitre il nous parle des grands travaux faits ou à faire pour améliorer la navigation du fleuve, pour le doubler d'un canal latéral, l'unir à Cette et à Marseille, et donner à l'agriculture et à l'industrie l'immense force motrice qu'il tient en réserve.

Telles sont les principales divisions de ce bel ouvrage. M. Lenthéric a réussi à fondre, dans une narration claire et élégante, une grande somme de science et d'érudition. Il a fait de cette histoire du Rhône le plus attrayant et le plus instructif à la fois des livres de lecture.

H. J.

L. Vignon : *La France en Algérie* ; Paris, Hachette et Ci?, 1892. Un vol. in-8°, avec six cartes en noir dans le texte.

M. Louis Vignon, professeur à l'École coloniale, vient, après bien d'autres, apporter sa quote-part d'informations à l'étude des questions algériennes. Le volume de 535 pages qu'il consacre à notre France d'Afrique sera utile à toutes les personnes qui veulent puiser à une seule source d'informations un ensemble de notions pouvant suffire à les mettre au courant des questions pendantes. Le nombre de ceux qui se préoccupent de questions coloniales devient chaque jour plus grand ; et parmi les questions coloniales il n'y en a pas de plus complexes que celles qui se rattachent à l'Algérie. Grâce à la méthode adoptée par M. L. Vignon, le lecteur peut en suivre le développement depuis l'heure de la conquête jusqu'aux événements récents et à l'enquête sénatoriale de 1892. Le soin que prend l'auteur de laisser parler les événements et de donner la moindre place à ses jugements personnels rend aisé au lecteur de se faire une opinion indépendante. La préférence marquée de M. Vignon pour les solutions moyennes lui a permis d'apprécier sans passion les opinions extrêmes. Si nous avions une critique à lui adresser, ce serait peut-être celle à laquelle nous venons équitablement de donner la forme d'un éloge. Sur certains points fondamentaux, comme l'instruction indigène, par exemple, un peu plus de hardiesse et peut-être de confiance ne nous aurait pas déplu. Nous ne sommes que trop portés en France à douter de notre force ; nous croyons trop à l'éternité et à la ténacité de mœurs qui, créées par la conquête, se modifieraient aisément par une conquête supérieure. Mais laissons là les détails ; l'ensemble du livre de M. Vignon constitue un véritable manuel des questions algériennes, que personne ne consultera sans profit.

F. S.

K. I. Bogdanovitch : *Travaux de l'Expédition tibétaine. Tome II. Explorations géologiques dans le Turkestan Oriental.* Un vol. in-4° de 168 pages avec 1 carte générale, 7 cartes de détail et 5 coupes géologiques. Ouvrage publié par la Société de géographie de Saint-Pétersbourg, 1892.

Les lecteurs des *Nouvelles géographiques* (1892, p. 36) connaissent la part que M. Bogdanovitch a prise aux travaux de l'Expédition tibétaine exécutés sous la direction de M. Pevtsoff en 1889-90. Les cartes dont ce volume est accompagné ont déjà été reproduites par nous dans le deuxième fascicule de l'*Année cartographique*. Il nous reste à dire quelques

mots au sujet du livre même, consacré en grande partie à la géologie de la région explorée et principalement du Kouen-Lun et du Tibet nord-occidental. Il nous est impossible d'exposer ici, en quelques lignes, la théorie de M. Bogdanovitch sur la formation géologique de ces régions, théorie basée sur ses observations personnelles. Nous ne pouvons que borner à l'énumération des différents chapitres du livre :

Chap. I. Aperçu général du voyage au point de vue géographique.

Chap. II. Esquisse orographique du Tibet nord-occidental et du Kouen-Lun.

Chap. III. Esquisse géologique du Kouen Lun et du Tian-Chan d'après les données de l'Expédition.

Chap. IV. Alluvions récentes de la Kachgarie.

Chap. V. Les gisements aurifères de Kouen-Lun.

Si l'on se rappelle que des trois voyageurs géologues qui avaient précédé l'auteur dans l'exploration du Kouen-Lun, aucun n'est revenu en Europe (Schlagintweit a été tué à Kachgar, en 1857, Hayward, à Yassin, en 1868 et Stolicka est mort en route, en 1874), on comprendra que l'ouvrage de M. Bogdanovitch est d'un grand intérêt pour les géologues.

D. A.

L. G. Tippenhauer, *Die Insel Haiti* : Leipzig, A. F. Brockhaus, 1893, in-4°.

L'auteur, fils de la *Quisqueya*, la « Grande Ile », la « Reine des Antilles », s'est efforcé de réunir dans une monographie largement conçue toutes les connaissances disséminées sur sa patrie. Malgré son histoire mouvementée et malgré ses contacts avec la France, l'Angleterre, l'Espagne, le Danemark et la Suède, qui pendant trois siècles se sont partagé sa possession, l'île d'Haïti est encore moins connue que mainte île de la Polynésie.

Approfondir et répandre ces connaissances, attirer le travail fécondant de l'émigrant européen ainsi que l'attention des capitalistes, tel est le but de l'ouvrage. La population indigène actuelle s'est formée dans des circonstances exceptionnelles ; elle est trop clairsemée, trop pauvre, trop ignorante pour pouvoir secouer son apathie, sans une impulsion étrangère, afin d'arracher à ce sol vierge ses immenses trésors. De vastes régions où tout est encore à créer, mais qui sont pleines de richesses latentes, sont à la disposition du colon. Malgré le caractère montagneux de l'île, les plaines d'alluvion et autres terrains de culture couvrent un bon tiers de sa surface.

Malheureusement le désordre politique du pays, les fréquentes révolutions rendent peu vraisemblable l'établissement de nombreux immigrants d'Europe.

Dans ce volume nous trouvons d'abord une minutieuse description géographique. La météorologie, basée sur des observations nombreuses dont les résultats sont groupés en tableaux, mérite la plus grande attention. Les chapitres sur la faune, la flore, l'industrie, le commerce, et surtout la partie démographique sont pleins d'intérêt. Le lecteur français trouvera un attrait puissant à ces renseignements souvent inédits sur la « France de la race noire ».

La race autochtone, aujourd'hui entièrement disparue, aurait compté près d'un million d'individus à l'époque de la découverte. En 1507 il n'y en avait plus que 50 000 environ.

L'auteur nous donne des notes statistiques sur l'importation de la race noire : dans les sept années écoulées de 1783 à 1789, par exemple, 171 362 nègres furent vendus pour le prix de 340 004 948 livres, c'est-à-dire 1984 livres par esclave.

L'origine de ces noirs se reconnaît encore aisément aujourd'hui. On distingue les Foulahs ou Peuls, Achantis, Dahoméens, Mandingues, Bambaras, toutes les peuplades de l'Afrique occidentale qui ont contribué à la formation du peuple haïtien. Le tableau de la vie de cette société avant-hier esclave, libre aujourd'hui, de son langage, de ses mœurs et coutumes, tout cela est tracé d'une façon magistrale, pittoresque et pleine de vie.

Les photographies et les illustrations qui accompagnent ce livre et enfin une riche bibliographie augmentent encore son intérêt.

T. W.

CARTOGRAPHIE

D. M. de Peralta : *Mapa historico-geographico de Costa Rica y del Ducado de Veragua*. Madrid, 1892.

Cette carte a été spécialement dressée à l'occasion du quatrième centenaire de la découverte de l'Amérique, à l'aide des travaux particuliers assez nombreux qui existent sur la République de Costa-Rica et dont les principaux auteurs sont Codazzi, Ponce de Leon, von Frantzius, C. Scherzer, M. Wagner, Montes de Oca, Peralta, Henri Pittier, etc. Les travaux hydrographiques existant à Madrid, Londres, Washington ont été aussi employés.

Le principal mérite de cette carte est la clarté. Le figuré du terrain, quoiqu'un peu lourd et grossier, est consciencieusement indiqué et accompagné de nombreuses cotes d'altitude. La nomenclature est dressée, ainsi que l'indique le titre, au double point de vue géographique et historique : les limites sont figurées telles que les revendique le petit État sur sa voisine de l'Est ; enfin, on y trouve le tracé des voies ferrées, dont on peut constater le faible état d'avancement.

A. Delebecque, ingénieur des Ponts et Chaussées : *Atlas des lacs français.*

M. A. Delebecque continue ses intéressantes études sur les lacs des Alpes et du Jura. Nous avons sous les yeux les belles cartes consacrées au Léman, si remarquable par sa cuvette aplanie, au lac d'Annecy, contrastant par l'allure tourmentée de ses fonds avec le lac si simple du Bourget ; aux lacs de Paladun, d'Aiguebelette, à plusieurs lacs jurassiques, parmi lesquels nous remarquons ceux de Saint-Point et de Nantua. Plus l'œuvre s'avance, plus elle apparaît complète et instructive. Le fond de ces lacs présente un relief aussi varié et aussi remarquable que celui du terrain qui les entoure. On ne peut exprimer qu'un seul souhait, c'est celui de voir M. Delebecque et ses collaborateurs terminer l'œuvre qu'ils ont entreprise, et dont la géographie physique ne peut manquer de retirer un large profit.

NOUVELLES GÉOGRAPHIQUES

ÉTAT DES TRAVAUX TOPOGRAPHIQUES

DANS L'EMPIRE RUSSE JUSQU'EN 1891

En jetant un coup d'œil sur la carte que nous donnons page 19, on est surpris de l'énorme étendue du territoire russe sinon inexplorée, du moins non levée ni même reconnue. Pourtant les cartes de ce vaste empire ne manquent pas. Sans parler de certaines parties de la Russie d'Europe levées avec une grande précision, et pour lesquelles on possède des cartes au 21 000e, au 42 000e, au 126 000e; sans parler non plus du reste de la Russie d'Europe, pour laquelle on a une carte au 420 000e, l'Asie Russe est représentée sur une superbe carte en 8 feuilles de grand format, au 4 200 000e, où l'on trouve une richesse inouïe de détails; les rivières à contours très précis, avec des boucles, des méandres infinis, semblent témoigner d'une connaissance parfaite du pays au point de vue cartographique. L'espace entre les rivières est invariablement garni de chaînes et de chaînons montagneux, ou tout au moins de collines. Chaque cours d'eau n'osant pas imiter les fleuves, comme l'Indus ou le Brahmapoutra, qui traversent l'Himalaya d'outre en outre, commence docilement sur le versant tourné du côté de son embouchure. Si l'espace interfluvial est assez grand, les chaînes sont remplacées par des massifs présentant des formes bien définies. Sur les bords des rivières on trouve une infinité de villages. Qui aurait eu le courage de croire que le tracé de tous les détails dont la carte est remplie est de pure fantaisie?

Le général Koversky, dont l'excellente étude parue dans l'Annuaire (n° 2) de la Société de Géographie de Saint-Pétersbourg nous est un guide sûr, dit : « En donnant l'étendue des gouvernements généraux de la Sibérie, je donne la superficie en centaines de verstes carrées, mais il ne faut pas croire que ces chiffres soient tant soit peu exacts : ce n'est que dans un avenir très éloigné que nous pourrons écrire avec quelque certitude le troisième chiffre, en comptant de droite à gauche, quand il s'agira de l'étendue des divisions administratives de la Russie asiatique. » Il y a loin de cette constatation scientifique aux ouvrages statistiques que tout le monde est obligé de prendre pour guides, et qui donnent l'étendue des territoires inconnus en kilomètres et souvent en mètres carrés.

Quelques chiffres montreront à quel point il est impossible d'espérer avoir à bref délai des cartes précises pour la moitié septentrionale du continent asiatique.

Depuis 1864 on a institué en Sibérie plusieurs sections topographiques de l'Etat-major russe. Actuellement ces sections se trouvent à Tachkent, à Omsk, à Khabarovka et à Irkoutsk.

La circonscription militaire du Turkestan, dont le chef-lieu est Tachkent, a 20 topographes pour lever 585 200 kil. carrés[1]; la circonscription militaire d'Omsk, 16 topographes pour 3 271 000 kil. carrés; celle de Khabarovka (gouvernement général de l'Amour), 12 topographes pour 2 628 000 kil. carrés; enfin, la circonscription militaire d'Irkoutsk n'a que 4 topographes pour 6 389 600 kil. carrés. Ainsi, 60 personnes sont occupées à lever environ 13 millions de kilomètres carrés, soit 25 fois la superficie de la France !

1. Nous employons indistinctement les verstes et les kilomètres, la différence entre les deux mesures étant bien inférieure aux fautes probables dans l'appréciation approximative des superficies

Passons maintenant à l'explication de notre croquis, fait d'après deux cartes du général Koversky, modifiées dans certaines parties conformément au texte explicatif du même auteur. Le carrelage foncé représente les *régions levées au* 21 000e *avec courbes hypsométriques.* Un réseau trigonométrique serré ou des nivellements au théodolite s'appuyant sur des points trigonométriques servent de base au réseau géométrique, que l'on remplit ensuite des détails du terrain avec toute la précision que comporte l'échelle. Les nivellements se rapportent au niveau de la mer la plus rapprochée et sont rattachés aux nivellements des puissances voisines. Dans cette catégorie de levés rentrent : la partie occidentale de la Russie d'Europe, une partie de la Crimée, plusieurs parties de la Caucasie, le Ferghana, et quelques points épars de l'Empire. Les altitudes, sur les cartes dressées d'après ces levés, peuvent être calculées à 1 mètre près; pour la planimétrie, l'erreur admise ne doit pas dépasser 10 mètres.

Les levés de la seconde catégorie, que nous avons désignés sur la carte sous le nom de *levés approximatifs*, s'appuient sur un réseau trigonométrique clairsemé; l'orographie est exprimée en hachures ou quelquefois en courbes établies d'après un nombre peu considérable de points déterminés en altitude. Leur échelle est de 1/42 000e ou 1/84 000e. Sont levés de cette façon les deux tiers de la Russie d'Europe, la Caucasie, le district Transcaspien, plusieurs parties du Turkestan, des gouvernements d'Akmolinsk et de Sémipalatinsk, les régions au sud-est d'Irkoutsk, vers Kiakhta et Verkhné-Oudinsk, celles de Nertchinsk vers la vallée de l'Argoun, quelques ponts le long de l'Amour entre Blagovechtchensk et Khabarovka, enfin la vallée de l'Oussouri. Le degré d'exactitude de ces levés dépend naturellement des qualités personnelles des topographes chargés du travail. La partie la moins digne de confiance est le figuré du terrain.

Les parties de l'Europe où ont eu lieu des *reconnaissances étendues* basées sur des points astronomiques sont mappées à échelles variant du 126 000e au 210 000e. L'orographie est exprimée en hachures, *à vue.* Dans cette catégorie figurent : des parties des gouvernements de Vologda, de Viatka, de Perm, de Samara, de Stavropol, d'Érivan et de Bakou, des provinces de l'Oural et du Tourgaï, une grande partie du gouvernement général du Turkestan, les régions méridionales des gouvernements de Tobolsk et de Tomsk et le district Oussourien.

La catégorie des *reconnaissances faites suivant les principales voies de communication* comprend les régions dans lesquelles les reconnaissances n'ont été faites qu'à 2 ou 3 kilomètres à droite et à gauche de l'itinéraire. Les reconnaissances de ce genre sont consignées sur des cartes à échelles très petites et ne s'appuient souvent sur aucun point exactement déterminé. L'orographie est faite à vue et n'est fixée que par quelques cotes barométriques. Le nord de la Finlande, le nord des gouvernements d'Olonets et d'Arkhangelsk,

le sud-ouest de celui d'Astrakhan sont levés de cette façon. Dans la Russie asiatique ce genre de levés a été appliqué : à la route entre Kazalinsk et Perovsk, aux régions au nord, à l'ouest et au sud du lac Balkhach, à l'est de Pavlodar le long de l'Irtych, à la plus grande partie des districts de Nertchinsk, de Verkhné-Oudinsk, et de Bargouzin (Transbaïkalie). « Mieux aurait valu, dit avec un peu de sévérité le général Koversky, laisser toutes les parties ainsi levées en blanc sur les cartes. »

Enfin, voici les régions qui n'ont jamais fait l'objet de levés topographiques :

La partie de la Finlande et du gouvernement d'Arkhangelsk bornée au nord et au nord-est par la mer Blanche, au sud par les lacs Ladoga et Onéga et à l'ouest par le méridien de Saint-Pétersbourg; le nord-est du gouvernement d'Arkhangelsk du côté des monts Oural et enfin les 14/15 de la Sibérie.

Ce dernier pays n'a été reconnu que par les topographes suivants :

1) Orloff, 1876, de l'embouchure de l'Ob à la baie de la Baïdarata.

2) Khondajevsky, 1879, de Sourgout, sur l'Ob, à Obdorsk.

3) Vaganoff (de l'expédition Middendorf), 1860, de Doudinskoïé au lac Taïmyr.

4) Müller, Tchekanovsky et Nakhvalnykh, 1873-74, les cours de la Toungouzka Inférieure, de l'Olenek et de la Léna (de son confluent avec l'Aldan jusqu'à Aïakit). Le levé de la Léna dans les limites indiquées ne donne que le cours du fleuve.

5) Sondhagen (de l'expédition Richard Maak), 1883-84, le cours du Vilioui.

6) Kroutikoff et Karlikoff (expédition du capitaine d'état-major Agte), 1844, le cours de la Léna, du port de Katchoujskaïa, par Kirensk, Olekminsk, jusqu'à Iakoutsk; les cours inférieurs du Vitim et de la Tchara, affluents de la Léna; les communications terrestres entre Irkoutsk et le port de Katchoujskaïa.

7) Kalmberg, colonel d'état-major, les cours de l'Aldan, de la Maïa et de l'Amga. La carte au 840 000e publiée par le colonel Kalmberg indique également les communications terrestres entre Iakoutsk et Amginskaïa, entre cette dernière et Okhotsk et entre Aïan et Nelkan.

8) Maidel, Neumann et Afanassieff (expédition chez les Tchouktchi), 1868-69-70, de l'Aldan à la Kolyma et de là jusqu'à la baie de l'Anadyr. Levés au 210 000e.

9) Le colonel Kalmberg, 1849, la route entre les villages d'Avatchinskaïa et de Cheromskaïa et celle entre Ielavskaïa et Drankinskoïé (Kamtchatka).

La partie méridionale de la Sibérie, et notamment la Transbaïkalie, riche en or, en argent, en pierres précieuses, en houille, et dont la terre est relativement plus fertile, a attiré depuis la première moitié du xviie siècle des colons venant de la Russie d'Europe, et les levés qui y ont été exécutés sont plus serrés.

La Mongolie avoisinant les possessions russes est sillonnée d'itinéraires parcourus par des voyageurs russes et se trouve être mieux connue que la Sibérie. Nous avons indiqué ces itinéraires, de même qu'en Europe nous aurions dû teinter, en dehors de la Russie, la Bulgarie et une partie de la Turquie, levées par l'état-major russe.

Outre les levés et les reconnaissances, les travaux suivants, se rapportant à la cartographie, ont été exécutés en Russie :

1) *Triangulations.* Les 2/3 de la Russie d'Europe avec la Caucasie ont été couverts d'un réseau de triangles de premier ordre. De 1849 à 1856, le général Vrontchenko a exécuté une triangulation depuis Kichinev par Novotcherkassk, Tsaritsyn, jusqu'à Astrakhan. Cette triangulation devait servir pour la détermination de la longueur du parallèle de 47°30′ allant de l'océan Atlantique à la Caspienne. Ce parallèle ayant été remplacé par celui de 52°, les travaux de Vrontchenko n'ont été utilisés que tout récemment par le général Stebnitsky, directeur actuel du dépôt de la Guerre, qui a calculé la longueur du parallèle du 52e degré.

D'autres triangulations ont été faites dans le Turkestan, dans les provinces d'Akmolinsk et de Sémipalatinsk, dans le gouvernement de Tomsk, dans la Transbaïkalie et dans la région de l'Oussouri.

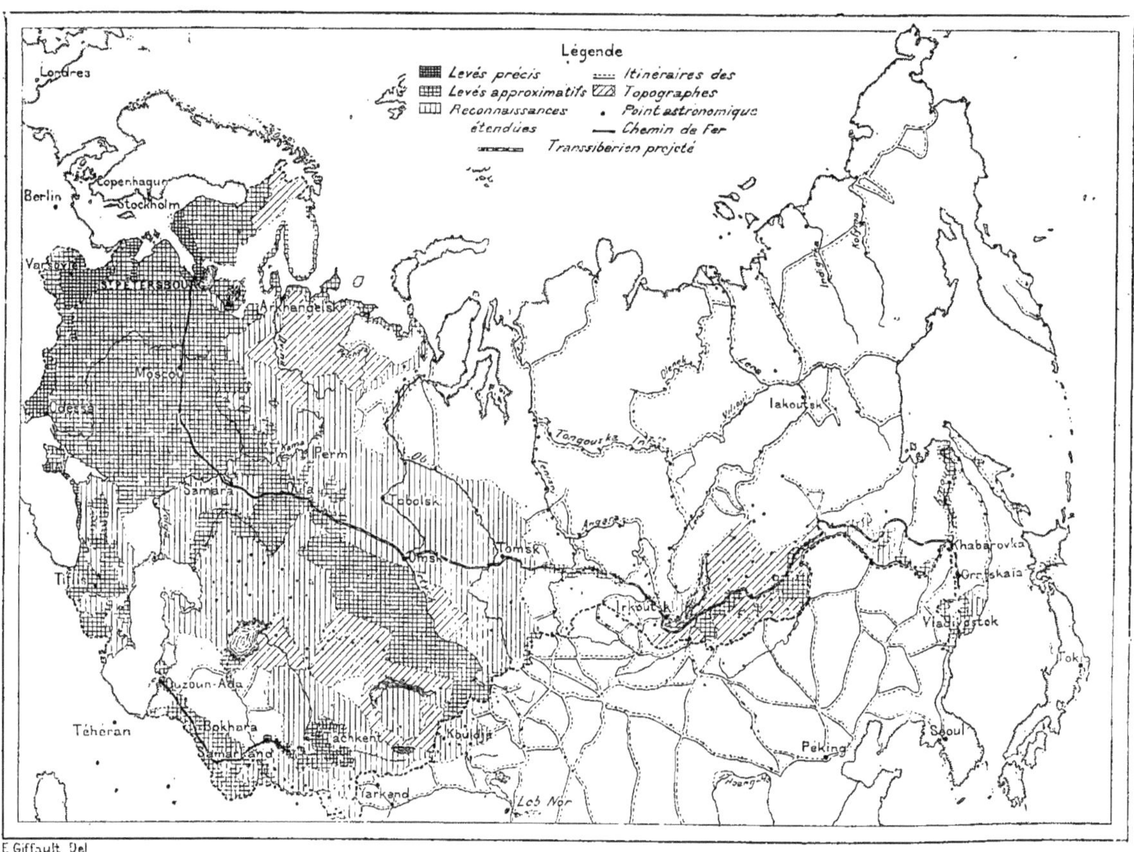

E. Giffault Del.

2) *Longitudes déterminées à l'aide du télégraphe.* Saint-Pétersbourg, Varsovie et Odessa ont été rattachés aux capitales de l'Europe. On a déterminé télégraphiquement la différence en longitude entre un grand nombre de villes de la Russie d'Europe. Saint-Pétersbourg est rattaché directement ou indirectement aux villes suivantes de la Russie asiatique : par Iekaterinbourg à Omsk, Tomsk, Kansk, Irkoutsk-Tchita, Sretensk, Albazin, Blagovechtchensk, Khabarovka-Vladivostok. — Omsk est rattaché à Ialoutorovsk, Ichim, Tioukalinsk, Tara, Oust-Kamenogorsk, Zaïsansk, Sémipalatinsk, Tachkent, Akmolinsk, Atbasar, Koktchetav et Petropavlovsk. Tachkent à Bokhara, Petro-Alexandrovsk, Turkestan (ville), Vernyi, Och, Khodjent et Samarkand. Khabarovka à Nikolaïevsk.

3) *Nivellements précis* : le nivellement entre Cronstadt et Odessa, sur une étendue de 2 064 kilomètres, qui a donné une différence de + 0ᵐ,13 entre les niveaux de la mer Baltique et de la mer Noire; le nivellement exécuté par les soins de la Société de Géographie de Saint-Pétersbourg entre Zverinogolovskaïa et Irkoutsk. Celui-ci est moins précis que le précédent, mais il a rendu de grands services à la cartographie.

En ce qui concerne le futur chemin de fer Transsibérien marqué sur la carte, disons que de Tcheliabinsk à Kourgan on a des levés faits par des topographes du dépôt de la Guerre; de Kourgan à Tomsk on ne possède que les données vagues du cadastre. Depuis Tomsk, par Krasnoïarsk, Kansk, Nijné-Oudinsk, Irkoutsk, Verkhné-Oudinsk, Tchita et Nertchinsk, jusqu'à Sretensk il y a des études faites avant 1891. Mais de Sretensk à Khabarovka le chemin de fer est tracé dans des régions pour la plupart absolument inconnues au point de vue cartographique. « A l'est de la Zeïa jusqu'à Khabarovka, dit le général Koversky, des deux côtés du chemin de fer projeté, long de 560 kil. dans cette partie et très éloigné de l'Amour, on indique sur nos cartes, *d'une façon tout à fait arbitraire*, une masse de rivières, affluents gauches de l'Amour, l'énorme chaîne de Touran, les rivières Boureïa, Tyrma, Tsouryn, Soutour, Goudjal, la chaîne de la Boureïa, etc. »

Le futur chemin de fer est déjà construit de Vladivostok à Grafskaïa. A la fin de l'été de 1891 les études étaient terminées de Grafskaïa à Khabarovka.

Les cartes qui ont servi de modèle pour la nôtre, ainsi que l'article du général Koversky intitulé : « Que possédons-nous pour l'étude de la topographie de l'Asie russe et quels sont les résultats atteints ? » ont toutes les qualités désirables d'authenticité. En effet, l'auteur s'est servi pour son travail des documents mis à sa disposition

par le major-général Jilinsky et les colonels Mirochnitchenko, Kondratenko et Gladycheff, chefs des sections topographiques du dépôt de la Guerre, ainsi que par le colonel Bolcheff, auteur de la carte de la Russie d'Asie.

Si, au point de vue cartographique, on ne connaît avec quelque précision qu'une infime partie des 135 millions de kilomètres carrés des terres émergées du globe, il serait au moins utile de savoir au juste ce que l'on ne connaît pas. Malheureusement les personnes mêmes qui font de la cartographie leur spécialité, se persuadent peu à peu, à force de manier des cartes à l'aspect trompeur, qu'il ne reste presque plus rien d'inconnu sur la terre.

C'est pour cela qu'il est bon, de temps en temps, de montrer graphiquement les blancs qui restent à combler, non pas par un réseau de cours d'eau et de montagnes à formes plus ou moins imaginaires, mais par des levés ou tout au moins par des reconnaissances plus ou moins précises.   D. AÏTOFF.

⁂ ⁂ ⁂

LE RECENSEMENT DÉCENNAL

DE LA PUISSANCE DU CANADA EN 1891[1]

Eₙ Manitoba. — Si, dit le journal de Saint-Boniface, le *Manitoba*, « si nous n'avons pas encore protesté contre l'injustice que nous a faite le dernier recensement, ce n'est assurément pas que nous reconnaissions comme exact le nombre de Canadiens-Français qu'il attribue au Manitoba et au Nord-Ouest.... Tous ces chiffres sont absurdes. Nous étions 9 868 Manitobains-Français en 1881, et nous ne serions en 1891 que 11 102, soit une augmentation de 1 234 seulement en dix années, malgré notre natalité, qui, comme on sait, est prodigieuse, et malgré l'immigration considérable que nous avons reçue de la province de Québec et des États-Unis. »

Le *Manitoba* pourrait ajouter aux États-Unis et à la province de Québec la France et la Belgique, d'où sont partis de nombreux et vaillants immigrants pour le pays de la Rivière Rouge.

Ce croît prétendu de 1 234 personnes seulement ne répond même pas (il s'en faut) au développement des anciennes paroisses des vallées de la Rivière Rouge, de la Seine, de l'Assiniboine, car ces vieux établissements ont certainement augmenté de bien plus de 1 234 dans la décade. Si Saint-Boniface, en face de l'ambitieuse Winnipeg, ne grandit qu'avec une extrème lenteur, Sainte-Anne-Pointe-des-Chênes, Saint-Norbert, Sainte-Agathe, Saint-Jean-Baptiste, Saint-Pierre-de-la-Rivière-aux-Rats et autres colonies canadiennes ont singulièrement étendu leurs cultures et multiplié leurs maisons.

Puis, que d'activité, de vitalité, de croît dans les colonies nouvelles, qu'elles soient purement canadiennes, ou fran-

çaises, ou belges, ou mêlées de ces trois éléments fraternels, au lac des Chênes, qui compte déjà plus de 250 familles francophones, à la Grande-Clairière, à Lourdes, à Saint-Alphonse, à Mariapolis, et, l'on peut dire, en vingt endroits de l' « Etat des Prairies ».

Comment les recenseurs ont-ils pu diminuer à ce point les Manitobains français au jour du recensement ?

Au moyen de trois subterfuges :

En inscrivant comme Américains ou Yankees des centaines de familles canadiennes-françaises arrivées non du Canada, mais des États-Unis ;

En ne faisant pas de distinction entre les métis français et les métis anglais, en les rangeant indistinctement dans la même colonne, et en les versant tous ensemble dans la grande masse des *english speaking Canadians*;

En ne considérant comme Canadiens-Français aucun des Français et des Belges venus par centaines depuis quelques années pour fonder ici de florissants villages, et, puisqu'on ne les mettait pas avec les « Canadiens parlant français », en faisant cadeau aux « Canadiens parlant anglais ».

Le tableau VI du onzième bulletin, concernant les habitants de la Puissance nés en Europe, ne mentionne pas les Belges, que, sans doute (ou peut-être), il compte avec les Français. Il ne donne au Manitoba que 474 natifs de France. Or M. Auguste Bodard, le secrétaire général de la Société d'immigration française au Canada, homme d'un patriotisme à toute épreuve et d'une activité jamais rebutée, a fixé, à lui tout seul en Manitoba, dans les colonies anciennes ou nouvelles, infiniment plus de 474 Français,

1. Suite. Voy. p. 2.

sans compter une foule de Belges presque tous francophones.

De combien « Jean-Baptiste » s'est-il renforcé dans le laps de dix années? La supériorité des catholiques sur les protestants en 1891 sur 1881 dans le comté de Provencher lui revient évidemment tout entière, car il n'y a guère que les Canadiens Français de papistes dans cette division de l'État où la seule Winnipeg renferme un nombre appréciable d'autres « romains ». C'est un bénéfice de 4186 personnes. On est également en droit de leur accorder presque tout le reste du gain catholique dans les autres comtés manitobains de Selkirk, Marquette et Lisgar, parce qu'en dehors de l'élément français il y a peu d'immigration non protestante dans ces contrées; en en prenant seulement les trois quarts, soit environ 3000, nous arrivons pour tout l' « État des Prairies » à un avantage de 7186 personnes pour la « race de Saint-Laurent ». Ce qui la porte à 17054, résultat concordant assez bien avec ce que nous savons de l'immigration de la province de Québec, des États-Unis, de France, de Belgique, et avec le développement des paroisses recensées par leurs curés, bref avec toutes les nouvelles qui nous viennent de là-bas.

Au Nord-Ouest. — Même stupéfaction au Nord-Ouest que dans le Manitoba, l'Ontario, l'Acadie, quand on y a connu les chiffres de nationalité. Un Canadien de Prince-Albert, district de la Saskatchewan, ne peut s'émerveiller assez de la miraculeuse diminution des Français. « A qui parmi nous fera-t-on « avaler », dit-il, que la population française des territoires du Nord-Ouest a diminué de près de 1100 pendant la décade qui a précédé 1891? A part l'exode de quelques familles métisses de Batoche qui nous ont quittées en 1885 et nous sont revenues pour la plupart avant 1891, personne de nous ne s'en va, nous recevons au contraire du monde. Et nos familles s'augmentent à vue d'œil. »

Par quelle opération magique accorder ce nombre de 1543 avec les 2700 reconnus par l'autorité ecclésiastique autour de Saint-Albert en Alberta et de Batoche en Saskatchewan? Un recensement très soigneux a donné 1500 Canadiens dans les environs de l'évêché de Saint-Albert, 1200 Canadiens et métis dans les paroisses voisines de Batoche; à quoi il faudrait ajouter les Français concentrés ou dispersés ailleurs en Nord-Ouest, à Calgary, à Regina, à Qu'Appelle, à Whitewood et dans beaucoup d'autres lieux.

Rien ne nous aide à évaluer, même très approximativement, les progrès des Canadiens dans les Territoires. Estimer à 100 par an l'immigration franco-canadienne, française et belge dans l'ensemble de l'Assiniboïa, de la Saskatchewan, de l'Alberta, et à 60 par an l'excédent des naissances sur les décès, c'est rester, évidemment, dans la modestie. On aurait donc à ajouter 1600 personnes aux 2886 (et non 2633) de 1881 : ce qui nous amène au chiffre de 4486. Ici les catholiques ont augmenté de 8522, par conversions d'Indiens païens et par l'effet de l'immigration, mais les Canadiens-Français sont, jusqu'à ce jour, en très petit nombre parmi les nouveaux colons.

En Colombie. — Nous n'avons aucun motif de suspecter le nombre de 1181 que le bulletin des nationalités attribue ici à l'élément français; il se peut, même il est probable que cet élément ait été « victimé », ici aussi comme trop souvent il arrive aux minorités, surtout aux minorités infimes, mais en réalité les francophones ne comptent pas en Colombie, et vraisemblablement n'y compteront jamais. Ce côté des grands Monts Rocheux regarde la Chine et non la France.

———

Comparaison entre 1881 et 1891 dans le Canada oriental ou vieux Canada ou vrai Canada. — Admettons un instant comme exacte la division des nationalités suivant que l'expose le onzième fascicule du recensement.

D'après elle notre élément a perdu, relativement à l'ensemble des autres, 7 millièmes dans les dix années : les francophones étaient 301 sur 1000 en 1881, et ils ne seraient plus que 294 sur 1000 en face des anglophones, germanophones, celtophones et autres, tous réunis contre nous.

Isolons maintenant de ce qui est à proprement parler le Canada les pays de nouvelle colonisation, tout cet immense Nord-Ouest, avec sa Colombie Britannique, son Athabaska, son Alberta, son Assiniboïa, son Saskatchewan, tout ce qu'on en cultivera et tout ce qui demeurera sans doute éternellement vide sous un climat semi-polaire ou polaire aux trois quarts. Il se peut que ce « Canada neuf » cesse absolument d'être français si les gens de France et les Franco-Canadiens n'y vont pas en plus grand nombre, tandis que du « Canada vieux » on peut prédire hardiment le contraire : il ne se défrancisera pas; ce sera même l'inverse, car il a toutes chances de franciser autour de lui, sauf au sud chez l'oncle Sam.

Sur ce domaine restreint, dans ce Canada vraiment bilingue dont la plus grande ville, le « Paris et Londres canadien », Montréal devient de plus en plus la propriété des hommes dont l'idiome est le moins parlé des deux (ce qui contribue et contribuera toujours à maintenir l'équilibre), dans ce Canada qui est le vrai et qui se déroule de la mer Atlantique jusqu'au delà du lac Supérieur, il se trouve que l'élément français n'a pas fléchi. A preuve les tableaux suivants, déduits des données officielles :

VIEUX CANADA EN 1871

Provinces	Nombre d'habitants	Nombre de Français	Proportion des Français
Ile du Prince-Édouard . .	94 021	(?) 10 000	0,106 (?)
Nouvelle-Écosse. . . .	387 800	32 833	0·085
Nouveau-Brunswick . .	285 594	44 907	0,157
Québec.	1 191 516	929 817	0,781
Ontario.	1 620 851	75 383	0,0485
Tout le Vieux Canada.	3 579 782	1 092 940	0,305 à 0,306

VIEUX CANADA EN 1881

Provinces	Nombre d'habitants	Nombre de Français	Proportion des Français
Ile du Prince-Édouard . .	108 891	10 736	0,098
Nouvelle-Écosse.	440 572	40 997	0.093
Nouveau-Brunswick . . .	321 233	56 572	0,176
Québec.	1 359 027	1 071 581	0,789
Ontario.	1 926 922	101 194	0.053
Tout le Vieux Canada. .	4 156 645	1 281 080	0,309

VIEUX CANADA EN 1891

Provinces	Nombre d'habitants	Nombre de Français	Proportion des Français
Ile du Prince-Édouard. .	109 088	11 847	0,108 à 0,109
Nouvelle-Écosse.	450 523	30 181	0,067
Nouveau-Brunswick . . .	321 294	61 767	0,192 à 0,193
Québec.	1 488 586	1 196 346	0,804
Ontario.	2 112 989	101 123	0,048
Tout le Vieux Canada. .	4 482 560	1 401 264	0,312 à 0,313

Reprenons maintenant le nombre réel des Français en 1891, tel que nous avons essayé de l'établir plus haut, province par province, et nous verrons que, suivant toutes probabilités, ils ont non pas perdu sur 1881, mais gagné, un peu dans l'ensemble de la Puissance, et beaucoup dans le « Vieux Canada ».

COMPARAISON DES FRANÇAIS ET DES NON-FRANÇAIS
D'APRÈS LES MEILLEURES PROBABILITÉS EN L'ANNÉE 1891

Provinces	Nombre d'habitants	Nombre probable des Français	Proportion des Français
Ile du Prince-Edouard. .	109 088	11 847	0,108 à 0,109
Nouvelle-Écosse. . . .	450 523	42 000	0,093
Nouveau-Brunswick . . .	321 294	64 572	0,200
Québec.	1 488 586	1 196 346	0,804
Ontario	2 112 989	131 194	0,053 à 0,060
Manitoba.	154 442	17 054	0,110 à 0,111
Nord-Ouest	99 722	4 486	0,044 à 0,045
Colombie Britannique . .	92 767	1 181	0,012 à 0,013
Toute la Puissance . . .	4 829 411	1 468 680	0,304 à 0,305

Arrêtons-nous maintenant, comme nous l'avons fait plus haut, avec la province d'Ontario, là où elle confine au Manitoba, et, laissant de côté l'ambitieux Nord-Ouest, qui est le Canada de demain, bornons nos regards au Canada d'hier et d'aujourd'hui, au Vieux Canada historique, d'abord uniquement français, puis bilingue, à celui dont on peut augurer que notre trace n'y sera jamais effacée.

En nous en tenant à ce Canada-là, en y calculant la force proportionnelle de notre élément, telle que nous l'a donnée la rectification du recensement des nationalités, et en la comparant, cette force, à ce qu'elle était en 1871 et en 1881, nous arriverons aux conclusions résumées dans le tableau qui suit.

LE VIEUX CANADA EN 1861, 1881, 1891

Années	Nombre d'habitants	Nombre de Français	Proportion des Français
1871	3 579 782	1 092 940	0,305 à 0,306
1881	4 156 645	1 281 080	0,309 à 0,310
1891	4 482 560	1 445 959	0,322 à 0,323

Où est le danger? D'où viendrait le secours. —

Telle est, suivant nous, la moralité du recensement : les Français continuent à reconquérir le Canada, Nord-Ouest à part, malgré le fol exode aux États-Unis, parce que leur fécondité se maintient, tandis que celle de leurs rivaux diminue et parce que, s'ils émigrent dix et cent fois trop vers le sud, et trop peu vers l'ouest, les Canadiens d'autres origines s'expatrient encore plus qu'eux.

Ils ont une leçon à tirer de ce dénombrement, fait presque partout en dehors d'eux, et même contre eux.

Il est grand temps qu'ils regardent dans leur province et autour d'elle. Ils ont vécu pendant cent ans presque séparés du monde, puis, découverts soudain par Rameau de Saint-Père dans leurs forêts, sur leurs neiges, aux bords de leur fleuve, à la rive de leurs lacs, sur leurs chemins du pôle, nous avons aimé en eux des frères qu'on croyait morts et qui vivaient, jeunes et robustes. Nous avons célébré leur vitalité, leur énergie, leur bonhomie, leur expansion, l'écroulement des Anglais devant eux sur toutes leurs frontières, et nous leur avons prédit l'empire du Saint-Laurent et de la baie d'Hudson. Alors, se comparant à nous, les vaincus, honnis partout, de 1870, ils nous ont trouvés vieux, usés, sceptiques, stériles, et ils ont dit : « Nous sommes plus justes que ces hommes-là ! »

Ce n'est pas le peuple, le bon peuple canadien, brave et jovial, qui parle ainsi comme les Pharisiens et les Saducéens hypocrites; c'est la classe dirigeante, le magma d'en haut, les corrompus, les ventrus et les satisfaits, bourgeois anglomanes, avocats cicéronisants, prêtres étroits, journalistes verbeux, politiciens âpres, partisans de la charité bien ordonnée qui commence par soi-même.

Sans doute ils font tous étalage de leurs sentiments français, en même temps que de leur « loyalisme », c'est-à-dire de leur attachement à l'Angleterre et à la constitution qu'elle a octroyée au Canada; tous, à la moindre fête, au moindre banquet, boivent à la France après le toast traditionnel à la très gracieuse reine. Mais c'est tout, et si notre armée française compte un officier canadien, M. Chartrand, il y en a plus d'un dans l'armée anglaise exposé à combattre un jour contre nous, comme le « héros de Châteaugay », Salaberry, le fit en Espagne au temps du premier Empire.

Ils parlent de la France, leur mère, comme d'une femme qui a mal tourné; ils opposent constamment leur sagesse à sa folie, leur calme à son agitation, leur santé à sa maladie, leur jeune force à sa vieille faiblesse.

Et tandis qu'ils se louent ainsi, leurs deux partis les déshonorent et les ruinent, car à l'imitation de l'Angleterre et autres pays anglais, ils se sont divisés en deux castes politiques. Quand l'une d'elles tient le pouvoir, l'autre, qui est le « parti de la loyale opposition de Sa Majesté », cherche à s'en emparer *per fas et nefas*. Et tous les politiciens se cognent avec un acharnement haineux, de la rivière des Outaouais au Saguenay, de la Hauteur des Terres de la baie d'Hudson à la frontière des États-Unis, bataille bruyante, désordonnée, lâche, injuste, inextricable, sans trêve de Dieu, sans trêve des morts.

Certes les grands mots ne manquent pas, les effusions ne sont pas rares : tous les ans, dans tout le pays, à l'occasion de la Saint-Jean-Baptiste, qui est la fête patronale des Canadiens, on évoque l'ombre de Montcalm, on célèbre les *gesta Dei per Francos*, on promet de conquérir pacifiquement l'Amérique, d'y continuer à jamais le génie et les gloires de la France. Au moindre navire de guerre français qui arrive dans le Saint-Laurent, l'émotion s'empare de tous les cœurs, et l'on fête dignement, chaleureusement nos marins. Mais ce ne sont pas là des œuvres.

Il ne suffit pas de crier cent fois : « Honneur à Salaberry! Gloire à Montcalm! N'oublions jamais Châteaugay, souvenons-nous de Carillon! » Il faut ne pas se perdre aux États-Unis, prendre sa part du Nord-Ouest, appeler les Français de France. Sinon il arrivera, un beau jour, que l'émigration des Canadiens Anglais vers les villes, les usines, les campagnes de l'oncle Sam diminuera, tandis que doublera, triplera, décuplera l'immigration des Anglais et autres *Britishers*, des Allemands, des Scandinaves endurcis au froid boréal. Et alors, plus de Canadiens-Français conquérants, aurore d'une grande race, mais un tout petit peuple en déroute sur un coin du continent, entre des sapins et des granits!

Cependant, les Canadiens s'en vont par dizaines de milliers aux États-Unis, pour n'en revenir qu'à milliers : le parti qui gouverne n'en a cure, celui qui voudrait gouverner en triomphe, car il ne manque jamais d'attribuer ce grand désastre national à la politique, quelle qu'elle soit, du pouvoir régnant.

Et les Anglais, les Allemands, les Scandinaves, les Juifs de Russie arrivent à Halifax, à Québec, par pleins navires, et vont peupler au Nord-Ouest un empire qui finira par peser étrangement sur l'ancien Canada, surtout sur le Canada Français. Ni l'un ni l'autre parti ne s'en soucie; bien plus, tel « dirigeant » franco-canadien s'en applaudit. Il dit ou pense : « Tout plutôt que ces Français de France, pourris, gouailleurs, athées, ennemis du bon ordre et de l'autorité! »

C'est pourtant là, pas ailleurs, dans les paysans de France, dans l'intelligence, l'énergie, le patriotisme de France que les Canadiens-Français doivent chercher leur salut. Sans nous la petite nation vivace, dont les chefs sont inertes et lâches, se recroquevillera de plus en plus dans son étroit domaine de Québec, part d'Acadie et part d'Ontario. Les gouvernements de Québec le comprennent si peu que, cette année même, ils ont supprimé le crédit pour l'immigration française, subvention honteusement petite pour la grandeur de son objet, et maintenu la somme annuellement votée pour la *Women's Protective Immigration Society*, œuvre d'immigration anglaise.

Ils devraient pourtant savoir que leurs meilleurs conseillers sont en France, loin du tumulte de leurs passions et de leurs colères. Dès avant 1860, Rameau de Saint-Père, dans sa *France aux Colonies*, leur montrait du doigt la région de l'Ottawa comme le boulevard de leur race, et la vallée de la Rivière Rouge, dans la contrée devenue le Manitoba, comme le lieu évident, naturel, prédestiné de leur émigration s'ils voulaient compter un jour dans les destinées de l'Amérique : trente ans après, l'événement prouve le prophète. Dès 1861 ou 1862 un autre ami français leur conseillait d'agir sur la paysannerie catholique des pays froids de France, dans le Massif central, les Cévennes, la Bretagne, le Luxembourg belge, le Jura bernois, la Franche-Comté, et trente ans après ils voient que les trop rares colons qu'ils ont reçus de ces pays sont probablement les plus intelligents, les plus travailleurs, les plus tranquilles qu'il y ait dans la Puissance.

Enfin ils savent, ou devraient savoir que le seul successeur du grand Labelle, que le patriote qui peuple de Français et de Belges les prairies du Manitoba, Bodard, le Breton de Saint-Malo, ne tardera guère à dépasser les deux mille et quelques familles qui, de la grandeur de Louis XIV à la défaillance de Louis XV, ont été la seule et magnifiquement solide assise de la nation franco-canadienne.

Onésime Reclus.

❧ ❧ ❧

LES MISSIONS FRANÇAISES EN AFRIQUE EN 1892

Nous avons déjà récapitulé, au commencement de l'année dernière, les missions en cours pour le compte de la France. Les plus considérables de ces missions, soit qu'elles aient pris fin, soit qu'elles continuent ou se renouvellent, méritent notre attention tant pour les rapports qui existent entre elles que pour les résultats obtenus et ceux que nous avons encore lieu d'attendre.

Les missions que nous avons à inscrire à l'actif de l'année 1892 sont les suivantes.

La mission du commandant Monteil avait pour objet la reconnaissance des limites que la convention de 1890 nous avait imposées du Niger au Tchad. Celle du lieutenant Mizon a eu pour résultat immédiat d'assurer notre priorité d'influence en Adamaoua, de préparer notre future frontière du côté du Cameroun sans solution de continuité, d'étendre par conséquent nos possessions du Congo jusqu'à la Bénoué en réunissant au bassin de cette rivière celui de la haute Sangha. La mission Dybowski a fait de la tentative Crampel, si tristement interrompue, le commencement d'une réalité assez puissante pour que nous ayons le droit d'escompter l'avenir de cette entreprise dans les proportions conçues par son malheureux initiateur.

La mission Fabert a posé nettement la question d'une politique saharienne occidentale, en résolvant le litige de l'Adrar.

De ces quatre missions, les trois premières, dont le but était ou est devenu essentiellement politique, offrent ce caractère particulier d'avoir été surtout concluantes par imprévu, ainsi que nous allons l'établir. C'est d'abord la mission Mizon qui, après avoir commencé comme une enquête commerciale dans une région d'où les rivalités anglaises prétendent nous écarter systématiquement, a fini par la reconnaissance d'une zone dont on avait oublié de stipuler les destinées dans la convention de 1890, et a permis, nous le répétons, de comprendre l'Adamaoua au nombre des nouveaux éléments géographiques dont la France aura désormais le droit d'espérer le concours pour l'extension continue de ses intérêts congolais et soudanais. Qu'est-ce, en effet, que l'Adamaoua? Une unité politique, dans l'acception la plus exacte. Nous sommes là dans un pays indépendant, malgré son étroite parenté religieuse avec les États du Soudan central. Nous ne comprenons même pas que l'Angleterre, après les indications laissées par Barth, n'ait pas tenté, lorsqu'elle s'est substituée à nous sur le Bas-Niger jusqu'à la Bénoué, de s'appuyer sur l'Adamaoua pour exercer l'action qu'elle ambitionne sur le Soudan central.

Ce que l'Angleterre n'a pas su prévoir, l'intelligente orientation de M. Mizon nous permet de le réaliser d'autant mieux que, si nous tenions un peu plus compte que nous ne l'avons fait jusqu'à ce jour des considérations ethniques dont la valeur est si particulièrement considérable au Soudan, nous observerions le rôle que joue l'élément peul dans la zone occidentale, en Adamaoua plus qu'ailleurs, et nous nous efforcerions de trouver dans cet élément si vivace et si remuant, dont la tendance expansive s'accentue de plus en plus, le principal auxiliaire de notre influence, le plus précieux interprète de nos idées.

J'ignore dans quelle mesure M. Dybowski entrevoit le concours des populations qu'il nous a révélées dans l'évolution économique dont il s'est efforcé de préparer les bases. Ce qui est certain, c'est que, pour parer aux inconvénients que présente pour nous cette mosaïque de peuples dont se compose l'Afrique, il est de toute nécessité que nous fassions dès aujourd'hui une sélection parmi les multiples individus dont les intérêts se dressent devant nos projets. L'élément peul tient une telle place dans la diffusion des familles ethniques du Soudan central et occidental; il a joué un tel rôle dans les groupes les meilleurs qui nous environnent, comme, par exemple, celui des Ouolofs; il accuse si nettement depuis un demi-siècle sa tendance à revenir sur ses pas et à reprendre la route de l'est; il a par ses traditions et son caractère une vitalité tellement exceptionnelle, que nous aurions tort de ne pas arrêter sur lui notre attention pour favoriser ses dispositions, les guider, les soutenir et les appliquer à nos intérêts qui, dans l'occurrence, deviennent ceux de l'humanité tout entière. Discipliner les éléments africains, les équilibrer les uns par les autres, encourager leur essor ou leur transformation, est une noble tâche dont l'humanité tout entière doit profiter. C'est dans cette pensée que nous concevons dès à présent de la manière suivante les devoirs que nous avons à remplir après les travaux préparatoires de MM. Mizon et Dybowski. A l'est de la vallée du Chari, nous devrions surtout nous préoccuper de nos prochaines frontières. En prenant pour base la rive droite du M'Bomou, il nous sera loisible de pousser nos tentatives jusqu'au 20° degré de longitude. Or cette limite sépare deux zones parfaitement distinctes. Celle de l'est, dont les destinées appartiendront vraisemblablement à l'Angleterre, est déjà trop assujettie à l'influence politique de l'élément musulman, épave de l'ancien Soudan égyptien, pour que nous n'ayons pas intérêt à lui fermer la route le plus tôt possible, sans bruit, et par les seules dispositions d'un régime social dont nous serons les protecteurs conciliants. Car il faut nous garder de participer à une coalition quelconque, soi-disant d'intérêt international, même anti-esclavagiste. Nous avons assez à faire de nous préserver des hasards, sans nous associer aux événements des territoires voisins, qu'ils soient belges, allemands ou anglais. C'est ainsi que la mission Liotard est appelée à jouer un rôle de tampon entre l'État indépendant du Congo, de plus en plus absorbant sur l'Oubanghi-

Ouellé, et la mission Maistre, continuatrice de celle de M. Dybowski.

A l'ouest du Chari, au contraire, c'est-à-dire à partir du bassin de la Kemo, l'entreprise que nous poursuivons a un tout autre caractère. Ici nous n'avons à craindre aucun envahissement, de quelque nature soit-il, musulmane ou européenne. Nos intérêts doivent triompher sans secousses, par entente personnelle avec ceux des populations à qui nous offrons notre protection et notre amitié. Mais, de même que M. Dybowski a plus particulièrement sollicité le concours des Togbos, établis sur la rive droite de la rivière Kemo; de même que, depuis longtemps, nous associons nos éléments du Sénégal à notre œuvre d'adaptation dans toutes les régions africaines où nous pénétrons, de même il nous faudra tenir compte des véritables forces latentes et effectives que notre bonne fortune a mises à notre disposition dans cette partie du Soudan. Ces forces, nous les trouvons en Adamaoua, représentées par les Peuls, que M. de Brazza a aussi rencontrés dans la haute Sangha, à 80 kilomètres de Bania; comme, un jour, nous retrouverons au Bornou ce même élément peul, associé à l'élément berbère et lui faisant contrepoids, mais figurant avec lui un groupe de réserve précieuse pour l'union future de nos trois grandes étapes à travers le continent noir : l'Algérie, le Soudan central et le Soudan occidental.

Dès à présent, la mission Monteil nous apparaît avec son caractère essentiellement politique. Nous avons dit plus haut de cette mission et des deux autres dont nous venons de parler qu'elles avaient été surtout concluantes par imprévu. Celle du commandant Monteil, en effet, tout d'abord inspirée par le désir de donner une sanction matérielle à la convention franco-anglaise de 1890, a eu pour premiers résultats l'affirmation de l'indépendance absolue du territoire de Sokoto vis-à-vis de l'Angleterre; et ce, malgré l'assurance contraire qui nous avait été donnée par celle-ci, alors que lord Salisbury, se retranchant derrière les exigences de lord Aberdare, président de la *Royal Niger Company*, objectait à M. Ribot que les traités de cette Compagnie allaient jusqu'à et y compris Sokoto. Ce qui est non moins important, c'est que cette même Compagnie, moins heureuse que Barth en 1852, a vainement tenté de négocier la moindre convention avec le cheikh du Bornou. Seul le commandant Monteil est entré dans Koukaoua[1]. Seul il a pu faire accueillir l'expression de la sympathie de la France et remporter des témoignages de la réciprocité des sentiments bornouans. Et cela, au lendemain d'un échec éclatant subi par ceux-là mêmes qui, en 1890, se sont montrés les répartiteurs rigoureux de territoires dont les portes leur sont encore fermées. Ainsi, le commandant Monteil a fait mieux que jalonner, par respect pour la chose admise, la ligne conventionnelle qui nous a été assignée pour limite au nord des territoires que l'Angleterre avait l'intention de s'approprier. Il a, du Niger au Tchad, interverti l'ordre des facteurs, autrement dit engagé la parole de la France à des gens qui n'avaient encore engagé la leur à personne. Ne retenons, quant à présent, du voyage de notre compatriote que ce simple et grand résultat. A notre tour, ne désavouons pas plus la signature de Monteil que les Anglais n'ont désavoué celle de Stanley; pas plus, enfin, que les Belges n'ont

---

1. Nous rappelons que, d'après Barth, il faut dire *Koukaoua* (pays des Kouka) et non pas Kouka.

désavoué celle du même Stanley et ne désavoueront celle du capitaine Van Gèle sur l'Ouellé.

Les missions dans le Sud algérien de MM. Gaston Méry et Foureau, faites dans le même temps que le commandant Monteil exécutait la sienne, ont-elles été conçues en corrélation systématique avec cette dernière? Oui et non.

Oui, parce que la tête du Soudan central, c'est-à-dire le Bornou, qui, jadis, envoyait périodiquement des ambassades à Tunis et à Tripoli pour entretenir ses bonnes relations commerciales avec ces deux pays, ne verra pas sans plaisir les tentatives que nous ferons pour arriver jusqu'à lui du côté du nord, maintenant qu'il sait que ces tentatives n'ont d'autre objet que de lui faire nos offres de services; et il le sait par le commandant Monteil. Voilà où est le rapport de la mission de ce dernier avec celles de MM. Foureau et Méry. Ces deux voyageurs, pourtant, n'ont pu accomplir tout ce qu'ils avaient projeté. Mais M. Méry, après une course de 125 kilomètres, exécutée dans le Sahara algérien jusque vers Tebalbalet et interrompue au commencement de mars de l'année dernière, a rapporté l'assurance que les Touareg Azdjer, dont le cheikh Ikhenoukhen signa avec la France le traité commercial de 1862, ont toujours pour nous les mêmes dispositions favorables.

Quant à M. Foureau, après avoir pris contact non moins impunément que M. Méry avec les Touareg de l'est, il a dû, par mesure de précaution diplomatique, suspendre en janvier 1892 son projet d'exploration de l'Aïr et a pris la route septentrionale de Rhadamès à In-Salah. Le 23 février, il était à Temassinin, soit à la Zaouïa de Sidi-Moussa. Le 29 du même mois, il campait à El-Biodh, à l'endroit même où Flatters s'était arrêté lors de sa première mission, et constatait la présence de trente superbes palmiers que l'infortuné voyageur avait semés à cette époque. Cette remarque incidente n'est pas la seule que nous ayons à faire dans la récapitulation que nous faisons des missions françaises. Il en est une autre également intéressante. Deux voyageurs sahariens ont eu à constater que le légendaire chameau devenait souvent fourbu ou tombait fréquemment d'épuisement à la suite de fatigues que l'homme ou le cheval avait parfaitement supportées. Ces deux voyageurs sont MM. Foureau et Monteil. La même remarque avait été faite dans le Soudan oriental par le voyageur Casati.

Le 7 mars, en quittant le plateau de Hamada, M. Foureau, devant la répugnance de son escorte à descendre vers le sud, se vit contraint de reprendre la route du nord. Indépendamment des renseignements scientifiques très abondants et souvent nouveaux que MM. Méry et Foureau, et particulièrement ce dernier, ont rapportés de leurs missions, tous deux ont également exposé des conclusions contradictoires à propos du futur tracé du chemin de fer transsaharien. M. Méry préconise la voie ferrée centrale, par Ouargla, Amguid et l'Aïr, ce qui est, si je ne me trompe, le projet préféré de M. l'ingénieur Rolland. M. Foureau recommande, au contraire, la voie ferrée de l'ouest, c'est-à-dire de Ouargla à In-Salah. C'est le projet auquel se rallient tous ceux qui pensent avec raison qu'il serait peut-être de bonne politique d'en finir avec les quelques centaines de Touareg Hoggar et autres nomades quelconques dont se compose le groupe militant d'In-Salah.

Quoi qu'il en soit, et que M. Méry soit pour les Azdjer et M. Foureau pour les Hoggar, il n'empêche que ces deux

éléments sahariens peuvent nous interdire pendant longtemps encore toute relation directe avec le Soudan central à travers leur domaine de sable. Il nous importe donc de modifier bien vite notre politique saharienne si nous en avons une, et surtout de nous hâter d'en avoir une si nous n'en avons pas. Cela nous sera bien plus nécessaire encore le jour où la question de principe sera résolue avec les Touareg et où il nous sera permis d'aller d'Algérie à Koukaoua avec une sécurité relative; car, ce jour-là, nous ne pourrons empêcher les Touareg empressés à nous suivre d'entrer derrière nous dans le Bornou, et nous rallumerons peut-être sans le vouloir la vieille querelle historique mal éteinte entre les Berbères d'Amguid et d'Agadès et les nationaux du Soudan central.

Nous venons de parler de la nécessité d'avoir une politique saharienne. Quelle considération démontre mieux l'urgence de cette nécessité, tout au moins son caractère, que la mission accomplie par M. Léon Fabert dans le Sahara occidental?

De cette même convention de 1890 dont nous parlons plus haut résultait entre nous et l'Espagne, du côté occidental, une délimitation purement idéale et laissant subsister des doutes qu'il importait de dissiper. Mais à l'utilité immédiate de confirmer notre priorité sur l'Adrar venait se joindre une autre considération: nous montrions ainsi la volonté de prendre rang sur ce terrain, à la neutralité duquel on a essayé pendant un siècle de porter atteinte, et qu'on peut appeler la route du Soudan au Maroc et du Sénégal au Sud Algérien. Cette neutralité ne peut disparaître que devant l'inéluctable exigence de jonction de notre Soudan occidental à l'Algérie. Une route entre deux foyers de production où notre influence prédomine ne saurait appartenir à des étrangers. Encore faut-il que cette route soit dégagée de tous les obstacles qui l'obstruent. Or il n'est pas douteux que depuis notre établissement sur le Haut-Niger, depuis surtout que nos canonnières sont allées jusqu'à Timbouctou, les groupes de populations qui, jusqu'à présent, ont été seuls gardiens de la route commerciale du Sahara occidental sont pris d'inquiétude à la vue de nos progrès et à la pensée que ceux que nous pouvons faire vers le nord sont en concordance voulue avec ceux que nous accomplissons vers le sud. La perspective d'une jonction entre le Soudan français occidental et les possessions algériennes est désormais moins problématique pour les populations sahariennes qu'elle ne l'est pour nous-mêmes. Seules quelques-unes de ces populations, celles de l'ouest, échappent à cette obsession, parce que leur caractère ethnique, leur régime politique et l'influence qu'exerce sur elles le voisinage du Sénégal leur ont créé des intérêts d'une autre nature. Personne n'ignore, d'ailleurs, combien ces intérêts des uns et des autres groupes sont en perpétuel conflit à Timbouctou même.

Il est cependant vraisemblable que les intérêts des Maures sont ceux qui se rapprochent le plus des nôtres et que la ligne de conduite la plus rationnelle que nous devions observer à leur égard consisterait à leur persuader d'une manière incessante que nous voulons être des protecteurs et non des conquérants. De sorte que la mission spontanément entreprise par M. Fabert auprès des cheikhs de l'Adrar était véritablement utile et opportune et qu'il est souhaitable qu'on la renouvelle, concurremment avec les tentatives que nous poursuivons du côté du Touat.

Ainsi quatre missions, dont l'année 1892 nous a per

mis de résumer les conséquences, peuvent être considérées comme ayant eu des résultats en parfaite harmonie les uns avec les autres au point de vue du but général que la France doit chercher à réaliser, c'est-à-dire une cohésion territoriale ayant pour base l'Algérie, le Soudan occidental et le Congo, avec le Soudan central pour point de convergence.

D'autres études ont été faites ou sont encore en cours d'exécution qui sont le complément naturel des premières. Ce sont celles poursuivies par MM. Binger, Marcel Monnier, Braulot et Crozat au cours de leur voyage de la Côte de l'Ivoire à la Volta pour délimiter, d'accord avec le capitaine Lang de Boisregon, mandataire de l'Angleterre, nos possessions et celles de cette puissance. On sait qu'au point de vue strictement politique une commission spéciale est chargée de résoudre en dernier ressort cette question de délimitation. Il en a été de même du voyage de M. Lamadon pour déterminer la frontière entre nos territoires des Rivières du Sud et celui de Sierra-Leone. La mission de M. Ballay à Liberia, qui avait un but identique, et qui n'avait pas abouti, vient d'avoir heureusement un épilogue qui, pour n'être pas l'expression du droit, est du moins celle de notre désir d'être laissés tranquilles. Nous pourrons donc nous établir en paix jusqu'au rio Cavally; et, en revanche, nous laisserons Libéria, la république noire que l'Angleterre couvre de sa sollicitude, s'étendre sur la Côte des Graines, où nous abandonnons des droits que nous conféraient d'anciens traités. Nous nous garderons bien, d'ailleurs, d'exprimer des conclusions trop hâtives sur cet accord provisoire, que la mission du capitaine Marchand ne manquera pas de modifier, puisque celui-ci a fixé pour sa principale étape Mousardou, qui marque le point extrême du Hinterland libérien. Là encore, il y aura des contestations. Cette mission Marchand renouvellera, en la développant, celle du malheureux capitaine Ménard, que le docteur Crozat avait essayé de continuer en juin de l'année dernière, en quittant la mission Binger dont il faisait partie. Crozat avait laissé ses compagnons le 11 juin à Kong. Pendant que ces derniers revenaient à la côte, il avait repris l'itinéraire de Ménard, avec l'espoir de retrouver les documents de cet officier et de les compléter. La mort l'a foudroyé à Tengrela, village dépendant des États de Tiéba; et c'est par une lettre de ce roi au colonel Archinard qu'on en a su la nouvelle. Il serait utile qu'indépendamment de la mission du capitaine Marchand d'autres missions fussent envoyées dans la même zone, se secondant et se complétant sans se nuire. En règle générale, toute mission devrait être immédiatement suivie d'une autre vers le même but. Ce ne sera que par le maintien de rapports incessants, et non par des visites trop espacées, que nous accoutumerons les populations noires à nos intentions et à notre présence. Il ne faut pas oublier que les distances à parcourir sont énormes et que le passage d'un Européen reste souvent presque inaperçu. Nous avons de ce que nous disons une preuve toute récente, fournie par deux de nos compatriotes, MM. de Barral et Martinier, qui, partis, il y a huit mois, pour explorer la côte de Guinée, du Grand-Lahou au Cavally, ont pu en toute tranquillité, quoique péniblement, se livrer à d'intéressantes études dans la partie qu'ils s'étaient assignée. Nous rendrons compte de ce voyage, au retour très prochain de M. de Barral. Il en a été de même du docteur Basset, qui, parti de Grand-Bassam, est allé jusqu'au Bondoukou, à peu près vers le même temps que la mission Binger. Ajoutons, pour mémoire, que le territoire de Tiassalé, dans le bassin du Grand-Lahou, où avait eu lieu le désastre de la mission commerciale Papillon-Voituret, a fait sa soumission à la France.

En résumé, les missions accomplies par nos compatriotes sur le continent noir en 1892 marqueront d'une manière exceptionnelle dans l'histoire de l'expansion française en Afrique. Espérons, toutefois, qu'on voudra bien ne pas perdre le souvenir que toute œuvre ébauchée exige une continuation.

L. Sevin-Desplaces.

❖ ❖ ❖

CHRONIQUE GÉOGRAPHIQUE

EUROPE

Crimée. — Les derniers levés russes faits en Crimée attribuent au mont *Roman-Koch* 1542 mètres, et le proclament ainsi point culminant de la presqu'île et du même coup de la Russie d'Europe tout entière. Il y a quelques années, nous avons été, croyons-nous, les premiers à introduire sur les cartes le mont *Kimal-Agerek*, 1524 mètres, comme culmen de la Crimée à la place du Tchatyr-Dagh, 1519 mètres, auquel les géographies scolaires russes et, d'après elles, le *Geographical Journal*, page 62, continuaient à donner la prééminence. Nous souhaitons au nouveau dignitaire une suprématie plus longue que ne l'a été celle du remplaçant du Tchatyr-Dagh.

AFRIQUE

Progrès des voies ferrées en Afrique. — Créer un chemin de fer qui mettra le sol en valeur et ouvrira des débouchés au commerce, tel est aujourd'hui le premier souci d'une nation qui prend pied dans un pays neuf. Aussi l'Afrique, presque inconnue hier encore, se trouve-t-elle être déjà pénétrée de tous les côtés à la fois par ces coins de fer de la civilisation.

De notre réseau algérien déjà bien serré, deux lignes de pénétration s'avancent vers le sud. La plus longue, celle qui joint Oran à Aïn-Sefra dans notre province de l'ouest, est sur le point d'être prolongée jusqu'à Djenien-bou-Rezg. Malheureusement, le tracé de cette ligne, votée lors des derniers événements du Touat, n'en est encore qu'à la période d'études! Dans la province de Constantine, le ministre des travaux publics vient d'ordonner la mise à l'enquête, précédant la déclaration d'utilité publique, du projet de chemin de fer destiné à relier Ouargla à la ligne Philippeville-Biskra, notre deuxième tronçon de pénétration vers le désert. Touggourt serait la principale station intermédiaire de ce prolongement.

La section Biskra-Touggourt aurait 210 kilomètres,

celle de Touggourt-Ouargla 170 kilomètres, en tout 380. La largeur de la voie serait de 1 m. 055. Le montant total de la dépense est évalué approximativement à 24 730 000 fr., soit 65 000 par kilomètre.

En Égypte le réseau khédivial s'enrichit d'une ligne nouvelle, la ligne de Sioût à Souhag, qui sera prolongée à la fin de janvier jusqu'à Girgeh, à 32 kilomètres plus au sud.

Dans l'Afrique orientale les délimitations de territoires ne sont pas encore terminées et déjà les réseaux naissants se préparent à porter dans l'intérieur l'influence européenne. En Érythrée une voie ferrée de 25 kilomètres joint Saati à Massaouah; Akkiko se trouve également relié à la capitale par un decauville. Dans l'Afrique Orientale anglaise, un tracé de chemin de fer à voie étroite de Mombaz aux lacs Victoria et Albert est à l'étude et des travaux ont même été commencés à Mombaz. Dans l'Est Africain allemand, le chemin de fer de Tanga à Korogoué sur le Pangani est en voie d'exécution; 140 kilomètres devaient être construits l'automne passé, de Tanga à Séga. En Mozambique la ligne entreprise de Beïra sur la Poungoué à Massikessé est poussée rapidement; 96 kilomètres sont déjà construits. Un autre chemin de fer est projeté par un groupe de capitalistes entre Moutamba et Gangouhana; il serait du système Decauville.

Le Transvaal avait toujours vu avec répugnance la construction d'un chemin de fer qui le ferait communiquer trop facilement, à son gré, avec les pays voisins; mais il a été entraîné dans le mouvement général et a dû consentir aux exigences des compagnies anglaises. Les travaux de la ligne qui doit relier Pretoria à Lourenço-Marquez ont été repris au mois de mai, et la frontière de la République Sud-Africaine a été franchie par les rails au *poort* de Komati.

Le réseau si étendu déjà de la Colonie du Cap se développe avec rapidité : en dehors de la ligne de Natal qui atteint maintenant Charlestown, près de la frontière du Transvaal, deux grandes lignes s'élancent vers le nord. L'une partant de Colesberg traverse la république d'Orange et, par Bloemfontein, Kroonstad, Heilbron, atteint dans le Transvaal Johannesburg et Pretoria. Le dernier tronçon de cette ligne qui met en communication directe la capitale de la Colonie du Cap avec celle du Transvaal a été inauguré le 1er janvier de cette année.

La seconde ligne qui, traversant toutes les possessions anglaises de l'Afrique australe, doit aboutir au fort Salisbury en s'embranchant au pont de Mouéni, près de Massikessé, avec la ligne de Beïra, est terminée jusqu'à Vryburg; le tronçon Vryburg-Mafeking sera bientôt commencé.

Dans l'Afrique occidentale on annonce le projet d'un chemin de fer entre Walvisch Bay et le Bechouanaland britannique. Cette voie relierait la côte à Mafeking, par Sandfontein et Rietfontein. En Angola la ligne portugaise de Saint-Paul de Loanda à Ambaca est ouverte sur une distance de 225 kilomètres et atteindra bientôt Kasengo. Dans l'État indépendant du Congo, la voie ferrée qui doit relier Matadi au Stanley-Pool est poussée activement; sur les 425 kilomètres que comporte le tracé, 25 kilomètres environ sont terminés dans la région la plus difficile.

De ce point de l'Afrique jusqu'au Sénégal il n'existe encore aucun chemin de fer, quoique plusieurs projets aient été ou doivent être étudiés. Pour Sierra-Leone le président de la Chambre de commerce de Liverpool vient d'adresser au marquis de Ripon, sous-secrétaire d'État pour les colonies, au nom du comité de la section africaine, une demande de mise à l'étude d'un projet de chemin de fer à voie étroite allant de Freetown à Falaba.

Dans nos possessions du Soudan occidental, un projet de chemin de fer de 312 kilomètres reliant l'embouchure de la Mellacorée au haut Niger a été étudié et présenté l'année dernière par le capitaine Brosselard-Faidherbe.

Un autre tracé a été étudié pour la construction d'une voie ferrée entre Bafoulabé et Bammako. On sait que Bafoulabé est déjà relié par un chemin de fer à Kayes, point situé sur le Sénégal à l'endroit où il cesse d'être navigable pour les chalands. Enfin l'auteur de ce dernier travail, M. le commandant Marmier, vient d'être chargé de l'étude de l'avant-projet d'une voie ferrée reliant Fatik dans le Siné avec Thiès, station du chemin de fer de Dakar à Saint-Louis. La première idée de ce chemin de fer, qui aurait un parcours d'environ 80 kilomètres à travers la région la plus peuplée de nos possessions du littoral, appartient tout entière à un jeune mulâtre de Rufisque, M. Louis Huchard, qui est venu en France il y a trois mois pour la présenter à qui de droit.

Télégraphe transafricain. — On sait que la *British South African Company* vient de faire construire une ligne télégraphique reliant le fort Salisbury au réseau du Cap et devant, sous peu, se prolonger jusqu'à Blantyre. Le *Geographical Journal* annonce que M. Cecil Rhodes propose de continuer cette ligne le long de la dépression des lacs Nyassa et Tanganyika jusqu'à l'Ouganda, pour la relier ultérieurement, en suivant la vallée du Nil, au réseau égyptien. Il serait intéressant de rechercher, ajoute le *Geographical Journal*, s'il n'y aurait pas avantage et économie, dans le cas où un pareil projet se réaliserait, de remplacer, pour le tracé le long des lacs, la ligne aérienne par un léger câble immergé. Le projet paraît digne de considération, au point de vue géographique, puisqu'un projet similaire avait déjà été discuté il y a une douzaine d'années par un Comité de la *Royal Geographical Society*.

Dahomey. — La siuation est tranquille au Dahomey. Ainsi que nous l'avons toujours dit, des groupes de population venus de la rive gauche de l'Ouémé essaient de se réinstaller sur les territoires d'où ils avaient été chassés par Behanzin.

L'absence des anciens chefs dans les villages a, d'ailleurs, beaucoup simplifié les difficultés. Ce serait peut-être le cas, nous le répétons, de tenter une administration directe du Dahomey, d'autant plus que la déchéance de Behanzin, prononcée par le général Dodds, va nous obliger à lui donner un successeur si nous ne prenons pas nous-mêmes la direction du pays.

A ce propos, nous ne pouvons pas ne pas nous rappeler que tout ce que nous avions prévu du côté de la colonie anglaise de Lagos s'est réalisé. Nos voisins ont fini par triompher, en apparence du moins, des répugnances des Egbas et ont été reçus avec quelque cérémonie dans la capitale Abéokouta. Nous ne croyons donc pas exagérer en disant que nos succès sur les Dahoméens, dès l'instant où ils n'ont pas été le signal d'un retour en masse des populations Egbas sur la rive droite de l'Ouémé, ont contribué pour une grosse part à servir les intérêts de l'Angleterre.

Explorations à la Côte de l'Ivoire. — Le grand affluent de droite du haut Cavally, le Firédougouba, découvert l'an dernier, sommairement exploré par le lieutenant — aujourd'hui capitaine — Marchand et dont le bassin doit servir de limite entre nos possessions de la Guinée française et la république de Liberia, va être l'objet d'une étude plus détaillée. A cet effet MM. les capitaines Marchand et Manet ont dû partir de France, le 20 janvier, pour se rendre à la Côte de l'Ivoire. Ils emportent avec eux des chaloupes de tôle qui leur faciliteront la navigation sur les cours d'eau qu'ils se proposent de relever.

Le lieutenant Braulot, compagnon du capitaine Binger dans son dernier voyage, partira à la même époque pour reprendre l'exploration méthodique des fleuves des bassins côtiers de l'Atlantique.

Expédition antiesclavagiste. — La Société antiesclavagiste de Bruxelles a reçu des nouvelles de M. le lieutenant Long, commandant l'expédition de secours envoyée aux capitaines Jacques et Joubert au Tanganyika.

M. Long a été pendant plus de deux mois retenu à Tabora, faute de porteurs. Il est enfin parvenu à réunir 150 hommes, qu'il a pu envoyer en avant-garde avec des fusils, des munitions et des vivres pour la garnison affamée du camp antiesclavagiste. Cette avant-garde devait être arrivée vers le 20 novembre à Karéma, en face du camp d'Albertville. Le lieutenant Duvivier comptait pouvoir partir avec le gros de l'expédition dans le courant de novembre.

Cameroun. — Le docteur Zintgraff, qui a fait partie des deux dernières expéditions dans l'arrière-pays du Cameroun, a récemment entretenu les membres de la section anversoise de la Société coloniale allemande et ceux de la Société de Géographie, de la situation actuelle dans le Cameroun septentrional. Il a surtout parlé de l'expédition qui a créé la station de Bali, à 275 kilomètres de la côte, et des combats qu'elle a eu à soutenir contre les Bafouts et les Banyangs, combats dans lesquels périrent plusieurs blancs et notamment le chef de l'expédition, le lieutenant de Spangenberg. Parlant du don de 2000 fusils Mauser fait aux Balis, en récompense de la fidélité qu'ils ont montrée envers les Allemands, et des objections soulevées par ce cadeau d'armes perfectionnées à une peuplade sauvage, le docteur Zintgraff a prétendu que ç'avait été un acte de bonne politique. Que peuvent faire les nègres, a-t-il dit, de fusils se chargeant par la culasse si on n'y joint pas de munitions? Avec leurs fusils à pierre, au contraire, ils n'ont pas besoin de demander qu'on leur en fournisse. Cela est si vrai que le roi des Balis, tout en acceptant le cadeau des 2000 Mauser, s'est bien gardé de faire vendre les antiques fusils de sa vaillante armée : « Avec nos vieilles armes, s'est-il écrié, je ne serai tributaire de personne, lorsque viendra le moment de m'en servir. »

Le gouvernement allemand a-t-il réellement donné les 2000 armes perfectionnées, sans les munitions nécessaires? La mystification serait trop forte. Quoi qu'il en soit, elle n'excuserait pas la violation des stipulations de l'acte de la conférence de Bruxelles relatives au don d'armes perfectionnées aux indigènes.

Expéditions en Somalie. — La reconnaissance de la presqu'île des Somalis, cette région, dernière venue dans le champ de l'investigation européenne, se poursuit avec ardeur. Outre l'expédition du prince d'Orléans, dont nous avons déjà parlé, quatre expéditions ont quitté la côte à la fin de 1892, se dirigeant vers l'intérieur. La première est commandée par le capitaine Bottego. De Berbera, elle se dirigera à travers l'Ogaden jusqu'à l'oasis de Faf, puis, par le pays des Aroussis, atteindra la Djouba qu'elle descendra. Sous les ordres de M. Ferrandi, la deuxième partira de Barava, et fera à peu près le même trajet que la précédente, mais en sens inverse. La troisième, que dirige le capitaine Villiers de l'armée anglaise, s'avancera de Kismayou vers les sources de la Djouba, qu'elle se propose de déterminer; elle visitera ensuite la région qui s'étend entre cette rivière et le lac Rodolphe ; le retour s'effectuera, si possible, par le pays des Gallas, vers Berbera. Enfin la quatrième expédition, ayant à sa tête le prince Ruspoli, a quitté Berbera se dirigeant sur le Harrar; par le Kaffa, elle espère gagner les lacs et revenir soit par Zanzibar, soit par le Congo.

Expédition sur la Djouba. — Pour la première fois depuis la mort de von der Decken en 1865, la Djouba vient d'être remontée par un Européen. Le capitaine Dundas, de la *British East African Company*, bien connu déjà par sa belle exploration du Tana en 1891, est parvenu, à bord du vapeur *Kenia*, jusqu'à Bardera, où il reçut un accueil peu amical; il poussa néanmoins jusqu'aux rapides où sombra jadis l'embarcation de son infortuné prédécesseur ; quelques vestiges en étaient encore visibles. Espérons que cette exploration, qui ouvre à la civilisation une voie fermée depuis de si longues années, sera heureusement complétée et étendue par les expéditions en cours dont nous parlons plus haut.

Exploration Stuhlmann. — Le *Deutsches Kolonialblatt* donne un résumé succinct des matériaux cartographiques accumulés par le docteur Stuhlmann qui est, en même temps qu'un explorateur, un géographe consciencieux. La liste des matériaux rapportés comprend : 1° un itinéraire en 146 feuilles in-8°, indiquant la route suivie de Kafouro au point le plus septentrional atteint dans le Momfou méridional; la direction de la marche est notée toutes les cinq minutes et plusieurs milliers de visées ont été faits sur des montagnes éloignées et sur les objets intéressants de chaque côté de la route; 2° une série de profils comprenant 105 sections du pays entre le Kafouro et l'ouest du lac Albert; 3° un journal donnant toutes les mesures géodésiques prises dans les environs de Boukoba, ainsi que de nombreuses visées, et comprenant également les observations de la route de retour à Mouanza, dans laquelle la position de beaucoup d'îles de la partie sud-ouest du lac Victoria a été déterminée ; 4° deux petits journaux contenant les points originaux de la route vers la côte à Bagamoyo; 5° une carte de la route de Mouanza à Bagamoyo à l'échelle de 1 millimètre par minute de marche. Cette dernière carte comprend 46 feuilles qui, réunies, ont une longueur de 12 mètres; elle est accompagnée de treize tables donnant des profils de montagnes; 6° environ 24 croquis de carte dessinés sur les lieux et réunissant provisoirement les principaux traits de certaines régions spéciales; 7° une liste de 65 positions astronomiques et observations magnétiques; 8° enfin, un grand volume in-f°, en partie rempli par Emin Pacha et continué par le docteur Stuhlmann, donnant toutes les estimations d'altitude, les lectures du thermomètre à ébullition, et les observations météorologiques s'étendant à environ 70 000 points différents. Indépendamment de ces matériaux purement cartographiques, l'expédition a rapporté de grandes collections d'histoire naturelle, de volumineuses notes sur les peuplades rencontrées et des vocabulaires concernant vingt langues différentes.

Délimitation anglo-portugaise. — Les négociations de la commission de délimitation anglo-portugaise viennent d'être ajournées par les Anglais, qui regrettent d'avoir laissé au Portugal, en 1891, un territoire sur lequel on vient de découvrir de nouveaux gisements.

M. Ennes, délégué du Portugal, n'ayant pu s'entendre à ce sujet avec le major Laverton, délégué britannique, s'est embarqué le 13 décembre à Mozambique pour Lisbonne, où il doit conférer avec son gouvernement.

ASIE

Caucase. — Le n° 9 du *Bulletin du Club Alpin français* contient une lettre de M. G. Merzbacher sur les groupes de Theboulos-Mtha et de Donos-Mtha et sur la grande chaîne glaciaire du Bogos, dans le Daghestan (Caucasie), qu'il a visités en août et en septembre de l'année dernière. Avant M. Merzbacher, cette région, perdue au fond de districts montagneux peu accessibles, était encore tout à fait inexplorée.

Nous allons donner les altitudes de quelques cimes déterminées par l'explorateur, quoique, de son propre aveu, ces altitudes soient seulement approximatives. Les chiffres entre parenthèses sont ceux de la carte de l'état-major russe :

Theboulos-Mtha, 4 550 mètres (4 505).

Donos-Mtha, 4 200 mètres (4 187).

Diklos-Mtha, 4 280 mètres (2 996).

Botchok, 4 150 mètres (—).

Nous ne citons pas les autres cotes (voy. *Bulletin*, p. 339), les montagnes auxquelles elles s'appliquent ne se trouvant ni sur les cartes de l'état-major russe, ni, par conséquent, sur aucune autre carte. Les noms et les chiffres n'ont, à notre avis, aucun intérêt tant qu'on ne sait pas à quoi ils s'appliquent.

Asie centrale. — M. Dutreuil de Rhins continue son exploration dans le Turkestan Oriental. D'après une lettre de lui, datée du 17 juin 1892, il a, dans un nouveau séjour à Khotan, terminé un travail sur la ville même, puis exploré dans les environs les ruines des anciennes cités. Il a envoyé en France de nombreuses collections d'histoire naturelle, d'antiquités, etc. Le 2 octobre, il était arrivé à Leh, capitale du Ladak (royaume de Cachemire). Il comptait être de retour à Khotan le 21 novembre.

Tonkin. — Les journaux du Tonkin arrivés par le dernier courrier d'Extrême-Orient annoncent que la section du chemin de fer de Phu-Lang-Thuong à Langson comprise entre Kep et Sui-Gam a été ouverte le 5 décembre dernier. C'est 10 kilomètres environ de voie ferrée qui viennent s'ajouter au 20 kilomètres déjà construits.

Le village de Sui-Gam est situé à une très faible distance de Bac-Lé, tristement célèbre par le guet-apens de 1884. Il est bon de faire remarquer qu'un chemin de fer traverse aujourd'hui cette région qui fut pendant des années le centre de l'insurrection tonkinoise. Avant peu de temps, les 60 kilomètres environ de voie ferrée qu'il reste à construire seront terminés, et Hanoï sera en communication directe avec la Chine.

Un autre fait important s'est produit dans notre grande colonie indo-chinoise. Le directeur des douanes a établi, non sans avoir éprouvé de grandes difficultés, un poste de douaniers à Pac-Si, sur la frontière chinoise, à 20 kilomètres nord-ouest de Monkaï.

C'est la première fois qu'une installation de ce genre a pu être faite sur la frontière depuis que nous occupons le Tonkin. Elle est donc l'indice que la fin des temps troublés est proche, en même temps qu'elle marque notre ferme volonté d'occuper effectivement ce riche pays si longtemps calomnié.

La situation de notre colonie s'améliore de jour en jour. Son essor commercial s'est en effet développé considérablement depuis quelques années, ainsi que le constate le rapport de l'administration des douanes pour 1892, publié à Hanoï à la fin de l'année qui vient de s'écouler.

Les chiffres parlent d'eux-mêmes.

En 1883, au commencement de l'occupation, le commerce général était de 8 millions de francs environ. Il est maintenant de 48 millions pour le Tonkin seulement !

Voici d'ailleurs le tableau exact du mouvement commercial extrait du rapport général dont nous parlons :

Années.	IMPORTATIONS	EXPORTATIONS	TOTAL GÉNÉRAL
1883	3 648 020 fr.»	4 440 124 fr.»	8 088 144 fr.»
1884	9 225 889 »	722 962 »	9 948 731 »
1885	18 490 700 »	721 071 »	19 211 771 »
1886	23 369 971 »	726 231 »	24 096 206 »
1887	28 825 767 »	608 414 »	29 434 181 »
1888	30 190 820 »	9 338 752 »	39 529 572 »
1889	26 165 660 »	13 887 012 »	40 052 672 »
1890	21 933 692 »	7 139 488 »	29 073 180 »
1891	28 016 193 »	19 595 053 »	47 611 246 »

Comment douter de l'avenir de ce grand pays après de tels résultats ?

Tout est en progrès au Tonkin : le commerce, l'industrie, l'agriculture, les mines, etc. Depuis quatre ans, des essais ont été tentés de tous côtés et déjà plusieurs plantations sont prospères.

En 1890 et 1891, une grande extension a été donnée à l'exploration des mines et de nombreuses et riches concessions minières de plomb argentifère, de cuivre, d'antimoine, de fer, de houille, etc., ont été accordées. C'est la prospérité qui s'annonce comme devant être aussi rapide qu'elle le fut en Cochinchine.

En effet, lorsque nous avons pris la Cochinchine, le roi d'Annam en tirait 1 500 000 francs. Aujourd'hui le budget de cette colonie est trente fois plus élevé. La Cochinchine a 2 millions d'habitants seulement. Le Tonkin en a 12 millions, l'Annam 6 millions au moins. On voit d'avance quel sera dans quelques années le chiffre élevé du budget du protectorat de l'Annam et du Tonkin, bien que la nombreuse population du Delta n'ait pas à sa disposition, toutes proportions gardées, des terrains disponibles en aussi grande quantité qu'en Cochinchine.

Enfin ajoutons cette petite nouvelle bien caractéristique. La ville d'Hanoï va être éclairée à la lumière électrique. Combien de grandes villes en France n'en sont pas encore là !

M. Massié. — Nous avons le regret d'avoir à enregistrer le décès de M. Massié, vice-consul de France à Louang-Prabang.

M. Massié, fatigué par un long séjour dans ce pays, et las de lutter contre les intrigues anglaises, avait obtenu un congé pour rentrer en France. Il serait mort de la fièvre entre Dong-Khong et Dong-Si-Taudon, dans le Siam, en se rendant à Bangkok, où il devait se rencontrer avec M. Pavie, consul général, son ami, qu'il avait remplacé à Louang-Prabang.

D'après une autre version qui court au Laos, notre infortuné compatriote aurait été assassiné. M. Couljean, agent commercial du Laos, serait parti de Stung-Treng pour procéder à une enquête.

M. Massié avait fait partie de la mission Pavie et avait parcouru à différentes reprises le Sib-Song-Panna, le Laos et le Louang-Prabang.

OCÉANIE

Tahiti. — Le *Messager de Tahiti* annonce que le Conseil général de Papeete a encore voté une taxe annuelle de 300 francs par Chinois établi négociant et de 200 francs pour ceux qui exercent les professions de restaurateur, boulanger, etc., indépendamment d'une autre taxe de 2 500 francs par chaque Asiatique arrivant dans la colonie.

Ces taxes onéreuses ne découragent pas, paraît-il, les jaunes habitants du Céleste-Empire, et chaque navire venant de San Francisco ne manque jamais de débarquer plusieurs de ces infatigables *mercantis*.

Annexions anglaises. — L'année 1892 a été marquée par une extension considérable des possessions anglaises dans le Pacifique. Quelques petites îles et deux archipels entiers ont été annexés sans coup férir et sur la demande plus ou moins spontanée des indigènes. C'est d'abord l'île Johnston, ou Cornwallis, au sud-ouest de l'archipel Havaï, auquel elle était censée appartenir. Puis ce sont trois îles du petit groupe des Phénix, Gardner, Danger ou Pouka-Pouka, et Nassau, cette dernière à peine connue, et figurant même sur quelques cartes avec un point d'interrogation. Déserte jusqu'à une époque récente, l'île avait, à l'arrivée du bateau le *Curaçao*, chargé de l'annexer, une population de neuf habitants. Par suite de ces annexions et de celles qui les ont précédées, le groupe de Phénix est aujourd'hui entièrement anglais. Il est d'ailleurs sans importance. Ses îles ne sont que des atolls, où la seule culture est celle des cocotiers.

Une acquisition plus importante est celle de l'archipel Gilbert, qui semblait réservé à l'Allemagne. Le bateau le *Royalist*, capitaine E.-H. Davis, en a pris possession au mois de juin, avec le cérémonial accoutumé, qu'il a répété successivement dans treize des îles du groupe, sur seize qu'il compte en tout. La plus importante, Butaritari, recevra un résident. Le « roi » indigène de cette île, Tebureimoa, jusqu'ici en coquetterie avec les Américains, a bien voulu, nous dit-on, donner son assentiment au protectorat. Les îles Gilbert comptent, d'après les évaluations les plus récentes, environ 24 000 indigènes. Lors de l'annexion, il y avait 77 blancs, dont 30 Anglais, 21 Américains, 9 Allemands, 17 représentants d'autres nationalités. Parmi ces blancs, plusieurs sont des missionnaires, tant protestants que catholiques. Les nouveaux protecteurs en ont expulsé quelques-uns, qu'ils trouvaient sans doute trop zélés.

En septembre enfin, le *Curaçao* a proclamé le protectorat britannique sur neuf des îles du petit archipel d'Ellice, ou des Lagunes, au nord des Fidji, entre 5° et 10° latitude nord, 165° et 177° longitude est. L'annexion avait été préparée par des missionnaires anglais, qui ont converti nominalement au protestantisme les quelques milliers d'habitants. Comme les Phénix, ces îles n'ont que des cocotiers. Cependant, sur la plus méridionale d'entre elles, Sophia, ou *Rocky Independence*, on exploite aussi du guano.

Ces acquisitions marquent une nouvelle étape, l'une des dernières sans doute, du partage de l'Océanie. De tous les archipels dispersés dans le Pacifique, il n'en est plus que deux, Havaï et Tonga, qui conservent un semblant d'indépendance. On ne peut guère y ajouter les îles Samoa, qui sont régies par un triple *condominium*.

Le même document auquel nous avons emprunté les détails qui précèdent, nous donne des chiffres intéressants sur l'état actuel des îles Fidji. Le mouvement du commerce y était en 1891 de 18 184 550 francs, dont 6 326 200 à l'importation, 11 858 350 à l'exportation. Les principaux articles exportés sont le sucre, le copra, les fruits (bananes et ananas) et le coton. Les plantations de thé et de tabac sont prospères. Les ports de Souva et de Levouka ont reçu, la même année, 101 bâtiments, dont 68 vapeurs, jaugeant 69 276 tonnes. Enfin la population de l'archipel était de 121 180 habitants, dont déjà 2 030 Européens.

AMÉRIQUE

L'Ile de Sable. — On signale la disparition partielle de l'Ile de Sable, située à l'est de la Nouvelle-Écosse, à peu près sous la même latitude que le grand banc de Terre-Neuve, écueil bien connu des marins qui fréquentent ces dangereux parages des côtes américaines et qu'ils ont appelé le « Cimetière de l'Océan ».

Il faut entendre sans doute par disparition partielle une nouvelle érosion considérable du sol et par conséquent une diminution sensible de l'île; mais on ne saurait affirmer qu'elle va disparaître, le redoutable banc de sable sur lequel elle est placée ne paraissant pas avoir jamais été diminué par la mer.

Voici ce qu'en dit Élisée Reclus : « L'Ile de Sable qui défend, à plus de 150 kilomètres au large, les approches de la Nouvelle-Écosse, est une des terres immergées les plus remarquables par les changements de forme que les courants et les tempêtes lui ont fait subir pendant la courte période de trois siècles. Les plus anciennes cartes françaises la représentent comme ayant 74 kilomètres de long sur 4160 de large; en 1776, une carte anglaise de l'Amirauté réduit sa longueur de 18 kilomètres et demi et sa largeur de 460 mètres, et en même temps déplace la pointe occidentale de plus de 20 kilomètres vers l'est; en 1818, en 1850 et en 1888, les nouvelles cartes indiquent de nouveaux rétrécissements et des changements de position : de nos jours, l'île, dessinée en forme de croissant tournant sa convexité vers le sud, n'a plus que 40 700 mètres sur 1850 mètres : elle a diminué de plus de moitié pendant deux siècles, et la pointe occidentale a reculé de 46 kilomètres vers le large; en outre, ses plus hautes dunes, qui jadis dépassaient 60 mètres, n'en ont plus que 24. Un lac qui se trouve dans l'intérieur n'a cessé de se déplacer avec les monticules de sable et l'île elle-même, et tantôt il s'est trouvé complètement séparé de la mer et tantôt communiquant avec elle par un chenal : en 1836, deux chaloupes américaines qui s'y étaient réfugiées ne purent en sortir. Les habitants déplacent de temps en temps leur station et leur phare, dans la crainte qu'en un jour de tempête l'île entière ne soit emportée. On a vu les vagues soulevées dévorer en une seule nuit des plages de plusieurs hectares. »

Depuis 1880, trois phares y ont été successivement élevés; les deux premiers ont disparu l'un après l'autre, enlevés par la vague après s'être effondrés. Le troisième, qui avait été récemment construit en remplacement des autres, est battu en brèche et menace ruine.

Le rapatriement des Canadiens des États-Unis. — D'après le *Courrier de Saint-Hyacinthe*, le mouvement de rapatriement se continue avec régularité dans ce district : 146 familles y sont revenues des États-Unis pendant les mois de septembre, octobre et novembre 1892. Ces chiffres paraissent de nature à rassurer les patriotes qu'inquiète justement l'exode canadien français vers les États-Unis; malheureusement le *Courrier de Saint-Hyacinthe* oublie de mettre en regard le nombre des familles qui ont émigré durant la même période, et nous craignons fort que le chiffre des sortants ne soit sensiblement supérieur à celui des rapatriés.

NOUVELLES DIVERSES

— Malgré toutes les polémiques de presse au sujet de l'arrivée de M. Van Kerckhoven sur le Haut-Nil, on ignore absolument si l'expédition est réellement à Lado, aucune nouvelle n'étant parvenue ces derniers temps à l'administration de l'État du Congo à Bruxelles.

— Le docteur Baumann, poussant son exploration vers l'ouest, a quitté le lac Victoria au commencement d'août. Il a exploré le Rouanda et l'Oroundé et atteint le lac Tanganyika à son extrémité septentrionale. Le 6 novembre dernier, il était à Tabora, et reprenait le chemin de la côte.

— D'après les dernières nouvelles reçues du Zambèze, les canonnières anglaises destinées au Nyassa étaient attendues sur les bords du lac pour la fin de 1892. L'expédition Wissmann continuait à remonter lentement le Zambèze, et le capitaine Sclater s'occupait, avec beaucoup de difficultés, d'améliorer la route entre Katounga et Blantyre, par où devaient être transportés les bateaux.

— Le Machonaland a adhéré à l'Union postale universelle. Chose curieuse, les colonies anglaises de l'Afrique australe n'y ont pas encore donné leur adhésion, tandis que les possessions portugaises en font partie depuis longtemps, et que le Transvaal y est entré récemment.

BIBLIOGRAPHIE

REVUE DES PÉRIODIQUES

Articles signalés :

Annales de Géographie, 15 janvier 1893. *La Construction d'une carte* (suite), par G. Dallet. *Océanographie* (suite), *Océan Pacifique et Océan Indien*, par Augustin Bernard. — *Études sur la Basse-Bretagne : le pays de Léon*, avec cartons en noir et carte en couleur par L. Gallouédec. — *La Crau*, avec carte en couleur, par A. Rainaud. (L'auteur montre que le « Sahara français » n'est condamné, ni par sa constitution physique, ni par les conditions météorologiques auxquelles il est soumis, à une éternelle stérilité, et qu'il pourrait assez aisément être rendu à la culture, comme le prouve le succès des tentatives faites par quelques propriétaires. Sur 24 000 hectares qui pourraient être convertis en terres agricoles, 4 000 devraient être desséchés par des procédés analogues à ceux employés dans la Camargue [voy. *Nouv. Géogr.*, janvier 1892]. Pour les 20 000 hectares restants, un canal d'irrigation leur apporterait avec les eaux de la Durance le limon très riche qu'elles entraînent.) — *Étude sur le régime et la navigation du Rhin*, avec graphiques, par B. Auerbach. — *Réoccupation par la France des îles Saint-Paul et Amsterdam*, par Ch. Vélain. (L'auteur a été attaché comme géologue à l'expédition scientifique envoyée à Saint-Paul en 1874 pour l'observation du passage de Vénus sur le Soleil.) — *Note sur le climat de la péninsule Goajire*, par H. Candelier. — *Exploration de M. Emile Gautier à Madagascar*, par ce voyageur.

Geographical Journal (*Including the Proceedings of the Royal Geographical Society*), janvier 1893. (Ce journal remplace, à partir de cette année, les anciens *Proceedings*, dont il est une édition modifiée et augmentée; le format est le même, mais le fascicule contient un plus grand nombre de pages. Outre les travaux, toujours intéressants, lus aux réunions de la Société, et suivis de la discussion à laquelle ils ont donné lieu, chaque numéro contiendra quelques petits articles, une chronique mensuelle étendue, un compte rendu bibliographique et cartographique; il sera accompagné de cartes et de gravures dans le texte, plus nombreuses que par le passé. Cette transformation marque un nouveau progrès de cet excellent recueil. — *How can the north polar region be crossed?* par le docteur Fridtjof Nansen. (Conférence faite par le docteur Nansen à la Société de Londres pour y exposer son projet, déjà bien connu, d'expédition au pôle nord. On y trouve, entre autres, de nombreux détails, accompagnés de croquis sur le bateau *Fram*, construit spécialement pour ce voyage. La conférence a été suivie d'une discussion dont il est rendu compte. Les explorateurs arctiques bien connus qui y ont pris part, sir Leopold Mac Clintock, sir George Nares, etc., ont, pour la plupart, combattu les théories de M. Nansen sur les courants arctiques, et contesté, pour le *Fram*, la

possibilité d'être soulevé au-dessus des glaces.) — *Exploration and Character of principal New Zealand Glaciers*, par A.-P. Harper. (Résumé des explorations faites dans les hautes montagnes de l'Ile du Sud. L'auteur a lui-même pris part à l'une d'entre elles.) — Le numéro contient, entre autres cartes, celle d'une partie de l'Ouganda au 1 000 000e, faite par E.-G. Ravenstein, pour accompagner le récit, imprimé précédemment, du voyage du capitaine Lugard.

Mitteilungen de Petermann, janvier 1893. — *Beiträge zur Ethnographie der Republik Guatemala*, par le Dr Karl Sapper. (Étude intéressante, faite dans la Guatémala lui-même, sur des populations indiennes du pays et leurs langues, description et comparaison des coutumes diverses que ces tribus ont encore conservées.) — *Ergebnisse der japanischen Erdbebenstatistik*, 1885-1889, par le Dr A. Supan. (Résumé statistique des tremblements de terre au Japon. Il est prouvé que depuis 1886 la fréquence des secousses augmente chaque année dans une proportion considérable. En 1887 il y en a eu 483, 630 en 1888, 930 en 1889.) — *Kleinere Mitteilungen : Die geographische Verbreitung von Grund und Boden*, par le général A. de Tillo. — *Die Vorderseite der Erde in der Fortbewegung des Sonnensystems im Raume*, par le même. — *Schnee, Firn und Bewässerung im nordamerikanischen Westen*, par Fr. Ratzel. — *Britische Erwerbungen in der Südsee im Jahre* 1892, par A. Vollmer. (Annexions anglaises dans le Pacifique ; nous donnons un résumé de cet article à la chronique.)

COMPTES RENDUS

Docteur Sagot, ancien chirurgien de la marine : *Manuel pratique des cultures tropicales et des plantations des pays chauds. Ouvrage publié après la mort de l'auteur, complété et mis à jour par* E. Raoul, *pharmacien en chef du corps de santé des colonies. Préface par* M. Maxime Cornu, *professeur administrateur au Muséum d'histoire naturelle de Paris.* Paris, Challamel, 1892.

Voici un ouvrage présenté au public sous la responsabilité de trois noms qui suffisent à garantir sa valeur. Le docteur Sagot, mort en 1888, a laissé comme botaniste le souvenir d'une expérience et d'un savoir considérables, et on peut dire que le volume édité aujourd'hui représente une bonne part de sa science. Personne mieux que M. Raoul n'était en état de rassembler les documents réunis pendant un quart de siècle par le docteur Sagot, de les compléter, de les classer et de les publier, avec l'appoint de ses observations personnelles. M. Cornu, de son côté, avec la haute compétence que lui assurent ses études spéciales des cultures tropicales, signale, dans une préface qui est une véritable conférence écrite, toute l'utilité, toute la nécessité même du Manuel pratique de Sagot et Raoul. Il ne s'agit pas seulement des cultures coutumières à tel ou tel

pays chaud, mais aussi et surtout des cultures qui peuvent y être pratiquées, pour le plus grand bien de ces pays et pour celui des Européens qui vont y coloniser. C'est la première fois qu'on offre au public un manuel de ce genre. On peut dire qu'il arrive à propos, puisque jamais la question de colonisation n'a été l'objet d'une préoccupation aussi vive qu'au moment où nous parlons. A cet égard, il sera t désirable que le *Manuel pratique des cultures tropicales* devînt livre classique, car il vient compléter très heureusement l'enseignement géographique en général et la géographie coloniale en particulier. Il a assez d'importance pour que nous y revenions avec plus de détails dans un de nos prochains numéros.

L. S.-D.

G. Casati : *Dix années en Equatoria. Le retour d'Emin Pacha et l'expédition Stanley.* Traduction de Louis de Hessem. Paris, Firmin-Didot et Cie, 1892, in-8°.

Ceci est un livre tardif qu'attendaient avec impatience tous ceux qui se sont intéressés à la fameuse expédition de Stanley dans la province équatoriale pour secourir Emin Pacha. Le capitaine Casati, ami d'Emin et témoin oculaire des événements, passait, à tort ou à raison, pour connaître mieux que personne ce qui s'était passé. Disons tout de suite que l'opinion exprimée par le capitaine Casati n'est pas précisément celle que nous attendions. Elle n'est pas favorable à Emin Pacha. Mais ajoutons aussi qu'elle ne l'est pas davantage à Stanley. Le capitaine Casati nous paraît avoir joué entre les deux un rôle assurément fort honnête, mais plein d'erreurs. A côté de cette partie politique de son livre, l'auteur nous apporte, après Schweinfurth et les autres voyageurs du Haut-Nil, d'intéressants renseignements sur les peuples et sur les choses. Malgré l'incontestable désarroi dans lequel il a trouvé les pays qu'il a parcourus, il a su retenir; et nous sommes heureux de le ranger au nombre de ceux qui savent vivre sans haines et sans violences au milieu des peuples noirs ; au nombre de ceux qui croient à l'avenir des races africaines, avec le concours de l'honnêteté européenne.

L. S.-D.

Walter B. Scaife, *America, Its geographical history*, 1492-1892. Baltimore, John Hopkins Press, 1892, in-8°.

L'auteur a recueilli dans ce petit volume une série de six conférences données à l'Université John Hopkins, à Baltimore, sur l'histoire géographique du continent nord-américain. La plupart des questions qu'il y traite sont déjà bien connues; mais il y a profit à les voir exposées ici, avec autant de netteté que de concision. Les trois premiers chapitres ont pour sujet la découverte et les progrès de la connaissance de l'Amérique ; de la côte de l'Atlantique d'abord, puis de celle du Pacifique et des régions polaires. Le quatrième est une brève dissertation sur trois noms géographiques qui ont donné lieu, le premier surtout, à de grandes controverses : *Amé-*

rique. Brésil, Canada. Pour l'Amérique, l'auteur s'en tient à l'opinion reçue, et combat la récente hypothèse de M. Marcou. Le chapitre V est consacré à l'histoire des différentes délimitations adoptées successivement par les puissances coloniales, France, Espagne, Angleterre, et par les Etats de l'Union entre eux. Le chapitre VI contient un résumé de l'œuvre géodésique et géologique qui se poursuit si activement aux Etats-Unis, et qui, depuis 1879, est concentrée entre les mains du *Geological Survey*. A ces six chapitres l'auteur a ajouté un appendice sur le rio de Espiritu Santo des Espagnols, qui n'est pas, comme on l'a prétendu, le Mississippi, mais bien l'Alabama.

Sans être une œuvre originale, ce petit livre, très maniable et d'une lecture facile, sera utile à tous ceux qui voudront en peu de temps se mettre au courant de l'histoire de la géographie américaine.

H. J.

H. Castonnet des Fosses : *La perte d'une colonie. La révolution de Saint-Domingue.* Paris, A. Faivre, 1893.

De toutes les colonies de l'ancienne France, Saint-Domingue était la plus riche et la plus florissante. Le nom de l'île évoque un passé magnifique, qui contraste tristement avec sa condition présente, et la perte de cette « reine des Antilles » est encore vivement ressentie. On connaît d'une façon vague les fautes accumulées à la suite desquelles elle a échappé à la France, et les longues années de guerre, de pillage, d'incendies qui l'ont désolée. Les noms de Sonthonax, de Leclerc, surtout de Toussaint Louverture, sont encore dans toutes les mémoires. Mais les épisodes de cette révolution, qui s'est produite au milieu de tant d'autres événements extraordinaires, sont bien oubliés aujourd'hui. L'intérêt nouveau qu'on prend aux questions coloniales a engagé M. Castonnet des Fosses à récrire cette histoire. Il l'a fait avec beaucoup de conscience, et son livre paraît puisé aux meilleures sources. Les péripéties de la révolution de Saint-Domingue sont très variées. Blancs, mulâtres et nègres, Français, Anglais, Espagnols y paraissent tour à tour, sans qu'on puisse remarquer dans leurs actions respectives une grande unité de plan et de conduite. Il est difficile d'éviter la confusion dans une histoire aussi complexe : l'auteur y est cependant parvenu. Ses jugements sont en général sobres et impartiaux : on le trouvera justement sévère pour Sonthonax, mais sans doute un peu dur pour Toussaint Louverture, dont il ne reconnaît les capacités que pour rabaisser le caractère.

La description de l'île avant la Révolution, celle du gouvernement de Toussaint-Louverture, fort curieuse et amusante, font le sujet de deux chapitres, qui reposent agréablement de cette longue histoire de batailles et de massacres. Même l'ouvrage n'aurait fait que gagner à avoir encore d'autres morceaux de ce genre.

M. Castonnet des Fosses termine par un bref résumé de l'histoire d'Haïti après la Révolution et jusqu'à nos jours. Il arrive à cette conclusion inattendue, que la France devrait établir dans l'île un protectorat semblable à celui de Madagascar. Solution peu vraisemblable assurément. Il y aurait à vaincre non seulement la résistance des Haïtiens, mais encore celle des États-Unis,

qui ont depuis longtemps les yeux sur l'île, et veillent à l'observation de la « doctrine de Monrose ».

H. J.

H. Pittier : *Viaje de exploracion, al valle del Rio Grande de Terraba;* San José de Costa-Rica, 1891, in-12.

Nous avons parlé à deux reprises différentes (numéros de mars et d'octobre) des itinéraires de M. Pittier à travers la république de Costa-Rica. Sa brochure nous permet d'insister de nouveau sur les idées émises par l'explorateur.

La conque supérieure du Rio de Terraba est fermée de toute la partie du versant de l'océan Pacifique qui s'étend depuis le Cerro de Buena Vista jusqu'aux confins des provinces colombiennes. Le point inférieur et convergent de ces vallées est à 100 mètres d'altitude et se trouve situé à peu près dans la région médiane du bassin entier, à l'entrée des défilés des sierras côtières que le Rio traverse pour se jeter à la mer. La majeure partie de ces vallées supérieures se trouve située entre 500 et 1 500 mètres d'altitude. Elles ont un sol remarquablement riche et favorable à la culture. Le climat est à peu près le même que celui du plateau de San José, la capitale du Costa-Rica, les deux saisons, humide et sèche, sont nettement séparées, cette dernière, toutefois, interrompue par de fréquentes et bienfaisantes averses. Une rosée abondante fertilise les savanes de la zone inférieure. La température moyenne est de 22 degrés centigrades avec des écarts d'environ 14 degrés, c'est-à-dire que la fraîcheur y est constamment entretenue par les vents de la Cordillère.

Actuellement cette région est couverte de vastes *selvas*, où l'on trouve les essences précieuses, les bois de construction, la gomme, les plantes médicinales et textiles. Les savanes de Buenos Aires pourraient nourrir dix fois le nombre de troupeaux qui y vivent actuellement, point important si l'on considère que l'élevage sur le territoire du Costa-Rica est loin de suffire à la consommation nationale.

On peut en dire autant des céréales, du maïs, du riz, dont la plus grande partie consommée est de provenance étrangère et qui pourraient se cultiver avec un grand succès dans la région décrite par M. Pittier. Les mêmes remarques sont applicables au cacao, au tabac, à la canne; enfin, cette zone comprise entre 500 et 1 500 mètres est aussi favorable au café, comme l'indiquent les essais tentés jusqu'à présent.

Malgré tant d'avantages, la vallée de Terraba est à peine peuplée, et presque inconnue du centre de Costa-Rica. L'auteur démontre les avantages qu'il y aurait à la coloniser. L'absence de voies de communication est l'unique raison qui explique son abandon actuel des vallées du Rio Grande : créer une route directe du centre de l'État est le point sur lequel insiste l'auteur dans sa conclusion. Il termine par l'étude détaillée de cette future route.

V. H.

CARTOGRAPHIE

T. Wolf : *Carta geographica del Ecuador publicada por órden del supremo gobierno de la República,* au 1/445 000°. Leipzig, Institut géographique de H. Wagner et E. Debes.

En signalant dans notre numéro de

novembre dernier l'ouvrage de T. Wolf sur la géographie et la géologie de l'Ecuador, nous avons dit un mot de la carte publiée au même moment par l'auteur ; aujourd'hui que nous avons sous les yeux les six feuilles représentant la topographie approximative de la République, nous insisterons sur cette œuvre cartographique qui est d'une importance assez grande pour mériter un exposé spécial.

Tout d'abord nous répéterons ce que nous avons dit pour le livre : c'est le premier ouvrage de ce genre qui ait paru sur la République écuadorienne et il est probable que ce sera longtemps le seul. La carte de Wolf est pour l'Ecuador ce que sont celles de Codazzi pour la Venezuela et la Colombie, celle de Raimondi pour le Pérou, celle de Pissis pour le Chili ; c'est-à-dire l'ouvrage de fond sur lequel se baseront tous ceux qui entreprendront de modifier, de compléter ou de reprendre avec plus de détails le tracé physique de cette portion de la chaîne andine.

Aucune carte d'ensemble n'existait jusqu'ici et il était impossible de représenter à une échelle convenable cette série de chaînes, de volcans et de hauts plateaux entre lesquels sont groupés les centres écuadoriens. Les quelques travaux sérieux que l'on pouvait recueillir étaient précisément dus aux publications préliminaires que le Dr Wolf avait données sous forme de brochures ou de cartes éparses, difficiles à se procurer et entre lesquelles se trouvaient de grandes lacunes, qui disparaissent aujourd'hui.

La nouvelle carte en 6 feuilles est donc principalement basée sur les travaux personnels que l'auteur a poursuivis pendant 20 années dans les diverses régions de la République. Elle s'appuie en outre sur les principaux matériaux géographiques anciens et modernes existant précédemment, en premier lieu ceux des Académiciens français, de Maldonado, Velasco, Humboldt, de l'Amirauté anglaise, de Wisse, Witt, Cevallos, de Codazzi pour la région limitrophe colombienne, de Raimondi pour la partie attenante au Pérou, de Werthemann pour la région amazonienne ; enfin, sur les importants travaux inédits de Wilson, Reiss et Stübel.

Avec la carte de Wolf sont définitivement fixées toutes les villes du plateau et les montagnes environnantes, que les documents cartographiques dressés jusqu'à une époque récente, en suivant les observations de Humboldt, portaient beaucoup trop à l'ouest. C'est justement sur la partie écuadorienne de la chaîne des Andes que l'erreur était la plus sensible. Il a fallu ramener tous les traits de la carte vers l'ancien réseau tracé par Bouguer et La Condamine, témoignage remarquable du soin avec lequel la commission scientifique du siècle dernier conduisit ses travaux.

La carte de T. Wolf est à l'échelle du 445 000°; elle a été dressée à Leipzig et offre l'habileté et la conscience d'exécution habituelles aux cartes allemandes. Le fond général de la carte est teinté en chamois, le tracé des rivières est figuré en bleu, celui des montagnes en bistre. Un simple examen de celles-ci suffit pour constater qu'il y a encore beaucoup à faire afin d'amener à une représentation définitive la topographie du territoire écuadorien.

V. H.

NOUVELLES GÉOGRAPHIQUES

ITINÉRAIRE DU COMMANDANT MONTEIL

DU SÉNÉGAL AU NIGER, AU LAC TCHAD ET A TRIPOLI

Nous donnons ci-dessous un tracé de l'itinéraire de notre vaillant compatriote le commandant Monteil à travers l'Afrique occidentale et septentrionale.

Par cette audacieuse traversée, accomplie moitié dans l'Afrique tropicale humide, moitié dans l'Afrique saharienne, le voyageur a relié ou complété les voyages de Binger, de Mizon, réalisé en partie les projets de l'infortuné Crampel, repris les itinéraires de Barth, de Nachtigal, et accompli le périple de notre nouvelle sphère d'action dans l'Afrique du nord, entre le Sénégal, le Tchad et la Méditerranée. Cette magnifique exploration place désormais Monteil au nombre des plus grands voyageurs de notre siècle; l'opinion publique, qui l'a accueilli en triomphateur, ne s'y est pas trompée, et beaucoup qui seraient en peine de dire par le menu les étapes de son voyage en savent assez pour discerner à travers l'Afrique cette immense courbe embrassant dans la continuité d'une route française l'ensemble des pays dévolus récemment à la France. Cette émotion du pays tout entier n'est peut-être pas le moindre service que Monteil ait rendu à notre pays. Il est bon et salubre que le cœur de la multitude aille vers un vaillant, surtout quand ce vaillant a su accomplir son œuvre avec bonté et laisser partout sur son passage une traînée de sympathie. « Pendant tout notre voyage, » a dit Monteil lors de la belle réception qui lui a été faite à la Sorbonne le 29 janvier dernier, « nous avons eu présents à la pensée le souvenir de la Patrie et le sentiment que nous travaillions pour elle. » Un voyage comme celui-ci est en effet un honneur pour le pays qui peut produire des hommes énergiques sans brutalité, justes en même temps que fermes, capables de traverser des milliers de kilomètres en pays musulman sans que la première balle mise au départ dans le fusil en soit sortie jusqu'à l'arrivée. Ceux-là ne s'exposent pas au reproche humiliant d'avoir apporté la sauvagerie européenne parmi des sauvages plus doux qu'eux-mêmes; ils ne risquent pas de s'entendre crier comme d'autres par la multitude indignée : « Combien avez-vous tué de nègres? » Monteil et son adjudant Badaire ont en effet travaillé pour la Patrie, et ce qui marque que leur œuvre est vraiment belle, c'est qu'elle honore en même temps l'humanité.

En 1890, le commandant Monteil fut chargé par le gouvernement français de traverser et de reconnaître l'intérieur de la boucle du Niger dont l'exploration avait déjà fait l'objet de plusieurs missions, et de suivre ensuite entre Say et Barroua la ligne hypothétique que la convention passée le 5 août avec l'Angleterre reconnaissait comme limite méridionale à la sphère d'influence française dans ces régions.

Parti de Bordeaux le 20 septembre avec l'adjudant Badaire, Monteil se rendit à Kayes, où il organisa sa caravane pour l'intérieur. Le 28 octobre il quittait Kayes et gagnait sur le Niger Bammako, puis Ségou-Sikoro. De ce point il traversa les États de Tiéba, dont il atteignait la capitale, Sikasso, le 12 février 1891. Se dirigeant ensuite vers le Mossi par une route plus septentrionale que celle de Binger, il franchit la Volta Noire, détermina la position de Lanfiéra et, dans sa traversée du Yatenga, recueillit de nombreuses observations nouvelles. Jusqu'à Ouaghadougou, la capitale du Mossi, Monteil se trouvait encore en pays exploré;

mais à partir de ce point il entrait dans l'inconnu et n'avait plus pour se guider que les renseignements recueillis par Barth en 1854. Jusqu'à Dori, capitale du Liptako, la route parcourue du sud-ouest au nord-est par Monteil est absolument nouvelle et fournira sans doute de précieux renseignements au géographe. A **Dori**, Monteil reprit par Zebba et Ouro-Gueladjio, l'itinéraire suivi trente-sept ans auparavant par le grand voyageur allemand, et dix mois après son départ de Ségou il retrouvait à Say ou Saï les eaux du Niger, ayant de la sorte traversé, avant tout autre Européen, l'immense courbe formée par le fleuve, et préparant ainsi la voie aux futures explorations françaises.

Après un court séjour à Say, où il reçut de la part du roi le plus cordial accueil, Monteil se dirigea vers le lac Tchad à travers les pays Haoussas, infestés de pillards qui rançonnent les caravanes. Après avoir passé à Argoungou, ville d'environ 20 000 habitants, sur le Mayo-Kebbi, capitale du Kebbi indépendant et place forte de résistance des Haoussas contre les Peuls du Sokoto, il parvenait le 18 octobre à Sokoto, où il recevait un accueil enthousiaste. De là, par Gandi et Kaoura, il atteignit le 25 novembre Kano, qui est une des grandes villes de la région et qui dépasserait même, d'après lui, Sokoto comme importance.

Cette ville est le point terminus des caravanes venant de la Méditerranée par Kouka et Zinder. D'après l'estimation de voyageurs antérieurs, elle aurait 30 000 et même 60 000 habitants à l'époque des marchés, lorsque s'y réunissent les caravanes venant de l'Adamaoua, de Rhat et de Timbouctou.

Après un séjour de deux mois à Kano, pendant lequel il n'eut qu'à se louer de l'accueil du roi et des habitants, Monteil continua sa route; mais ce ne fut pas sans avoir éprouvé une sérieuse opposition qu'il réussit enfin à pénétrer dans le Bornou, par Hadeidja, que nul Européen n'avait visité avant lui.

Monteil, en effet, avait appris que le cheikh de Kouka nourrissait des dispositions hostiles à l'égard des blancs, ainsi que le prouvait l'échec que venait de recevoir une mission européenne; il n'hésita pas cependant à tenter l'aventure et demanda, suivant l'usage, l'autorisation de pénétrer sur le territoire du Bornou.

Dès la frontière, de nouvelles difficultés l'attendaient. Un nombreux parti d'habitants de Kouka demandait qu'on repoussât le voyageur comme on avait récemment repoussé une autre mission européenne, ou tout au moins qu'on lui imposât des délais qui lasseraient sa patience et l'obligeraient à retourner sur ses pas. Monteil n'en continua pas moins son chemin, bien qu'il lui fallût subir de nombreuses quarantaines d'observation à Kargui, Borsari, Kaliloua, avant de parvenir à Kouka. Mais par son allure franche et loyale il réussit à calmer peu à peu toutes les appréhensions, et lorsqu'on le vit ne jamais se départir de son attitude pacifique et ne demander qu'à traverser le pays en ami, le chemin de la capitale lui fut ouvert. C'est alors qu'en grande pompe, au milieu

d'une foule immense et au son du canon, il fit son entrée à Kouka et fut reçu le 12 avril en audience solennelle par le cheikh Achem.

Un mois après son arrivée à Kouka, Monteil apprit que les blancs qui avaient été expulsés du Bornou étaient, non pas des compatriotes (il avait d'abord cru qu'il s'agissait de la mission Mizon), mais des envoyés de la Royal Niger Company sous les ordres de M. Mac Intosh. La cause de leur insuccès tenait surtout à leur allure hautaine. Ils avaient d'abord pénétré dans le Bornou sans demander l'autorisation qu'il est d'usage rigoureux dans ces pays de solliciter; de plus ils avaient affecté, après s'être présentés comme marchands, de faire journellement et ostensiblement manœuvrer leur escorte armée en dehors de l'enceinte de la ville où il ne leur était pas permis de pénétrer. Les Arabes de Kouka, qui voyaient déjà d'un très mauvais œil toutes les tentatives d'ouvrir dans le Bornou d'autres débouchés commerciaux que ceux de la Tripolitaine, tentatives dont la réussite amènerait la ruine de leur commerce, firent tous leurs efforts pour détourner le péril, en dépeignant au cheikh le danger qu'il pouvait y avoir pour l'indépendance de son royaume à y laisser demeurer plus longtemps des étrangers qui montraient si nettement des désirs de domination. Ces arguments, joints à d'autres d'un ordre religieux et à quelques considérations particulières, avaient eu l'effet désiré, et le cheikh avait enjoint à la mission anglaise de quitter son territoire.

Après quatre mois de séjour à Kouka, du 10 avril au 15 août, pendant lesquels les dispositions amicales montrées au début ne se démentirent pas un seul moment, Monteil voulut partir; mais les caravanes refusèrent de l'accompagner. En effet, elles ne voyagent pas dans la saison des pluies, car le sol détrempé dégage alors des miasmes qui déciment les hommes et les chameaux. Néanmoins, sur les instances de notre compatriote, deux caravanes en partance, l'une pour Tripoli, l'autre pour le Fezzan, consentirent à avancer de trois mois leur départ pour accompagner le voyageur. Le cheikh de Kouka chargea le beau-frère du sultan des oasis de Kaouar, qui était dans la ville à ce moment-là, d'accompagner Monteil et de le protéger contre les Touareg et autres ennemis qui pourraient attaquer les caravanes, particulièrement exposées à cause de leur faiblesse numérique.

Au cours du voyage, les pluies causèrent en effet la mort de nombreux chameaux et éprouvèrent fortement les hommes.

Le 22 août 1892 la caravane atteignit Barroua. A partir de ce moment, la route devint excessivement pénible pour les deux explorateurs français et pour leur escorte sénégalaise, peu habituée à la sécheresse et aux températures extrêmes du Sahara. Ils durent marcher incessamment et presque sans repos pour atteindre l'oasis de Kilma, puis celle de Kaouar, dans laquelle ils séjournèrent une quinzaine de jours. Ensuite, par Zigguedim, Mafaras, Ouar et Bir-Mechrou, ils gagnèrent Tedjeri, le premier groupe d'habitations du Fezzan, puis, le 14 octobre, Gatroun, ayant ainsi parcouru en huit jours 350 kilomètres. Au cours de son voyage à travers les pays où les Touareg règnent en maîtres, Monteil eut plusieurs fois l'occasion d'ob-

reçurent le meilleur accueil des autorités turques; ils étaient enfin à l'abri de tout danger, mais dans un état lamentable. Chaussures, vêtements, ustensiles, tout tombait en morceaux, les pieds des laptots séné-galais étaient déchirés, crevassés, l'adjudant Badaire

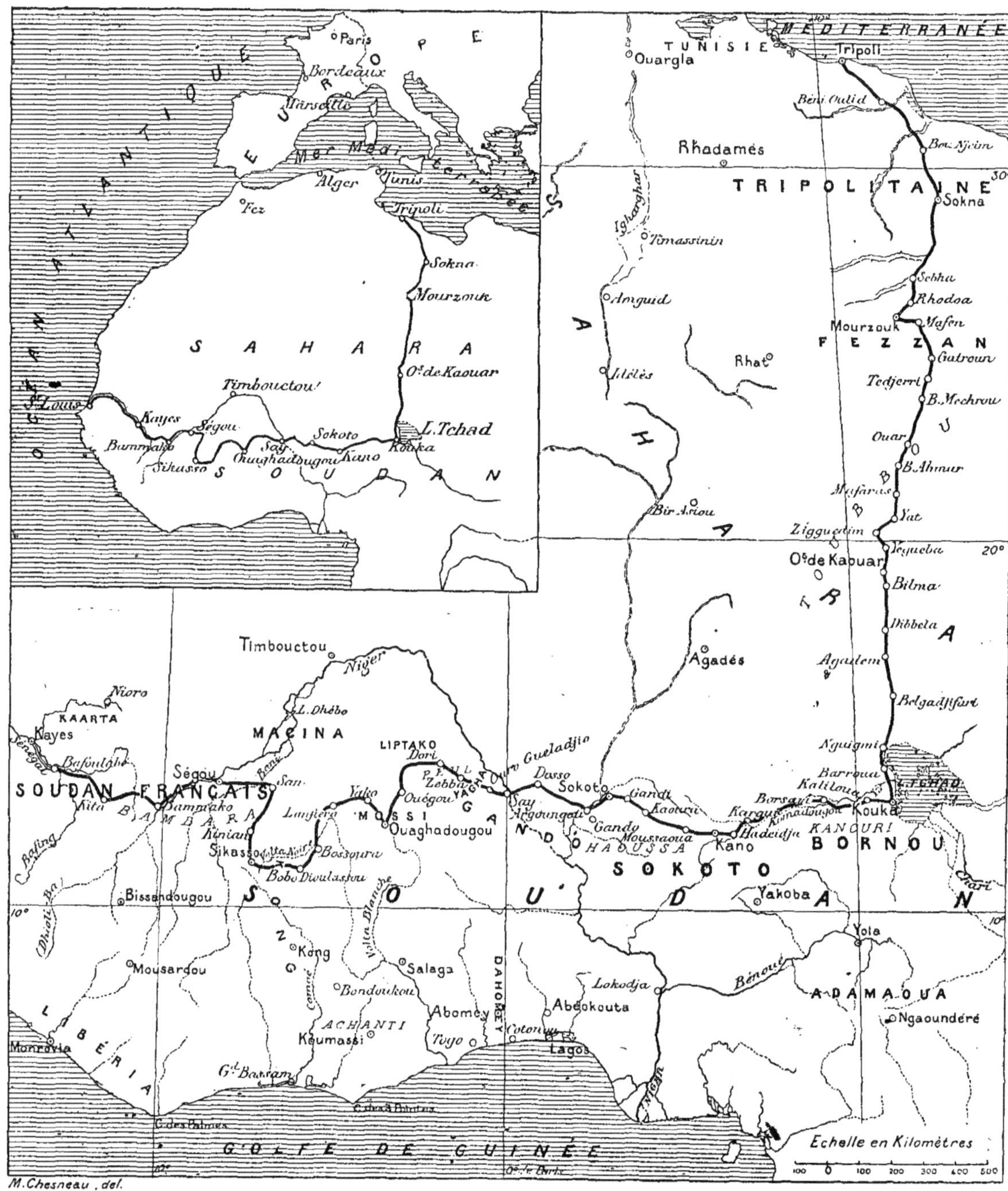

M. Chesneau, del.

server qu'on a beaucoup de chance de passer sans encombres dans les endroits infestés par les pillards, si l'on a soin de louer chez eux les chameaux néces-saires au voyage. C'est ainsi qu'il put traverser sans difficultés aux environs de Gatroun un passage dange-reux parcouru par les coupeurs de route.

Le 25 octobre, après de nouvelles marches for-cées, les voyageurs atteignirent Mourzouk, où ils

lui-même pouvait à peine marcher, et ils avaient perdu la majeure partie de leurs chameaux.

A partir de Mourzouk, grâce aux animaux de transport que Monteil put se procurer, la route ne présenta plus de difficultés sérieuses. Enfin, deux ans et trois mois après avoir quitté Paris, notre vaillant compatriote entrait à Tripoli, ayant franchi depuis Saint-Louis une distance d'environ 7 000 kilomètres.

Espérons maintenant que l'administration française, plus vigilante et mieux informée qu'elle ne l'a été, hélas, trop souvent, saura compléter et apprécier les résultats de ce voyage superbe. L'histoire de nos anciennes colonies se résume dans l'héroïsme de ceux qui les ont créées et dans la destruction de leur œuvre par ceux qui avaient mission de la développer.

A cet égard, des symptômes encourageants ne manquent pas depuis quelques années; nous ne pouvons cependant pas nous dissimuler que nos voisins d'outre-Manche, bien inférieurs à certains points de vue, finissent généralement par réussir où nous échouons, et cela grâce à la ténacité, à la sérieuse connaissance des choses, à la continuité de conduite de leurs administrateurs ou de leurs hommes d'État. Monteil a accompli la première partie de l'œuvre, et l'a merveilleusement accomplie. Espérons que la seconde partie s'accomplira de même, et que l'empire français de l'Afrique du nord, d'où sortira un jour un peuple énergique et puissant — énergique par le désert, puissant par la riche terre tropicale, — est définitivement fondé.

Fr. Schrader.

❉ ❉ ❉

L'OCÉANOGRAPHIE

AU CONGRÈS DE L'ASSOCIATION BRITANNIQUE EN 1892 [1]

L E Congrès de l'Association britannique s'est réuni à Edimbourg pendant l'été de 1892. Diverses communications touchant à l'océanographie ont été présentées et elles ont été traitées dans les différentes sections auxquelles elles se rapportaient plus particulièrement. Néanmoins les savants pour lesquels l'étude de la mer offrait un intérêt spécial n'ont pas hésité, en vue de profiter des avantages d'une discussion en commun, à se réunir et à former ainsi une sorte de sous-section d'océanographie. Au moment où, grâce à d'énergiques efforts, cette science paraît enfin commencer à prendre en France la place qu'elle mérite à tant de titres, il ne sera pas inutile de donner de ces communications un résumé qui justifiera l'importance qui leur a été accordée à l'étranger.

Le prince Albert de Monaco, qui s'était rendu à Leith à bord de son yacht *Princesse Alice*, a exposé le résultat de ses études sur *les courants marins dans l'Atlantique Nord.*

Les mesures ont été prises à bord du yacht à voiles *Hirondelle*; elles ont consisté à jeter à la mer en des points et à des moments déterminés, entre les Açores et les bancs de Terre-Neuve, un nombre considérable de flotteurs de surface numérotés, barils en bois de chêne, sphères de cuivre et bouteilles en verre, lestés de manière à donner le moins de prise possible au vent et contenant dans leur intérieur un avis, rédigé en neuf langues, invitant celui qui les rencontrerait soit en mer, soit sur un rivage, à les retourner au Prince avec indication du lieu et de la date de la découverte. Trois campagnes ont été consacrées, en 1885, 1886 et 1887, à l'immersion de 1675 flotteurs, dont 227 ont été renvoyés. Leurs trajets respectifs, soumis à une critique judicieuse, ont permis de tracer la marche et d'évaluer la vitesse de chacun d'eux;

les résultats ont été figurés sur une carte. Cette carte se distingue par l'accentuation plus grande qu'elle donne à la portion interne du grand circuit océanique, au nord-est des Antilles, trop fréquemment estimée au-dessous de sa valeur réelle par suite du voisinage du Gulf-Stream proprement dit qui en constitue la portion externe. Le centre du circuit se trouve un peu au sud-ouest des Açores. Les *Annalen der Hydrographie* remarquent avec raison que cette région, d'après la *Pilot Chart* américaine d'octobre 1892, est précisément celle où l'épave du schooner *Wyer G. Sargent* a décrit autour du centre, avec un rayon de 200 milles environ, une trajectoire circulaire de 450 degrés environ, c'est-à-dire a fait un tour et quart et a été vue quatorze fois dans l'intervalle de temps compris entre le 20 août 1891 et le 2 juillet 1892. La carte du prince de Monaco indique en outre, et contrairement à l'hypothèse de Rennell, une branche de courant pénétrant par Brest dans le golfe de Gascogne, longeant du nord au sud la côte de France, celle du nord de l'Espagne et celle du Portugal pour rejoindre le grand circuit vers les Canaries.

La moyenne de la durée des trajets des flotteurs a servi à calculer la vitesse du courant en diverses régions. On n'a toutefois tenu aucun compte des indications qui, par suite du long temps que les flotteurs ont passé à la mer avant d'être recueillis, pouvaient laisser soupçonner un arrêt prolongé à la côte. Cette vitesse, pour la région comprise entre les Açores, l'Irlande et la Norvège, est de 3,97 milles marins par vingt-quatre heures; entre les Açores, la France, le Portugal et les Canaries, de 5,18 milles; des Canaries aux Antilles, aux Bahamas et même aux Bermudes, elle atteint 10,11 milles; enfin, dans la portion orientale du circuit, des Bermudes aux Açores, elle s'abaisse à 6,42 milles. La moyenne générale pour l'Atlantique serait de 4,48 milles par vingt-quatre heures.

L'activité plus grande de la circulation dans le demi-cercle occidental est attribuée à l'action combinée des alizés, des courants équatoriaux, du Gulf-Stream et à

---

1. Ce compte rendu a été rédigé à l'aide de divers documents, parmi lesquels un article des *Proceedings of the Roy. Geog. Society* (sept. 1892), *Oceanography at the British Association*, et un autre article dans les *Annalen der Hydrographie und maritimen Meteorologie.* Heft X, 1892.

l'évaporation qui s'exerce avec une énergie extrême sous les tropiques.

Le prince Albert de Monaco donne ensuite lecture d'un travail relatif à la création d'*Observatoires météorologiques dans l'océan Atlantique*. Afin de permettre une prévision plus exacte du temps et de perfectionner la connaissance générale des lois de la météorologie sur le bassin de l'Atlantique Nord, le prince préconise la création d'observatoires reliés télégraphiquement à l'Europe et à l'Amérique et signalant quotidiennement leurs observations. Ces établissements seraient situés aux Bermudes, aux Açores, où l'un d'eux devrait être établi à Fayal, au niveau de la mer, et l'autre au sommet de la montagne de Pico, à Madère, à Ténériffe, aux Canaries et sur l'une des îles du Cap-Vert; une station auxiliaire serait installée au sommet de Fogo. Ceux de ces observatoires placés à une grande hauteur au-dessus du niveau de la mer donneraient des informations particulièrement intéressantes. Les frais d'installation seraient supportés, aux Bermudes par la Grande-Bretagne, et, dans les autres localités, par les nations plus directement intéressées, dont les délégués pourraient dès cet hiver se réunir à Monaco, afin d'examiner la proposition et discuter les détails de son organisation.

A propos de cette communication, le docteur A. Buchan a remarqué que lorsque la température de l'eau de surface, dans l'Atlantique, est, à la fin de l'automne, de plusieurs degrés au-dessus de la moyenne de la saison, il en résulte un réchauffement de l'air et une augmentation d'activité de l'évaporation à la surface de la mer. Pendant l'hiver et le printemps suivants, les dépressions barométriques traversent alors l'Europe suivant des trajectoires plus méridionales, et les îles Britanniques, se trouvant du côté nord de ces cyclones, ont à souffrir de froids rigoureux et de tempêtes de neige avec prédominance de vents du nord et de l'est.

On ne saurait trop féliciter le prince de Monaco de ses efforts pour compléter un ensemble d'observations aussi important et d'une aussi incontestable utilité pratique. Il est à souhaiter cependant que la météorologie ne fasse point oublier l'océanographie, car, ainsi que le montre la communication même du docteur Buchan, les deux sciences se rendent de mutuels services. Parmi les nouveaux observatoires, s'ils sont créés, ceux qui se trouveront à portée de la mer pourraient être en même temps chargés d'observations océanographiques. La mesure régulière des densités et de la température de l'eau, quelques études de transparence et quelques mesures de courants superficiels et profonds en des points connus et à des époques différentes, compléteraient avantageusement les admirables *Pilot Charts* que, chaque mois, le bureau hydrographique de Washington trace avec tant de soin et distribue dans le monde entier avec tant de libéralité.

M. J.-Y. Buchanan donne lecture d'un mémoire *sur la température, la densité et le mouvement des eaux dans le golfe de Guinée*.

Les observations ont été faites en janvier et février 1886 à bord du *Buccaneer* et en juillet, août et septembre de la même année à bord du *Silvertown*, chargés l'un et l'autre d'étudier le tracé d'une ligne télégraphique sous-marine dans le golfe de Guinée. Les navires au service des compagnies télégraphiques anglaises ont un nombreux état-major scientifique. Tout en recueillant des documents d'un intérêt capital pour l'industrie même dont ils s'occupent, ils ont puissamment développé notre connaissance générale de la mer. L'organisation parfaite des compagnies anglaises semble être absolument ignorée de l'Administration française des télégraphes. Jamais aucune observation n'a été prise par ses navires qui, sans aller dans des contrées lointaines où malheureusement les besoins de notre industrie ne les appellent pas, auraient pu exécuter de très utiles mesures le long de nos côtes, beaucoup moins connues qu'on ne serait tenté de le croire, et au plus grand avantage de nos pêcheurs, de nos marins, de la science et surtout de l'administration elle-même.

Dans le golfe de Guinée, la température des eaux près des côtes est plus élevée en janvier qu'en juillet; au contraire la salinité, principalement dans le fond du golfe, est beaucoup plus forte en juillet qu'en janvier. L'eau chaude de surface forme une couche ne dépassant pas 54 mètres d'épaisseur; une brise modérée soufflant de terre la repousse au large, et sa place est prise par de l'eau plus dense et plus froide située immédiatement au-dessous. Le changement qui s'accomplit pendant le cours de l'année entre Api et l'île San Tomé est très remarquable. La densité de l'eau ramenée à la température de 15,56 C est comprise entre 1,0260 et 1,0262; elle l'emporte sur celle de l'eau profonde et l'on est ainsi amené à supposer que cette dernière provient de l'ouest et est apportée par un courant de retour inférieur. Des observations faites au voisinage de l'équateur, sous la latitude de l'Ascension, ont d'ailleurs fourni des preuves directes de l'existence de ce courant.

Nous ferons remarquer ici combien il serait plus rationnel, puisque l'on désire se rendre compte des variations d'un phénomène, de ne point commencer par les atténuer volontairement en ramenant par le calcul les densités à une température normale, quelle qu'elle soit. Il y a là une véritable erreur de bon sens. La température normale 15,56 C, à peu près impossible à obtenir en réalité, a été adoptée par les Anglais pour ce motif assez peu scientifique, que 15,56 C = 60 F, c'est-à-dire un nombre rond de degrés Fahrenheit. On arrive, en procédant de cette façon, à formuler l'hérésie physique d'un liquide plus lourd flottant sur un liquide plus léger. Nous avons, à plusieurs reprises, signalé la nécessité d'adopter dans ces recherches la densité de l'eau *in situ*, avec sa température telle qu'elle est au moment même où cette eau accomplit le phénomène, et corrigée seulement de la compressibilité lorsque les échantillons sont ramenés des profondeurs.

On a constaté qu'en général, le long de la côte de Guinée, le courant porte fortement à l'est; près de l'île San Tomé, il prend une direction nord-ouest, et il était assez puissant, pendant qu'on relevait le fil de sonde, pour faire reculer le navire de la distance même séparant deux sondages consécutifs. On dut pour ce motif multiplier les observations dans ces parages. L'influence des courants a été mesurée directement et prise en considération pour la confection de la carte du fond.

Le *Buccaneer* s'est encore livré à des observations de courants entre l'Ascension et Konakry, au voisinage de l'équateur. L'eau de surface porte à l'ouest avec une vitesse de 0,5 mille à l'heure; à 90 mètres au-dessous, à l'est avec une vitesse relative de 1,3 mille ou de 0,8 mille en valeur absolue. On se servait pour les mesures d'une drague à courant, immergée à la profondeur requise, et que le navire suivait à la vapeur. On notait avec précision la distance parcourue et la direction.

Un certain nombre de bouteilles ont été jetées à la mer et recueillies après un parcours plus ou moins prolongé; elles ont démontré l'extrême variabilité des courants de cette région.

M. Hugh-Robert Mill s'occupe de la *Géographie physique du Firth of Forth.* — Le *Fishery Board for Scotland*, ou Commission des pêches pour l'Écosse, a eu l'heureuse pensée d'installer des stations où sont relevées des observations océanographiques qui servent de bases à l'étude raisonnée des nombreux problèmes soulevés par l'industrie des pêches. Nous n'avons aucun soupçon, en France, je ne dirai pas de l'utilité, mais même de l'existence de ces données précises, et en présence d'une ignorance aussi complète, on se demande quelle peut être la valeur des décisions prises par notre Commission des pêches. Tandis que chez les nations étrangères on ne s'appuie que sur des faits scientifiques précis et d'une indiscutable authenticité, nous nous contentons d'opinions personnelles, que n'affirment ni une carte, ni un document, ni une mesure, ni une expérience. Un pareil état de choses, qui n'est d'ailleurs ignoré de personne, sauf de nous-mêmes, est profondément regrettable.

Le travail de M. H.-R. Mill est l'ensemble des observations recueillies dans les stations du Fishery Board du Firth of Forth. Elles se rapportent à l'influence des marées pendant le cours entier de l'année sur la température et la salinité de l'eau et à l'augmentation de la transparence à mesure qu'on s'éloigne vers la haute mer. Les variations comparées des températures de l'eau douce, de l'eau saumâtre et de l'eau salée sont particulièrement intéressantes; elles sont régulières, quoique différentes de l'été à l'hiver et même pendant le cours d'une journée.

M. J.-Y. Buchanan communique quelques observations nouvelles faites à l'aide d'un aréomètre du type du *Challenger* par le commandant Thomson, du navire télégraphiste *Silvertown*, sur la densité d'échantillons d'eaux récoltés à des profondeurs dépassant 3 600 mètres, au voisinage de la côte du Brésil. Il résulte de ces mesures que, dans ces parages, l'eau profonde n'est autre qu'un apport d'eau de surface froide de l'océan du Sud. Une discussion s'élève, à propos de cette communication, sur le mérite relatif de la méthode par l'aréomètre et de la méthode par pesées, pour la détermination des densités. Le professeur Hartley, M. H.-R. Mill et M. H.-N. Dickson s'accordent avec M. Buchanan pour admettre la parfaite précision des mesures prises avec l'aréomètre type *Challenger*; au contraire, le professeur Pettersson et le docteur J. Gibson sont d'avis que, pour établir la relation entre la composition chimique et la densité, il est indispensable de peser un volume d'eau parfaitement déterminé à une température constante.

Nous regrettons de n'avoir point les valeurs exactes des différences de densité sur lesquelles s'appuie M. J.-Y. Buchanan pour conclure à cet apport d'eaux froides à des profondeurs de 3 600 mètres. Si ces différences sont faibles, il conviendrait, avant d'affirmer, d'être plus assuré qu'on ne l'est actuellement, d'abord de la complète étanchéité des bouteilles qui ont recueilli l'eau et l'ont empêchée de se mélanger pendant la montée, puis que les conditions matérielles pendant la prise de mesures délicates ont été favorables, que les indications thermométriques étaient absolument dignes de foi, que le coefficient de compressibilité de l'eau permettant de calculer son volume *in situ* est exact — on se rappelle que, d'après les mesures piézométriques de M. Buchanan lui-même, ce coefficient n'est pas identique en tous les points du globe, — que le coefficient de dilatation de l'eau de mer servant à passer de la valeur de la densité à la température de l'air à celle qu'elle possédait à la température du fond est correct, ainsi que les divers autres coefficients qui entrent dans les formules. Les corrections par le calcul, en s'accumulant, laissent toujours place au doute, surtout s'il s'agit de faibles différences, et ce motif oblige à beaucoup de prudence lorsqu'on veut baser des conclusions importantes sur des résultats de mesures trop remaniées. L'aréomètre est peut-être moins précis expérimentalement, mais il a l'avantage de s'employer sur place; les pesées qui ne peuvent s'exécuter à bord sont plus précises, mais elles impliquent cette autre cause d'erreur de ne se faire qu'au retour sur des échantillons longtemps conservés.

Le professeur Pettersson, de Stockholm, présente un travail intitulé *Hydrographie du Kattegat et de la Baltique,* et accompagné de cartes et de diagrammes. Grâce à un système complet d'observations simultanées en divers points, à deux époques différentes, facilitées par la générosité avec laquelle le gouvernement suédois mit en même temps plusieurs navires de l'État à la disposition du savant observateur, on a obtenu l'ensemble des conditions physiques et chimiques dans cette région. En outre, des observations partielles, continuées pendant un temps suffisant, ont permis de se rendre compte des changements dus aux saisons. Le régime de cet espace de mer est attribuable à une foule de causes, dont les plus importantes sont la configuration du lit marin, l'action du vent sur l'eau, les variations de température dans les différentes saisons, enfin et surtout, l'excès de la précipitation sur l'évaporation, qui donne lieu à un courant de sortie superficiel d'une eau relativement douce, coulant dans la mer du Nord. Ce courant, dit courant Baltique, se recourbe vers le nord, le long de la côte de Norvège, et est particulièrement sensible en été. Il se ralentit en hiver et un courant inverse, venant de la côte norvégienne et ayant une température relativement élevée pénètre dans le Skager Rak. Il est intéressant de remarquer que l'établissement de ce courant coïncide avec le commencement de la grande pêche d'hiver du hareng, qui cesse dès qu'au printemps reprend le courant froid inverse d'eau douce.

Le docteur Andrussof, de Saint-Pétersbourg, lit un mémoire sur les résultats obtenus par la récente exploration de la mer Noire accomplie par ordre du gouvernement russe.

Le docteur John Gibson énumère les conclusions de ses analyses des eaux provenant de diverses parties de la mer du Nord. En comparant le rapport des principaux sels dans chaque échantillon d'eau de mer avec la densité déterminée par des pesées extrêmement précises, l'auteur est en état d'établir des distinctions entre des eaux d'origines différentes et de tracer d'une façon générale le mélange des eaux de l'Atlantique et de la mer du Nord le long de la côte orientale d'Écosse.

Dans un mémoire intitulé *Recherches sur la circulation océanique*, le docteur A. Buchan communique les résultats préliminaires des travaux relatifs à la circulation océanique qui occupent le professeur Tait depuis plusieurs années, et dans lesquels il a fait un grand usage des documents recueillis par l'expédition du *Challenger* et d'autres expéditions plus récentes. Bornant son attention à l'Atlantique, le docteur Buchan montre que la circulation océanique est intimement associée à la circulation atmosphérique et que les courants de surface correspondent aux vents de surface. Les vents d'ouest, prédominant dans le centre de l'Atlantique, ont pour effet d'élever la température de l'eau du côté de l'ouest à des profondeurs variant de 100 à 500 brasses, de 6 degrés centigrades au moins par rapport à la température des mêmes profondeurs du côté de l'est. A 500 brasses, la température est à peu près la même des deux côtés, mais, plus bas, les phénomènes sont inverses : le côté occidental est plus froid, par suite des courants arctiques qui longent la côte américaine, tandis que le côté de l'est est plus chaud, à cause de l'afflux des eaux lourdes et chaudes de la Méditerranée. Cette eau orientale chaude s'étend au nord jusqu'à la crète Wyville Thomson ; sur le flanc sud de celle-ci, l'eau, à 700 brasses, est plus chaude que l'eau située à la même profondeur sur n'importe quel autre point des océans tropicaux. Sur le flanc nord de la crète, l'eau profonde possède une température constante de — 1,4 degré centigrade. L'importance de ces résultats ne pourra être pleinement appréciée qu'après la publication du volume des *Reports of the Challenger*, où ils sont exposés en détail.

Autant qu'on est autorisé à en juger sans avoir sous les yeux le travail original, il semble que les résultats annoncés n'ont rien d'imprévu, sachant, comme on le sait aujourd'hui, que la cause de beaucoup la plus importante de la circulation océanique n'est autre que la circulation atmosphérique. On dirait d'ailleurs avec tout autant d'exactitude que la cause de beaucoup la plus importante de la circulation atmosphérique est la circulation océanique. En d'autres termes, les deux circulations océanique et atmosphérique ne sont qu'un seul et unique phénomène, un cycle unique.

Dans une communication sur *la Condition physique de l'eau de la Manche*, M. H.-N. Dickson décrit les observations faites par lui à la station de biologie marine de Plymouth. L'eau de la Manche correspond en densité et composition chimique à la moyenne des eaux atlantiques rapportées par le *Challenger*. Dans la presque totalité de cette mer, les courants de marée produisent un mélange complet des eaux sur toute la profondeur. A Start Bay existe cependant un remous où l'eau est plus chaude en hiver et plus froide en été que dans le reste de la Manche. Cette uniformité de température fait de cette place un terrain de pêche particulièrement fructueux.

La communication de M. H.-N. Dickson apporte une preuve de plus de la parfaite concordance existant entre l'habitat des poissons et les conditions physiques. C'est précisément pour ce motif qu'il est indispensable de ne baser l'étude des questions relatives à la pêche que sur l'étude préalable de l'océanographie. Cette voie est préconisée en France avec autant de talent que d'énergie par un jeune savant, M. Roché ; elle est la seule rationnelle, et hors d'elle il ne peut y avoir qu'empirisme et confusion. Nous remarquerons aussi que M. l'ingénieur hydrographe Renaud, il y a environ trois ans, avait, à propos de son examen du détroit du Pas de Calais en vue de l'établissement d'un pont entre la France et l'Angleterre, signalé l'oscillation en bloc des courants de marée dont la conséquence est le brassage intime des eaux de la Manche.

J. Thoulet.

❄ ❄ ❄

L'AMÉRIQUE DU SUD

D'APRÈS M. ÉLISÉE RECLUS [1]

L'ŒUVRE colossale entreprise par M. Élisée Reclus est à la veille d'être terminée : avec le XVIII° volume, l'avant-dernier de cette longue série consacrée à la description de « la Terre et les Hommes », est commencée l'étude de l'Amérique méridionale.

La clarté, la simplicité de l'exposé, habituelles à l'auteur, et que nous avons déjà été à même d'apprécier, particulièrement en ce qui regarde l'Amérique du Sud, dans la notice écrite pour l'*Atlas de géographie moderne*, ne sont nulle part plus apparentes que dans ce volume. En effet, le continent américain du sud est remarquable entre tous par la simplicité de sa structure.

D'un côté, sur le versant du Pacifique et de la mer des Antilles, bordant de très près le littoral, serpente la puissante chaîne des Andes ; de l'autre, inclinés sur le versant de l'Atlantique, s'étendent les *pampas*, les *llanos*, les immenses plaines couvertes par la *selva*, au travers desquelles coulent d'énormes artères fluviales.

Les États se sont à peu près groupés suivant ce contraste nettement accusé, accordant plus ou moins leurs limites conventionnelles avec les traits physiques du continent. L'auteur a de même divisé son ouvrage en deux parties, réunissant du nord au sud, sous le nom de « Régions Andines », les États s'étendant sur les rameaux de la grande Cordillère.

L'Amérique du Sud, terre insulaire, si précise dans son pourtour, frappe au premier coup d'œil par l'abondance de ses fleuves et de ses rivières ; nul continent, grâce à l'oblitération des seuils de partage, n'offre plus

1. Élisée Reclus, *Nouvelle Géographie universelle*; t. XVIII, *Amérique du Sud. Les régions Andines*. Paris, Hachette et C°, 1893.

d'avantages pour les moyens de communication. Malheureusement l'irrégularité du régime de ces fleuves, le trop
d'abondance de leurs eaux, les rendent le plus souvent à
peine utilisables; un climat chaud et humide entretient
sur leurs bords une végétation trop exubérante; 7 millions
de kilomètres carrés de *selva* — presque l'étendue de
l'Europe — sur laquelle plane une atmosphère lourde et
tiède, empêchent l'acclimatation des hommes de race blanche ou métissée. Désavantage inhérent à la forme de
l'Amérique méridionale, c'est sa partie la plus étroite qui
se trouve être la plus favorable région de peuplement.

L'isolement de l'Amérique du Sud dans l'ensemble des
continents a longtemps retardé l'œuvre de la découverte.
La cartographie du littoral, fait justement remarquer l'auteur, n'est même pas encore achevée. A l'intérieur, elle est
plus défectueuse encore : au centre du bassin amazonien,
d'immenses territoires laissés en blanc égalent en étendue
les vides encore existants sur les cartes d'Afrique.

La violente irruption des conquérants espagnols, les
entreprises cruelles des aventuriers à la recherche du
fameux « Dorado », ne laissant derrière eux que ruine et
dépeuplement; les essais, d'un idéal plus noble, mais sans
grand effet pratique, des missionnaires jésuites; tout
cela n'eut que de pauvres résultats pour la science. C'est
seulement à la fin du siècle dernier et au commencement
de celui-ci, avec les travaux de La Condamine pour la mesure de l'arc de méridien et les voyages fameux de Humboldt, qu'a commencé, pour ne plus s'interrompre, l'étude
scientifique du continent méridional.

Dans son ensemble, le climat de l'Amérique du Sud
est plus modéré que celui de la masse de l'ancien continent. L'influence de la mer, les vents de l'Atlantique s'y
font presque partout sentir. L'auteur donne, comme exemple frappant de l'influence des vents et des pluies, le travail d'érosion accompli sur toute la longueur de la chaîne
andine. Au milieu, le haut plateau de Bolivie, situé en
dehors des courants aériens et presque privé de pluies, a
résisté à l'action destructive, tandis qu'en maints endroits
la chaîne est réduite en un mince cordon et que brusquement se présente, cassée et fragmentée, la chaîne patagonienne avec ses fiords, ses îles et ses lacs. Là, comme dans
nos contrées humides de l'Europe, « l'eau a sculpté les
montagnes ».

Non moins frappants apparaissent, comme résultant
directement de l'action des pluies, les phénomènes de la
végétation. Les immensités forestières de l'Afrique ne sont
rien à côté de la selva compacte qui s'étend sur le bassin
de l'Amazone et de ses affluents. « Comme l'Océan, comme
les neiges de l'Archipel polaire, la masse verdoyante qui
recouvre l'Amérique tropicale semble constituer un
monde à part. » Au sud, la selva se prolonge vers les
plateaux par une demi-forêt plus clairsemée : c'est le
Mato Grosso, le grand Bois des Brésiliens. Plus au sud
encore sont les *campos*; enfin, la *pampa*, les grandes
plaines rases et monotones.

« D'une richesse extrême en végétaux, l'Amérique du
Sud est de tous les continents celui qui dans les quatre
derniers siècles a le plus donné au monde civilisé d'espèces
utiles pour l'alimentation, la médecine, l'industrie. »

Quant à sa population aborigène, quoique moins
célèbre que celle du continent du nord, elle l'emporte sensiblement par l'importance numérique; elle a beaucoup
mieux résisté à l'influence destructive de l'invasion des
blancs et elle constitue encore le fond de la population.

Anciennement très dense, elle a brusquement diminué par
l'effet du pillage des *Conquistadores* et de l'exploitation du
travail des indigènes; aujourd'hui elle est en croissance
rapide, non plus comme race distincte, mais mêlée aux
blancs.

De l'unité caractéristique des traits physiques de
l'Amérique méridionale, l'auteur conclut avec clairvoyance
qu'« elle est admirablement disposée pour être habitée
par des peuples unis »; mais la difficulté et la longueur
momentanée des communications ont divisé et localisé
les intérêts. Les foyers de vie intense, répartis seulement
sur le périmètre du grand continent triangulaire, sont séparés par d'immenses bandes intérieures où règne encore
une inertie presque complète. Ainsi se sont formés les
groupements de nations

Mais l'Amérique du Sud reste le continent latin par
excellence. Habitée entièrement par des peuples de langue
romane, elle reçoit de l'Italie, nation latine, la plus grande
quantité d'immigrants. C'est vers la France, vers Paris
que les Néo-Latins regardent; dans leurs modes, leurs
goûts, la littérature et les arts, notre ascendant est visible.

Il n'en est malheureusement pas de même pour
l'industrie et le commerce, tenus sous la tutelle presque
exclusive de l'Angleterre et des États-Unis. « L'Amérique
aux Américains » : dans ce mot si connu est renfermée plus
que jamais la question économique actuelle, si grosse de
conséquences pour la vieille Europe, si elle n'y prend garde.

Malgré les révolutions presque successives nées de
l'ambition et de la soif du pouvoir, malgré la dilapidation
fréquente des fonds publics, malgré des exemples navrants
de vénalité excessive, qui souvent encore font tenir en
mépris dans l'esprit européen les Républiques de l'Amérique du Sud, les progrès en population, en richesse, en
instruction ont été très grands pendant ce siècle; même
ils ont été de beaucoup supérieurs en proportion à ceux
des nations européennes dans la même période. Toutefois il
faut dire que ces progrès n'ont pas été réalisés sans notre
participation et notre aide.

Nous ne pouvons pas suivre M. Reclus dans les détails
de la description physique et économique de chacun des
États étudiés dans son dix-huitième volume (Venezuela,
Colombie, Ecuador, Pérou, Bolivie, Chili), mais il nous
paraît intéressant de noter quelques passages typiques du
caractère de plusieurs d'entre eux.

La position géographique tout exceptionnelle de la
Colombie, dit-il à propos de cette république, dont il
proclame le prospère état d'avancement, en a fait la clef
de voûte des nations latines du continent. Malgré l'insuccès de l'entreprise du canal de Panama, « le mystère
de l'isthme ne cessera point d'attirer les chercheurs, et la
Colombie garde la promesse de devenir tôt ou tard l'un
des grands chemins du monde entre l'Orient et l'Occident. »

Comme pays de peuplement pour des colons de toute
race, le territoire colombien présente des avantages
remarquables; de la mer au sommet de ses montagnes, il
offre l'étagement régulier de tous les climats; les régions
dont la température peut être assimilée à celle de l'Europe
occidentale occupent une étendue assez vaste pour nourrir
des habitants par dizaines de millions.

A cette position géographique si remarquable de la
Colombie, il est intéressant d'opposer la situation tout à
fait contraire et désavantageuse de la Bolivie, que l'isolement à l'intérieur du continent auquel le sort la con-

damne met dans un état de dépendance absolue vis-à-vis des États voisins.

Quant au Chili, puissance maritime et militaire heureuse par ses conquêtes et ses annexions, mais dont la quiétude est assombrie par les ambitions de sa grande voisine la République Argentine, on n'a qu'à constater son état généralement florissant : l'exploitation intelligente de ses riches mines ; l'importance du rendement de son agriculture ; les essais de son industrie naissante ; l'accroissement régulier de sa population ; le développement rapide de son instruction publique ; les chiffres éloquents de son commerce, proportionnellement supérieurs à ceux du commerce français, malgré les troubles profonds produits par la récente tentative de dictature.

A côté de cette longue bande de terrain sans profondeur, s'ouvre l'immense champ d'action de la République Argentine, faisant face à l'Europe, en relations permanentes avec la France, se relevant de jour en jour de sa longue crise, et qui, avec le Brésil, remplira la plus grande partie du prochain et dernier volume.

Les constitutions des républiques du Sud sont plus ou moins le reflet de celle des États-Unis du Nord. Néanmoins il en est qui sont restées assez éloignées de la forme démocratique : telle est celle de l'Ecuador qui est loin d'être fondée sur la souveraineté populaire et qui est entourée de nombreuses garanties destinées à la rendre immuable. « C'est une des rares nations d'origine moderne, qui ait un culte officiel et se déclare officiellement « catholique, « apostolique et romaine. »

Nous ne saurions terminer ce rapide aperçu du dernier volume de la *Géographie universelle* d'Élisée Reclus sans dire une fois de plus dans quelle langue admirable ce grand ouvrage est écrit et combien souvent en le parcourant nous avons été tenu sous le charme du style si simple et si large de ses descriptions.

Victor Huot.

❀ ❀ ❀

CHRONIQUE GÉOGRAPHIQUE

NOTES SUR L'ALGÉRIE ET TUNISIE

Ἄριστον μὲν ὕδωρ, surtout dans l'Afrique altérée du Tell, de la Steppe et du Sahara.

Aussi l'on y cherche l'eau, on la recueille, on la dirige et conduit.

Grande joie dans Batna, la ville sèche, tantôt si froide, tantôt si chaude! Le 3 septembre 1892, la sonde a fait jaillir, à 107 mètres de profondeur, une bonne eau à 19 degrés, d'un volume de 300 litres par minute, soit 6 litres par seconde : débit et température qui n'ont pas varié depuis.

Au sud-ouest de Gorombalia, au pied de monts de de 500 à 760 mètres dominant l'isthme de la presqu'île du cap Bon et dominés eux-mêmes au sud-ouest par le Zaghouan (1340 mètres), trois sources constantes jaillissent, donnant toutes trois ensemble 20 litres par seconde en temps de sécheresse. Elles ont pour nom Aïn-Tébornok, Aïn-Sraï et Aïn-Kellia.

On a récemment capté ces trois sources, on les a conduites dans un bassin voisin de Gorombalia (à 3 kilomètres) ; et, de ce bassin, un aqueduc qui passe sous un mont par un tunnel de 700 mètres les mène à Hammam-Lif, distance de 31 kilomètres, et à Radès et Maxula, distance de 40 kilomètres. Hammam-Lif, comme Radès et Maxula sa voisine, sont situés dans les environs de Tunis, à l'est-sud-est : Hammam-Lif au pied des Deux-Cornes (Bou-Kournin, 576 mètres); Radès sur le lac de Tunis; Maxula, colonie toute récente, faite de villas françaises, à l'embouchure de l'oued Melian dans le golfe de Tunis, sur une plage de sable, à 4500 mètres au sud de la Goulette.

Parmi plusieurs autres récents travaux d'adduction d'eau potable on a dirigé la source de Chérichéra vers le bassin des Aglabites, à Kairouan : cette fontaine naît à 28 kilomètres environ en droite ligne à l'ouest un peu sud de la ville sainte, aux flancs du Chérichéra, mont de 495 mètres

Tabarka, Téboursouk et autres bourgades, ou villes naissantes, viennent aussi d'être pourvues. Enfin deux puits artésiens forés à quelque distance de Zarzis, à 11 mètres au-dessus du niveau de la mer, assurent à cette cité de la Tunisie tout à fait méridionale 20 litres par seconde d'une eau qui est assez impure et laisse, en déposant, un résidu de 6 grammes par litre, dont 4 grammes et demi de sel marin; mais elle n'en est pas moins meilleure que celle qu'on buvait jusqu'à présent à Zarzis et elle est aussi plus abondante. (D'après la *Dépêche Tunisienne*.)

Comme exemple de l'excessive variabilité de régime des rivières algériennes, on peut citer le Roumel, tel qu'il arrive à Constantine, c'est-à-dire à peu près à la limite du Tell proprement dit et de la région plus ou moins steppeuse des Hauts Plateaux numides où lui, Roumel, a sa conque supérieure sous un ciel trop rarement humide.

Il y a des années où la rivière n'amène au cagnon de la vieille Cirta que 9 millions de mètres cubes, ce qui répond à un débit moyen ou module de 285 à 286 litres par seconde, et telles autres où elle entraîne 180 millions de mètres cubes, soit vingt fois plus, soit encore un module de 5700 litres à la seconde.

Ces chiffres sont tirés du rapport de l'ingénieur en chef du département de Constantine sur le futur barrage de l'oued Athménia, digue derrière laquelle s'arrêteraient de 72 à 76 millions de mètres cubes d'eau.

Cette levée coûterait 1 800 000 francs. Grâce à elle, les moulins de Constantine disposeraient en tout temps d'un volume de 660 litres par seconde; en outre on irriguerait près de 3000 hectares de terres en amont de la ville, et plus encore en aval, car il ne serait plus nécessaire de réserver, en aval des usines constantinoises, le susdit volume de 660 litres.

———

Entre l'île de Djerba et la rive tunisienne s'étend la baie de Bou-Grara, qui n'est pas ce qu'un vain peuple pense, une lagune sans profondeur, mais tout contrairement un golfe d'environ 25 kilomètres de traversée, bien garanti des vents, avec fonds suffisants pour les plus lourds vaisseaux. On a même parlé de faire partir de là le transsaharien, *via* Ghdamès ou Rhadamès.

Dans un but évidemment autre que d'assurer ce point de départ au transsaharien, qui partira d'ailleurs, soit de la province de Constantine, de Biskra, soit de la province d'Oran, de Djenien-bou-Rezg, on exproprie en ce moment, pour cause d'utilité publique, 1 200 hectares de terre aux environs de Bordj-bou-Grara; ces terrains, dit le décret du 5 août 1892, sont nécessaires aux établissements maritimes de l'État tunisien.

Bordj-bou-Grara, sur le littoral sud-ouest de la baie, est l'antique *Gighti*, dont les ruines couvrent un vaste espace.

On travaille au port de Sousse, qui coûtera, d'après le devis, une dizaine de millions.

Ce port sera formé par une jetée d'une longueur de 1200 mètres, dite la jetée du Nord; à 800 mètres de son enracinement, cette jetée fera un coude assez prononcé vers le sud. Elle n'est pas seulement en projet : on en a commencé la construction.

Une autre jetée, dirigée au nord-est, s'avancera à la rencontre de la jetée du Nord, puis se terminera de manière à laisser, de son terme à celui de l'autre digue marine, un passage, un goulet de 400 mètres sur des fonds variant de 8 à 12 mètres. Là sera l'entrée de l'avant-port; quant au port, soigneusement dragué, il admettra les navires de 7 mètres de tirant d'eau. En arrière du port, un grand espace de mer sera comblé, dans le but d'agrandir la ville européenne.

Ces travaux marcheront parallèlement à ceux du chemin de fer de Tunis à Sousse, avec embranchement sur Kairouan.

Ils ont débuté par l'immersion de 800 gros blocs factices, déjà secs depuis longtemps, et qui constitueront, après leur mise en place, un commencement de jetée d'environ 200 mètres de longueur.

Autrefois on lançait les blocs à pierre perdue ; aujourd'hui on les met en place régulièrement, suivant les règles de l'art, chacun en son lieu bien calculé, pas ailleurs, au moyen d'un « ponton, porte-blocs » muni d'une puissante machine. La mise en mer est d'environ 20 blocs par jour.

(D'après le Progrès du Sud, l'un des quatre
ou cinq journaux français de Sousse.)

Le département d'Alger est à la veille d'être doté de quatre lignes de tramways à vapeur, qui ont été déclarées d'utilité publique et concédées.

La première, longue de 44 à 45 kilomètres, réunira Saint-Eugène à Rovigo, par ou près Alger, Mustapha, Hussein-Dey, Maison-Carrée, l'Arba; elle comporte un embranchement du champ de manœuvres de Mustapha au port d'Alger. Il n'y aura qu'un seul ouvrage de quelque importance sur cette ligne, le pont sur le fleuve Harrach à Maison-Carrée, ou tout près. Le département lui accorde 20 000 francs de subvention par kilomètre : soit, en tout, 884 000 francs.

La seconde ira d'El-Affroun à Marengo par ou près Amour-el-Aïn et la Bourkika. Ligne de plaine, dans l'occident de la Métidja, elle recevra une subvention de 36 000 francs par kilomètre, soit 696 000 francs pour ses 19 à 20 kilomètres.

La troisième partira d'Alger pour aboutir à Coléa; elle suivra le pied septentrional du Sahel d'Alger, au bord même de la Méditerranée, par la Pointe-Pescade, Guyotville, Staouéli, Zéralda, puis, arrivée dans la vallée du Mazafran, qui de la Métidja gagne la mer par une assez profonde percée entre le Sahel d'Alger et celui de Coléa, elle remontera ladite vallée, franchira le fleuve et s'arrêtera au

bas de la colline de Coléa. Plus tard, un embranchement partant de l'embouchure du Mazafran se dirigera sur Castiglione par le pied du Sahel de Coléa, par Douaouda et Fouka, le long de la Méditerranée. Cette ligne se fera sans aucune espèce de subvention, tant du Mazafran à Castiglione que d'Alger à Coléa.

La quatrième aura pour point de départ Dellis, pour lieu d'arrivée Boghni; elle suivra d'abord le rivage de la mer par Takdempt, puis, tournant au sud, elle remontera le Sébaou, et son affluent le Bougdoura; elle passera le long du Sébaou, par ou près Ben-Nchoud, Ouled-Kheddach, Abboville ou Bois Sacré, Rébeval, croisera le chemin de fer d'Alger à Tizi-Ouzou au Camp du Maréchal, puis entrera dans la vallée du Bougdoura à Mirabeau (jadis Draben-Kedda). Elle sera subventionnée de 26 000 francs par kilomètre.

Ces quatre chemins de fer seront à voie unique, avec écartement de 1 m. 055 entre les faces intérieures des rails.

Le réseau algérien vient de s'augmenter de 39 kilomètres, dans la province d'Alger, sur la ligne d'Alger à Boghari, Djelfa, Laghouat.

Ces 39 kilomètres partent de la station de Lodi et aboutissent à Berrouaghia, par les stations de Médéa, Damiette, Hassen-ben-Ali, Ben-Chicao.

C'est une ligne de montagnes : jusque vers Hassenben-Ali elle se tient à 900-1000 mètres; puis elle dépasse les 1000 mètres.

—————

Une commune nouvelle vient d'être ajoutée aux soixante-dix-huit de la province d'Oran, dans l'arrondissement d'Oran, aux dépens de Bou-Sfer, par distraction de la section dite *les Andalouses* et ainsi nommée par erreur : elle s'appelle réellement les *Analous*, parce que là débarquèrent, au bord du golfe compris entre le cap Falcon au nord-est et le cap Lindlès au nord-ouest, les premiers Maures chassés d'Andalousie par le roi du très chrétien royaume d'Espagne. La nouvelle municipalité ne prend pas le nom des Andalouses, qui est celui du village de la plage, mais celui d'El-Ansor ou *El-Ancor*, d'après un village situé à 3 kilomètres environ dans l'intérieur, à 75 mètres d'altitude, au pied du Ben-Sabihia (591 mètres), la montagne oranaise d'où l'on a correspondu par signaux lumineux avec les sierras d'Andalousie, par-dessus la mer, pour rattacher la triangulation de l'Afrique à celle de l'Europe. El-Ansor, mot arabe, veut dire « les sources », voire « les sources abondantes, » et en effet il y jaillit des eaux vives, aux fontaines d'Aïn-Sabeth, recueillies dans un bassin; il y a déjà sur le territoire de fort belles vignes, bien près de 1000 hectares, ne donnant guère que du vin rouge. On estime la population à quelque 1800 personnes, dont le plus grand nombre consiste en Espagnols ; après les Espagnols viennent les indigènes, après les indigènes les Français. On montre encore aux Andalouses quelques ruines romaines, celles peut-être de *Castra Puerorum*.

—————

Ras-el-Oued, récemment devenu Tocqueville, a reçu ses premières familles : six de l'Algérie et une de chacun des départements de l'Ardèche, de la Drôme, de l'Ariège, de l'Allier. Et, à côté des Français de France, sont venus s'établir en assez grand nombre des Algériens, propriétaires de lots achetés aux enchères.

Cette colonie, comme l'indique son nom arabe, est à la source d'une rivière : Ras-el-Oued veut dire : « tête du ru, de l'oued » ; les eaux y sont abondantes, le climat salubre, les terres à la disposition des colons très vastes.

Ce lieu est dans la province de Constantine, arrondissement de Sétif, commune mixte des Rhiras.

L'un dés hameaux de pêcheurs projetés sur la côte des trois provinces algériennes, et aussi sur le littoral tunisien, est déjà allotti. Voisin de la capitale de l'Algérie, à l'extrémité orientale de la baie d'harmonieux contour dont Alger tient l'extrémité d'occident, il est tout près du cap Matifou, sur le territoire d'Aïn-Taya. Son nom sera JEAN-BART. Non loin de Jean-Bart l'on s'occupe de la création d'un autre hameau de pêcheurs, qui s'appellera d'un autre nom de marin : SUFFREN.

Voilà donc deux nouveaux noms français sur la carte de l'Afrique française. Ce ne sont pas les seuls qui aient récemment apparu, les uns appliqués à des colonies plus ou moins anciennes, les autres à des établissements qui n'ont pas encore d'existence.

Aïn-Oulmen, village à 33 kilomètres au sud de Sétif, dans le douar d'El-Frikat, est le chef-lieu de la grande commune mixte des Rhiras, qui, vaste d'environ 200 000 hectares, n'a encore que 244 Européens sur une population totale de 34 311 habitants. Peuplé vers la fin de 1891 par 9 familles franco-algériennes et 11 familles de France, dont 5 de l'Isère, 2 de la Drôme, 1 de chacun des quatre départements de l'Aveyron, des Hautes-Alpes, de la Haute-Savoie, de Saône-et-Loire, il vient de perdre son nom indigène pour prendre celui de COLBERT, grand personnage historique fort disproportionné avec la petitesse et les humbles perspectives d'avenir d'Aïn-Oulmen.

Aïn-Boudinar est un village très prospère, sur le plateau de Mostaganem, à 260 mètres d'altitude, à 2 kilomètres de la rive gauche du Chéliff, en face des escarpements du Dahra (au nord), à 6 kilomètres à l'est de la Méditerranée. Mécontent de son nom arabe, qui veut dire « la source de l'Homme aux sous, du financier », elle a obtenu de le remplacer par celui de BELLE-CÔTE : c'est-à-dire qu'au lieu du nom banal d'un marabout quelconque, le village sera désigné par un nom tout aussi banal, ayant pour seul mérite de rappeler la situation élevée de l'endroit « et le coup d'œil agréable qu'il offre de loin ».

PRUDON remplacera dorénavant, sur la carte de l'Oranie, le nom de Sidi-Brahim, qui a le grand tort d'être fort commun en pays arabe.

« Nombreuses sont encore en Algérie les localités portant des noms identiques. Il faut qu'on en fasse une révision générale et qu'on ne leur conserve leurs noms indigènes que lorsque ceux-ci sont très connus ou qu'ils rappellent quelques faits de l'histoire algérienne. Sinon, qu'on les baptise à nouveau d'après les conquérants, pacificateurs et colonisateurs de l'Afrique. »

Prudon fut un de ces conquérants et pacificateurs. Venu en Algérie comme officier du génie, et mort général, c'est lui qui fonda réellement la florissante Sidi-bel-Abbès.

L'ex-Sidi-Brahim, aujourd'hui Prudon, à 437 mètres au-dessus des mers, domine la rive gauche de la Mékerra ou Sig, à 11 kilomètres en aval de Sidi-bel-Abbès, station du chemin de fer d'Oran à Bedeau. C'est une commune de 668 habitants, Français ou Espagnols.

La colonie de Temlouka, ou, plus complètement, Aïn-Temlouka, non encore peuplée, s'appellera MONTCALM. Il faut espérer que le nom du héros qui perdit le Canada (sans qu'il y eût de sa part erreur ou défaillance) ne sera pas de mauvais augure pour ce nouvel établissement, situé à l'est-sud-est de Constantine, à 650 mètres environ au-dessus des mers, près de sources abondantes, dans un vallon du bassin de la Seybouse, sur le territoire de Oued-Zénati.

Roumerian, dont les lots se sont vendus aux enchères, prend le nom de RICHELIEU. Cette colonie encore embryonnaire de la province de Constantine a des terres excellentes, des eaux abondantes. Elle se trouve à l'occident de Constantine, dans le pays montagneux à l'ouest de Mila, près d'oueds inclinés vers l'oued Endja, tributaire du fleuve Roumel, plus bas Oued-el-Kébir.

Deux colonies à venir, dans la province de Constantine, dans le pays montagneux d'entre Sétif et la mer, au voisinage de Périgotville, sont honorées d'avance : l'une du nom de CHEVREUL, d'après le chimiste mort plus que centenaire ; l'autre du nom de FAIDHERBE, d'après le vaillant homme, le grand savant qui a restauré le Sénégal et commencé la marche vers le Soudan du Niger.

Avant même de recevoir ses premiers colons, Damouni s'appellera TRUMELET, d'après le colonel Trumelet, qui fut un des héros des guerres d'Afrique et surtout qui a publié sur l'Algérie des livres d'un style primesautier, étincelants de verve : *Blida, Bou-Farik, les Saints de l'Islam, l'Algérie légendaire*, etc. Damouni, devenu Trumelet, est à 18 kilomètres au nord-est de Tiaret, sur la route de Téniet-el-Hâad, près de la lisière du Tell et des hauts plateaux du Sersou, à une très haute altitude, sous un climat éminemment sain, au-dessus d'un ru du bassin supérieur du Nahr-el-Ouassel, qui est l'une des deux branches du Chéliff des Steppes.

De même, le nom de FROMENTIN, le peintre, l'écrivain célèbre qui a publié des chefs-d'œuvre sur l'Algérie, remplace le nom de Tadjéna, future colonie du Dahra de la province d'Alger, au sud-ouest de Ténès. Fromentin aura ses maisons et en partie ses terres sur le plateau de Tadjéna, situé à une grande hauteur, qui est une sorte d'acropole naturelle tout près du faîte entre les petits fleuves côtiers au nord et le Chéliff au sud.

Pendant que tant de noms nouveaux surgissent sur la carte de l'Afrique française, un nom antique reparaît sur la carte de l'Algérie romaine.

Dans la province d'Oran, sur le territoire de la commune mixte de Saïda, dans le douar-commune des Ouahiba, démembrement de la grande tribu des Djafras Chéragas, l'on a trouvé au lieu dit Laknèze, à 5 kilomètres au nord-ouest de Timziouine, deux bornes milliaires intactes et cinq fragments de bornes des règnes de Septime Sévère, de Caracalla et Géta, de Maximin, de Philippe.

L'inscription : *A Lucu M*(illia) *P*(assuum) *III* prouve que Lucus, à 3 milles du lieu où ont été trouvées les bornes, est justement TIMZIOUINE, dont les ruines, fouillées dès 1882 par le capitaine Graulle, donnèrent à cette époque un bas-relief mithriaque, lequel fut transporté au musée d'Oran.

« Lucus, dit M. L. Demaeght, qui rend compte de cette découverte dans le *Bulletin trimestriel de la Société de géographie et d'archéologie d'Oran* (avril-mai-juin 1892), Lucus empruntait peut-être son nom à la forêt qui l'entourait et qui existe encore aujourd'hui. Ses ruines s'étendent sur la rive gauche de l'Oued Berbour, à 45 kilomètres au nord-ouest de Saïda, dans une région couverte de pins et de thuyas, riche en terres arables, arrosée par des eaux abondantes en toute saison. »

Le reste le plus massif de cette ville, ou tout au moins de cette bourgade romaine, couvre un mamelon riverain de l'Oued Bourbour, à 7 ou 8 kilomètres en amont de sa rencontre avec l'Oued Séfioun (l'une des branches supérieures de l'Habra), c'est l'oppidum, qui semble avoir possédé une double enceinte, la plus grande, c'est-à-dire l'extérieure, ayant environ 300 mètres de côté. Au pied de l'oppidum, grands débris de ce qui fut soit une citadelle, soit un temple, soit, d'après M. Demaeght, un établissement de bains.

La voie romaine sur laquelle étaient plantées ces bornes se dirigeait au nord-ouest, vers la grande cité d'Altava, qui est aujourd'hui Lamoricière.

ONÉSIME RECLUS.

AFRIQUE

Algérie. — Si Ahmed E-lTidjani, petit-fils du fondateur de la secte de ce nom et marabout de la zaouïa d'Aïn-Mahdi, est arrivé à Alger au commencement de février. Il a été, depuis, reçu plusieurs fois par M. Cambon, gouverneur général; et chacun se plaît à rapprocher l'importance de cette visite de celle faite, il y a quelques mois, par les Touareg.

Les relations avec ces derniers vont également s'accentuer favorablement en se généralisant. M. Foureau a en effet fait parvenir en France la nouvelle qu'il était arrivé jusqu'aux portes de Rhadamès, où il a pris contact avec les principaux chefs des ⸮zdjer. L'un d'eux, Ouan-Titi-Ag-Abd-el-Hakem, a promis à notre compatriote qu'une nouvelle ambassade de Touareg irait prochainement à Alger, et qu'en outre il allait préparer à M. Foureau les voies et moyens pour lui permettre d'exécuter son voyage dans l'Aïr.

Tunisie. — Le bassin de dragage et le chenal du port de Tunis sont terminés. Prochainement on va commencer la construction d'appontements.

La pose du câble sous-marin entre Marseille et Tunis est achevée depuis le 18 février. La conductibilité est excellente.

Sénégal. — A la fin du mois de janvier dernier, une convention a été signée à Saint-Louis par tous les chefs indigènes de l'arrondissement. Une des clauses de cette convention interdit désormais la vente des captifs dans les pays placés sous l'autorité des chefs signataires et élève les captifs de toute origine à la condition de ce qu'on appelle « captifs de case », c'est-à-dire serviteurs, qui font partie de la famille. C'est en vertu de cette interprétation que M. Patterson, administrateur de Dakar et Thiès, avait empêché l'année dernière la vente de quelques « captifs de case » et avait même puni le chef qui avait cru pouvoir commettre cet acte arbitraire. Tous les indigènes avaient approuvé l'initiative de M. Patterson, et la convention dont nous parlons n'a fait que sanctionner, en le généralisant, un état de choses désiré par tout le monde.

Soudan français. — On annonce la mort de Tiéba, roi du Kenedougou, dans sa capitale Sikasso; et celle de Mounirou, roi du Macina, dans sa capitale Bandiagara.

Le commandant Quiquandon, arrivé depuis le 2 février à Sikasso, et qui, déjà, avait exercé sur le roi Tiéba une influence réelle en faveur de la France, conserve son poste auprès de Demba, frère et successeur du défunt.

Quant à Mounirou, il est remplacé au Macina par son frère Ahmadou, réfugié auprès de lui depuis 1891, époque où le commandant supérieur du Soudan l'a chassé de ses États de Ségou et de la rive droite du Sénégal.

Côte de l'Ivoire. — La nouvelle de la mort de l'explorateur de Barral, dont nous rappelions la mission dans notre dernier numéro, est arrivée à Paris le 15 février. M. de Barral était sur le point de rentrer en France, du moins on l'espérait, lorsque la maladie l'a emporté à Grand-Lahou.

Il était allé à la Côte de l'Ivoire l'année dernière pour le compte d'une Société d'études et d'explorations de cette partie de l'Afrique. Parti de Grand-Lahou le 21 juillet 1892,

sur un petit vapeur que la maison Verdier avait obligeamment mis à sa disposition pour le transporter, lui et ses bagages, à Petit-Lahou, au fond de la lagune, Barral avait pris pour objectif les territoires au delà de Fresco et avait remonté la rivière Lahou jusqu'à Whème. Arrivé à Fresco, il quitte cette localité le 2 août pour Sessendré, reste là quinze jours, puis se met en route pour Petit Béréby, laissant bien loin derrière lui ses bagages, retenus malgré sa volonté. A partir de ce moment, Barral accomplit son exploration dans des conditions insensées, à peine croyables. Il avait quitté Sessendré avec une couverture de voyage, dix shillings dans la poche, une petite canne en jonc pour toute arme et un jeune boy de dix ans pour toute escorte. C'est dans cet équipage qu'il allait faire 800 kilomètres! De Fresco à Grand Béréby l'accueil qu'il reçut partout fut excellent. Toutefois, dans ce dernier village, on l'engage à ne pas poursuivre son chemin par la plage, à cause des hostilités qui existaient entre Many, roi des Béréby, et les villages de Roch Town, dont les habitants, travaillés par l'influence anglaise, nous détestent. Barral ne tient pas compte de l'avis et se heurte, à 500 mètres en avant de Roch Town, à une bande d'indigènes armés de snyders, qui le font prisonnier. Remis en liberté au bout de peu de temps, il arrive à Petit-Béréby, où le roi Many l'accueille avec une cordiale hospitalité. Ici encore, il espère se voir rejoint par ses bagages, qui n'arrivent pas. Le 27 septembre, il prend la direction du rio Cavally, où il arrive après avoir remonté la rivière Dado pendant trois jours. Il redescend à la plage, à Wappoo, passe à Bassa, aux villages de Tabou et Petit-Cavally en faisant le tour par la rivière Tabou et une petite partie de la rivière Cavally. De là il revient sur ses pas jusqu'à Petit-Béréby, où il frète une pirogue. Il part le 11 novembre, déjà malade depuis longtemps, accomplit sa traversée en côtoyant la rive, par une mer presque constamment mauvaise, arrive le 14 au soir au village de Drewin, puis continue presque sans s'arrêter sur Grand-Lahou, où il arrive le 22, après avoir franchi Fresco le 17. Il avait fait 400 kilomètres à l'aller, autant au retour, sans dépenser un seul de ses dix shillings, et nourri tout le temps par les Kroumen.

Les renseignements que Barral a pu communiquer dès son retour à Grand-Lahou sont accompagnés d'une carte détaillée et fort précieuse de la côte, dont s'est d'ailleurs servi avec succès le commandant Ytier, du *Scorpion*. Ils font le plus grand éloge du pays de Krou, de ses habitants et de leur état social. De plus, l'explorateur a signé quatre nouveaux traités. Dans les dernières lettres qu'il a adressées en France et datées du 3 janvier, il est question d'un long rapport, qui n'est pas encore parvenu.

Dahomey. — A l'heure où nous écrivons, la question d'organisation du Dahomey n'est pas encore résolue. L'opinion qui semble prévaloir, ce qui ne prouve pas qu'elle soit la meilleure, est celle qui donnerait à la nouvelle colonie un régime identique à celui du Sénégal, c'est-à-dire une division en territoires annexés, administrés par des commandants de cercles, et en territoires de protectorat, gouvernés par un certain nombre de chefs indigènes.

Le gouvernement apporte cependant une certaine réserve dans ses décisions, eu égard au sentiment personnel du général Dodds, qui ne paraît pas considérer les hostilités comme terminées tant que Béhanzin tiendra la campagne avec ou sans troupes.

Dans tous les cas, et en attendant que l'organisation administrative de la nouvelle colonie soit définitivement décidée, c'est M. Ballot, l'ancien résident de Porto-Novo, qui est désigné dès à présent pour prendre les fonctions de gouverneur, lorsque celles-ci pourront se concilier avec les exigences militaires.

Afrique Orientale Allemande. — Expédition Baumann. — Le Comité de la Société anti-esclavagiste allemande a communiqué à la *Deutsche-Kolonial Zeitung* un rapport du Dr Baumann sur l'exploration que celui-ci vient de faire dans le bassin de la haute Kaghéra. A l'endroit où il la traversa, le 5 septembre dernier, elle porte le nom de Rouvouvou, et forme la frontière entre l'Ousoui et l'Ouroundi. Le pays est traversé par des chaînes de montagnes herbeuses, hautes et abruptes, sur les flancs desquelles se détachent les massifs de bananiers qui entourent les villages. Les vallées étroites et sinueuses ont des eaux courantes ou stagnantes remplies de papyrus. La population, très dense, cultive essentiellement des plantes légumineuses et des bananes. Le Dr Baumann fut reçu d'une façon très solennelle, avec un enthousiasme tout à fait extraordinaire, et dont il était fort étonné. Cela lui fut expliqué par l'histoire suivante : tout l'Ouroundi, d'Oudjidji jusqu'au Rouanda, avait, pendant des siècles, été gouverné par des rois qui portaient le titre de *Mouési* (Lune), et faisaient remonter leur origine à la Lune. Il y a une trentaine d'années, le dernier Mouési tomba dans une guerre; dès lors l'anarchie a régné dans l'Ouroundi, que les Oualouri pillards ont ravagé. Les Ouaroundi prenaient le Dr Baumann pour leur Mouési perdu, qui leur revenait après un long séjour dans la Lune.

Le 11 septembre, l'explorateur franchit l'Akenyarou, qui n'est point un lac, comme on l'a prétendu jusqu'ici, mais une rivière; les indigènes l'appellent *Nyanza y a Akenyarou*, désignation qui a pu faire croire qu'il s'agissait d'un lac; ils ignorent également l'existence d'un lac Mouorongo, mais connaissent sous ce nom une rivière qui vient de l'ouest et se jette dans l'Akenyarou. Le 19 septembre l'expédition atteignit la source de la Kaghéra (Rouvouvou), qui jaillit au pied d'une chaîne de montagnes abrupte, couronnée de forêts, formant la ligne de partage des eaux entre le bassin du Nil et celui du Roussizi, tributaire du Tanganyika. Comme il est généralement admis que la Kaghéra, le plus considérable des affluents du Victoria-Nyanza, est le principal des bras du Nil, il en résulterait que cette source de la Kaghéra est une des sources du grand fleuve. Il est à remarquer que les Ouaroundi la considèrent comme sacrée; c'est dans un bois très rapproché, sur une pente herbeuse, plantée d'arbres séculaires, qu'avait lieu la fête des morts célébrée en l'honneur des Mouési défunts. Après quoi on leur donnait la sépulture sur le Ganso-Koulon, cime émergeant de la crête boisée de la chaîne. Les Ouaroundi appelaient *Misozi a Mouési* (montagnes de la Lune) ces montagnes aux sources du Nil-Kaghéra, où, d'après la tradition, habitent les esprits des Mouési décédés.

Se dirigeant ensuite vers le sud, le Dr Baumann franchit la ligne de partage des eaux entre les deux bassins à une altitude d'environ 3000 mètres; de ce point l'on aperçoit à ses pieds la vaste plaine de Roussizi, et au loin vers le sud, comme un filet d'argent, la nappe d'eau du Tanganyika. Il atteignit celui-ci le 25 septembre, explora encore le bassin du haut Malagarazi, et arriva à Tabora le 4 novembre.

Expédition de M. J. Thomson au lac Bangouéolo. — Le *Geographical Journal* publie dans son numéro de février le récit du voyage exécuté dans la région du lac Bangouéolo par M. J. Thomson pour le compte de la *British South Africa Company*.

Parti du Cap le 1er juin 1890 en compagnie de M. J.-A. Grant, le fils du célèbre explorateur africain, M. Thomson arrivait le 15 à Quilimane. Le 26, après avoir éprouvé mille vexations de la part des autorités (c'était au moment où le conflit anglo-portugais était le plus aigu), il commença à remonter le Kouakoua, puis le Zambèze et le Chiré jusqu'à l'embouchure du Rouo, où de nouveau il eut à subir des ennuis de la part des agents portugais. Ayant traversé la région montagneuse qui le séparait de Blantyre, le centre de la civilisation dans ces régions, dont il fait un éloge enthousiaste, M. Thomson rejoint le Chiré à Matopé d'où un bateau à vapeur le conduit jusqu'à Kotakota, sur la rive occidentale du lac Nyassa. Une série d'observations barométriques faites à cet endroit donnèrent pour l'altitude du lac 435 mètres.

Le 23 août l'expédition, qui comprenait 55 Makouas et 98 Atongas, et à laquelle s'était joint M. Ch. Wilson, quittait Kotakota et, après avoir gravi l'escarpement du plateau qui s'incline doucement jusqu'aux rives du Loangoua, se dirigeait vers l'ouest à travers la région qui sépare les pays de Mouazi et de Mpézéni. Après avoir traversé Koua Kénoudou, et reçu l'hospitalité au village de Kiouendé, dont le chef Kabouiré s'était mis sous la protection des traitants arabes pour se défendre contre les incursions sanglantes de Matakenya, un métis portugais chasseur d'esclaves qui ravageait les pays avoisinants, l'expédition passait le 13 septembre le Loangoua, qui avait à cet endroit environ 90 mètres de large et 1 m. 50 à 2 mètres de profondeur. Quatre jours après, M. Thomson atteignait le village de Kouakatara, au pied des monts appelés Mouchinga, lesquels ne sont en réalité que l'escarpement d'un plateau que M. Thomson nomme plateau de Loangoua-Kafoué. Du sommet de l'escarpement, les voyageurs cherchèrent en vain des yeux les monts Lokinga portés sur toutes les cartes, ils ne virent qu'un pays ondulé et boisé, traversé par de nombreux cours d'eau et s'étendant à perte de vue.

Poursuivant sa marche vers l'ouest, l'expédition traversa les monts Vimbé, qui ont une altitude d'environ 1800 mètres et qui forment la crête de partage des eaux du plateau, puis découvrit un petit lac que M. Thomson nomma lac Moir, en l'honneur de M. Moir, commerçant à Blantyre.

A partir de ce moment, les difficultés commencèrent : la petite vérole se mit dans les rangs de la caravane, les vivres manquèrent. Le lac Bangouéolo, vers lequel se dirigeait l'expédition, semblait reculer à mesure qu'on avançait. Après mille fatigues on atteignit enfin le village de Tchitambo, situé à 32 kilomètres à l'ouest de l'ancien village de ce nom où Livingstone mourut en 1873. Un serviteur envoyé en reconnaissance rapporta que l'arbre sous lequel était enterré le cœur de l'explorateur était demeuré intact, ainsi que l'inscription qui y était gravée. Cependant de Tchitambo aucune trace du lac Bangouéolo n'était visible; seule une grande et triste plaine parsemée de rares arbres s'étendait au nord du village. A travers ce pays nommé Lounga et dans lequel on ne rencontre qu'un seul village, habité par des Ba-Bisa, coule le Tchambézi, qui rejoint le Louapoula vers le 12° de latitude sans avoir traversé le lac. Mais pendant la saison des pluies le spectacle change, et le lac Bangouéolo prend alors à peu près la forme indiquée sur les cartes, quoiqu'il ne s'étende pas autant vers le sud. D'après les observations barométriques recueillies par J. Thomson, son niveau est de 1143 mètres, soit 76 mètres de moins que l'altitude donnée par Livingstone et 152 mètres de moins que celle observée par Giraud.

Après un court séjour à Tchitambo, l'expédition se remit en route, semant sur son chemin des malades et des cadavres. Ayant atteint le Louapoula à Kaninga (sa largeur était de 135 m.), elle suivit à peu près ses rives jusqu'à Kalonga, puis, de là, tenta de gagner le Kafoué; mais le mauvais état de la caravane et l'impossibilité d'avoir des guides la forcèrent à prendre une direction est. De nouveau les voyageurs se trouvèrent dans la zone parcourue par les métis portugais chasseurs d'esclaves, appelés Chakoundas, et de nouveau ils eurent à calmer les défiances qu'excitait leur passage à travers les populations affolées. A partir du village de Pa-Mkouemba, l'expédition, se dirigeant vers le sud, traversa les monts Kalera, hauts de 1370 mètres, qui forment la ligne de séparation des eaux entre les bassins du Congo et du Zambèze. Arrivés au village de Mchiri, les voyageurs voulurent de nouveau se diriger vers le Kafoué ; mais les porteurs Atongas, atteints de nostalgie, et découragés par la maladie et la mort de tant de leurs camarades, refusèrent de continuer la marche dans cette direction. La saison des pluies commençait, la variole augmentait ses ravages, déjà plus du tiers des hommes étaient morts, un grand nombre étaient malades et le chef de l'expédition lui-même était terrassé par la fièvre. Aussi, après une pointe rapide poussée jusqu'à Manica par M. Thomson accompagné de quelques hommes, le retour fut-il décidé. La route fut d'abord sud-est à travers la rivière Lonsefoua jusqu'aux monts Chifoukounya, puis nord-est au milieu d'une région montagneuse. Après avoir franchi la crête des monts Mouchinga, l'expédition arriva sur les rives du Louangoua et de là se dirigea sur Mpezeni, à travers un pays dévasté par Matakenya. Entre Mpezeni et Mouazi, elle fut attaquée par des pillards et dut fuir pendant la nuit pour éviter un combat plus sérieux. Le 4 janvier 1891, M. Thomson et ses compagnons étaient de retour à Kotakota, après avoir parcouru 1900 kilomètres.

ASIE

Siam. — Les empiétements du royaume de Siam vers le Mékong, loin de s'arrêter, deviennent de plus en plus nombreux et menaçants. Si, de ces tentatives politiques ou militaires de l'État central de l'Indo-Chine, on rapproche les menaces ou les insultes adressés à nos négociants voyageant sur le Mékong et la mort inattendue de M. Massie, on ne peut plus douter de l'intention des Siamois de réduire ou de détruire la domination française dans le nord de l'Indo-Chine. Seuls ils n'y peuvent parvenir, et il suffira à la France de montrer quelque énergie pour qu'ils soient obligés de reculer avant que leurs inspirateurs probables puissent avouer les projets qui se cachent vraisemblablement derrière le mouvement siamois. A la suite de nombreuses correspondances privées ou publiques, d'un article du prince Henri d'Orléans signalant le péril, le groupe colonial de la Chambre vient à son tour de se réunir, le 24 février, sous la présidence de M. Étienne, l'ancien et dévoué sous-secrétaire d'État aux colonies, pour aviser et proposer les mesures les plus urgentes. Dans notre prochain numéro nous reviendrons avec plus de détails sur cette question importante, qui semble nous ramener à l'époque de Dupleix et de l'Inde française et qui, si on le veut bien, se résoudra rapidement par la consolidation de l'influence française sur le Mékong.

OCÉANIE

Nouvelle-Calédonie. — Le gouvernement français vient de présenter aux Chambres un projet de loi approuvant une convention provisoire passée le 3 février dernier entre le sous-secrétaire d'État aux colonies et la société française des Télégraphes sous-marins, pour l'établissement d'un câble sous-marin entre la Nouvelle-Calédonie et l'Australie.

Aux termes de cette convention, le câble devra être posé avant le 22 septembre 1893. Son point d'atterrissage sera dans le Queensland, probablement au nord de Brisbane, à l'extrémité de la grande île Sandy, située à 1200 kilomètres environ de Nouméa.

Jusqu'à présent, lorsque le gouvernement avait besoin de communiquer rapidement avec son représentant à Nouméa, il se trouvait dans l'obligation d'envoyer un télégramme à notre consul à Sydney, qui l'expédiait à sa destination définitive par le premier bâtiment en partance. Une dépêche pouvait donc parfois mettre quinze jours à parvenir au gouverneur de notre établissement.

C'est pour remédier à cet état de choses, également préjudiciable au commerce local et au commerce métropolitain, que le gouvernement a décidé de relier notre importante colonie océanienne au réseau des câbles sous-marins du monde entier.

Iles Havaï. — Parlant des annexions anglaises en Océanie, nous écrivions dans le dernier numéro des *Nouvelles géographiques* :

« Ces acquisitions marquent une nouvelle étape, l'une des dernières sans doute du partage de l'Océanie. De tous les archipels dispersés dans le Pacifique, il n'en reste plus que deux, Havaï et Tonga, qui conservent un semblant d'indépendance. »

Ce semblant d'indépendance n'existe plus aux îles Havaï, où flotte « provisoirement » le drapeau étoilé des États-Unis.

Depuis longtemps les Américains avaient jeté leur dévolu sur cet archipel qui se trouve à mi-chemin dans le Pacifique entre l'Asie et la ville de San Francisco. Le gouvernement de Washington attendait patiemment le moment psychologique que ses agents à Honolulu étaient chargés de précipiter.

C'est à la suite d'une révolution fomentée par le parti américain que les incidents se sont produits.

Le 15 janvier, la reine des îles Havaï proposait à ses sujets une nouvelle constitution enlevant aux électeurs étrangers le droit de vote et plaçant le gouvernement entre les mains des indigènes. Les ministres refusèrent de contresigner cette constitution.

Le 16, les habitants s'insurgèrent, ils organisèrent un gouvernement provisoire, qui proclama la déchéance de la reine. L'occasion était excellente : les Américains en profitèrent, et à la requête du ministre des États-Unis 300 hommes de l'équipage du croiseur américain le *Boston*, qui se trouvait en rade de Honolulu, furent débarqués pour sauvegarder les intérêts des nationaux.

Depuis, une commission havaïenne s'est rendue à Washington pour demander l'annexion pure et simple des îles Havaï. De son côté, la reine a envoyé des représentants auprès du président Harrisson pour demander la proclamation de la princesse héritière comme reine sous le protectorat des États-Unis.

C'est le sénat américain qui tranchera définitivement la question, mais il est déjà certain que l'annexion pure et simple de l'archipel Havaï est un fait accompli.

RÉGIONS POLAIRES

Régions antarctiques. — Les quatre bateaux baleiniers partis en septembre 1892 de Dundee pour les mers antarctiques paraissent en bonne voie, d'après un télégramme de Montevideo, daté du 13 janvier dernier. La *Balæna* avait atteint, à la fin de novembre, Port Stanley, dans les îles Falkland, l'*Active* y était arrivé le 8 décembre et la *Diana* le 11. Quant au quatrième bâtiment, le *Polar Star*, qui ne devait pas relâcher à Port Stanley, il a été signalé, au large du rio de la Plata, le 16 novembre. Ces navires, la *Balæna* surtout, étaient bien outillés pour les observations scientifiques. D'après le *Geographical Journal*, auquel nous empruntons ces détails, on espère recevoir bientôt quelques renseignements sur les premiers travaux accomplis.

BIBLIOGRAPHIE

REVUE DES PÉRIODIQUES

Articles signalés :

Revue de Géographie, 1ᵉʳ février 1893. — *Les colonies françaises et la géographie*, par A. Thalamas. (L'auteur de cette étude, dont nous n'avons encore que la première partie, se propose d'établir par une classification scientifique les raisons d'être de chacune de nos possessions, de dire « ce qu'est une colonie et quels sont les États qui ont besoin de colonies, et de déterminer, pour la France en particulier, quelles sont celles de ses colonies actuelles qui correspondent à des besoins réels ». Ce premier article présente sur la politique coloniale et les principes d'après lesquels elle a été dirigée des considérations originales fort intéressantes qui font bien augurer de la suite de l'étude.)

Geographical Journal, février 1893. — *To lake Bangweolo and the Unexplored Region of British Central Africa*, par J. Thomson. (Nous donnons à la chronique un résumé de cet intéressant voyage.) — *Journeys in the Benin Country, West Africa*, par H.-L. Gallwey. (M. le capitaine Gallwey donne sur le pays, la rivière et la ville de Bénin des renseignements nombreux qu'il a recueillis au cours de ses excursions dans l'intérieur du protectorat des Rivières d'Huile, où il a fait un long séjour en qualité de vice-consul de Sa Majesté Britannique.) — *The Crossing of the Hispar Pass*, par W.-M. Conway. — *Anglo-Portuguese Delimitation Company*. (Nous parlerons prochainement de ce sujet.)

Le numéro contient une carte d'une partie de l'Afrique centrale anglaise, au 1/2 000 000, construite par J. Thomson à l'aide de ses notes, observations et itinéraire ajustés aux positions astronomiques des principaux voyageurs antérieurs.

Mitteilungen de Petermann, février 1893 : *Eine Reise nach den Goldgebieten im Osten von Nicaragua. Im Auftrage der nicaraguischen Regierung, ausgeführt im Jahre 1892*, par le docteur B. Mierisch. — (Voyage exécuté l'an dernier, sous les auspices du président de la République dans les terrains aurifères du Nicaragua occidental. Remarques sur la topographie, l'hydrographie, la flore, la faune et les habitants, qui se divisent en Indiens Mosquitos, sur la côte, et en Indiens Soumou, dans l'intérieur ; chapitre détaillé sur la géologie. L'auteur estime qu'en dehors de l'exploitation de ses gisements aurifères, le pays a un certain avenir agricole. Certains districts conviendraient à l'établissement d'Européens. L'article est accompagné d'une carte au 700 000ᵉ). — *Die gesetzmässige Verteilung der Lufttemperaturen über dem Meere*, par le docteur W. Zenker. (Intéressant travail sur la température de l'atmosphère au-dessus de la surface de la mer.) — *Kleinere Mitteilungen : Eine schwimmende Insel im Atlantischen Ozean*, par Carl Ochsenius. — *Die Dürren in China*, par Krebs et Brückner.

Zeitschrift der Gesellschaft für Erdkunde zu Berlin. — 1892, n° 4. — *Die Kordillerenpässe zwischen der Argentinischen Republik und Chile, vom 22° bis 35° S. B.* par le professeur Ludwig Brakebusch. (Article considérable consacré à l'étude particulière de 110 cols ou passages de la chaîne des Andes, dans l'espace compris entre le 22ᵉ et le 35ᵉ de latitude méridionale, faisant communiquer les vallées chiliennes et argentines de la cordillère. Ce fascicule est accompagné d'une carte au 3 000 000ᵉ, d'un aspect un peu lourd, qui donne la configuration de la section des Andes traitée dans l'article avec l'emplacement des cols et passages, et le tracé des itinéraires que l'auteur a parcourus de 1875 à 1888).

Verhandlungen der Gesellschaft für Erdkunde, janvier 1893. — *Lebensweise und Sitten der Buschneger im Togogebiet*, par le lieutenant Herold. (M. Herold, qui a été pendant deux ans et demi chef de la station de Misahöhe, dans le pays de Togo, donne une intéressante description des mœurs et des coutumes des nègres du Hinterland de la colonie allemande.) — *Eine Forschungsreise auf einem Segelschiff nach den ostasiatischen Gewässern*, par le docteur G. Schott. (Observations et études sur l'hydrographie et la météorologie maritime faites à bord d'un voilier de la marine marchande allemande pendant un voyage aux mers de l'Asie orientale.) — *Über die neuen Goldfunde im Feuerland-Archipel*, par le Dʳ H. Steffen. (Renseignements sur les placers aurifères qui ont été récemment découverts dans quelques îles de l'archipel de la Terre de Feu au sud du canal du Beagle. Le plus riche, celui qui a été trouvé dans l'île Lennox, est déjà presque épuisé et les autres ne suffisent pas à rémunérer le travail des trop nombreux chercheurs d'or.)

OUVRAGES RÉCENTS

Jules Desfontaines : 18 000 *lieues à travers le monde*. Paris, Lecène et Oudin, 1892, in-12.

L'auteur de ce livre, paru l'an dernier, s'est fait une place à part parmi les *globe-trotters*. Il a accompli le tour du monde avec une rente de cent francs par mois. Comment ? C'est là ce qu'il nous raconte avec beaucoup de bonne humeur. Et, conséquence de ce mode de voyage économique, la vie qu'il a dû mener l'a mis en contact avec une foule de gens que le commun des touristes ignore ou dédaigne. Son livre en a pris une saveur spéciale. Nous recommandons en particulier aux lecteurs les pages où il raconte son voyage à pied à Jérusalem, ses pérégrinations et ses infortunes en Australie, enfin le séjour qu'il fit à Taïti, en qualité de précepteur dans la famille d'un riche indigène.

Il y a là des impressions toutes spéciales. On dirait le récit de ces pèlerins d'autrefois, qui s'avançaient à petites journées vers Rome ou Jérusalem, frayant surtout avec les humbles, obligés à l'occasion de s'arrêter pour gagner leur vie, mais toujours gais, contents, s'amusant naïvement de toutes les choses nouvelles qu'ils voyaient. Seulement M. Desfontaines est un pèlerin très moderne, instruit, bon observateur, agréable écrivain, et ce n'est point un petit coin du monde, c'est le globe entier qu'il traverse.

Le livre commence en Tunisie, puis nous conduit en Egypte jusqu'à la deuxième cataracte, à Jérusalem, aux Mascareignes et à Madagascar, à Taïti et aux Tonga, en Nouvelle-Zélande, enfin à Rio-de-Janeiro. Tous ces pays-là sont bien connus. Mais de chacun l'auteur nous donne pourtant une vision nouvelle.

Bien mieux que l'agence Cook, M. Desfontaines mérite d'être appelé l'inventeur des voyages à bon marché. Dans les conditions où il les fait, les expéditions lointaines, si belles, si fécondes pour l'esprit, sont vraiment à la portée de tous. Avant d'entrer dans la vie active, tous les jeunes gens pourraient ainsi faire leur tour du monde, comme les ouvriers faisaient jadis leur « tour de France ».

H. J.

Victor Béraud : *La Turquie et l'hellénisme contemporain*. Paris, Alcan, 1893, in-12.

M. Victor Béraud publie sous ce titre, dans la *Bibliothèque d'histoire contemporaine*, un livre très intéressant, instructif, écrit d'un style coloré plein d'humour et de bonne humeur, avec un ordre, une méthode, un esprit clair, d'autant plus remarquables que l'auteur se débat au milieu de la question la plus obscure du monde. Un séjour de trois années dans le Levant, le trouble jeté dans sa raison par les discussions passionnées des uns et des autres au sujet de la Macédoine, lui ont inspiré le désir de vérifier par lui-même, sur place, le bien ou le mal fondé des opinions diverses qui se sont agitées devant lui.

De là un fort beau voyage de Durazzo à Monastir par Elbassan, le col de Briniaitz, Strouga et Okhrida, puis de Monastir en Thessalie par Florina et Kastoria. Le récit est vif, pittoresque, apportant plus volontiers l'écho des conversations variées entendues le long de la route que l'image ou le reflet des paysages traversés ; néanmoins le géographe trouve encore son compte à le lire.

Il est regrettable, cependant, que l'on n'ait pas trouvé pour accompagner ce voyage, assurément original, une carte plus complète et plus claire ; celle qui est jointe au volume est absolument insuffisante.

Mais la partie principale du livre est consacrée à l'étude approfondie, à la discussion savante de toutes les prétentions qui s'exercent sur la Macédoine ; l'ouvrage est très sérieusement appuyé de documents bien mis à leur place et devra être lu par tous ceux qui voudront se faire une opinion sur cette inextricable question de la Macédoine. Nous avons dit : ceux qui voudront s'en faire une opinion, car l'auteur n'en paraît pas avoir lui-même, au moins de définitive. Après avoir rejeté dans le domaine des utopies une étroite alliance des chrétiens balkaniques et un partage équitable entre tous les compétiteurs, il paraît incliner vers « le rêve d'une province turque gouvernée par les Turcs, à la turque, et doute que la vie n'y soit pas possible pour tous les chrétiens », tout en concluant que « ce rêve est malheureusement le plus irréalisable de tous ».

En somme, peut-être adopte-t-il le parti le plus sage en se refusant à tirer une conclusion de son enquête, si les éléments en sont si confus, si complexes et si incertains qu'il soit impossible de les dissocier pour en évaluer séparément la valeur. Après tout, la conclusion est-elle bien nécessaire, si l'on a lu le livre avec intérêt ?

L. R.

C. Morgen : *Durch Kamerun von Süd nach Nord. Reisen und Forschungen im Hinterlande*, 1889 *bis* 1891. 1 vol. in-8°, avec carte. Leipzig, Brockhaus, 1893.

Ce livre contient la relation de deux voyages exécutés dans le Hinterland du Cameroun par le lieutenant Morgen, chargé d'une mission par le ministère des affaires étrangères allemand.

La lecture du récit de ces explorations, dont nous avons rendu compte en son temps dans les *Nouvelles géographiques*, est du plus haut intérêt, surtout pour la partie relative au voyage de l'auteur de la station de Yaoundé à Ibi sur la Bénoué et dans lequel il décrit l'organisation et la manière de vivre des populations musulmanes du Soudan et nous fait un tableau brillan de la richesse et de la beauté des pays traversés. M. Morgen signale, entre autres particularités, l'existence sur les rives de la Benoué de populations Foulbé aux cheveux blonds et aux yeux bleus.

Le lieutenant Morgen parle avec enthousiasme des ressources que présente le Hinterland de la colonie allemande, vers lequel il désirerait voir se diriger le courant de l'émigration.

Un intéressant appendice donne sur le pays de précieux renseignements météorologiques, ainsi que des chiffres statistiques sur le mouvement commercial (importation et exportation).

L'ouvrage est accompagné d'une bonne carte du Cameroun, dressée d'après les derniers renseignements. De nombreuses illustrations éclaircissent le texte.

M. C.

Dr Louis Pichon : *Un voyage au Yunnan.* Paris, Plon, Nourrit et Cie, 1893, in-12°.

Le public qui veut se rendre compte du profit que l'on peut espérer tirer de notre colonie du Tonkin, les commerçants ou les capitalistes, trouveront dans ce livre d'utiles renseignements.

L'ouvrage se divise en deux parties distinctes : une partie descriptive, dans laquelle l'auteur raconte sommairement les incidents de son voyage à la remonte du fleuve Rouge d'Hanoï à Man-hao, puis à travers les plateaux du Yunnan, de Man-hao à Mongtze et aux mines d'étain de Ko-Tchiou ; une seconde partie, documentaire, relative à nos relations politiques et commerciales avec le Yunnan, à la navigabilité du fleuve Rouge, aux produits d'importation et d'exportation au Yunnan.

Le principal intérêt de ce livre est qu'on y trouve condensés des renseignements éparpillés dans différentes publications qu'on aurait peut-être quelque peine à réunir. La conclusion de l'auteur est qu'on a négligé jusqu'à présent au Tonkin d'assurer la sécurité et de faciliter la navigation le long du fleuve Rouge pour favoriser le développement des relations commerciales avec le Yunnan; c'était là le but presque exclusif à l'origine de notre intervention au Tonkin, et on l'a, depuis, par trop perdu de vue.

Ce livre aura, du moins, un autre avantage, non le moindre, à notre avis, celui d'ouvrir les yeux à bien des lecteurs, et de leur faire voir la Chine et les Chinois sous un jour plus conforme à la vérité.

Sur cette route du Yunnan, en effet, le Dr Pichon, qui habite cependant Chang-haï depuis 1860, et qui n'avait, par conséquent, pas besoin de cette occasion pour apprendre à connaître les Chinois, a trouvé son chemin de Damas. Parti de Chang-haï avec l'idée arrêtée que la Chine est « l'ennemie de toutes les nations (p. 51) », idée qui est d'ailleurs devenue un dogme pour tous les Européens, sauf de bien rares exceptions, qui vivent dans les ports ouverts de Chine, il s'étonne au Yunnan (p. 161) que « beaucoup de nos compatriotes et surtout les militaires aient cette idée préconçue que le *Chinois est l'ennemi.* » Et il les invite à faire le voyage du Yunnan, « voyage qui aurait pour résultat de leur faire connaître un peuple intéressant, de leur montrer combien on le juge mal d'ordinaire sur de simples apparences ». La seconde opinion du Dr Pichon, mieux éclairée, est celle que nous avons toujours professée : mais pour penser que nous jugeons en Europe fort mal un peuple que nous gagnerions à mieux connaître, il n'est pas, croyons-nous, besoin d'aller jusqu'au Yunnan; il suffit d'avoir le dessein fermement arrêté, même à Chang-haï, de ne juger que par soi-même, et de repousser les idées toutes faites ou les parti-pris officiels et les préjugés intéressés.

L. R.

G. Sauvin : *Un royaume polynésien. Iles Hawaï.* Paris, Plon, Nourrit et Cie, 1893, in-12.

Ce joli volume paraît à un moment singulièrement favorable. Le « royaume polynésien » dont il nous parle n'est plus, depuis un mois et demi, qu'un souvenir historique. La dynastie de Kamehameha a été détrônée après un siècle d'un règne qui ne fut pas sans gloire, et les Américains, depuis longtemps maîtres effectifs de l'archipel, en vont devenir aussi les souverains nominaux.

M. Sauvin a fait récemment un séjour de plusieurs années aux Hawaï. Sans prétention didactique, avec quelques impressions brièvement notées, il nous renseigne d'une façon fort intéressante sur l'état social des îles à notre époque, et sur les causes latentes de la crise actuelle. Son livre sera un document excellent pour qui voudra plus tard écrire l'histoire d'Hawaï.

Il est en outre d'une lecture facile et agréable. On y trouve de jolis traits de mœurs, des anecdotes piquantes sur la cour et sur la ville, quelques descriptions de nature très vivantes dans leur concision, ainsi celle du cratère de Kilauea. A noter aussi un chapitre sur la visite faite, à la suite de la reine, aux lépreux de Molokaï. Personne ne le lira sans une poignante émotion.

En résumé, nous avons là un petit livre distingué, écrit simplement et sincèrement par un homme d'une vraie culture, sans recherche de style, sans humour forcé, sans un seul manque de goût. Cela est rare, assurément, et suffit pour lui donner une très bonne place parmi les récits de voyage.

H. J.

Cardinal Massia : *I miei trentacinque anni di missione nell' alta Etiopia*, Rome, Imprimerie de Propaganda Fide, 1893.

Ce volume est le dixième d'un ouvrage déjà assez connu pour qu'il ne soit pas nécessaire d'en parler longuement. Comme les volumes précédents, il est enrichi de gravures (portraits, vues, etc.). Le texte est consacré à la narration des vicissitudes de l'œuvre d'apostolat du saint missionnaire vers 1872; il s'occupe également : de la fameuse ambassade choane que Ménélik envoya en Italie en 1872; de l'expédition italienne aux grands lacs de l'Équateur, conduite par Antinoni, Martini, Chiarini et Checci; des relations commerciales que M. Arnou ouvrit avec le Choa et qui fut couronnée par d'heureux résultats; de l'établissement d'une colonie que l'auteur lui-même, alors délégué apostolique, avait l'intention d'organiser dans le Hoanach, et de nombre d'autres événements touchant la politique, la religion ou la vie sociale de l'Abyssinie et du Choa à cette époque.

E. F.

CARTOGRAPHIE

Carte du Royaume de Serbie, au 75 000°. Editée par l'Etat-Major serbe Belgrade, 1892.

Les bureaux géographiques et topographiques de l'Etat-major général de l'armée serbe publient en ce moment une grande carte de la Serbie à l'échelle du 75 000°. Chaque feuille, d'une dimension de 365 mm. sur 330, couvre une étendue de terrain de 14′ en latitude et de 21′ en longitude. La carte complète du territoire actuel du royaume de Serbie embrassera environ 95 de ces feuilles.

La carte, écrite en serbe, est d'une grande clarté; aucun détail ne manque, et elle est cependant très facile à lire. Elle est imprimée par un procédé photo-lithographique et en quatre couleurs, noir pour la lettre et le système hydrographique, bistre pour le figuré du terrain, représenté par des courbes de niveau équidistantes et espacées de 50 mètres en 50 mètres, rouge pour les voies de communication, et vert pour indiquer les étendues couvertes de forêts.

Cette nouvelle carte apporte un élément très sérieux à la connaissance topographique et géographique de la Serbie.

L. R.

NOUVELLES GÉOGRAPHIQUES

SITUATION GÉNÉRALE DU PROTECTORAT DU TONKIN

A LA FIN DE 1892

Parmi les questions qui soulèvent en France la plus grande variété d'opinions, on peut compter, en première ligne, notre colonie du Tonkin. Dans la colonie même, l'administration, l'armée, le négoce ont des vues divergentes où l'esprit de l'économiste se perd. Entre toutes ces opinions, l'homme impartial discerne clairement la bonne foi de toutes; la source commune est indubitablement l'intérêt du protectorat. Mais la géographie seule, avec ses deux sciences accessoires, la géologie et la météorologie, peut exposer nettement la situation acquise ainsi que les problèmes à résoudre.

1ᵉ SITUATION POLITIQUE. — PIRATERIE.

Puisque, à des titres différents, tout le monde accuse la piraterie d'entraver l'essor de la colonie, examinons d'abord la situation politique.

On sait que la piraterie du Tonkin est répandue dans trois zones, ayant chacune son mode propre d'organisation et son but particulier : d'abord la zone du Delta, dans laquelle opèrent les bandes annamites, pour piller ; ensuite la zone montagneuse, qui enserre le Delta et où guerroient des bandes mixtes d'Annamites et de Chinois, sous prétexte de patriotisme et de dévouement à la branche déchue de la dynastie de Hué ; enfin la zone excentrique de la frontière, que dévastent les hordes entièrement chinoises, pour en tirer des esclaves revendus ensuite à Canton.

C'est cette troisième espèce de piraterie qui constitue la vraie plaie du Tonkin. En effet celle-ci, non contente de piller les malheureuses régions du Tien-Yen, du Loc-Nam, du Song-Thuong, du Song-Ki-Cong et de Cao-Bang, fait ouvertement et sur une grande échelle le commerce d'armes et d'esclaves. Contre les fusils à tir rapide et les munitions fournis à bas prix par les maisons anglaises de Hong-Kong, les pirates chinois viennent prendre chez

nous des femmes annamites, des enfants, des buffles, pillés pour eux par leurs alliés les pirates annamites. Ce sont ces brigands de la Chine qui rendent indestructibles les hordes indigènes de l'intérieur (Delta, Yenthé, Dong-Trieu, Quan-Yen, Bao-Day, Dam-Dao, Cho-Chu, Cho-Moï, Hong-Hoa, Thaï-Nguen), car, sans le ravitaillement incessant de winchesters, de remingtons et de cartouches, les malfaiteurs indigènes seraient depuis longtemps réduits à l'impuissance. C'est donc à la frontière qu'il faut écraser l'hydre et c'est précisément là un problème hérissé de difficultés.

D'abord l'effectif de nos troupes est insuffisant; trois mille hommes pour garder un dédale de marais et de montagnes sans routes, égal à l'aire de vingt départements français, ne peuvent agir efficacement contre des ennemis nombreux et insaisissables. Cette pénurie d'effectif s'accuse tous les jours déplorablement. Prenons, par exemple, la zone frontière administrée et surveillée par le *cercle* militaire de Moncay. A la fin de 1892, les exigences du service de l'armée ont occasionné les mutations consécutives de quatre commandants en moins de trois mois. Quel service peuvent rendre des officiers qui ne font que séjourner quelques jours dans une région extrêmement difficile et hérissée d'obstacles connus des ennemis seuls?

Depuis 1890, la commission franco-chinoise, dite *d'abornement*, a délimité la frontière du Kouang-Toung, sauf quelques tronçons restés en litige. La ligne de démarcation surveillée par Moncay s'étend sur une longueur de 120 kilomètres, depuis cette ville jusqu'au défilé de Keu-Hien-Aï. Cette ligne, après nous avoir laissé les îles de Traco et du Lionceau, suit le bras nord de la rivière Moncay, forme un grand cercle ayant sa concavité vers nous et atteint Tong-Hing, où les pirates chinois vendent, ces jours-ci, à huit kilomètres de nos canons, leur butin humain. Tong-Hing est sur le territoire chinois, où, d'après

4

le traité du 9 juin 1885, nous ne pouvons, *dans aucun cas*, mettre les pieds; trois garnisons de réguliers Célestes, dont le total s'élève à 700 hommes, gardent sur ce point les forts de Sao-Laou, de Taï-Ton-Pho et de Ngao-Lu-Lien.

De Tong-Hing, un sentier parallèle à la frontière communique avec Ca-Ouei-Laï, Ho-Chan, Tien-Dong-Song et Canna, pour s'engager ensuite dans une contrée très tourmentée et franchir la haute montagne de Phan-Chan-Lien; de là il atteint Kia-Long, à une journée et demie de marche de Tong-Hing.

Nous n'avons, nous, depuis la mer jusqu'à Pac-Si, que deux voies de pénétration : 1° la route de Tong-Hing à Lang-Tcheou; 2° celle de Pac-Si à Chan-Lan-Szé, beaucoup moins importante. La première de ces voies est barrée par Phong-Sing, centre politique et militaire important où s'étale un vaste camp et que l'empereur de Chine veut élever au rang de préfecture. C'est dans cette région qu'un grand mandarin chinois, nommé Wong-Fou-Man, fait le commerces d'esclaves annamites avec les pirates de sa patrie; c'est également dans cette région qu'une forte bande a construit insolemment ses réduits au sommet des ravins de Than-Maï, à quelques kilomètres de Moncay.

La deuxième voie de pénétration, celle de Pac-Si à Chan-Lan-Szé, permettrait au plus une petite diversion sur Kin-Tcheou; mais le sentier, d'abord praticable à Na-luong et à Paklan, devient très mauvais à Toulong et Yu-sin-Szé, puis en passant de la vallée de Chou-Yen-Kiang dans celle de Fan-Lung-Kiang.

Pour défendre cette frontière du Kouang-Toung, la division chinoise de Pakoy a placé une brigade à Kin-Tcheou, une autre à Hong-Ping, la troisième à Tong-Sing. Chacune de ces trois brigades fournit des garnisons à un grand nombre de fortins, dans la montagne. Les points d'arrêt : Tong-Hing en face de Moncay, Tong-Sing et Kong-Ping derrière, ne pourraient être tournés par le nord à cause des monts Lo-Fou-Chan, où nos troupes ne trouveraient aucune subsistance, et où les convois ne pourraient passer. La côte maritime, dans laquelle la mer entre par une série d'échancrures profondes, pourrait permettre de tourner la région; aussi les Chinois y ont-ils élevé les deux forts de Kong Sing et de Na-So.

A partir de Pac-Si jusqu'à Bac-Cuang-Aï, la majeure partie du tracé n'est pas encore fixée à cause, du désaccord entre la commission française et la commission chinoise de délimitation. Après avoir remonté sans contestation pendant 12 kilomètres le Kia-Long-Ho, les deux commissions veulent, chacune pour elle, le canton de Kien-Duyen. La mauvaise foi et l'entêtement des délégués chinois ont pour but de conserver tout entière à la Chine la route du Kouang-Toung au Kouang-Si, par Truong-Nhi et Bac-Cuang-Aï, laquelle route passe par le canton contesté. La privation de cette ligne obligerait les Chinois à un grand détour au nord des monts Che-Ouang-Chan pour communiquer d'une vice-royauté à l'autre.

De Kia-Lung, un sentier se dirige sur le Quang-Si en suivant la frontière et en passant par Na-Bo, où se trouve un poste de réguliers sur lequel nous n'avons aucun renseignement. Après la haute rivière de Tien-Yen, vallée large et bien cultivée quoique marécageuse, on gravit de nouveau la montagne et l'on atteint le poste de Lang-Dong, réoccupé dernièrement par un effectif inconnu. De Hoang-Mo (sur le territoire français) à Bac-Cuang-Aï, la route devient encore moins praticable et moins utile;

elle grimpe sur la crête des montagnes dépourvues de végétation, où elle serpente sans rencontrer d'habitations, puis remonte en Chine, au pied d'un massif à pic sur un torrent.

Hoan-Mo est, comme Din-Lap, un poste français extrêmement malsain, où les cimetières sont peuplés de militaires européens. La seule voie de pénétration par Hoan-Mo, c'est le sentier de Truong-Nhi et Hou-Lang, d'où se détache un embranchement sur Tong-Hing. Quant à une attaque par le nord, nous ne la pourrions tenter, parce que tous les sentiers vont se heurter à la chaîne affreuse des Che-Ouang-Chan; mais tous ces mauvais passages de Hoan-Mo sont facilement pratiqués par les Chinois pour pénétrer au Tonkin, car les hordes pillardes ont une mobilité prodigieuse. Un seul fusil est confié à 3 ou 4 combattants : l'un d'eux porte l'arme, l'autre les munitions, le troisième les vivres, le quatrième au besoin un panier pour franchir les rivières. Peu chargés, à peine vêtus, agiles comme des chèvres et connaissant les moindres détours du pays, ils trottinent le long des ravins comme sur les grandes routes, cheminant, de préférence par les nuits obscures, à travers des fouillis où nos héroïques soldats épuisent vainement leurs forces.

Ainsi, dans une région sauvage, dépourvue des moindres ressources, inconnue de nos détachements sans cesse renouvelés, infectée de brigands, surveillée par de très nombreuses garnisons chinoises, quelles forces avons-nous pour défendre une population métisse journellement pillée et pour empêcher le ravitaillement des rebelles de l'intérieur? Une poignée de soldats disséminés à Moncay, à Akoy, à Tien-Yen, à Din-Lap et à Hoan-Mo! Comme chacune de ces garnisons insignifiantes est avant tout la gardienne du fortin qui lui est confié, elle ne peut aventurer, à travers l'immense région de sa surveillance, qu'un tiers ou la moitié au plus de son effectif. Et ces détachements, déjà insuffisants pour une contrée facile, doivent s'épuiser à grimper un dédale de rochers où 20 brigands peuvent anéantir 200 hommes déterminés!... Non seulement il nous faudrait plus de soldats, mais il est indispensable et urgent d'y laisser séjourner très longtemps les mêmes troupes, au lieu de les changer sans cesse. C'est pourquoi la colonie demande à cor et à cri l'organisation d'une armée coloniale, spéciale au Tonkin, commandée par des officiers attachés d'une façon permanente à la région.

C'est de l'autre côté de cette triste frontière que le général Ma soutient et encourage impunément la piraterie, sans que jusqu'ici le gouvernement de Pékin ait fait le moindre effort pour empêcher ce flagrant délit contre un traité que nous sommes les seuls à respecter.

Il est vrai que le gouvernement chinois n'est guère dans la possibilité de réprimer complètement les bandes des provinces du Sud, lesquelles, étant composées de malfaiteurs échappés de toutes les autres provinces, ne lui sont nullement soumises. On commettrait une grossière erreur en se figurant l'armée régulière chinoise autrement que comme une collection disparate, ignorante et lâche de gardes nationaux. Mais l'empereur pourrait du moins et devrait exiger l'intervention de ses mandarins militaires, qui, au lieu de nous aider, sont ouvertement les complices et les associés des pirates. A part le général So, commandant son tronçon de frontière en face de Lang-Son, tous les officiers chinois trafiquent avec les pillards et leur prêtent la main. Néanmoins un premier et heureux pas vient d'être franchi sur la frontière du Yun-Nan par notre énergique consul de Montze qui a obtenu de Pékin le renvoi du terrible général Wei.

Il nous fallait insister sur la portion de frontière que nous avons arbitrairement choisie comme exemple, afin de montrer clairement nos désavantages contre la piraterie chinoise, dont la destruction s'impose dans le plus bref délai. Ces difficultés se résument en trois obstacles : le sol, la complicité des mandarins célestes et le manque d'effectifs français permanents.

Une question d'humanité s'ajoute à la nécessité de remédier le plus vite possible à cet état de choses, c'est la situation lamentable des indigènes de notre zone frontière. Là végètent, clairsemées et misérables, des populations métisses, dévouées à notre cause, et martyrisées par nos ennemis. Le nombre des femmes et des enfants volés est effroyable, sans compter les villages incendiés, les têtes coupées et les ruines totales qui désolent le pays après chaque passage des pirates. On ne se fait pas une idée des mauvais traitements endurés par les malheureux emmenés en captivité. Le 20 février 1890, en dispersant une bande chinoise, je trouvai, entre autres prisonniers, une vieille femme ligottée, mourante, toute rouge de plaies et bleue de meurtrissures, traitement qu'on lui avait infligé parce qu'elle ne pouvait marcher. Quant aux autres libérés, ils n'en valaient guère mieux et n'avaient rien mangé depuis 48 heures. Tout le long des frontières, le cœur se serre à la vue de ces indigènes hâves, dont les regards n'expriment plus qu'un sentiment, la terreur. Leurs petits hameaux, enfermés dans des palanques de bambou, sont de pitoyables cloaques, où les enfants et les pourceaux pataugent pêle-mêle dans une boue nauséabonde. Le sol avare de ces montagnes ne permet la culture qu'en de rares lopins, et la guerre oblige les habitants à se contenter de ceux qui entourent le hameau fortifié. Le bambou constitue la principale ressource; il sert à confectionner les remparts, les maisons, les ustensiles, quelquefois même les manteaux qu'on tresse en nattes pour abriter les membres nus contre la pluie et le froid.

Combien de fois, pendant les deux mois que j'ai passés à Akoy, de malheureux métis vinrent nous raconter en pleurant qu'on leur avait volé des enfants, des pères, des épouses, pendant la nuit. Et cela, à un kilomètre de notre poste!... Les Chinois, comme les tigres, choisissaient les nuits sans lune pour torturer la population à laquelle il nous il était impossible de porter secours à temps. C'est depuis des siècles que dure ce manège. Longtemps avant que le Tonkin nous fût connu même de nom, les convicts de la Chine s'amassaient dans le Kouang-Si et le Kouang-Toung pour tomber de là sur la proie héréditaire du Delta et de sa bordure montagneuse. Aussi, quand nos détachements passent avec des prisonniers, une expression de haine implacable anime ces têtes de métis si bizarres avec leur type annamite et leurs cheveux tressés à la chinoise. J'eus une fois toutes les peines du monde à obtenir un peu de bouillon de riz pour un pirate blessé et mourant qui en réclamait à grands cris; les habitants du village, qui offraient des porcs et des poulets pour nos soldats, savouraient le spectacle du blessé torturé par la douleur et n'apportèrent le bouillon que sur des menaces violentes.

Quelquefois ces lamentables paysans parviennent à résister victorieusement aux brigands. Le petit hameau de Tuck-Faïsan, à 12 kilomètres au nord d'Akoy, sur le sentier suivi par les invasions de Than-Mai, n'a jamais pu être réduit ni par la force, ni par la ruse; et si un pirate s'égare seul dans les environs, cette imprudence lui coûte la tête. Mais que peut ce village, réduit, comme il l'est, faute d'armes, à laisser filer l'ennemi le long de ses remparts?

On se souvient que le gouvernement du protectorat a interdit la possession des armes à feu à tous les indigènes non directement à notre service. Il est question en ce moment de revenir partiellement sur cette décision et d'armer les populations dont la fidélité à notre cause est certaine, c'est-à-dire celle précisément dont il vient d'être parlé.

Sitôt que le concours effectif de Pékin nous sera obtenu par la diplomatie, la piraterie chinoise disparaîtra pour opérer ailleurs. Car les tribus sédentaires du Kouang-Toung et du Kouang-Si ne se mêlent guère au ramassis de parias qui, des dix-huit vice-royautés de l'Empire, vient s'implanter chez elles. Ces tribus sont pacifiques. Ce sont : les *Yaos*, émigrés du Hou-Nam au XVᵉ siècle; les *Tchouangs*, rudes montagnards comme les précédents; les *Thos*, qui, par leur fidélité à l'empereur, obtinrent les terres reconquises par eux sur les rebelles; les *Pays*, qui paient leurs contributions en nature; les *Chas*, vivant uniquement de pêche et de chasse, quoique très violents; les *Nongs*, les *Tou-laos*, les *P'o-las*, les *Miao-lolos*, les *Mou-kis*, les *Pejens*, les *Pon-tch'as*, les *Ouo-nis*, etc., populations presque universellement fidèles à l'empereur et payant régulièrement les impôts, depuis plusieurs siècles.

Résumons ce paragraphe :

Les insaisissables rebelles annamites qui entravent la prospérité des régions riches du Tonkin ne seront anéantis qu'après l'expulsion complète des bandes chinoises de la frontière dont ils tirent leurs ravitaillements.

Pour abolir la piraterie chinoise de la frontière, qui se recrute dans la lie des dix-huit provinces de l'Empire du Milieu, il faut d'une part obtenir la collaboration effective des troupes régulières chinoises et de l'autre avoir au Tonkin une armée plus nombreuse et plus stationnaire.

2° MINES ET EXPLOITATIONS INDUSTRIELLES.

Les Annamites ne se servaient pas de la houille, ce qui a fait croire qu'ils répugnaient aux travaux souterrains de cette exploitation; mais depuis les savantes recherches des ingénieurs Fuchs et Saladin, les sociétés anonymes de Ké-Bao, de Hong-Hay et de Dong-Trieu n'emploient guère plus aucun Chinois et se déclarent de plus en plus satisfaites de la main-d'œuvre annamite.

D'après les recherches toutes récentes de M. Brousmsche, la région carbonifère est enchâssée dans une longue série de poches métalliques, conséquence des convulsions géologiques successives qui ont amené une discontinuité dans les filons.

La partie du bassin houiller bien reconnue et seule praticable jusqu'ici à l'exploitation se trouve échelonnée sur la ligne Ké-Bao, Hong-Hay, Quan-Yen, Dong-Trieu. Mais des prospecteurs français et anglais signalent la présence de houille dans les montagnes de Nghé-An, dans le haut Song-Cong, dans les vallées du Ngay-Cau et du Lou-Tchou-Ho, vers Lao-Kay. Cette bande houillère se continue dans le Yun-Nan, « où elle forme de véritables montagnes sur lesquelles le sabot du cheval se heurte à chaque pas au combustible » (prince H. d'Orléans). Bref, il est aujourd'hui démontré que le Tonkin possède des mines de charbon extrêmement riches.

La qualité de ce charbon est supérieure. Les charbonnages de Ké-Bao donnent un pouvoir calorifique de 79,5 pour 100 à la première couche; cette houille sèche, à longues flammes, ne produit pas de coke, comme du reste tous les autres charbons du Tonkin.

Les charbonnages de Hong-Hai, dont le bassin s'étend sous une aire de 80 kilomètres carrés, ont une contenance estimée à 40 millions de tonnes : ils donnent un pouvoir calorifique moyen de 83,58 pour 100. Deux de ces gisements, l'un à ciel ouvert, l'autre en galerie, fournissent, à eux seuls, 150 tonnes par jour, apportées au port par un chemin de fer de 15 kilomètres.

Enfin Dong-Trieu débute sous les plus brillants auspices.

On compare les charbons du Tonkin aux houilles les plus grasses du nord de la France et de l'Australie. Ils sont supérieurs à ceux du Japon, qu'ils tendent à remplacer sur les marchés de Hong-Kong et de Chang-Haï; en effet, une raffinerie anglaise et plusieurs hauts fourneaux emploient déjà en Chine, notre combustible qui permet une économie de 29 pour 100 sur l'emploi exclusif du charbon japonais et ne produit aucune fumée. « Le Tonkin, dit encore le prince H. d'Orléans, est appelé à jouer dans l'Extrême-Orient le rôle que joue l'Angleterre en Europe; ce sera le grand producteur de charbon de l'Asie. »

De belles carrières de marbre sont exploitées avec succès à Ke-So, sur la rive droite du Day; à Dong-Trieu on extrait de superbes pierres de taille.

L'antimoine de la région de Mathé, près d'Akoy, vient d'être mis en exploitation. Il existe aussi de ce métal, à l'état de sulfure, dans la région comprise entre Cao-Bang, Moncay et le Delta. A mesure que les charbonnages de Hong-Hai pourront baisser leurs prix, ces mines, contenant jusqu'à 70 pour 100 de métal pur, trouveront aisément leur débouché.

On obtient jusqu'à 1 kilogramme de plomb par tonne dans les sulfures nombreux et presque toujours argentifères qui gisent sur tous les points, en particulier dans les provinces de Lang-Son et de Thai-Nguen, où la seule mine de Khuat-No payait 600 livres de plomb par an au roi de Hué.

Les galènes argentifères se rencontrent à Ngau-Son, à Thai-Nguen, à Cao-Bang, à That-Ké, à An-Chan, à Yen-Cap, à Tien-Yen. La mine de Ngau-Son est exploitée depuis longtemps par les Annamites.

On signale encore, à Pac-Si, un filon énorme, sous forme de sulfure double de cobalt et d'argent. Jadis un grand nombre de provinces tonkinoises payaient au Céleste Empire un tribut d'argent métallique.

L'or à l'état de paillettes se trouve surtout en abondance dans les sables alluvionnaires des vallées quartzeuses de My-Duc et de Cao-Bang. Le Song-Gian, un affluent du Song-Mo, le Song-Tao et le fleuve Rouge lui-même sont réputés aurifères. Il existe des mines d'or exploitées depuis le VIIe siècle au moins, époque où cinq sur treize districts payaient l'impôt en pépites d'or. La région communément appelée *pays des Muongs* contient aussi des placers, mais jusqu'à notre avènement le mauvais vouloir des mandarins, la supercherie des ouvriers et la rapacité des pirates entravaient souvent l'exploitation.

Le cuivre est signalé partout : soit à Can-Ké, soit à Trai-Hut, soit dans le haut fleuve Rouge (pyrite). En amont de Cho-Bo, sur la rivière Noire, une mine d'oxyde noir rend jusqu'à 66 pour 100 de métal. Les Chinois ont exploité naguère beaucoup de gisements, dont la plupart se montrent à fleur de roche.

Le fer (oligiste, hématite et limonite) se découvre en quantité près des bassins houillers, et tous les spécialistes sont unanimes à prévoir que dans peu d'années un grand nombre de hauts fourneaux produiront une quantité de matériaux suffisante pour les constructions et les ouvrages d'art d'une bonne partie de l'Extrême-Orient.

On trouve aussi du zinc (Thai-Nguen); de l'arsenic, de l'alun et du kaolin (Ngé-An); du salpêtre (dans six provinces); du cristal de roche (Song-Thao); du soufre (Hong-Hoa, Tuyen-Quan); des eaux minérales (Ninh-Binh).

Enfin, on suppose l'existence de pierres précieuses, de jade, de pétrole et de bismuth.

De multiples industries indigènes appellent l'activité européenne au Tonkin : la briqueterie, la tuilerie, la chaux, le sel, le sucre, les métaux, la décortication du riz, l'incrustation, la broderie, le laque, les soieries, les cotonnades, l'huile de badiane et le papier. L'industrie est d'ailleurs merveilleusement favorisée par l'abondance et le bon marché de la main-d'œuvre, parmi cette population dense qui vit très bien de peu. Dans les nombreuses familles, filles et garçons, dès l'âge de treize à quatorze ans, travaillent toute la journée pour quelques sapèques.

Qu'il nous soit permis de contredire le grand nombre d'écrivains qui s'obstinent à une comparaison inexacte en se basant sur la Cochinchine pour fixer la date du rendement total du Tonkin. Notre nouveau protectorat a marché et marchera plus vite que la Cochinchine, car celle-ci, dont le succès est néanmoins prodigieux, a été retardée dans sa prospérité par les guerres d'Italie, du Mexique et de 1870 qui ont détourné les efforts français. La preuve en est qu'en dix ans le Tonkin a plus fait que la Cochinchine en vingt.

Déjà les Européens ont monté une fabrique d'allumettes à Hanoï, des distilleries, une brasserie, des filatures de soie et de coton, des imprimeries typographiques, une fabrique de papier. Tuiles métalliques et mécaniques, construction de chaloupes à vapeur, fonderies docks, s'étalent dans le Delta depuis 1885. Haïphong est éclairé à l'électricité. Les forêts de Vinh commencent à être exploitées et attendent des routes pour faire mieux. Sucreries, savonneries, usines à glace, marchés et abattoirs, toutes ces récentes entreprises témoignent par leur succès de la force vitale de l'industrie française.

Il n'y a encore que 30 kilomètres de chemin de fer, mais on est heureux de constater, à côté de ces moyens de communication si insuffisants, la remarquable organisation des messageries fluviales, due à MM. Marty et d'Abbadie. Non seulement un outillage parfait met en communication rapide toutes les provinces du Delta, mais une chaloupe de cette compagnie a remonté, d'Hanoï à Laokay, le Song-Koï en huit jours et l'a redescendu en quarante-huit heures. Sans un déplorable accident, dont on se souvient, le service entre la capitale et l'extrême point frontière serait réinstallé aujourd'hui.

En un mot, preuves matérielles en main, le Tonkin est une vaste mine très riche où l'Extrême-Orient viendra s'approvisionner, du jour où les voies de communication et la houille faciliteront l'exploitation. Les plus précieux coups de pioche, pour le moment, sont donc ceux des mineurs des charbonnages et des terrassiers des Travaux publics.

5° CULTURES.

Le travail agricole, que le climat interdit à l'Européen, trouve nécessairement aussi un puissant auxiliaire dans la main-d'œuvre indigène. Le sol du Delta, enrichi par les grasses alluvions du Song-Koï, est d'une force prodigieuse et l'on n'y rencontre pas un pouce de terrain perdu par les Annamites, qui, avec leurs faibles et cassants instruments aratoires, n'ont qu'à gratter légèrement la terre pour en faire sortir d'étonnantes récoltes. Mais à mesure qu'on pénètre dans la région montagneuse, la végétation change pour devenir peu à peu forestière.

Les indigènes ne s'occupaient guère, avant l'arrivée des Français, que de la culture du riz, qu'ils n'exportaient même presque pas. Les rizières occupent les neuf dixièmes des terres cultivées. Le système prévoyant des greniers d'abondance, si soigneusement suivi par les missionnaires, permet une certaine exportation, après les récoltes fructueuses. Le Tonkin, absorbant 30 millions de piculs sur les 35 à 40 millions qu'il produit, ne pourra se livrer à une exportation comparable à celle de la Birmanie que lorsque les plateaux montagneux auront été défrichés. En attendant, nos riz, supérieurs même à ceux de Cochinchine, obtiennent une prime de 30 pour 100 à Hong-Kong, d'où ils sont expédiés sur San Francisco.

Les deux grandes cultures qui s'offrent avant tout à l'activité européenne sont celles du coton et du thé. Les indigènes récoltaient déjà un coton de très bonne qualité dans le Than-Hoa, mais d'une manière insuffisante. Tout récemment de hardis Français, ayant compris le grand avenir réservé à cette exploitation, ont obtenu des concessions dans des localités dépeuplées. Je connais plus d'un Français vivant seul au centre de régions de pirates, ce que ne feraient assurément ni les Anglais, ni les Allemands.

Les hauts plateaux calcaires, avec leur température plus constante, conviendront encore mieux au coton, qui y croît jusqu'à 1 m. 50 de hauteur « avec la même facilité que des hautes herbes ». Quel merveilleux débouché trouveront un jour nos cotons, avec les caravanes chinoises de Hué qui emploient aujourd'hui trente jours à aller chercher le riz des États Chans et Birmans, puisque alors notre proximité nous les pourra faire livrer à moitié prix des produits étrangers !

Le thé du Tonkin croît sans taille ni fréquents labours et vaut celui de Chine, quand il est préparé comme lui. Le climat et le terrain offrent des ressources inépuisables à cette culture extrêmement lucrative.

Sur les hauts plateaux, rien ne sera plus aisé que d'élever le bétail, parmi les hauts herbages; les bœufs deviendront indispensables, dès qu'on cultivera la montagne, car, s'il faut moins de buffles que dans les marécages de la Cochinchine, en revanche, il faut déjà plus de bœufs dans les rizières plus fermes du Tonkin.

Saluons avec une profonde reconnaissance le vaste établissement agricole de Mgr Puginier dans sa chrétienté, et les plantations du syndicat anglo-français, qui sont un démenti formel à ceux qui ne croient pas en notre génie colonisateur.

D'utiles essais ont été faits sur le café, dans la concession de Ke-So, mais ce fruit délicat réussit mieux en Annam, où il est moins exposé aux maladies et aux parasites végétaux.

Enfin, le jardin botanique de Hanoï fournit généreusement aux colons les graines, les plants et les renseignements nécessaires.

Tous nos légumes poussent rapidement et sont excellents; en huit jours j'obtenais des radis, en quinze des haricots, en quarante-cinq des choux. Mais chaque Européen laboure son jardin autour de son habitation, et l'Annamite préfère ses légumes indigènes, de sorte que le colon ne trouverait aucun débouché à ses produits potagers, pendant les trois mois où il est possible de cultiver.

Si le riz, avec ses deux ou trois récoltes annuelles, arrive à faire produire à la terre le 100 pour 100, la culture du blé et celle de la vigne ne trouveraient qu'un sol trop humide dans le Delta, où ont été faits les seuls essais. Dans de petits champs choisis aux alentours des chrétientés, les missionnaires seuls sèment quelques poignées de froment pour la fabrication des hosties. Le raisin reste maigre et acide.

Le maïs prend une extension rapide depuis sa récente exploitation; il est destiné à un avenir certain, parce que la modicité de son prix en fait une nourriture du pauvre, et parce qu'on peut le semer dans les rizières desséchées, impropres à d'autres cultures.

La canne à sucre, dont les plus beaux types industriels se plaisent dans les terrains alluvionnaires des fleuves et des canaux, est supérieure en saccharine à toutes celles de l'Inde.

La cannelle du pays des Muongs est meilleure que celle de Ceylan, et les Européens n'ont préféré celle-ci, jusqu'à nos jours, que parce que le gouvernement annamite n'autorisait l'exportation que des qualités inférieures.

Parmi les plantes industrielles, notons l'indigo, qui produit une teinture très solide et qu'on ne cultive guère encore que dans le Thanh-Hoa et le Myé-An. Il y aurait des améliorations faciles à apporter dans sa fabrication.

Le mûrier réussit bien depuis que l'indigène a compris qu'en enlevant trop fréquemment les feuilles il ne laissait pas au ver à soie une nourriture suffisante. Il n'a pas besoin de greffe, et les plantations se font avec succès en marcottes dès qu'elles sont enfouies dans des terres légères et humides.

Les plantes oléagineuses de l'arachide et du ricin donnent des récoltes abondantes.

La badiane a fourni d'heureux résultats aux industriels qui depuis ces dernières années ont entrepris cette exploitation.

La coupe des bois des hauts plateaux, de ces bois si multiples et si précieux pour tous les usages, parfums, constructions, arts, n'a pu prendre encore une extension en rapport avec l'abondance des produits. Les bûcherons sont relativement rares, car les Annamites redoutent le séjour des régions sylvestres, à cause des superstitions qui y sont attachées. Les Européens y contractent des fièvres inguérissables. Mais l'obstacle principal à la coupe des bois est le manque de communications suffisantes, à part les rares chemins naturels des cours d'eau.

On voit, par ce qui vient d'être exposé, que le Tonkin est aussi digne d'intérêt au point de vue agricole que sous tous les autres rapports. Seulement, l'insuffisance du transit en dehors du Delta n'a pas encore permis à la colonie de développer toute son importance. Là comme ailleurs, il faudra des capitaux et il est à craindre que le protectorat ne trouve, au moment de ses appels, plus de réponses parmi les étrangers qu'en France, comme du reste cela s'est rencontré déjà pour les charbonnages.

On a parlé dans notre numéro 2 (pages 28 et 29) du commerce et des finances du Tonkin. Ils sont dans un état des plus florissants. Depuis 1883 la valeur du commerce a sextuplé (48 millions contre 8).

De grandes responsabilités incombent à chacun : aux fonctionnaires, qui devront entrer chaque jour davantage dans le rouage administratif des indigènes et se conformer, en tous points, à une politique suivie; à l'armée, qui, d'accord avec les troupes régulières chinoises, devra anéantir les bandes du Kouang-Toung, du Kouang-Si et du Yun Nan ; à notre ministre plénipotentiaire, qui devra tenir la main à ce que l'intervention du gouvernement de Pékin, une fois obtenue, persiste. Alors, comme le disait le regretté Richaud au conseil supérieur de l'Indo-Chine, la colonie pourra se passer du secours de la métropole et payer elle-même entièrement sa troupe.

Bien plus ; n'oublions pas que le Tonkin, cette colonie évidemment destinée à se suffire, deviendra par elle-même et surtout par sa route exceptionnelle du Song-Koï, un débouché assuré et merveilleux de l'industrie métropolitaine. Les économistes chinois ont beau affirmer que la Chine a besoin de vendre et non d'acheter, la cour de Pékin a beau continuer sa politique hostile à l'impor-tation — sauf dans les ports ouverts par la force —, la Chine achète et achète beaucoup. Les marchés de Hong-Kong et de Chang-Haï prouvent assez, par leur importation de cotons et de cent autres articles de l'industrie européenne, avec quelle facilité les produits français pourront s'écouler, soit par le fleuve Rouge au Yun-Nan, soit par les vallées de la rivière Claire au Kouang-Si, soit par le Song-Thuong au Kouang-Toung. Il est aisé de prophétiser notre accaparement du commerce dans ces provinces chinoises, du jour où, au lieu d'augmenter, comme aujourd'hui, le prix des marchandises par plusieurs mois de transit (en suivant le détour actuel de Hong-Kong et du Yang-Tsé-Kiang), les expéditions se feront en quelques heures de Haïphong au cœur du Céleste Empire. C'est ce qu'avaient mieux compris que nous les Anglais et les Allemands quand, lors des premières tentatives de M. Dupuis, ils invectivaient leur gouvernement et le pressaient de prendre les devants sur les Français.

MEHIER DE MATHUISIEULX.

⚜ ⚜ ⚜

SUR LE SONDAGE DE DOUVRES

ET LA POSSIBILITÉ DE TROUVER DE NOUVEAUX GISEMENTS HOUILLERS DANS LE BOULONAIS

LES études entreprises en vue du projet de tunnel sous la Manche ont eu, dans ces derniers temps, un résultat indirect d'une grande importance industrielle : la découverte de la houille exploitable à Douvres. A cette occasion, les géologues ont agité de nouveau la question, depuis longtemps pendante, de la jonction possible en profondeur des bassins houillers du nord de la France et du Pays de Galles et, tout récemment, M. Marcel Bertrand, dans deux articles très remarquables, publiés l'un au *Bulletin de la Société géologique*[1], l'autre aux *Annales des Mines*[2], a exposé des idées tout à fait nouvelles à ce sujet. Comme la conséquence à en tirer est que, sinon la houille, au moins le terrain houiller doivent exister, sous les terrains secondaires qui les masquent, en des points du sol français où l'on ne soupçonnait pas leur présence, notamment aux environs immédiats de Boulogne, il peut y avoir quelque intérêt pratique à donner ici un aperçu rapide du sujet.

Le terrain houiller forme, on le sait, depuis la Westphalie jusqu'au Pas de Calais, une bande, presque ininterrompue, de 600 kilomètres de long et 15 ou 20 de large, sur toute la longueur de laquelle sont placées des exploitations minières d'une richesse considérable. Du superbe bassin houiller de la Ruhr et de la Westphalie (Dortmund, Bochum, etc.), qu'on estime contenir près de 100 milliards de tonnes de houille, on passe, par le Limbourg, au petit bassin d'Eschweiler près d'Aix-la-Chapelle, puis à Liège, Namur et Charleroi.

Arrivé là, le houiller disparaît en profondeur sous le crétacé et le tertiaire, qu'on appelle des *morts terrains*; mais d'innombrables sondages et puits, qui sont allés le rechercher souterrainement, ont fait connaître très exactement ses limites, et l'on peut, sur une carte géologique du pays, continuer à suivre cette sorte de vallée charbonneuse de Charleroi à Mons, Anzin, Denain, Aniche, Douai, Lens, Nœuds, Bruay, Auchy et Fléchinelle.

En ce dernier point on perd sa trace; mais, si l'on franchit un espace de 350 kilomètres occupé par la Manche et par les terrains secondaires ou tertiaires du sud de l'Angleterre, on trouve, toujours sur le prolongement de la même direction, les grands bassins houillers anglais du Somerset et du Pays de Galles, à Bristol, Cardiff, Swansea, et celui du sud de l'Irlande.

L'idée de rattacher les uns aux autres tous ces gisements était trop naturelle pour n'être pas venue, depuis longtemps, à l'esprit de bien des personnes; mais la distance à franchir était grande et, comme la traînée houillère, dans les régions où on la connaît bien, est loin d'être rectiligne, il semblait impossible de prévoir en quel point précis il y aurait lieu de placer des sondages. La découverte de la houille à Douvres, en venant confirmer certaines théories émises, dès 1855, par Godwin Austen[1], a paru donner le jalon qui manquait. Il a semblé, dès lors, tout naturel de relier Douvres à Fléchinelle par le lambeau de houiller d'Hardinghem à l'est de Marquise, et c'est dans

---

1. 3° série, tome XX, p. 118.
2. Janvier 1893.

1. *On the possible extension of the Coal Measures; beneath the south-eastern part of England. (Quarterly Journal of the Geol. Soc. of London*, p. 38, vol. XII, 1856).

cette direction qu'on a pu songer à entreprendre des recherches. Les conclusions obtenues par M. Bertrand, au moyen de procédés d'investigation nouveaux et très ingénieux, sont absolument différentes, et malgré toutes les réserves que nous pourrions faire sur les généralisations qu'il en a tentées, elles semblent, dans ce cas particulier, s'appuyer sur de grandes vraisemblances. Aussi nous saura-t-on gré, croyons-nous, de résumer ici ses idées en les dépouillant de l'appareil trop technique qui rebuterait des lecteurs peu familiers avec la géologie. En deux mots, son opinion est la suivante : il existe en profondeur, dans le Pas de Calais, deux et même trois bassins houillers distincts, le premier indépendant du bassin du Nord aboutissant à Calais et prolongeant le bassin houiller de Douvres, lui-même suite de celui du Somerset; les deux autres, branchements divergents de notre bassin du Nord (boucle de Béthune et boucle de Fléchinelle), arrivant à Wimille, près Boulogne, et au cap Gris-Nez.

L'importance de la question pour notre industrie houillère française n'échappera à personne; nous tenons cependant à avertir, dès le début, que, même si notre exposé peut, pour plus de brièveté, prendre parfois une certaine tendance à l'affirmation trop précise, il convient de l'entourer, comme M. Bertrand l'a fait lui-même, d'infiniment de réserves, motivées par la plus simple prudence en un sujet aussi délicat et aussi complexe. En tout cas, lorsque nous nous efforçons de prévoir l'emplacement du terrain houiller en profondeur dans le Boulonais, il ne peut, bien entendu, s'agir que de l'étage géologique, non de la houille elle-même, l'existence de celle-ci n'étant nullement une conséquence nécessaire de la présence de celui-là.

Cette remarque faite, il est indispensable, pour expliquer, au moins dans son principe, la méthode de M. Bertrand, de rappeler quelques points très simples de géologie générale.

La plupart des bassins houillers — et notamment la grande traînée houillère que nous venons de suivre de la Westphalie au Pays de Galles [1] — présentent, sur une carte, une disposition en longs rubans étroits, qui peut tenir en partie à ce qu'ils se sont déposés dans des dépressions allongées dans le même sens, mais qui résulte surtout de ce que, postérieurement à leur dépôt, ils ont subi des plissements énergiques, les ayant de plus en plus comprimés perpendiculairement à leur longueur.

A la fin de la période primaire, on admet aujourd'hui qu'il existait, du Pays de Galles à la Saxe et à la Silésie, une chaîne de montagnes tout à fait comparable aux Alpes, la chaîne hercynienne, en avant de laquelle s'était creusé un long canal, séparant cette chaîne du continent septentrional (Écosse, Norvège), antérieurement émergé. C'est dans ce canal, dans cette longue lagune littorale, communiquant sans doute à ses extrémités avec la mer, en particulier du côté de la Carinthie et de la Russie, que se sont trouvées réalisées les conditions propres à la formation de la houille [2] et ce sont les restes de ce dépôt, disloqué dans la suite par les mouvements subséquents du globe, que nous nous efforçons de retrouver.

Ces mouvements, nous en avons déjà indiqué le sens; ils ont eu pour effet de resserrer encore cette bande déjà si étroite et de la replier sur elle-même dans le sens de la longueur en y déterminant une série de voûtes et de cuvettes (anticlinaux et synclinaux). Puis la mer secondaire est venue, en recouvrant le tout dans la région de l'Artois, du Boulonais, etc., aplanir la surface, abattant les voûtes, comblant les cuvettes, de telle sorte que dans ces dernières seules, a pu en général, se conserver la houille et que là, seulement, nous avons chance de la retrouver.

Le problème revient donc, en résumé, à deviner, sous le manteau des terrains secondaires discordants, où peuvent se trouver les anciens synclinaux houillers, en particulier où se prolonge le principal d'entre eux, celui qui alimente les mines du Nord et du Pas de Calais.

Ce problème aurait semblé absolument insoluble, il y a quelques années. Une théorie, fort originale, de M. Bertrand permet, au contraire, aujourd'hui d'en prévoir la solution.

Son raisonnement est le suivant :

Les grandes déformations du globe sont produites par les plissements progressifs de l'écorce terrestre; ces plis, nous venons d'en voir déjà plusieurs exemples à la fin de l'époque primaire, ils ont amené le surélèvement de la chaîne hercynienne et le creusement, à son pied, du canal houiller; avant l'époque secondaire, ils ont plissé, à son tour, ce terrain houiller. Mais ils ne se sont pas arrêtés là, et, ce manteau de terrains secondaires et tertiaires qui a recouvert le houiller, ils l'ont déformé de même, quoique plus faiblement. Ces dernières ondulations qui, elles, nous sont parfaitement connues par l'examen de la surface [1], on savait, depuis longtemps, qu'elles étaient, en gros, conformes à celles des terrains anciens; le fait, très nouveau, avancé par M. Bertrand et vérifié par lui tout spécialement dans la région du Pas de Calais, c'est qu'elles leur sont presque exactement superposées [2]. Si sa théorie est exacte, la conclusion s'impose : là où le houiller nous échappe, nous n'avons qu'à suivre, à la surface, le synclinal correspondant du crétacé et du tertiaire; c'est sur ce synclinal qu'il faudra placer nos sondages pour aller rechercher la houille.

Comment M. Bertrand a cherché à démontrer le fait, c'est ce que nous pouvons essayer d'indiquer, quoique la déduction soit peut-être ardue à suivre, avant d'arriver à l'énonciation des résultats pratiques.

Nous constatons aujourd'hui, soit dans les terrains géologiques divers, soit dans la topographie du fond de la Manche, une série d'ondulations : ces ondulations, pour les terrains les plus anciens, sont la somme de tous les phénomènes de plissement successifs et, par suite, représentent un ensemble d'accidents fort complexe; mais plus le terrain est récent, plus le phénomène se simplifie et l'on

---

1 Au-delà de la Westphalie, vers l'est, on peut rattacher encore (d'une façon, il est vrai, plus hypothétique) à la même traînée houillère, les bassins de la Silésie et même du Donetz.

2. Au sud de cette dépression littorale, les dépôts de l'époque houillère sont lacustres et continentaux, beaucoup plus limités par suite : ainsi ceux de la Sarre et du Plateau Central.

1. Il convient de ne pas oublier ici le grand service rendu à ce propos par M. Dollfus qui, dans un mémoire très remarqué (*Bull. de la carte géologique*, n° 14, juillet 1890), a donné pour la première fois un tracé général des ondulations de la craie dans le bassin de Paris.

2. M. Bertrand dit même : tout à fait exactement. Il y aurait, à notre avis, lieu de discuter la généralité de cette loi étendue à tous les plissements anciens; mais le cas particulier qui nous occupe, celui des plis tertiaires du bassin de Paris et de Londres superposés aux plis du terrain primaire, est précisément celui sur lequel a porté sa démonstration et pour lequel elle semble fort admissible.

conçoit immédiatement comment, en remontant progressivement, du mouvement le dernier produit au mouvement le plus ancien, on peut en quelque sorte isoler, par des différences successives, les diverses phases du mouvement, reconstituer, tour à tour, les effets du plissement post-tertiaire, puis post-secondaire, post-primaire, et, après les avoir ainsi distingués, montrer que, pour une raison quelconque (sur laquelle les opinions peuvent diverger), ils se superposent aux mêmes points.

M. Bertrand simplifie encore le problème par une remarque, qui nous semble, à vrai dire, assez hypothétique, mais dont l'abandon n'entraînerait d'ailleurs pas celui du reste de la théorie. Selon lui, le premier effet de la mer, envahissant un continent primitivement émergé, est d'en abraser aussitôt les saillies et de produire une plaine[1] ou, tout au moins, une grande cuvette aux pentes douces sur laquelle les sédiments commencent par se déposer à peu près horizontalement. Les faits sur lesquels il s'appuie sont d'un ordre général.

Lorsque nous pouvons, en géologie, étudier les couches du fond d'une grande transgression marine, nous constatons toujours que les premières strates déposées en eau profonde ont une épaisseur à peu près constante sur toute leur étendue, qu'elles ne comblent pas des poches ni des irrégularités du sous-sol, et, d'autre part, qu'elles n'enveloppent pas des parties émergées, car on ne voit pas les couches supérieures reposer directement sur les terrains ayant formé d'abord les parois du bassin. En outre, la mer, avançant peu à peu, a bien nivelé tout le continent envahi; car, en dessous des dépôts marins, il est tout à fait exceptionnel de rencontrer des restes de dépôts fluviatiles et terrestres, tels qu'il aurait dû s'en déposer sur ce continent pendant son émersion. Ce n'est que sur les rivages et en eaux basses que se sont déposées des couches d'épaisseur variable, et, lorsque nous voyons un terrain atteindre, en certains points, une puissance de plusieurs milliers de mètres, tandis qu'ailleurs il se réduit à zéro, on peut toujours vérifier, par sa faune, que ce terrain s'est constitué sous une faible épaisseur d'eau, c'est-à-dire qu'il n'a atteint une grande puissance que là où le fond s'affaissait par suite des plissements terrestres, au fur et à mesure des dépôts et même, suivant certains géologues, par une conséquence directe de ces dépôts.

Mais, dira-t-on, le fond de la mer actuelle est loin d'être plan. Cela peut, en effet, tenir en partie à ce qu'il a conservé la trace des ondulations antérieures du continent qu'il a remplacé; mais c'est surtout qu'il s'est plissé depuis l'arrivée de cette mer, les dépressions tendant à s'accentuer de plus en plus, encore plus vite qu'elles ne sont comblées par les sédiments.

Cette hypothèse de l'abrasion marine étant admise, la conséquence immédiate en est donc, d'une part, que les plis de la Manche résultent d'un mouvement postérieur à

l'arrivée de cette mer[1], et, d'autre part, que les terrains tertiaires, crétacés, etc., ayant commencé par se former horizontalement, tous leurs accidents actuels sont dus à des phénomènes subséquents.

Nous avons fait, dès lors, un grand pas vers la solution du problème qui nous occupe : car en reconstituant maintenant la carte géologique du fond de la mer tertiaire, comme nous en montrerons bientôt la possibilité, on pourra raisonner sur cette carte comme sur une section horizontale, c'est-à-dire ne pas tenir compte des inégalités qui auraient existé dans le sol; à notre avis, il convient, pour plus de sûreté, de considérer cette carte ancienne comme une carte géologique actuelle, où la topographie n'aurait pas été figurée; mais il reste pourtant vrai que, d'une façon un peu moins précise, un semblable document nous renseigne encore sur les plissements subis par les terrains secondaires, et, en particulier, par la craie avant l'arrivée de la mer tertiaire.

Pour dresser une semblable carte, il suffit d'observer les points où le tertiaire repose sur le crétacé et de noter là avec quel étage il se trouve en contact. C'est évidemment cet étage-là qui existait, en cet endroit, au fond de la mer tertiaire et, en affectant ce point de la couleur correspondante, on peut, de proche en proche, établir une carte géologique du fond de la mer tertiaire, de même du fond de la mer crétacée[2], etc. Il est également facile de dresser des cartes donnant les plis actuels du jurassique, du crétacé, du tertiaire. Ce sont ces cartes qui, rapprochées les unes des autres, ont permis à M Bertrand d'affirmer la superposition presque exacte des plis récents aux plis anciens.

Dans le cas particulier qui nous intéresse, celui du bassin houiller du Nord, il y a toute une région où l'on doit vérifier directement cette superposition, qui va nous permettre de trouver le prolongement du bassin, c'est la partie où le houiller, bien reconnu et étudié dans ses ondulations, est recouvert par la craie aux plis également visibles. Or, si l'on compare là les plis du houiller à ceux de la base de la craie (c'est-à-dire de la surface des terrains primaires, qu'on suppose avoir été horizontale à l'arrivée de la mer crétacée[3]), on constate bien la concordance supposée, qu'il suffit, dès lors, d'étendre, de proche en proche, à la région inconnue du Boulonais.

Le principe étant donc admis, reste à tracer les ondulations crétacées et tertiaires dans le Pas de Calais.

Là on a quelquefois soutenu (notamment Godwin Austen et M. Dollfus) l'existence, au sud de la cuvette houillère disparue à Fléchinelle, d'une saillie prolongeant celle, bien connue, de Fauquembergues[4] vers Rebergues et Ferques. Le bassin houiller cherché se poursuivrait alors, à l'est de cette ligne, dans la direction de Calais e, traversant la Manche, rejoindrait directement le nouveau bassin de Douvres.

M. Bertrand, par une discussion minutieuse, à la-

---

1. *Ann. des Mines*, loc. cit., p. 17, 22, 36. *Bulletin Soc. géol.*, p. 122.

2. La dépression du Pas de Calais était déjà dessinée à l'époque jurassique et faisait, dès lors, correspondre la Manche avec la mer du Nord; la preuve en est dans les rapports de faune qu'on observe entre le Boulonais, le nord de l'Angleterre et la Russie. Puis cette dépression s'est fermée avec le début de la période crétacée pour se rouvrir dès l'époque barrêmienne (*Bull. Soc. géol.*, loc. cit., p. 132). Fermé de nouveau pendant le miocène et le pliocène, elle ne s'est rouverte, une dernière fois, que pendant la période quaternaire.

1. On a objecté les dépôts de sédiments et notamment les apports de glaciaire qui ont modifié la forme du fond; mais ils n'ont pu qu'affaiblir les dépressions sans les déplacer.

2. Cette carte serait inexacte s'il y avait eu, dans la région, des déplacements horizontaux postérieurs, mais on peut démontrer que ceux-ci n'ont pas eu lieu.

3. Pour les arguments sur lesquels M. Bertrand appuie, dans ce cas particulier, son hypothèse, nous nous contentons de renvoyer à son mémoire des *Annales des Mines*, p. 37.

4. Voir, dans le mémoire de M. Bertrand aux *Ann les des Mines*, la planche II.

quelle nous nous contentons de renvoyer, est arrivé, au contraire, à croire que la disposition réelle est la suivante :

1° Au sud, un anticlinal (pli saillant) continuant celui de Fauquembergues par Thiembronne, Longfosse vers Boulogne;

2° En remontant vers le nord, un synclinal (cuvette) houiller, prolongeant celui de Fléchinelle, par Vaudringhem et Desvres jusqu'à Wimille;

3° Un second anticlinal séparant les deux branches houillères divergentes de Fléchinelle et de Béthune, entre lesquelles on tente déjà des sondages;

4° Un synclinal, prolongeant celui de Béthune par Remilly, Hardinghem et Marquise jusqu'au cap Gris-Nez;

C'est-à-dire que le terrain houiller du Nord se diviserait probablement, au sud de Béthune, en deux branches, dont la plus importante irait aboutir, un peu au nord de Boulogne, à Wimille, et dont l'autre rejoindrait le lambeau houiller connu d'Hardinghem. M. Bertrand ajoute d'ailleurs que l'on pourrait, à la rigueur, voir dans ce bassin d'Hardinghem le représentant du bassin entier. Quant au bassin de Douvres, il serait, dans tous les cas, distinct des précédents et aboutirait, sur la côte française, à l'est de Calais.

Maintenant, comme conclusion de cette étude théorique, si l'on voulait chercher le terrain houiller par des sondages, il y aurait lieu, non pas de se placer en un point quelconque sur le parcours présumé de ces dépressions houillères souterraines, mais de choisir leur rencontre avec des accidents transversaux, également connus par l'étude des terrains tertiaires et qui ont eu pour effet de déprimer davantage la cuvette houillère, donc de préparer des points plus favorables pour le dépôt et pour la conservation de la houille. Cette nouvelle considération conduirait alors à adopter, pour le bassin du Nord, le sud de Wimille, pour le bassin de Douvres, l'est de Calais [1], c'est-à-dire deux points situés le long de la dépression très ancienne du Pas de Calais.

A Wimille, on doit prévoir, d'après un sondage fait jadis à l'usine de Montataire près Boulogne et arrêté à 300 mètres dans le bathonien, qu'on rencontrerait les terrains primaires entre 300 et 350 mètres.

A Calais, un sondage poussé autrefois jusqu'à 350 mètres n'a donné que des résultats contestés et douteux, mais, d'après Élie de Beaumont, il paraît avoir atteint le calcaire carbonifère.

Pour terminer, nous nous contenterons de résumer sommairement les résultats du sondage, désormais fameux, de Douvres, qui a donné à la question précédemment étudiée une véritable actualité.

Ce sondage a été entrepris en 1882, sur l'initiative de M. Brady, ingénieur de la Compagnie du tunnel sous la Manche, lorsque le tunnel lui-même eut été interdit par le gouvernement anglais; il a traversé, d'abord, sous la craie et les argiles du gault, 75 mètres environ de sables et d'argiles représentant le wealdien et 200 mètres de terrains jurassiques (oolithe et lias); à 352 mètres de profondeur il est entré dans le houiller et y est resté ensuite sur 250 mètres de haut. Dans ce houiller on a trouvé 8 couches de houille considérées comme exploitables et qu'actuellement on cherche à atteindre par un puits. Ces couches ont une épaisseur moyenne de 0 m. 60 à 0 m 90 : en tout, pour les couches principales, 5 mètres. Elles sont sensiblement horizontales et composées d'une houille grasse de bonne qualité, contenant 25 pour 100 de matières volatiles avec un pouvoir calorifique de 14,867 [2].

L. De Launay.

1. Voir dans le mémoire cité des *Annales des Mines,* pl. II et fig. 8.
2. Voir *Annales des Mines,* 8ᵉ livraison de 1892, p. 227.

⚜ ⚜ ⚜

CHRONIQUE GÉOGRAPHIQUE

EUROPE

Pays-Bas. — Voilà près d'un quart de siècle que l'on projette d'assécher le Zuyderzée, formé au XIIᵉ et au XIIIᵉ siècle par les invasions de la mer, et de rendre ainsi à la culture une vaste étendue de sol. Le premier projet, celui de l'ingénieur Van Diggelen, en 1849, prévoyait l'asséchement complet de cette mer intérieure, par la construction d'une digue qui fermerait les détroits d'ouverture. Mais on recula devant l'immensité du travail et les dangers possibles de cette transformation. Quinze ans plus tard, on reprit le projet, en le réduisant notablement. Il ne s'agissait plus que de reconquérir la partie méridionale du bassin, par une digue qui, partant d'Enkhuisen, aurait abouti au sud de l'embouchure de l'Yssel, en s'appuyant sur l'île d'Urk. On aurait ainsi reconquis une superficie de 196 760 hect., destinée à devenir la douzième province du royaume.

Mais ce projet a encore été modifié. Une commission, nommée en 1886, sous la présidence de M. A.-J. Buma, pour étudier à nouveau toute la question vient de déposer son rapport. Elle conclut aussi à un asséchement partiel, mais très différent du second projet. La digue serait reportée beaucoup plus au nord, entre l'île de Wieringen, dans la province de Nord-Hollande, et Piaam dans la Frise, mais elle n'enfermerait pas un territoire asséché d'un seul tenant. Le centre de la partie endiguée serait occupé par un lac, l'*Ysselmeer*, qui communiquerait par des canaux navigables d'un côté avec Amsterdam, de l'autre avec l'embouchure de l'Yssel, et c'est sur les rives de ce nouveau lac que l'on reconquerrait à la culture quatre morceaux d'inégale étendue. La superficie totale des terres dont les Pays-Bas s'enrichiraient ainsi serait de 232 000 hect. La carte que nous donnons plus loin nous montre l'économie de ce projet.

Il faut remarquer que les fonds que le projet laisse immergés sont en grande partie formés de sables, tandis que les terres à reconquérir appartiennent aux formations argileuses, et seront très fertiles.

Le projet prévoit accessoirement la réunion des îles de Texel et de Vlieland, et l'adjonction à la côte orientale de

cette dernière d'une étendue de terre, recouverte aujour-
d'hui d'une couche d'eau peu épaisse, qui doublerait sa

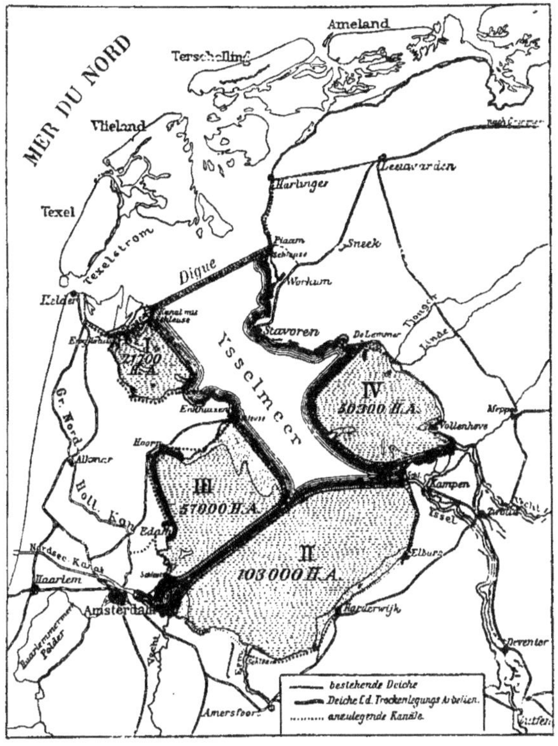

superficie. Il propose aussi l'union entre elles et avec la côte
ferme des iles de la Frise occidentale, Terschelling, Ame-
land, Schiermonnikoog, etc.

Nous empruntons au professeur P.-H. Schoute, de
Groningue, les quelques détails suivants sur le barrage
et l'assèchement proposés du Zuyderzée.

La digue principale aurait, y compris l'ile de Wieringen, une longueur de 29 kilomètres. Elle aura entre autres
l'avantages celui de rendre inutile la défense des 275 kilomètres de côtes du Zuyderzée actuel, qui demandent aujourd'hui une protection constante contre le danger des
hautes mers. On a calculé attentivement le volume de l'eau
qui s'écoulera par les écluses de la digue. Les apports de
l'Yssel, des autres cours d'eau, des canaux de drainage des
polders, et celui du Zuyderzée lui-même sont entre eux
dans les proportions de 174, 111, 45 et 36. On en conclut
que des écluses de 4 mètres de profondeur, et d'une largeur totale de 300 mètres, seront suffisantes pour maintenir
constamment l'Ysselmeer au niveau fixé.

Le projet fait naturellement en sorte de conserver au
nouveau lac toute la navigation actuelle du Zuyderzée. Elle
est considérable. On compte que le port d'Amsterdam
reçoit chaque année par cette voie 46 000 voiliers, jaugeant
près d'un million de tonnes, et 8000 vapeurs, jaugeant
320 000 tonnes. Cette navigation sera assurée par deux
canaux, qui perceront la digue à ses deux extrémités de
l'ouest et de l'est, et les principaux ports actuels du
Zuyderzée seront maintenus en communication avec l'Ysselmeer. Les pêcheries souffriront seules de la transformation,
car l'eau douce remplacera l'eau salée dans le nouveau
bassin.

On évalue à huit années le temps nécessaire pour
construire la digue principale. La construction des digues
secondaires, entourant les polders à créer, demanderait vingt-quatre années. Le coût total des travaux est
évalué à 400 millions de francs. Le revenu annuel des
terres nouvelles, qui seront presque toutes fertiles, ne

sera certainement pas inférieur à 25 millions de francs,
lorsque les travaux d'aménagement seront terminés.

Le projet, d'après l'opinion d'un juge compétent, le
professeur Telders, de Delft, est parfaitement praticable,
bien que d'une exécution compliquée. Les frais de construction de la digue principale seront plus que compensés par
l'économie sur la défense et la reconquête des côtes, les plus
grandes facilités d'irrigation que donnera l'Ysselmeer, une
fois son eau saline transformée en eau douce, enfin la possibilité d'établir, sur la digue, une voie directe de chemin
de fer entre les provinces de Nord-Hollande et de Frise.

Le gouvernement néerlandais vient, en septembre
dernier, de nommer, pour examiner ce projet, une commission dont le président est le ministre du commerce,
M. C. Lely. (*Geographical Journal.*)

AFRIQUE

Algérie. — D'après des nouvelles reçues de Biskra,
l'explorateur Méry, après avoir renvoyé ses Chaamba à
Aïn-Hadjadj, a courageusement avancé au delà, accompagné seulement de Guilloux et de cinq indigènes.

Depuis le massacre de la mission Flatters, aucun
explorateur partant d'Algérie n'avait poussé aussi loin
dans le Sahara central.

La mission est revenue à Timassinin vers le 1er mars,
après avoir poussé une pointe jusqu'au lac Menghough,
situé à 250 kilomètres environ de cette localité. L'explorateur a rencontré au Menghough des chefs azdjer avec
lesquels il a pu entrer en relation. Le lac Menghough avait
déjà été visité en 1880 par Flatters.

La tribu des Flissa-Mzala, démembrement de ce qui
fut la puissante confédération des Flissa, « Fils de la Nuit »
(Flisset-Oum-el-Lil), compte 7 701 individus, sur un territoire de 3 682 hectares seulement, soit l'énorme densité
de 209 personnes par kilomètre carré. Ils habitent dans
la Kabylie du Djurdjura, dans l'arrondissement de Tizi-
Ouzou, au nord et près de Drà-el-Mizan, sur les deux
communes de Drà-el-Mizan et de Tizi-Reniff, en un pays
dont l'attitude moyenne est de 400 mètres. Ils ont pris
part à toutes les révoltes des gens de la Grande-Kabylie
contre la France, mais depuis la rébellion générale
de 1872 il semble, dit le *Bulletin officiel du Gouvernement général de l'Algérie* (1892, n° 1260), il semble
qu'un changement notable s'est produit dans les mœurs
de cette tribu berbère. Tous les indigènes parlent l'arabe,
mais un assez grand nombre parlent le français, et beaucoup
contractent des engagements volontaires dans les régi-
ments de tirailleurs. Ainsi, au moment du passage du
commissaire-délimitateur (1889-1890), ils avaient 500 hommes sous les drapeaux et 150 en congé.

Tunisie. — On appelle en Tunisie terres *sialines* des
terres qui furent concédées par un bey quelconque à un
Si-Ali quelconque (d'où leur nom) et qui ont fait retour à
l'État tunisien.

Elles sont au voisinage de la ville de Sfax, dans la
région du Sahel, dans une contrée extraordinairement favorable à l'olivier.

Leur étendue est considérable. Le gouvernement les
met à la disposition des colons pour y planter l' « arbre de
Minerve », à raison de 10 francs l'hectare, payable moitié
tout de suite, moitié quatre ans après, avec faculté d'an-
ticipation de payement.

Les demandes de concession de terres sialines (moyennant ce payement de 10 francs l'hectare) sont déjà nombreuses : elles portent sur 18 000 hectares, ou quelque peu
plus : 18 339, dont 13 874 sollicités par des Français, et
4 465 par des étrangers.

Le vignoble tunisien est arrivé à 5 490 hectares.
319 hectares ont été plantés durant l'hiver de 1892.

Combien y a-t-il d'Italiens en Tunisie aujourd'hui, à la fin de l'été de 1892?

Les Italiens s'abusent quand ils croient être au nombre de 30000 dans la défunte Régence.

Serrons de près la question. Le recensement des Italiens établis à l'étranger portait en 1881 le nombre des résidents italiens en Tunisie à 11206. Depuis lors, dit la *Dépêche Tunisienne*, la statistique officielle pour les années 1882-1890, soit pour neuf années, nous apprend qu'il est venu en Tunisie un peu moins de 10000 Italiens, dont 2225 en 1882, 1867 en 1883, 637 en 1884, 818 en 1885, 1557 en 1886, 633 en 1887, 902 en 1888, 639 en 1889, 522 en 1890.

En supposant que ces 10000 individus à peu près soient restés en Tunisie, qu'aucun des anciens ne soit rentré en Italie, le total des sujets italiens établis dans le beylik se serait élevé à moins de 22000 à la fin de 1890, abstraction faite du profit des naissances sur les morts.

Mettons qu'il est compris aujourd'hui entre 20000 et 25000, et n'en parlons plus.

La *Dépêche Tunisienne* opine pour 20000 seulement. C'est peut-être ou sans doute trop peu, parce que si nombre d'Italiens quittent la Tunisie, qu'ils ne sont venus habiter que temporairement, et si, par conséquent, il faut déduire beaucoup de ces 10000 immigrants, il y a lieu de tenir compte de ceux qui arrivent dans le pays sans que la statistique en ait cure, et probablement qu'il y en a beaucoup.

Sénégal. — M. Léon Fabert qui, en 1891-92, a accompli dans le Sahara occidental un très intéressant voyage qui a eu pour résultat un traité avec l'Adrar, est chargé d'une nouvelle mission dans la même région. Celle-ci a pour objet de fortifier nos relations avec les Maures et d'obtenir d'eux qu'ils commercent davantage avec le Kaarta et le Sénégal.

Côte de l'Ivoire. — Le capitaine Marchand, de l'infanterie de marine, ancien compagnon du commandant Quiquandon et du docteur Crozat à Sikasso, chez le roi Tiéba, s'est embarqué le 5 mars à Bordeaux pour aller accomplir la mission qui lui a été confiée du Grand Lahou au Rio Cavally. Cet officier renouvellera avec plus d'ampleur le voyage que le malheureux Barral a effectué dans les mauvaises conditions matérielles racontées dans notre dernier numéro. C'est là une mission d'autant plus intéressante qu'elle va régulariser une bonne fois la situation politique de la France sur cette partie de la côte de Guinée. Le capitaine Marchand sera accompagné du capitaine Manet et de M. de Jocas, avec une escorte de seize hommes, dont huit tirailleurs sénégalais.

Dahomey et Guinée française. — Nous avions raison en nous montrant très réservés, dans nos dernières informations, sur le Dahomey. Il ne fait plus doute aujourd'hui pour personne que la question dahoméenne est subordonnée à la prise de Béhanzin ou à sa mort. Le roi déchu est resté à la tête d'éléments de résistance assez sérieux pour nous obliger à recommencer la lutte au mois d'octobre prochain, quand la crue de l'Ouémé permettra une fois de plus à nos canonnières de le remonter. D'ici là on comprend que le général Dodds ne se prononce pas sur l'organisation administrative qu'il y aurait lieu d'appliquer au Dahomey; et on conçoit également que le gouvernement civil de cette nouvelle colonie se trouve réservé. A ce propos, disons que le gouvernement de la Guinée française, duquel dépendaient nos établissements du Dahomey, sous la dénomination de colonie du Bénin, disparaît après un court essai. Le Dahomey constituera désormais un gouvernement spécial. Il en sera de même de la Côte de l'Ivoire, qui comprend déjà Assinie, Grand-Bassam, le territoire

protégé de Bondoukou et, éventuellement, ceux que de nouvelles transactions placeront sous notre protectorat dans cette partie de la boucle du Niger. Enfin, les Rivières du Sud acquièrent aussi leur complète autonomie, et le protectorat du Fouta-Djallon leur est réuni. L'administration en est confiée à l'ancien gouverneur de la Guinée française, l'intelligent et expérimenté docteur Ballay. Le nouveau gouverneur du Dahomey est M. Ballot, celui de la Côte de l'Ivoire le capitaine Binger

Congo français. — On est toujours sans nouvelles de M. de Brazza et de M. Maistre. S'il nous est permis d'exprimer une appréhension à l'égard de ce dernier, nous craignons qu'une marche en avant de sa part, trop rapide et insuffisamment appuyée, ne l'ait conduit à quelque mécompte. Les instructions géographiques auxquelles tout explorateur de cette zone doit constamment se reporter ne laissent point de doute, en effet, sur l'éventualité de notre rencontre avec l'élément arabe. Celui-ci évolue de l'est à l'ouest en groupes plus ou moins compacts. Mais il est certain qu'entre la région fétichiste, que M. Dybowski nous a ouverte l'un des premiers et la région musulmane des territoires du Tchad, ces groupes feront tout ce qu'ils pourront pour nous empêcher de passer. Il importe donc de n'avancer qu'avec une extrême prudence, pas à pas, et après avoir laissé derrière soi des points d'appui qu'aucune réaction ne puisse entamer. Il semble, d'ailleurs, que les nouvelles transmises de Bania, l'an dernier, par M. de Brazza aient été comme un avertissement. Le commissaire général signalait dans son voisinage la présence de musulmans nombreux. Si, grâce à l'influence plus ou moins effective du sultan de Yola, il a pu entrer en relations pacifiques avec ces musulmans, nous nous demandons s'il en a été de même de M. Maistre avec les groupes de sa région.

Cameroun. — Depuis quelques semaines, le territoire du protectorat allemand au Cameroun est relié au réseau télégraphique international par un câble sous-marin immergé entre Cameroun et Bonny, station anglaise dans le delta du Niger. La distance entre les deux localités est de 337 kilomètres. Le câble a été rattaché à la ligne de l'*African Direct Telegraph Company* par Brass, Lagos, Oura, Sierra-Leone, Bathurst, Saint-Vincent, et là à la ligne du Brésil en Angleterre. Le *Britannia*, qui emportait le câble, a quitté l'Angleterre le 18 janvier; le 18 février la pose était terminée, et le 21 les premiers télégrammes de Cameroun arrivaient à Berlin. L'administration emploie des télégraphistes indigènes formés dans la station.

État du Congo. — **Expéditions A. Delcommune et L. Bia.** — On annonce l'arrivée à Léopoldville des expéditions A. Delcommune et Bia. M. A. Delcommune avait quitté Saint-Louis de Mroumbi, sur le Tanganyika, le 15 octobre dernier et se proposait, comme nous l'annoncions dans notre numéro de janvier, de descendre la Loukouga jusqu'au lac Landji et de gagner ensuite soit Béna-Kamba, soit Lousambo. D'après le télégramme on peut conjecturer que M. A. Delcommune, après avoir contourné le lac Landji, aura remonté le Lomami et rejoint M. Dhanis à Gongo-Loutété ou au confluent du Lourimbi.

A Lousambo il aura trouvé les adjoints de M. Bia. Ce dernier était, disait-on, mort en route d'une maladie de foie. M. Delcommune avait quitté Kinchassa le 17 octobre 1890 : son voyage d'exploration a donc duré environ deux ans et trois mois.

Dans sa marche du Katanga à Léopoldville, l'expédition Bia a perdu, tant en soldats qu'en porteurs, 490 hommes; elle n'a pas trouvé trace, dans le Katanga, des mines d'or que l'on supposait y exister, mais en revanche elle a constaté que le pays était infesté d'Arabes se livrant à la traite des noirs.

Rappelons que l'expédition Bia avait été envoyée dans le royaume de Msidi en même temps que l'expédition Stairs par la compagnie du Katanga. Tandis que celle-ci prenait la route orientale, la première prenait la voie du Congo et par le Sankourou gagnait Païna, Masoumbo, d'où elle suivit la route de terre le long de la Sankourou-Loubilach, puis du Louembé; après avoir passé le Lomami elle se dirigea vers le sud-est et atteignit le lac Kabélé formé par le Loualaba, qu'elle traversa un peu en amont; de là elle gagna Bounkeia, où elle rejoignit l'expédition Stairs, ayant ainsi traversé une région complètement inconnue avant elle.

M. Delcommune rapporte la nouvelle d'un engagement qui a eu lieu sur le Lomami entre les forces du lieutenant Dhanis, commandant du camp de Lousambo, et celles de Séfou, le fils de Tippo-Tip, que l'on croyait être resté fidèle aux blancs. Séfou a perdu 500 hommes, 5 chefs et 600 fusils. M. Lippens et son adjoint M. Debruyn ont été tués. Le lieutenant Dhanis, qui avait pour auxiliaire le chef Gongo-Loutété autrefois à la suite de Tippo-Tip, disposait d'environ 6 000 fusils.

La nouvelle de la victoire du lieutenant Dhanis a décidé le gouvernement de l'État du Congo à engager une campagne générale contre les meurtriers de l'expédition Hodister. En effet, on annonce le départ de Bruxelles d'une expédition militaire pour le Congo. Elle sera placée sous les ordres du lieutenant Ponthier et va s'entendre avec l'expédition Dhanis pour une répression en commun des Arabes dans la région du Lomami. Elle prendra pour base d'opérations le camp de Basoko et opérera avec le concours d'une armée de noirs recrutés dans le bas Congo et à la station des Bangala.

Est-Africain Britannique. — Exploration de la Djouba par le commandant F.-G. Dundas. — L'*Imperial British East African Company* attachait une grande importance à la reconnaissance de ce fleuve qui, d'après la convention anglo-italienne du mois de mars 1891, forme la limite entre les sphères d'influence de la Grande-Bretagne et de l'Italie dans cette région. Le commandant Dundas l'a exploré sur le *Kénia*, bateau à vapeur armé de deux canons Maxim. Ayant franchi la barre, il trouva un fleuve majestueux, de 230 mètres de large. Le village de Gobouen, à 4 kilomètres de l'embouchure, pourrait facilement être mis en communication avec Kismayou par un tramway qui amènerait dans ce port les produits de l'intérieur.

Jusqu'à Mansour, à 576 kilomètres, et à Bardera, à 620 kilomètres en amont, on ne rencontre que deux grands villages somalis, Hadjouen et Hadjoualla, de 900 habitants chacun. Beaucoup de femmes esclaves gallas y sont mêlées aux Somalis, dont elles se distinguent par un teint plus clair. Dans cette partie de son cours la Djouba forme une quantité de méandres très rapprochés les uns des autres; elle traverse des territoires très boisés, dans les clairières desquels vivent les Ouaboni, occupés essentiellement de chasse.

A 160 kilomètres de l'embouchure se trouve le village de Bilo, au delà duquel s'étend, des deux côtés du fleuve, une forêt impénétrable. La Djouba se divise ici, et de la rive droite se détache un bras qui court au sud-ouest. Dundas pense que ce doit être le Cheri, qui se jette dans l'océan Indien à Port Durnford, entre Kismayou et Lamou.

Au reste, il est si étroit qu'en certains endroits il est presque entièrement recouvert par les branches des arbres des deux rives. Il eût donc été impossible au *Kénia* de l'explorer. En amont, le village de Mfoudo est une des dernières stations d'esclaves fugitifs. Les environs en sont très giboyeux; les autruches abondent. Plus loin se retrouve la forêt vierge, et pendant cinq jours l'expédition remonta le fleuve sans apercevoir aucune trace de vie humaine. Dans cette partie de la Djouba, Dundas constata une crue subite de 0 m. 20 en une nuit. Des observations qu'il fit et des renseignements qu'il recueillit, il ressort que dans les mois d'août et de septembre, l'eau monte pendant huit ou dix jours: puis elle décroît avec la même rapidité. Comme il ne pleuvait pas dans le pays qu'il traversait, il faut admettre que ces crues sont dues à des chutes de pluie à l'intérieur du continent. Généralement les eaux sont hautes de juillet à octobre; elles baissent rapidement en novembre; en décembre et janvier elles sont très basses, puis remontent en février jusqu'en mars et avril, après quoi elles baissent de nouveau jusqu'en juillet.

Arrivé à Mansour, village somali, Dundas apprit que le cheikh de Bardera lui faisait dire de ne pas remonter le fleuve plus avant, s'il ne voulait pas être tué comme le premier Européen qui était venu à Bardera un certain temps auparavant (von der Decken). A quoi Dundas répondit qu'il irait quand même et qu'il comptait devenir l'ami du cheik. Lorsqu'il arriva devant la ville, le 10 août, toute la rive était couverte de Somalis brandissant leurs lances. Epouvanté, l'équipage demanda au commandant de redescendre le fleuve. Dundas fit simplement diriger le steamer vers la rive opposée à celle sur laquelle la ville est bâtie. Ici la Djouba a 55 mètres de large. Des fusées tirées à propos étonnèrent tellement les indigènes, qu'ils renoncèrent à attaquer le navire de nuit comme ils l'avaient projeté; le commandant se rendit à terre avec son interprète, qui expliqua au cheikh que l'expédition ne comptait faire aucun mal à ses gens.

Au bout de quelques jours, Dundas et le cheikh étaient bons amis, et le commandant anglais obtenait l'autorisation de remonter jusqu'aux rapides, à 40 kilomètres en amont de Bardera. Dans cette partie de son cours, la Djouba coule entre des rives rocheuses de 100 à 130 mètres de hauteur. Dans la région des rapides, le lit du fleuve est rempli d'une quantité de rochers. Le *Guelph*, le navire de von der Decken, est encore là couché sur le flanc. Dundas tenta de faire remonter un bateau dans un des bras du fleuve, mais il dut bientôt en constater l'impossibilité. Un des chefs somalis lui dit qu'à quatre heures de marche en amont, le fleuve fait une chute, qui arrêterait le vapeur, dans le cas où, à l'époque des hautes eaux, il aurait réussi à franchir les rapides. Ceux-ci sont situés par 2° 34' 45'' latitude nord, à 650 kilomètres de l'embouchure; sur tout ce parcours, la Djouba ne reçoit pas d'affluents.

Le retour à Bardera et à la côte dut être hâté à cause de la baisse des eaux. M. Dundas pense que la compagnie de l'Est-Africain pourra facilement entrer en relations avec les pays de l'intérieur producteurs de coton, de tabac, de céréales, sans parler de l'ivoire et des peaux qu'apportent à Bardera les caravanes de Boran.

Est-Africain Allemand. — Retour du Dr Baumann de Tabora à Pangani. — Nous avons laissé, dans notre précédente chronique, le Dr Baumann à Tabora. Un télégramme du 25 février, de Pangani, a annoncé au Comité anti-esclavagiste allemand son heureuse arrivée à la côte; son expédition a donc duré un peu plus d'une année. Il avait quitté Tanga le 15 janvier de l'année dernière. Nos lecteurs se rappellent les découvertes qu'il fit des lacs Manjara et Eïassi en traversant le pays des Massaï, puis, à l'ouest du Victoria-Nyanza, celle des sources de la Kaghéra. De Tabora il n'est pas revenu à la côte par la route ordinaire de Mpouapoua. Il a tenu à compléter l'exploration des pays compris entre cette route et son itinéraire d'aller. La *Deutsche Kolonial-zeitung* du 4 mars nous apporte un extrait du rapport adressé d'Irangi à son comité. Sa caravane fut attaquée non loin de Tambaralé, par des Ouagogo qu'il battit, et dont il détruisit les tembés. Malheureusement il reçut quelques blessures qui l'obligèrent à s'arrêter plusieurs semaines à

Soungouisi. Dès qu'il fut suffisamment rétabli, il repartit, le 10 décembre, pour traverser pendant trois jours une forêt d'arbres à épines, pauvre en eau, au sortir de laquelle il atteignit la vallée du Ouembaré, tributaire méridional du lac Eïassi. Le 14 décembre, il entrait à Ourongou, village de l'Ousouré, district en partie couvert de forêts, en partie cultivé, dont les habitants, Ouanyamouézi de la tribu des Ouakimbou, demeurent dans de vastes tembés, très fortifiés, et s'adonnent particulièrement à la chasse de l'éléphant. Se dirigeant vers l'est, il traversa la steppe de la Nyika et le district de Tourou, dont les indigènes, les Ouatourou, plus communément appelés Ouanyatourou, sont une tribu bantoue qu'il ne faut pas confondre avec les Ouatatourou, appartenant au groupe des Massaï. Ils vivent dans de misérables tembé, très bas, à côté desquels ils creusent des trous dans la terre pour s'y coucher en cas de guerre. Ils passent pour être méchants et belliqueux ; les caravanes ne traversent jamais leur pays. Le 19 décembre, le Dr Baumann passait au lac salé de Singisa, dont les Ouanyatourou tirent par la cuisson un bon sel de cuisine, qu'ils vendent dans l'Ousouré, et qui est recherché dans tout l'Ouanyamouézi. Les indigènes décochèrent des flèches sur l'arrière-garde de l'explorateur ; mais quelques coups de fusil suffirent pour les disperser.

Le 20 décembre, l'expédition atteignait le versant de la grande dépression du pays des Massaï dont elle avait traversé en mars, au lac Manjara, le prolongement septentrional. Le lendemain elle entrait dans l'Ounyangany, où, depuis quelques années, se sont établis des colons venus de l'Ounyamouézi, qui en ont pacifié les anciens habitants. Baumann y reçut un accueil très amical. Au nord de l'Ounyangany s'élève le mont Gouroni, qu'il avait déjà aperçu en mars en traversant l'Oumbougoué. La route qui mène directement à Irangi ayant déjà été parcourue par le Dr Stuhlmann, l'explorateur fit un détour par l'Ousandouari pour étudier ce district. Deux jours de marche à travers la Nyika, remarquable par ses énormes baobabs, le conduisirent à Kipitipili. Le pays est couvert de collines boisées, au sommet desquelles s'élèvent de pittoresques blocs de granit, tandis que dans les dépressions sont disposés les tembés des Ousandouari, au milieu de plantations fertiles. La langue de ces indigènes ne paraît avoir de parenté ni avec celles des Bantous, ni avec celles du groupe nilotique ; elle est particulièrement riche en *clics*, et semble avoir quelque rapport avec la langue des Hottentots.

A Irangi, où l'expédition arriva le 29 décembre, existe depuis des années une colonie arabe, avec laquelle sont en relation de nombreux petits établissements de chasseurs d'éléphants. Au pied de cette colline, sur laquelle est bâti le village, coule un petit ruisseau, le premier cours d'eau que Baumann ait rencontré depuis le passage du Malagarasi. Les Arabes ont ici de beaux tembés, des champs d'orge, des jardins avec des palmiers-dattiers, des grenadiers, etc.; ils trafiquent de l'ivoire que leur livrent leurs chasseurs d'éléphants.

Le docteur Baumann comptait explorer encore l'Ombougoué et l'Ouhiomi. Le télégramme ne dit pas s'il a pu exécuter son projet. Quoi qu'il en soit, cette expédition d'une année à travers des territoires peu connus ou encore totalement inconnus permettra de combler quelques-uns des blancs des cartes de l'Afrique orientale, et, avec les travaux du docteur Stuhlmann, contribuera à enrichir nos connaissances sur cette région.

Nyassaland. — Nous empruntons les détails suivants à une étude publiée par M. J. Buchanan, dans le *Geographical Journal*, sur l'avenir industriel du Nyassaland. Dans son sens le plus étendu, le Nyassaland est situé entre 9° et 17° latitude sud, et 31° et 34° longitude est. On s'y rend par la voie du Zambèze et du Chiré. On construit en ce moment, sous la direction du capitaine Sclater, une route qui réunit Chiromo et le lac Nyassa, en passant par Zomba. On peut espérer que d'ici à quelques années cette route sera suivie par un tramway à vapeur.

Le Nyassaland consiste en une série de plateaux ondulés, de 600 à 1200 mètres d'altitude, parsemés de collines et de montagnes en miniature, dont les sommets sont tantôt nus et rocheux, tantôt couverts d'arbres et de broussailles.

L'ensemble du pays est bien arrosé. Un des traits caractéristiques du Nyassaland, trait qui se rencontre également dans d'autres régions africaines, ce sont les parties herbeuses qui s'étendent parfois sur de grands espaces, et qui sont appelés *dambo* par les indigènes ; elles sont habituellement dépourvues d'arbres. Dans la saison humide, le sol fait éponge et absorbe l'eau jusqu'à saturation, formant ainsi une espèce de marais, d'où s'écoulent des ruisseaux qui durent une partie de l'année ; mais généralement l'infiltration et l'évaporation finissent par dessécher complètement le terrain dans la saison sèche. Il existe cependant sur le plateau des dépressions dont le fond repose sur un sous-sol imperméable et qui recueillent l'eau pendant la saison des pluies et la font remonter par capillarité à la surface dans la saison sèche. Elles alimentent, en outre, de nombreux ruisseaux.

La chute annuelle des pluies varie considérablement dans le Nyassaland, elle est en moyenne de 1 m. 30 dans les hautes terres du Chiré, alors que sur le lac la moyenne est de 2 mètres et plus. Néanmoins durant les dix dernières années il y a eu un abaissement certain du lac Nyassa et un dessèchement de la rivière Chiré, qui ne fut jamais aussi basse qu'en 1891. En 1879 le lac Chiroua fut presque sans eau. Les observations météorologiques n'ont pas été faites jusqu'à présent avec assez de suite pour pouvoir expliquer d'une manière certaine la cause de cet assèchement graduel. L'auteur suppose qu'il est des périodes pendant lesquelles la saison des pluies est plus courte, et qu'alors la chute de l'eau ne compense plus l'évaporation.

On peut diviser *grosso modo* l'année en quatre saisons, correspondant à peu près aux nôtres. Les meilleurs mois pour les semailles sont ceux de novembre et de décembre ; les mois de décembre, janvier, février et mars sont les plus favorables au développement de la végétation. La moisson se fait dans les mois d'avril, mai et juin. Les mois de juin, juillet, août, sont les plus froids de l'année.

Quoique assez boisé, le Nyassaland manque de bois ouvrables et se conservant longtemps. Le sol du pays est très fertile dans les plaines du Chiré et des autres vallées qui sont formées d'alluvions ; mais c'est sur les plateaux ondulés et sur les pentes habitables des montagnes, là où l'Européen peut vivre et où les récoltes sont préservées des inondations et de la surabondance d'humidité que l'agriculture se développera le mieux.

Le maïs, le sorgho, le millet, le riz, etc., cultivés par les indigènes, poussent abondamment, mais les frais nécessités par le transport n'encouragent pas la culture de ces céréales pour l'exportation. Le sem-sem, le lin, le ricin, les graines viennent bien à peu près partout. Le coton croît en plaine et en montagne ; plusieurs variétés égyptiennes et américaines récemment introduites, ont fort bien réussi. On trouve également et en abondance de nombreuses plantes textiles utilisées par les indigènes, auxquelles il faut ajouter le rhéa et l'aloès, récemment acclimatés. Le caoutchouc pousse un peu partout, malheureusement il tend à disparaître assez rapidement, la méthode d'exploitation de l'arbre par les indigènes étant très destructive.

Mais le principal objet du commerce du Nyassaland est le café. Il fut introduit pour la première fois il y a une quinzaine d'années dans le pays, et l'on compte aujourd'hui à peu près 10 millions de pieds plantés dans les hautes terres. A côté du café, il faut citer le cacao comme une des cultures susceptibles de prendre un grand développement.

Le sucre, le tabac, le thé se cultivent aussi avec succès; le caoutchouc *ceara*, récemment introduit, vient bien, et le cinchona est également d'un bon rapport. L'ivoire, les peaux, les cornes, les gommes, etc., ne sont cités que pour mémoire.

En somme, le Nyassaland, dont le développement a été, pour ainsi dire, unique, a un brillant avenir commercial en perspective.

Depuis le mois de juin 1891 il est administré par un commissaire, M. H.-H. Johnston, l'explorateur bien connu.

Afrique portugaise. — Exploration du Sabi. — M. A. Vaughan Williams a remonté la rivière Sabi, tributaire du canal de Mozambique, le cours d'eau le plus important de la côte occidentale entre le Zambèze et le Limpopo, jusqu'au point extrême où se fait sentir la marée, c'est-à-dire à environ 48 kilomètres de son embouchure. Il est entré par la branche septentrionale, ou Makaou, qui a environ 1 60) mètres de largeur et 1 m. 50 de profondeur à marée basse. Les habitants du pays parlent la même langue que les Banyaï et se sont vaillamment défendus contre les invasions des Zoulous ; les jungles, où croît en abondance le caoutchouc et dans lesquelles ces peuplades ont fréquemment cherché refuge pendant la guerre, sont encore pleines de squelettes. M. Williams se propose d'étudier attentivement quelques ruines qu'il a récemment découvertes sur le Bouzi.

Pays des Somalis. — Les *Mitteilungen* de Gotha ont reçu du lieutenant von Höhnel des nouvelles sur les progrès de l'expédition Chandler. Après un long voyage sur la Tana elle est parvenue enfin à Hameye, où elle se propose de faire une halte de cinq semaines, qu'elle emploiera à explorer la région située au nord de ce village. Pas plus que l'expédition Dundas, l'expédition Chandler n'a pu trouver de traces des monts signalés par Peters et nommés par lui monts Friedrich-Franz et monts Galla. M. von Höhnel écrit que la position générale de la Tana n'est pas aussi occidentale que l'indique le commandant Dundas dans sa carte; ainsi, pour la position de Hameye il y aurait une différence en longitude de 29′ 31″.

AUSTRALIE ET OCÉANIE

Nouvelle-Guinée. — M. Mac Gregor, le gouverneur de la Nouvelle-Guinée britannique, dont nous avons déjà mentionné l'exploration dans l'île peu connue de Kirivina, ou Trobriand, vient de prendre la position astronomique de ses deux extrémités, du nord et du sud. Elle s'étend entre 8° 24′ 19″ et 8° 48′ 17″ latitude sud, ce qui lui donne une longueur de 24 milles géographiques, soit 44,4 kilomètres. Ces positions coïncident avec celles d'Entrecasteaux, l'une exactement, l'autre à une minute près.

Dans la Nouvelle-Guinée britannique même, il vient d'étudier la partie de littoral qui s'étend entre Ouedan et Radaoua. On n'y trouve aucun village. La population habite, à une hauteur de 450 à 600 mètres, les versants de la chaîne de montagne qui court parallèlement à la côte, et s'élève à une hauteur d'environ 1200 mètres. Leurs villages sont à la lisière de la forêt, qui recouvre tous les sommets. Composées de basalte, ces montagnes se terminent sur la côte par des promontoires de calcaire corallien. Des plateaux gazonnés, qui s'étendent en quelques points le long des montagnes, indiquent sans doute un ancien rivage. Les terres qui forment la rive nord-orientale de la baie de Raboua ou de Goodenough sont habitées par une population considérable, répartie en nombreux petits villages. M. Mac Gregor a fixé la latitude de la station de Dobou à 9° 45′ latitude sud.

AMÉRIQUE

Guatemala. — D'après le *Geographical Journal* une activité sensible s'est révélée dans les transactions de l'Etat de Guatemala, et durant les cinq dernières années les importations se sont continuellement accrues. On estime que durant l'année 1891 il n'a pas été exporté moins de 52 449 500 livres de café, évaluées à 61 927 000 francs. Nous apprenons de plus que les projets suivants de nouvelles voies ferrées ont été adoptés : une ligne allant du port de Ocos (Pacifique) au village de Santa Catalina, dans le département de San Marcos; une ligne partant du chemin de fer central du Guatemala à la station appelée El Navanjo, se dirigeant vers le village de Santa Clara et qui ouvrira un débouché aux produits agricoles et forestiers de ces districts; une ligne allant de la Maquina, également sur le chemin de fer central, à 16 kilomètres du port de San José, vers Santa Lucia et de là à Patubul, au milieu de riches plantations de sucre et de café. Enfin, l'assemblée a adopté une proposition tendant à la réalisation de l'établissement du *Northern Railway* qui mettra en communication le port de San José sur le Pacifique avec Puerto Barrios, dans la baie du Honduras, à une distance de 180 kolomètres.

DERNIÈRES NOUVELLES

— On vient de recevoir au sous-secrétarat des colonies, des nouvelles de M. de Brazza qui était chargé, comme on le sait, d'organiser solidement l'autorité française dans le bassin supérieur de la Sangha et d'assurer nos relations avec les populations Foulbé.

Après sa rencontre avec M. Mizon, en avril 1892, M. de Brazza continua les pourparlers commencés avec un chef musulman très influent, Abbou-ben-Aïssa, qui résidait à quinze jours de marche au nord de Bania. Celui-ci lui envoya un émissaire avec lequel il remonta, sur le Courbet, jusqu'au village de Bouboua, au-delà des rapides de Bania, la branche orientale de la Sangha ou Mambéré, autrefois appelée Ikela. La jonction de nos établissements de la haute Sangha avec les populations peuhles de l'Adamaoua est donc un fait accompli.

D'un autre côté M. de Brazza écrit que d'après les bruits parvenus à Gaza, M. Mizon, arrivé à Yola, serait parti avec le sultan Zoubbir dans la direction du nord-est.

— Au moment de mettre sous presse, nous avons la joie d'apprendre que M. Delcassé, sous-secrétaire d'État aux colonies, vient de recevoir de M. Maistre le télégramme suivant :

 « Brass (Bouche du Niger), 25 mars.

« J'arrive à Akassa avec Brunache, Clozel, de Behagle, Bonnel de Maizières et Briquez, en santé parfaite. Nous avons traversé pacifiquement le sud du Baghirmi, reliant ainsi à l'Oubangui l'itinéraire de Nachtigal. Après avoir passé des traités sur le Chari et sur le Logoné, nous avons gagné l'Adamaoua par une route inexplorée, au prix de nombreuses difficultés et en livrant des combats où nous avons eu plusieurs tués. *« Maistre. »*

Autant qu'on peut le conjecturer, M. Maistre, parti de Kémo, vers le mois de juillet dernier, aurait rejoint l'itinéraire de Nachtigal sur les bords du Chari, vers 9° de latitude nord; de là il se serait dirigé vers l'ouest, traversant les régions qui séparent les affluents du Tchad de ceux du Niger, et aurait descendu la Bénoué, qui l'aurait amené dans le grand fleuve soudanais.

Ce beau voyage ajoute un nouvel itinéraire français à ceux qui dans ces derniers temps ont jalonné et relié les bassins du Congo, du Tchad, du Niger et du Sénégal. et que M. Mizon cherche à compléter en ce moment même.

BIBLIOGRAPHIE

REVUE DES PÉRIODIQUES

Articles signalés :

Geographical Journal, mars 1893. — *A Journey up the Baram River to mount Dulit and the Highlands of Borneo*, par Ch. Hose, avec carte. (L'auteur, qui est résident du district de Baram, dans la principauté de Sarawak, Bornéo, rend compte d'un voyage exécuté dans l'intérieur du pays sur les rivières Tinjar et Baram et aux monts Dulit, d'où il a déterminé les positions de plusieurs montagnes importantes de la région.) — *Expedition up the Jub River through Somali Land, East Africa*, par Capit. G. Dundas. (Nous donnons à la chronique un compte rendu de cet intéressant voyage.) — *Recent explorations in the South-Eastern Congo Basin*, par E.-G. Ravenstein. (Résumé des voyages exécutés récemment dans la partie sud-est du bassin du Congo, avec carte). — *The industrial developement of Nyasaland*, par John Buchanan. (Voir la chronique.)

Mitteilungen de Petermann, mars 1893. *Eine Forschungsreise in Patagonien*, par le docteur Josef von Siemiradzki. (Exploration en Patagonie. L'auteur, *privat-docent* à l'Université de Lemberg, parti, en novembre 1891, de General-Acha, dans le gouvernement de la Pampa, dernière station du chemin de fer venant de Buenos-Ayres, a passé par les sierras de Lihue-Cahel et de Choique-Mahuida dans le bassin du rio Limay, qu'il a exploré tout entier, pendant trois mois, jusqu'au lac Nahuel-Hapi. Puis en avril 1892 il a franchi le col de Longuimay pour arriver à Victoria (Chili). Le récit, très détaillé, de cette excursion est accompagné d'une carte au 1 000 000e du bassin du Limay, et d'un carton, à la même échelle, représentant la partie sud de la *Pampa central*. Récit et carte seront fort précieux pour la cartographie de l'Amérique du Sud, que l'auteur trouve avec raison trop négligée. Il émet l'opinion personnelle que l'on accorde beaucoup trop de valeur aux travaux officiels des gouvernements sud-américains, comme ceux de l'Argentine et du Brésil. Il n'y a, d'après lui, de sérieux et de complets sur ces régions que les travaux des spécialistes européens. Nous aurons sans doute à revenir sur cette importante exploration.) — *Die hypsometrischen und meteorologischen Ergebnisse der dritten ostafrikanischen Expedition von Dr Hans Meyer im Jahre 1889*, par le docteur Ernst Wagner. (Première partie d'un travail d'ensemble sur les résultats météorologiques et hypsométriques de l'expédition de M. Meyer dans l'Est-Africain.) — *Kleinere Mitteilungen : Reiseskizzen aus der Südsee*, par le comte Lanjus.

COMPTES RENDUS

La France coloniale (*histoire, géographie, commerce*). Ouvrage publié sous la direction de M. Alf. RAMBAUD, professeur à la Faculté des lettres de Paris ; Paris, A. Colin, 1893, in-8°, 6e édition.

Cet ouvrage n'est point absolument nouveau pour la plupart de nos lecteurs, mais il a été profondément modifié pour la sixième édition, et l'on peut dire que dans un grand nombre de ses parties il constitue une œuvre originale. Il ne peut du reste en être autrement, puisque d'une édition à l'autre la matière se modifie ou augmente, en même temps que le domaine colonial de la France se précise, se met en valeur ou s'étend. Au nombre des collaborateurs spéciaux de MM. Rambaud, dont la plupart figuraient déjà sur les éditions précédentes, nous trouvons des officiers comme les colonels Archinard et Bouïnais, des explorateurs comme M. Dutreuil de Rhins et Soleillet, des géographes de la valeur de MM. G. Marcel et Schirmer, des représentants des colonies, comme MM. Isaac et Hurard. Cette multiple collaboration a permis de consacrer à chaque groupe colonial une série de chapitres puisés aux sources et rédigés par des hommes spéciaux.

Les treize cartes qui accompagnent le volume, quoique très simples et à petite échelle, suffisent pour compléter le texte et en éclairer la lecture. Ainsi qu'on peut le penser d'après le nom du directeur de cette remarquable publication, c'est l'histoire qui occupe le premier plan dans le volume. Une introduction d'un haut intérêt, due à la plume de M. Alf. Rambaud, résume l'historique des tentatives de colonisation de la France, récit mélancolique, mais qu'on ne saurait trop remettre sous les yeux de nos contemporains, même aujourd'hui que l'opinion publique semble enfin avoir élargi son horizon et vouloir étendre l'influence française au delà de la France. Ce sentiment, pour être durable et juste, exige la connaissance des erreurs du passé, erreurs que nous avons vues se reproduire sous nos yeux à chaque pas en avant de notre expansion coloniale. Nous nous croyons bien loin du dix-huitième siècle, nous rions des quelques arpents de neige de Voltaire, mais nous rééditons volontiers les mêmes injustices à la première occasion, et toute colonie nouvelle, fût-ce la Tunisie qui complète l'Algérie, ou le Tonkin, avant-poste de la Chine, amène les mêmes jugements dictés par l'ignorance ou le préjugé. Espérons que grâce à notre littérature coloniale chaque jour plus riche, et surtout à des livres bien étudiés comme la *France coloniale*, des idées plus justes finiront par pénétrer dans la masse du public.

F. S.

J.-J. **Egli** : *Nomina geographica. Sprach- und Sacherklärung von 42000 geographischen Namen aller Erdräume*. 2e édition, revue et corrigée. Leipzig. Brandstetter, 1893, in-8°.

L'ouvrage de M. Egli, professeur de géographie à l'Université de Zurich, dont la deuxième édition vient d'être achevée, est déjà bien connu, et sa réputation ne peut que grandir, car il est d'une incontestable utilité.

Il nous donne, sous la forme d'un dictionnaire, les étymologies raisonnées de 42 000 noms de lieux. L'auteur a dépouillé, pour les réunir, une masse énorme d'ouvrages, et a utilisé en outre les renseignements fournis par de nombreux collaborateurs. Son principe a été de n'admettre que les étymologies certaines, ou vraisemblables. Tous les noms pour lesquels il n'a pu trouver d'explications satisfaisantes ont été impitoyablement écartés. Quand il y a conflit entre plusieurs étymologies, elles sont discutées brièvement, sans que la question soit toujours résolue : l'auteur sait en effet suspendre son jugement.

Le dictionnaire de M. Egli mérite d'être consulté, comme un précieux appendice à tous les dictionnaires de géographie existants. Il se lit d'ailleurs avec beaucoup d'intérêt : ainsi expliqués, les noms de lieux prennent une physionomie très vivante. Ce ne sont plus de simples assemblages de sons. Ils désignent des traits physiques d'un pays, ils rappellent les faits de son histoire, les langues, perdues ou transformées, de leurs plus anciens habitants. Suivant l'ingénieuse expression d'Élisée Reclus : « L'onomastique des lieux ou pays de longue civilisation est comme un trésor empli de monnaies aux innombrables effigies, les unes à légende usée, informe, intraduisible, les autres nettes encore, frappées en une langue dont les mots restent connus ».

Il est un peu regrettable que le besoin de ménager la place, dans ce volume de 1029 pages serrées à deux colonnes, ait fait multiplier à tel point les abréviations. La lecture en est ainsi rendue assez lente, au moins pour les personnes auxquelles l'allemand n'est pas tout à fait familier.

H. J.

Alfred Philippson : *Der Peloponnes. Versuch einer Landeskunde auf geologischer Grundlage nach Ergebnissen eigener Reisen*. Berlin, Friedlaender und fils. 1892 (avec cartes géologique et topographique en 4 feuilles, au 300 000e).

M. Philippson est un élève du célèbre géographe et géologue Ferdinand de Richthofen. Il a minutieusement exploré le Péloponèse, de 1887 à 1890, et, après avoir donné les premiers résultats de ses travaux dans des articles de la *Zeitschrift* et des *Verhandlungen*, de Berlin, et des *Mitteilungen* de Gotha, il les résume dans une étude d'ensemble, publiée sous les auspices de la Société de géographie de Berlin, et qui est sans conteste l'un des plus remarquables ouvrages géographiques parus en ces dernières années.

Pour la topographie, l'auteur a surtout utilisé la carte française de la Grèce au 200 000e, à l'excellence de laquelle il rend hommage. Son principal défaut est le manque de cotes d'altitude. M. Philippson en a ajouté un grand nombre, déterminées au baromètre anéroïde, et il a pu ainsi construire une carte hypsométrique fort intéressante.

Mais l'auteur, comme son maître Richthofen, est principalement géologue. On peut dire qu'il a refait presque en entier la géologie du Péloponèse, car les travaux de l'expédition française n'avaient eu à ce point de vue que de médiocres résultats. M. Philippson a donné une excellente base aux travaux ultérieurs.

A signaler encore les chapitres sur l'orographie, sur le climat, pour lequel on n'a réuni jusqu'ici qu'un nombre restreint d'observations, sur l'hydrographie, particulièrement intéressante à cause des cours souterrains d'un certain nombre de rivières, sur la flore, la faune, et enfin sur la population, sa répartition dans la presqu'île, son genre de vie, son état économique et social.

Comme le fait remarquer M. Partsch, cette belle description du Péloponèse actuel complète bien celle du Péloponèse ancien par l'historien Curtius, et aujourd'hui il est peu de pays en Europe qui aient été étudiés d'une façon aussi complète.   H.

Major R.-H. Brown : *The Fayum and the lake Mœris.* Londres, Stanford, 1892.

On a beaucoup écrit et beaucoup discuté sur l'existence du lac Mœris mentionné par Hérodote et les écrivains anciens, mais nul n'a été plus à même d'étudier à fond le problème de l'ancien réservoir et régulateur du Nil que le major R.-H. Brown. En effet, sa situation d'inspecteur général de l'irrigation pour la Haute Egypte lui a donné toutes les facilités nécessaires pour se former une opinion des plus raisonnées sur cette intéressante question, et dans son livre, basé sur une étude approfondie de la province du Fayoum, et très abondamment documenté, M. Brown en arrive à la conclusion que toute la province, moins le Ouadi Raïan, fut autrefois un lac alimenté par le Nil. Ce lac, qui a pu être employé comme réservoir pour le fleuve, était, d'après lui, d'origine naturelle et a été graduellement desséché.

L'auteur, examinant le projet de M. Cope Whitehouse, conclut que le Ouadi Raïan pourrait être utilisé comme réservoir du Nil.

De nombreuses photographies prises par M. Brown lui-même ont servi à l'illustration de ce très intéressant volume.
   — M. C.

General F.-C. Maisey, *Sanchi and its remains* (avec 40 planches et une introduction par le major général Alexandre Cunningham). Londres, Kegan Paul, Trench, Trübner and Co, 1892, in-4°.

La monographie que le général Maisey, mort l'année dernière, a consacrée à la description des célèbres monuments bouddhiques de Sanchi est en quelque sorte le complément de l'ouvrage célèbre de Cunningham, *The Bhilsa Topes.* Sans rentrer dans la discussion de l'origine de ces tôpes, aujourd'hui bien établie, M. Maisey accompagne les 40 belles planches qui composent son œuvre d'une série de descriptions détaillées des sculptures et des inscriptions. C'est en somme un album avec texte, qui est un précieux document pour ceux qu'intéressent les origines du bouddhisme.
   L. R.

CARTOGRAPHIE

Docteur Albrecht Penck, professeur à l'Université de Vienne : *Établissement et publication d'une carte de la Terre au 1 1 000 000e.* Berne, 1892. (Brochure in-8°, de 32 pages, extrait du XIe Bulletin de la Société de géographie de Berne.)

C'est en août 1891, au Congrès international de géographie de Berne, que M. le Dr Penck fit la proposition d'établir, grâce à une entente générale entre les grands États d'Europe et d'Amérique et les principaux instituts de cartographie, une carte générale du monde au millionième, représentant, par conséquent, un globe de 40^m de circonférence.

Accueillie tout d'abord avec une certaine réserve, l'idée grandiose de M. Penck se réalisera certainement dans un avenir plus ou moins prochain. Son promoteur ne cesse de rechercher les moyens de la faire entrer dans le domaine des choses pratiques, et la brochure substantielle que nous signalons ici est consacrée à l'examen des voies et moyens à employer, de la projection à adopter, de la répartition des feuilles entre les différents pays, etc.

Nous aurons occasion de revenir avec plus de détails sur ce projet si intéressant. Pour aujourd'hui, disons seulement que la principale difficulté nous paraît résider, non point dans le mode d'exécution, mais dans le manque de documents suffisamment précis pour la majeure partie de notre terre. Depuis plus de dix ans nous avons entrepris la préparation et la tenue à jour permanente d'une carte du globe au 2 000 000e; cette longue expérience nous a montré combien il est difficile ou même impossible de préciser avec quelque probabilité le tracé des accidents de terrain, le cours des fleuves, le relief du sol, de la presque totalité des continents. Presque partout, les données se contredisent, se superposent, sans qu'on en ait toujours de suffisantes pour prendre un parti bien net. L'établissement de la carte générale du monde au millionième implique donc de toute nécessité un travail préalable : c'est le levé, au moins approximatif, des parties encore mal connues de la terre. On le voit, le problème grandit à mesure qu'on s'en approche; mais c'est précisément pour c la qu'il nous paraît excellent qu'il ait été posé. Peut-être, grâce à l'initiative de M. le Dr Penck, la question du levé des cartes dans les pays neufs se présentera-t-elle bientôt sous un jour inattendu.   F. S.

Kiepert's grosser Handatlas. Nouvelle édition en 45 feuilles; Berlin, Dietrich Reimer, 1893.

Cette nouvelle édition du grand Atlas de Kiepert est en grande partie nouvelle. Les cartes des anciennes éditions, malgré leur valeur exceptionnelle au point de vue de l'érudition, portaient visiblement la marque de l'époque à laquelle elles avaient été dessinées. Dans le cours des vingt dernières années, en effet, une modification profonde s'est opérée dans la conception géographique des formes du terrain, et la cartographie a dû se transformer pour suivre l'évolution de la science du sol. Les formes mieux étudiées ont obligé le dessinateur à donner aux contours des continents, aux méandres des fleuves, une précision plus grande, une physionomie mieux arrêtée. La connaissance du relief s'est précisée, et l'orographie s'est transformée d'une manière absolue, aussi bien dans les conceptions théoriques que dans la représentation graphique. Les cinq cartes que contient la première livraison de cette édition nouvelle nous montrent l'étendue du chemin parcouru. Trois d'entre elles ont été reprises à nouveau, ce sont celles de Hanovre et Schleswig-Holstein, Danemark et Suède méridionale, Afrique du nord-ouest.

Aux qualités intrinsèques qui ont toujours distingué les travaux signés du nom de Kiepert — conscience extrême, étude perspicace, choix judicieux des noms et des traits à conserver ou à éliminer, érudition sûre, — ces cartes joignent des qualités nouvelles : une plus grande solidité dans le dessin des contours et dans l'expression du relief, une homogénéité plus satisfaisante dans le résumé des mouvements montagneux, qualités qui se montraient déjà dans les belles cartes murales éditées sous la même signature. Les deux autres cartes, Amérique du Nord, Amérique Centrale et Grandes Antilles, ont été moins profondément renouvelées, et présentent un aspect moins moderne. Quant au texte statistique et aux index alphabétiques qui accompagnent chaque carte, il serait superflu d'en faire l'éloge. Une innovation heureuse consiste dans la mention, à côté du nom des lieux les plus importants, de leur chiffre de population.   F. S.

R. Kiepert. *Deutscher Kolonialatlas für den amtlichen Gebrauch in den Schutzgebieten.* Berlin, Dietrich Reimer, 1893.

Cet atlas colonial allemand, dû à M. Richard Kiepert, le géographe bien connu, se compose de cinq planches, comprenant : 1° Un planisphère montrant l'ensemble des possessions allemandes sur le globe ainsi que les lignes allemandes de navigation à vapeur; il indique, en outre, la répartition des postes diplomatiques et consulaires. Deux cartouches sont spécialement consacrés à la répartition de ces postes en Europe. — 2° Une carte de l'Afrique Ouest-équatoriale allemande qui réunit la colonie du Cameroun et le Togoland. Cette carte, qui s'étend au nord jusqu'au lac Tchad, donne pour toute cette région de l'Afrique, partie septentrionale du Congo français, Cameroun avec le Hinterland convoité, possessions anglaises du Niger, Dahomey, Togo, Côte de l'Or, etc., une image exacte et mise au courant des derniers voyages et explorations publiés; un cartouche au 1/1 000 000e donne les environs du mont Cameroun. — 3° Le Sud-Ouest africain allemand. — 4° L'Afrique Est-équatoriale allemande qui avait déjà paru séparément avec un index alphabétique. — 5° Les possessions allemandes dans l'océan Pacifique (Terre de l'empereur Guillaume, archipel Bismarck, îles Salomon, îles Marshall), avec de nombreux cartons. Toutes les cartes sont dressées (sauf le planisphère) à l'échelle du 1/3 000 000e. Elles sont imprimées en noir pour le trait et la lettre, et en bistre pour la montagne, qui est faite au crayon. Elles indiquent les lignes de navigation, les câbles sous-marins, les routes des voyageurs et donnent de nombreux renseignements sur l'emplacement des missions catholiques et protestantes.

Un texte explicatif, rédigé par le docteur J. Partsch, est joint à l'atlas et fournit, sur chaque colonie, d'intéressantes informations, historiques, géographiques, ethnologiques, climatologiques, statistiques, etc. En outre un index alphabétique permet pour chaque carte séparément de trouver immédiatement le nom cherché. Une notice sur les documents ayant servi à la construction des cartes précède chaque index.   M. C.

NOUVELLES GÉOGRAPHIQUES

LES CULTURES TROPICALES [1]

Les cultures tropicales, cela signifie tout simplement l'avenir des colonies. Avenir qui peut se développer indéfiniment ou avorter de la manière la plus piteuse, suivant que les hommes appelés à diriger la mise en valeur des régions chaudes sauront ou ne sauront pas se conformer aux nécessités de la nature terrestre sous les latitudes voisines de l'équateur. Il faut en effet laisser aux esprits superficiels ces expressions dont on a tant abusé : « lutter contre la nature, maîtriser ou vaincre la nature ». La nature, qui nous élabore, nous crée, nous enveloppe et nous domine, ne se laisse ni vaincre ni tromper; ou bien, lorsqu'elle est vaincue par surprise, elle se venge. L'action de l'homme, si elle veut rester bienfaisante, doit s'attacher, non à violenter la nature, mais à l'aider, à l'harmoniser, à la mettre d'accord avec elle-même.

En quoi consiste, au fond, l'œuvre entreprise dans cette moitié de siècle par les hommes d'Europe, l'envahissement et la prise de possession de la terre? En dehors des préoccupations morales ou religieuses, et en restant sur le terrain purement géographique ou économique, cette œuvre peut se présenter de deux façons bien différentes, disons même contraires : soit comme exploitation, soit comme mise en culture. Et ces deux termes opposés étant souvent pris dans le même sens, expliquons-nous tout d'abord bien clairement. Exploiter, c'est s'emparer de ce qui existe et le transformer en un bénéfice immédiat. Ce mode d'utilisation a ceci de particulier qu'il commence par enrichir, pour appauvrir ensuite. Le chasseur d'ivoire, le bûcheron qui tue l'arbre à quinquina, le pêcheur qui d'une cartouche de dynamite massacre tout le poisson dans un rayon donné, sont des exploiteurs.

Mettre en culture, c'est, au contraire, s'imposer un sacrifice ou un effort temporaire, pour s'efforcer de créer ce qui n'existait pas. Le paysan qui fume la terre, le terrassier qui creuse un canal d'irrigation, le pisciculteur qui protège et développe du frai recueilli à grand'peine, sont des cultivateurs. Ce genre de mise en valeur, à l'inverse du précédent, coûte d'abord, et produit ensuite.

Il est parfaitement légitime de mettre en exploitation les pays nouveaux, puisque nombre de produits qui y dorment pourraient être transformés en valeur marchande. Mais exploiter sans créer en même temps, c'est toujours diminuer et appauvrir : témoin les déboisements qui nous coûtent aujourd'hui si cher. Voici deux botanistes qui posent autrement le problème. Ils viennent, un peu à la chinoise, nous parler, non pas de ce qu'on pourrait prendre aux pays chauds, mais de ce qu'on pourrait leur donner d'abord, et leur demander ensuite. Peut-être, par égard pour l'avenir, vaut-il la peine de les écouter. Voyons donc ce qu'ils disent et qui ils sont.

L'un est mort, le docteur Sagot. Il est mort ignoré, sauf de quelques amis d'élite, qui le représentent comme un homme de haute valeur. Il a passé sa vie à poursuivre, non la fortune ou les honneurs, mais la connaissance de la végétation tropicale, les rapports du climat tropical avec cette végétation. L'autre est vivant, c'est M. Raoul, pharmacien du corps de santé des colonies, qui a navigué tout autour du globe, allant de colonie française en colonie française, transportant de l'une à l'autre les essences ou les espèces susceptibles d'acclimatation, y introduisant les végétaux utiles qui leur manquaient, étudiant les conditions de vie ou de développement de ces végétaux. Le docteur Sagot était mort laissant un ouvrage inachevé; M. Raoul le termine. A eux deux, ils ont fait une œuvre

1. Sagot et Raoul, *Manuel pratique des cultures tropicales*, avec préface par Maxime Cornu. Paris, Challamel, 1892. Voyez Notice bibliographique, *Nouvelles Géographiques*, 1893, p. 31.

bonne et solide, capable de modifier l'orientation de l'expansion coloniale, c'est-à-dire d'améliorer, dans une mesure, l'équilibre du siècle futur.

Pour cela, ils ont suivi une méthode bien simple. Au lieu d'étendre des mains avides et de dire : « Nous prenons ceci et nous voulons cela », ils ont observé, et ils ont rendu compte de leurs observations. Rien de plus ; mais voici que ces observations nous en apprennent plus long sur les colonies que bien des volumes de considérations historiques ou théoriques. A la lecture de ce livre, le problème se déplace, s'élève et s'agrandit. Il ne s'agit plus de savoir seulement quelle conduite politique il y a lieu de suivre à l'égard de tel ou tel point du globe, mais encore et surtout quelles conditions de vie règlent l'existence des hommes, des animaux et des végétaux sur ce point du globe. Conquérir un pays neuf, en effet, c'est peu de chose. L'important, c'est de savoir ce qu'on en fera, comment on pourra le conserver ou le développer.

Eh bien, voici ce que nous apprennent MM. Sagot et Raoul. Dès le premier chapitre, dès l'introduction très nourrie qui le précède et qui est due à M. Maxime Cornu, on sent que le problème ne se pose plus dans les conditions d'il y a seulement cinquante ans. En se transportant dans les pays tropicaux, l'Europe y transporte en même temps les conditions économiques et les moyens de communication qui rendent chez elle la concurrence si ardente et l'état commercial si instable. Les rapports avec la métropole par la vapeur et le télégraphe font de toute la terre un immense vase communiquant, où l'équilibre des prix et des productions s'établit avec une rapidité surprenante. Qu'un produit donne de gros bénéfices en un coin du globe, on peut tenir pour certain que ces bénéfices vont s'abaisser par le seul fait qu'ils existent, qu'on les connaît, qu'on veut y prendre part, que l'exploitation s'étend et que le marché s'avilit. Comme le dit M. Cornu avec une frappante justesse : « Dans les colonies comme chez les particuliers, les fortunes se construisent et s'effondrent ; des régions florissantes s'appauvrissent jusqu'à la misère, c'est la conséquence de certaines entreprises rivales qui supplantent les anciennes. » D'autre part, « des pays jusque-là obscurs et dépeuplés deviennent tout à coup des centres populeux et très riches ».

Nous ne sommes plus en effet au temps où la main-d'œuvre esclave, moyen de production factice, maintenait, au profit du colon européen, une plus-value également factice, garantie par la législation et par la faible étendue des régions utilisées. L'esclavage a disparu ou s'est atténué, les cultures se généralisent : de là une rupture d'équilibre, qui consiste en réalité dans l'établissement de l'équilibre. Le marché général ne peut plus être faussé que momentanément, pour un pays déterminé, par des lois protectrices ou prohibitives par exemple, qui portent en elles-mêmes leur germe de ruine. Dans l'ensemble, l'égalisation se produit par le jeu même des choses. Ceylan s'est long-

temps livrée à la culture du café, de nombreuses fortunes sont sorties de cette culture jusque vers 1884 : cela même l'a détruite ; des maladies, aggravées par l'excès de production, la concurrence du Brésil, ont graduellement rétréci les plantations de café. Le thé a pris leur place. Tout y est sacrifié aujourd'hui : de 12 kilog. 500 en 1873, l'exportation s'est accrue jusqu'à 23 millions de kilogrammes en 1890 ! La Chine se voit dépouillée de son monopole antique, et cela grâce, non point à un heureux hasard, mais bien à une persistante série d'essais, de tentatives, de perfectionnements, poursuivis avec une admirable ténacité. Notre Indo-Chine ne peut-elle pas à son tour entrer en lice ? N'est-ce pas elle peut-être qui, entre l'Inde et la Chine, est destinée à supplanter ses rivales ? Nul ne peut dire que cela soit impossible. Ceylan nous fournit un autre exemple frappant de la rapide transformation des pays tropicaux : après la quasi-destruction des quinquinas, quelques planteurs de Ceylan s'attachèrent à cette culture. En 1877, les premières écorces furent vendues 27 fr. 40 le kilogramme. Dès lors, la production, en s'étendant, périclita. En 1887, dix ans après, des rameaux du précieux arbre ont pu servir de combustible pour les machines à vapeur. Pourquoi ? Simplement parce que Java, mieux appropriée que Ceylan à la production du quinquina, s'y livre à son tour, faisant graduellement descendre le prix de l'once de sulfate de quinine de 15 francs (1880) à 1 fr. 75 (1890). Mais ce dernier prix à son tour paralyse la production dans les régions moins favorisées ; nouveau roulement de cultures, destiné à modifier l'équilibre dans quelque région nouvelle. Voilà donc le monde entier livré à une série de contre-coups, et ces contre-coups n'épargnent pas l'Europe.

Si nos betteraves, par exemple, ont amoindri la culture de la canne à sucre, nos blés diminuent de valeur devant ceux de l'Amérique ou de l'Inde ; qui peut dire l'avenir de la plupart de nos vignobles devant ceux de l'Afrique du Nord, de la Californie et de l'Australie ?

A cela, que faire ? Dans nombre de pays, jadis prospères, les colons découragés s'arrêtent, s'interrogent avec anxiété, ne trouvent pas de solution. Et la solution, en effet, ne peut être donnée que par la science désintéressée, par l'étude, par l'expérimentation. Une fois livré au jeu naturel des choses, il n'y a plus qu'une ressource, mais c'est la meilleure : travailler et chercher. Voilà pourquoi le livre de MM. Sagot et Raoul arrive à son heure. Essayons de le résumer.

Le plan de l'ouvrage est bien simple : un chapitre établissant les conditions économiques du problème, une série de généralités sur les conditions physiques du milieu tropical, enfin la monographie très précise de chacune des cultures végétales ou animales propres à ce milieu. « On s'étonnera peut-être, disent les auteurs, de ne pas trouver à chaque culture un compte de dépenses et de profits : c'est que de tels comptes sont absolument impossibles à établir. » La nature récompense le travailleur par des produits naturels, et non par de l'argent. Ce sont les conditions économiques variables, plus ou moins liées aux mœurs, à l'état social, à la facilité des transports, à la demande de la consommation, qui règlent la valeur vénale des produits. Ce sont donc les rendements en nature qui sont la véritable expression des lois générales de production agricole. » Voilà la question bien posée; voyons maintenant le milieu où elle doit se résoudre.

C'est cette deuxième partie du livre qui, pour le lecteur européen, présente l'intérêt le plus vif. En la lisant, on parcourt les tropiques, et on les voit sous un aspect tout autre que celui généralement admis.

Tout d'abord intervient le climat : une chaleur élevée, constante, uniforme, presque toujours humide; des pluies abondantes et généralement quotidiennes pendant une partie de l'année.

Voici donc toute une zone où l'année ne se divise plus en saison froide et en saison chaude, mais en saison pluvieuse et en saison sans pluies.

Ici se place une distinction primordiale sur laquelle les auteurs auraient peut-être pu insister davantage : cette saison des pluies, pour les pays réellement tropicaux, coïncide avec les passages du soleil au zénith. Pour les pays subtropicaux, semi-méditerranéens, si on peut ainsi dire, elle coïncide avec la moindre hauteur du soleil. Tels l'Algérie, les confins du Sahara, l'Afrique du Sud. Les premiers pays n'ont pas d'hiver, les seconds en ont un. Les premiers ont une température toujours égale, tiède et humide, les seconds ont des chaleurs torrides et des fraîcheurs alternant rapidement. Entre les uns et les autres, entre le Soudan et les régions voisines du désert, la différence des conditions est aussi grande qu'entre Saint-Pétersbourg et Naples.

Les pays à pluies hivernales et à température variable sont déjà plus ou moins entrés dans la vie générale, soit aujourd'hui, soit jadis. C'est vers les pays vraiment intertropicaux, vers la « grande forêt », baignée d'humidité chaude, que semble vouloir se porter l'activité fiévreuse de l'Europe. Qu'y trouvera-t-elle et qu'y fera-t-elle? La réponse est intéressante et mérite d'être méditée.

A en juger par les particularités de climat et de végétation citées par MM. Sagot et Raoul, c'est la partie médiocrement arrosée de la zone tropicale qui présenterait les plus grandes probabilités d'avenir. Là, des cultures bien étudiées, appropriées au sol et conduites par des populations elles-mêmes appropriées au climat, assureraient l'existence d'une humanité relativement nombreuse. A condition de bien étudier les conditions du sol et de l'atmosphère, ces contrées fourniraient des produits variés, utiles, soit pour l'alimentation, soit pour l'industrie. Il va sans dire qu'avant toute création agricole, le sol devrait être soigneusement analysé, pour accroître les chances de succès. Il suffit souvent d'une infime différence de composition chimique pour indiquer ou interdire telle ou telle culture. Amendements, fumure, défrichements, sarclage,

irrigation ou écoulement des eaux, chacun de ces chapitres nous fournirait un examen singulièrement attachant, par la précision et la nouveauté des aperçus. Mais l'espace nous est mesuré. Quittons donc cette région tropicale modérée pour la région tropicale immodérée, selvas de l'Amazonie, grande forêt africaine. C'est ici que la nature développe son maximum et l'homme son minimum de puissance. Ce maximum de puissance terrestre est-il susceptible de se conserver en se transformant? L'Amazonie ou l'Équateur africain deviendront-ils les greniers et les fourmilières de l'humanité future? Ici les conclusions sont tout autres.

Ces pays, excessivement pluvieux, et qui, livrés à eux-mêmes, foisonnent de vie végétale et animale, s'appauvrissent aussitôt que leur nature est violentée : « Le sol, lavé par ces pluies énormes dont la chute annuelle atteint et dépasse 3 à 4 mètres, s'épuise avec une rapidité incroyable; les terres inclinées se ravinent rapidement; les arbres et les arbustes produisent plus de feuilles que de fleurs et de fruits; les céréales et les légumineuses à grain farineux sont d'un faible rapport; les récoltes se font difficilement; les insectes pullulent et causent de grands dégâts; le bétail a peu de santé. »

Il suffira de cette citation, appuyée au cours du volume par des centaines de pages d'exemples précis, pour faire toucher du doigt l'importance et l'intérêt de ce simple « manuel ». Nous attribuons souvent le contraste des régions subtropicales et des régions tropicales, de l'Égypte et de l'Afrique équatoriale, par exemple, aux aptitudes plus ou moins grandes de leurs populations. Voici que l'examen attentif de la nature nous amène à une conception plus juste; certains pays se sont offerts à la culture, d'autres s'y sont refusés. Les uns ont rendu *plus* que la peine qu'on leur consacrait, les autres ont rendu *moins* pour une peine plus grande; la balance s'est établie, l'homme du Nil s'est mieux développé que l'homme du Congo. En sera-t-il autrement avec l'homme d'Europe? Sa puissance mécanique dominera-t-elle la nature tropicale? Et si elle la domine, quel sera le résultat de cette victoire? Peut-être la déséquilibration générale des climats terrestres, régularisés aujourd'hui par le coussin profond et humide de la forêt tropicale; peut-être, en cas de réussite même partielle, le déplacement du centre de production du monde entier; peut-être un appauvrissement général de toutes les régions équatoriales par la diminution d'humidité. L'homme est probablement pour quelque chose dans l'extension du Sahara, il est sûrement coupable du ravinement des Alpes méditerranéennes; le voici au moment de porter la main sur le plus puissant laboratoire de la nature. L'œuvre est grandiose et redoutable; elle peut dévorer ceux qui l'entreprendront, ou créer des nations futures et combler la terre de biens et de richesses. Elle peut souffler sur le globe entier des souffles empestés, auprès desquels ne compterait plus le bénin choléra, sorti d'un recoin vaseux de l'Inde. Elle peut avorter, ou transformer le monde, suivant la façon dont elle sera conduite. Si l'œuvre s'accomplit à la légère, le mal sera long à réparer, si, au contraire, la recherche scientifique préside à la transformation du laboratoire des vents et des pluies, grand pourra être le résultat. C'est sous cette impression que nous avons fermé le livre que vient d'achever M. Raoul. Le monde est à un tournant, de quel côté tournera-t-il? Pensera-t-il à demain, ou seulement à aujourd'hui? Qu'on y songe, chaque paquet d'arbres ou de lianes arraché sous le tropique influe sur l'Europe, chaque hectare de terrain mis en culture modifie l'équilibre général. C'est donc un devoir de signaler de tels livres et de les étudier : ils nous aideront à sauvegarder le présent et à diriger l'avenir.

F. Schrader.

❊ ❊ ❊

EXPLORATIONS D'AFRIQUE

LES CONDITIONS DE SUCCÈS

L'afrique n'impose que des devoirs au monde civilisé. Inutile qu'un voyageur se dérange s'il oublie cet aphorisme pour n'obéir qu'à l'impulsion de sa vanité ou au désir irraisonné de porter ses pas ennuyés dans un pays inconnu et fécond en surprises. La terre des noirs exige des sacrifices et veut que tout voyageur y soit au moins un sage s'il n'est pas capable d'y être un apôtre.

Ce fut un anoblissement du sentiment commercial qui, à la fin du siècle dernier, poussa l'Angleterre à activer l'étude de la géographie africaine. Les premiers et derniers interprètes de la campagne de découvertes dont elle prit l'initiative avaient pour mission de rechercher de nouvelles voies économiques, en recueillant à la fois des renseignements topographiques et en apportant aux populations noires un mot d'ordre d'émancipation. A quelque nationalité qu'aient appartenu ces interprètes, à peu près tous furent des sages et l'un d'eux fut incontestablement un apôtre, jusqu'au jour où M. Stanley mit fin à la tradition en inventant un procédé d'exploration qui n'avait rien de commun avec le passé. Je crois que ce procédé, importé d'Amérique, ne vaut pas celui qui fut employé jusqu'à Livingstone, et qui, depuis, a été heureusement continué par quelques autres.

Depuis la trouée farouche qui a multiplié les champs de bataille, entre le 5° degré de latitude nord et le 15° degré de latitude sud, les explorations du continent noir affectent deux caractères bien différents, selon qu'elles ont lieu dans la zone qui s'étend de l'Oubanghi et du Haut-Nil, entre le Congo français et l'océan Indien, aux territoires assagis de l'Afrique Australe, ou selon qu'elles ont pour objet la reconnaissance des pays dont la convention de 1890 a essayé de prévoir la répartition. Les unes sont des reconnaissances militaires et sont ce que sont toutes les expéditions armées. Les autres sont des missions pacifiques, dans l'acception traditionnelle et effective du terme, et nous avons la satisfaction de pouvoir ajouter qu'elles sont exécutées par des Français. C'est de celles-ci qu'il convient de parler, pour l'enseignement de ceux de nos compatriotes, de plus en plus nombreux, qui en projettent de nouvelles.

D'abord, et tout en faisant la part de certaines nécessités immédiates auxquelles il s'agit de parer, les voyages africains doivent s'inspirer de la plus grande indépendance, en même temps qu'ils doivent être l'objet d'une sollicitude égale de la part de l'opinion. Petite ou grande, une excursion chez des peuples qu'il s'agit d'initier à une idée nationale est toujours intéressante. Malheureusement, l'esprit public à cet égard est encore dépourvu d'expérience et conséquemment de justice. En matière d'exploration il prévoit encore mal des effets dont il ignore les causes; et lorsqu'il s'agit d'une reconnaissance chez des populations dont notre intérêt national nous permet d'escompter l'amitié, l'opinion superficielle des foules est souvent plus séduite par la mise en scène que par le but réel. J'admets que les qualités naturelles trouvent leur emploi dans l'œuvre; en tout cas elle exige une préparation intellectuelle à laquelle les générations présentes ne sont pas encore habituées.

Peu importe cependant qu'il y ait des voyageurs et des missions moins accrédités que les autres. L'essentiel est qu'il y en ait. Le principal est que la circulation à travers le globe soit incessante, et qu'elle le soit surtout dans les zones inconnues ou mal appareillées avec le monde de l'histoire. Et lorsque nous examinons, au point de vue national, la raison d'être de cette activité, c'est vers l'Afrique d'abord que se tournent nos regards, vers les régions suspectes d'inclémence, où tant d'énergies se préparent à de nouvelles destinées.

Que doit donc être un voyageur en Afrique?

« Il est des Européens, a dit Stanley, qui, une fois débarqués en Afrique, perdent sinon le courage, du moins l'intelligence. La tête et le cœur pleins de fières illusions, ces jeunes héros, très sincères d'ailleurs, s'étaient abusés eux-mêmes le jour où ils avaient pris passage pour l'Afrique, en jurant, avec des airs inspirés, de réussir ou de mourir. » L'amertume de ce jugement n'en justifie point l'ironie, et nous n'avons qu'une conclusion équitable à en tirer : c'est que tous les auxiliaires de Stanley étaient des improvisés, qu'ils n'offraient aucun gage préalable de résistance, que le découragement de quelques-uns s'explique ainsi de lui-même et que la constance des autres leur fait d'autant plus honneur.

Ce qui est certain, c'est qu'il y a peu d'exemples en France qu'un voyageur plus ou moins préparé à une exploration ait reculé devant la mission qu'il avait annoncée, surtout lorsqu'il l'a entreprise tout seul et sans la tutelle parfois absorbante et lourde d'un chef de file jaloux d'imposer sa pensée en même temps que son itinéraire.

En principe, d'ailleurs, un voyageur européen en Afrique a intérêt à s'adjoindre le moins de monde possible. Sauf des cas exceptionnels, il fera plus et mieux en agissant tout seul qu'avec des collaborateurs de sa nationalité, à moins que ces derniers ne remplissent auprès de lui des fonctions absolument subordonnées à sa direction. A la suite de sa première expédition sur l'Ogôoué, M. de Brazza déclarait qu'il voulait désormais voyager seul, « afin de ne pas être contrarié dans ses projets par l'irrésolution et la timidité de camarades auxquels on est toujours plus ou moins obligé de céder ». Qu'il s'agisse du motif donné par M. de Brazza ou de celui que ne donne pas M. Stanley, il est certain qu'un chef de mission a une responsabilité qu'il est beaucoup plus simple de lui laisser assumer tout seul, parce que, si justes et respectables que soient les sentiments des camarades, ils ne prévaudront pas contre la pensée du chef de file.

Les meilleures missions ont donc été accomplies par des Européens isolés, accompagnés cependant du nombre d'indigènes qui leur étaient nécessaires et dont le concours est rigoureusement indispensable. Ceux-ci, lorsqu'ils ont été dès le début l'objet d'un choix judicieux et clairvoyant, contribuent pour une grosse part à fortifier l'expérience du voyageur. Barth, Cameron, Schweinfurth, Nachtigal, Lenz et Livingstone, qui n'étaient guère moins improvisés les uns que les autres lorsqu'ils entreprirent leurs voyages, avaient tenu le plus grand compte de cette précaution. Barth fit même mieux que cela, en s'astreignant à camper pendant quelques jours aux portes de Tripoli avant de commencer son itinéraire et en s'exerçant par des répétitions journalières aux obligations auxquelles il allait être soumis. C'était une sorte de stage qu'il pratiquait ainsi, tant au point de vue moral qu'au point de vue matériel, car il mettait à l'épreuve les élans de son âme et pouvait pressentir la solidité de son tempérament. Je crois que chez les explorateurs modernes la force morale mise à la disposition de l'entreprise est plus considérable que celle dont pourraient user sur l'océan des marins endurcis par leur profession. Tant qu'un bateau est pourvu de son gréement, la volonté qui le dirige est maîtresse d'elle-même et peut se mouvoir comme elle l'entend. L'explorateur moderne, au contraire, s'il a, comme le navigateur, un but déterminé, n'est pas maître de sa marche au même titre que lui. Chacun de ses pas est une reconnaissance dont il doit fixer les points inconnus. Chacun de ses jours le soumet à de nouveaux contacts et à de nouvelles épreuves. Il doit surveiller son corps, son esprit et son cœur. Il ne vit plus que par ceux qui l'entourent et qu'il ne connaît pas. Autant de peuples, autant d'adaptations, autant de nécessités intellectuelles et physiques !

J'ai dit plus haut que les voyages africains doivent s'inspirer de la plus grande indépendance. Rien ne commande plus de prudence, en effet, rien n'exige plus de réserve que l'étude d'un programme de voyage. C'est qu'il n'y a pas unité de vues dans l'appréciation des leçons du passé. Tel qui conçoit une entreprise sous la forme qui lui semble préférable n'admet pas une interprétation différente de la sienne. Ici, la stratégie politico-géographique est plus exclusive que dans l'ordre militaire.

L'esprit public pèche dans ses jugements par absence de maturité. Mais quelques hommes vouent à ces questions une sollicitude incessante. Il est des intelligences qu'obsède le problème de la découverte et dont la sagacité a souvent devancé les conclusions des professionnels. Livingstone a pu dire, en parlant de sir Roderick Murchison : « Quelle ne fut pas ma surprise, en apprenant que mon ami avait, du fond de son cabinet, découvert avant moi la véritable forme de cette partie du continent ! » Il s'agissait de l'Afrique Australe.

Livingstone, d'ailleurs, n'avait pas plus consulté Murchison que les autres pour retenir leurs avis. Mais il eut le courage de convenir qu'un géographe en chambre avait été clairvoyant.

Le voyageur a donc, ou n'a pas, personnellement, une idée nette, substantielle et féconde de ce qu'il va entreprendre. S'il agit en vertu de quelque lumineuse perspective, résultat de son labeur, il importe de le laisser faire. Barth a parcouru 20 000 kilomètres. Mais il fut un savant et un économiste de premier ordre. Il eût pu parcourir 10 000 kilomètres de moins et être égal à lui-même. Il n'aurait probablement pas fourni la moitié de ses renseignements si on lui avait imposé ses étapes.

De même, il est impossible de déterminer la longueur du temps dont disposera le voyageur. Un Arabe disait un jour à Livingstone : « Celui qui voyage avec une langue polie et bonne peut aller chez les plus mauvais peuples d'Afrique sans avoir rien à craindre. » — « Rien n'est plus vrai, ajoute Livingstone ; mais le temps est tout aussi nécessaire : il faut donner aux gens celui de vous connaître, et, pour cela, ne pas traverser le pays en courant, afin que leurs premières craintes puissent se dissiper. » C'est à peu près ce que dit sous une autre forme le docteur Oskar Lenz : « Rien n'est plus contraire aux idées arabes [1], écrit-il, que la précipitation ou le besoin continuel d'action. L'Européen est trop impatient, et c'est ainsi que s'expliquent les mécomptes de tant de voyageurs. On peut beaucoup avec de la tranquillité et de la patience ; dans les voyages d'exploration à l'intérieur de l'Afrique, celle-ci est plus importante que l'argent. » Mais, indépendamment de la nécessité du temps, le caractère et la manière de se présenter ont aussi leur importance. « Une attitude prétentieuse et imposante, dit encore le Dr Lenz, a rarement valu des succès à ceux qui en usaient. » Et plus loin : « Un voyage entrepris par des gens sérieux, convenablement équipés, échouera rarement, surtout si l'on évite de déployer trop de pompe, ou de provoquer une attaque en montrant une nombreuse troupe armée. » C'est toute la théorie ancienne que résume ce dernier conseil, et l'expérience prouve encore que c'est la meilleure. « On se demandera peut-être, dit Schweinfurth, comment j'ai pu vivre pendant deux ans et demi avec des gens qui, pour la plupart, étaient de véritables canailles ; mais il faut se rappeler la position exceptionnelle que j'avais prise et qu'il ne m'eût pas été possible de maintenir, pendant un pareil laps de temps, avec des Européens de la même catégorie. Ici, la différence d'habitudes et le fanatisme religieux de ceux que je tenais à éviter créaient entre nous une barrière qu'ils ne songeaient pas à franchir. Je me suis trouvé en face des milliers de Nubiens qui se rencontrent dans cette région (Haut-Nil), et pas un seul ne m'a offensé, ni par ses paroles, ni par ses actes. J'étais avec eux tous, mais jamais ma main ne s'est tendue vers eux pour réclamer un service. Je mangeais et dormais seul dans ma

___

1 Le mot *arabe* doit être pris ici dans un sens général.

case, et nulle intimité ne pouvait s'établir entre nous. »
Je crois cependant que si l'intimité n'a pu s'établir entre
Schweinfurth et les Nubiens du Haut-Nil, elle peut
s'établir ailleurs. Les témoignages en sont fréquents, dès
qu'il s'agit d'autres peuples noirs, voire même d'Arabes,
de Maures et de Touareg. C'est surtout une question de
milieux. Ce qui, par exemple, frappe extraordinairement
dans les voyages de Barth, c'est l'influence dépourvue
d'apparat que cet homme a exercée partout où il a passé.
Jamais il n'a dissimulé sa nationalité, ni sa religion ; et
cependant des indigènes, à son retour de Timbouctou à
Koukaoua, sont allés jusqu'à lui demander sa bénédiction.
Était-ce parce qu'il employait des moyens persuasifs coûteux ? Non, puisqu'il lui arriva de contracter des dettes,
et qu'il fut même un jour dans l'impossibilité d'en pouvoir
faire de nouvelles. Il affecta uniquement d'être bon, digne,
juste et conciliant.

J'ai parlé de la question de milieux. C'est qu'en effet,
à ces qualités supérieures qui ont fait de Barth un modèle
de voyageur, il y a parfois avantage à joindre une autre
disposition, si l'on n'y est pas opposé par tempérament.
Ainsi, Stanley, qui ne devait pas rire souvent, insiste sur
l'utilité de la gaieté en pays noir. « A la vue du rire, dit-il,
les faces noires des naturels s'illuminent d'un regard ami
et la confiance mutuelle des races date quelquefois d'une
de ces scènes triviales. Un mauvais accueil est, en effet,
généralement réservé aux blancs qui commettent la faute
de se draper dans leur dignité. Ceux-là ne se doutent pas
que leur rigidité glace, dès l'abord, les indigènes. Il y a
déjà un préjugé naturel contre l'homme blanc. Sa pâ-
leur, ses yeux relativement dénués d'éclat, le font si dis-
semblable des nègres, qu'il est pour eux comme une
énigme. Quand, de plus, l'Européen se renferme dans les
raideurs du décorum et conserve un maintien sévère et
compassé, l'effet qu'il produit est déplorable. Il est bâti
comme les noirs ; comme les leurs, ses lèvres articulent
des sons humains ; mais ses façons d'être paraissent aussi
inintelligibles aux enfants d'Afrique que la langue qu'il
parle, et c'est de l'éloignement, de la répulsion qu'il
inspire. Mais que les traits de l'étranger se détendent,
qu'un rayon de vie, de joie, de bonne humeur se mette à
briller dans ses yeux, et brusquement la sympathie naît,
comme par un courant électrique. »

Ces réflexions, échappées à la plume de Stanley, sont
particulièrement intéressantes. Ainsi, l'opinion est identique chez ceux qui ont transformé l'exploration en expédition militaire et chez ceux qui sont entrés en Afrique en
s'abandonnant délibérément aux sentiments des populations ; avec cette différence que la conscience des seconds
échappe aux contradictions. Cela veut-il dire que les
voyageurs sans appareil militaire ont été constamment
indemnes ? Évidemment non. Mais combien on est souvent tenté de les trouver dans leur tort lorsqu'on examine
d'un peu près les motifs qui ont amené leur perte ! Si le
nombre est déjà trop grand de ceux qui ont péri violemment, le chiffre n'est pas moins considérable de ceux
qui ont couru le danger pressant et dont, à la dernière
minute, on a respecté la vie.

Les uns ont cru bien faire en se faisant passer pour
ce qu'ils n'étaient pas, comme s'il était facile de tromper
des musulmans, dont l'orthodoxie soupçonneuse a tôt fait
de découvrir la supercherie. Les autres, oublieux du respect dû à des gens dont ils étaient les hôtes, ont froissé
leurs sentiments et blessé leurs croyances. D'autres, enfin,

ont manqué de prudence, autrement dit de cette douceur
et de cette bonté qui faisaient la force de Barth. Chez des
peuples à longs souvenirs et à religiosité intense, l'Européen doit se présenter les mains tendues. Sa dignité consiste à faire appel à celle des autres.

Le doux Caillié, qu'on persiste à appeler René, alors
qu'on l'appelait Auguste et que lui-même signait « Auguste Caillié », dut, à son retour de Timbouctou vers le
Maroc, subir parfois d'odieux traitements. Seuls deux
marabouts, qui faisaient partie de sa caravane, osèrent le
protéger. Il est vrai que Caillié, quoique chrétien, connais-
sait assez bien le Coran, et que, selon ses propres paroles,
la connaissance du Coran en pays musulman « vaut une
métairie ».

En juin 1854, Barth, ayant dépassé le Bourroum du
Niger, arriva à un endroit où se trouvaient des Touareg
de la tribu des Tingeregedech. Surpris de l'excessive
réserve qu'ils lui témoignaient, il voulut en avoir l'explication ; et il apprit que ces Touareg avaient eu jadis une
sanglante rencontre avec Mungo-Park ! « Ce voyageur
avait pris pour règle, dit Barth, bien à contre-cœur sans
doute et vu sa position critique, de tirer sur quiconque
s'approchait de son bateau ; il ne devait pas ignorer cependant que cette manière de procéder le conduirait inévita-
blement à sa perte. »

Le Dr Lenz a raconté comment et pourquoi avait péri
le major Laing. Celui-ci était venu impunément du Touât
à Oualata et de cette ville à Timbouctou. Mais il avait
donné à un lettré de Oualata un médicament qui avait tué
celui-ci, et en avait donné à un lettré de Timbouctou un
autre qui avait produit le même effet. Les gens d'Araouan
craignirent pour eux semblable mésaventure, et des Arabes
Berabich firent étrangler Laing, le 24 septembre 1826.

En somme, les assassinats d'explorateurs sur les
grandes routes sont déjà rares. Dans les villes il n'y en
eut jamais. Même ceux commis par des Arabes sont des
exceptions. Quant aux noirs, ils semblent avoir une singulière répugnance à tuer l'Européen. Lorsque cela leur
arrive, on peut presque dire qu'ils ne l'ont pas fait avec
intention ; et je recommande à ce sujet les très curieuses
réflexions de Schweinfurth sur la maladresse des noirs à
se servir des armes à feu et sur le rôle meurtrier que peut
jouer une balle envers un voyageur, alors que le projectile
ne lui est pas du tout destiné.

Dans tous les cas, Barth nous donne aussi la preuve
que le meurtre n'est pas plus réservé à l'Européen qu'à
d'autres en pays musulman. Il cite le cas d'un pauvre
derviche arabe, qu'il connut au Bornou, et qui était venu
de la Perse jusqu'à Sansandig, sur le Haut-Niger ; puis de
Tripoli et du Maroc jusqu'au royaume d'Achanti, sur la
Côte de l'Or, et de là jusqu'au Darfour. Ce derviche fut pourtant assassiné en 1854, sur la route de Yola à Koukaoua,
tout comme un vulgaire Européen.

Ce qui intéresse le plus un voyageur, après les considérations que je viens d'exposer, c'est la question des
subsides.

Nous avons en France la manie de nous rabaisser par
opposition aux étrangers dans un grand nombre de cas.
C'est ainsi que nous répétons volontiers que nous sommes
les seuls à ne pas rémunérer nos voyageurs en proportion
de leurs travaux. La vérité est que les explorateurs étrangers ne sont pas plus couverts d'or que les nôtres. Il va
de soi qu'il ne faut pas prendre Stanley pour exemple. Le
reporter américain n'a jamais été en réalité qu'un courtier

d'affaires, malgré toute la valeur scientifique de ses voyages. Donc, à part cette exception et aussi celle de Mungo-Park, à qui on ouvrit un crédit de 2 500 000 francs pour son dernier voyage, les plus grands explorateurs, quels qu'aient été leurs commanditaires, n'ont jamais eu que le strict nécessaire, même en tenant compte au Dr Lenz des draps blancs dont il s'est servi pour se coucher, du commencement à la fin de son voyage. Une énergie constante et un esprit de sacrifice absolu, tel a été le principal capital des plus féconds voyageurs français, anglais, allemands, italiens et autres.

Caillié, parti du Rio Nunez le 19 avril 1827 et arrivé à Tanger le 17 septembre 1828, a accompli ce voyage avec ses seules ressources, « sans la participation ni le secours de personne ».

« Il a sacrifié tout ce qu'il possédait pour subvenir aux besoins du voyage », dit le rapport officiel de Jomard. Et Caillié eut d'autant plus de mérite qu'aucun fanatisme ne l'animait, ainsi qu'on s'est plu parfois à le dire. A cet égard, quoi de plus franc et de plus net que l'aveu qu'il exprime en un moment d'épuisement : « Cependant j'avoue que j'enviais le sort de ceux qui peuvent se faire un nom sans l'acheter par des épreuves si pénibles et des périls toujours renaissants. » Je crois donc qu'il n'y a pas d'exemple d'un autre voyage exécuté dans de pareilles conditions pécuniaires. Livingstone, en effet, accomplit bien deux explorations sans le secours de ses compatriotes, mais ce fut du moins avec les ressources indigènes. Les Makololos firent spontanément les frais du voyage entrepris par l'illustre missionnaire, de Lynianti (novembre 1853) à Saint-Paul de Loanda (mai 1854), y compris le retour; ils firent également tous les frais du voyage de Lynianti (novembre 1854) à Quilimane (mai 1855). Livingstone était donc infiniment plus riche que le pauvre Caillié, à qui on refusait souvent à boire et à manger, bien qu'il offrît en échange ses modestes cadeaux.

Barth a dépensé, pendant les cinq années de sa grande exploration, 10 000 thalers, sur lesquels le roi de Prusse en donna 1000 et Barth lui-même 1400. Encore eut-il à payer sur ces 10 000 thalers (37 500 francs) 6500 francs de dettes contractées antérieurement à la mort de Richardson, qui était le chef de la mission. Il est vrai que Barth n'en était pas plus content pour cela. Après nous avoir raconté qu'il avait exprimé au neveu du cheik de Gogo son désir de le voir venir en Europe, il ajoute avec un mépris non dissimulé : « Une pareille visite de la part d'un indigène intelligent aurait d'immenses conséquences au point de vue des relations amicales à établir avec ces contrées; mais des conceptions de ce genre n'entrent guère dans les idées des gouvernements qui, consacrant une couple de cent thalers à quelque voyage d'exploration, ne visent qu'à un résultat brillant et momentané. » Il ne faut pas oublier que Barth voyageait pour le compte de l'Angleterre.

Thomson, chargé en 1882, par la Société royale de géographie de Londres, d'explorer la partie orientale de l'Afrique, de Mombaz au Victoria Nyanza à travers le pays des Massaï, demandait 100 000 francs. On lui en donna 50 000; puis, un peu plus tard, 15 000; puis, 10 000 autres après beaucoup de réclamations et une fois qu'il fut de retour à Zanzibar. « Mille livres (25 000 francs) de plus ne m'auraient certes pas gêné », a écrit Thomson. Voilà qui est peut-être fait pour consoler nos voyageurs français. Mais Schweinfurth, qui, lui aussi, est un explorateur modèle, fournit à ses imitateurs, sur le rôle du vil métal dans les voyages, une observation assez éloquente pour les consoler des rigueurs de la commandite.

« Il semble, dit-il, que pour les explorations africaines le bonheur et l'argent soient, comme en physique le temps et la force, en rapport inverse : ce qu'on gagne d'un côté, on le perd de l'autre. Des voyageurs heureux et pleins de santé, ainsi que Gerhard Rohlfs et Karl Mauch, n'avaient que de faibles ressources pécuniaires, tandis que des voyageurs opulents (Mlle Tinne, le baron von der Decken) rencontraient mille obstacles, étaient pris de maladie ou frappés de mort. »

Que les voyageurs songent donc qu'ils sont un peu les prophètes de l'histoire, et qu'ils aient souvent présente à l'esprit la pensée que la pure gloire du sacrifice et du désintéressement les attend au seuil de la patrie pour les couvrir de son manteau.

« Moi aussi, dit Livingstone, j'ai répandu la lumière; et j'aime à croire que j'ai pris une petite part à la grande révolution que le Créateur accomplit depuis des siècles, dans le monde entier, par l'entremise d'agents conscients et inconscients. »

Ces fières paroles, tout voyageur conscient peut les répéter au crépuscule de sa route; car elles sont nées du sentiment profond des justes devoirs et des justes actions dont Livingstone et tant d'autres, avant ou après lui, ont eu l'âme remplie.

L. Sevin-Desplaces.

❧ ❧ ❧

ATLAS UNIVERSEL

PAR M. VIVIEN DE SAINT-MARTIN ET F. SCHRADER

Deux nouvelles feuilles ont paru cette semaine. Ce sont : la feuille II (partie nord-est) de l'Afrique en 3 feuilles, et la feuille III (partie ouest) de l'Amérique du Sud en 5 feuilles.

Cette publication porte à 33 le nombre des feuilles parues à ce jour. Le manque d'espace ne nous permet pas de joindre au présent fascicule les notices explicatives sur la construction de ces deux feuilles; elles seront jointes au fascicule de juin.

❧ ❧ ❧

NOTE SUR UNE PROJECTION ÉQUIVALENTE

APPLICABLE AU CONTINENT AMÉRICAIN

DANS une notice sur les projections de cartes géographiques[1], nous avons donné une figure représentant l'ancien continent (Asie, Europe, Afrique) projeté sur un cylindre tangent à la sphère suivant un grand cercle incliné de 45 degrés sur l'équateur. Dernièrement, ayant besoin, pour le prochain numéro de l'*Année cartographique*, d'une projection qui, tout en étant *équivalente*, déformerait peu les deux Amériques, nous avons employé un cylindre tangent à la sphère suivant un grand cercle incliné sur l'équateur de ⁀0 degrés. Il suffit en effet de jeter un coup d'œil sur le globe pour voir que le double continent américain est situé symétriquement des deux côtés de ce grand cercle.

Qu'on développe ce dernier suivant une ligne droite de la même longueur, qu'on remplace les arcs de grands cercles passant par les intersections de méridiens et de parallèles de n en n degrés et perpendiculaires au grand cercle fondamental par des lignes droites perpendiculaires, aux points correspondants, à la ligne droite fondamentale et égales soit aux arcs qu'elles représentent, soit à une fonction quelconque de ces arcs, on obtiendra une série de points par lesquels il ne restera plus qu'à mener des lignes régulièrement courbes pour obtenir le canevas de la projection.

Si les distances entre les points projetés et la ligne droite fondamentale sont égales aux sinus des arcs de grand cercle sur lesquels on mesure les distances entre les points correspondants et ce grand cercle fondamental, la projection sera *équivalente*.

1 *Atlas de Géographie moderne*, par F. Schrader, F. Prudent et E. Anthoine, carte n° 2, § 7, fig. 6.

En effet, la zone sphérique AB′BD′ (fig. 1) est égale à $2\pi r$BD; d'un autre côté, le quadrilatère correspondant dont la base est égale au développement de la cir-

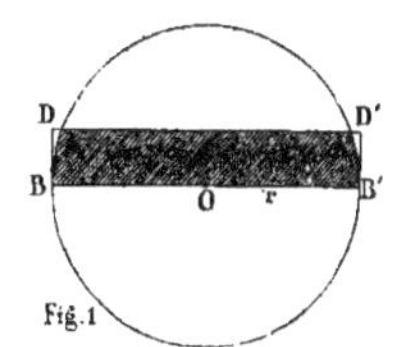

conférence BB′, soit à $2\pi r$ et la hauteur à BD, a également pour mesure $2\pi r$BD.

Quand le grand cercle fondamental est représenté par l'équateur, la projection s'appelle *isocylindrique droite*. Sa construction est des plus simples. Dans le cas où c'est un méridien quelconque qui sert de base, elle porte le nom d'*isocylindrique transverse*. Enfin, dans tous les autres cas, y compris celui qui fait l'objet de cette note, on peut lui donner le nom d'*isocylindrique oblique*. Lambert, au siècle dernier, a étudié à fond cette projection, et l'on peut trouver dans le magistral traité des projections de M. Germain l'exposé détaillé et clair du premier et du deuxième cas (chap. III, §§ 2 et 3; chap. X, §§ 1, 2 et 3).

Voyons quelles seront les modifications des distances suivant les deux directions principales, perpendiculaire et parallèle à la ligne fondamentale. Disons tout d'abord que les points des deux continents les plus éloignés de cette ligne fondamentale n'en sont pas à plus de 25°. Seules les côtes est du Grœnland sortent un peu au delà de 30°.

Or l'arc de 30° est égal à 0,5236 du rayon, et sin 30° = 0,5 r. Le rapport entre la différence des deux longueurs et la longueur mesurée sur la sphère est donc égal à

$$(0,5236 - 0,5) : 0,5236 = 0,0451.$$

D'un autre côté, le petit cercle AA′ égal à πAA′ est représenté dans la projection par une ligne droite qui est le développement du cercle DD′, soit par 2πr. Le rapport entre la différence des deux longueurs et la longueur sur la sphère est égal à

$$(1 - \cos \alpha) : \cos \alpha.$$

Pour les points situés à 30° du grand cercle fondamental,

$$(1 - \cos \alpha) : \cos \alpha = 0,1517.$$

On voit par là que l'aplatissement des trapèzes sphériques formés par les grands et les petits cercles perpendiculaires et parallèles au grand cercle fondamental provient plus de l'élargissement des cercles parallèles que du raccourcissement des cercles perpendiculaires, mais que cet aplatissement est très peu considérable jusqu'à 30°. N'oublions pas que les chiffres ci-dessus s'appliquent aux points extrêmes et que la plus grande masse des deux

Nous avons préféré prendre le cylindre tangent, parce que dans ce cas le canevas est équivalent à la surface sphérique de la même échelle linéaire suivant le cercle fondamental, tandis que dans le cas du cylindre sécant il ne lui est que proportionnel. Quant à l'avantage de moindre déformation, on peut dire *a priori* qu'il est inappréciable à l'œil en ce qui concerne le double continent américain.

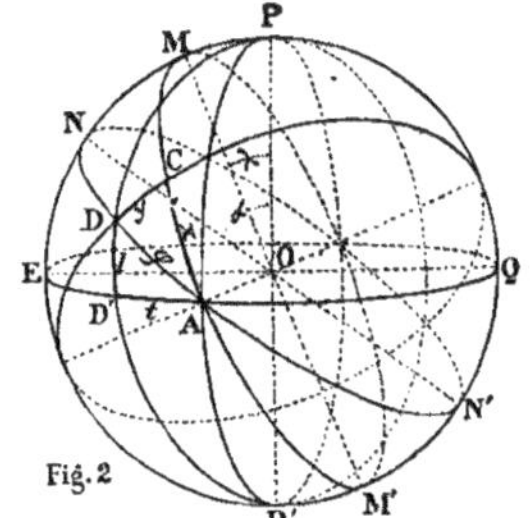

Soient (fig. 2) EAQ l'équateur; MAM′, le grand cercle fondamental; PAP′ le méridien qui passe par l'intersection des deux premiers; D, un point quelconque de la sphère; PDP′, le méridien du point D; NAN′, le grand cercle passant par les points D et A.

Appelons l la latitude DD′ du point D, t la longitude

Latitudes	A L'OUEST DU MÉRIDIEN INITIAL									0°	A L'EST DU MÉRIDIEN INITIAL								
	90°	80°	70°	60°	50°	40°	30°	20°	10°	0°	10°	20°	30°	40°	50°	60°	70°	80°	90°
90° $x=$										1.5708									
90° $y=$										0.3420									
80° $x=$	1.5708	1.5403	1.5103	1.4821	1.4562	1.4335	1.4146	1.4001	1.3901	1.3852	1.3861	1.3925	1.4044	1.4218	1.4446	1.4719	1.5025	1.5359	1.5708
80° $y=$	0.1736	0.1764	0.1835	0.1955	0.2118	0.2319	0.2552	0.2810	0.3085	0.3368	0.3652	0.3926	0.4184	0.4417	0.4618	0.4781	0.4902	1.4975	0.5000
70° $x=$	1.5708	1.5115	1.4535	1.3989	1.3485	1.3038	1.2659	1.2360	1.2139	1.2013	1.1984	1.2066	1.2258	1.2572	1.3005				
70° $y=$	0.0000	0.0049	0.0194	0.0431	0.0752	0.1148	0.1607	0.2088	0.2656	0.3214	0.3772	0.4313	0.4821	0.5280	0.5676				
60° $x=$	1.5708	1.4827	1.3972	1.3166	1.2430	1.1778	1.1220	1.0766	1.0422	1.0198	1.0099	1.0143	1.0344	1.0725					
60° $y=$	0.1736	0.1665	0.1453	0.1107	0.0637	0.0058	0.0613	0.1355	0.2146	0.2962	0.3778	0.4569	0.5311	0.5082					
50° $x=$	1.5708	1.4521	1.3378	1.2313	1.1354	1.0513	0.9708	0.9210	0.8750	0.8416	0.8223	0.8180	0.8311						
50° $y=$	0.3420	0.3328	0.3056	0.2611	0.2007	0.1263	0.0400	0.0554	0.1571	0.2620	0.3669	0.4686	0.5640						
40° $x=$			1.2717	1.1389	1.0216	0.9209	0.8366	0.7668	0.7109	0.6676	0.6373	0.6205	0.6194						
40° $y=$			0.4566	0.4036	0.3316	0.2429	0.1401	0.0264	0.0948	0.2198	0.3448	0.4660	0.5797						
30° $x=$				1.0332	0.8968	0.7830	0.6891	0.6121	0.5486	0.4971	0.4561	0.4253	0.4078						
30° $y=$				0.5338	0.4524	0.3521	0.2359	0.1073	0.0297	0.1710	0.3123	0.4493	0.5779						
20° $x=$					0.7543	0.6327	0.5347	0.4544	0.3870	0.3296	0.2796	0.2350	0.1949						
20° $y=$					0.5595	0.4506	0.3245	0.1850	0.3664	0.1170	0.2703	0.4190	0.5585						
10° $x=$					0.5998	0.4663	0.3709	0.2921	0.2246	0.1641	0.1076	0.0518	0.0061						
10° $y=$					0.6418	0.5355	0.4033	0.2571	0.1013	0.0594	0.2201	0.3759	0.5210						
0° $x=$										0.0000	0.0603	0.1239	0.1949						
0° $y=$										0.0000	0.1632	0.3214	0.4698						

continents, comme on le voit sur la carte, ne va pas au delà de 20° à droite et à gauche du cercle fondamental. Pour 20° le raccourcissement n'est que de 0,02 et l'élargissement que de 0,06. Mais la carte, mieux que tous les calculs, montre à quel point cette projection, *tout en étant équivalente, déforme peu* les deux Amériques.

Nous avons cité plus haut le traité de M. Germain. D'autre part, M. E. Hammer, dans son remarquable ouvrage sur les projections [1], consacre un paragraphe (p. 122, *b*) au tracé des deux Amériques sur une projection analogue. Il propose de prendre également 70° ouest de Paris pour point d'intersection du grand cercle fondamental et de l'équateur, mais il incline de 57° seulement l'axe du cylindre par rapport à celui de la terre, et au lieu d'un cylindre tangent à la sphère, il prend un cylindre sécant avec deux petits cercles de sécance distants du grand cercle fondamental de 16°,2.

1. *Ueber die geographisch wichtigsten Kartenprojektionen, insbesondere die zenitalen Entwürfe, nebst Tafeln zur Verwandlung von geographischen Koordinaten in Azimutale.* Stuttgart, J.-B. Metzler, 1889.

D′A du même point; mettons AD $= \varphi$, AC $= x$, DC $= y$, l'angle NOP $=$ NAP $= \alpha$, l'angle constant MOP $=$ MAP $= \lambda$, et nous aurons d'après les formules de la trigonométrie sphérique :

(I) $\sin y = \sin \varphi \sin (\alpha - \lambda),$
(II) $\tan x = \tan \varphi \cos (\alpha - \lambda).$

Mais

(III) $\cos \varphi = \cos l \cos t,$
(IV) $\tan \alpha = \sin t \cotan l.$

Les valeurs subsidiaires φ et α se trouvent dans tous les traités de projections. Au besoin il est très facile de les calculer. Quand on connaît φ et α, le calcul des coordonnées rectangulaires x et y se fait très rapidement. Nous donnons plus haut le tableau que nous avons calculé pour $\lambda = 20°$, et pour les longitudes et les latitudes de 10 en 10 degrés. Les valeurs de x et de y sont exprimées en mètres et fractions de mètre pour une projection équivalente à la surface sphérique d'un mètre de rayon. Comme il est facile de s'en rendre compte d'après les formules ci-dessus, et comme on le voit du reste sur la carte : 1° le canevas est symétrique des deux côtés de l'équateur ; 2° le méridien, situé à 90° est et ouest du méridien considéré comme initial est rectiligne ; 3° le canevas est symétrique des deux côtés de ce méridien.

D. Aïtoff.

✠ ✠ ✠

CHRONIQUE GÉOGRAPHIQUE

EUROPE

La limite entre les Alpes et l'Apennin. — L'incertitude a régné longtemps sur le point précis où se terminent les Alpes, où l'Apennin commence, et cette question a donné lieu à de nombreuses controverses entre géographes. Elle est fixée aujourd'hui, ou du moins le dernier Congrès géographique de Gênes a décidé qu'elle l'était, sur les rapports de M. G. Marinelli. La résolution adoptée porte que, « pour la science, comme pour l'enseignement, la ligne de séparation entre les Alpes et l'Apennin est celle qui de Ceva se dirige sur Savone par le col d'Altare ou de Cadibona ».

La ligne arrêtée par M. Marinelli est brisée en plusieurs endroits, et ne franchit pas moins de quatre chaînes de montagnes et de trois vallées. Partant de Savone, elle remonte la vallée du Letimbro, et atteint au col de Cadibona, à 436 mètres d'altitude, la ligne de partage entre la Méditerranée et le bassin de la Bormida. Le col, à son point le plus bas, au-dessus du tunnel du chemin de fer, marque la dépression la plus profonde de tout l'Apennin du nord et du centre. Pour trouver un point plus bas sur la ligne de partage entre la mer Tyrrhénienne et l'Adriatique, il faut descendre au sud jusqu'au col de 251 mètres entre Nicastro et Catanzaro.

A partir du col de Cadibona, la ligne proposée descend dans la vallée de la Bormida de l'est ou Bormida di Spigno. Elle n'en suit pas le cours, contrairement à une opinion qui a pourtant ses partisans, car alors elle laisserait à l'ouest, c'est-à-dire aux Alpes, les collines du Langhe et du Monferrat, qui géologiquement dépendent de l'Apennin, mais elle quitte bientôt la Bormida de l'est pour gagner celle de l'ouest, ou Bormida di Millesimo, longée par la chaîne de Montezemolo. Elle franchit cette chaîne à sa plus basse dépression, à 666 mètres d'altitude, puis atteint le plateau d'où descend le Belbo, et franchit ensuite une nouvelle crête, à la dépression de Colet ou de la Madone, à 678 mètres d'altitude. Elle aboutit ainsi à Ceva, dans la vallée du Tanaro, et longe ainsi le rebord méridional des collines miocènes du Piémont.

Cette limite semble préférable à toutes les autres : à celles du col de Tende (1873 mètres), de la Bocchetta di Genua (772 mètres), et du col de Giovi (472 mètres), au nord de Gênes, à l'est duquel se trouve encore une dépression plus basse, la *Crocetta di Orero* (467 mètres), entre la Scrivia et la Polcevera. La ligne qui passe par ce point, et joint ainsi Gênes à Tortone, aurait du moins, de même que celle de la Bormida, l'avantage d'être une ligne droite. Néanmoins c'est le tracé, un peu compliqué, recommandé par M. Marinelli qui a été adopté par le congrès.

AFRIQUE

Algérie. — Transsaharien. — Mission Méry. — Les conclusions exprimées par les commissions d'enquête d'Alger et de Constantine sur la construction du chemin de fer de Biskra à Ouargla sont contradictoires ; car ces deux commissions se sont placées au point de vue du futur transsaharien. Or la commission d'Alger a opiné pour la section de Biskra-Touggourt, sans prolongement, craignant peut-être que le prolongement jusqu'à Ouargla n'enlevât à Alger le bénéfice du trafic avec la région saharienne qui en dépend. Elle a ajouté dans ses conclusions et comme complément de cette opinion que le futur transsaharien devrait se rattacher au port d'Alger. La commission de Constantine a conclu différemment, en exprimant l'avis qu'un projet de loi soit présenté au Parlement pour la construction d'un chemin de fer de Biskra à Ouargla, sauf à examiner plus tard les différents projets concernant le transsaharien. La question en est là.

M. Cambon, gouverneur général, a, par arrêté du 5 avril dernier, institué, sous la présidence du général de la Roque, commandant la division de Constantine, une commission pour rechercher les mesures à prendre en vue d'arriver à développer les relations commerciales du Sud-Algérien avec les pays situés au delà de cette région. Nous croyons que la mission si heureusement accomplie de M. Gaston Méry chez les chefs touareg de Rhadamès constitue déjà la meilleure et la plus effective de ces mesures.

M. Méry a exécuté son voyage de Biskra au lac Menkhough et s'est mis en rapport avec le chef Azdjer Mouley, qui lui a remis une lettre pour le président de la République. Dans cette lettre, le chef touareg rappelle que la convention signée en 1862 avec Ikenhouken subsiste toujours et sera respectée. Disons, à ce propos, qu'il est difficile de comprendre la persistance que l'on met, chaque fois qu'il est question de cette convention de 1862, à ne parler que du colonel de Polignac. Le premier signataire et le négociateur de cette convention a été le commandant Mircher. Cet officier supérieur, délégué par le maréchal Randon, gouverneur de l'Algérie, était accompagné du capitaine de Polignac, attaché comme lui à la direction des Affaires politiques, à Alger ; le capitaine a signé le traité à côté de son commandant.

Tunisie. — De grandes fêtes doivent avoir lieu à Tunis, sous le patronage du bey et de notre résident général, à l'occasion de l'inauguration du nouveau port. Ces fêtes doivent durer huit jours, du 21 au 28 mai. Des facilités seront données aux voyageurs venant d'Europe.

Dahomey. — Nous étions dans le vrai lorsque nous exprimions dans notre dernier numéro l'opinion qu'il convenait d'attendre avant de rien préciser quant à l'organisation du Dahomey. Ce qui ressort le plus évidemment des dépêches du général Dodds et de nos renseignements personnels, c'est la nécessité où nous allons nous trouver dans quelques mois de recommencer une nouvelle expédition, dont l'objet sera, si possible, de nous emparer de Béhanzin ; ou, ce qui est plus vraisemblable, de terroriser les populations du nord du Dahomey, dernier appui du roi déchu, et d'amener celui-ci à se rendre, ou à fuir en pays étranger. Or il est certain que la plus élémentaire logique nous fera un devoir, après cette dernière démonstration, de conserver les localités du nord et particulièrement Abomey, en faisant tout le nécessaire pour en rendre le séjour supportable pour nos troupes. Il est évident que les conséquences géographiques de notre longue expédition ne sauraient se limiter à une simple occupation de la côte, avec un protectorat fictif du haut pays, alors que nous savons pertinemment que les intentions de nos voisins sont de nous fermer la route de la rive droite du Niger, pour empêcher toute jonction de notre nouvelle conquête avec les autres territoires de notre Soudan.

En attendant, et comme pour répondre à cette appréhension, le général Dodds a demandé aux autorités allemandes du Togo de résoudre dès à présent la question de la délimitation entre ce territoire et le Dahomey. Une commission a été nommée à cet effet, qui se compose de notre côté de MM. Colson, lieutenant de vaisseau, Steiner, lieutenant d'artillerie, et Labarre, enseigne de vaisseau.

Lagos. — M. Carter, gouverneur de la colonie anglaise de Lagos, et Alafoui de Oyo, grand chef du Yoruba, ont conclu un traité. C'est le second après celui conclu avec les Egbas et sans préjudice de ceux qui seront signés avec d'autres chefs.

Nous laissions entrevoir ces résultats l'année dernière dans notre article *Dahomey et Soudan*. Nous disions que l'Angleterre allait bénéficier de notre expédition, étant donnée l'expectative inquiète des populations du nord de sa colonie, et nous ne nous trompions pas. Il est évident que nos succès, conformément à des dispositions bien connues de ceux qui ont pratiqué les peuples africains, ont déterminé les gens du Yoruba aussi bien que les Egbas à accepter un mal dans la pensée d'en éviter un autre. Et la perspective de ce dernier mal a dû leur être soigneusement démontrée. Pour n'avoir pas à être assujettis aux Français, les Yorubas et les Egbas se seront donnés aux Anglais, comme jadis Porto-Novo s'est donné aux Français pour ne pas appartenir à Lagos.

L'article 8 du traité conclu entre M. Carter et Alafoui résume, d'ailleurs, ce que nous venons de dire. Il est ainsi conçu :

« Je m'engage formellement à ne jamais faire aucun traité avec une autre nation quelconque, à moins d'avoir obtenu le consentement du gouverneur de Lagos. Je m'engage également à ne jamais céder une partie de mon territoire à qui que ce soit, sauf avec le consentement dudit gouverneur. »

État indépendant du Congo. — Expéditions Delcommune et Bia. — M. Delcommune, qui vient d'arriver à Bruxelles avec ses compagnons, a donné sur son expédition quelques renseignements, que nous reproduisons d'après le *Mouvement géographique*.

Après avoir quitté Mpala le 6 octobre 1892 et fait un détour vers le sud afin d'éviter la région déserte et affamée située entre Mpala et la Loukouga, la caravane s'est dirigée vers Kassanga (le Makasenga des cartes), grand village Balouba. Après être parvenue à Moukaloumbi, le dernier point atteint sur la Loukouga par Thomson, elle suivit la rive gauche de cette rivière, pendant vingt-quatre jours, et atteignit son confluent avec le Congo. La Loukouga suit une direction générale est-ouest, en faisant une courbe vers le nord. Un peu au-dessus de son embouchure elle reçoit sur sa rive gauche un important affluent, nommé Louizi. Comme déversoir du lac Tanganyika, l'importance de la Loukouga est nulle, et son cours n'est pas navigable. Le lac Landji, où l'on croyait qu'elle se déversait, n'existe pas. M. Delcommune voulut ensuite remonter le Congo jusqu'à Kikondja, afin de reconnaître le chapelet de lacs qui, paraît-il, se succè-

dent entre le confluent de la Loukouga et le lac Kassali, et relier ainsi son itinéraire d'aller à celui de retour, mais ses hommes refusèrent de l'accompagner et il dut se borner à remonter le fleuve sur une distance de 100 kilomètres, jusqu'à Ankorro, où se fait la jonction des deux branches : Louapoula et Loualaba. La première est la branche maîtresse; mais à trois jours en amont du confluent de la Loukouga la navigation y est arrêtée par des obstacles. On assura à l'explorateur que le Loualaba était navigable jusqu'au lac Kassali, les deux petits rapides qui s'y rencontrent étant aisément franchissables. Par contre, en aval, entre le confluent de la Loukouga et Kassongo, il a une chute infranchissable.

L'expédition se dirigea ensuite vers l'ouest et; le 5 décembre, atteignit le Lomami un peu en amont du confluent du Loukassi, où elle apprit la victoire de M. Dhanis sur les Arabes. Le 19 décembre elle arrivait à Gongo Loutété, et le 7 janvier elle se trouvait à Lousambo, où, trois jours après, elle était rejointe par l'expédition Bia.

Le compte rendu succinct des travaux de cette dernière expédition depuis son départ de Lousambo jusqu'à son retour dans cette station nous est apporté dans une lettre du lieutenant Francqui, qui a remplacé le commandant Bia. Nous le résumons rapidement ici.

Partie de Lousambo le 10 novembre 1891, après un voyage rapide et heureux, elle parvint à Bounkeïa le 30 janvier 1892. Elle avait, en passant, reconnu la nature réelle du lac Oupemba des cartes.

Pendant deux mois elle demeura à Bounkeïa, faisant des reconnaissances aux environs et surtout vers le sud dans la région minière dont le Kalabi est le centre. Elle eut à souffrir terriblement de la famine et des privations, et sur les 598 hommes qui la composaient en quittant Lousambo, elle en perdit 345. Au mois d'avril l'expédition venait de transporter son camp à Kipouna, village situé le long de la Loufila, à environ 25 kilomètres au sud du poste de l'État, lorsqu'elle apprit que des Européens venus de l'est se disposaient à traverser le Louapoula en face de Kazembé. Le commandant Bia, le lieutenant Francqui et 128 hommes partirent immédiatement dans cette direction, laissant à Kipouna 125 noirs sous les ordres de MM. Cornet et Derscheid, trop faibles encore pour les accompagner. Le 1er août les membres de l'expédition devaient tous se retrouver à N'tenké.

Le 25 avril, MM. Bia et Francqui atteignirent la rive occidentale du lac Moéro. Deux voyageurs anglais se trouvaient sur la rive orientale, mais un différend qu'ils avaient eu avec Kazembé les avait fait renoncer au projet de traverser le fleuve.

Le lac Moéro est un lac de barrage qui n'a pas l'importance que lui donnaient les voyageurs précédents. Sa plus grande largeur n'atteint pas 30 kilomètres. Sa pointe sud-ouest doit être placée à une dizaine de minutes plus au nord que jusqu'ici.

Le Louapoula n'a pas non plus la largeur qu'on lui donne; à Tchafalongouta (en face de Kazembé) elle mesure 498 mètres, et sa profondeur moyenne est de 6 mètres aux hautes eaux. Livingstone et M. Victor Giraud ont supposé que la lagune Monfoué ne fait qu'un avec le fleuve, alors qu'elle s'étend le long de sa rive orientale sur une distance d'une trentaine de kilomètres. Elle a une largeur de 15 à 20 kilomètres.

Ayant appris que des blancs étaient entrés sur le territoire de l'État, entre le Bangouéolo et le Louapoula, MM. Bia et Francqui se portèrent dans cette direction. Après avoir étudié la navigabilité du Louapoula, ils traversèrent le fleuve à Kafimbi, puis, se dirigeant vers le sud-est, ils placèrent sur un arbre, dans le village où est mort Livingstone, une plaque de bronze commémorative. Cette plaque avait été remise par la Société de géographie de Londres à M. Arnot, qui l'avait confiée aux missionnaires de Bounkeïa. MM. Bia et Francqui observèrent que le lac Bangouéolo se divise en deux parties : la partie nord ou Bangouéolo proprement dit, qui est un véritable lac, et la partie sud ou Bembé, qui n'est qu'une expansion du Louapoula, lequel porte dans sa partie supérieure le nom de Tchambézi. La navigabilité du Louapoula, depuis la chute de Méré-Méré jusqu'à Mpouéto, n'est interrompue que par deux rapides aisément franchissables. A ce moment-là, la petite vérole, qui avait fait rétrograder le voyageur anglais Thompson, régnait dans le pays et c'est à marches forcées que les voyageurs durent gagner N'tenké, où ils trouvèrent, le 4 août, le reste de l'expédition en bonne santé. C'est alors que M. Bia, brisé par le voyage, fut, en arrivant au but, frappé d'une fièvre bilieuse hématurique qui l'emporta le 30 août.

Après quelques reconnaissances exécutées dans la région de la Loufila et du Louapoula, l'expédition quitta définitivement N'tenké le 14 septembre, pour se diriger vers les sources du Loualaba, qu'elle atteignit sept jours après. Elles ne sont séparées de celles de la Loufila que par 20 à 25 kilomètres. La ligne de faîte Loualaba-Zambèze n'est qu'un vaste plateau élevé, à pentes peu accusées. Après avoir descendu le Loualaba jusqu'au 9° de latitude et visité les gorges de Nzilo, qui avaient arrêté Delcommune, l'expédition remonta jusque par 10° 30' de latitude le cours du Louboudi, affluent de gauche du Loualaba, puis se dirigea vers le plateau sablonneux où surgissent à peu de distance les unes des autres les sources du Loubilach (Sankourou), du Louembé, du Lomami, du Loufoï, etc. Marchant ensuite vers le nord, sur la crête granitique qui sépare la vallée du Loubilach de celle du Louembé, elle détermina le cours de cette dernière rivière et celui du Loubichi, depuis leur source jusqu'au confluent. A Mpafou, au confluent du Louembé, elle apprit la défaite que M. Dhanis venait d'infliger aux Arabes sur le Lomami. Dix jours après, l'expédition était à Gongo-Loutété, sur le Lomami, et le 10 janvier elle arrivait à Lousambo, quatorze mois, jour pour jour, après l'avoir quitté.

L'expédition rapporte quatre-vingt-quatre positions géographiques et plus de mille altitudes déterminées au cours du voyage. Les résultats politiques, industriels et commerciaux de cette exploration ne sont pas moins intéressants que les résultats géographiques.

Exploration de la Loukenyé. — Cette rivière, affluent de droite du Kassaï, déjà reconnue en 1888 par M. Alexandre Delcommune sur un parcours de 500 kilomètres, vient d'être l'objet d'une exploration intéressante, dirigée par M. de Meuse, sur laquelle nous avons des renseignements nouveaux. La Loukenyé coule de l'est à l'ouest parallèlement au Sankourou, dont, à un certain endroit, elle n'est éloignée que de 50 kilomètres. Les Bagombi indigènes, habitant son cours supérieur, prétendent qu'elle sort d'un grand lac. Elle se jette dans la Mpini, un peu en aval du point où il sort du lac Léopold II. A son confluent et sur une grande partie de son cours, qui est très sinueux, la largeur est de 250 à 300 mètres, la profondeur moyenne de 2 à 4 mètres, la vitesse de 2 nœuds dans son cours inférieur, tandis que dans le haut de la rivière, où celle-ci est étranglée dans certains passages, le courant atteint jusqu'à 7 nœuds. En plusieurs endroits, le fond rocheux présente de nombreux rapides. Dans le cours inférieur, les îles ne sont pas rares ; elles sont herbeuses, et on rencontre quantité de bancs de sable. Dans le cours supérieur, les bancs manquent, et les îles sont boisées. Tout le long des berges, on remarque un grand nombre d'arbres morts tombés dans l'eau. Sur toute l'étendue de son cours, les rives sont boisées, d'une futaie basse et inondée où dominent les palmiers raphia et élaïs, les calamis et les bambous, ou d'une belle et haute forêt d'arbres séculaires d'essences diverses. En général, les rives sont basses et

inondées. Cependant en maints endroits elles sont élevées et présentent des hauteurs variant de 10 à 100 mètres. Lorsqu'on pénètre dans l'intérieur, à quelques kilomètres de la rive, on rencontre un pays mamelonné, couvert de plaines où pousse une herbe courte et maigre, indiquant un terrain sablonneux et pauvre ; les plaines sont coupées par d'épais rideaux de forêts, qui leur donnent l'aspect de vastes clairières.

La reconnaissance de M. Alexandre Delcommune s'était arrêtée à 22° 30' longitude ; l'exploration de M. de Meuse a été poussée jusqu'à 23° 40'. A ce point-là, la rivière avait 35 mètres de large, 4 mètres de profondeur et une vitesse de 7 nœuds. La nature marécageuse des rives ne permet pas l'installation de villages. Ceux-ci sont situés dans l'intérieur, à des distances variant de 500 mètres à plusieurs kilomètres.

Quatre tribus bien distinctes habitent le long de la rivière : les Tombas, les Kotassos, les Tollos et les Bagombi.

Mort du capitaine Van Kerckhoven. — Les journaux de Bruxelles annoncent d'une façon officielle la mort du capitaine belge Van Kerckhoven, dont l'expédition vers le haut Nil a occasionné tant de polémiques passionnées dans la presse.

Le hardi explorateur a été tué le 10 août dernier par accident. On ignore encore l'endroit exact où ce malheur est arrivé.

C'est en 1883 que M. Van Kerckhoven s'était rendu pour la première fois en Afrique. En 1890, il fut chargé d'une mission anti-esclavagiste. Il portait les titres d'inspecteur d'État et de capitaine-commandant. Depuis son arrivée dans le pays des Mombouttous, l'année dernière à pareille époque, on n'avait eu sur sa marche que des renseignements vagues.

Est-Africain allemand. — **Retour du Dr Baumann à la côte par l'Ou-Fiomi et l'Ou-Mbougoué.** — D'Irangi, où nous avons laissé, dans notre dernier numéro, l'explorateur allemand, le docteur Baumann est monté au commencement de janvier sur le plateau de Mossi, au pied duquel s'étend le territoire d'Ou-Fiomi, entourant le ravissant lac Maitsimba, borné à l'ouest par le plateau d'Irakou. Le district à l'est du lac est couvert de nombreux tembés et habité par des indigènes misérables. Le 9 janvier l'expédition campait à l'extrémité septentrionale du lac, près des derniers tembés de l'Ou-Fiomi. De là, en deux jours de marche à travers un pays fertile et bien arrosé, elle atteignit l'Ou-Mbougoué, dont le chef Mbi exerce son autorité sur une population très nombreuse. Les conditions du pays étaient absolument différentes de celles où le docteur Baumann l'avait vu en mars de l'année dernière. Tout y était absolument pacifique.

Laissant la plus grande partie de sa caravane, l'explorateur commença, le 17 janvier, l'étude des montagnes à l'ouest. Une pente abrupte le conduisit sur le plateau d'Irakou ou Mboulou, séparé par un large désert du district de Moutiek appartenant aux Massaï. Le 19, il atteignait Mboulou, village du chef Wa-Tatourou, Sagiro, établi là depuis quelques années. Les Wa-Tatourou sont parents des Massaï, qui les ont expulsés de leurs territoires primitifs. Dès lors, ils ont erré çà et là jusqu'à ce qu'ils aient trouvé un refuge à Mboulou et à Mangati.

L'Irakou méridional est encore plus peuplé que l'Irakou septentrional ; le pays ondulé, riche en eau, est couvert de champs de maïs et de sorgho ; de nombreux troupeaux de chèvres paissent dans les pâturages ; on y voit aussi du gros bétail. Comme les indigènes de l'Ou-Fiomi, ceux de l'Irakou méridional habitent des demeures souterraines creusées dans une argile rouge. Au delà, le pays qui s'étend jusqu'aux sources du Kwou, principal tributaire du lac Mangara, est couvert de forêts et d'une végétation herbeuse, mais il n'a pas d'habitants. A Meri l'expédition retrouve la forêt vierge, analogue à celle de Moutiek, dont elle n'est que la continuation. Quelques clairières offrent un coup d'œil grandiose sur l'Ou-Mbougoué, le lac Mangara et la steppe des Massaï, au-dessus de laquelle émergent le Merou et le Kilimandjaro. A l'ouest s'élève la sombre pyramide du Gouroui, qui a environ 4 500 mètres; le pied en est boisé; au-dessus des forêts s'étend une zone herbeuse. A l'ouest de Mangati, le docteur Baumann visita le lac Balangda, de 3 kilomètres de tour, d'où les indigènes tirent beaucoup de sel de cuisine, dont ils pourvoient les tribus voisines.

Le 3 février, les voyageurs reprirent leur marche vers le sud-est, touchèrent à l'extrémité du lac Lawa-ya-Sereri, qui s'étend à l'est de l'Ou-Mbougoué, et campèrent près des réservoirs de Chem-Chem, où cesse toute espèce de chemin. Pendant trois jours ils traversèrent un territoire en partie couvert d'arbustes épineux, en partie herbeux, peuplé de gros gibier et surtout de rhinocéros. Depuis qu'ils avaient quitté l'Ou-Mbougoué, il n'était pas tombé de pluie ; aussi l'eau était-elle rare, la chaleur ardente, la marche rendue difficile par les buissons d'épines, qui ne cessèrent que près du mont Ndigira pour faire place aux forêts d'acacias. Le 16 février, le docteur Baumann se retrouvait à Mgera, localité où il avait passé dans son expédition de 1890. La fièvre ne l'avait pas quitté depuis l'Ou-Mbougoué; néanmoins il traversa l'Ou-Sigoua à marches forcées, pour arriver le 21 février à Pangani.

L'œuvre du Comité anti-esclavagiste allemand. — Les différentes expéditions organisées par ce Comité pour le lac Victoria sont toutes parvenues à destination, et vont concourir, sous la direction du lieutenant Langheld, qui comptait arriver au lac en avril, à la création d'une série de stations sur les rives est, sud et ouest du lac, en vue d'assurer la sécurité des communications et de mettre un frein au trafic des esclaves. Un chantier pour la construction de bateaux a été installé par le comte de Schweinitz sur l'île Oukéréoué. On a pu commencer la construction de bateaux à voiles, tandis que trois barques démontables, apportées de la côte, croisent sur le Victoria-Nyanza.

L'expédition du lac Nyassa laissera sur ce lac le vapeur *Wissmann*, qui passera au service de l'administration impériale des colonies. Une station sera fondée à l'extrémité sud du lac, sur un emplacement concédé par le commissaire anglais, tandis qu'au nord sera établi, sur territoire allemand, un poste fortifié. Une communication régulière sera créée entre le lac Nyassa et les bouches du Zambèze, au moyen du remorqueur *Pfeil* et d'autres bateaux de plus petite dimension. Il sera alors possible, dit le rapport du Comité anti-esclavagiste, de s'attaquer aux postes fortifiés de la traite, qui se fait principalement par les Yaos, peuplade du territoire allemand, mais faisant des incursions dans la sphère d'influence anglaise, et contre laquelle le commissaire britannique s'est montré presque impuissant jusqu'ici.

En résumé, dit le Comité, voici les résultats obtenus : sécurité assurée dans la partie allemande baignée par les lacs Victoria et Nyassa; cercle armé établi au nord et au sud de façon à emprisonner le long de la côte allemande du Tanganyika les hordes des Arabes ennemis des Européens, actuellement encore maîtres de cette région.

Le Comité a renoncé au transport du steamer *Karl Peters* destiné au lac Victoria; il a en outre décidé de céder au gouvernement ses stations sur le Nyassa et le Victoria-Nyanza.

Afrique Australe anglaise. — On annonce que le 1er avril, l'avant-garde d'une expédition africaine a quitté Londres pour le Mozambique. Cette expédition sera placée sous le commandement du capitaine L.-F. Spring, qui se propose de coloniser un territoire de 777 kilomètres carrés, compris dans le pays situé entre le Zambèze et la rivière Sabi et cédé à l'influence anglaise par le traité anglo-portugais de 1891. Une station sera fondée à proximité du chemin de fer de Beïra et servira de base d'opérations à des explorations envoyées à la recherche de gisements d'or.

Expédition Dutreuil de Rhins. — Le dernier compte rendu de la Société de géographie de Paris nous apporte quelques détails sur le voyage de M. Dutreuil de Rhins de Keria à Ladak, dont nous avions parlé brièvement dans notre numéro de février. De Keria (Turkestan Oriental), le voyageur s'est rendu avec sa caravane à Balour, d'où il a pu arriver jusqu'aux sources du Keria-Daria et du lechil-Koul. Les pluies tardives de l'été avaient détrempé le sol, à tel point que la marche était devenue des plus fatigantes. Aussi, prévoyant l'épuisement de ses provisions, la caravane dut-elle chercher au plus vite un point de ravitaillement dans la direction du Ladak; mais elle ne trouva pas à s'approvisionner même chez les Tibétains du district de Rudok. La situation était fort critique, avec des animaux épuisés et des vivres juste suffisants jusqu'au plus proche endroit habité, les bords du lac Bangong.

De ce point, les voyageurs se dirigèrent sur Leh, où, bien accueillis et bien traités, ils séjournèrent du 2 au 20 octobre. Puis ils durent reprendre la route du Turkestan chinois, avant que les cols fussent devenus impraticables, et, comme le temps pressait, ils furent obligés de prendre au court, en passant par les cols de Kardong, Karaoual, Sasser, Karakoram, Sohourgak et Sandjou, qu'ils franchirent en vingt-trois jours. M. Dutreuil de Rhins a passé, comme on le sait, l'hiver à Khotan, d'où il se propose de prendre, pour revenir, la direction de l'est.

Inde. — Le dernier recensement du Bengale, qui vient d'être publié, a donné des résultats inattendus. Tout d'abord il démontre que les indigènes ne sont plus attachés à leurs villages par le même respect superstitieux qu'autrefois; il se fait un mouvement constant qui va des grandes agglomérations aux petites, et établit ainsi un certain équilibre dans la population. Un autre fait intéressant, c'est que l'usage qui interdit un nouveau mariage pour les veuves n'est plus respecté dans le Behar, l'Orissa, le Tchota-Nagpour, ni même dans les castes inférieures du Bengale proprement dit. Il ne subsiste que dans quelques castes supérieures, et chez les plus respectables des Soudras. De même l'usage des mariages d'enfants tend à disparaître. Ils ne se font plus, dans une proportion appréciable, que dans le Behar du nord-est, et chez les Brahmanes, Kayasths, et autres castes soudras du Bengale occidental. Le recensement montre encore les grands progrès que fait le mahométisme. Dans la dernière décade, le nombre de ses adhérents a augmenté de plus de 9 pour 100, tandis que l'hindouisme n'en a recruté que moins de 5 pour 100. Le mahométisme, avec sa doctrine de l'égalité de tous les hommes, doit évidemment faire beaucoup de prosélytes dans les castes inférieures.

Indo-Chine. — Nos lecteurs ont appris par les journaux quotidiens l'occupation de Stung-Treng et de l'île de Khôn. Les pays limitrophes de l'Annam et du Siam, qui nous étaient disputés par ce dernier État, tombent ainsi définitivement en notre pouvoir. Ces faits donnent un nouvel intérêt à la relation du capitaine Cupet, que le *Tour du Monde* vient d'achever. C'est en partie aux efforts de ce vaillant officier et de ses camarades de la mission Pavie, qu'est due cette conquête, qui s'est faite sans coup férir.

AUSTRALIE ET OCÉANIE

Nouveau service de bateaux à vapeur. — Un service de vapeurs anglais vient d'être inauguré entre l'Australie et le Canada. Les concessionnaires ont déjà une subvention du Dominion, et ils vont commencer leur entreprise sans attendre l'octroi de celle qu'ils ont demandée à l'Australie. Les bateaux partiront de Sydney et aboutiront à Vancouver, en passant par Brisbane et Honolulu.

AMÉRIQUE

Bolivie. — Une expédition bolivienne, celle du colonel J. M. Pando, est actuellement en campagne sur les affluents de la rive gauche du rio Beni. Son but principal est l'exploration et l'étude du Madre de Dios et de son puissant tributaire, le Rio Inambari, qui descend de la haute chaîne orientale des Andes. La colonne est nombreuse, bien organisée, possède un vapeur, quatre embarcations et les instruments nécessaires à la mission qu'elle se propose. La connaissance de l'important réseau fluvial qui grossit les rios Beni et Madeira sera ainsi complétée sur une étendue considérable du territoire.

Patagonie. — La récente exploration du docteur Josef de Siemiradzki dans la Patagonie reporte momentanément l'attention sur cette partie de l'Amérique du Sud, fort délaissée depuis quelques années et sur laquelle les renseignements cartographiques seraient au moins plus complets si de nombreux documents manuscrits qui restent enfouis dans les bureaux de Buenos-Ayres pouvaient arriver jusqu'à la publicité.

L'expédition du docteur de Siemiradzki est partie de General-Acha, chef-lieu du gouvernement de la Pampa où aboutit aujourd'hui un chemin de fer, a traversé la Pampa par les sierras de Lihuel Galel et Choique Mahuida vers Choele-Choel (Avellaneda) et Roca sur le rio Negro, puis a remonté ce dernier fleuve et le rio Limay, sa branche maîtresse, jusqu'au lac de Nahuel-Huapi, ayant employé trois mois pour l'exploration de cette région. De là elle a remonté par les rios Collon-Cura et Aluminé les vallées longitudinales des Andes jusqu'à la passe de Longuimai, par laquelle elle pénètre au Chili.

L'itinéraire de cette expédition modifie et complète sensiblement les détails de la configuration approximative qu'ont donnés F.-P. Moreno (1879-80) et J. Rohde (1883) sur la même région andine qu'ils ont visitée.

La carte de J. Rohde notamment, malgré les nombreux itinéraires qui la sillonnent, est vivement critiquée dans le texte de la relation du docteur Siemiradzki et rectifiée par la carte qui l'accompagne, dans les *Mitteilungen* de Gotha. Nous y trouvons une orientation, des dimensions, des distances relatives tout à fait distinctes aux nombreux lacs qui, du Nahuel-Huapi au col de Longuimai, occupent des vallées du versant oriental de la Cordillère andine.

Nous ne pouvons que résumer très brièvement la description du pays parcouru par l'expédition. La pampa, aux environs de General-Acha, est traversée de vallées d'érosion, parsemées de dunes et de petits lacs salés, puis,

lorsqu'on se dirige vers la sierra de Lihuel-Galel, se trouve à peine ondulée, sans eaux, couverte de mimosas et d'herbes fleuries. Les vallées des monts de Lihuel-Galel sont riches en eaux courantes qui se perdent en entrant dans le désert sableux. Cette sierra (480 mètres environ d'altitude) marque une limite très précise entre les hautes steppes herbeuses, les vallées boisées du nord et de l'est et la haute plaine de la Patagonie, qui s'étend avec une surprenante uniformité jusqu'aux régions boisées du rio Gallegos au sud.

De l'autre côté du large et sablonneux Salado, se voit un autre système montagneux : les Choique-Mahuida, pays sauvage, inhabité, dépourvu de cours d'eau.

On atteint ensuite le rio Colorado, manquant d'eau en hiver, rapide et profond en été, mesurant de 300 à 400 mètres de largeur. Les rives sont pauvres mais assez peuplées le long du sentier commercial que suivent les bestiaux importés du Chili.

La vallée du rio Negro (400 à 600 mètres de largeur) est considérable, plus large et plus profonde que la précédente; ces grands fleuves, qui coupent le plateau patagon, n'ont pas le plus petit affluent, la moindre source sur leurs bords; aussi les essais de colonisation souffrent-ils de ce manque d'eau. Le rio Negro est parcouru par des vapeurs qui remontent son courant impétueux de Carmen de Patagones jusqu'à Roca, pendant la saison des hautes eaux, de juillet à février. Villa-General-Roca, située sur la rive gauche du fleuve et qui semblerait devoir devenir un centre important de colonisation, n'est restée jusqu'à présent qu'un poste administratif et militaire.

Le rio Limay a de 200 à 300 mètres de largeur; il est également profond, rapide et navigable jusqu'au Nahuel-Huapi. A mesure que l'on remonte et que l'on s'approche de la Cordillère, le climat devient plus humide, et le sol, par conséquent, plus habitable et plus riche : la zone que traversa l'expédition pour atteindre la vallée du Collon-Cura est des plus belles et des plus hospitalières; la terre y est bonne et l'eau abondante.

Le rio Collon-Cura (200 à 300 mètres de largeur), moins profond et moins rapide, est cependant également navigable; les cols de la Cordillère sont très praticables; les vallées, bien protégées, ont un climat doux et humide, une végétation abondante et variée. C'est en donnant la description de chacune de ces vallées et des nappes d'eau qui s'y trouvent, que le docteur de Siemiradzki rectifie les données actuelles : le plus important de ces lacs, le Nahuel-Huapi, a, dit-il, une tout autre figure que celle donnée par la carte de Rohde; le lac est d'abord plus petit et n'a que trois bras; sa plus grande largeur ne dépasse pas 5 kilomètres, le bras le plus oriental n'a que 10 kilomètres. Ces dimensions se rapprochent beaucoup de celles fournies par F.-P. Moreno, dont les dessins ont été utilisés pour l'Atlas universel de Vivien de Saint-Martin et F. Schrader, *Amérique du Sud*, en cinq feuilles, feuille sud.

Un autre explorateur, le docteur Machon, a visité ces mêmes régions pendant le printemps et l'été de 1892. Il a remonté les vallées des rios Negro, Limay et Collon-Cura, parcouru les vallées à la base de la Cordillère, puis, tournant vers le sud, il a traversé le Nahuel-Huapi et gagné la haute vallée du rio Chubut, par lequel il est redescendu jusqu'à l'Atlantique.

❁ ❁ ❁

BIBLIOGRAPHIE

REVUE DES PÉRIODIQUES

Articles signalés :

Annales de géographie, 15 avril 1893. — *Rapport sur le tremblement de terre de Zante du 31 janvier 1893, avec six photogravures hors texte et deux cartes,* par E. Ardaillon, de l'École française d'Athènes. — (L'auteur ne croit pas que ce tremblement de terre, dont les ravages sont dus surtout à la mauvaise construction des maisons et au peu de fixité des terrains qui les supportent, soit d'origine volcanique. Il repousse également l'hypothèse de M. W.-G. Forster, directeur de l'Eastern Telegraph Company, à Zante, qui attribue les tremblements de terre dont cette région est si souvent le théâtre aux éboulements qui, sous l'influence des courants et des actions chimiques, se produiraient dans les fonds marins à brusque dénivellation. M. Ardaillon réfute cette théorie; il estime que les éboulements marins constatés sont des effets et non des causes, et y voit des manifestations d'un travail de l'écorce terrestre, qui serait la dernière phase de la formation des Alpes. C'est, en tout cas, un fait certain, ajoute-t-il, qu'il se creuse sur la côte occidentale du Péloponèse une longue et profonde dépression et que les tremblements de terre de ces contrées sont intimement liés à la formation de cette vallée sous-marine.) — *L'Hydrographie des eaux douces* (suite), par Marcel Dubois. — *Nouvelles observations sur la géographie physique du plateau de Teruel,* avec figures et une carte en couleur, par A. Dereims, préparateur de géologie à la Faculté des sciences de Paris. (Description d'une des réions les plus pauvres et les moins abitées de l'Espagne.) — *Les Iles Saint Paul et Amsterdam,* avec figures et deux cartouches, par Ch. Vélain, chargé d'un cours de géographie physique à la Faculté des sciences de Paris. (Étude très complète, accompagnée d'intéressants dessins. On y trouvera un historique de la découverte de ces îles et des différentes tentatives de reconnaissance dont elles ont été l'objet, la description détaillée de chacune d'elles et l'exposé des avantages que nous pouvons attendre de leur occupation.) — *Mission Emile Gautier à Madagascar,* avec carte, par E. Gautier. — (L'itinéraire de M. Gautier va de Majunga à Antsohihi, puis par Befandriana au lac Alaotra. L'auteur a été frappé de ne trouver dans ce riche pays qu'une population clairsemée, en retard sur ses voisines. La faute en est, dit-il, aux conquérants hovas, qui ferment à l'exploitation européenne un pays qu'ils ne peuvent exploiter eux-mêmes, ce qui est d'autant plus fâcheux que le climat est relativement sain et ne serait certainement pas un obstacle à l'activité des Européens.) — *État de nos connaissances sur l'Amérique du Sud* (fin), par L. Gallois.

Revue de géographie, avril 1893. — *A propos de l'exposition universelle de Chicago* (1893). *La colonisation française dans l'Amérique du Nord, d'après l'exposition cartographique de la Bibliothèque nationale organisée par M. Gabriel Marcel. Océanographie. — Sur le Plankton. La couleur des eaux et les courants,* par A. Pettit. (On désigne par le mot *plankton* l'ensemble des organismes animaux et végétaux qui nagent passivement à la surface des eaux. La connaissance approfondie du régime du plankton serait fort utile. Combinée avec celle de la température des couches d'eau, elle servirait à la réglementation rationnelle des pêches. Les études du plankton, inaugurées en Allemagne vers 1845, poursuivies en Norvège, ont été reprises en France, par M. Pouchet, professeur au Muséum, avec le concours du prince de Monaco. Ce dernier est arrivé à cette conclusion pratique que des naufragés munis des filets fins servant à la pêche du plankton pourraient, à la rigueur, assurer leur nourriture pour quelque temps. Peut-être, selon M. Pouchet, la différence de couleur de l'eau de mer tiendrait-elle uniquement à la nature du plankton : en effet, il s'est assuré par diverses expériences que l'eau de mer filtrée est bleue; dans les eaux chaudes où, normalement, le plankton est un animal, cette couleur naturelle ne serait pas altérée; dans les mers froides ou contraire, la phycophaéine, principe colorant vert des algues, soluble dans l'eau, serait abandonnée par les organismes végétaux en quantité suffisante pour verdir l'eau. L'article renferme neuf figures relatives au plankton et aux appareils océanographiques et un fac-simile des instructions renfermées dans les flotteurs du prince de Monaco et de M. Pouchet.)

Geographical Journal, avril 1892. — *Twenty Years in Zambezia,* par F. C. Selous, avec carte. (L'auteur retrace succinctement les excursions de chasse qu'il a entreprises dans la région du Zambèze depuis 1870. Quoique M. Selous n'ait fait que très tardivement des levés des nombreuses routes parcourues par lui, il a acquis néanmoins une connaissance très approfondie de la contrée, ce qui lui a permis de guider l'expédition envoyée en 1890 dans le Machonaland par la British South Africa Company. M. Selous donne de précieux renseignements sur les tribus, le climat, etc., de cette partie de l'Afrique qu'un long séjour lui a rendue familière. On lira également avec intérêt, cette question étant à l'ordre du jour, sa théorie sur les cités en ruines du Machonaland ainsi que sur les anciens chercheurs d'or.) — *Notes on a portion of the Kalahari,* par Edw. Wilkinson, avec carte. (Notes prises au cours de deux voyages exécutés dans la partie du Kalahari située dans la région nord-ouest du Bechouanaland anglais en 1889 et 1890-1891. L'auteur donne un tracé complètement nouveau du cours de la rivière Molopo dans cette région.) — *The Sandgate Landslip,* par W. Topley. (Note sur les éboulements de Sandgate, sur leurs causes probables et sur les moyens d'y remédier.) — *The Country East of the Junction of Sabi and Odzi Rivers,* par le Rev. H.-G. Knight-Bruce. (Notes nouvelles sur la région à l'est du confluent du Sabi et de l'Odzi, avec croquis.) — *Brazilian exploration in the Amazone Valley.*

Verhandlungen der Gesellschaft für Erdkunde, mars 1893. — *Skizze der physikalischen und industriellen Geographie Californiens,* par E.-W. Hilgard, avec carte. (Étude sur la géographie économique de la Californie, dont l'auteur vante le climat et l'excessive fertilité. La grande vallée centrale et la vallée de la Californie du sud surtout, quoique ne recevant que peu de pluies, n'en sont pas moins, grâce à une irrigation bien ordonnée, de véritables vergers.) — *Reiseskizzen aus Spanien und Portugal,* par le professeur Th. Fischer, avec carte. (Étude sur le relief du sol de la presqu'île Ibérique au point de vue des climats et du développement général des richesses du pays, agriculture, industrie, commerce. L'auteur montre la péninsule bien arrosée, riche et active à la circonférence et aride, pauvre et en décadence sur le grand plateau du centre où, sauf peut-être Madrid, les villes se dépeuplent lentement.) — *Bilder aus dem Geistesleben der Souaheli in Ost-Afrika, ihrer epischen und lyrischen Dichtung entnommen,* par C. G. Büttner. (Étude sur la culture intellectuelle et sur les poésies épiques et lyriques des Souaheli. M. G. Büttner a été nommé professeur de souaheli à l'École des langues orientales de Berlin.)

Mitteilungen de Petermann, avril 1893. — *Die Tonalitkerne der Rieserferner in Tirol,* par le docteur Ferdinand Löwl. (Première partie d'un article exclusivement géologique sur une chaîne des Alpes du Tyrol, contrefort méridional des Hohe Tauern, qui renferment deux noyaux importants de *tonalite,* espèce de diorite quartzifère. L'article est accompagné de croquis et d'une carte au 100 000°.) — *Die hypsometrischen und meteorologischen Ergebnisse der dritten ostafrikanischen Expedition, von Dr Hans Meyer, im Jahre* 1889, par le docteur Ernest Wagner (suite). (Dans cette partie de son travail, M. Wagner s'occupe des mesures d'altitude déterminées par l'explorateur et donne la liste de dix-huit points, pour chacun desquels il a été fait six observations au maximum, avec les hauteurs calculées d'après ces observations.) — *Kleinere Mitteilungen :* Prof. Krümmel, *Russische Arbeiten zur Ozeanographie des Nordpazifischen Oceans.* — Hammer, *Längenbestimmung aus photographischen Monddistanzen und der Nullstand der Europäischen Höhen.* — R. Grundemann, *Bischof Kepharts Endeckung im Scherboro-Gebiet.* — Ule, *Zur Gründung der neuen Hauptstadt Brasiliens.* — G. E. Fritzsche, *Die Trennungsinie zwischen Alpen und Apennin.*

Izvestia de la Société de géographie de Saint-Pétersbourg. T. XXVIII, 1892.

Fascicules IV, V et VI. — Semenoff. *Le rôle de la Russie dans le mouvement colonial des peuples européens.* — Androussoff. *Quelques résultats de l'expédition de la mer Noire.* — Sven-Hedin. *Ascension de Demavend et voyage au Decht-i-Kévir.* — Spindler. *Exposition géographique de Moscou de 1892.* — Bogdanovitch. *De la méthode graphique des levés avec l'orographie de F. Schrader.* — Le fascicule VI qui vient de paraître termine le tome XXVIII des *Izvestia.* — T. XXIX. Fascicule I. — Vitkovsky. *Des travaux géodésiques aux États-Unis.* — Mentionnons pour les personnes qui s'y intéressent, qu'elles peuvent consulter dans le t. XXVIII, sans savoir lire le russe, la carte du Khingan de M. l'outiata, la carte du relief du fond de la mer Noire, la carte de la région de l'Oural à la hauteur de Iekaterinbourg, une liste d'altitudes déterminées par Grombtchevsky pendant son voyage au Pamir, au Raskem, dans la Kachgarie et au Tibet nord-occidental (pp. 93-100), une liste de coordonnées géographiques dans la région du partage des eaux entre l'Europe et l'Asie, aux environs de Iekaterinbourg (pp. 292-298).

COMPTES RENDUS

Oliveira Martins : *Les explorations des Portugais antérieures à la découverte de l'Amérique*; traduit par A. Boutroue. Paris, Ernest Leroux, 1893, in-8°.

Cette brochure est la reproduction d'une conférence faite en espagnol à l'Athénée de Madrid, en 1891, par M. J.-P. de Oliveira Martins, écrivain et homme politique portugais, et traduite par M. Boutroue, un des membres les plus actifs de la Société de géographie de Paris, récemment chargé de missions en Portugal et en Algérie. L'auteur n'apprend rien de nouveau; mais il groupe habilement les principales découvertes des Portugais en Afrique, et nous donne un tableau assez vivant, dans sa brièveté, de cette époque héroïque de l'histoire du petit royaume, qu'inaugure l'infant Henri le Navigateur. Il retrouve dans la législation maritime du roi Ferdinand, à la fin du XIVᵉ siècle, le modèle adopté depuis lors par les grandes puissances, et sa conclusion, un peu chauvine peut-être, c'est que non seulement tous les marins modernes se sont formés à l'école du Portugal, mais encore que ce sont ses institutions coloniales qui ont servi de modèle à tous les peuples.

Le traducteur a ajouté à cette conférence une préface intéressante et des notes utiles, ainsi qu'une carte d'Afrique donnant les principales explorations dont il est question dans le texte.   **H. J.**

Sir Alfred Lyall : *The Rise of the British Dominion in India*; seconde édition; Londres, John Murray, 1893, in-12.

Ce petit volume fait partie d'une série déjà connue et appréciée en Angleterre, les *University Extension Manuals*, manuels d'enseignement supérieur, à l'usage des étudiants ou des gens du monde, qui sont des résumés de cours universitaires. Sir Alfred Lyall a traité, d'une façon très complète, l'histoire de la conquête de l'Inde par l'Angleterre. Comme il le dit fort bien, cette conquête est un événement unique dans l'histoire. « Il n'y a pas d'exemples antérieurs de l'acquisition et de

la conservation d'une dépendance d'une telle étendue, peuplée d'un si grand nombre d'hommes, et à une telle distance du pouvoir central. » Cette conquête ne s'est pas faite au hasard; elle a été le résultat d'une politique qui depuis deux siècles a constamment tendu vers le développement du commerce et de la marine marchande. C'est à sa supériorité dans ces deux domaines que l'Angleterre a dû de triompher, sur l'Espagne et le Portugal d'abord, puis sur la Hollande et la France. Le traité de Paris, en 1763, a terminé la première époque de la conquête, celle où l'Angleterre avait pour adversaires des États européens. La seconde, qui va du traité de Paris à la conquête du Pendjab en 1849, est remplie par les luttes contre les dynasties indigènes.

C'est cette histoire, souvent dramatique, riche en grandes figures, que sir Alfred Lyall raconte avec beaucoup de clarté et d'élégance, également à l'aise dans le récit et dans les considérations générales. Arrivé au point de conclure, il se sent pris d'hésitation, et ne sait trop si la conquête aura vraiment été un avantage de premier ordre pour l'Angleterre. Mais, se hâte-t-il d'ajouter, il paraît évident que l'avantage aura été grand pour le progrès général de l'humanité. « Quelle que soit la destinée de notre empire de l'Inde, nous aurons donné aux Hindous de grands et durables avantages, et nous en aurons acquis, à nous-mêmes, un bon renom dans l'histoire. »

Voilà une conclusion bien anglaise, et nous ne savons trop si tous les sujets hindous de Sa Majesté Britannique seraient disposés à y souscrire. Ajoutons, pour rendre pleine justice à l'auteur, qu'il a traité avec impartialité les épisodes de l'histoire de l'Inde où la France a joué un rôle si marquant. Il n'a pas cherché à diminuer la valeur personnelle de Dupleix. Peut-être en revanche a-t-il un peu déprécié son œuvre, en la décrivant comme vouée à un échec certain, même sans l'apathie et le mauvais vouloir du gouvernement français.   **H. J.**

J. Thomson : *British New Guinea*. Londres, Philip, 1892, in-8° (avec 49 gravures, un portrait et une carte).

Ce volume ne contient pas, comme on pourrait le supposer d'après son titre, une description de la Nouvelle-Guinée britannique où seraient résumés tous les travaux antérieurs. Il est consacré presque exclusivement aux voyages, d'ailleurs si importants, de l'administrateur Macgregor à l'Owen Stanley, sur le Fly, et dans les archipels de la Louisiade et d'Entrecasteaux, voyages au courant desquels nous avons tenu nos lecteurs, et qui sont racontés ici avec détail, souvent dans les termes mêmes des rapports officiels.

Le volume se termine par une série d'appendices, qui ne sont pas tous inédits, faits par différents auteurs sur la minéralogie, la paléontologie, la zoologie, etc., de la Nouvelle-Guinée, et par quelques vocabulaires des dialectes indigènes. Les illustrations qui accompagnent l'ouvrage sont généralement intéressantes.   **H.**

Maurice Viguier : *La géographie dans les chaires de l'Université.* Avignon, Seguin frères, 1893; brochure in-8°.

Nous nous bornons à signaler cette brochure, consacrée à l'examen critique de quelques manuels récents de géographie.

P. Langhans : *Deutscher Kolonialatlas*, (en cours de publication). Gotha, Justus Perthes, 1893.

Cet atlas se composera de trente cartes accompagnées de nombreux cartouches.

Il sera complet en 15 livraisons. Les deux premières livraisons seules ont paru jusqu'à présent. La première renferme une préface et une liste des cartes ainsi que les cartes 1 et 25; la première montre la répartition des Allemands sur la surface du globe, la seconde est la feuille n° 2 d'une carte de la Nouvelle-Guinée en 6 feuilles. La 2ᵉ livraison contient les cartes 4 et 24, la première indique au moyen de 6 teintes la répartition des Allemands en Allemagne et dans les pays avoisinants; de nombreux cartouches constatant les progrès de la langue allemande, la répartition des émigrants, etc., la seconde est la 1ʳᵉ feuille de la carte de la Nouvelle-Guinée mentionnée plus haut.

Ces cartes sont admirablement gravées et coloriées; mais il nous paraît qu'une trop grande importance est donnée à des pays comme la Nouvelle-Guinée. L'insuffisance de nos connaissances sur cette grande île est fâcheusement soulignée dans les 6 feuilles que l'atlas lui consacre.   **M. C.**

Fritzsche, *Carta politica speciale del regno d'Italia*; 20 feuilles au 1 : 500 000. Rome, Institut cartographique italien, 1893.

C'est avec une véritable satisfaction que nous annonçons cette carte, qui vient combler enfin une lacune regrettable. Tout ce que nous possédions jusqu'à présent en fait de cartes à la portée du plus grand nombre des personnes désireuses d'avoir des indications claires, exactes et tenues au courant sur la péninsule, laissait trop à désirer pour que l'on n'accueille pas avec plaisir un travail qui, sans être parfait, répond suffisamment aux recherches administratives, économiques, statistiques et même historiques. M. Fritzsche, l'auteur de la nouvelle carte, a apporté à l'exécution de cette œuvre toute l'expérience d'un cartographe allemand, et son collaborateur, M. Grimaldi-Casta, a su profiter des matériaux qu'il avait à sa disposition dans les bureaux de la Direction générale de la statistique, dont il est un des employés les plus actifs. La partie topographique se base sur les données et les levés de l'Institut géographique militaire italien; il est à regretter que toute indication des montagnes ait été omise dans le seul but de laisser en évidence la lettre : devant le nombre incalculable d'indications de toute sorte qui couvrent la carte, nous comprenons en effet que le dessin du terrain n'aurait pas contribué à la clarté. Nous critiquerons aussi un papillotage de couleurs, qui était peut-être inévitable. Mais en somme, nulle autre carte d'Italie ne peut être comparée à celle-ci. La lettre indique, par ses dimensions variées, l'importance des localités suivant leurs populations. Les limites des provinces, des arrondissements et des 8253 communes sont bien indiquées, ainsi que les canaux, les chemins de fer et les routes. Ajoutons qu'on trouve aussi les noms des régions historiques, même de celles qui sont les moins étendues ou dont l'importance est secondaire.   **E. F.**

NOUVELLES GÉOGRAPHIQUES

ITINÉRAIRE DE LA MISSION C. MAISTRE

Nous devons à l'obligeance de M. C. Maistre de pouvoir donner à nos lecteurs un croquis sommaire de l'itinéraire que vient de parcourir notre jeune compatriote. Il n'a pas été possible au voyageur de nous donner encore le texte qui doit accompagner ce tracé; ce texte paraîtra dans notre prochain numéro. En attendant, nous nous référons au résumé qui figure dans notre Chronique, p. 93.

Il nous a paru préférable de ne pas attendre au mois prochain pour donner la carte de ce beau voyage, qui vient de placer M. Maistre au rang de nos premiers explorateurs.

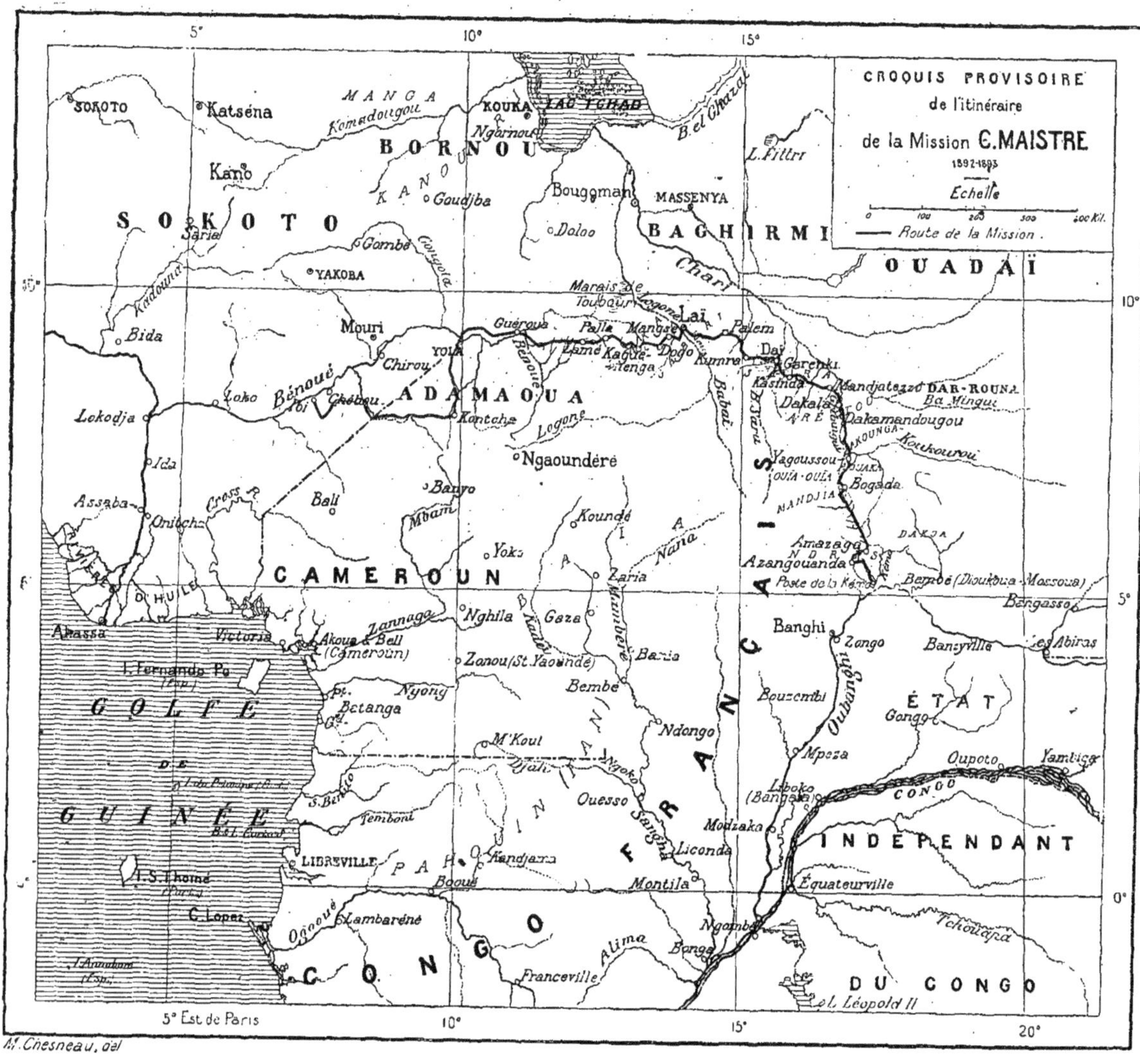

LE GRÖNLAND EN 1891-1892

L E Grönland est, comme on le sait, une dépendance du Danemark.

Depuis le milieu du xviiie siècle, cet État a fondé sur la côte occidentale du Grönland un certain nombre de missions et de comptoirs et soumis les Eskimos à une administration régulière. Entre les diverses organisations imaginées par les peuples soi-disant supérieurs pour soumettre les peuplades primitives, celle adoptée par le Danemark pour le Grönland mérite une place à part. C'est une colonie philanthropique. Le gouvernement danois, bien loin d'exploiter à son profit les indigènes, comme tant d'autres nations, ne cherche qu'à assurer leur bien-être en favorisant le développement de leur civilisation rudimentaire. Son œuvre est tout entière de protection. En échange des produits de leur chasse, le Danemark fournit aux Grönlandais les denrées européennes qui leur sont nécessaires; une seule est absolument défendue, l'eau-de-vie, dont on sait les effets pernicieux sur les sauvages.

Pour que cette protection soit efficace, le gouvernement danois a interdit par des traités l'accès du Grönland aux navires de toutes les puissances, et par des lois aux bâtiments appartenant à ses nationaux. Le monopole de la navigation et du commerce sur cette terre polaire appartient à l'État danois, ou plus exactement à une division du Ministère de l'intérieur portant le nom de Direction du Commerce royal au Grönland (*Direktorat for den Kongelige grönlandske Handel*). Pour assurer la fermeture du Grönland, point n'est besoin de la présence de navires de guerre, ni d'un appareil militaire. Sans une lettre de crédit de la Direction du Commerce, les capitaines des navires qui relâcheraient dans les colonies grönlandaises ne pourraient obtenir ni eau, ni charbon, ni vivres. En faveur des naturalistes seuls, le gouvernement de Copenhague se départ de sa prohibition. Aux savants il ouvre l'accès du Grönland avec une libéralité dont tous ceux qui en ont profité gardent un souvenir reconnaissant. Mais à l'égard des simples voyageurs l'administration se montre absolument impitoyable. Une société de touristes ayant récemment sollicité l'autorisation d'entreprendre une excursion au Grönland a éprouvé un refus péremptoire. De cette décision on ne saurait trop féliciter la Direction du Commerce. En tout pays l'influence des touristes est démoralisante, bien plus déplorable encore elle serait sur des primitifs comme les Eskimos. Très certainement la présence de nombreux étrangers mettrait en péril l'œuvre poursuivie par le gouvernement danois avec autant de succès que de persévérance.

Chaque année la « Direction du Commerce » publie quatre petits fascicules pleins d'intérêt sur le Grönland et ses habitants. Les *Meddelelser fra Direktoratet for den Kongelige grönlandske Handel* sont le journal officiel de la colonie. Le premier numéro de 1893, paru tout récemment, renferme un rapport général sur l'état du Grönland de septembre 1891 à septembre 1892. A cette époque, date de la fermeture de la navigation, commence l'année administrative au Grönland.

L'hiver 1891-1892 a été relativement doux. Dans le Grönland septentrional, le thermomètre n'est point descendu au-dessous de — 37°, et à Julianehaab, la « colonie » la plus méridionale, au-dessous de — 21°. Dans le district de Holstensborg, les fjords n'ont été recouverts de glace qu'en décembre, et la côte à la fin de janvier. Aux environs d'Upernivik, les premières glaces se formèrent en octobre.

En janvier et février, la *Vestis*[1] s'étendit jusqu'à la côte des districts de Holstensborg et de Sukkertoppen, puis disparut.

La *Storis*[2] se montra dans le courant de février en masses considérables devant le district de Julianehaab. Dérivant ensuite pendant l'été vers le nord, elle atteignit les parages de Sukkertoppen, puis, poussée par des vents du sud, remplit de glaces épaisses tous les fjords de la région, ordinairement libres à cette époque de l'année. A la fin d'août seulement cette banquise s'éloigna de terre.

Le phoque est, comme on le sait, le principal produit du Grönland. Cet amphibie fournit à tous les besoins de l'Eskimo; il lui donne tout à la fois la nourriture, le vêtement et le chauffage. Tel est le nombre de ces animaux tués sur les côtes du Grönland, que, déduction faite de ceux nécessaires à la consommation des indigènes, il a été exporté en Danemark, du 1er avril 1891 au 31 mars 1892, 10 732 tonnes de lard et 2 299 tonnes de foie de phoque. Avec les produits de cet amphibie, la peau du renard bleu est le principal article du commerce du Grönland. Durant l'année 1891-1892, 1 395 peaux ont été envoyées à Copenhague, où ces précieuses fourrures sont mises en adjudication.

Le passage des *Meddelelser* relatif à l'état sanitaire est particulièrement intéressant par de curieux renseignements sur l'influenza. Cette maladie, endémique au Grönland, fait les plus grands ravages parmi les indigènes; très certainement elle cause la majorité des décès. Pendant l'année 1891-1892, l'épidémie éclata dans le district de Julianehaab, c'est-à-dire dans la partie sud du Grönland, puis dans le courant de l'été

1. Mot à mot : *Glace de l'ouest*, nom sous lequel les Danois désignent la banquise descendant le long de la rive américaine du détroit de Davis et originaire de la mer de Baffin. Elle se trouve par suite à l'ouest du Grönland, d'où son nom.

2. La *Grande Glace*, banquise de la côte sud-ouest, provenant de la côte orientale. Cette masse de glace double le cap Farvel, poussée par le courant polaire, puis remonte le long de la côte ouest. Sous l'influence de vents persistants du sud, elle peut arriver jusqu'à la latitude de Sukkertoppen.

se développa à Frederikshaab et à Godthaab « sous l'influence de temps humides ». Durant tout l'hiver, le district d'Upernivik, le plus septentrional, fut particulièrement éprouvé. Les enfants surtout succombèrent, et chez tous les malades la convalescence fut très longue. Autant de phénomènes semblables à ceux observés dans les terribles épidémies d'influenza que nous avons subies au cours de ces dernières années.

A la fin de 1891 la population indigène des établissements danois au Grönland s'élevait à 10 244 individus, 2 187 hommes et 2 366 femmes dans le Grönland septentrional, 2 625 hommes et 3 066 femmes dans le Grönland méridional.

Le tableau suivant donne la répartition de la population dans les différents districts.

DISTRICTS.	HOMMES					FEMMES					TOTAL GÉNÉRAL.
	MARIÉS.	VEUFS.	CÉLIBATAIRES.	ENFANTS au-dessous de 12 ans.	TOTAL.	MARIÉES.	VEUVES.	CÉLIBATAIRES.	ENFANTS au-dessous de 12 ans.	TOTAL.	
Julianehaab. . . .	370	37	339	389	1 135	370	182	409	403	1 364	2 499
Frederikshaab . .	101	17	89	122	329	102	57	141	125	425	754
Godthaab.	122	12	133	130	397	122	93	165	115	495	892
Sukkertoppen . .	151	15	147	156	469	152	73	127	141	493	962
Holstensborg . . .	95	12	97	91	295	95	30	79	85	289	584
Grönland méridional.	839	93	805	888	2 625	841	435	921	869	3 066	5 691
Egedesminde. . .	142	14	172	177	505	141	85	171	158	555	1 060
Christianshaab . .	76	10	68	80	234	79	25	66	74	244	478
Jakobshavn. . . .	76	14	71	62	223	76	29	63	76	244	467
Ritenbenk.	70	11	87	82	250	73	24	64	73	234	484
Godhavn.	44	3	41	52	140	45	23	43	50	161	301
Umanak	138	24	160	150	472	142	52	172	155	521	993
Upernivik.	119	14	127	103	363	120	45	127	115	407	770
Grönland septentrional. . . .	665	90	726	706	2 187	676	283	706	701	2 366	4 553
Grönland.	1 504	183	1 531	1 594	4 812	1 517	718	1 627	1 570	5 432	10 244

MOUVEMENT DE LA POPULATION EN 1891.

DISTRICTS.	NAISSANCES			DÉCÈS			EXCÉDENT des naissances sur les décès.	EXCÉDENT des décès sur les naissances.	POUR 1000 INDIVIDUS	
	MASCULIN.	FÉMININ.	TOTAL.	MASCULIN.	FÉMININ.	TOTAL.			NAISSANCES.	DÉCÈS.
Julianehaab	55	61	116	36	36	72	44	»	46	29
Frederikshaab	13	22	35	22	28	50	»	15	46	66
Godthaab	13	16	29	12	24	36	»	7	33	40
Sukkertoppen.	23	17	40	15	15	30	10	»	42	31
Holstensborg.	11	19	30	6	4	10	20	»	51	17
Grönland méridional	115	135	250	91	107	198	52	»	44	35
Egedesminde.	9	21	30	15	16	31	»	1	28	29
Christianshaab.	15	8	23	8	10	18	5	»	48	38
Jakobshavn	6	11	17	1	6	7	10	»	36	15
Ritenbenk	11	7	18	8	8	16	2	»	37	33
Godhavn.	4	»	4	2	1	3	1	»	13	10
Umanak.	13	11	24	15	6	21	3	»	24	21
Upernivik	23	11	34	62	54	116	»	82	44	151
Grönland septentrional . . .	81	69	150	111	101	212	»	62	33	47
Grönland	196	204	400	202	208	410	»	10	39	40

Le tableau relatif au mouvement de la population est particulièrement intéressant.

Pendant l'année 1891 le chiffre des indigènes des établissements danois au Grönland accuse une légère diminution. Mais c'est un cas anormal : presque tous les ans, les statistiques accusent au contraire un léger excédent.

On remarquera d'autre part l'excédent des naissances féminines sur les naissances masculines, contrairement à ce que les statistiques mettent en lumière dans les autres pays.

CHARLES RABOT.

❁ ❁ ❁

LES EXPLORATIONS OCÉANOGRAPHIQUES

DE LA FRÉGATE AUTRICHIENNE « POLA » DANS LA MÉDITERRANÉE [1]

L'ACADÉMIE des Sciences de Vienne a commencé la publication des résultats des deux campagnes océanographiques accomplies par la frégate *Pola* dans la Méditerranée pendant les étés des années 1890 et 1891. La première série [2], la seule qui ait encore paru, comprend une description des appareils principalement mécaniques employés à bord par le commandant, capitaine de frégate W. Mörth ; un second chapitre expose les recherches physiques exécutées par le prof. J. Luksch et rédigées par MM. J. Luksch et J. Wolf ; un troisième et un quatrième traitent des études et analyses chimiques auxquelles s'est livré le docteur K. Natterer. Chacun de ces chapitres, et particulièrement le premier et le second, est accompagné de dessins et de cartes magnifiques, de sorte que, d'une façon générale, on peut affirmer que le livre mérite de sincères éloges et fait honneur aux savants qui ont conseillé l'expédition, au Gouvernement qui l'a autorisée et aidée, à la Marine Impériale et aux explorateurs qui ont accompli avec autant de talent que de dévouement la tâche qui leur était confiée.

C'est en effet le 11 avril 1889 que les membres de la section des mathématiques et de l'histoire naturelle de l'Académie des Sciences de Vienne rédigeaient un rapport exposant l'intérêt scientifique et l'utilité pratique d'une expédition océanographique. Le Gouvernement accueillit le projet avec bienveillance, et une souscription de 12 000 florins fut votée. L'État s'engagea à fournir un vaisseau, les instruments et machines nécessaires ainsi qu'à pratiquer à ses frais les installations dans l'arsenal de Pola. On fit choix de la frégate *Pola*, de 1 293 tonnes, munie d'une machine de 625 chevaux et qui avait précédemment exécuté deux campagnes scientifiques, l'une à Jan Mayen, l'autre sur les côtes de l'Asie Mineure. Déjà à l'époque de l'expédition du *Tegetthoff* dans les régions polaires, la population entière, toutes les classes de la société, avaient manifesté l'enthousiasme suscité par ce genre de travaux, et compris combien est légitime la gloire qui en rejaillit sur une nation. Il en était à peu près de même cette fois, et pour ne citer qu'un seul fait, les compagnies de chemins de fer accordèrent le passage gratuit entre Vienne, Pola, Trieste et Fiume à tout le personnel attaché aux préparatifs et à l'exécution de l'expédition.

On eut l'heureuse idée d'envoyer d'abord à l'étranger quelques-uns des futurs explorateurs ; le prof. von Marenzeller, zoologiste, se rendit à Paris auprès du prince de Monaco, et le prof. Grobben à la station de Naples, et chacun d'eux prit ainsi connaissance des appareils les plus perfectionnés et dont un usage antérieur avait permis d'apprécier les avantages et les désavantages.

Le 10 août 1890, la *Pola* quittait pour sa première campagne le port de Pola. Outre l'état-major scientifique autrichien, elle portait à son bord le prince de Monaco et le baron Jules de Guerne qui, cette année même, présidait la Société zoologique de France. Le 19 septembre, elle rentrait à Pola. On avait parcouru 2 616 milles, fait des observations topographiques, physiques, chimiques et biologiques à 48 stations principales et à 24 stations secondaires. Le terrain exploré s'étendait sur le vaste espace limité par la côte d'Albanie, la Grèce jusqu'à l'île de Cérigo, le Ras Hilil en Afrique et la Cyrénaïque jusqu'à Benghazi, d'où l'on revint directement vers le canal d'Otrante et au fond de l'Adriatique en se bornant à exécuter quelques crochets le long des îles Ioniennes. L'aire étudiée correspondait à peu près à celle qu'avaient déjà reconnue en 1880 le yacht autrichien *Hertha*, au prince de Lichtenstein, et, en 1887, le navire de l'État italien *Washington* sous le commandement du capitaine, aujourd'hui contre-amiral, Magnaghi.

La seconde campagne commença le 22 juillet 1891. On suivit encore la côte occidentale de Grèce jusqu'à Cérigo ;

1. *Nouvelles Géographiques*, 1892, p. 17, 127.
2. *Denkschriften der Kaiserl. Akademie der Wissenschaften in Wien. Bd. LIX. Berichte der Commission für Erforschung des östlichen Mittelmeeres. — Erste Reihe :*

I. *Die Ausrüstung S. M. Schiffes « Pola » für Tiefsee-Untersuchungen, beschrieben von dem Schiffs-Commandanten K. u. K. Fregatten-Capitän W. Mörth.*

II. *Physikalische Untersuchungen im östlichen Mittelmeer von Prof. J. Luksch, bearbeitet von den Professoren J. Luksch und J. Wolf. I. und II. Reise S. M. Schiffes « Pola » in den Jahren 1890 und 1891.*

III. *Chemische Untersuchungen im östlichen Mittelmeer von Dr K. Natterer. I Reise S. M. Schiffes « Pola » im Jahre 1890.*

IV. *Chemische Untersuchungen im östlichen Mittelmeer von Dr K. Natterer. II. Reise S. M. Schiffes « Pola » im Jahre 1891.*

(Avec 2 cartes, 34 tableaux et 4 figures dans le texte.)

on contourna l'île de Candie en rayonnant sur Athènes, Milo et Santorin, puis on se rendit presque en droite ligne à Alexandrie, d'où l'on revint en longeant la côte d'Afrique jusqu'à la hauteur du Ras el-Milh avec retour sur l'île Gardo, près de Candie, et de là vers le canal d'Otrante.

Cet itinéraire a été choisi avec un parfait discernement. En effet, le temps des grandes expéditions est passé; les lois générales de l'Océan sont suffisamment connues et il ne s'agit plus comme autrefois de parcourir toutes les mers du globe, ce qui exciterait sans doute l'admiration du vulgaire, mais ne présenterait guère pour la science qu'un médiocre intérêt, hors de proportion avec les dépenses exigées d'argent et d'efforts. On doit maintenant observer d'une manière consciencieuse et détaillée un terrain restreint, afin de n'avoir plus, pour ainsi dire, à y revenir. L'œuvre s'accomplit alors sûrement. Aussitôt que le moment en sera venu, grâce à la toute-puissante méthode jadis préconisée par Ampère et qui consiste à représenter les résultats obtenus sous forme de graphiques, les lois, but définitif qu'on se propose, s'imposeront comme d'elles-mêmes, et pour employer la propre expression d'Ampère, elles se dégageront par un coup d'œil autoptique, de ces tableaux multicolores comparés et superposés les uns aux autres. Cette voie est la seule féconde. La météorologie n'a possédé de documents certains et n'a travaillé avec une complète sécurité que lorsqu'elle a fait usage d'instruments enregistreurs; de même, l'océanographie où, selon la logique, se trouve la clef rationnelle de l'étude de l'océan aérien, la météorologie n'accomplira de vrais progrès qu'après qu'elle se sera résolue, elle aussi, à appliquer aux mesures les instruments enregistreurs fournissant des indications continues, faites au même point et, concurremment, en des points différents. On possédera les bases indiscutables du grand problème naturel et l'unique fil conducteur destiné à guider dans la recherche des lois, le synchronisme des phénomènes, c'est-à-dire leur liaison, leur dépendance mutuelle et leur relation réciproque de cause à effet. De nombreux essais ont été tentés et le Dr Regnard, auquel la science est redevable de travaux remplis d'originalité et de précision sur les conditions de la vie marine, a imaginé des thermomètres, des actinomètres et quelques autres appareils enregistrant au sein des eaux les conditions du milieu ambiant. Ces tentatives n'ont malheureusement pas été poussées assez loin et c'est pourquoi il convient de stimuler dans cette direction le zèle et l'ingéniosité des inventeurs.

Nous ne nous étendrons pas sur les aménagements de la frégate; ils sont indiqués en détail dans l'ouvrage, et les planches qui accompagnent le rapport les représentent avec une extrême netteté. Il serait difficile d'abréger la description de machines compliquées et d'ailleurs d'un intérêt spécial. Le prince de Monaco avait installé à bord plusieurs appareils dont il s'était déjà servi pendant ses diverses navigations scientifiques et il avait amené avec lui l'un des hommes de son propre équipage pour en enseigner la manœuvre. La machine à sonder, construite par M. Jules Le Blanc à Paris, a fonctionné d'une manière très satisfaisante. Les deux sortes de câbles en fils d'acier de la drague avaient respectivement 10 millimètres et 4,5 millimètres de diamètre; ils étaient actionnés par une machine de 30 chevaux et avaient été fabriqués par la compagnie anonyme des forges de Châtillon et Commentry. Le fil servant aux sondages, fourni par la maison C. Bamberg, de Friedenau près de Berlin, avait 0,9 millimètre et pou-

vait supporter un poids de 180 kilogrammes. Les autres appareils servaient à la pêche, dragues, filets, modèles de MM. Chun, Petersen, Hensen et du prince de Monaco. Les câbles et fils d'acier étaient conservés, précaution indispensable à la mer, dans de la vaseline, qui donna d'assez bons résultats, bien qu'inférieurs à ceux obtenus ensuite avec des huiles minérales. Les opérations s'exécutaient pendant la journée et l'on s'arrangeait de façon à faire route pendant la nuit pour se trouver le lendemain, dès la première heure, à la station qu'on se proposait d'étudier.

Les recherches physiques consistaient dans le relevé des températures superficielles et profondes, la détermination du poids spécifique et de la transparence ainsi que l'estimation de la couleur des eaux, enfin la mesure de quelques données météorologiques. Les mesures de courants n'ont pas été prises, sous le prétexte qu'elles pouvaient être déduites des données thermométriques et de poids spécifiques. Cette lacune est regrettable. Si personne ne nie la relation existant entre la température, la densité et les courants, personne ne l'a établie avec précision; la connaissance de cette relation est l'un des problèmes encore non résolus les plus captivants de l'océanographie, et précisément pour le résoudre, il importerait de comparer aux données thermométriques et densimétriques les observations directes prises à l'aide de la drague à courants, comme à bord du *Challenger* et plus tard du *Buccaneer* dans le golfe de Guinée, ou mieux du flotteur de Mitchell, cet instrument si simple, si commode et cependant si précis. D'ailleurs les courants sont encore influencés par d'autres causes, telles que la configuration géographique, le relief du fond, la rotation de la terre, le vent et peut-être, dans cette partie de la Méditerranée, le voisinage du golfe de la Syrte, où la marée se fait sentir. Quant aux observations de marées elles-mêmes, le temps très court consacré par la *Pola* aux relâches interdisait absolument de s'en occuper.

Les résultats obtenus sont exposés dans une série de tableaux.

Le premier d'entre eux comprend pour 72 stations la température, le poids spécifique et la couleur de l'eau de mer mesurés pendant l'été de 1890.

Le second, la température, le poids spécifique et la couleur de l'eau de mer mesurés pendant l'été de 1891, pour quatre-vingt-quatre stations, soit en tout cent cinquante-six stations.

Le troisième fournit les données analogues recueillies en 1880 à bord du yacht *Hertha*. C'est une heureuse idée de les avoir représentées dans les mêmes conditions que les précédentes et d'avoir ainsi complété un ensemble de valeurs parfaitement comparables entre elles et de l'exactitude desquelles on est assuré.

Les 4e, 5e, 6e et 7e tableaux donnent pour les quatre expéditions de la *Pola* en 1890, en 1891, de la *Hertha* et du *Washington*, les valeurs bathymétriques des sondages ainsi que la nature du fond rapporté par le plomb.

Il est fâcheux que des analyses minéralogiques des fonds n'aient point été exécutées : peut-être seront-elles faites et publiées, car les échantillons ont certainement dû être conservés. Les beaux résultats de MM. Murray et Renard, exposés dans leur ouvrage *Deep Sea Deposits* de la collection des rapports du *Challenger*, montrent l'importance capitale de ces études pour la physique du globe actuelle et pour la géologie ancienne. Les désignations de vases jaunes ou jaune brunâtre ou jaune grisâtre ou vases mélangées de sable, sont absolument insuffisantes pour apporter la moindre notion précise sur la géologie sous-marine. L'examen des fonds méditerranéens s'impose, car lui seul permettra de dresser la carte géologique du sol immergé. On connaît parmi les cartes de ce genre celle de l'expédition norvégienne du *Vöringen* et en dernier lieu celle de MM. Murray et Renard. Les récentes recherches océanographiques de la marine russe dans la mer Noire et la découverte de la présence de l'acide sulfhydrique en proportion considérable dans les eaux de cette mer, enfin la question si controversée de la circulation profonde océanique donnent un puissant intérêt à ces analyses minéralogiques.

En revanche, le tracé des isobathes et des aires iso-bathymétriques indiquées par des teintes bleues décroissantes d'intensité, de 0 à 200 mètres, de 200 à 500 et ensuite, par 500 mètres, jusqu'à 4 000 mètres, est digne d'éloges. La connaissance du relief exact du fond des mers est aussi indispensable à toute étude océanographique ultérieure, topographique, géologique, physique, chimique ou biologique que celle du relief d'une contrée subaérienne, sans lequel aucune science naturelle n'est possible. On ne saurait trop multiplier les cotes de hauteur, surtout sur le plateau continental ou dans les mers comme la Méditerranée, irrégulièrement découpées et sièges de phénomènes très complexes. Pour se rendre compte du faible degré d'approximation obtenu jusqu'à présent, il serait bon d'indiquer — ce qui a d'ailleurs été fait par la *Pola* — chacune des stations ayant servi au tracé des isobathes : on serait surpris de leur rareté, de leur espacement et par conséquent de l'incertitude des courbes, même dans les régions réputées les mieux étudiées. Je m'étonne qu'on n'ait jamais songé à tracer, comme si on l'ignorait, à l'aide de cotes d'altitude réparties en même nombre sur un espace équivalent, l'hypsométrie d'une région continentale connue. Le contraste avec la réalité étonnerait et paraîtrait certainement hors de proportion avec la différence d'érosion plus active à l'air qu'au fond des eaux, où les découpures sont bien moins accusées. Un des résultats de la campagne autrichienne est la découverte d'une dépression atteignant 4 400 mètres, la plus profonde qu'on ait trouvée en Méditerranée et qui s'étend au sud-ouest du cap Matapan, à la hauteur du détroit qui sépare l'île de Candie du Péloponèse et à une assez petite distance de la terre. Cette dépression rappellera le souvenir du navire et se nommera désormais la dépression ou la fosse de la *Pola*. Un plateau dont la profondeur maxima n'atteint jamais 2 500 mètres réunit la côte de Barka et l'ouest de l'île de Candie. Nous ne décrirons pas davantage ce relief : il nous suffira de renvoyer aux deux remarquables cartes de la publication, qui, d'un seul coup d'œil, en montrent tous les délinéaments.

Les températures de la mer, superficielles et profondes, ont été représentées graphiquement d'abord par des courbes donnant en chaque station, et selon le procédé ordinaire, le décroissement de la température aux diverses profondeurs, puis sur des cartes indiquant les lignes et les aires isothermes à la surface, aux profondeurs de 10 mètres, de 100 mètres et au contact du sol, et enfin des sections ou profils thermiques entre certaines localités. Toutes ces données graphiques montrent que jusqu'à la profondeur d'une centaine de mètres, les aires d'égale température sont disposées fort irrégulièrement, surtout entre la surface et

une cinquantaine de mètres. Il n'y a pas lieu de s'en étonner et l'irrégularité résulte de tant de causes, variations diverses de la température de l'air, pluies, courants, voisinage de la terre, apport d'eau douce par les rivières, que le résultat final est une résultante trop compliquée pour qu'on puisse jamais espérer en saisir la loi, pas plus qu'on ne parviendra à résoudre une équation à un grand nombre d'inconnues dont chacune possède une importance suffisante pour interdire de la négliger. On se demande si, dans ces conditions, il est véritablement utile de prendre la peine, sauf en une localité très délimitée comme un golfe ou une baie, de dresser les cartes de ces variations. Encore si celles-ci représentaient des observations simultanées ou continues, elles auraient un intérêt, mais telles qu'elles sont, résumant des observations faites pendant une campagne, des époques différentes, leur groupement artificiel sur une même carte ne figure rien qui ait réellement existé. Les tableaux 8 et 9 démontrent le fait d'une manière évidente : ils indiquent les variations, à de courts intervalles de temps, des températures en deux stations très voisines, les mesures étant prises pendant la même journée. Or ces variations sont presque toujours d'autant plus notables qu'on est plus près de la surface : leur moyenne est ordinairement de quelques dixièmes de degré, mais elle atteint fréquemment 1 et 2 degrés et s'est même élevée à 4,8 degrés. Ces cartes de températures superficielles ne prennent d'importance que lorsqu'elles se rapportent à un intervalle de temps très court, un mois par exemple, à un espace de mer restreint, et qu'elles sont le résumé d'un nombre considérable d'observations. Il en est du reste de même pour toutes les cartes synoptiques, pour lesquelles on fait usage des aires limitées. Relativement aux températures profondes, moins variables, la *Pola* a constaté que la masse d'eau tout entière augmente régulièrement de température à mesure qu'on s'avance vers le sud, tandis qu'au contraire, les eaux du fond semblent présenter le phénomène inverse.

Un paragraphe spécial a pour objet l'étude de la salinité des eaux de la mer et la représentation de sa répartition au moyen de courbes et d'aires d'égale salinité. A diverses reprises, nous avons insisté sur le faible intérêt de cette détermination; on paraît attacher à celle-ci, en Allemagne, une importance considérable et il est naturel que l'opinion des savants allemands ait influencé celle des savants autrichiens. Ceux de la *Pola* ont dressé quatre cartes représentant les aires d'égal pourcentage du sel à la surface, à 10 mètres de profondeur, à 100 mètres et contre le fond; en outre, de nombreuses sections indiquent par des courbes la salinité entre la surface et le fond, le long de certains parcours particulièrement intéressants. Je les ai examinées avec soin, j'ai lu attentivement le texte, et, je l'avoue, malgré mes recherches faites en toute bonne foi et mon sincère désir de trouver la vérité, même au prix de la perte d'une opinion personnelle, je n'ai découvert aucun fait susceptible de modifier mes convictions. J'exposerai en détail les motifs qui me poussent à nier l'utilité des cartes d'égale température et d'égale salinité, pour n'admettre que les données relatives aux densités prises *in situ*, servant à dresser les cartes à aires isopycnes, les seules qui aient été omises par la *Pola*.

Toute recherche scientifique se propose la découverte d'une loi naturelle, car s'il ne s'agit que de collectionner des chiffres sans se préoccuper d'en tirer les conséquences immédiates, autant vaudrait remplir des pages de la description développée d'un tas de sable, d'un coin de mur ou des pavés d'une rue, réalités réelles, si l'on peut s'exprimer ainsi, mais dépourvues de portée scientifique et sans influence sur l'économie de la nature. En vain prétendrait-on que l'avenir se chargera du soin d'utiliser des mesures ou des descriptions consciencieuses. Quelque exactes qu'elles puissent être, les savants de l'avenir prendront eux-mêmes les mesures qui leur seront nécessaires, parce que, sachant ce qu'ils voudront en faire, ils y auront plus de confiance que dans celles de leurs prédécesseurs. D'ailleurs à chaque jour sa peine, et avant de songer à la science du siècle prochain, il importe de penser à celle d'aujourd'hui. Beaucoup de descriptions géologiques de terrains situés dans quelque localité plus ou moins étendue du globe sont malheureusement conçues dans cet esprit et l'on connaît l'influence néfaste exercée par les monceaux de livres et de brochures écrits sans vues générales, et sous le poids desquels la vraie science est écrasée. Mohr affirmait avec raison que la tâche du savant n'est pas de décrire la nature, mais de l'interroger, car on peut être assuré que la nature répondra par un oui, par un non ou par le silence, et dans ce cas, l'homme aura mal posé sa question et il devra la renouveler plus nettement. Pourquoi les savants, j'entends les savants sérieux, craignent-ils tant de faire des hypothèses, c'est-à-dire de chercher les causes et les lois des phénomènes, et n'osent-ils les énoncer que lorsqu'elles leur semblent justifiées? A une description ou à une série de mesures qu'aucun lien ne relie, je préfère une hypothèse quelconque suivie d'une conclusion positive, négative ou même de ce silence si peu flatteur pour le questionneur. L'une ou l'autre sera utile à la science, seul but que nous devions considérer, car la réponse de la nature évitera, dans la suite, la peine de poser la même question ou du moins de la poser dans des termes identiques. Il y aura ainsi continuité et méthode dans les efforts de l'humanité pour connaître la vérité. Nous tous qui la cherchons, devons-nous être humiliés d'avouer sincèrement que nous ne l'avons pas encore trouvée ou que nous ne l'avons trouvée qu'en partie.

Cette profession de foi formulée, j'aborderai la discussion de la thèse qui nous occupe en ce moment.

La personnalité, l'individualité d'une eau de mer est donnée par trois caractères : sa température, sa densité et sa salinité. Or la personnalité d'eaux de mer étant connue en des points A, B, C, il sera possible de comparer celles-ci entre elles, de savoir si, d'après les lois de la pesanteur, l'eau du point A se rend au point B ou celle du point B au point A; on aura aussi une chance de découvrir les causes de la circulation océanique. Ce problème étant résolu, rien n'empêchera d'étudier isolément les causes individuelles du phénomène total et d'essayer de distinguer l'influence particulièrement exercée par la température de l'air, par le voisinage de la terre, par l'évaporation, par l'afflux d'eaux douces venant soit du ciel sous forme de pluie, soit des continents, par les fleuves, soit de toute autre façon. Actuellement il semble qu'il y ait erreur de bon sens, dans l'ignorance où nous sommes du phénomène total, de l'aborder par l'étude d'une seule force parmi celles qui le produisent, et de négliger leur somme, seule efficiente dans l'espèce.

Des trois caractères indiqués ci-dessus, température, densité et salinité, deux étant connus permettront, grâce à une relation suffisamment approchée, de connaître le troisième. Le problème se trouve donc ramené à la détermination de deux caractères. Au point de vue expérimental, il n'y a point lieu d'hésiter. La salinité exige une longue analyse fort délicate, impossible en cours de navigation et par conséquent devant être exécutée sur des échantillons conservés et sujets à tous les soupçons de modification postérieure, à toutes les gènes de transport, à toutes les nécessités de corrections mathématiques, sommes d'une multitude d'erreurs instrumentales, basées sur des données médiocrement dignes de confiance puisque le coefficient de dilatation de l'eau de mer, pour n'en citer qu'une, varie avec la salinité, de sorte que pour évaluer cette salinité, il faut faire une pétition de principe et, avant de la connaître, la supposer connue, afin de l'appliquer à l'échantillon en examen et en déduire la dilatation. Une seconde difficulté consiste en ce que, pour être calculées et devenir susceptibles d'être comparées entre elles, les salinités sont ramenées à une température normale, 17,5 C = 14 R dans le cas de la *Pola*, de sorte que pour expliquer des variations qui seules donnent des lois, on commence par les supprimer artificiellement. Un phénomène naturel *est*, j'ai espoir de l'expliquer en observant ce qui *est* et en comparant des observations ou des mesures simultanées, mais je n'ai aucun espoir de l'expliquer en observant ce qui *est*, en le transformant artificiellement en quelque chose qui *n'est pas* et en comparant entre elles des mesures *faussées* de propos délibéré. Je réduis, par exemple, des températures, des densités, des salinités, des pressions, ce qu'on voudra, à une normale quelle qu'elle soit, je les uniformise et dès lors elles ne représentent plus la vérité, car si elles étaient uniformes, elles ne produiraient plus de phénomènes dynamiques. Cela est tellement évident que si, par supposition, les instruments de mesure étaient tels qu'ils donnassent cette uniformisation, il serait indispensable de la détruire, sous peine de n'avoir aucun résultat.

Restent donc la température et la densité *in situ* qui, par une heureuse fortune, sont, non pas uniformisées, mais totalisées en une seule valeur, le poids actuel de l'unité de volume de l'eau au moment où elle est en action et joue son rôle dynamique. La température seule ne caractériserait pas suffisamment l'eau, le poids spécifique ramené à une température normale serait une caractéristique faussée. La mesure s'en fait à bord, par deux observations simultanées, avec l'aréomètre et le thermomètre, instruments simples; l'expérience dure à peine quelques minutes. Nous n'avons lieu de faire subir au résultat brut aucune correction ou seulement les corrections indispensables pour que le chiffre trouvé exprime bien *ce qui est*, comme la correction de compressibilité pour l'eau des profondeurs, parce qu'il est impossible dans les conditions scientifiques actuelles, avec les instruments dont la science est en possession, de prendre un poids spécifique autrement qu'à la surface, à une température et sous une pression différentes de celles ambiantes au moment où l'eau, dans les abîmes, accomplissait son rôle dynamique, qu'elle a cessé d'accomplir à l'instant où on l'observe.

Telles sont les raisons pour lesquelles je m'étonne que les savants de la *Pola* n'aient point imité, en les perfectionnant, les procédés des savants du *Challenger* qui ont tracé des cartes des poids spécifiques des eaux superficielles et profondes, qu'ils ont eu cependant le tort de réduire à une température normale. Les courbes de température, sur l'espace exploré par la Commission autrichienne, prouvent que l'eau est plus chaude et plus salée à l'est de la Méditerranée qu'à l'ouest, ce dont personne n'aurait douté, étant donné le climat beaucoup plus chaud de cette portion de la mer. Aucune autre loi n'est énoncée dans le texte, ni suggérée par l'examen des cartes. Il faudrait réparer cette omission et dresser les cartes de densités d'après les tableaux contenant les données nécessaires, œuvre que personne ne pourrait accomplir en meilleures conditions que les membres mêmes de l'expédition.

Je ne vois pas mieux où conduit ce qu'on appelle à tort étude de la propagation de la lumière à travers les eaux, car l'instrument de mesure est l'impression produite sur une plaque photographique. Des déterminations de transparence avec un disque de Secchi eussent été de beaucoup préférables. En réalité, on a mesuré la propagation au sein des eaux des ondes actiniques, qui ne correspondent exactement à aucun phénomène parfaitement déterminé soit de biologie, soit de visibilité perceptible à des yeux d'hommes ou d'animaux. Laissant même de côté sa sensibilité si variable d'après sa fabrication, ce qui est un notable élément d'indécision, la plaque est absolument aveugle aux rayons rouges et jaunes auxquels les yeux humains sont sensibles. Je ne rappelle point les justes critiques adressées aux méthodes photographiques par M. Georges Pouchet. M. le D\ Regnard, dans son ouvrage si suggestif *la Vie dans les eaux*, a indiqué la voie rationnelle d'expérimentation et il a fourni des exemples à l'appui de ses méthodes en étudiant la formation de la chlorophylle au moyen de flacons immergés. Les mesures avec les plaques sensibles témoignent uniquement de la profondeur à laquelle, sans l'aide d'une lumière artificielle, avec des plaques du même fabricant, on pourrait encore photographier pendant le jour au sein des eaux. Il est peu probable que la solution de ce problème justifie par son importance la peine qu'on se donne pour l'obtenir.

L'ingéniosité du dispositif de M. Luksch qui, par l'envoi de deux messagers successifs de diamètres différents, produit l'ouverture et ensuite la fermeture de la boîte contenant la plaque sensible, est remarquable. Son principal mérite est d'être fort simple et il rendrait certainement des services si on l'appliquait à d'autres appareils.

Nous abordons maintenant les deux mémoires du D\ Konrad Natterer, chimiste, relatifs aux campagnes de 1890 et 1891. M. Natterer donne quelques renseignements sur l'installation du laboratoire si difficile à bord d'un navire. Les éléments dosés par lui dans l'eau de mer, en cours de navigation, ont été l'oxygène, l'acide carbonique, les matières organiques facilement oxydables, l'ammoniaque, l'azote organique et l'acide azoteux. L'analyse complète a été faite au retour, sur des échantillons rapportés. Les résultats obtenus ont été les suivants :

1° A partir de la surface, la proportion d'oxygène augmente d'abord à mesure que la température s'abaisse, puis elle diminue, quoique très faiblement, car, même aux plus grandes profondeurs, à 3 000 mètres et au-dessous, l'eau est exactement ou presque exactement aussi riche en oxygène qu'à la surface.

2° L'eau de mer ne contient pas d'acide carbonique libre; la proportion de ce gaz à l'état de combinaison ou de demi-combinaison pour constituer des carbonates ou des bicarbonates est à peu près partout la même.

3° Il existe, en des localités diverses, de notables différences dans la richesse des eaux de surface en matière organique facilement oxydable. En général, la quantité de matière organique diminue avec la profondeur, mais l'eau

immédiatement en contact avec le sol en renferme une proportion considérable, même après avoir été filtrée.

4° Les variations en ammoniaque sont très faibles, même aux plus grandes profondeurs. Cependant, au contact du fond, la quantité en augmente et l'on peut en dire autant de l'azote organiquement combiné, bien qu'on ait cru observer une légère diminution avec la profondeur et, dans certains cas, au contraire, une accumulation sur le fond encore plus considérable que celle de l'ammoniaque.

Le D\ Natterer expose en détail les méthodes qu'il a employées; il serait trop long de les reproduire ici et nous renvoyons à son mémoire les savants qui auraient à exécuter des travaux analogues. La quantité d'oxygène libre a été dosée d'après la méthode de L. W. Winkler par l'oxyde de manganèse hydraté, et l'iodure de potassium titré ensuite par le sous-sulfure de sodium. Le dosage de l'acide carbonique s'est fait d'après le procédé de Classen, dont s'est servi M. Tornöe pendant l'expédition norvégienne du *Vöringen*. On détermine l'acide carbonique dégagé par une ébullition avec de l'acide chlorhydrique ainsi que la quantité d'acide chlorhydrique que l'eau de mer bouillante exige pour être neutralisée. Ce dernier nombre mesure l'acide carbonique combiné à l'état de carbonate simple, et, retranché de la somme totale, il indique la proportion combinée au carbonate à l'état de bicarbonate. L'ammoniaque a été mesurée à l'aide de la distillation en présence de la magnésie.

L'acide azoteux (*salpetrige Säure*), en proportion très faible, a été dosé avec une solution d'iodure de zinc et d'amidon.

Les éléments minéraux dosés dans l'eau de mer ont été le chlore, l'acide sulfurique, le brome, le sodium, le magnésium, le calcium, le potassium, le total des sels dissous et le poids du résidu de sulfates laissé par une évaporation en présence de l'acide sulfurique.

Les échantillons du fond ont été examinés. On a évalué la perte de poids par dessiccation à l'air à la température ordinaire, la quantité d'oxygène provenant des matières organiques et des sels de protoxyde de fer en faisant bouillir avec une solution alcaline de permanganate de potasse et en traitant ensuite par un acide, la faible quantité d'ammoniaque contenue, par une distillation en présence d'eau et de magnésie, l'ammoniaque provenant des matières organiques par une ébullition avec une solution alcaline de permanganate de potasse, enfin l'acide carbonique par ébullition avec de l'acide chlorhydrique titré et dosage subséquent avec de l'eau de baryte titrée.

Nous avons dit combien ces analyses purement chimiques des vases sous-marines font regretter qu'on n'ait pas étudié celles-ci par les procédés si simples, si ingénieux, si concluants indiqués par MM. Murray et Renard pour l'analyse immédiate des échantillons du *Challenger*. Chaque détermination conduit à une conclusion, explique dans le présent un phénomène de la mer et, dans le passé, un procédé géologique, circulation, vitesse des courants, formation des dépôts, réactions qui s'y accomplissent, relations entre la surface et le fond par l'intermédiaire des poussières. Les longues et pénibles analyses des vases recueillies par la *Pola* n'aboutissent qu'à une conclusion d'intérêt secondaire; ces vases contiennent en proportions diverses de la silice, de la chaux, de la magnésie, de l'alumine, des oxydes de fer, de manganèse, de la soude et de la potasse; en un mot, elles sont des silicates plus ou moins décomposés, ce qui était à prévoir.

On voit par l'exposé précédent combien l'expédition autrichienne de la *Pola* a été consciencieusement exécutée et les résultats intéressants qu'elle a acquis à la science. Dans les campagnes qu'elle se propose d'accomplir, elle ne manquera pas d'en obtenir de plus intéressants encore, surtout si la Commission d'étude veut s'inspirer des travaux des expéditions antérieures et particulièrement de celle du *Challenger*. En ce qui concerne spécialement la physique et la géologie de la mer, les savants anglais ont témoigné d'un merveilleux sens pratique, dirigeant toujours leurs recherches vers un but défini et se gardant bien de ramasser des chiffres pour la vaine satisfaction d'avoir ramassé des chiffres. Sans aucun doute, les Autrichiens se montreront les dignes continuateurs de l'œuvre des vaillants explorateurs Payer et Weyprecht qui, à bord du *Tegetthoff*, au prix d'héroïques efforts et par leurs sagaces investigations, ont élucidé dans les terribles régions polaires tant de problèmes relatifs aux glaces marines.

Et maintenant, lorsqu'on examine tous ces travaux océanographiques, ceux de l'Autriche, de l'Angleterre, de l'Allemagne, de la Norvège, de la Suède, de l'Italie, de la Russie, des États-Unis, on éprouve un invincible sentiment de tristesse en constatant qu'après avoir devancé toutes les nations, à l'époque glorieuse et si peu lointaine des expéditions de la *Boudeuse*, de l'*Uranie*, de la *Coquille*, de l'*Astrolabe*, de la *Bonite*, de la *Vénus*, de la

Recherche, grâce aux Bougainville, aux d'Entrecasteaux, aux Freycinet, aux Dumont d'Urville, aux Dupetit-Thouars, à Blosseville, à Bellot morts tous deux victimes de leur dévouement à la science et ce dernier sous un pavillon étranger, grâce à des savants comme Bravais, Martins, Robert, Bérard, Gaimard, Aimé et tant d'autres, la France est aujourd'hui en physique du globe, en océanographie, devancée par toutes les nations. Ce sentiment est rendu plus douloureux encore par la campagne de la *Pola* explorant la Méditerranée qui était il y a si peu de temps un lac français et notre *mare nostrum*. Pour réveiller notre pays de ce sommeil, pour lui montrer la tâche qui lui incombe et qu'il ne remplit pas, il est du devoir du plus humble de ses enfants, sans repos, sans trêve et aussi sans crainte, d'élever la voix et de proclamer la vérité, dont la divulgation sera d'autant plus salutaire qu'elle est plus pénible. Comme autrefois le vieux Caton répétait qu'il fallait détruire Carthage, il nous faut, nous aussi, répéter que nous devons accomplir notre œuvre, que l'océanographie s'adresse aux intérêts les plus graves de notre existence nationale, qu'elle touche à la vie de nos pêcheurs, de nos marins, à notre industrie, à notre défense même, et que ceux qui ayant eu des oreilles n'auront point voulu entendre, ayant eu des yeux n'auront point voulu voir, assument une lourde responsabilité.

J. Thoulet,

Professeur à la Faculté des sciences de Nancy.

⁑ ⁑ ⁑

ATLAS UNIVERSEL DE GÉOGRAPHIE

PAR VIVIEN DE SAINT-MARTIN ET F. SCHRADER

AFRIQUE EN 3 FEUILLES

(FEUILLE NORD-EST)

LES côtes des pays compris dans le cadre de cette carte ont été tracées d'après les cartes marines françaises ou anglaises. Pour l'intérieur du continent africain, les travaux consultés ont été exceptionnellement nombreux. En dehors de l'Égypte proprement dite, c'est-à-dire du cours inférieur du Nil et du Delta, et peut-être aussi de certaines parties de l'Abyssinie où les beaux travaux de triangulation de M. Antoine d'Abbadie et les reconnaissances plus récentes des Italiens dans la région côtière ont permis de fixer avec quelque exactitude les principaux traits géographiques du pays, aucune région ne possède de levés même approximatifs ; et certaines contrées, comme le Baghirmi, le Ouadaï et les massifs encore mystérieux du Borkou et du Tibesti, n'ont été sillonnées que par de rares itinéraires. Malheureusement l'état de fermentation dans lequel se trouve la plus grande partie du Soudan oriental depuis la prise de Khartoum fermera pour longtemps encore la voie aux explorateurs et aux commerçants dans ces régions.

Nous ne mentionnerons ici, bien entendu, que les principaux documents dont nous nous sommes servis pour l'établissement de notre carte, car une liste complète des itinéraires, renseignements, croquis, etc., utilisés serait excessivement longue et ne présenterait que peu d'intérêt.

Pour cette feuille, comme pour la précédente, l'excellent travail de compilation du commandant de Lannoy de Bissy : Afrique au 1/2 000 000 en 60 feuilles, publiée par le Service géographique de l'Armée, nous a servi de fond, et c'est d'après lui (f. 7, 8 et 15, dernière édition) que nous avons dessiné la région qui s'étend entre le Tibesti et la Méditerranée, ainsi que la plus grande partie de l'Égypte au nord de Siout. Pour le cours du Nil et pour le Soudan égyptien en général, nous avons utilisé, concurremment avec les cartes de M. de Lannoy de Bissy, les cartes des provinces du Nil, de Siout à Berber au 1/1 013 760, 1884, et du Soudan égyptien au 1/2 253 080, 1883 (*Intelligence Branch, War Office*, Londres), en en modifiant légèrement certaines parties pour les faire cadrer avec la position de Khartoum de M. de Bizemont (30° 16′ 45″) que nous avons adoptée comme la plus probable.

Le haut Nil, entre Fachoda et le lac Albert, a été tracé d'après la carte de Ravenstein (*Map of Eastern Equatorial Africa*, 1/1 000 000, 25 feuilles, Londres, 1883).

Nous avons utilisé pour le Darfour la carte dressée

d'après les positions astronomiques et les reconnaissances de l'État-major égyptien par A. M. Mason Bey, 1879 (*Mitteilungen*, 1880, Taf. 18).

Pour le Baghirmi, le Ouadaï, le Borkou, le Tibesti, nous avons reproduit les tracés de G. Nachtigal en les déplaçant dans le même sens que la belle carte d'Afrique au 1/4 000 000 de H. Habenicht, de façon à les raccorder, dans les environs du lac Tchad, avec l'excellent travail de Barth, lequel est appuyé sur les positions astronomiques de Vogel. Le tracé du pays qui s'étend à l'ouest du haut Nil, ou « Pays des Rivières », a été réduit d'après la grande carte en 4 feuilles des itinéraires du docteur Junker (*Mitteilungen*, *Ergänzungshefte*, 1888-89); entre les positions du docteur Junker et celles de l'État-major égyptien dans le Darfour, nous avons intercalé les routes de Felkin et Wilson, Gessi, Purdy, Potagos, tout en demeurant d'accord, d'une manière générale, avec la carte de M. de Lannoy de Bissy.

L'Oubanghi, dont le cours supérieur a été en grande partie déterminé par le docteur Junker, est tracé sur cette feuille d'après les cartes du capitaine Van Gèle raccordées avec le tracé de l'expédition P. Crampel, tracé basé sur les positions astronomiques prises par M. l'ingénieur Lauzière (*Journal des Débats*, 16 février 1891). Les petits affluents de droite de l'Oubanghi ont été dessinés d'après les cartes de la mission J. Dybowski (*Nouvelles géographiques*, 1892, n°* 4 et 5). La carte parue dans le *Tour du Monde* (2° semestre 1892) nous a permis de fixer la route de cette mission vers le Chari et de donner ainsi, pour la première fois, une indication exacte dans cette région, qui n'était guère connue jusqu'à présent que d'après les renseignements plus ou moins vagues recueillis par G. Nachtigal.

Le tracé de la région comprise entre le Nil et la mer Rouge a été emprunté, en dehors des cartes de l'*Intelligence Branch*, mentionnées plus haut, aux cartes de MM. de Lannoy de Bissy et Habenicht (3° édition).

Pour l'Érythrée, l'Abyssinie et les parties avoisinantes, nous nous sommes servis en partie des mêmes documents, mais nous les avons complétés ou modifiés à l'aide des levés originaux italiens en Érythrée au 1/50 000 (*Instituto Geografico militare*, Florence, 1890), des travaux de M. A. d'Abbadie, Paris, 1865 et 1890, des tracés de Junker, Stecker, Rohlfs, etc., des cartes parues dans le volume de J. Borelli (*Voyage en Éthiopie méridionale*, Paris, 1890), de la carte de la région Zeïla-Ankober par G. E. Fritsche (*Mitteilungen*, 1890, Tafel 9), des tracés de L. Traversi dans le Gouraghé, etc.; pour la presqu'île des Somalis, les tracés antérieurs ont été surtout modifiés par la carte du voyage de L. Brichetti-Robecchi de Obbia à Alloula (*Bullet. de la Soc. de Géogr. italienne*, avril 1891). Nous avons utilisé pour le tracé des lacs Rodolphe et Stéphanie la belle carte en 3 feuilles du voyage du comte Teleki et de L. von Höhnel (*Mitteilungen*, *Ergänzungsheft*, 1890).

Arabie. — La zone montagneuse de l'Arabie, voisine du littoral de la mer Rouge, a été dessinée d'après la carte de H. Habenicht au 1/4 000 000 comparée avec les documents originaux : carte du Midian d'après les levés des officiers de l'État-major égyptien (*Journal of the R.*

G. S., 1879), cartes des voyages de Ch. Huber (*Bullet. de la Soc. de Géogr. de Paris*, 1884) et de Ch. M. Doughty (*Proceedings*, 1884), cartes des voyages de E. Glaser (*Mitteilungen*, 1886, Tafel 1), de R. Manzoni (*Istituto Geografico Italiano*, Rome, 1885), de J. Halévy (*Bullet. de la Soc. de Géogr. de Paris*, 1873), etc.

Pour la région centrale et orientale de la péninsule arabique nous avons utilisé en premier lieu la carte du beau voyage de Ch. Huber; celle de Ch. M. Doughty, toutes deux précédemment citées, les cartes des itinéraires de W. G. Palgrave, Guarmani, Wallin (*Zeitschr. für allg. Erdkunde*, Berlin, 1865), de Pelly (*Journal of the R. G. S.*, 1865), de A. Blunt (*Mitteilungen*, 1881, Tafel 11).

L'Hadramaout a été dessiné en majeure partie à l'aide de la carte des itinéraires de H. von Maltzan combinés avec ceux de Wrede, Miles, Munzinger (*Mitteilungen*, 1871, Tafel 9).

La carte des voyages de Whitelock et Wellsted (*Journal of the R. G. S.*, 1837) nous a encore servi, malgré son ancienneté, pour représenter la configuration géographique de l'Oman. Quant aux détails indiqués sur la côte méridionale de l'Arabie, ils ont été empruntés aux cartes de l'Amirauté anglaise. Nous regrettons que les positions astronomiques de Ch. Huber, parues dans le *Bulletin de la Société de Géographie de Paris*, n° 1, 1893, n'aient pu, à cause de la date de leur publication, être utilisées pour la construction des itinéraires de ce voyageur.

Les autres contrées comprises dans la limite de cette feuille ont été dessinées : pour l'Italie, la presqu'île des Balkans, la mer Caspienne et les régions immédiatement avoisinantes, d'après les cartes à plus grande échelle de l'Atlas universel; pour l'Asie Mineure, la Syrie, la presqu'île du Sinaï, la Perse, d'après les grandes cartes des provinces asiatiques de l'empire Ottoman en 6 feuilles au 1/1 500 000 de H. Kiepert (1884) et en 4 feuilles au 1/3 000 000 (1892), du même auteur.

En outre, pour la Perse et la faible partie du Baloutchistan qui entre dans la présente feuille nous avons consulté la carte de Perse, Afghanistan et Baloutchistan de C. Curzon (*Proceedings*, 1892).

Le cartouche de la Basse-Égypte qui occupe la partie nord-est de la carte a été dessiné pour la plus grande partie d'après la carte de la Basse-Égypte au 1/400 000 dressée pour le service de l'administration des domaines (Caire, 1888) et la carte en 4 feuilles au 1/200 000 (*Intelligence Branch*, *War Office*, 1882); nous avons également utilisé les travaux du docteur Junker (*Mitteilungen*, 1880, Tafel 9), de G. Schweinfurth (*Zeitschr. der Gesellschaft für Erdkunde*, Berlin, Bd. XXI, Tafel 2), de MM. Cope Witehouse (*Proceedings*, 1887), R. Buchta (*Mitteilungen*, 1888, Tafel 5), etc.

Enfin nous devons des remerciements à M. Élisée Reclus, dont la *Géographie universelle* nous a rendu les plus grands services pour l'établissement de la nomenclature. Mentionnons aussi le précieux ouvrage de MM. Supan et Wagner : *Die Bevölkerung der Erde* (*Mitteilungen*, *Ergänzungsheft*, n° 101) qui nous a aidé à tracer toutes les limites politiques, tant pour l'Afrique que pour la plupart des autres pays compris dans le cadre de cette feuille.

AMÉRIQUE DU SUD EN 5 FEUILLES

(FEUILLE 3, OUEST)

Cette planche comprend la partie septentrionale du Chili et de la République Argentine, l'étendue presque totale du territoire Bolivien, la moitié sud du Pérou, enfin, une faible partie des Républiques du Brésil, du Paraguay et de l'Uruguay.

A l'exception de quelques régions des deux premiers de ces États, les documents utilisables pour dresser la carte de cette partie du continent américain sont encore bien défectueux, et il est jusqu'à présent difficile de représenter la configuration du haut plateau des Andes, qui, du 30° au 10° degré de latitude sud, occupe la majeure partie de cette feuille.

La carte de A. Pissis au 250 000° (1849-71) donne approximativement la topographie de l'étroite bande chilienne jusqu'au 27° degré; au delà, il faut se contenter des cartes nombreuses, mais rudimentaires, publiées dans les revues géographiques, principalement dans les *Mitteilungen* de Gotha et dans le *Journal of the Royal Geographical Society* de Londres.

Grâce aux planches du bel Atlas publié par l'Institut géographique argentin (*Atlas de la República Argentina* par A. Seelstrang), il n'est plus besoin de recourir, sinon comme contrôle, aux travaux spéciaux que M. Brackebusch, Burmeister, Victorica, A. Lallemant, Seelstrang lui-même ont publiés sur les différentes provinces de la république. A côté de l'atlas de Seelstrang, nous avons consulté aussi celui de M. F. Paz Soldan, édité par la librairie Lajouane, ainsi que la géographie de la République Argentine de M. F. Latzina qui donne d'abondants renseignements sur la statistique et les chemins de fer. Ce sont là les meilleures sources d'informations, jusqu'au jour où la République Argentine entreprendra la création d'une carte topographique à grande échelle.

C'est surtout pour la Bolivie que la compilation des documents cartographiques est encore laborieuse. Une des plus anciennes cartes de fond est celle d'Ondarza (1859); la carte d'Hugo Reck, quoique vieillie et dépassée, reste encore bonne dans l'ensemble et utile à consulter pour la nomenclature. Les nombreux travaux et itinéraires de J.-B. Minchin, ingénieur à la Paz, qui tracent de larges sillons sur tout le territoire bolivien, ont été largement mis à profit (*Map of part of Bolivia, Proceedings of the R. G. S.* de Londres, 1881; *Part of the Bolivian Table Land*, id., 1882; *Map of part of Bolivia, Journal of the R. G. S.* de Londres, 1877, etc.). De plus, nous avons eu la bonne fortune de pouvoir nous servir de levés de M. J.-B. Minchin, restés manuscrits, dont M. Thouar a enrichi la bibliothèque de la Société de Géographie de Paris, ainsi que de différents tracés communiqués au même explorateur par les Pères Franciscains du collège de Tarija. Ces documents ont été complétés à l'aide des positions astronomiques déterminées par J.-B. Minchin, Crevaux, Thouar, etc.

Enfin, nous trouvons, en partie sur le territoire bolivien, de grands levés de rivières : celui du Rio Paraguay de Page (1853-56), du Purus et de l'Aquiry, par W. Chandless (1864-69); du Rio Beni, par E. Heath (1883); du Guaporé, par la Commission mixte de démarcation des frontières Brésilo-Boliviennes, etc., qui sont autant de grandes lignes et de points de repères entre lesquels on peut faire jouer les esquisses secondaires.

L'atlas de Raimondi n'étant pas encore terminé, nous n'avons pu utiliser ce beau travail pour la moitié du Pérou comprise dans le cadre de la feuille 3; l'atlas de Paz Soldan reste encore l'ouvrage de fond, bien que modifié par les travaux de Werthemann, Raimondi, etc., et par la carte de la Commission hydrographique péruvienne (1868-73).

Restent le Paraguay et le Brésil : pour le premier, nous avons consulté les nombreuses cartes plus ou moins officielles réunissant les travaux de Johnston, Rengger, Morgenstern, Page, Tœppen, etc. Quant au Brésil, nous y reviendrons en détail dans les notices accompagnant les feuilles 2 et 4 de notre carte, qui contiendront la presque totalité de ce vaste État.

✤ ✤ ✤

CHRONIQUE GÉOGRAPHIQUE

EUROPE .

Les îles de corail de la Podolie. — M. Em. Muller, professeur au Lycée impérial russe de Tachkent (Asie centrale), a adressé à la Société de géographie de Paris la description suivante des montagnes dites Miodoborski, du gouvernement de Podolie, description extraite du journal *le Mot de Kiiev* et reproduite par les *Moskovskia Viédomosti*, du 21 septembre 1892 :

« Une grande masse sombre se détachant sur l'horizon attire les regards du voyageur; c'est une montagne conique, isolée au milieu d'une plaine bien unie. Ses sommets sont dentelés; il semble que, sur ce majestueux piédestal, on aperçoive les ruines pittoresques de tours nombreuses et des bastions d'anciennes forteresses. « Qu'est-ce que cela? demandez-vous. — C'est notre « montagne », vous est-il répondu. Les vieilles gens l'appellent *Toltra*. L'originalité du spectacle vous cloue sur place; de votre vie, vous n'avez rien vu de pareil. Les montagnes de la Suisse, celles de la Crimée, du Caucase, surpassent certainement de beaucoup ce Toltra par leurs masses écrasantes; mais ce sont des chaînes de montagnes, alors que ce que vous avez devant les yeux forme une masse isolée, aux sommets rocheux dentelés.

« Cette masse isolée ne peut être comparée qu'à un cône de volcan. Toute la montagne est composée de calcaire, qui n'est que faiblement recouvert d'une végétation herbeuse; quant aux sommets, ce sont des roches de calcaire dénudé à l'aspect pittoresque. Le Toltra a la forme d'un anneau dont le centre serait occupé par une dépression profonde en forme d'entonnoir, ayant 2 kilomètres de diamètre, et recouverte, ainsi que les flancs internes du Toltra, d'une épaisse forêt de pins et d'arbres d'espèce commune. Alors, on en revient involontairement à l'idée de volcan, qu'on a eue d'abord; mais on est obligé de l'écarter, un examen plus attentif ne permettant de découvrir aucune trace de matière volcanique.

« Qu'est-ce que cette masse peut donc être? Représentons-nous toute la plaine environnante noyée par la mer; que deviendront alors nos Toltras? On reconnaît qu'ils ne feront plus qu'un archipel d'îles et d'écueils, où les dépressions intérieures, remplies d'eau, formeront des lacs tranquilles communiquant, par endroits, avec la mer. Est-ce que ce tableau ne représenterait pas quelque chose qui existe encore dans les mers tropicales?

« Si nous ajoutons que tout le calcaire de nos Toltras n'est formé que de coraux dégénérés, dans lesquels se sont introduits des coquillages et des mollusques marins, l'énigme disparaît; car il est évident que nous avons devant les yeux des îles de corail, des *atolls* des époques géologiques précédentes.

« Ces Toltras sont peut-être les seuls atolls qui se soient maintenus entiers, en conservant leur forme annulaire caractéristique. Leur formation date de l'époque dite tertiaire ou sarmate, pendant laquelle presque tout le sud de la Russie était encore sous les vagues de l'Océan. »

ASIE

Délimitation entre la Barmanie anglaise et le royaume de Siam. — Les officiers chargés de déterminer la frontière ont achevé leurs travaux. La démarcation arrêtée l'année passée d'accord avec le gouvernement siamois a été acceptée de part et d'autre, avec cette modification, que l'Angleterre abandonne au Siam tout le vieil État barman de Kyaingchaing, situé sur les deux rives du Mékong. Le Siam, de son côté, renonce à tous droits sur la région au-delà du Salouen occupée par la tribu des Karenni. — *Times*, 15 mai.

Indo-Chine — Au cours de l'occupation de la rive gauche du Mékong par nos troupes, il s'est produit un incident sur lequel la lumière n'est pas encore complètement faite.

Le 3 mai dernier, la petite troupe franco-annamite commandée par le capitaine Thoreux qui opère sur le Mékong aurait été repoussée près de Khône par une tribu laotienne après un combat acharné; le capitaine Thoreux aurait été fait prisonnier.

Cette nouvelle, transmise par les autorités siamoises, a causé une très vive impression. La prise de possession effective des régions qui nous appartiennent en vertu des traités de 1863, reconnus solennellement le 15 juillet 1867 par le roi de Siam, ne devait en effet soulever aucun conflit de ce genre.

Le gouvernement siamois l'a très bien compris, aussi a-t-il fait déclarer qu'il ne devait pas être rendu responsable de ces regrettables incidents et qu'il était tout prêt à agir, d'accord avec les autorités françaises, pour châtier les coupables.

En ce cas, l'incident n'aurait plus la gravité qu'on était en droit de lui donner et nos troupes pourraient reprendre leurs opérations inopinément interrompues.

Turkestan russe. — Parmi les cultures que les Russes ont introduites dans le Turkestan, celle qui semble offrir jusqu'à présent les plus grandes chances d'avenir est celle du coton.

Avant leur arrivée, les indigènes le cultivaient déjà; mais les plantations, restreintes aux environs de Tachkent, étaient peu rémunératrices et ne donnaient qu'un produit de qualité médiocre : le rendement était de 650 à 900 kilogrammes par hectare.

Les Russes ont substitué au coton indigène le coton américain qui est meilleur; ils ont amélioré la culture, ils l'ont étendue de la vallée de Tachkent au Ferghana et à la vallée du Zarafchan, où elle trouve une chaleur moyenne plus élevée. Des observations ont permis en effet d'établir le tableau suivant :

	JOURS DE GELÉE.	
	Maximum.	Minimum.
A Samarkand (Zarafchan) (de 1881 à 1888).	248 (1881)	205 (1882)
A Marghelan (Ferghana) (de 1881 à 1888)..	252 (1883)	208 (1886)
A Tachkent (de 1871 à 1888)............	266 (1877)	211 (1883)

La limite de la culture du coton semble être 42° de latitude : à Tchimkent, le coton ne mûrit qu'en octobre.

Aujourd'hui l'hectare de coton américain produit de 980 à 1 300 kilogrammes. Voici, du reste, le rendement de cette culture dans les dernières années.

Années.	Nombre d'hectares cultivés.	Kilogrammes de coton nettoyé.	Prix moyen (en roubles).	Valeur (en roubles)[1].	Remarques.
1884..	300	48 000	8.50	2 865	On ne cultive qu'à Tachkent.
1885..	1 000	160 000	8. »	80 000	
1886..	12 000	960 000	8. »	480 000	
1887..	14 000	3 392 000	7.50	1 590 000	Culture à Tachkent et au Ferghana.
1888.	37 137	9 276 000	7.50	4 215 105	Mauvaise année.
1889..	45 000	12 800 000	7.50	6 000 000	Mauvaise année.
1890..	»	32 000 000	6.60	13 200 000	Bonne année.

1. Le rouble n'a pas de valeur fixe ; sa valeur moyenne est de 2 fr. 50.

Le nombre des usines pour nettoyer le coton augmente sans cesse : en décembre 1890, on en comptait 19 dans le Ferghana; en décembre 1891, il y en avait 47 en construction. Toutefois aucune usine ne s'est encore élevée pour travailler le coton sur place. Toute la ouate s'exporte brute.

(Revue scientifique.)

AFRIQUE

Égypte. — Lord Cromer vient, paraît-il, de proposer au *Foreign office* le projet de convertir une dépression située dans le désert à 70 milles au sud du Caire, en un réservoir où l'on emmagasinerait l'eau du Nil au moment des crues pour la distribuer dans le delta pendant les sécheresses. Le projet n'est pas nouveau; le *New York Herald* publiait en 1882 un projet identique, dû à M. Cope Whitehouse, de New York, dont les plans et devis furent exposés à Paris en 1889 et sont actuellement à Chicago. Le lac projeté serait plus grand que celui de Genève et aurait une profondeur de 80 mètres. M. Cope Whitehouse, qui n'est pas nommé dans le rapport de lord Cromer (ce dernier attribue la paternité du projet à un ingénieur anglais), se réclame d'engagements pris par le gouvernement de lord Salisbury de reconnaître ses droits à une récompense proportionnée aux bénéfices, qu'il estime à 100 millions par an, et il demande au nom des capitulations 25 millions d'indemnité au gouvernement britannique. — Quoi qu'il en soit de ce différend, le projet est fort intéressant, et si, comme le croient des personnes compétentes, il est réalisable, on doit souhaiter qu'il soit conduit à bonne fin.

Rivières d'huile (Oil Rivers). — La *Gazette de Londres*, organe officiel du gouvernement britannique, annonce que par suite d'un arrangement conclu avec l'Allemagne la portion des districts du Niger placée sous l'administration d'un commissaire et d'un consul général formera désormais un protectorat distinct, appelé protectorat des côtes du Niger (*Niger coast protectorate*), et cessera d'être désignée sous le nom de Rivières d'huile.

Zanzibar. — M. Fitzgerald, dans un récent rapport sur l'île de Zanzibar publié par le *Foreign Office*, donne sur les conditions agricoles et sur l'avenir de cette île des renseignements du plus haut intérêt.

L'île de Zanzibar, de formation madréporique, se trouve située entre le cinquième et le sixième degré de latitude au sud de l'Équateur, à environ 48 kilomètres de la terre ferme. Les parties les plus productives de l'île sont celles qui se trouvent abritées des vents du sud-ouest. Dans la partie nord-ouest les formations coralliennes se sont faites plus abondamment et le sol poreux laisse échapper l'excès des pluies tout en conservant suffisamment de chaleur et d'humidité pour entretenir la fertilité.

La surface de l'île peut être évaluée à 1620 kilomètres carrés. Sa plus grande longueur est de 80 kilomètres et sa largeur de 32 à 43 kilomètres.

Zanzibar, contrairement à la plupart des îles tropicales, ne possède pas de chaînes de montagnes. La faible ondulation qui traverse l'île dans toute sa longueur ne dépasse pas 134 mètres d'altitude. Un autre caractère remarquable de l'île est la grande étendue apparente de terrain impropre à la culture. Zanzibar peut donc être divisée en deux régions : la région fertile et la région stérile. Cette dernière s'étend sur toutes les terres côtières de la rive orientale et sur presque toute la partie méridionale de l'île : elle se compose de rocs corallins déchiquetés et aigus, mais recouverts partout de végétation, de broussailles basses et d'herbes. C'est dans cette partie de l'île que résident les Ouahadina (les habitants aborigènes).

L'espace fertile s'étend sur toute la région occidentale et septentrionale, ainsi que la pente orientale de la rangée centrale de collines.

La chute annuelle des pluies, ainsi qu'il résulte d'une série d'observations météorologiques faites pendant cinq années au Ras Changam, sur lequel est située la ville de Zanzibar, est en moyenne de 1 m. 543.

La chute paraît être également distribuée, Zanzibar ressentant l'influence des moussons du sud-ouest et du nord-est.

La température moyenne pour le même laps de temps a été de 26°,8 et la moyenne des différences entre les températures extrêmes de 9°,6.

Les principaux produits cultivés à Zanzibar sont le cocotier et le giroflier. Les autres arbres importants cultivés dans l'île sont la noix d'arec, le manguier, le papayer, le cotonnier, le café, etc.; les plantes alimentaires comprennent la canne à sucre, la banane, le riz, la cassave, le maïs, les haricots, les pois, l'arrow-root, l'ananas, etc.; les graines oléagineuses consistent principalement en sésame et en « mtono ».

Il paraît y avoir une grande similitude en ce qui concerne le régime des pluies, la température, le sol, etc., entre les îles des Indes occidentales et Zanzibar, et de l'avis de M. Fitzgerald il n'y a aucun doute que les produits cultivés aux mêmes altitudes dans les premières ne

puissent être également acclimatés avec succès dans la seconde. L'auteur démontre également que les espèces cultivées présentement à Zanzibar sont susceptibles d'une très grande extension, et il pense que pour développer complètement les ressources de l'île, le concours des capitaux européens est de première nécessité.

Il faudrait augmenter les voies de communication dans l'île, encourager l'élevage des bestiaux comme bêtes de somme et de trait afin d'éviter le mode coûteux de transport par les porteurs, qui commencent à devenir rares. Pour les travaux agricoles il faudrait absolument recourir aux cultivateurs hindous, qui supportent facilement le changement de climat.

Afrique Australe. — Les *Mitteilungen aus den Deutschen Schutzgebieten* rendent compte d'un voyage exécuté en 1890 par le docteur Fleck à travers la région occidentale peu connue du Kalahari. Parti de la côte occidentale, le docteur Fleck atteignit le haut Nosob au *verft* d'Andreas Lammert. Le territoire de ce chef est très étendu, étant donné le petit nombre de ses sujets qui l'habitent (environ 1200 personnes). Ceux-ci, généralement misérables, vivent presque exclusivement de fruits sauvages. Après avoir descendu pendant quelque temps le Nosob, le docteur Fleck se dirigea vers l'est à travers une région sans eau. Il visita Mapaar, le chef des Bechouana du Kalahari, dans son *verft* Houtoutou (indiqué à tort sur les cartes sous le nom de Lehoutitang), puis, se dirigeant vers le nord, il rejoignit à Gansis la route directe de Rehoboth au lac Ngami, prise par les voyageurs précédents.

Ayant ensuite suivi la rive occidentale du lac, il traversa une branche de l'Okavango et atteignit enfin la résidence de Morémi, le chef Bechouana de cette région.

D'après le docteur Fleck, le Kalahari ne serait nullement un désert. Partout on y trouve de l'herbe, des buissons, des arbres verdoyants, etc. Le sol consiste en sable rouge alternant avec des couches de calcaire placées horizontalement sur les formations anciennes. En forant ces couches on obtiendrait probablement une plus grande abondance d'eau.

Les Bakalahari (Bechouana) sont astucieux et indolents; ils cultivent, grâce aux pluies périodiques, du maïs, des melons d'eau, etc.; ils élèvent également du bétail. Les Bushmen, qui sont plus sociables, se nourrissent principalement de fruits sauvages.

Le docteur Fleck vante beaucoup la beauté et la fertilité des environs du lac Ngami, qui, entre les mains des Européens, sont appelés, dit-il, à devenir un véritable paradis.

Le climat est sain pour celui qui prend des précautions. Sur les bords du lac, les ibis, les pélicans et autres oiseaux aquatiques pullulent; la profondeur du lac paraît être faible. D'autres grands lacs de même nature ont dû exister dans les temps historiques, et les couches calcaires, dont la route du sud-ouest traverse un large espace, ne seraient autre chose que les dépôts formés dans leurs anciens lits.

Mission Maistre. — M. Maistre, dont nous avons annoncé le retour dans notre dernier numéro, est arrivé à Paris le samedi 13 mai. Parti le 29 juin 1892 du poste de la haute Kémo, établi sur cet affluent de l'Oubanghi par M. Dybowski, son prédécesseur, M. Maistre est arrivé le 2 septembre à une des branches du Chari, appelé à cet endroit (7° 21′ latit.) le Gribingui, dont il a suivi le cours jusqu'à la région des Saras, qui fut un des termes du second voyage de Nachtigal. Celui-ci s'était arrêté à Goundi, ville du pays des Saras, et M. Maistre s'est avancé jusqu'à Daï (8° 53′ latit.), à cent kilomètres plus bas dans la même région, achevant, d'ailleurs, de relier son itinéraire à celui du voyageur allemand par l'exploration partielle du territoire des Toummok que Nachtigal avait lui-même parcouru. C'est le point capital géographique de la mission de M. Maistre, qui a pu ainsi contrôler certaines assertions demeurées douteuses et rectifier des erreurs accréditées. Il est désormais établi, entre autres choses, que le Bahr-el-Ardh (appelé aussi Gribingui, comme plus haut) n'est pas en communication avec le Logone.

De Daï, M. Maistre prit la direction de l'ouest et rencontra, près du Logone, la ville de Laï (ou Lay) dont il a fixé la position exacte. Le 23 novembre, il traversa le Logone, successivement exploré par Denham et Barth dans son cours inférieur, par Nachtigal dans son cours moyen, et par Flegel dans son cours supérieur. M. Maistre paraît avoir fixé définitivement le cours de cette rivière. C'est entre celle-ci et la Bénoué que le voyage de notre compatriote devient particulièrement intéressant. Il découvre la ville des Mahas (9° 24′ lat.) près du Logone ; rencontre la population des Gaberi, qui occupe les deux rives du fleuve et avec laquelle il signe un traité ; franchit le Ba Tena, affluent ignoré du Logone, puis la ligne de partage des eaux de celui-ci avec la Bénoué ; prenant contact avec les populations des Mull et des Laka, et confirmant les renseignements déjà fournis par Barth, Vogel et Flegel sur la configuration montagneuse de cette région d'où sortent le Logone et la Bénoué. Il atteint ce dernier fleuve un peu au-dessous du confluent du Mayo-Kebbi, puis gagne Yola, et, de là, reprend dans la direction d'Ibi l'itinéraire de Flegel, également suivi par Zintgraff.

Donc, exploration du cours supérieur du Chari, c'est-à-dire de sa branche principale appelée Bahr-el-Ardh ; fixation définitive du cours du Logone ; contrôle rectificatif des renseignements fournis par les explorateurs précédents sur la région arrosée par les cours supérieurs du Logone et de la Bénoué ; extension de notre sphère d'influence jusqu'au delà du 9° degré au nord de l'Oubanghi et jonction des pays explorés par lui à ceux parcourus par MM. de Brazza et Mizon, tels sont, superficiellement, les résultats obtenus par M. Maistre.

Congo français. — On sait qu'une difficulté diplomatique a surgi entre la France et le gouvernement de l'État du Congo, à la suite de l'assassinat de notre compatriote M. de Poumeyrac, dans la région du M'Bomou. Il s'agissait et il s'agit encore de savoir jusqu'où peuvent prétendre nos voisins de l'État belge dans leurs revendications territoriales, dès l'instant où ils n'acceptent plus pour frontière le 4° degré de latitude, que les conventions successives avaient cependant fixé. Des négociations, ouvertes à ce sujet l'année dernière, ont été poursuivies jusqu'à ce jour avec intermittences et sans amener aucun résultat. Bien plus, c'est au moment où on espérait pourtant qu'elles allaient aboutir de manière à satisfaire les deux parties, que nos voisins ou plutôt leurs compatriotes d'Europe ont donné à leurs revendications une interprétation tout à fait inattendue, basée sur la prétendue intention qu'aurait la France de s'étendre à l'est jusqu'au Nil, c'est-à-dire au Soudan oriental. Nous avons à peine besoin de dire que cette allégation est tout simplement puérile. Toutefois les Belges de l'État indépendant affectent de la considérer comme suffisante pour ne plus admettre aucune transaction amiable, et manifestent leur intention de nous expulser de la vallée du M'Bomou, diplomatiquement, bien entendu, et en violation du protocole du 29 avril 1887. La vérité qu'il y a lieu de tirer de cet état de choses est dans ce que nous disions au mois de février dernier, à propos de la mission Liotard, par opposition au voisinage des Belges.

Ceux-ci, considérant la perspective d'une occupation de tout le Soudan oriental par l'Angleterre, peut-être même jusqu'au 20° degré de longit. est, et voyant la France leur fermer à partir de l'Oubanghi des territoires dont ils avaient discrètement escompté les horizons, voudraient, au moins à partir du M'Bomou et sauf à s'entendre avec l'Angleterre du côté du Soudan oriental, se réserver quelque compensation aux initiatives, demeurées stériles pour leurs projets, de leurs explorateurs Van Gèle et Van Kerckoven. On a cependant le devoir d'objecter que les voyages de ces deux officiers ne pouvaient légitimement avoir un but politique ; de même que les explorations de nos compatriotes seraient parfaitement inutiles au même point de vue si elles avaient été exécutées sur des territoires dont la prise de possession nous eût été interdite par des conventions antérieures. Et c'est précisément le cas pour l'État du Congo belge, dont les limites ont été nettement déterminées du côté nord, c'est-à-dire du côté où, au contraire, la France avait et a encore toute latitude de s'étendre.

Mission Alby. — M. Alby, administrateur principal des colonies et commandant le cercle de la Mellacorée, est chargé d'une mission au Fouta-Djalon. Il s'agit de renouer avec les chefs (*alfas*) de ce pays des relations que l'état de guerre perpétuel dans lequel se trouve depuis quelques années notre Soudan avait interrompues et qu'on avait en vain essayé de rendre stables par des négociations successives demeurées sans résultat. Nous savons d'ailleurs que M. Alby a pressenti récemment les dispositions des rois de Timbo et que celles-ci sont très favorables à nos intérêts.

Dahomey. — L'opinion exprimée depuis son retour en France par le général Dodds sur la situation du Dahomey n'a modifié en rien ce que nous en avons dit nous-mêmes la dernière fois. L'éventualité de la reprise des hostilités dans quelque temps subsiste plus que jamais ; et la disparition de Béhanzin, soit qu'il meure ou soit qu'on le prenne et qu'on l'exile, est considérée comme le dernier mot de la pacification. Il faut donc s'attendre à un prochain départ du général Dodds pour recommencer la campagne, qui, cette fois, d'ailleurs, serait fort courte.

Le pèlerinage de la Mecque. — Le gouvernement général de l'Algérie a pris, comme tous les ans à pareille époque, des mesures pour assurer le voyage de ses ports à Djeddah, dans la mer Rouge, à tous ceux des musulmans d'Afrique qui désirent recourir aux moyens de transport qu'il met à leur disposition. C'est ainsi que le vapeur *Vercingétorix*, affrété pour la circonstance, a embarqué 1500 pèlerins, dont 400 venant du sud par la voie de Biskra, et 100 fournis par Tunis ; les autres, pris à Alger et à Bône, proviennent de différentes régions de l'Afrique du nord. Il y a parmi eux un marabout considérable de Bordj-bou-Arréridj (de la province de Constantine) et un autre de Touggourt, ce dernier avec une suite nombreuse.

RÉGIONS POLAIRES

M. Th. V. Garde, lieutenant de vaisseau de la marine royale danoise, l'explorateur bien connu de la côte orientale du Grönland, a quitté Copenhague le 2 avril, chargé d'une mission scientifique au Grönland. Cet officier doit relever les principaux mouillages des districts de Julianehaab et de Frederikshaab.

⚜ ⚜ ⚜

BIBLIOGRAPHIE

REVUE DES PÉRIODIQUES

Articles signalés :

Revue de géographie, 1ᵉʳ mai 1893. — *Fête en l'honneur de Christophe Colomb à la mairie du Panthéon.* (Conférence de M. L. Drapeyron, lettres des municipalités de Gênes et de Barcelone, de l'ambassadeur du royaume d'Italie, communication du vicomte de Brettes, allocutions du président de la Société de géographie de Madrid, du ministre de Colombie et du vice-consul d'Italie.) — *Une île déserte du Pacifique. L'île des Cocos* (*Amérique*), par le docteur Lièvre. (L'auteur a visité cette île peu connue située à 500 kilomètres environ au sud-ouest de Costa Rica qui est la terre la plus rapprochée. Il fait l'historique des reconnaissances relativement peu nombreuses dont elle a été l'objet de la part des navigateurs. Depuis Vancouver, qui y aborda le 21 janvier 1795, rien n'a été publié sur elle. Cet article, orné d'une gravure, aura prochainement une suite.) — *Un projet de colonisation en Asie antérieure,* par le docteur comte H. Meyners d'Estrey. (C'est l'Assyrie et la Babylonie, siège de puissants empires dans l'antiquité, si prospères encore au temps du califat de Bagdad et tombées aujourd'hui, sous l'administration turque, dans une si profonde décadence, que M. A. Sprenger, professeur de l'école mahométane supérieure de Calcutta, voudrait voir coloniser par les Européens, qui pourraient leur rendre, de concert avec le gouvernement turc, leur ancienne prospérité.)

Geographical Journal. — *A journey across Tibet,* par le capitaine H. Bower. (Nous rendrons compte longuement dans notre prochain numéro de cet intéressant voyage.)—*Further Routes in the Eastern Desert of Egypt,* par E. A. Floyer, avec une carte. (En 1887, le gouvernement khédival avait déjà envoyé M. E. A. Floyer, à la tête d'une expédition scientifique explorer et étudier les routes du désert oriental de l'Égypte entre Keneh et la côte. L'exploration présente est la continuation de la première expédition et embrasse la région située entre Assouan, Kosseïr et Bérénice; l'étude du pays est plutôt intéressante au point de vue de la géologie et de l'antiquité que de la géographie pure.
On rencontre de nombreuses mines mises en œuvre depuis le commencement des temps historiques d'après des méthodes décrites il y a déjà deux cents ans comme étant de la plus haute antiquité.
Géographiquement parlant, le pays peut se résumer ainsi : Une large plaine de grès qui s'élève doucement du Nil jusqu'à un rebord de 600 à 2000 mètres d'altitude, courant du nord-ouest au sud-est et qui s'abaisse ensuite plus rapidement sur la mer. Dans les vallées qui se trouvent à proximité ou au milieu des collines croissent de nombreux acacias qui servent à nourrir les moutons.
Le principal trait du pays est la masse montagneuse au pied de laquelle se trouve la ville de Bérénice; composée de porphyre et de granite compact, elle s'élève à 2000 mètres et présente des traces d'activité volcanique récente.) Une excellente carte, réduction du travail original de M. E. A. Floyer, accompagne l'article.

Transactions of the Royal Geographical Society of Australasia (Victorian branch), mars 1893. — *Note on the Tongariro-Ruapehu Volcanic Mountains New Zealand,* by Laurence Cussen Esq. — (Aucune description détaillée n'avait encore été donnée de ces montagnes peu connues. L'auteur, qui a fait l'ascension de tous les pics importants et est descendu dans tous les cratères accessibles, a rédigé cette étude d'après les rapports officiels des services trigonométriques et topographiques du district. Plusieurs gravures intéressantes, une carte, un profil accompagnent cet article.) — *The resources and capabilities of the New Hebrides,* par J. W. Lindt. (Renseignements sur la plantation et la culture du café dans les Nouvelles-Hébrides.) *West Coast of Santo; traditions, superstitions, customs, etc.,* par le Rév. A.-H. Macdonald.

COMPTES RENDUS

Nouveau Dictionnaire de Géographie universelle, par Vivien de Saint-Martin et L. Rousselet. Paris, Hachette, 1893, 69ᵉ et 70ᵉ fascicules, in-4°, 80 pages chacun; 2 fr. 50.

Les 69ᵉ et 70ᵉ fascicules du *Nouveau Dictionnaire de Géographie universelle* viennent de paraître à la fois; l'œuvre s'avance et les derniers jours de l'année prochaine en verront sans doute la fin. Ces fascicules nous conduisent en effet au delà du tiers de la lettre T. L'article capital de ces deux fascicules est celui consacré au *Tibet,* qui n'occupe pas moins d'une cinquantaine de colonnes; c'est dire que les auteurs ont traité à fond la description de cette immense région naguère encore complètement inconnue et que de récents voyages, parmi lesquels, et non des moindres, celui de Bonvalot et du prince d'Orléans, viennent de révéler. Dans la même région, nous signalerons encore l'article sur les *Monts Thian-chan,* vaste système qui dépasse en étendue tous les systèmes de montagnes de l'Europe entière. La description de *Terre-Neuve* est aussi d'un haut intérêt, ainsi que celle du *Tidikelt,* grand groupe d'oasis sahariennes où la France entend ne laisser flotter que son drapeau. Parmi les articles importants, il faut en outre citer *Téhéran,* le *Tell algérien, Ténassérim, Ténérife,* les États de *Tennessee* et de *Texas,* le *Tessin,* la *Thessalie,* le *Tibesti,* le *Tigre, Timor,* etc.

Autour de Chicago, par G. Sauvin. Paris, Plon, 1893, in-18.

Voici un livre d'actualité, qu'a dû mettre dans sa valise plus d'un voyageur partant pour voir « la foire du monde ». Ce n'est pas un ouvrage géographique, malgré d'agréables descriptions éparses çà et là, en particulier dans le dernier chapitre : *En Californie.* Il ne s'y agit pas de Chicago et de ses environs plus que d'autre chose. Ce sont les notes et impressions d'un voyageur aimable et curieux qui a parcouru les États-Unis, de New-York à San Francisco, causant volontiers, en vrai Français, soit avec ses compagnons de voyage, soit avec ses hôtes, provoquant même dans une correspondance anonyme les confidences de la jeunesse féminine américaine, correspondance curieuse, mais dont l'authenticité me paraît malheureusement un peu suspecte. Il est question de tout un peu dans ce livre, du flirt et de la constitution américaine, du *Vestibuled limited Express* et des Mormons, et de bien autres choses encore. Je ne suis pas très certain que tout cela nous initie bien complètement et exactement à la vie publique et privée des citoyens des États-Unis, qui d'ailleurs doivent, d'une extrémité à l'autre de l'Union, présenter de sensibles différences. Mais il ne faut pas trop demander à qui n'a point d'ailleurs, il le dit dans sa préface, de si hautes prétentions et veut seulement nous faire mieux connaître ce peuple américain qui se plaint, sans doute à juste titre, d'être mal jugé par nous. Pour tous ceux, et ils sont malheureusement trop nombreux, qui n'ont pas le loisir ou les moyens de faire le voyage, il y a nombre d'aperçus intéressants dans ce petit livre, dont la lecture ne demande ni beaucoup de temps, ni une bien grande contention d'esprit.   P. P.

Jean Dybowski : *la Route du Tchad.* Paris, Firmin-Didot.

La nécessité de satisfaire tout le monde place souvent les explorateurs sérieux dans un singulier embarras. S'ils ont, comme M. Jean Dybowski, beaucoup vu, beaucoup retenu et beaucoup analysé, sous l'impulsion d'une éducation professionnelle qui les disposait à observer utilement, ils ont tendance à nous rendre un compte fidèle de leurs voyages sans autre arrière-pensée que de remplir scrupuleusement un programme scientifique. Ils publient donc leurs volumes. Mais ceux-ci ne se vendent pas ou se vendent peu. Il est résulté de cela que des voyageurs plus avisés ont fait deux parts de leur bagage. Pour les uns, des tableaux pittoresques; pour les autres, les révélations d'ordre scientifique. Cette façon de procéder a cependant ses inconvénients, car elle ne donne rien de complet. Et c'est encore ce qui arrive à propos du livre de M. Dybowski. On sent ici et là qu'il avait bien des choses à nous dire et qu'il n'a pas voulu nous les dire. Il est resté touriste, dans la crainte d'être professeur. Tout en accueillant cette réserve, nous avons le droit de la regretter. Elle nous prive de savoir tout de suite ce que M. Dybowski nous fera connaître en détail sous d'autres formes [1].

Le volume de M. Dybowski peut se diviser en quatre parties. C'est d'abord la marche du voyageur de Loango à Brazzaville et de ce point jusqu'à Bangui, avec une critique

---

[1]. M. Dybowski prépare, en effet, une autre édition très complète de son voyage.

très rapide, très nette, très vive et très saisissante de la situation économique du Congo français. M. Dybowski a souffert de la pénurie de porteurs au même titre que Crampel en avait souffert. Il en demandait partout, et partout on lui répondait qu'il était impossible de lui en procurer. En désespoir de cause, il s'adressa au directeur d'une factorerie hollandaise de Brazzaville. Ce directeur lui promit cent porteurs à bref délai, et M. Dybowski eut les cent porteurs à sa disposition.

La seconde partie, malheureusement ébauchée, se rapporte aux reconnaissances des rivières Ombella, M'Pokou et Kemo, alors que le voyageur concevait l'idée très juste de trouver par ces voies fluviales des chemins plus directs vers le nord, en tout cas mieux appropriés pour ses transports et offrant des garanties naturelles pour relier la colonie avec les postes à créer.

La troisième partie comprend la marche de l'expédition à la rencontre des assassins de Crampel. C'est le chapitre dramatique du voyage, et pourtant M. Dybowski n'en a point abusé, ce dont nous le félicitons.

Les dernières préoccupations du lecteur, enfin, sont sollicitées à l'égard des deux postes des Ouaddas et de la Kemo, deux créations de M. Dybowski, sur lesquelles il eût été bon d'insister davantage.

Nous nous résumons en relevant, au courant de la plume, quelques erreurs échappées à l'auteur de *la Route du Tchad*.

A propos du baobab, il écrit que cet arbre ne dépasse pas le 12ᵉ ou le 13ᵉ degré de latitude nord, alors qu'on le rencontre, au contraire, jusqu'au 15ᵉ et même au 16ᵉ degré.

Il écrit que la présence des bambous vrais n'avait pas encore été signalée en Afrique centrale. Elle a, au contraire, été signalée souvent depuis le Haut-Nil jusqu'à l'Oubangui.

Enfin, les observations de l'auteur sur la division politique des peuples noirs qu'il a rencontrés nous inviteraient encore à de justes critiques, n'était la place qui nous est mesurée. Mais tout cela est de peu d'importance lorsqu'il s'agit d'un voyageur instruit comme l'est M. Dybowski, dont les brillants services font espérer qu'il continuera à étudier, avec fruit pour la science, ce continent africain si obscur, si difficile à connaître.

L. Sevin-Desplaces.

Henri Coudreau : *Chez nos Indiens, quatre années dans la Guyane française* (1887-1891). Paris, Hachette et Cⁱᵉ.

Nous n'avons pas à présenter Henri Coudreau aux lecteurs des *Nouvelles Géographiques*. Tous savent avec quelle ardeur et quelle infatigable persévérance le jeune explorateur s'est voué à l'étude de la Guyane française et plus particulièrement de la partie la moins connue de notre colonie américaine. Déjà, dans ses précédents ouvrages, il s'est efforcé d'attirer l'attention publique sur le territoire méridional de la colonie, sur le Contesté franco-brésilien. C'est là, d'après lui, qu'est l'avenir de la Guyane française. Comme le dit excellemment M. le docteur Hamy dans la préface qu'il a bien voulu rédiger pour le volume qui nous occupe, le mauvais renom de la Guyane est surtout fondé sur les souvenirs d'anciennes tentatives de colonisation, mal conduites et désastreuses. Là comme presque partout, les premiers colons, ignorants et avides, se sont attaqués à une nature dont ils ne connaissaient ni les ressources ni les dangers. Et cette région de la Guyane, qui ouvrait à la France les régions immenses du bassin amazonien, est demeurée sans emploi, malsaine, pauvre malgré ses richesses naturelles, sans développement possible alors qu'elle donnait accès dans les pays les plus merveilleusement fertiles de la zone torride.

Coudreau ne s'est pas contenté de voir ce que d'autres avaient vu avant lui. Derrière cette Guyane littorale, basse, fiévreuse, il a cherché et trouvé une autre Guyane intérieure, élevée et montueuse, fertile et habitable aux Européens. Il y a passé une partie de sa vie, au milieu des Indiens dont il s'efforce, avec une ardeur d'apôtre, de détruire le renom de sauvagerie. Il s'est pris pour eux de sympathie, à la bonne manière française, et s'est introduit dans leur amitié. Il a exploré leur pays, découvert leurs montagnes, navigué sur leurs rivières; tout cela avec une grande conscience scientifique, une complète indépendance d'esprit, et une forme littéraire qui prouve que, loin de la France, il l'a toujours gardée présente à la pensée.

Dans cette région plus salubre que le plat terrain du littoral, dans les montagnes qui en relèvent le niveau et en rafraîchissent le climat, au milieu de ces Indiens avec lesquels Coudreau n'hésite pas à conseiller des mariages qui fonderaient une race métisse et par conséquent facile à acclimater, le voyageur a passé sept années de sa vie. Je n'ose pas dire qu'il les considère comme les meilleures, mais je ne suis pas éloigné de le croire.

De ce long et actif séjour sont sortis les articles du *Tour du Monde*, dont nos lecteurs ont encore le texte et les gravures présents à la mémoire, texte si vivant, gravures si fidèles. C'est aujourd'hui en un beau volume in-8° richement illustré, que paraît la relation de Coudreau.

A le prendre pour guide, on apprend vite à goûter le charme de la vie primitive et simple de l'explorateur, du véritable explorateur, de celui qui cherche à connaître et à comprendre la nature et les gens, à les voir tels qu'ils sont, à s'identifier avec ce qu'ils ont de bon, à leur donner ce qui leur manque. Le voyageur qui cherche à faire simplement sa trouée en pays nouveau, sans rien étudier, sans chercher autre chose qu'un champ de conquête, sans laisser après lui d'autre souvenir que la peur du blanc, peut étonner à première vue, mais son œuvre ne sera jamais féconde, à moins d'être reprise et transformée. Avec un voyageur de la trempe de Coudreau — et ajoutons à ce nom plusieurs autres noms, surtout parmi nos compatriotes — l'œuvre est immédiatement enracinée et ne demande qu'à grandir.

Grandira-t-elle? Sera-t-il écouté et compris? Finirons-nous par comprendre que derrière les pionniers, si hardis et si énergiques qu'ils puissent être, il faut des successeurs, pour arroser, cultiver et faire croître l'arbre qu'ils ont mis en terre? Cette relation de voyage semble arriver à son heure, au moment où les longs efforts de nos voyageurs et de nos publicistes ont enfin porté leurs fruits, et où l'opinion, jadis indifférente aux choses lointaines, se passionne pour les pays d'outremer, au grand profit de la mère patrie.   F. S.

Un planisphère du xviᵉ siècle.

Il y a quelque temps, M. Marcel, le sympathique et infatigable directeur de la section géographique à la Bibliothèque Nationale, me montra un planisphère de Guillaume Le Testu dressé sur une projection qui lui paraissait étrange. J'ai cru tout d'abord que cette projection était celle de Bonne ou du Dépôt de la guerre. L'auteur d'un planisphère de l'an 1566 n'a pourtant pas pu emprunter sa projection à Bonne qui vivait au xviiiᵉ siècle!

Pour nous rendre compte de la projection nous avons mesuré les dimensions du planisphère, et quel a été notre étonnement quand nous avons vu que le cartographe du xviᵉ siècle s'était servi... du système métrique! En effet, la corde qui sous-tend l'arc de cercle représentant l'Équateur est exactement d'un mètre, et le développement du même arc est de 1 m. 08.

Le méridien central, rectiligne, mesure, de l'Équateur au pôle, 27 centimètres, soit le quart de l'Équateur. Les parallèles et les méridiens sont tracés de 5 en 5 degrés. L'Équateur et les parallèles sont des cercles concentriques. Les méridiens qui passent à 90 degrés à l'est et à l'ouest du méridien central forment un arc de cercle dont le centre se trouve à l'intersection du méridien central et de l'Équateur. Les arcs de cercles représentant les parallèles et compris entre le méridien central et le méridien de 90 degrés à l'est ou à l'ouest de lui sont divisés en 18 parties *égales*. Sur les continuations des parallèles l'auteur a rapporté les mêmes divisions et par les points marqués il a tracé des lignes régulièrement courbes qui devaient représenter les méridiens. Le planisphère appartient à la Bibliothèque du Ministère des affaires étrangères et se trouve actuellement, à titre provisoire, à la Bibliothèque Nationale (Exposition des cartes et plans se rattachant à la découverte de l'Amérique, organisée par M. Marcel).

Il est très possible que l'auteur du planisphère en question ait connu les déterminations de la longueur du méridien terrestre faites par Eratosthène (276-196 av. J.-C.), par Posidonius (135-49 av. J.-C.) et plus tard par des savants arabes du ixᵉ siècle de notre ère.

On sait que d'après Eratosthène un degré de méridien aurait environ 140 kilomètres. D'après les premiers calculs de Posidonius, le méridien terrestre aurait mesuré 240 000 stades; plus tard, ayant admis un autre chiffre pour la longueur de la base, il obtint le chiffre de 180 000 stades. Dans le premier cas, un degré du méridien représentait environ 132 kilomètres; dans le second, 100 kilomètres, ce qui n'est pas déjà si éloigné de la vérité. Mais le chiffre trouvé par les géomètres arabes est tout à fait surprenant. D'après eux, le degré du méridien aurait 111 815 mètres, ce qui ne diffère que de 123 mètres, soit d'un millième, du chiffre donné par Bessel (111 938).

Dès lors il n'est pas improbable que l'auteur du planisphère, plus de deux cents ans avant l'invention du système métrique, ait pris pour largeur du planisphère un dix-millionième du quart du méridien terrestre, mesure qui s'est trouvée à peu près égale à notre mètre.

D. A.

NOUVELLES GÉOGRAPHIQUES

MISSION C. MAISTRE[1]

A LA FIN DE L'ANNÉE 1891, en apprenant le massacre de la mission Crampel, le Comité de l'Afrique française décidait l'envoi d'une expédition de secours destinée à renforcer la mission Dybowski, déjà sur l'Oubanghi, mais dont les forces étaient jugées désormais insuffisantes pour continuer sa marche vers les pays musulmans du Soudan central.

Désigné pour commander la nouvelle expédition, il me fallut tout d'abord trouver des collaborateurs, puis réunir le matériel nécessaire à un voyage de ce genre.

Au milieu de 400 volontaires qui sollicitaient l'honneur de partir, je choisis cinq lieutenants, dont trois seulement devaient m'accompagner au delà du Congo; mais plus tard, en arrivant sur l'Oubanghi, je fus assez heureux pour pouvoir m'adjoindre deux des membres de la mission Dybowski, que l'idée d'une nouvelle campagne n'était pas pour effrayer.

Tous hommes de grand mérite, à la fois collaborateurs intelligents et auxiliaires dévoués, ils ont contribué pour une très large part au succès de l'expédition.

Tous les préparatifs étaient bientôt achevés, et le 10 janvier 1892 le paquebot *Ville de Maceio* emportait vers les côtes d'Afrique tout mon personnel et plus de 300 colis de toutes sortes : marchandises d'échange, vivres de conserve, armes, munitions, instruments, etc.

Après avoir touché à Dakar, où j'engageai une quarantaine de laptots sénégalais destinés à former l'escorte, l'expédition débarquait sur la plage de Loango, petit poste du Congo français, tête de ligne de la route des caravanes se dirigeant vers Brazzaville.

Trois semaines furent nécessaires pour réunir les 400 porteurs indispensables au transport du matériel, et les diriger vers l'intérieur par petites caravanes de vingt-cinq à trente hommes; il fallut en même temps refaire un grand nombre de colis dont le poids dépassait 30 kilos, charge maximum que prennent les porteurs — aussi le 1er mars seulement nous nous mettions en route pour atteindre un mois après Brazzaville et les rives du Congo.

« C'est à Brazzaville que je rencontrai M. Dybowski. Après avoir poussé une pointe rapide et hardie vers El-Kouti et châtié quelques-uns des meurtriers de Crampel, il avait laissé son personnel dans un petit poste créé sur la rivière Kémo, affluent de l'Oubanghi, et, redescendant le Congo, était venu audevant de moi; mais, malade depuis longtemps déjà, et voyant son état s'aggraver de jour en jour, il dut se décider à rentrer en France en me laissant l'entière direction de la mission.

M. Dolisie, administrateur principal de Brazzaville, que je ne saurais trop remercier de son accueil cordial et de son aide bienveillante, avait mis à ma disposition dès mon arrivée deux petites canonnières, le *Djoué* et l'*Alima*, pour transporter l'expédition sur le Congo et l'Oubanghi aussi loin que l'état des eaux le permettrait.

L'*Alima* était partie en avant avec mes lieutenants; je m'embarquai moi-même le 24 avril sur le *Djoué*, et alors commença cette navigation sur le Congo qui, si elle me parut un peu longue à cause surtout de mon vif désir d'arriver au plus tôt à la Kémo, m'a laissé du moins un souvenir inoubliable.

C'est d'abord le Stanley Pool avec ses îles basses et boisées, sorte de lac que forme le Congo avant d'entrer dans la région montagneuse qu'il franchit en une longue série de chutes, de cataractes et de rapides. Le lit du fleuve au-dessus du Stanley Pool se resserre et traverse un long couloir entouré de montagnes boisées; là le courant est fort rapide et entraîne des amas d'herbes, des arbres déracinés, quelquefois des morceaux entiers d'îles, débris flottants qui après avoir traversé le Pool vont s'abîmer dans les premières cataractes.

C'est sur cette partie du Congo que je rencontrai

---

1. Voir la carte page 81, due en majeure partie aux levés de M. de Béhagle, membre de la mission. Pour les noms nouveaux, nous avons conservé, sur la carte comme dans le texte, l'orthographe de la mission.

le lieutenant Mizon ; il rentrait en France après son magnifique voyage à travers l'Adamaoua, mais il était déjà dominé par la pensée de revenir au plus vite dans les contrées qu'il avait visitées, pour y affermir pacifiquement le pavillon de la France.

A partir du confluent du Kassaï, l'aspect du Congo change complètement. C'est maintenant une immense nappe d'eau, large de plus de 15 kilomètres, coulant lentement à travers un pays plat au milieu d'îles innombrables et de bancs de sable qui forment une infinité de canaux enchevêtrés au milieu desquels il faut trouver son chemin. Les échouages sont nombreux et nous avançons d'autant plus lentement que plusieurs fois par jour il faut s'arrêter pour faire du bois ou réparer une avarie quelconque de la machine.

Cependant nous dépassons bientôt les confluents des rivières Alima, Likouala et Sangha.

Cette région, qui présente un caractère tout spécial, est une immense plaine peu boisée, coupée de canaux étroits et profonds faisant communiquer entre eux ces différents cours d'eau à une certaine distance de leur embouchure.

Le Congo s'élargit de plus en plus ; de tous les côtés, la vue s'étend sur la vaste nappe d'eau dont la couleur douteuse se confond presque avec le ciel, rarement pur sous ces latitudes. Au loin seulement une petite ligne noire dentelée souligne l'horizon en indiquant les rives du fleuve ou quelque île boisée.

Ce spectacle vraiment grandiose que présente le fleuve, et que l'on ne peut se lasser d'admirer au début, devient bientôt d'autant plus fatigant à contempler qu'il se déroule toujours le même depuis les environs de Bolobo jusque sur le moyen Oubanghi.

A Liranga, au confluent du Congo et de l'Oubangui, je trouve mes collaborateurs m'attendant en compagnie de M. Brunache qui avait été le second de M. Dybowski et s'était déjà distingué par une série de reconnaissances faites dans l'Ombella et la Kémo.

Malgré 15 mois de séjour dans l'Afrique centrale, dont plusieurs mois d'une campagne fort pénible, M. Brunache et plus tard M. Briquez, chef d'escorte que je trouvai à Banghi, n'hésitaient pas à me demander d'entreprendre avec moi une nouvelle expédition qui pouvait être longue et périlleuse. Avec eux et MM. Clozel, de Béhagle et Bonnel de Mézières, partis de France en même temps que moi, j'avais cinq collaborateurs sur lesquels je pouvais entièrement compter.

Nous repartons le 11 mars, avançant de plus en plus lentement, passant des heures entières échoués sur des bancs de sable.

Au-dessus du 3ᵉ degré de latitude, les rives de l'Oubanghi deviennent escarpées, formant de petites falaises à pic au haut desquelles, dominant le fleuve d'une dizaine de mètres, sont perchés de grands villages. — Ces villages d'ailleurs, on ne fait que les deviner, car du niveau de l'eau, en dehors de la crête de la falaise on n'aperçoit rien, si ce n'est une rangée d'indigènes, hommes et femmes, accourus pour nous voir

passer — mais de fréquents arrêts nécessités par l'achat des vivres ou du bois nous permettent d'aller à terre, et escaladant la berge, soit par des escaliers à marches de géants taillées dans l'argile, soit par des échelles plus ou moins primitives, nous pouvons étudier à notre aise ces populations.

Le 2 juin, la mission arrive enfin au poste de Banghi, qui, entouré de montagnes, nous paraît un endroit enchanteur après la plaine monotone que nous venons de voir pendant quarante-deux jours de navigation. — Nous nous trouvons là arrêtés par les rapides qui au moment des basses eaux forment une barrière infranchissable pour les embarcations à vapeur, mais M. Briquez, averti d'avance, avait envoyé prévenir les Banziris, peuplade de pagayeurs dont les villages se trouvent à 200 kilomètres en amont, de sorte que trois jours seulement après notre arrivée, quinze grandes pirogues montées par plus de cent cinquante indigènes, hommes, femmes et enfants, étaient à Banghi.

Dès le lendemain elles s'engageaient dans les rapides, emportant toute l'expédition.

Les Banziris, qui devaient être nos compagnons de voyage pendant plusieurs jours, forment une des plus belles races du Congo français. Grands commerçants d'ivoire, en même temps que pagayeurs habiles, renommés dans tout le fleuve pour leur adresse à passer les rapides, ils ont en quelque sorte le monopole de la navigation entre Banghi et Yakoma.

Quelques jours plus tard nous parvenions au poste de la Kémo, où se trouvaient enfin réunis tous les éléments de la précédente mission et de la mienne.

« Bien que nous n'ayons pas perdu une minute et que j'aie rencontré partout au Congo français le concours le plus bienveillant, cinq mois se sont écoulés depuis notre départ de Bordeaux, et le voyage proprement dit n'est pas encore commencé, mais nous sommes maintenant transportés en plein cœur de l'Afrique, à plus de 2 000 kilomètres de Loango. Il ne me reste qu'à grouper, avec l'aide de mes compagnons, les différents moyens d'action dont je dispose, et à choisir dans le matériel ce qui paraît le plus indispensable, car, faute de porteurs, nous ne pouvons tout emporter.

Le 28 juin tous les préparatifs sont achevés et l'expédition se met en route. Elle comprend, en dehors de mes cinq compagnons européens, soixante laptots sénégalais formant l'escorte et une centaine de porteurs, parmi lesquels cinquante Wyboys, de l'intérieur de Liberia, mis gracieusement à ma disposition par la maison hollandaise du Congo.

Le Comité m'ayant laissé la plus large initiative, mon plan est de m'avancer le plus loin possible vers le nord dans la direction du Baghirmi ; puis, si les circonstances ne nous permettent pas de pénétrer dans ce pays, de revenir en gagnant la côte ouest par la Bénoué.

Sur cette immense région qui s'étend maintenant devant nous jusqu'au Baghirmi au nord, jusqu'à l'Adamaoua à l'ouest, nous ne possédons aucune donnée ; les cartes les plus détaillées, les plus au courant des découvertes récentes, sont absolument muettes et vierges de renseignements. Jusqu'où s'étend, vers le nord, le bassin du Congo? à quel moment rencontrerons-nous le Chari ou l'un de ses grands affluents? Quelles populations allons-nous trouver et quel accueil allons-nous recevoir de sauvages qui n'ont jamais entendu parler des blancs? Toutes ces questions sont autant de problèmes que nous sommes bien décidés à résoudre.

Au delà du pays des Togbos, nous arrivons chez les Ndris ou Ndis, peuplade très nombreuse qui s'étend vers le sud-ouest parallèlement à l'Oubanghi et que M. de Brazza a retrouvée dans la Sangha. Un indigène sachant quelques mots d'arabe, esclave fugitif des musulmans du Ouadaï, nous donne et nous confirme quelques renseignements; il nous parle entre autres choses d'une grande rivière appelée Gribingui, située très loin dans le nord, et qui ne fait plus partie du bassin du Congo. — Serait-ce le Chari?

Les Ndris, qui connaissent, du moins de réputation, les blancs de l'Oubanghi et de la Kémo, nous font bon accueil, notamment à Amazaga, le dernier village que nous devons rencontrer avant d'arriver dans le Soudan méridional; nous y restons deux jours pour faire une grande provision de vivres, car nous venons d'apprendre que plus loin le pays est inhabité et sans ressources.

La marche est reprise le 11 juillet à travers une contrée légèrement accidentée, coupée de petits cours d'eau et partout couverte de hautes herbes et de brousse.

Bientôt abandonnés par nos guides qui auraient voulu nous conduire dans l'est chez les Mbi et les Kà, nous sommes obligés de marcher un peu à l'aventure, nous dirigeant à la boussole droit vers le nord, en nous demandant avec une certaine anxiété quand et comment nous sortirons de ce maudit désert.

Deux Sénégalais marchent en avant-garde, écartant les grandes herbes; je passe après eux et toute la caravane suit, laissant derrière elle un sentier à peu près tracé, la future route de l'Oubanghi au Tchad.

Certains passages, notamment la traversée des rivières grossies par les pluies et de profonds marais boueux que l'on franchit sur des branchages jetés en travers, nous font éprouver de grands retards, et, circonstance inquiétante, les vivres commencent à faire défaut.

Au bout de huit jours de marche, cependant, après avoir franchi les grands plateaux de formation ferrugineuse qui limitent les deux bassins du Congo et du Tchad, nous reconnaissons les approches d'un village : les traces de quelques coups de hache donnés à un arbre, une nasse de pêche oubliée près d'un ruisseau, enfin un sentier battu découvert par un de nos éclaireurs, tout cela prouve que nous ne sommes pas loin d'un endroit habité.

Nos hommes, qui commençaient à murmurer, *sont maintenant pleins de joie;* ils vont trouver des vivres, ils verront des visages humains et pourront enfin se reposer. Nous continuons à avancer, oubliant la longue marche que nous venons de faire dans la matinée, quand tout d'un coup les Sénégalais qui marchent en avant se replient vivement vers nous en criant que les indigènes sont là et viennent de leur lancer une volée de flèches et de zagaies.

Cependant, au milieu de grandes herbes de plus de 3 mètres de haut, il est impossible de rien voir; la situation est critique, car nous ne connaissons pas le nombre de nos ennemis qui d'un moment à l'autre peuvent nous envelopper; et puis il nous faut des vivres à tout prix. Quelques coups de fusil nous ouvrent la route, puis, laissant la caravane sous la direction de M. Brunache et de MM. Clozel et de Béhagle, je prends avec moi MM. Briquez et Bonnel de Mézières, et avec une vingtaine de Sénégalais nous nous mettons à la poursuite des Mandjia, que nous rencontrons à la nuit dans une plantation près de leur village. Nous essayons de parlementer, expliquant à ces sauvages que nous ne venons pas pour leur faire du mal et qu'ils n'auront aucun sujet de se plaindre de nous; on leur montre des étoffes, des verroteries; tout est inutile, ils veulent la guerre.

Après avoir exécuté devant nous une danse désordonnée, en faisant toutes sortes de grimaces et de contorsions pour nous montrer leur mépris, ils commencent à nous lancer des flèches; puis, voyant que les Sénégalais rangés en tirailleurs sont immobiles, et pensant que leurs fusils sont des armes inoffensives, ils se rapprochent et essayent de nous tourner; bientôt les flèches arrivent jusqu'à nous, il faut maintenant se défendre : quelques feux de salve dirigés par M. Briquez suffisent d'ailleurs et en moins de cinq minutes le combat est terminé; les Mandjias, laissant plusieurs morts, prennent la fuite en poussant des cris de rage et de terreur. Cependant la nuit est arrivée, il nous faut songer à rejoindre le camp, que M. Brunache a fait solidement installer près d'un ruisseau.

Le lendemain toute la caravane bien groupée fait son entrée dans le village, que nous trouvons abandonné, mais dont les greniers sont heureusement pleins de mil et de provisions; nous y restons une semaine pour donner à nos porteurs un repos bien gagné et pour essayer d'entrer en relation avec les indigènes; c'est en vain; bien que nous n'ayons fait que nous défendre, le bruit s'est répandu au loin que les blancs sont venus pour faire la guerre, et partout maintenant nous allons trouver un pays abandonné.

Nous reprenons donc la marche avec de grandes précautions, au milieu d'un pays boisé très favorable aux embuscades, et couvert de nombreux villages.

Quelques feux encore allumés, parfois les restes d'un repas inachevé et des objets oubliés çà et là, nous montrent que les indigènes se sont enfuis à la hâte dès que notre approche a été signalée. Nous trouvons seulement un peu de mil dans les greniers, quelques courges et des racines de manioc dans les plantations ; bien rarement une ou deux poules oubliées dans la précipitation de la fuite, tout juste ce qu'il faut pour empêcher notre personnel de mourir de faim.

Le 31 juillet un petit combat a lieu entre les Mandjias et un groupe de Sénégalais envoyé en reconnaissance pour parlementer ; le lendemain, nouvelle escarmouche, puis attaque du camp en plein jour, ce qui dénote chez les indigènes une certaine audace. Reçus à coups de fusil, ils prennent la fuite, puis, poursuivis par un détachement de Sénégalais, ils sont surpris dans un village et laissent entre nos mains un prisonnier, que je fais relâcher quelques jours après en le comblant de cadeaux et en lui tenant à peu près le discours suivant : « Quand tu es arrivé au camp, enchaîné et blessé, je t'ai dit que je ne te voulais pas de mal ; maintenant je vais te laisser partir ; et pour te montrer que les blancs français sont meilleurs que les Mandjias, je vais encore te donner des étoffes, des perles, des cauris, tu vas retourner chez les tiens et tu leur diras ce que tu as vu dans le camp et comment tu as été traité. Je te donne aussi un pavillon français ; chaque fois que les Mandjias en verront un semblable entre les mains d'étrangers, ils n'auront pas besoin d'avoir peur ; qu'ils portent aux blancs des vivres, qu'ils les accueillent bien et ils recevront des cadeaux ». Malheureusement nous sommes déjà loin du village de notre prisonnier et nous entrons chez un autre parti de Mandjias en guerre avec le précédent, mais aussi peu hospitalière pour nous.

Le 8 août, malgré toutes nos démonstrations pacifiques, nous sommes de nouveau attaqués. Engagés à la suite des Mandjias dans un grand ravin boisé, ce n'est qu'après un combat d'une heure au milieu de marais où nous enfonçons parfois jusqu'à la ceinture que nous parvenons à les mettre en fuite. Ce combat est heureusement le dernier ; quelques jours plus tard un Sénégalais aperçoit de loin un parti d'indigènes qui consentent à parlementer ; ils veulent bien, disent-ils, faire la paix, mais il faudra qu'un blanc vienne dans leur village avec très peu de monde, car notre troupe nombreuse les effraie. Je vais le lendemain à leur rendez-vous avec une dizaine d'hommes seulement ; un assez long palabre a lieu à distance, chacun se méfiant un peu, puis petit à petit on se rapproche, enfin le chef et moi nous nous avançons l'un vers l'autre et nous nous tendons la main : la paix est faite à la grande satisfaction de tous.

Je passe un traité avec le chef Kandia ; puis nos nouveaux amis, pleins maintenant de bonnes dispositions, apportent au camp des vivres en abondance, et nous donnent des guides pour continuer sûrement notre route.

Les Mandjias, dont nous venions de traverser le pays du sud au nord, forment, comme je l'ai déjà dit, une tribu très nombreuse mais divisée en un très grand nombre de fractions indépendantes les unes des autres. Bien qu'habitant dans le bassin du Tchad, c'est-à-dire rattachés géographiquement aux populations du Soudan, les Mandjias appartiennent à la même race que les tribus Togbos et Ndris du bassin de l'Oubanghi, mais ils se distinguent de ces dernières par un plus fort développement physique et un caractère plus méfiant et plus belliqueux ; j'ajoute que les Mandjias, comme leurs voisins du sud, sont anthropophages et livrés au fétichisme le plus grossier.

Les habitations sont, à peu de chose près, les mêmes ; ce sont de petites huttes en terre fort bien construites, recouvertes d'un toit conique en chaume, et entourées de greniers sur pilotis, destinés à renfermer les récoltes. Comme mobilier, quelques mauvais escabeaux, une sorte de claie servant de lit, des mortiers à grain, de grandes jarres contenant une boisson fermentée faite avec du mil, des marmites en terre, des nasses de pêche, des armes, enfin, près de l'entrée, une collection de fétiches ; en général les villages sont entourés de grands défrichements et de plantations qui dénotent chez les indigènes une certaine aptitude à l'agriculture et qui prouvent que le sol est loin d'être stérile.

Le pays est coupé par de nombreux cours d'eau et entre autres par la Nana, rivière importante que nous avons traversée à plusieurs reprises et qui est un des grands affluents du Gribingui.

En sortant du pays des Mandjia, nous traversons successivement celui des Ouïa-Ouïa, puis celui des Aouakas, nous dépassons le grand village de Yagousson, et enfin, aux premiers jours de septembre, nous arrivons dans une immense plaine au milieu de laquelle coule la grande rivière dont on nous parle depuis la Kémo, le Gribingui, c'est-à-dire le cours supérieur du mystérieux Chari ou, tout au moins, la branche principale de ce fleuve.

J'avais espéré trouver, sur un cours d'eau aussi important, des pirogues en assez grand nombre pour y embarquer toute l'expédition et arriver rapidement jusqu'au cœur du Baghirmi, mais je suis tout de suite fixé : une liane tendue dans l'eau d'une rive à l'autre constitue le seul moyen de passage. Il faut cependant traverser, car les reconnaissances faites par mes compagnons nous prouvent que la rive sur laquelle nous nous trouvons est déserte et que plus loin, en aval, se trouve le confluent d'une autre grande rivière, probablement la Nana, dont le passage serait tout aussi difficile.

M. de Béhagle est chargé de faire construire des radeaux, et malgré le peu de matériaux qu'il trouve sous la main, grâce au concours de tous, nous étions, huit jours après, sur la rive droite du fleuve, n'ayant perdu dans ce passage qu'une caisse de cartouches.

Je dois ajouter que cette charge est la seule que nous ayons perdue dans toute la durée de l'expédition, et si j'insiste sur ce détail, c'est qu'il fait honneur à mes compagnons chargés spécialement de la surveillance du convoi.

A partir de ce moment nous suivons à peu de distance la rive droite du Gribingui, traversant le pays des Akoungas, population douce, travailleuse et pleine de bonne volonté, qui nous fait partout le meilleur accueil. Nos hommes avaient presque tous trouvé là des amis, des *voanjia* comme ils les appelaient, qui pour un salaire insignifiant, souvent pour rien, consentaient à porter leurs charges d'un village à l'autre. Notre monnaie d'échange la plus courante pendant le voyage était les petites perles blanches en verre appelées *bayaka*; tous les jours nos hommes recevaient chacun une cuillerée à café de *bayaka*; avec cela, ils devaient acheter leurs vivres, et quelques-uns trouvaient encore le moyen de faire des économies ou plutôt de s'offrir certaines douceurs. On peut juger par là de la valeur des objets dans les contrées que nous avons traversées.

Depuis le passage du Gribingui, nous parcourons une immense plaine couverte de grandes herbes et de brousse, s'étendant à perte de vue dans tous les sens. Le sol, constitué presque partout par une roche ferrugineuse, est imperméable, et en bien des endroits formant dépression, on rencontre de vastes marais ou de petits étangs dans lesquels poussent du riz sauvage, des nénuphars aux fleurs jaunes et blanches et d'autres plantes aquatiques. Sur un pareil terrain, la marche n'est pas facile, car la moitié de nos étapes s'accomplit dans l'eau et la boue, excellent apprentissage pour les épreuves que nous allons avoir à supporter.

Partout dans les villages akoungas, on se plaint des incursions des Babis, Tourgous ou Smoussous, musulmans du Ouadaï et du Dar-Rouna, qui viennent régulièrement rançonner le pays; le chef d'Iréna, entre autres, se plaint amèrement et, en s'excusant de ne pouvoir nous offrir qu'une couple de poulets étiques et une calebasse de miel, il me raconte ses malheurs : il y a un an environ, les Smoussous, très nombreux, ont passé le Ba-Mingui et ont fait la guerre dans tout le pays; ils ont pillé son village, lui ont pris tout ce qu'il possédait, son grain, ses chèvres, ses poules, enfin jusqu'à ses femmes, sauf une, la plus laide et la plus vieille naturellement. Il nous donne ensuite de nombreux renseignements sur les pays voisins, sur les contrées arrosées par le Ba-Mingui, et aussi sur plusieurs peuplades qui habiteraient dans l'ouest au bord d'une grande rivière. Ces indigènes, me dit-il, appelés Ngamas, Kafas, Tennés et Daguas, ne cultivent pas la terre, ils possèdent un grand nombre de pirogues et vivent uniquement du produit de leur pêche; ils passent toute leur journée sur la rivière, sont très misérables et n'ont aucune sorte de vêtements.

Nous arrivons ensuite chez les Aratous, beaucoup moins intelligents et plus défiants que leurs voisins les Akoungas, et chez qui, de plus, la langue ndri, parlée par toutes les peuplades que nous avions rencontrées depuis l'Oubanghi, cesse d'être comprise; c'est avec la

plus grande peine et grâce à beaucoup de patience que MM. Brunache et Clozel, chargés de trouver des guides et d'assurer le départ de chaque jour, finissent par obtenir ce qu'ils demandent. Nous souffrons aussi beaucoup sous le rapport de la nourriture, car pendant deux semaines il faut nous contenter uniquement de farine de haricot, qu'il n'est pas d'ailleurs toujours facile de trouver en quantité suffisante.

A Mandjatezzó nous entrons chez les Saras, tribu nombreuse, guerrière et redoutable. Ils s'étendent vers le nord jusqu'au pays des Toummoks, mais sont divisés en un grand nombre de confédérations indépendantes les unes des autres. Tandis que les Saras du nord, ceux de Daï et de Koumra, dont je parlerai plus loin, reconnaissent la suzeraineté du sultan du Baghirmi, ceux du sud ont repoussé victorieusement jusqu'ici toutes les attaques des musulmans.

Au point de vue physique, les Saras, déjà signalés par Nachtigal, forment une des plus belles races de l'Afrique centrale. Les hommes ont une taille moyenne de 1 m. 78 environ, et ils sont forts en proportion. Comme unique vêtement, les Saras portent une sorte de petit tablier en cuir qui sert surtout à les protéger de l'humidité quand ils veulent s'asseoir. Ce costume primitif est celui des tribus Toummok, Gaberi et Laka. Quant aux femmes, leur costume est aussi des plus élémentaires. Les riches se parent d'une ceinture en cuir à laquelle sont suspendues une demi-douzaine de petites cordelettes ornées de verroteries, les autres sont absolument sans parure.

Les armes des Sara, comme celles des tribus voisines, sont des zagaies à fer étroit et barbelé, de grands couteaux de formes variées qu'ils lancent à distance avec une grande adresse, et des poignards travaillés avec soin qu'ils portent suspendus au bras gauche au-dessus du coude.

Les villages sont importants, mais offrent un aspect tout particulier, car chaque groupe de cases est séparé de ses voisins par un assez grand espace cultivé; les cultures sont d'ailleurs fort belles et variées : sorgho, maïs, mil, arachides, haricots, etc., et s'étendent au loin au delà des villages.

A partir de Mandjatezzés et pendant les quinze jours qui vont suivre, l'expédition aura à endurer des fatigues, des difficultés et des privations sans nombre; ce sont d'abord nos guides qui nous abandonnent au milieu d'une région déserte; au bout de quelques jours nos hommes n'ont plus de vivres et en sont réduits, pour tromper leur faim, à manger des racines, des feuilles bouillies et quelques mauvais fruits qu'ils trouvent dans la brousse; ils sont très faibles, beaucoup ont de la peine à se tenir debout, cependant il faut forcer les étapes sous peine de mourir de faim, et marcher des heures entières dans des marais boueux où nous enfonçons parfois jusqu'au cou. Beaucoup de porteurs tombent, et, épuisés, n'ont pas la force de se relever seuls, quelques-uns même restent volontairement en arrière et se cachent, préférant mourir misérablement plutôt que de continuer dans de pareilles conditions.

Enfin, après de longues journées, nous arrivons à un grand village, celui du chef Kasinda, qui nous reçoit avec des témoignages d'amitié et nous fait apporter des vivres de toutes sortes. Nous espérions tous pouvoir prendre là un peu de repos, malheureusement plusieurs vols se produisent, et pour comble, un de nos porteurs, un peu trop entreprenant auprès d'une dame Sara, a été la cause d'une rixe. Bien que tout cela soit encore peu de chose, ces indigènes sont si remuants et d'une nature si belliqueuse que nous jugeons prudent de partir le plus tôt possible afin d'éviter un conflit qui pourrait avoir les conséquences les plus graves au moment où nous allons entrer en relation avec les musulmans du Baghirmi.

Kasinda, lui-même, pour nous montrer ses bonnes intentions, nous sert de guide jusqu'au village de Djemalti, puis, continuant notre route au milieu de profonds marais, nous arrivons au bord du Bahar Sara, immense nappe d'eau large de 3 kilomètres, qui, du moins dans la saison des pluies, porte au Chari, dont il est un affluent, un énorme volume d'eau.

La rive sur laquelle nous nous trouvons est déserte, mais du haut d'une grande termitière on aperçoit dans une île au milieu de la rivière quelques toits de cases. La chance est encore une fois de notre côté ; pendant que nous nous demandons avec anxiété comment nous allons atteindre ce village, une pirogue de pêcheurs nous aperçoit, et, s'avançant prudemment, vient voir ce que sont ces étrangers qui arrivent aussi sans guide à travers la plaine inondée. Après un petit palabre, les indigènes acceptent de prendre dans leur pirogue M. Clozel qui ira seul dans le village traiter de la question du passage. Notre camarade réussit à merveille dans sa mission, car, une heure après, plus de quarante grandes pirogues arrivent pour nous transporter sur la rive opposée, en face du village insulaire de Garenki dont les cases et les greniers à mil, serrés les uns contre les autres, forment un tout compact bien différent des autres villages Sara éparpillés.

Quelques jours plus tard, le 24 octobre, au village de Gako, nous recevons la visite de plusieurs musulmans du Baghirmi parlant arabe. M. Brunache, qui connaît à fond cette langue, n'a pas de peine à se faire comprendre.

Si-Saïd, l'un des musulmans, est une sorte de fonctionnaire ou de résident chargé de représenter le M'bang (sultan du Baghirmi) chez les peuplades sara, de prélever les impôts et de protéger les étrangers ; très intelligent, il paraît jouir d'une grande autorité auprès des chefs païens, mais, un peu dépaysé au milieu de ces sauvages, avec lesquels il ne peut avoir que des conversations terre à terre, il est tout heureux de se trouver avec des gens civilisés ; il devient bientôt notre ami et nous donne des renseignements fort intéressants sur son pays ; c'est ainsi que nous apprenons ce qui s'est passé au Baghirmi depuis vingt ans, c'est-à-dire depuis que Nachtigal avait laissé le pays désolé par la guerre civile.

Gaouranga, le sultan actuel, successeur d'Abou Sekkin, est installé à Bougouman, la nouvelle capitale, et grâce à son administration la paix règne au Baghirmi, qui, tout en cherchant à rester en bons termes avec les États voisins Bornou et Ouadaï, s'occupe surtout d'étendre son influence dans les pays païens du sud. La politique suivie est fort habile : des résidents comme Si-Saïd sont placés dans les principaux centres, pendant que les fils des chefs, envoyés à la capitale, y sont élevés et traités avec honneur, se convertissent, puis, au bout d'un certain temps, quand ils ont pu apprécier les bienfaits d'une civilisation supérieure, ils sont renvoyés dans leur pays, où ils deviennent chefs à leur tour.

C'est ainsi que peu à peu l'influence du Baghirmi s'implante pacifiquement dans ces contrées autrefois dévastées par des luttes continuelles.

Saïd et ses compagnons insistent vivement pour que nous allions faire visite au M'bang Gaouranga, en nous donnant l'assurance que nous serons partout bien reçus ; mais malgré notre vif désir de nous avancer plus loin vers le nord nous nous voyons forcés, à notre grand regret, de refuser ces propositions ; nos marchandises s'épuisent de jour en jour, c'est à peine s'il nous reste maintenant de quoi atteindre Yola par le plus court chemin.

Grâce à nos nouveaux amis, qui nous accompagnent pendant plusieurs jours, nous trouvons partout le meilleur accueil et nous avançons rapidement à travers un pays très sec où les villages fort éloignés les uns des autres ne sont approvisionnés d'eau que par des puits profonds creusés dans le sable. Successivement nous passons à Daï, à Koumra, à Palem, à Moghéna, visitant ainsi les Saras du nord et les Toummoks qui dépendent du sultan du Baghirmi ; nos rapports avec les musulmans, fonctionnaires ou commerçants établis dans le pays, sont partout excellents.

A Palem près de Goundi, nous rejoignions l'itinéraire du voyageur allemand Nachtigal, qui, parti de Tripoli en 1872, s'était avancé jusque-là, dans le sud du Baghirmi. La réunion du Congo aux régions septentrionales de l'Afrique était, géographiquement du moins, un fait accompli.

Nous dirigeant vers l'est à travers une région sablonneuse et boisée, nous arrivons, dans la matinée du 21 novembre, aux premières plantations de Laï, grande ville de 10 000 habitants située sur la rive droite du Logone ou Babaï, fleuve immense, que l'on considérait à tort jusqu'à présent comme un bras dérivé du Chari, alors qu'il n'en est qu'un affluent.

Des indigènes placés en sentinelles sur le sommet d'énormes termitières ou sur de grands arbres nous regardent avancer avec une certaine défiance, tandis que de temps en temps de petits groupes de cavaliers partent au galop, se dirigeant vers Laï, dont les palmiers et les groupes d'arbres se distinguent au loin, formant une longue ligne de verdure barrant l'horizon du côté de l'ouest; peu à peu, à mesure que nous avançons, les constructions se détachent du milieu des arbres, formant un groupe très pittoresque de maisons aux toits coniques et de greniers en forme de tourelles.

La ville est précédée d'une grande plaine cultivée ayant, de distance en distance, de beaux arbres touffus sous lesquels se tiennent des groupes nombreux de guerriers, cavaliers et fantassins, tous en armes et en tenue de combat.

Au milieu de ce monde, notre caravane s'avance bien serrée, précédée de quelques indigènes, qui nous font enfin arrêter sous un grand arbre en nous disant que nous pouvons y établir notre campement.

Pendant que nous nous installons, de nouveaux indigènes arrivent de tous les côtés, des troupes de cavaliers viennent même des villages voisins et nous avons bientôt autour de nous trois ou quatre mille individus qui ont l'air de se demander s'ils vont nous traiter en amis ou nous faire la guerre; ils se comptent, et ils nous comptent; nos marchandises les tentent, car les Gaberis forment une tribu de pillards, mais nos fusils ne leur disent rien de bon; et puis, à côté de tous leurs cris, de leurs démonstrations bruyantes, le calme de nos hommes formés en carré autour des bagages leur fait peur.

Bientôt cependant ils prennent un parti : c'est la paix que nous allons avoir; ils se rapprochent peu à peu, les femmes et les enfants viennent se mêler aux guerriers pour former autour de nous un immense cercle de curieux au milieu duquel, fort à l'étroit et privés d'air, nous nous trouvons un peu dans la même situation que les pensionnaires du Jardin d'Acclimatation, Dahoméens ou autres.

Les Gaberis sont grands et forts et portent le même costume que les Saras, c'est-à-dire le tablier de cuir dont j'ai déjà parlé; mais avec leurs figures couvertes de peintures rouge et blanche et leurs panaches en plumes d'autruche, quand ils sont montés sur leurs petits chevaux qu'ils dirigent avec une habileté surprenante, ils rappellent plutôt les Peaux-Rouges de l'Amérique du Nord que les nègres africains. Les femmes, pour la plupart très bien faites, sont fort gracieuses dans leur costume composé de perles blanches se détachant sur le beau noir de leur peau et coquettement arrangées de façon à dessiner leurs formes.

Le 22 novembre je passe un traité avec M'bang Ndalle, chef de Laï et sultan des Gaberis, qui place ses États sous le protectorat de la France; mais notre nouvel allié élève bientôt la prétention de nous faire participer à une expédition contre un village voisin.

Pendant deux jours nous sommes précédés ou suivis par une armée de plus de 2 000 guerriers (cavaliers ou fantassins) dont les chefs essaient de nous persuader qu'en allant avec eux nous ferons un riche butin. Sur notre refus de les aider, l'expédition a lieu

sans nous, mais n'a d'autres résultats que d'exciter les indigènes contre tous les étrangers; aussi, le lendemain, quand nous nous présentons seuls près du village en question, nous sommes d'abord reçus avec des témoignages d'amitié, puis attaqués traîtreusement.

MM. Clozel, Briquez et Bonnel de Mézières, qui commandent l'arrière-garde et le centre de la colonne, ont beaucoup de peine à se dégager et doivent se servir de leurs revolvers, tout en rassemblant les Sénégalais, un moment surpris par cette brusque attaque. Quelques feux de salve dirigés par M. Briquez finissent par mettre en déroute nos ennemis, mais nous avons deux hommes blessés par des zagaies empoisonnées et qui meurent après quelques heures de vives souffrances.

Après avoir brûlé le village pour punir les indigènes de ce guet-apens, nous faisons un petit détour pour éviter cette région hostile, et nous nous engageons dans un pays tout différent des précédents; au lieu des grandes plaines que nous avons parcourues depuis notre entrée dans le Soudan, ce sont maintenant de larges plateaux boisés et peu habités formant la ligne de partage entre les eaux du bassin du Tchad et celles de la Bénoué.

Nous pressons la marche, car chaque jour les marchandises baissent davantage et nous sommes encore loin d'être arrivés; malheureusement, près du village du chef Touné dans le pays du Laka, M. Clozel est atteint d'une fièvre bilieuse hématurique, qui nous oblige à faire un long séjour; ce n'est que le 27 décembre que nous nous remettons en route, mais à peine parti je tombe malade à mon tour et nous sommes encore arrêtés pendant deux semaines.

Rejoints par une caravane de marchands du Bornou et de l'Adamaoua qui rentrent à Yola et sont heureux de se joindre à une troupe aussi nombreuse que la nôtre, tout en nous servant de guides, nous traversons rapidement et sans trop de difficultés les pays de Palla, de Erdé et enfin de Lamé avant d'arriver dans l'Adamaoua, où le récent passage de Mizon a laissé une xcellent souvenir et nous vaut une cordiale réception.

Arrivé à Yola sans ressource aucune, je dus m'adresser au représentant de la Compagnie Royale du Niger, qui me fournit tout ce qui nous était nécessaire pour atteindre Ibi, où nous pourrions trouver les moyens de regagner la côte par bateau.

Après avoir rendu visite au vice-gouverneur du Yola (ou Kil) et lui avoir remis, au nom du gouvernement français, des présents pour le Lamido occupé à faire la guerre dans le Mayo Kebbi, nous nous remettons en route et franchissons en un mois la distance comprise entre la capitale de l'Adamaoua et Ibi, ou Iby, station importante où nous trouvons un vapeur de la Compagnie anglaise, qui est mis à notre disposition.

Près de Bakoundi, nous avions eu le plaisir de serrer la main à deux bons Français, MM. Nebout et Chabredier, que M. Mizon avait envoyés à notre rencontre et qui nous donnèrent quelques renseignements sur la mission momentanément arrêtée à Chirou dans la Bénoué par suite de la baisse des eaux.

La descente de la Bénoué et du Niger s'effectue très rapidement, et sans trop de difficultés, sauf quelques échouages sur des bancs de sable ; le 23 mars, j'arrive à Akassa, à l'embouchure du Niger, ayant le bonheur de ramener mes cinq compagnons européens et cent trente-deux hommes.

Nos épreuves étaient finies. Quatorze mois s'étaient écoulés depuis notre débarquement à Loango ; pendant ce temps nous avions parcouru plus de 5 000 kilomètres, dont 1 000 environ à pied et en pays inexploré.

Voici maintenant en quelques mots les résultats de la mission : notre itinéraire, que j'ai relevé à la boussole avec le plus grand soin et qui est appuyé sur des observations astronomiques de M. de Béhagle, coupe en deux le grand blanc qui existait encore sur la carte d'Afrique entre l'Oubanghi, le Baghirmi et l'Adamaoua.

La ligne de partage des eaux entre le Congo et le Tchad, déjà franchie par M. Dybowski lors de son expédition vers El-Kouti, a été coupée en un nouveau point et déterminée.

Une grande rivière dont le nom même était inconnu, le Gribingui, a été suivie pendant plus de 100 kilomètres, et j'ai déjà dit que cette rivière, une fois grossie du Ba-Mingui, n'est autre chose que le fameux Chari.

Jusqu'ici toutes les cartes indiquaient pour le Chari et le Logone une source commune ; nous pouvons dire aujourd'hui que ce phénomène hydrographique, dont Barth et Nachtigal ne parlaient qu'en faisant de grandes réserves, n'existe pas ; si, à certaines époques de l'année, des marais plus ou moins continus peuvent s'étendre d'une rivière à l'autre, nous pouvons du moins affirmer qu'il n'y a pas entre elles de communication fluviale.

Enfin le Logone et un de ses affluents encore inconnus, le Ba-Tenna, ont été traversés à 100 kilomètres plus au sud du point où Barth s'était arrêté dans un voyage au Toubouri. Pendant toute la durée du voyage, les membres de la mission se sont occupés constamment d'interroger les indigènes sur les pays traversés et sur les pays voisins tant au point de vue géographique que sous le rapport de l'ethnographie, de la linguistique, etc. Nous n'avons pu malheureusement rapporter que peu de collections, mais nous avons du moins pris des quantités de notes consciencieuses qui pourront en partie y suppléer ; les dessins exécutés par M. Brunache et les photographies faites par M. Bonnel de Mézières sont des documents précieux qui pourront donner une idée exacte du pays.

Des traités ont été signés avec les principaux chefs, les Ndris, les Madjias, les Aouakas, les Akoungas, les Aretous, les Saras, les Gaberis et les Lakas, étendant ainsi jusqu'au Baghirmi au nord et l'Adamaoua vers l'ouest nos possessions du Congo.

Grâce à nos efforts et à ceux de Brazza et de ses lieutenants, de Binger, de Mizon, de Dybowski, de Monteil et de tant d'autres, le plan si ardemment rêvé par Crampel, et auquel il avait si généreusement sacrifié sa vie, est bien près d'être réalisé : la réunion sur les bords du lac Tchad de nos trois colonies de l'Algérie, du Sénégal et du Congo.   `

C. MAISTRE.

❈ ❈ ❈

VOYAGE AU TIBET

LE *Geographical Journal* (fascicule du mois de mai) contient un très intéressant récit du capitaine H. Bower qui a traversé le Tibet de l'ouest à l'est en se rendant de Simla à Changhaï. Le récit est accompagné d'une carte que nous reproduisons ci-contre en la complétant au nord et au sud de façon à donner l'ensemble du pays traversé. Les préparatifs ont eu lieu à Cachemir (Kachmir, Srinagar), et c'est de Leh que l'expédition partit au grand complet, le 14 juin 1891. Le gouvernement de l'Inde avait attaché à l'expédition le Dr W. H. Thorold, de l'*Indian Medical Service*. Le capitaine Bower avait sous ses ordres neuf indigènes dont un *sub-surveyor* (topographe).

Presque aussitôt les voyageurs entrèrent dans un pays inexploré où aucun Européen n'avait pénétré jusqu'alors. La première localité intéressante à visiter fut le couvent bouddhiste de *Hemis*, où avait lieu à cette époque une fête annuelle. Les voyageurs eurent l'occasion de voir la danse sacrée des lamas masqués exécutée, lentement et solennellement, pendant qu'un chœur caché dans la coulisse, tout comme dans nos opéras, chantait des hymnes religieux.

Arrivés de là à Tchang-Tchemmo, où ils complétèrent leurs provisions, les voyageurs se dirigèrent du côté du col de Lanak, qu'ils eurent toutes les peines du monde à trouver, et que le guide avoua n'avoir jamais visité. L'ayant traversé le 3 juillet, ils entrèrent sur le territoire tibétain.

Le 7 juillet ils atteignirent le lac de Mangtsa [1], situé à 5040 mètres [2]. C'est une nappe d'eau d'un bleu indigo

---

1. Sur la carte nous disons Lanak-*La*, Mangtsa-*Tcho*, etc., les traits géographiques, à défaut de connaissances linguistiques, indiquant clairement que *La* veut dire col, et *Tcho*, lac. Dans l'article nous évitons autant que possible d'employer des tautologies comme *col* de Lanak-*La*, qui équivaudrait à l'expression : lac du lac de Genève.

2. 16 540 pieds. Toutes les altitudes citées étant approximatives et exprimées en chiffres ronds, nous les arrondissons également en les traduisant en mètres.

foncé. Les bords sont riches en incrustations de sel gemme dont s'approvisionnent les indigènes du Ladak et de Noh. Par bonheur pour l'expédition il n'y avait personne aux environs du lac au moment de son passage, car si les autorités tibétaines avaient été informées de leur présence dès le commencement, les voyageurs se seraient trouvés dans l'impossibilité de continuer leur chemin à travers le *Pays défendu.*

Continuant leur chemin vers l'est dans une vallée ouverte, ayant au nord et au sud des chaînes couvertes de neiges étincelantes et d'un aspect grandiose, les voyageurs traversèrent deux cols très élevés, mais d'un accès relativement facile et arrivèrent vers un autre lac, le Horpa-Tcho, situé à 5 465 mètres. C'est le lac le plus haut qu'ils aient rencontré et probablement le plus élevé du monde. De nombreuses îles pointent leurs têtes du milieu de cette nappe d'eau.

Au sud du lac s'étend une puissante chaîne neigeuse; de tous les autres côtés on ne voit que des collines et des

mèche avec une fourche à deux cornes au bout, un sabre orné d'incrustations d'argent et de turquoises et retenu par une ceinture en travers de la poitrine, enfin des lances, tel était l'armement de ces deux hommes. — Le capitaine Bower leur dit que lui et ses hommes étaient des marchands égarés dans les montagnes. Les hommes répondirent qu'au sud-est se trouvait le village de Khamba, habité par une très nombreuse population de nomades, que pour rien au monde ils ne consentiraient à y conduire les étrangers, étant sûrs d'avance qu'ils auraient la tête coupée pour ce forfait, que du reste il était inutile d'avancer, attendu que sûrement on serait tôt ou tard arrêté et dans la nécessité de rebrousser chemin. Ils proposèrent néanmoins de conduire les voyageurs, moyennant quarante roupies, jusqu'à un village nommé Sakhi, sur la route de Leh à Lhassa.

Le capitaine Bower eut l'air d'accepter la proposition, mais insinua que si on lui avait indiqué le chemin allant à l'est, il aurait donné volontiers le double. Les deux hommes

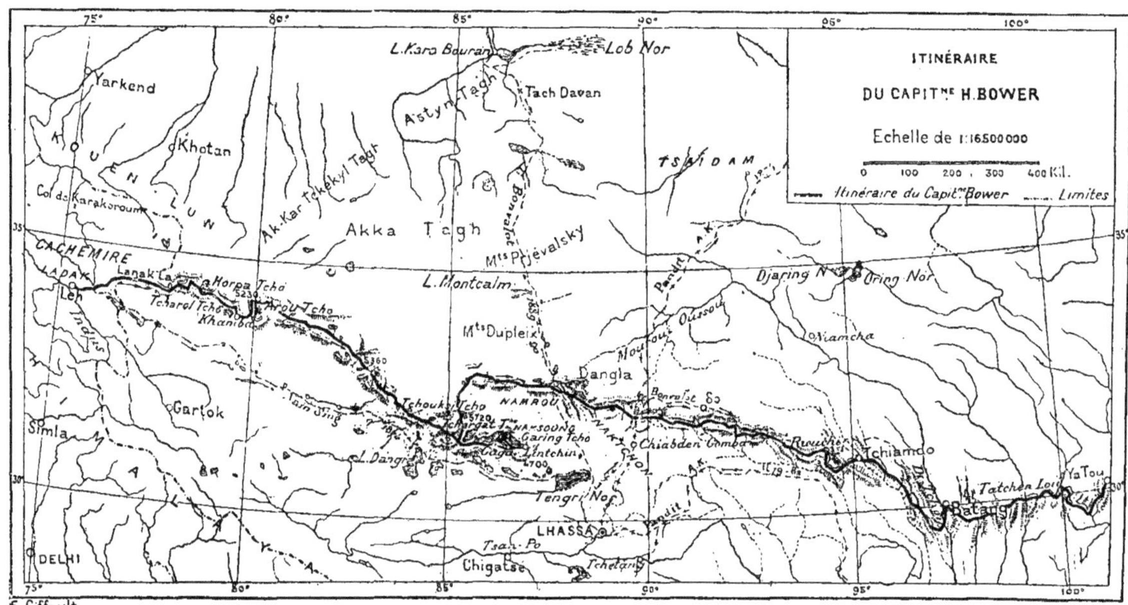

ondulations insignifiantes. Grâce à un nombre considérable de ruisseaux arrivant des montagnes du sud, l'eau de la partie méridionale du lac est relativement douce, ce qui permet à un assez grand nombre d'oiseaux aquatiques, oies, canards sauvages, etc., d'animer la solitude.

Après quelques journées de marche, le capitaine Bower aperçut au loin une tente et envoya deux de ses hommes pour demander un guide et des renseignements. Les émissaires ne trouvèrent dans la tente que des femmes, qui leur dirent qu'à cinq journées de marche vers l'est se trouvait le village de Khamba, où on pourrait trouver des personnes capables de renseigner les voyageurs sur la route à suivre, et que tout le long du chemin on verrait des tentes et des habitants. En effet, le lendemain les voyageurs rencontrèrent des nomades et plantèrent leurs tentes tout près des leurs. Deux hommes vinrent leur demander qui ils étaient et où ils allaient. Ces hommes étaient habillés en peau de mouton; ils étaient chaussés de bas de laine de couleur brillante allant jusqu'aux genoux et munis de semelles en peau de yak; leurs cheveux étaient tressés en nattes pendant des deux côtés de la figure. Un fusil à

s'éloignèrent et revinrent une heure après pour dire qu'ils s'étaient trompés, qu'ils avaient pris la troupe pour l'avant-garde d'une armée quelconque, qu'ils reconnaissaient leur erreur et consentaient, moyennant le prix offert, à conduire les étrangers à l'est. — Trois jours après on se trouvait au bord du lac Arou, belle nappe d'eau de 5 225 mètres d'altitude. De tous les côtés on voyait des yaks et des antilopes en quantité vraiment incroyable; mais aucune trace d'êtres humains et point d'arbres. Ce paisible lac n'avait encore été vu par aucun Européen.

Le jour suivant, les guides se sauvèrent sans être vus. Les poursuivre serait peine perdue. On se décida donc à continuer la route sans guides, au risque de mourir de soif. La chance pourtant fut favorable tout le temps aux hardis voyageurs, et au relais de chaque jour, par un bonheur singulier, ils trouvaient une source d'eau douce.

La contrée a partout le même caractère : collines arrondies avec larges vallées ouvertes et de-ci de-là, à l'horizon, des chaînes neigeuses. Le pays est extrêmement riche en gibier : *yak* sauvage, *kiang*, antilope tibétaine, gazelle; mais toujours pas de traces d'hommes.

Le 22 août enfin ils rencontrèrent des nomades. Deux émissaires envoyés vers eux pour demander des renseignements et un guide si possible furent reçus à coups de fusil, qui ne blessèrent du reste qu'un poney. Quoique les indigènes fussent par la suite tout à fait à la merci des hommes de l'expédition, fort bien armés, ceux-ci ne ripostèrent pas au feu par le feu, le capitaine Bower ayant donné l'ordre formel de ne recourir à la force qu'à la dernière extrémité.

« Le caractère de tous les nomades que nous rencontrions, dit le capitaine Bower, est le même : ils sont avides, perfides et soupçonneux. Leurs soupçons ne s'appliquent pas seulement aux étrangers ; chaque camp considère tout autre camp comme ennemi. »

Les jours suivants les provisions commencèrent à diminuer, le gibier à devenir rare et l'on fut obligé de recourir à la chasse du *kiang,* animal ressemblant au mulet et dont la viande était peu goûtée des voyageurs. On rencontrait de plus en plus des nomades, qui faisaient escorte à l'expédition au nombre d'une centaine environ, tous armés de fusils à mèche et de sabres. Ils essayèrent même d'arrêter l'expédition, mais le capitaine Bower ne voulut pas s'y prêter, disant qu'il ne ferait halte que dans le cas où il rencontrerait un chef autorisé.

Le 31 août, un pauvre lama, venu pour demander la charité et probablement aussi pour espionner, dit que les voyageurs étaient mal renseignés en ce qui concerne la route à suivre, qu'en allant au sud ils pourraient arriver à Chigatsé (Tachi-Lounpo) et que pour aller à Lhassa il fallait traverser une dépression dans les collines de l'est. Ces renseignements paraissant très probables, on se décida à suivre la route vers Lhassa. Partout à l'horizon on voyait pointer des tentes blanches ; les troupeaux de moutons et de yaks domestiques paissaient dans toutes les directions. On rencontrait aussi les *goas* et les kiangs, et, ayant monté au sommet d'un plateau, on revit les antilopes tibétaines, qui ne descendent que très rarement au-dessous de 4 500 mètres et sont même rares au-dessous de 4800 à 5 100 mètres.

Le lendemain, arrivée à un énorme lac, l'expédition rencontra trois hommes à cheval, dont l'un avait l'air d'un chef. Il voulut savoir qui étaient les voyageurs et quel était leur but. Sur la présentation d'un passeport chinois il répondit que, l'année d'avant, deux voyageurs *russes* (le capitaine Bower suppose que ces deux *Russes* étaient M. Bonvalot et le prince d'Orléans) s'étaient présentés également avec un passeport chinois, mais qu'immédiatement après, l'avis était arrivé de Péking annonçant qu'effectivement un passeport avait été délivré par *inadvertance,* qu'il n'en fallait tenir aucun compte et que les personnes munies de ce passeport devaient être reconduites immédiatement à la frontière. Le capitaine Bower riposta que son unique but en se dirigeant sur Lhassa était de se procurer des provisions, que si les autorités tibétaines voulaient lui en fournir aux prix courants, il consentirait à continuer son chemin vers l'est et passerait au nord de Lhassa sans en approcher. En attendant la réponse il continuait à avancer, entouré de tous les côtés par de nombreuses troupes de nomades.

Deux jours se passèrent ainsi. Le troisième, un *zoung* (dignitaire) arriva de Lhassa et envoya quatre hommes au chef de l'expédition pour l'interroger. Le capitaine Bower répondit que si le représentant tibétain voulait avoir de lui des renseignements il le prierait de venir lui-même, mais

qu'il ne daignerait pas répondre aux sous-ordres. Là-dessus le dignitaire arriva en personne, accompagné de sa suite.

Toujours les mêmes questions : « Qui êtes-vous ? où allez-vous ? » et les mêmes réponses : « Nous sommes Anglais, nous allons en Chine ; nous passerons au nord de Lhassa si vous nous donnez des provisions ». Le zoung répondit que s'il revenait à Lhassa sans les avoir empêchés d'avancer, il aurait la tête tranchée. Il était clair que la marche en avant n'était plus possible. L'arrangement suivant fut donc conclu :

1° Les voyageurs seraient conduits à trois journées de marche, soit à l'est, soit au sud, dans un endroit où il y aurait beaucoup d'eau et d'herbages.

2° Arrivés là, ils attendraient pendant quinze jours les ordres de Lhassa.

3° Pendant leur séjour dans l'endroit choisi ils recevraient des provisions aux prix courants.

4° La sécurité des hommes et de leurs biens était garantie et tout objet volé devait être remboursé.

« Les hommes avec lesquels nous traitions, dit le voyageur, étaient d'un type tout différent de celui des *Dokpas* nomades : aux points de vue intellectuel et physique c'étaient des hommes supérieurs ; ils possédaient un air d'individualité très prononcé. Ils portaient, comme tous les lamas, les vêtements de laine rouge très sales et des baudriers auxquels étaient attachés de petits reliquaires contenant les prières. Leurs cheveux étaient tressés en queue, ornée de turquoises et relevés sur le front, ce en quoi les Tibétains diffèrent des Dokpas, dont la natte est attachée aux cheveux, qui n'ont jamais connu ni brosses, ni peignes, ni savon, ni eau. Ils font fi de l'influence chinoise au Tibet et disent que leur seul maître est le Deva Zoung (gouvernement central). »

Le 5 septembre l'expédition, sous la conduite d'un petit garçon (les dignitaires eux-mêmes faisant la grasse matinée), se dirigea vers l'endroit qui lui était assigné. Dans la même direction allait une énorme caravane, composée d'environ quatre cents yaks, cinquante chevaux et plusieurs milliers de moutons. A la question adressée par nos voyageurs, les gens de la caravane répondirent qu'ils étaient des marchands chinois, qu'ils avaient importé des marchandises en échange desquelles ils recevaient le bétail qu'ils amenaient chez eux. Toutefois les Tibétains de la suite du dignitaire qui avaient rejoint l'expédition donnèrent à comprendre que c'était tout simplement des brigands (*tchoukpa*), que tout le bétail qu'ils emmenaient était le produit d'une industrie qui n'a rien de commun avec le commerce, et que plus loin de ces gens on camperait, mieux ça vaudrait.

Le lendemain on traversa un dos de pays entre deux lacs, celui du nord immense, celui du sud d'une forme extrêmement irrégulière et rempli d'îles et d'îlots. Ce dernier est singulièrement beau, et, ce qui le distingue des autres lacs tibétains, l'eau en est douce. L'herbe pousse jusqu'au bord du lac, et par suite de la présence de l'eau douce et de la végétation, il y a abondance de gibier, tel que mouettes, sternes, etc., qui par leurs cris font ressortir le contraste qui existe entre les lacs d'eau douce et les lacs salés.

Malheureusement il est impossible de savoir les noms des traits physiques au Tibet, les habitants mentant avec une telle habileté que, sans même se concerter, six personnes questionnées donnent au moins six noms différents.

Il faut donc accepter les noms de la carte sous toutes réserves.

Pendant que la petite troupe avançait, son *escorte d'honneur* grossissait à vue d'œil et ne manquait pas de pittoresque. Un jour on put remarquer un certain trouble, une animation extraordinaire qui prouvait que quelque chose d'anormal s'était passé dans le pays. Bientôt on apprit que les *tchoukpas* rencontrés précédemment, non contents du butin qu'ils ramenaient, avaient tué quelques hommes et emmené deux cents yaks, cinquante chevaux et une énorme quantité de moutons. Une telle conduite tout près de Lhassa était inouïe. Le *zoung* était préoccupé de l'organisation des troupes qui devaient reprendre la propriété volée. Le capitaine Bower lui suggéra une idée qui lui paraissait bien simple, au point de vue européen : les troupeaux des brigands étaient tout près, on n'avait donc qu'à les saisir. Le chef tibétain répondit que ce bétail avait été volé dans le Kangri, un pays à l'est, et le *Deva Zoung* avait déjà perçu la taxe pour chaque tête de bétail à son entrée dans le pays de Lhassa. Ce bétail était donc devenu inviolable. Il est vrai que les tchoukpas, en entrant dans le territoire, avaient promis de ne pas y faire de pillage et qu'ils avaient manqué à leur engagement, ce qui était certainement bien indélicat de leur part; seulement, s'ils se conduisaient mal, ce n'était pas une raison pour en faire autant. Du reste il ajouta qu'il n'hésiterait pas à les exécuter s'il avait la chance de les attraper.

Au bout d'une vingtaine de jours d'attente, arriva enfin l'envoyé du gouvernement central. De nouveau, les mêmes questions et les mêmes réponses. Le capitaine Bower dit entre autres choses que, le gouvernement anglais et celui de Lhassa étant en bonne intelligence, il pensait, en se dirigeant vers le sud, s'approvisionner et trouver bon accueil; ce à quoi l'envoyé répondit que le Tibet était une région interdite aux étrangers; quant à l'amitié entre les deux gouvernements, il pensait que le mieux était que chacun restât chez soi.

Plusieurs jours se passèrent en pourparlers, les Tibétains insistant pour que l'expédition retournât sur ses pas, et le capitaine refusant carrément et insistant de son côté sur son désir d'aller en Chine, ne fût-ce que par une route plus septentrionale. A sa demande, pourquoi on tolérait la présence du représentant chinois à Lhassa, il lui fut répondu que c'était un simple signe d'amitié existant entre les deux pays, mais que le Tibet n'était point pour cela sous la dépendance de la Chine.

L'arrangement conclu définitivement consistait en ceci : les voyageurs rebrousseraient chemin pendant huit journées de marche et ensuite se dirigeraient vers l'est par une route plus septentrionale. Le *Kouchok* devait les accompagner pendant douze jours de marche, après quoi l'expédition serait guidée par quatre hommes désignés par lui. Tout ce qui manquait à l'expédition devait être fourni en échange de 800 roupies que le capitaine Bower aurait à payer.

Enfin, pour le 4 octobre tout fut prêt, et l'expédition partit de Gaga-Lintchin. Le 12 on quitta le chemin déjà parcouru et on se dirigea vers le nord.

Le 18, on commença la traversée d'une chaîne couverte de neiges persistantes, par un col de 5720 mètres. Bientôt les guides, devenus inutiles, furent renvoyés et les voyageurs livrés à leurs propres ressources.

L'eaudouce était partout gelée; point ou peu de combustible pour la fondre; les bêtes de somme, les chevaux surtout commençaient à tomber de fatigue et de privations. Le thermomètre descendait jusqu'à 15 degrés au-dessous de zéro. Il est vrai que cette température ne présentait rien d'extraordinaire, mais il ne faut pas oublier que le froid est d'autant plus insupportable que le vent est plus fort et qu'au Tibet, surtout en hiver, le vent souffle presque constamment. Quand enfin, le 14 novembre, on rencontra de nouveau des habitants, les voyageurs étaient au bout de leurs ressources.

Ce jour-là ils campèrent pour la première fois au-dessous de 4500 mètres, dans un endroit abondant en eau douce. Depuis ce temps ils purent partout se procurer des moyens de transport et des vivres, mais plus on avançait et plus les indigènes, qui se trouvent tantôt sous la domination chinoise, tantôt sous celle de Lhassa, ou qui ne reconnaissent aucune souveraineté, devenaient désagréables. A tout moment il fallait s'attendre ou à une attaque à main armée ou à un vol. Toutefois l'expédition arriva sans encombre et sans coup férir à Tchiamdo.

Devant cette ville, de nouvelles difficultés se présentèrent : les autorités ne voulaient pas laisser passer les voyageurs, exigeant d'eux qu'ils passassent au nord de la ville en suivant la route prise par Bonvalot, et menaçant, en cas de refus, de trois mille fusils. Après bien des pourparlers, il fut décidé qu'ils contourneraient seulement la ville et qu'ils reprendraient immédiatement la grande route.

Le voyage de Tchiamdo à Batang ne présenta aucune difficulté. Enfin, de Batang à Ta-Tchen-Lou, la route avait déjà été explorée avant le voyage du capitaine Bower. Dans cette dernière ville, qui se trouve à la porte de la Chine, les voyageurs furent cordialement reçus par les missionnaires français.

De Ta-Tchen-Lou l'expédition se dirigea sur Ya-Tou. Dans cette ville, les indigènes qui faisaient partie de l'expédition furent licenciés et retournèrent au Ladak. Quant aux chefs de l'expédition, ils se dirigèrent sur Changhaï, de là à Calcutta et enfin à Simla, où ils arrivèrent après une absence de douze mois et demi, dont cinq passés constamment à une altitude supérieure à celle du Mont Blanc.

Nous avons déjà dit, au commencement de cet article, que l'itinéraire de l'expédition traverse presque partout des régions inconnues jusqu'alors. La plupart des voyageurs qui avaient visité le Tibet avant le capitaine Bower étaient entrés par le nord. Ces voyageurs sont : les PP. Huc et Gabet, qui, seuls parmi les Européens, visitèrent Lhassa; le général Prjévalsky; les Anglais Carey et Dalgleish; le comte hongrois Szechenyi; enfin, Bonvalot et le prince d'Orléans, et le voyageur américain Rockhill. Le capitaine Bower est entré par la frontière ouest bien au nord du point par où s'y était introduit le pandit Nain-Singh. Il est curieux de remarquer qu'en 1715 le père jésuite Desideri était également parti de Leh, avec la suite d'un prince indigène, et s'était rendu avec lui à Lhassa.

La carte du capitaine Bower est dressée, d'après les documents officiels, appartenant au *Survey of India Department*.

D. Aïtoff.

⚜ ⚜ ⚜

CHRONIQUE GÉOGRAPHIQUE

Expédition de M. Astor Chanler dans l'Afrique orientale. — Le numéro de juin du *Geographical Journal* publie une lettre du 8 mars de M. Chanler, datée de Hameyé, sur la Tana, ainsi qu'une carte dressée par le lieutenant von Höhnel, sur des observations faites par celui-ci avec le plus grand soin. Les lecteurs du *Tour du Monde* connaissent l'exploration faite par cet officier autrichien avec le comte Teleki, au Kilima N'djaro, au Kénia et dans les territoires situés au nord de ces deux sommets. C'est là qu'ils découvrirent les lacs Rodolphe et Stéphanie. La lettre et la carte actuelles se rapportent à un territoire non encore exploré. En effet, après avoir suivi, à partir de Hameyé, le cours de la Tana, jusqu'à son confluent avec la rivière Mackenzie qui vient du nord-ouest, ils remontèrent la vallée dans laquelle coule celle-ci jusqu'à ses sources sur le versant oriental des monts Djombéné. La rivière a environ 11 mètres de large, et nulle part elle n'a plus d'un mètre de profondeur. La région de son cours supérieur fourmille de gibier de toutes sortes.

Le pays situé au nord des monts Djombéné jusqu'au Gouaso Nyiro est semé de blocs de lave. Cette rivière, dont les voyageurs ont exploré le cours entre les 38° et 39° 31′ longitude est, coule dans un lit de gneiss, excepté dans le voisinage des chutes de Chanler, où une masse de lave, descendue dans le cours du Gouaso Nyiro, barre la rivière qui se précipite en deux bras d'une hauteur de 16 mètres; en aval, sur un parcours de 3 kilomètres, la rivière coule de l'ouest à l'est entre de vraies murailles de lave noire; elle a ici 25 mètres de large et de 2 à 3 mètres de profondeur; au delà, elle court sur un sol d'alluvion. Au nord s'élève d'une manière abrupte, à 100 mètres au-dessus du fond de la vallée, le plateau purement volcanique de Marisi el-Lougoua Zambo. Les voyageurs suivirent le Gouaso Nyiro jusque près du marais de Lorian qui est très vaste et semble rempli de roseaux. Au nord s'étendait un territoire onduleux, désert. De Hameyé au marais de Lorian, ils ne virent aucun indigène, sauf sur les monts Djombéné. Dans le voisinage du plateau de Marisi, on apercevait des zeribas qui avaient appartenu à des populations ayant des chameaux et des chèvres, probablement des Randhilé qui fréquentent cette région dans la saison des pluies. Il y a deux ans, les Randhilé établirent des relations commerciales avec les natifs des monts Djombéné. De la partie occidentale de cette chaîne, MM. Chanler et de Höhnel avaient devant eux le versant nord-est du Kénia qui leur parut n'avoir point d'eau; il était couvert d'une quantité de cratères. La zone forestière s'élève à 3 000 mètres et même à 3 600 mètres. Du côté de l'est, elle s'étend jusqu'à la plaine; les pentes inférieures sont herbeuses.

La chaîne des monts Djombéné est très fertile et habitée par une population très dense. Les Wamsara en occupent le versant occidental. Ils sont belliqueux, et donnent moins de soins à l'agriculture que les Waembé qui habitent la portion orientale de la chaîne. Ces deux tribus se rattachent à la race Kikouyou; elles parlent un dialecte kikouyou, mélangé de mots masaï et mkambou. Parmi elles sont établis beaucoup de Wakamba et de Wakouari. Les Waembé sont d'industrieux agriculteurs, qui cultivent des pommes de terre douces, des ignames, de la cassave, des fèves, des cannes à sucre et du millet de deux sortes. Ils exploitent, de manière à les détruire presque, les forêts dont cette chaîne était évidemment couverte autrefois. Au moment du départ de la lettre de M. Chanler, il allait se mettre en route avec M. de Höhnel pour la région du Kénia et pour le versant oriental des monts auxquels les explorateurs autrichiens ont donné le nom du général Matthew, entre le 1° et le 2° latitude nord, à l'est de l'itinéraire de Höhnel et Teleki dans leur voyage d'aller aux lacs Rodolphe et Stéphanie.

Arabes et indigènes contre Anglais sur le haut Chiré. — Un des derniers numéros du *Deutsches Kolonialblatt* a publié, de M. von Eltz, attaché à l'expédition du major von Wissmann, au Nyassa, une lettre au comité anti-esclavagiste allemand sur les troubles suscités dans le haut Chiré par les Arabes esclavagistes, contre l'administration de M. H. H. Johnston, commissaire anglais. Les Arabes ayant capturé un jeune garçon, fils de Koumbava, indigène très considéré à Zomba, entre le Chiré et le lac Chiroua, le père offrit de le racheter, mais le prix de la rançon exigée était si élevé qu'il dut y renoncer; il s'adressa alors à l'administrateur britannique. Celui-ci ordonna au caporal Hore, de la station de Mpimbi, de se rendre avec une trentaine de Zanzibarites et de Wa-Koua, sous la conduite de Koumbava, à l'endroit où se trouvait la caravane d'esclaves, afin de délivrer le captif et, si possible, les autres prisonniers des Arabes. L'expédition réussit, libéra les esclaves, et brûla les cases du chef Gousapa, complice des esclavagistes; mais en revenant à Mpimbi, elle fut assaillie par des indigènes; le caporal Hore et un capitaine anglais qui s'était joint à lui durent se séparer, l'expédition perdit ses charges, et eut plusieurs morts et blessés. Hore ne put échapper à l'ennemi qu'en sautant dans le fleuve, où il dut nager sur un parcours de 300 mètres avant d'être en sûreté.

En même temps la *Lakes African Company* voyait un de ses bateaux pillé par le chef indigène Malavi, qui massacrait une partie des hommes de l'équipage et blessait les autres. D'autre part, une expédition de chasse dirigée par un Anglais, M. Koo, était attaquée près du village de Léonda, et son chef se sauvait à Mpimbi après avoir dû laisser aux mains des assaillants tout ce qu'il possédait.

M. von Eltz mit à la disposition des Anglais des armes et des munitions. Le capitaine Prager, avec l'artillerie de l'expédition allemande, s'efforça de dégager le capitaine anglais cerné par les esclavagistes. Il comprenait qu'aussi longtemps que dureraient les troubles, il ne pourrait transporter aucune charge à Mpimbi, que les porteurs ne se risqueraient pas à s'y rendre, et que ses chantiers de Mpimbi, pour le montage de ses bateaux, étant sur territoire britannique, il devait prêter son concours aux Anglais en péril. Suivant la rive droite du fleuve, pendant que les Anglais marchaient le long de la rive gauche, il se fraya un chemin à travers un feu très vif jusqu'à Léonda, siège des esclavagistes, dont il se rendit maître et qu'il brûla; puis il parcourut le territoire environnant pour le purger de tous les Arabes qui auraient pu barrer la route à l'expédition chargée d'établir les vapeurs allemands sur le Nyassa.

Les esclavagistes étaient armés de chassepots et pourvus des munitions nécessaires. Ils avaient formé à Léonda une colonie proprement dite, y avaient construit des maisons arabes, et établi leur pouvoir sur un territoire assez étendu. Actuellement leurs demeures sont incendiées, et l'administration britannique a résolu de construire là un fort. Le gouvernement anglais a adressé, par voie diplomatique, à l'autorité allemande ses remerciements pour le service rendu aux Anglais du Chiré par l'expédition anti-esclavagiste allemande.

Inondation au Transvaal et dans le territoire à

l'ouest de Lourenço-Marques. — M. P. Berthoud, missionnaire à la baie Delagoa, a fourni à l'*Afrique explorée et civilisée* des détails sur l'abondance des pluies tombées au commencement de cette année-ci dans la région située entre l'océan Indien et les montagnes qui forment la frontière orientale du Transvaal, où il était allé reconnaître un emp'acement propre à y créer un sanatorium. De septembre 1891 à septembre 1892, toute l'Afrique australe avait souffert d'une sécheresse désastreuse, qui avait amené une disette touchant à la famine. Il était tombé fort peu de pluie pendant l'été de l'hémisphère méridional et pas une goutte les six mois suivants. En juillet, le froid avait été très vif; le mois de novembre déjà fut très pluvieux; les trois derniers mois de 1892 donnèrent ensemble 267 millimètres de pluie; il en tomba près d'un demi-mètre pendant les trois premières semaines de janvier. Dès le 20 janvier, les marais étaient remplis, même tous les bas-fonds étaient inondés, formant partout de vastes lacs. « C'était, dit M. Berthoud, la première fois que je voyais ce phénomène depuis six ans que j'habite la côte.

«Le 11 février, avant l'aube, la chaîne des Drakensberg fut assaillie par des orages et des pluies torrentielles; en quelques heures, des rivières d'un mètre d'eau grossirent, enflèrent jusqu'à 10 mètres. A Lourenço-Marques, la pluie commença à 11 heures du matin, sans orage, mais par torrents. Elle cessa le 14 à 11 heures du matin, et durant ces trois fois 24 heures, il en tomba 478 millimètres. Si l'on y ajoute la pluie de l'orage du 9, cela fait un total de 501, 3 millimètres mesurés à mon pluviomètre à Lourenço-Marques. Vous pouvez deviner les inondations et les dégâts qu'une telle pluie a dû produire.

« Déjà le 11 février on voyait sur les rivières, par exemple sur le Kaap, qui passe à Barberton, sur le Nkomati, plus au sud, une énorme masse d'eau, présentant au front comme un mur incliné de 3 ou 4 mètres de hauteur qui se précipitait dans la vallée, inondant les berges, déracinant les arbres et balayant tout sur son passage. Tous les bateaux disparurent; même les bacs amarrés à des câbles d'acier furent emportés et les câbles rompus. Pendant la nuit suivante, la vague, descendant le Nkomati, arriva au chemin de fer, avant la gorge, dans les monts Lebombo, là où se trouve le magnifique pont de la ligne néerlandaise. Ce pont a une longueur de 150 mètres; ses sept travées sont supportées par d'énormes piles, dont toutes les pierres bien taillées ont été apportées d'Europe. Le fleuve enflé fut loin d'atteindre le tablier du pont; j'ai constaté de mes yeux qu'il s'en fallait encore de 3 ou 4 mètres. Le pont tint bon; mais les talus d'approche furent rongés et emportés, les rails demeurant suspendus dans les airs. Dès lors la circulation des trains a dû être interrompue.

« Qu'est-ce que cela cependant, comparé aux dommages qu'a soufferts la ligne portugaise? Entre Lourenço-Marques et le 27ᵉ kilomètre, les ponts ont été abîmés, et tout le fond de la ligne étant sur le sable a été raviné et emporté. Cette contrée n'est qu'une vaste plaine marécageuse, où ce demi-mètre de pluie a formé une immense nappe liquide. La ligne ferrée lui a servi de canal d'écoulement, rivière improvisée qui rongeait son lit à mesure. Il y avait bien des fossés protecteurs des deux côtés de la voie; mais comment auraient-ils pu suffire par un déluge semblable?... C'est un travail à refaire, au moins sur 13 kilomètres de longueur. Dès que la pluie eut cessé, M. Aranjo, directeur des travaux publics à Lourenço-Marques, commença les réparations. Il mena ces travaux avec un zèle et un sens pratique dignes d'éloges. Au bout d'une semaine déjà, il rétablissait le service des voyageurs et de la poste; et quinze jours plus tard, les trains de marchandises circulaient de nouveau....

« La ferme d'où je vous écris est sur la grande route de Barberton à la mer, à une douzaine de kilomètres de la station de *Krokodil Poort*. Celle de Nelspruit est à 22 kilomètres plus à l'ouest. On ouvre ces jours-ci la station suivante jusqu'à Alkmar, à 16 kilomètres au delà de Nelspruit. C'est à 70 kilomètres plus à l'ouest que la ligne devra escalader les pentes qui conduisent au haut plateau. Barberton, laissé en dehors du tracé, n'a pas eu de repos qu'elle n'eût obtenu de faire construire un embranchement à son intention. On dit que les travaux doivent être achevés dans un an.

« La ligne de la *Silati Railway Company* est commencée. Le nivellement et les terrassements sont faits sur une longueur de quelques kilomètres; et les premiers 300 mètres de rails sont posés. Ils partent de Komati Poort, la première station sur la ligne néerlandaise, après la jonction avec la ligne portugaise. Le directeur des travaux compte donner une vigoureuse impulsion à la construction et espère pouvoir achever la ligne en trois ou quatre ans. »

Mission Monteil et Congo français. — Le commandant Monteil va prendre la direction d'une nouvelle mission sur le haut Oubangui. On sait quelle est présentement notre situation dans cette partie du Congo. M. Liotard, assisté depuis quelques mois de M. d'Uzès, chef d'une mission indépendante, mais qui s'est mise à sa disposition, est en présence de difficultés suscitées par nos voisins du Congo belge au sujet de la délimitation des frontières entre nos territoires et ceux que prétend accaparer l'État indépendant. Nous avons expliqué déjà l'objet de ce différend, à la fois simple et compliqué : simple, en ce que M. Liotard occupe légitimement ses positions du M'Bomou; compliqué, en ce que les Belges, violant les limites qui leur ont été assignées par la Conférence de Berlin, manifestent l'intention de nous déloger et de nous imposer des frontières à leur gré. Jusqu'à ce jour il ne semble pas qu'en cette affaire l'intervention diplomatique ait obtenu un résultat quelconque. M. Liotard est bel et bien en présence d'une menace de conflit aigu, et c'est précisément pour cela qu'on envoie sur place le commandant Monteil, avec des moyens d'action considérables pour liquider la question. On admettra bien que, dans ces conditions, les esprits sages éprouvent quelques inquiétudes à la pensée que l'attitude nouvelle que nous allons prendre ne complique les choses au lieu de les améliorer. Nous aurons, bien entendu, à revenir souvent sur cette question; mais, d'ores et déjà, nous voudrions qu'on se fît, dans le public français surtout, une idée plus nette de la vérité. Voilà que pour justifier cette affaire du M'Bomou, autrement dit à propos des limites orientales de notre Oubangui-Soudan, des publicistes se hâtent de nous parler de l'Ouganda et de bien d'autres choses qui n'ont rien à voir dans l'espèce. Des journaux étrangers vont même jusqu'à suspecter la France de vouloir s'étendre jusqu'à la rive gauche du Nil. Cela dénoterait de notre part une belle ignorance de la géographie politique africaine et de nos intérêts. Bornons-nous à vouloir sérieusement ce que le bon sens nous permet. Il nous semble difficile qu'après avoir fait comprendre aux Belges que nous n'avons nullement l'intention de porter nos pas vers le haut Nil, nos voisins ne nous laissent pas en paix organiser nos postes-frontières en prenant pour point d'appui le territoire de Bangasso. Pour la bonne régularité des choses, il est même désirable que les Belges prennent position entre nous et les Anglais du haut Nil. Agir en contradiction avec cette idée serait tout simplement se rendre victime d'une duperie, et nous espérons que le commandant Monteil partagera notre sentiment.   S. D.

Dahomey. — La situation ne s'est pas modifiée, bien au contraire. A la suite de nouvelles propositions de paix formulées par le roi Béhanzin, transmises avec avis favorable au gouvernement par le colonel Lambinet, successeur du général Dodds, et refusées par le ministre de la marine ; une attaque des plus sérieuses a eu lieu contre nos troupes, à 50 kilomètres de Ouaida, c'est-à-dire en plein territoire considéré comme pacifié. Le colonel Lambinet, qu'on pouvait regarder comme un partisan de la paix, a été remplacé par le colonel Dumas.

Les crédits du Dahomey pour 1893, demandés à la Commission du budget, s'élèvent, d'ailleurs, à 7 millions.

D'autre part, la province d'Allada a été constituée en cercle autonome, sous l'autorité du commandant Chmitelin, et le territoire de Kotonou, sauf Godomey, Zobbo et Abomey-Calavi, est rattaché à celui de Porto-Novo. Les trois derniers villages restent sous la dépendance de Ouaida.

Mission Fabert. — Nous avons annoncé dans un de nos derniers numéros la nouvelle mission dont vient d'être chargé M. Léon Fabert dans le Sahara occidental. Un journal a donné sur cette mission des renseignements que nous affirmons absolument erronés. M. Fabert, qui a quitté Saint-Louis ces jours passés pour se rendre sur la rive droite du Sénégal, a l'intention de tenter la visite de l'Adrar, et rien de plus pour le moment. Les projets qu'on lui prête ne sont rien moins que fantaisistes, et tout ce que fera notre compatriote est d'ailleurs subordonné à une série de dispositions sur lesquelles nous ne voulons pas insister pour le moment.

Ouganda. — D'après plusieurs dépêches publiées par le *Times*, sir G. Portal annonce qu'il a proclamé le protectorat anglais sur l'Ouganda. Toutes les troupes soudanaises d'Émin-Pacha ont été engagées au service de l'Angleterre, et les forts extrêmes du Torou ont été évacués. Cent soldats soudanais, leurs femmes et leurs enfants doivent être transportés à Kampala et une colonie d'esclaves soudanais sera formée près du lac.

Le capitaine Mac Douald a été désigné en qualité de résident anglais à Kampola.

Expédition de M. A. Sharpe au lac Moerou (Moéro).
— Le *Geographical Journal* publie le compte rendu d'une exploration du lac Moéro et du Louapoula faite en 1892 par M. A. Sharpe, qui avait déjà accompli, deux ans auparavant, un remarquable voyage dans les mêmes régions.

Partie de Zomba le 21 juillet, la mission, rejointe à Mpimbi par M. J. Kydd, recrutait ses porteurs à Bandaoué et arrivait le 11 août à Karonga, à l'extrémité nord du lac Nyassa, où M. Sharpe acheta un bateau démontable en acier qui devait lui être plus tard de la plus grande utilité.

A la fin d'août, la caravane était à Abercorn, sur la rive sud du lac Tanganyika. Cette station, qui se développe rapidement, fait plus de commerce qu'aucune des autres stations dans l'Afrique centrale anglaise, et ce commerce s'étendrait encore si le port possédait un bateau ou un petit vapeur.

Après avoir passé quelques jours à Abercorn, M. Sharpe et ses compagnons s'embarquèrent pour Zombou, puis se dirigèrent vers l'ouest. Le 12 septembre ils atteignirent Mkoula, village situé sur la Tchizela, à l'extrémité nord-est de l'ancien lac (maintenant marais) de Moérou. Ce marais a environ 24 kilomètres de large sur 56 de long et son grand axe est dirigé du sud-est au nord-ouest. C'est une vaste mer de roseaux et d'herbes aquatiques trouée çà et là par des flaques d'eau. Il est habité, pendant la saison sèche, par de nombreux éléphants. Après avoir passé la Tchoma, rivière profonde et boueuse qui se jette dans le coin nord-ouest du marais et qui est le seul cours d'eau permanent de toute la région qui s'étend entre les lacs Tanganyika et Moérou, la mission traversa, par Kapouta où se trouvent des sources chaudes, et par Mkoupa, le district salin de Moérou qui fournit de sel les riverains du Tanganyika, le

Lounda, le Mamboué, le Iemba et jusqu'aux pays avoisinant le lac Nyassa. Le sel obtenu par le lavage de la terre couverte d'efflorescences salines est assez impur.

De Mkoupa, M. Sharpe et sa troupe se dirigèrent à travers un pays ondulé, faiblement boisé et peu arrosé, sur Rhodésia, station de l'administration située à l'extrémité nord-est du lac Moérou au sommet d'une falaise de 25 mètres de hauteur dans une situation très saine. Autour de Rhodisia et de Mpouta (un village voisin) on rencontre des efflorescences salines semblables à celles de Kapouta. La latitude de Rhodisia est de 8°39′28″.

Ayant réuni les pièces de son bateau en acier, M. Sharpe quitta ses compagnons pour visiter Abdallahbin Souleiman, chef arabe dont le village est situé au sud du grand marais de Moérou. Dix jours après il était de retour à Rhodesia. Là, l'expédition se divisa en deux tronçons : l'un, sous les ordres de M.J. Kydd, devait se rendre par la voie de terre à Kazembé, et l'autre, dirigé par M. Sharpe, devait rejoindre la première après avoir contourné la partie occidentale du lac en bateau.

Le 4 octobre M. Sharpe partit. Après avoir côtoyé l'extrémité nord-ouest du lac d'où s'échappe le Louapoula, il toucha au village de Thipoungou et trois jours après atteignit la rive méridionale.

La moitié septentrionale du rivage ouest du lac Moérou est formée par des falaises à pic de 45 à 60 mètres de hauteur interrompues seulement çà et là par le passage de quelques petits cours d'eau qui se sont frayé un chemin à travers la roche et qui ont formé dans le lac des deltas fertiles où se sont élevés de petits villages. Vers le 9° de latitude, les falaises cessent et les rives deviennent basses et marécageuses, la partie méridionale du lac se termine en une baie large, peu profonde et couverte d'herbes. Cette partie du Moérou se comble rapidement par les alluvions que dépose le Louapoula, qui, dans cette partie de son cours, est une belle rivière de 240 à 400 mètres de largeur, au courant lent, aux eaux claires et libres de tous obstacles, rocs ou bancs de sable ; sa profondeur, à son entrée dans le lac, est d'environ 2m. 30 (pendant la saison sèche), profondeur qui augmente, en remontant un peu la rivière jusqu'à 5 m. 50. En tout cas, du lac jusqu'aux chutes il n'y a jamais moins de 3 mètres d'eau.

Après avoir remonté pendant quelque temps le Louapoula, M. Sharpe s'engagea par 9°48′ de latitude dans une crique qui débouchait dans la rivière et se prolongeait à l'est jusque près de la ville de Kazembé où la caravane de M. Kydd l'avait précédé. Le Lounda, pays de Kazembé, est une riche contrée agricole bien arrosée, mais où malheureusement la mouche tsétsé pullule.

Au nord de Kazembé se trouve, au milieu de marais, la grande lagune de Mofoué qui se dessèche graduellement ; elle ne communique pas avec le Louapoula.

La latitude de Kazembé est de 9° 48′.

Après deux jours passés à Kazembé, M. Sharpe continua de remonter le Louapoula, qui coule d'abord au milieu de marécages, puis, en amont de 9° 55′, à travers des plaines sèches. Par 10° 12′ une large rivière venant de l'est nommée Rouki par les naturels, et que M. Sharpe croit être le Louongo des cartes, se jette dans le Louapoula. En amont des plaines de Rouki la rivière traverse un pays légèrement ondulé et boisé, et par 10° 30′46″ la navigation se trouve brusquement interrompue par des chutes que M. Sharpe baptisa du nom de : chutes Johnston ; de nombreuses cataractes coupent encore la rivière au-dessus de ces chutes. A 4 jours de marche à l'est des chutes Johnston se trouverait, d'après les naturels, une haute chaîne de montagnes (Mtchinga), et à une ou deux journées au delà, le lac Bangouéolo, nommé par eux le « Moérou des Aouizas ».

Le 29 octobre les explorateurs redescendirent la rivière et le 6 novembre ils débouchaient de nouveau dans le Moérou dont ils côtoyèrent la rive orientale jusqu'à Rhodesia, complétant ainsi la circumnavigation du lac.

Le régime des vents sur le lac Moérou ne paraît pas être le même que celui des lacs Nyassa et Tanganyika; les vents y sont faibles, et pendant le séjour de M. Sharpe ils soufflaient presque constamment du nord.

De Rhodesia M. Sharpe et ses compagnons regagnèrent par Mkoula et Pambété la station d'Abercorn, puis Karonga où ils arrivèrent le 8 décembre. De là un vapeur les ramena à leur point de départ.

ASIE

Indo-Chine. — Le refoulement des Siamois vers le Mékong a continué dans le nord de l'Annam pendant le mois qui vient de s'écouler.

Le 1er mai, les postes siamois de Ilosang et de Muong-Dinh ont été occupés sans coup férir par M. du Frénil, vice-résident. Un poste administratif va être installé dans ce dernier village. Le 26, le vice-résident Dubreuil est arrivé au confluent du Sé-Bang-hien et du Mékong en face de Kemmarat après avoir occupé toute la région située entre Cam-Lo, Ai-Lao, Tchépon et le grand fleuve indo-chinois. Le 29 mai, M. Luce, résident de Vinh, parti de Hué pour accomplir dans la région de Kham-Muon et du Tran-Tinh la même mission que M. du Frénil, a occupé le poste de Kham-Muon, le plus important de ceux où les Siamois s'étaient installés dans l'Annam septentrional.

Enfin, toute la région située entre Nong-Khay, Outhème, Kemmarat, sur le Mékong et les montagnes de l'Annam, est actuellement occupée par les détachements de la milice annamite sous le commandement de nos résidents.

Au Cambodge, la pointe de Samit, sur laquelle les Siamois formulaient des prétentions inadmissibles, a été également occupée militairement le 13 juin dernier.

Cette prise de possession effective des régions qui nous appartenaient, en vertu des traités conclus avec l'Annam, a donné lieu à un grave et douloureux incident. Au cours de l'opération dirigée par M. Luce, le mandarin siamois qui occupait le poste de Kham-Muon s'était mis en route, reconduit par l'inspecteur Grogurin chargé de le protéger contre l'hostilité des populations. En route, l'inspecteur Grogurin étant tombé malade s'était arrêté à Keng-Kien près de Outhème. Le mandarin fit venir de cette dernière ville une bande de Siamois armés qui cernèrent la maison de l'inspecteur et l'assassinèrent dans son lit. Quatorze miliciens de l'escorte ont été massacrés par les Siamois.

Ce lâche guet-apens ne peut être un obstacle à la défense de nos droits en Indo-Chine. Il donnera lieu certainement à une démonstration devant Bangkok, si le gouvernement siamois n'accorde pas toutes les satisfactions qu'on est en droit d'exiger de lui.

AMÉRIQUE

République Argentine. — La Commission envoyée par l'Institut géographique argentin pour se livrer à des études hydrographiques sur les côtes de l'Atlantique, sous les ordres du lieutenant de vaisseau H. Twaites, est revenue à Buenos Aires dans le courant de février dernier.

Elle a relevé avec très amples détails la partie maritime comprise entre la barre de Punta Rubia (Bahia de S. Blas) et la barre du Rio Negro sur les confins de la province de Buenos Aires, complétant ainsi les études précédemment faites dans la baie de San Blas et la barre du Rio Negro par le capitaine de vaisseau D. Martin Rivadavia.

— L'Institut géographique argentin a chargé son président, M. Al. Sorondo, d'effectuer une reconnaissance au territoire national du Neuquen pour recueillir des notes sur l'importance de la population, son exploitation agricole et routière, etc. Passant d'abord par le Chili, M. Sorondo, par son autorité, resserrera les liens et développera les relations de l'Institut argentin avec les sociétés chiliennes analogues, au grand profit des études géographiques dans la zone la plus avancée du continent méridional.

Chili. — On sait que malgré la barrière naturelle qui sépare les deux grandes républiques du Chili et de l'Argentine, la ligne de frontière qui n'a pas moins de 5000 kilomètres n'est encore que purement idéale et que les occasions de conflit sont fréquentes pour le règlement des intérêts en litige.

Les ministres des deux États auraient conclu à Valparaiso un arrangement préliminaire concernant la démarcation définitive. La question serait résolue en octobre prochain, par une commission qui examinera les cartes et plans indiquant les limites réclamées et résultant des travaux de la Commission mixte qui étudie la frontière tout le long de la Cordillère.

Colombie. — Dans la dernière séance de la Société de géographie, M. de Brettes rendait compte de ses explorations dans le nord de la Colombie et la partie nord-ouest du Venezuela.

Parlant de ses découvertes à travers le massif de la Sierra Nevada de Santa Marta dont il atteignit la cime culminante, il attribue à celle-ci l'altitude de 5887 mètres, surpassant ainsi de plus de 500 mètres l'estimation déjà considérable de Simons (5334m).

Nous enregistrons cette nouvelle observation, mais non sans quelque réserve en présence d'un sommet dont l'altitude augmente d'une façon si sensible à chaque nouvelle ascension, contrairement aux exemples précédents qui démontrent qu'à chaque mesure plus précise dont un sommet est l'objet, sa hauteur se trouve diminuée, les premiers découvreurs aussi bien que les indigènes ayant toujours été portés à exagérer.

NOUVELLES DIVERSES

L'explorateur norvégien Nansen, dont la belle traversée du Groenland est encore présente à toutes les mémoires, quitte en ce moment l'Europe pour commencer sa nouvelle exploration vers le pôle arctique. Les dépêches de Christiania annoncent que l'expédition est partie le 24 juin sur le navire « Fram » (En avant!). C'est par le nord de l'Asie que les voyageurs pensent gagner la région polaire, en profitant des courants dont l'existence a été révélée par le transport des derniers débris provenant de la « Jeannette ». L'expédition, admirablement organisée, durera plusieurs années. Nul n'est plus apte que celui qui la dirige à la mener à bien; les vœux du monde entier l'accompagnent. Nous en reparlerons prochainement avec plus de détails.

BIBLIOGRAPHIE

REVUE DES PÉRIODIQUES

Articles signalés :

Revue de géographie, juin 1893. — *Le raccordement de l'itinéraire de la mission Maistre avec les itinéraires antérieurs, notamment avec celui de Nachtigal*, par F. G. Clozel, de la mission Maistre.

(Nous nous bornons à signaler cet article, celui de M. Maistre, publié dans notre numéro de ce jour, nous dispensant d'en donner le compte rendu.) — *Les colonies chinoises aux États-Unis*, par G. N. Tricoche. — *Une île déserte du Pacifique. L'île des Cocos* (suite), par D. Lièvre. (Nous avons déjà signalé la première partie de cet article. L'auteur préconise l'avantage qu'il y aurait pour la France à créer un dépôt de charbon sur cette terre abandonnée que le percement plus ou moins prochain, mais assuré, de l'un ou l'autre des isthmes de l'Amérique centrale mettra sur une des grandes voies du commerce maritime du monde.) — *Chypre et ses principales productions en 1892*, par P. Mouillefert. *Le génie commercial ligure au moyen âge et dans les temps modernes. Visite à l'École supérieure de commerce de Gênes* (22 sept. 1892), par L. Drapeyron. — *L'orthographe des noms africains*, par L. Sevin-Desplaces.

Mitteilungen V. — *Die hypsometrischen und meteorologischen Ergebnisse der dritten ostafrikanischen Expedition von H. Meyer*, 1889, par D' E. Wagner (fin). — *Russische Eisenbahnbauten in Asien in ihrer Bedeutung für die Landeskultur und den Weltverkehr*, par F. Immanuel.

(L'auteur examine principalement le projet du Transsibérien, qu'il divise en 2 parties : 1° le tronçon Tchéliabinsk-Irkoutsk avec embranchement sur Barnaoul et Kiakhta ; 2° le tronçon Irkoutsk-Vladivostok.

Après avoir énuméré les nombreuses difficultés que présente la seconde partie de cette ligne et le peu de satisfaction qu'on en peut attendre à tous les points de vue, l'auteur arrive à la conclusion que, provisoirement, la construction d'une voie ferrée entre la Russie, la région agricole de la Sibérie occidentale et le district minier de l'Altaï peut seule donner des résultats satisfaisants et encore à la condition qu'elle soit poussée pas à pas vers l'est en même temps que la colonisation. La prolongation même de la ligne jusqu'à Irkout-k lui paraît hasardeuse. L'article est accompagné d'une carte indiquant les chemins de fer existants, en projet ainsi que les grandes voies fluviales de la Russie et de la Sibérie). — *Die Tonalitkerne der Rieserferner in Tirol*, par le D' F. Lowl (fin).

Geographical Journal. — *Do glaciers excavate?* par le professeur T. G. Bonney. — (M. Bonney démontre que les glaciers se bornent à arrondir plus ou moins les arêtes trop vives des roches sur lesquelles ils passent, mais que jamais ils n'ont altéré d'une façon même appréciable, la forme des vallées qu'ils ont jadis remplies. M. Bonney ne leur reconnaît d'autre rôle comme agent d'érosion que celui indirect de réservoir alimentant les torrents.) — *Pytheas, the discoverer of Britain*, par C. R. Markham (Résumé de l'histoire de la découverte de la Grande-Bretagne faite trois siècles avant J.-C. par Pytheas, voyageur scientifique grec de Massalia). — *Lake Mweru and the upper Luapula* (avec une carte), par A. Sharpe. — *Mr. A. Chanler's expedition to East Africa*, avec carte. (Voir la chronique.)

Verhandlungen der Gesellschaft für Erdkunde, n° 4. — Th. Thoroddsen : *Reisen in Island und einige Ergebnisse seiner Forschungen*. (L'auteur qui a parcouru pendant dix étés les parties les plus inexplorées de l'Islande pour y étudier la géographie physique et la géologie, après avoir fait un tableau de la façon dont s'effectuent les voyages à travers cette terre volcanique où les chemins sont inconnus et où il faut se diriger au moyen de la boussole, expose quelques-uns des principaux résultats de ses explorations.) — *Ueber den Verlauf des X'° Deutschen Geographentages in Stuttgart*. (Compte rendu abrégé des matières traitées pendant la session du dixième congrès des géographes allemands tenu à Stuttgart au mois d'avril 1893), n° 5. — *Durch Deutsch Massaï-Land und zur Quelle des Kagera-Nil*, par le D' A. Baumann. (Conférence lue devant la Société de géographie de Berlin. L'auteur décrit son voyage à travers le pays des Massaï et aux sources du Kaghera lesquelles d'après lui doivent être considérées comme étant les sources du Nil.)

COMPTES RENDUS

P. Camena d'Almeïda, docteur ès lettres, ancien élève de l'École normale supérieure, maître de conférences à la Faculté des lettres de Caen. — *Les Pyrénées, développement de la connaissance géographique de la chaîne.* 1 vol. in-16. Paris. A. Colin et Cⁱᵉ.

Nous nous bornons pour aujourd'hui à signaler la publication de ce volume, qui a servi à son auteur de thèse de doctorat.

Le sujet même qu'il a choisi nous fait une obligation de consacrer à son travail un examen approfondi qui fera partie du prochain fascicule des *Nouvelles géographiques*.   F. S.

Ariste Excoffen : *Plus loin que l'Oubanghi. Les Pères blancs en Afrique.* — Ouvrage couronné au concours international antiesclavagiste africain. — Paris. Jouvet et Cie, éditeurs.

Ce livre n'est pas, à proprement parler, un ouvrage géographique. Mais nous devons le signaler pour le sujet qu'il traite, puisqu'il s'agit de l'esclavage africain et des tentatives de quelques-uns des nôtres pour le faire disparaître. La question est trop brûlante pour ne point fixer l'attention et solliciter l'intérêt, au moment où le continent noir est envahi de toutes parts au nom de la civilisation.

H. Pittier : *Résultats des observations météorologiques pratiquées en 1890 à l'Observatoire national de Costa-Rica.* — San José, 1892.

H. Pittier et C. Gagini : *Essai lexicographique sur la langue de Térraba.* — San José, 1892.

Th. Durand et H. Pittier. — *Primitiae Florae Costaricensis.* — Bruxelles, 1891. — Nous signalons ces envois récents que nous fait M. H. Pittier, le distingué directeur de l'Institut physico-géographique national de Costa-Rica, ainsi que le tome III (1890) des annales dudit Institut, en regrettant que les dimensions de notre revue ne nous permettent pas d'entrer dans le détail des matières traitées dans ces intéressantes brochures et qui restent un peu en dehors de nos attributions générales.

CARTOGRAPHIE

Chrockat de Sa. — *Carte de la province de Minas Geraes* — Echelle 1 : 1 000 000°.

M. Gorceix, en présentant cette carte de la part de l'auteur à la Société de géographie, la recommande à l'attention des géographes et leur explique de quelle façon elle a été dressée. C'est dire qu'elle est assurément recommandable et nous ne pouvons mieux faire que d'extraire un résumé des paroles autorisées de M. Gorceix.

La carte de M. Chrockat de Sa, ingénieur des chemins de fer de l'État de Minas Geraes, est à l'échelle du 1 : 1 000 000° ; villages et bourgs y figurent aussi bien que les villes, ainsi que le tracé des lignes de chemins de fer, non seulement en exploitation, mais encore dont l'étude définitive ou préliminaire est actuellement achevée. C'est la partie la plus complète du travail.

Le tracé des cours d'eau et celui des montagnes laissent plus à désirer, mais la faute n'en est-elle pas à la pénurie des documents précis qui font presque complètement défaut ?

M. Chrockat a ajouté sur sa carte des données ayant trait à la géographie économique du pays. Si l'on considère que cette carte est destinée à venir en aide à ceux qui peuvent avoir à s'établir dans le pays sans en connaître les ressources, on comprend qu'il était de première importance que l'on se préoccupât de cette question économique, et la critique que M. Gorceix fait à l'auteur est précisément d'être resté trop au-dessous de la réalité au sujet des mines en exploitation et des forges, dont l'importance est capitale dans le riche État de Minas Geraes.   V. H.

NOUVELLES GÉOGRAPHIQUES

LES FRANÇAIS AU CANADA ET EN LOUISIANE

D'APRÈS DES DOCUMENTS RÉCENTS

Québec — Dès le 13 juin 1892, plus de 1 600 pères de famille, exactement 1 639, avaient fait la demande des cent acres (un peu plus de 40 hectares) auxquelles a droit tout habitant du Bas-Canada pouvant justifier de douze enfants vivants.

Mais à quoi bon cette extraordinaire fécondité si la race canadienne-française est réellement destinée à se transvaser rapidement aux États-Unis, puis à s'y fondre, et peut-être pas lentement, dans la colossale chaudière des Yankees ?

C'est le cas de se demander où en est l'émigration des Canadiens-Français vers ce Sud manufacturier et cet Ouest champêtre qui les attirent comme la phalène au flambeau.

Voici vingt-cinq ans au moins que les journaux canadiens proclament deux ou trois fois par mois que l'émigration aux États-Unis diminue, que le rapatriement augmente à vue d'œil.

Et vingt-cinq ans aussi que les journaux français de l'Union nous apprennent, tout contrairement : que les Canadiens arrivent plus que jamais en foule ; qu'ils descendent par « myriades » dans les villes manufacturières de la Nouvelle-Angleterre ; qu'ils se dispersent dans les campagnes du Grand-Ouest ; que très peu retournent au vieux pays.

Et jusqu'à ce jour les aveux et demi-aveux de la presse canadienne, les faits épars, et surtout la brutale éloquence des recensements ont plutôt donné raison aux affirmations des feuilles françaises des États-Unis qu'à celles des journaux de Québec ou de Montréal.

Seulement il semble que depuis une vingtaine de mois au moins il s'est produit une double amélioration par moins de 'éparts et surtout par plus de retours. Il est visible que les convois du sud emportent moins de « Jean-Baptiste » vers le faux paradis des manufactures, et qu'ils en ramènent plus qu'autrefois au foyer canadien.

Ainsi l'on nous fait savoir que 778 familles du diocèse de Saint-Hyacinthe sont revenues au village en l'an 1892 ; que la rentrée en janvier 1892 y a été de 38 familles, en février de 20, en mars de 37, dans la première semaine d'avril de 21, soit en quatorze semaines un bénéfice de 116 familles, ou encore de 580 personnes, à supposer 5 personnes par famille, ce qui est plutôt au-dessous qu'au-dessus de la vérité quand il s'agit de familles canadiennes ; que, dans la même semaine, en avril, 175 Canadiens-Français sont revenus de la Nouvelle-Angleterre le lundi ; 115 le mardi à destination de Montréal ; trois wagons pleins le mercredi à destination de Lévis et Québec ; quatre wagons, également pleins, le vendredi, tous renfermant des familles de Lyon, ville industrielle du Massachusetts ; qu'en février, mars, avril, environ 950 Français, quittant les États-Unis, sont venus se fixer à Trois-Rivières et aux environs immédiats avec la ferme idée de ne plus repartir ; que 150 familles canadiennes ont abandonné en 1892 le Minnesota pour leur « cher » Québec ; que 500 autres, dans ce même Minnesota, font leurs préparatifs d'émigration vers le Nord-Ouest, chassés qu'ils sont des États-Unis par la triste situation de leurs propriétés, grevées d'hypothèques, de charges, d'impôts. Car, si tout n'est pas rose au Canada, il pousse beaucoup d'épines chez l'Oncle Sam ; que, tout dernièrement, 115 familles sont rentrées du Massachusetts après avoir longtemps rôdé en vain pour trouver du travail.

Bref, il revient de là-bas tant de monde qu'un notable journaliste et homme politique, M. de la Bruère, a tenté de se faire une idée claire de ce mouvement de rapatriation. Laissons-le parler :

« Il n'y a pas de doute que le mauvais système de culture a contribué pour une bonne part à l'émigration d'un très grand nombre de nos compatriotes aux États-Unis. Ils ne trouvaient point sur leur ferme l'abondance nécessaire pour faire vivre leur nombreuse famille et ils ignoraient le moyen de rendre à la terre la fertilité qu'ils lui avaient enlevée par une culture routinière.

« Les efforts faits, soit par le gouvernement, soit par les sociétés ou les individus, pour améliorer le sort de la classe agricole et répandre chez elle un enseignement salutaire contribueront dans une bonne mesure à endiguer le courant d'émigration aux États-Unis.

« Déjà l'on est témoin d'une réaction, et si, en certains

quartiers, on crie bien fort au dépeuplement de notre province, c'est qu'on ne se rend pas compte du grand nombre de Canadiens qui reviennent au pays.

« Voulant, en ma qualité de journaliste, me renseigner sur le contre-mouvement d'immigration qui me paraissait s'accentuer, j'ai écrit, il y a quelque temps, à tous les officiers de douanes de la province pour connaître le nombre de familles qui, en 1892, étaient revenues des États-Unis. Il y a dans notre province 23 bureaux de douane; j'ai reçu des statistiques de 9 officiers sur 23, et voici les renseignements que j'ai obtenus pour les douze mois qui se sont écoulés de janvier à décembre 1892 :

FAMILLES RAPATRIÉES.

Bureau de Clarenceville.	5
— de Saint-Armand	39
— de Lacolle	31
— de Sorel	52
— de Frelighsburg.	12
— de Trois-Rivières.	260
— de Saint-Jean.	297
— de Saint-Hyacinthe	527
— de Québec	671
Total	1 894

« Voilà donc 1 894 familles qui se sont fait enregistrer comme rentrant au pays. »

Partant de là, M. de la Bruère se livre à des calculs sur les quatorze bureaux desquels il n'a pas obtenu de renseignements, à des considérations sur le rapport à peu près constant de cinq contre un que la statistique établit entre les rentrants qui ne font aucune déclaration aux bureaux de douane et ceux qui s'y font enregistrer à cause de leurs bagages; après quoi, estimant la famille canadienne à cinq personnes, ce qui n'a certes rien d'excessif, il arrive au nombre fantastique de 77 250 Canadiens revenus au pays en 1892. Et, dit-il : « N'y en aurait-il que la moitié, ce serait encore très encourageant ! » A quoi nous ajoutons : « N'y en eût-il que la moitié de cette moitié, nous battrions des mains ! »

Pourquoi tant de retours après tant de départs? « C'est, dit un des Canadiens revenus de Lynn, Massachusetts, par un train spécial, c'est, dit M. Lazare Grenier, parce qu'en Canada l'on nous regarde comme des citoyens, des frères et des égaux, et que notre religion y est respectée, tandis qu'aux États-Unis nous sommes regardés comme de simples manœuvres; notre religion y est tournée en ridicule, et l'on ne nous croit bon qu'à finir de gros siers travaux commencés par les Américains. Plus de 50 000 Canadiens-Français se préparent à laisser ce printemps la Nouvelle-Angleterre pour revenir au Canada. Ils sont absolument dégoûtés de l'Oncle Sam. Nous retournons tous dans nos paroisses natales du bas du fleuve et nous avons l'intention d'y cultiver nos terres. Sans doute il y aura toujours quelques-uns ou beaucoup des nôtres qui laisseront le Canada, mais j'ose dire que dans dix ans il ne restera pas aux États-Unis plus de 250 000 Canadiens-Français sur le million qui y habite actuellement; tous les autres nous reviendront. »

Nous voici donc en présence d'une grande contre-immigration : non pas certes de 77 000 à 78 000 par an, comme l'a calculé M. de la Bruère, mais peut-être du quart. En admettant que les quatorze bureaux de douanes

dont M. de la Bruère n'a pas eu de documents aient reçu autant de familles de rapatriés que les neuf autres, soit 1 894, en admettant aussi que la famille canadienne comprenne cinq membres, nous nous trouvons en face d'un retour de 18 940 Français.

Cela revient à dire qu'en 1892 l'immigration a dépassé l'émigration. Aucun document officiel ne nous renseigne sur celle-ci, mais la comparaison des recensements décennaux du Canada nous fait considérer comme probable le chiffre d'au moins 9 000 personnes par an de 1871 à 1881 et celui d'au moins 15 000 annuellement entre 1881 et 1891 : soit dans les vingt années 240 000 Canadiens-Français, sinon quelques milliers, peut-être quelques dizaines de milliers de plus, qui, s'ils étaient restés dans la Puissance au lieu d'aller se disséminer chez les Yankees, auraient pu prendre une part des dépouilles du Nord-Ouest; si bien qu'avec le croît naturel de ces 240 000 à 300 000 hommes désormais perdus pour le Dominion et gagés par l'Union, l'élément français aurait dépassé 1 800 000 personnes au recensement de 1891, tandis qu'il n'atteint pas 1 500 000, même quand on rectifie et remet au point ce dénombrement sciemment hostile à notre race. Nous ne serions pas 30 pour 100 en Canada, mais plus de 37 pour 100, et en passe d'arriver aux deux cinquièmes.

Si la contre-immigration se maintient, encore plus si elle s'accroît, et que, par un mouvement naturel inverse, l'émigration diminue, les progrès de l'élément français en Canada seront tels, surtout dans le Canada oriental, abstraction faite du Nord-Ouest, qu'il ressaisira l'avenir qui peu à peu semblait lui échapper; les Canadiens-Français pourront reprendre pour devise : se maintenir, s'étendre ! Ils redeviendront de grands conquérants pacifiques, et aucun recensement anglophile ne tentera plus de dissimuler leurs progrès en Acadie, en Ontario, en Manitoba, Saskatchewan, Alberta.

Mais aussi, par une répercussion inévitable, les Canadiens-Français des États-Unis seront menacés d'une disparition rapide. Ce qui les a maintenus jusqu'à ce jour au milieu des éléments hostiles dans les cités industrielles du monde yankee, et dans les défrichements du Grand-Ouest, c'est surtout l'immigration continuelle, tenace, abondante, qui leur arrivait du pays des Laurentides, spécialement des paroisses d'en bas du fleuve, des cantons de l'Est et du district de Trois-Rivières; l'arbre, incessamment vivifié par les sucs de la terre maternelle, ne dépérissait pas ; même il poussait à chaque instant de nouveaux rejetons, et on lui promettait de devenir le géant de la forêt; si la sève natale lui manque, il séchera dès les premiers jours. Comment avec leurs écoles, leurs couvents, leurs sociétés de Saint-Jean-Baptiste, leurs réunions hebdomadaires ou mensuelles, leurs « conventions », toute leur solide organisation de paroisse, pourraient-ils résister à l'effroyable pression sociale, industrielle, commerciale, politique du Yankéisme? Le correspondant qui annonce l'heureux retour de quatre wagons bondés de Canadiens réémigrés de Lynn n'ajoute-t-il pas que tous parlent déjà facilement l'anglais? Qu'en conclure sinon que la première génération apprend la langue étrangère, que la seconde oublie la langue nationale, que la troisième n'en sait plus un mot. Du grand-père au petit-fils, voilà tout l'avenir des Canadiens des États-Unis, si l'émigration des familles québecquoises cesse de les renforcer en masses profondes.

Si cette émigration s'arrête, les Canadiens-Français de la Nouvelle-Angleterre sont perdus; si elle ne s'arrête pas, ceux du Canada lui-même sont menacés : dire qu'ils sont perdus, ce serait beaucoup dire.

La toujours grandissante Montréal recevra sans doute une part de ceux des « revenants » qui ne rentreront pas dans leur paroisse natale, beaucoup d'autres trouveront des terres le long des chemins de fer qui s'avancent de plus en plus vers l'intérieur du pays. La ligne de Québec au lac Saint-Jean est très activement poussée vers Chicoutimi et l'on se propose de la continuer jusqu'à Saint-Alphonse de la baie de Ha! Ha! sur le Saguenay; la ligne des Laurentides, de Trois-Rivières au chemin de fer du lac Saint-Jean, approche de sa fin; celle de Montfort, celle de Montréal à la chute aux Iroquois, au Désert, au lac Témiscaming se continuent dans les cantons du Nord tirés du néant par le curé Labelle; celle de la Gâtineau, qui part d'Hull, vis-à-vis de la capitale fédérale, a déjà remonté fort loin la rivière dont elle tire son nom et qui est le maître affluent de l'Ottawa; on va la poursuivre, en attendant mieux, jusqu'à la Kazabazona, tributaire de droite.

Ces chemins de fer et bien d'autres qui ne sont pas commencés devraient être finis depuis dix, vingt, trente ans; mais à batailler éternellement entre libéraux et conservateurs, et à force de se féliciter d'apprendre l'anglais, tandis que les Anglais du Canada n'apprennent pas le français, nos cousins d'outre-mer ont perdu de vue les conditions de leur salut qui sont les mêmes que celles de leur grandeur.

Les Canadiens-Français viennent de pécher contre leur plus chère habitude.

Ils ont honoré d'un nom laïque une municipalité nouvelle.

Il y a, ou plutôt il y avait dans la banlieue immédiate de Québec, une commune ou paroisse de Saint-Roch Nord, à laquelle le recensement de 1891 donne 3 331 habitants, dont les trois quarts Français, et le reste fait principalement d'Irlandais.

A la dernière session de la Législature, Saint-Roch Nord a été divisée en deux municipalités distinctes, Saint-Malo et Limoïlon, nom singulier, d'apparence peu française, encore que ce soit celui d'un vieux domaine de la Vieille France.

Le nom de **Saint-Malo**, attribué au quartier situé à l'ouest du grand faubourg de Saint-Sauveur et du village de Stadawna, rappelle la ville bretonne d'où partit Jacques Cartier, l'explorateur du Canada.

Limoïlon, qui comprend les villages d'Hedleyville, de Stadacona, du Gros-Pin, de la Canardière, c'est le nom d'un petit domaine breton, à quelques kilomètres de Saint-Malo. On y voit encore la maison de l'illustre navigateur, découvreur du Canada, qui y mourut. « A gauche de la porte cochère on remarque, sculptés dans la pierre, deux anges soutenant un écusson à la surface rugueuse, à l'exception d'un seul quartier qui est poli et régulièrement tracé. D'après la tradition, la devise de ce blason est : *Un franc-quartier.* »

Si la maison du découvreur du Saint-Laurent se voit à Limoïlon de France, c'est à Limoïlon de Canada que se trouve le monument de Jacques Cartier.

Parmi les habitants de Montréal il y a maintenant 250 Syriens catholiques, arabophones et plus ou moins francophones, en un mot des Maronites auxquels un prêtre dit tous les dimanches une messe basse suivant le rite gréco-syriaque.

Ontario. — Le décompte des nationalités par comtés dans la province d'Ontario vient de paraître; il nous permet d'admirer de plus près les subtilisations dont l'élément français a été victime dans le recensement de 1891.

Et d'abord il y a des comtés d'où le dénombrement les a presque totalement expulsés *manu militari*. Tel le comté de Waterloo où les recenseurs de 1881 avaient trouvé 1 294 Français et où celui de 1891 n'en signale plus que 44; or l'élément catholique, dont les Canadiens font partie, s'est augmenté de 680 personnes durant les dix années : d'où la présomption que les Français n'ont pas diminué dans ce comté, d'ailleurs sans aucune importance pour eux, puisqu'ils n'ont aucune chance de s'y maintenir définitivement : sur les 45 780 habitants de 1891, il renferme soi-disant 44 Franco-Canadiens (mettons 1 500), tout le reste étant Irlandais, Écossais, Anglais, surtout Allemands, ces derniers au nombre d'environ 2 500 : c'est un des très rares pays de la Puissance où ils aient la majorité, et ils possèdent ici une ville de Berlin. Rien que dans un seul endroit, à Wilmet, on comptait 555 Français; on peut s'émerveiller de les voir tous disparaître ainsi, par un véritable carnage, comme la Vieille Garde dans la bataille dont le comté tient son nom. De même le comté de Prince-Édouard, baigné par le lac Ontario, se voit réduit de 839 à 88 Français; celui de Welland, sur le lac Erié et la rivière Niagara, n'en a plus que 40 contre les 610 de 1891; celui de Perth, dans la péninsule entre les lacs Huron, Erié, Ontario, en compte 80 seulement et en comptait 540; celui d'Elgin, à la rive septentrionale de l'Erié, doit se contenter de 63 Français, au lieu de 579 de 1891; celui de Lincoln, à l'embouchure du Niagara dans l'Ontario, de 75, au lieu de 504 de 1891; etc., etc. Mais nulle part il n'y a eu d'exécution comparable à celle de Waterloo, où n'ont été inscrits comme Français par les recenseurs allemands ou anglais que ceux qui ont, pour ainsi dire, résisté à la sommation légale d'être autre chose que Franco-Canadien. On peut admettre aussi que dans ces comtés où les Canadiens, si peu nombreux, noyés dans la mer profonde des Anglo-Saxons et des Teutons, sont vraiment comme n'existant pas, on les a revêtus de l'anglaise livrée avec la meilleure bonne foi du monde.

Or l'Ontario ne renferme guère que des comtés où les Français brillent par leur absence, ou, pour user de termes plus exacts, ceux où ils disparaissent presque dans la race anglophone et protestante; les Canadiens y ont subi le sort de toutes les minorités qui ne suppléent pas au nombre par l'énergie; ils sont inertes, on les ignore, et c'est leur faute; là où la majorité ne les ignore pas, elle les méprise et n'en tient pas compte; et, à force de comtés où les recenseurs négligent ici mille Français, là cinq cents, ils arrivent aisément à un dol et vol de vingt, de trente mille.

Quittons ces comtés sans intérêt pour nous, où les Français ne sont rien et ne seront vraisemblablement jamais rien, et passons à ceux où ils forment bloc de résistance, comme l'Essex, et à ceux où ils conquièrent, comme au long de la rivière des Outaouais et de la ligne transcontinentale du Pacifique canadien.

Les dénombreurs de 1881 avaient compté 19 187 Canadiens-Français à la pointe sud-ouest de la presqu'île Ontarienne comprise entre quatre lacs, dont trois grands, le Huron, l'Erié, l'Ontario, et un petit, le Saint-Clair, qui, comparé aux trois autres en ampleur et en profondeur, est un plat étang plutôt qu'un Léman creux. A dix ans d'intervalle, aucun artifice de recensement ne pouvait supprimer cette île française, violemment battue, en attendant sa submersion probable, par le flot du monde anglophone, par les Ontariens à l'Est, par les Yankees à l'Ouest et au Sud. Et en effet le cens de 1891 y reconnaît encore 17 184 Français, soit 2 003 de moins, quand les documents extra-officiels, les évaluations des notables, les registres des paroisses, nous donnent à croire que ces Français d'avant-garde ont au contraire augmenté de 2000 environ dans les deux comtés d'Essex et de Kent : soit un « escamotage » de 4 000 Canadiens, qui s'explique assez bien par la négligence des recenseurs, l'inertie des recensés, le grand nombre des francophones qui ont pu répondre *yes* à la question : *Do you speak english?* On est ici vis-à-vis de Détroit, exubérante cité des Yankees, près de laquelle il n'y a guère possibilité d'éviter d'apprendre la langue de Londres, New York et Chicago.

Encore moins pouvait-on songer à taire les Canadiens de l'Ottawa et du Nipissing, là où les Anglais effrayés maudissent la *french wave*, la « vague française », qui menace de les emporter. Aussi le dénombrement, si partial soit-il, et quelques fautes qu'il ait commises, ici consciemment, là sans vouloir et savoir, reconnaît-il, ici de gré, là de force, que l'élément canadien a grandement augmenté. Qu'on mette en face les chiffres de 1881 et ceux de 1891, on obtient le tableau qui suit :

Comtés.	Population canadienne en 1891.	Gain français sur 1881.	Gain des anglophones.
Renfrew et Nipissing .	8 514	3 274	16 601
Carleton.	2 484	816	2 156
Ottawa.	12 790	3 406	6 413
Russell.	14 010	4 388	2 173
Prescott..	16 250	1 649	336
Glengarry.	5 574	1 386	1 160
Cornwall et Stormont.	5 114	925	3 045
	64 736	15 844	28 942

En admettant l'impeccabilité du recensement, on voit du premier coup d'œil que l'élément français continue à chasser l'élément rival du bas de l'Ottawa, des comtés de Prescott et de Glengarry; qu'il continue à s'emparer rapidement de celui de Russell, aux portes de la capitale fédérale; qu'il se maintient fort bien dans cette capitale fédérale, Ottawa; qu'il augmente sur le haut de l'Ottawa et dans la région du lac Nipissing, mais beaucoup moins vite, relativement et absolument, que les nationalités diverses ayant tendance à s'absorber dans le magma nommé race anglaise; enfin qu'en comparant les Franco-Canadiens de ce pays à l'ensemble de ses habitants, ils faisaient en 1881 les 27 pour 100, et en 1891 les 29 pour 100 de la population totale : d'où un croît de 2 pour 100.

Mais il n'y a pas lieu d'adopter purement et simplement les nombres que le recensement a l'extrême bonté de nous offrir. La comparaison de l'augmentation des catholiques dans cette région orientale de l'Ontario suffit à nous mettre en défiance. D'une part les arrivants catholiques sont peu nombreux par ici depuis l'arrêt presque complet de l'immigration irlandaise; Anglais, Écossais, Allemands, le peu de Scandinaves qui viennent s'établir sur cette rive de l'Ottawa et dans la contrée nipissingoise se réclament presque tous des diverses nominations du protestantisme; ils sont anglicans, luthériens, méthodistes, presbytériens, baptistes, etc.; d'autre part, dans les com-

tés de Prescott, de Glengarry, de Russell et dans certaines colonies des autres comtés, un certain nombre de protestants vend ses terres aux papistes et prend le chemin de Toronto, des États-Unis, du Nord-Ouest.

Il s'ensuit naturellement que la plus grande part des 33 942 catholiques gagnés par le pays de 1881, où l'on en a compté 90 692, à 1891, où l'on en a compté 124 638, reviennent à notre élément. Les Franco-Canadiens immigrent ici en plus grand nombre que les autres « romains », ils émigrent moins de la contrée, ils sont beaucoup plus féconds; ils ne doivent donc pas se contenter de la portion congrue, d'un gain de 15 844 sur 33 942 : pas même la moitié, quand ils ont droit aux deux tiers, ou aux trois quarts, soit à près de 23 000, ou à plus de 25 000. Ce n'est pas de 27 à 29 pour 100 qu'ils ont passé durant les dix années, mais de 27 à 32 ou 33 pour 100.

C'est surtout dans le pays nipissingois qu'il a été facile de caser sur la liste des Anglais une foule compacte de Français en vertu de l'insidieuse question : « Parlez-vous anglais? » Un fort grand nombre des colons canadiens de ce pays, en certains endroits la majorité, proviennent des États-Unis, où ils se sont plus ou moins familiarisés avec la langue saxonne.

En résumé, les Canadiens d'Ontario continuent à refouler les anglophones sur la rive droite de la rivière des Outaouais et aux deux bords du chemin de fer du Pacifique; ils se maintiennent ou même croissent légèrement dans la péninsule ontarienne, au pays d'Essex et de Kent. Ailleurs ils ne comptent pas; qu'ils diminuent ou qu'ils augmentent de quelques dizaines ou de quelques centaines d'un recensement à l'autre dans les comtés de l'intérieur, au nord, à l'est, à l'ouest de Toronto, ils sont définitivement perdus pour la race française. Perdus aussi, probablement, « nos gens » d'Essex, trop peu nombreux, trop peu ravivés par l'immigration québecquoise et trop loin du vieux pays du Saint-Laurent. Mais à l'orient et au septentrion de la province hautaine et jalouse, chaque double lustre, chaque année consacre des victoires françaises, et le recensement hostile ne les cache qu'à demi.

Comment s'est comportée en 1891 l'immigration canadienne-française, qui menace de faire à bref délai du nord de l'Ontario, notamment de la région du lac Nipissing, une annexe ethnographique de la province de Québec?

Elle s'est comportée comme durant les années précédentes, c'est-à-dire fort bien.

Elle continue à marcher « à pas de géant », surtout entre Mattawa, la jeune ville riveraine de l'Ottawa, et Sudbury, autre jeune ville du bassin du lac Huron sur la rivière Espagnole.

Fait des plus intéressants, la plupart de ces pionniers de la vieille France en terre ontarienne ne viennent pas de la province de Québec; le plus grand nombre est arrivé des villes manufacturières de la Nouvelle-Angleterre, avant tout de Holyok (Massachusetts), de Lowell (Massachusetts), de Manchester (New Hampshire); beaucoup aussi sont venus de l'ouest des États-Unis, surtout du Michigan, des Sables, de Manistique, de Manaming; plusieurs familles, on peut même dire bien des familles, mais en tout cas c'est la minorité, proviennent de divers comtés de la province-mère de Québec, de Vaudreuil et Soulanges, de Saint-Jérôme, des diocèses de Trois-Rivières, de Nicolet, etc.

Prenons pour exemple Sturgeon Falls, ainsi nommée des chutes de la rivière Esturgeon, tributaire septentrional du lac Nipissing. Il y avait à peine quinze familles canadiennes il y a dix ans ; aujourd'hui il s'y en trouve 325, dont 65 arrivées dans la seule année 1892. Tout près de cette ville une colonie d'agriculteurs canadiens s'est établie sur de riches terrains, et un peu plus loin commence à se développer le village agricole de Badgero.

Il en est de même sur plusieurs centaines de kilomètres, de Mattawa jusqu'à Cartier (200 kilomètres), même jusqu'à Biscatosing (345 kilomètres), voire jusqu'à Chapleau (480 kilomètres).

Voilà comment les faits de chaque jour confirment la diminution de l'élément français dans l'Ontario.

Manitoba et Nord-Ouest. — Ce n'est pas tant l'arrivée constante de familles de la province de Québec, de la Nouvelle-Angleterre, du Grand-Ouest américain, de la France qui donne aux Manitobains français le bon espoir de se conserver intacts dans le Manitoba et le Nord-Ouest ; ils comptent surtout, et avec une certaine raison : d'une part sur ce qu'ils sont presque tous des ruraux attachés au sol, tandis que les Anglais se portent de préférence vers les villes comme gens de métier, commerçants, spéculateurs, qui vont et qui viennent, un peu à la nomade ; d'autre part sur le merveilleux développement de leurs familles. Qu'on juge de leur accroissement naturel par le mouvement de l'état civil dans quelques établissements de la Montagne de Pembina :

En quatorze ans (1879-1892), la petite paroisse de Saint-Léon a fourni 273 naissances contre 83 décès ;

Celle de Saint-Alphonse a enregistré en dix ans (1883-1892), c'est-à-dire depuis qu'elle existe, 283 naissances contre 76 morts ;

Celle de Notre-Dame-de-Lourdes, née à peine, a inscrit en deux ans, 1891 et 1892, 23 naissances contre 8 décès ;

Soit pour ces trois paroisses, dénombrement d'une seule, 579 naissances contre un tribut de 167 à la mort : autrement dit de 3 ou 4 naissances contre un seul décès.

Et il en est de même dans les trente ou quarante paroisses et missions des Français Manitobains.

Le Manitoba comptait, parmi ses colons français, des gens de presque tous les départements de France, mais il lui manquait, récemment encore, des Catalans français. Ils lui sont venus, en cette année 1891, du fait de trois familles du département des Pyrénées-Orientales qui se sont installées au printemps dans la colonie de la Grande Clairière. Elles se sont si bien trouvées de leur nouvelle patrie, elles l'ont tellement vantée à leurs amis et parents des Pyrénées du Canigou, qu'elles ont décidé douze autres familles catalanes à les rejoindre.

« Le sol sur lequel se développe la jeune ville de Chapeau de Médecine (Medicine Hat) est évidemment le fond d'un lac dont les eaux se sont retirées depuis longtemps. L'hydrographie du Nord-Ouest Canadien est loin d'être fixée ; nous avons pu, nous-même, observer que des lacs et des rivières marqués sur des cartes dressées en 1885 ont peu à peu disparu complètement : par exemple la rivière et le lac aux Prunes qui faisaient communiquer le lac des Chênes avec la rivière Souris. Le lac des Chênes a beaucoup baissé ; la rivière Calumet, la Pipestone des Anglais, qui y jette ses eaux, est insuffisante à combler ce déficit, dont les causes n'ont pas encore été scientifiquement dé-

terminées. Les Métis français ont à cet égard une tradition qui mérite d'être contrôlée et observée. Ils prétendent qu'il se produit, tous les vingt-cinq ans environ, une révolution, et qu'au bout de ce temps toutes les rivières, tous les lacs asséchés reparaissent. Cette tradition m'a été rapportée notamment par M. Marion, un Métis français qui cultive avec grand succès une belle propriété sur les bords du lac des Chênes. Le fait est qu'il est arrivé bien souvent que les prévisions de cette nature indiquées par eux se sont réalisées d'une façon très exacte. »

(Pierre Foursin Escande, *La Colonisation française au Canada*).

Cinq colonies faites de Français et de Belges viennent de naître, quatre en Manitoba, une en Assiniboïa.

L'une des colonies manitobaines avoisine Saint-Alphonse, paroisse canadienne, française et belge. Située au sud de la station de Holland, à 16 ou 18 kilomètres de la rive droite de la rivière Assiniboine, elle a pris le nom de Bruxelles.

La seconde, qui n'a pas encore de nom, mais que ses fondateurs ne veulent pas affubler d'un nom de saint (suivant le déplorable usage des Canadiens-Français), a été commencée par des familles de l'Ille-et-Vilaine, de l'Isère, de la Haute-Loire, à l'est de la station de Rathwell, à trois lieues environ de Lourdes, dans de belles prairies avec « îlets » de bois.

La troisième, qui renferme surtout des familles du Jura français, a dans l'instant présent (printemps de 1893) environ 150 à 200 personnes. Elle s'appellera Saint-Claude, d'après la très pittoresque ville chef-lieu d'arrondissement du Jura qui regarde le confluent de deux rivières à cascades, la Bienne et le Tacon, et des environs de laquelle proviennent la plupart des colons. Il y aura donc dans le Nord-Ouest un Saint-Claude, où la nature n'est pas grandiose, mais où le sol est fertile et le climat révigorant. Le chemin de fer à côté duquel la colonie s'est établie l'a dotée d'une station qui a pris ce même nom de Saint-Claude entre les gares d'Elm Creek et de Rathwell. Saint-Claude, c'est encore un nom de saint. On en avait proposé d'autres : *Serverette*, d'après le lieu d'origine du premier ou de l'un des premiers colons de l'endroit, Serverette sur Truyère, au pied occidental de la Margeride, sur le plateau Lozérien ; et aussi des noms historiques plus ou moins retentissants : *Colbert*, d'après le grand ministre de Louis XIV, mort trop tôt pour le Canada ; *Talon*, d'après l'organisateur contemporain de Colbert, qui fit tant pour la colonisation de la naissante Nouvelle-France ; *Cadillac*, en mémoire du fondateur de la colonie merveilleusement située qui, de bourgade française, est devenue l'énorme cité yankee de Détroit. Mais l'archevêque de Saint-Boniface, Mgr Taché, a préféré le nom banal aux noms qui consacrent un acte, un fait, une création, un homme.

La quatrième, encore sans nom, fondée par M. L. Acar, se trouve près du bourg de Tupper, non loin de la station de Gladstone, dans les plaines qui s'étendent jusqu'à la rive occidentale du lac Manitoba.

La colonie assiniboïenne, qui s'appelle Saint-Raphaël (encore un saint !), a ses terres à près de 30 kilomètres au nord de la station de Carnduff. Loin des centres canadiens, elle est mal placée et sera facile à dénationaliser.

Les Canadiens-Français et les Français à destination du

Nord-Ouest se sont presque tous établis dans le Manitoba jusqu'à ces dernières années; puis un certain nombre ont commencé à se diriger vers les environs de Saint-Albert, bourgade épiscopale de l'Alberta; et voici qu'un troisième mouvement se dessine, vers l'État de Saskatchewan, où il y a déjà, depuis un certain nombre d'années, un assez fort contingent de Métis français, auxquels sont venus se joindre peu à peu des Canadiens de Québec et des États-Unis et des Français de la Sarthe, de l'Ille-et-Vilaine, de l'Ardèche, de la Haute-Loire, de la Lorraine, etc.

Ces paroisses canadiennes ont leur site sur l'une et l'autre ou près de l'une et de l'autre des deux Saskatchewan, surtout de la Saskatchewan du Sud. BATOCHE borde la rive droite de la Saskatchewan méridionale; elle tient quelque célébrité d'un combat livré par les Métis aux troupes fédérales lors de la dernière rébellion de Louis Riel, sorte d'escarmouche qui, sur ce vaste et lointain théâtre, eut le retentissement d'une grande bataille. Le curé est un Breton de la Gouesnière (Ille-et-Vilaine). SAINT-LAURENT DE GRANDIN, à 13 kilomètres en aval de Batoche, sur cette même Saskatchewan, est peuplé en partie de Métis du Manitoba, dont deux furent députés français au parlement de Winnipeg; elle compte aussi parmi ses habitants des Français et des Belges. SAINT-LOUIS DE LANGEVIN, au bord de la susdite Saskatchewan, est à une soixantaine de kilomètres au sud de Prince-Albert, capitale de l'État. Le curé, qui est de la Sarthe, a fait venir auprès de lui des familles de son village natal, et il y en a d'autres départements de France, de la Belgique, de la Suisse française. L'instituteur est un Morbihannais. BELLEVUE, peuplée de Belges, de Français, de Suisses, se trouve à quelque distance à l'E. de la Saskatchewan, au pied des Montagnes de Bouleau (*Birch Hills*), petites collines dans la vaste plaine. LAC DES CANARDS (*Duck Lake*), station du chemin de fer de Prince-Albert à Regina, embranchement qui relie la capitale de l'État à la grande ligne du Pacifique Canadien, occupe à peu près le centre des établissements français, à quelques kilomètres de la rive gauche de la Saskatchewan du Sud, près du lac où couancouannent les canards sauvages; le curé, ancien combattant de 1870, est originaire de la Mayenne. CARLTON est riveraine de la Saskatchewan du Nord, dans le voisinage des débris d'un vieux fort de la Compagnie de la baie d'Hudson. LAC MASKEG, qui a pour nom canonique *Notre-Dame de Pontmain*, touche à une réserve d'Indiens catholiques, à quelques lieues de la rive gauche de la Saskatchewan du Nord, etc., etc. Enfin il y a de nombreux Canadiens à Prince-Albert, où, à côté de l'évêque ardéchois, le curé est un Français de la Mayenne, de Laval.

C'est autour de ce réseau de colonies canadiennes, et çà et là entre ses mailles, que l'on commence, cette année même, diverses colonies de renfort dont il est entendu d'avance qu'elles ne porteront pas le nom d'un saint : elles seront désignées d'après quelques amis, vivants ou morts, du Canada, avant tout d'après le curé Labelle; puis il y aura Rameau, Reclus, Bodard, Aymonier, Marmier, etc. Un établissement destiné aux Lorrains s'appellera Domremy ; un autre, Carnot, en hommage au président de la République française; un autre, peuplé de Belges, aura nom Léopold, en l'honneur du roi de Belgique.

L'établissement le plus septentrional qu'aient encore fondé les Canadiens-Français, bien entendu en dehors des campements de trappeurs et de Bois-Brûlés, c'est la colonie de Saint-Jean-Baptiste de Morinville, dont le peuplement a commencé au mois de mars 1891.

L'abbé Morin, qui a valu à la colonie son nom de Morinville, y amena à cette époque quelques familles des comtés de Montcalm et de Joliette, peu éloignés de Montréal dans le pays montagneux de la rive gauche du Saint-Laurent, et depuis lors il y est revenu maintes fois avec des Canadiens rustiques, tantôt trente, tantôt cinquante, tantôt quatre-vingts ou plus. Aujourd'hui (septembre 1892) Morinville a 385 habitants, tous Canadiens de la province de Québec ou des États-Unis, notamment du Dakota, ayant déjà « cassé », suivant l'expression franco-canadienne, c'est-à-dire préparé pour l'ensemencement et la culture, plusieurs centaines d'hectares de terre.

Saint-Jean-Baptiste de Morinville occupe la rive du lac aux Œufs, l'Egg Lake des Anglais, à 40 kilomètres nord un peu ouest d'Edmonton, au sud et tout près du 54° degré de latitude. De ce lac aux Œufs s'échappe un affluent de gauche de la Saskatchewan du Nord.

Le français en Louisiane. — Unissons par la pensée la Louisiane au Canada; regardons-la comme faisant encore partie de la Nouvelle-France, comme une annexe de la fière Québec.

Qu'y devient la langue française?

Qui entend deux cloches entend deux sons.

Une cloche nous dit : « N'allez pas croire que la langue française soit morte en Louisiane. Elle n'y a peut-être pas grand avenir, dans ce recoin isolé de l'immense empire anglophone, mais elle tient bon, ramassée sur elle-même. Une foule de journaux l'emploient, notamment : *l'Abeille*, journal quotidien, à la Nouvelle-Orléans; *l'Orléanais*, journal quotidien, à la Nouvelle-Orléans ; *le Franco-Louisianais*, journal hebdomadaire, à la Nouvelle-Orléans; *le Pionnier*, journal hebdomadaire, dans la paroisse de l'Assomption; *le Foyer Créole*, journal hebdomadaire, dans la paroisse de Saint-Jacques; *le Réveil*, journal hebdomadaire, dans la paroisse de Saint-Martin; *le Meschacébé*, dans la paroisse de Saint-Jean-Baptiste; et, dit le document que nous avons sous les yeux, une quantité d'autres. »

L'autre cloche nous dit, plus triste, et plus vraie :

« La langue française s'en va! » Tel est le cri d'alarme que ne peuvent réprimer les patriotes aussi vaillants que rares que renferme encore la Louisiane.

Dans son dernier numéro, *le Meschacébé* résume comme suit la situation actuelle de la presse française dans cet État autrefois français :

Si la presse y est, comme partout ailleurs, le reflet de l'opinion publique, on peut juger par elle de ce que sont devenus les descendants de la vieille France, après un siècle d'annexion aux États-Unis.

Le nombre des journaux publiés en français en Louisiane est bien petit. Si nous ne nous trompons, il ne dépasse pas la douzaine, y compris ceux qui ne consacrent qu'une colonne au français. Les journaux qui parlent encore la langue française dans le pays découvert et colonisé par des Français, et habité en grande partie par des descendants de ces Français, se trouvent à la Nouvelle-Orléans, à Saint-Jean-Baptiste, à Saint-Jacques, à l'Assomption, à Lafourche, à Saint-Martin et à Saint-Landry. Depuis trois semaines sont venus s'ajouter à cette liste le *Banner*, de la Pointe-Coupée, et l'*Advertiser*, de Lafayette. Des douze journaux de Louisiane qui osent encore parler la langue dans laquelle s'exprimaient Lamartine, Hugo, Renan et tant d'autres, les deux seuls qui ne parlent que cette langue sont ceux de la Nouvelle-Orléans : *l'Abeille* et *le Franco-Louisianais.*

Les autres, ceux des campagnes, sont forcés de parler moitié anglais, moitié français. Ce sont : *l'Intérim* de Saint-Jacques, *le Pionnier* de l'Assomption, *la Sentinelle* de Thibodaux, *l'Union* de Pont-Breaux, *l'Évangéline* de Saint-Martinville et le *Meschacébé* de Saint-Jean-Baptiste. Forcés, oui, car s'ils ne parlaient pas un peu l'anglais ils ne compteraient pour rien. C'est pour eux le *sine qua non* de l'existence, et un journal de campagne tout en français vivrait difficilement ou bien maigrement en Louisiane. Il y a encore quatre journaux qui ont une partie française très restreinte, une colonne ou deux. Ce sont le *Courrier des Opelousas*, le *Démocrate* de Saint-Landry, le *Banner* de la Pointe-Coupée, enfin le *Lafayette Advertiser*. Ces deux derniers journaux viennent d'inaugurer la partie française, qui leur a paru indispensable au milieu d'un pays où beaucoup de personnes ne parlent encore que le français, et nous supposons qu'ils n'ont fait que céder à de justes récla-

mations. En effet, la paroisse Lafayette, comme celle de Vermillion, d'Ibérie, de Saint-Martin, de Saint-Landry et d'Acadie qui l'entourent, de même aussi que celle de la Pointe-Coupée (qui a perdu son accent aigu pour s'appeler *Pointe Coupee*) et sa voisine d'outre-Atchafalaya, la paroisse Aveyellas, sont toutes des paroisses où l'on parle encore beaucoup le français et où l'on rencontre des habitants qui ne comprendraient pas si on leur parlait autrement qu'en français.

Il y avait autrefois, dans différentes paroisses, des journaux qui parlaient le français et qui ont cessé de le parler. C'est sans doute qu'ils ne trouvaient ni encouragement ni profit à continuer à le faire; que leurs efforts n'étaient pas appréciés et qu'ils ont reconnu que le temps et l'espace consacrés à leur partie française étaient du temps perdu et du terrain consacré à une culture ingrate. Ce qu'il y a de bien certain, c'est qu'aucun journaliste de campagne, en Louisiane, n'a jamais fait fortune, ni même bien vécu avec sa littérature française.

ONÉSIME RECLUS.

❧ ❧ ❧

LES MISSIONS FRANÇAISES EN AFRIQUE

IL EST évident qu'à toutes les époques les voyages d'explorations en Afrique ont été accomplis en vertu de programmes déterminés. Une partie totalement ignorée ou insuffisamment connue sollicitait l'intérêt d'un initiateur, et, quel que fût le résultat, tout le monde avait quelque chose à recueillir au point de vue géographique, car tout le monde se contentait de celui-ci. C'est en vain qu'on essaierait de se persuader que la situation est aujourd'hui la même, et la candeur des plus désintéressés ne suffit pas à enrayer une évolution à laquelle il faut se soumettre si on ne veut pas en être victime. En un mot, la géographie africaine se nationalise, parce que toute exploration y a désormais pour objet de s'approprier les pays que l'on découvre. On reconnaît les terrains et les peuples, comme on reconnaît des terres d'acquisition ou d'héritage, et déjà l'expédition Van Kerckhoven permet d'ajouter qu'au seuil de certaines régions se lira bientôt cette inscription : *Ici on n'explore plus!*

Dans cette participation à un mouvement qu'elle n'a point créé, mais auquel elle n'a cédé que sous l'impulsion des choses, la France apporte un tact et une mesure qu'il faut se hâter d'affirmer avant qu'ils ne soient méconnus. Bien plus, on serait juste en lui accordant que, dans l'analyse des travaux de ses voyageurs, elle se garde bien de donner des interprétations sujettes à malentendus, mais qu'elle s'efforce, au contraire, d'observer scrupuleusement l'esprit et la lettre de l'Acte général de Berlin, en justifiant, par des prises de possession d'un caractère moral ou matériel toujours effectif, les conquêtes progressives qu'elle accomplit dans des zones encore indépendantes de tout contact européen.

A cet égard, les missions de MM. Mizon, de Brazza, Liotard et Dybowski peuvent nous servir de bases, en ce qui concerne l'Afrique centrale. Nous avons dit précédemment les conclusions irrévocables qui sont à tirer de la première. Elle a unifié nos droits, nos prétentions et nos espérances du Congo à l'Adamaoua, au point de vue géographique. M. de Brazza s'est constitué le facteur politique de ces unifications, en déterminant les itinéraires de l'Ogôoué à la Sangha et en jetant son poste de Bania comme un jalon de rapprochement entre les populations de l'Adamaoua et le bassin de la Kémo. M. Liotard, par son établissement sur le M'Bomou, a spécifié le maximum de nos projets du côté de l'est. M. Dybowski a préparé, de l'Oubanghi au Tchad, des voies qui semblent définitives. Telles étaient nos bases au commencement de cette année, telles elles sont encore aujourd'hui, et c'est en les considérant ainsi qu'il faut apprécier le voyage de M. Maistre et l'expédition prochaine que va diriger le commandant Monteil.

Étant donné le caractère des opérations poursuivies par MM. Mizon et de Brazza, convenait-il que M. Maistre, s'écartant de la Kémo et des régions de l'est, c'est-à-dire de points d'attache qu'il serait d'ailleurs urgent de consolider, cherchât à rejoindre les deux voyageurs de l'ouest?

La chose était trop tentante pour que M. Maistre n'y cédât pas et nous comprenons le désir qui l'a poussé à cette jonction, certainement fort utile. Combien d'autres explorateurs, comme lui, et surtout sur cette route du Tchad, ne résisteront pas à la joie d'exécuter des reconnaissances enveloppantes plutôt que de bâtir sur le terrain déjà reconnu! Est-ce donc que le temps nous presse et que les événements nous invitent à quelque lutte de vitesse? Je ne le pense pas. Au point où en sont les choses, qui donc nous viendrait contester l'avenir à partir du dix-neuvième degré de longitude est africain, dans la zone du Soudan central? Quelles entraves sont susceptibles de surgir devant la marche de M. Mizon ou de son remplaçant et de M. de Brazza? L'ombre d'Emin-Pacha chevauche-t-elle sérieusement du Bahr-el-Ghazal au Tchad, ainsi que l'insinue la légende? Allons-nous voir cette grande victime des provinces équatoriales descendre du Darfour au M'Bomou pour inquiéter M. Liotard? M. Mizon, ou son remplaçant, et M. de Brazza sont-ils, de leur côté, réduits à ne plus avancer? Ce n'est rien de tout cela qui a fait agir M. Maistre et qui va justifier l'expédition de M. Monteil. M. Maistre a devancé des solutions inéluctables, et il a bien fait. Mais il importe maintenant, et sans plus de retard, de désigner un continuateur de l'œuvre de M. Dybowski. Il ne faut pas laisser en suspens ce qui a été si bien commencé. Lorsqu'un voyageur, passant à travers les grandes herbes, n'a que le souci d'aller d'un point à un autre, les herbes, un instant écartées, se referment derrière lui. Tout voyageur africain, lorsqu'il agit dans la plénitude de ses allures, et, plus encore, lorsqu'il veut édifier là où il passe pour y fixer son drapeau national, doit se ménager des clairières où subsistera la trace de ses pas. Ainsi, l'influence française exige qu'on laisse d'elle des témoignages, comme autant de clairières dans l'obscurité de la brousse. C'est bien d'avoir fondé une station sur la Kémo, à 125 kilomètres de l'Oubanghi; ce n'est pas assez de s'en tenir là!

En parlant plus haut de la mission Mizon, nous avons écrit à la suite du nom de celui-ci les mots « ou son remplaçant ». C'est qu'en effet, au moment où nous écrivons, le rappel en France de M. Mizon est décidé. Ce voyageur, qui a quitté l'Europe en août 1892 pour accomplir en Afrique une nouvelle mission à la fois scientifique et commerciale, a été obligé de s'arrêter, vers le milieu d'octobre, à environ 150 kilomètres en aval de Yola, par suite de la baisse des eaux de la Bénoué sur laquelle il naviguait. De cet endroit, M. Mizon crut pouvoir engager avec le sultan du Mouri, territoire voisin, des négociations qui aboutirent à un traité de protectorat. Mais le sultan du Mouri exigea qu'il lui prêtât son concours contre un de ses adversaires, et il paraît que notre compatriote ne crut pas pouvoir refuser cette participation. C'est à peu près ce qui arriva à M. Maistre à la suite de son traité avec le sultan des Gaberis, avec cette différence que M. Maistre refusa son concours et reçut des coups de fusil tout de même.

Toujours est-il que la Compagnie anglaise du Niger conteste à M. Mizon le droit d'avoir signé un traité de protectorat avec le sultan du Mouri, et lui reproche de s'être fait l'auxiliaire de celui-ci contre ses ennemis. Voilà l'accusation superficielle qui a motivé le rappel de M. Mizon par le gouvernement français. Au cours de l'Assemblée générale de la Compagnie du Niger qui a eu lieu à Londres le 13 juillet, lord Aberdare, président de cette compagnie, a nettement formulé cette accusation, mais en l'accompagnant de considérants tellement extraordinaires que nous avons peine à croire qu'ils aient été prononcés. Il résulte, en effet, de l'opinion de lord Aberdare que M. Mizon, se trouvant sur territoire nigérien, était sur territoire anglais et n'avait, conséquemment, pas le droit de passer un traité avec des vassaux de l'Angleterre!

De plus, a ajouté lord Aberdare, « il se serait emparé d'une ville indigène, aurait fait périr cinquante personnes, aurait laissé le sultan du Mouri vendre 2 000 habitants comme esclaves, et aurait arrêté des canots faisant le service de la malle sur la Bénoué, prétextant que cette rivière est française ».

Nous laissons la parole au Comité de l'Afrique française pour débrouiller, comme il convient, ce singulier procès de tendance. Mais, en attendant, nous ferons observer, en ce qui concerne l'accusation relative à la vente de 2 000 habitants comme esclaves, que cette accusation est formulée sans rire au moment même où le gouvernement de Sierra-Leone vient de publier d'étranges instructions, qui laissent la plus grande latitude à l'exercice de l'esclavage sur ce territoire anglais, et où le gouvernement anglais est formellement accusé, avec preuves à l'appui, de laisser pratiquer l'esclavage dans le Bechouanaland, pays placé sous son protectorat!

Quant à l'expédition prochaine, placée sous les ordres du commandant Monteil, elle va continuer ce que M. Liotard avait commencé avec le concours du regretté Poumeyrac.

J'avais déjà parlé antérieurement de la mission dirigée par le duc d'Uzès. Ce voyageur s'était mis à la disposition de M. Liotard pour aider celui-ci dans son expédition contre les Boubous, qui avaient tué M. de Poumeyrac. Son concours fut précieux à M. Liotard, et il est présumable que les deux missions, fusionnant désormais leurs éléments, auraient pu réaliser prochainement quelques autres résultats décisifs si, malheureusement, la mort n'était venue frapper le jeune duc d'Uzès.

Celui-ci s'était beaucoup prodigué depuis son arrivée en Afrique, à la fin de mai 1892. La maladie s'était emparée de lui au cours même de l'expédition qu'il avait dirigée avec M. Liotard. Il avait dû reprendre la route du littoral; et c'est à Cabinda, sur territoire portugais, d'où il espérait pouvoir s'embarquer pour l'Europe, que la mort l'a surpris, en pleine jeunesse et en pleine ardeur, au moment où les services qu'il avait déjà rendus permettaient de le classer parmi ceux sur lesquels on comptait le plus!

Notre regretté compatriote avait déjà envoyé en France bon nombre de renseignements intéressants. Il nous avait fait savoir, entre autres, que les Arabes venus avec lui d'Algérie ne résistaient pas au climat de cette partie du Soudan. Or il y a un rapprochement très intéressant à faire entre cette constatation et celle du même genre déjà faite par Nachtigal à propos des Arabes du Soudan Central. Il y aurait donc une zone soudanaise où l'acclimatement de l'Arabe du nord serait particulièrement difficile.

Notre attention est encore sollicitée par d'autres missions, dont deux ont déjà été ici même l'objet d'une analyse, à propos du grand voyage accompli par le commandant Monteil. J'ai dit que la reconnaissance qu'il a faite serait à peu près stérile au point de vue commercial si on ne se hâtait de la justifier et de la compléter par un programme saharien. Or les voyages de MM. Méry et Foureau sont venus très à propos corroborer cette opinion, en nous apportant sur les sentiments des populations sahariennes à notre sujet quelques idées nouvelles, dont nous ferons bien de profiter. Il dépend de nous, d'après MM. Méry et Foureau, d'engager des relations pacifiques et sûres avec les Touareg et d'établir, grâce à eux, un courant commercial entre notre Algérie et le Soudan Central. Ce sont là des allégations appréciables et qui, d'ailleurs, ne sont pas pour surprendre ceux qui ont toujours considéré la question saharienne, c'est-à-dire la question de jonction de l'Algérie au Soudan, comme exclusivement subordonnée à un malentendu, que dissiperait une résurrection commerciale au profit partiel des Sahariens. Pourtant MM. Méry et Foureau ne sont pas absolument d'accord sur les préliminaires de cette jonction. Alors que M. Méry la voit réalisable à brève échéance, M. Foureau insiste sur le danger qu'il y aurait à s'illusionner quant aux dispositions bienveillantes des Touareg. Nous ne pouvons espérer que ces derniers deviendront accessibles à nos raisonnements qu'autant que nous tiendrons envers eux une conduite exempte de contradictions. Ce que nous promettrons aux uns, nous aurons à le promettre aux autres ; ce que nous exécuterons sur un point, nous aurons à l'accorder ailleurs. C'est, en un mot, l'uniformité de notre politique saharienne que nous estimons nécessaire.

Et c'est surtout sur le terrain saharien, dans les rapports que nous cherchons à établir ou, pour mieux dire, à reconstituer entre notre Algérie et le Soudan, qu'il est nécessaire d'observer rigoureusement cette uniformité. A la géographie physique est lié intimement ici un problème de géographie politique dont la solution peut bouleverser les destinées de l'Algérie. C'est pourquoi il faut, incessamment, et conformément à un point de départ sur lequel il sera utile de bien s'entendre, accélérer la prise de possession morale des groupes sahariens, tant à l'ouest qu'à l'est et au centre. A cet égard, comme en toute matière africaine, les expériences sont plus rares qu'on ne pense et les initiatives officielles plus indécises qu'on ne l'imagine. Il faut que les unes et les autres se prêtent sans réserve un mutuel concours. Nous donnons en ce moment le spectacle d'une stratégie bien curieuse, et qui restera d'autant plus intéressante qu'elle ne prêtera à aucune équivoque ou ne laissera prise à aucune restriction suspecte. Il en serait cependant ainsi au cas où l'opinion publique, dont l'éducation géographique et coloniale progresse tous les jours, aurait à constater dans la répartition des missions, dans le choix de leurs chefs et dans leur double objet politique et social un manque d'à-propos, une erreur d'interprétation, une absence d'unité quant au but à atteindre et quelquefois même un désaccord entre les unes et les autres.

L. Sevin-Desplaces.

✤ ✤ ✤

LA GÉOLOGIE DU PÉLOPONÈSE

D'APRÈS M. PHILIPPSON [1]

LA géologie du Péloponèse n'a été l'objet d'aucune étude systématique depuis la publication de l'ouvrage des savants attachés à l'expédition de Morée (1833). Aussi l'importante monographie que M. le docteur Philippson vient de consacrer à cette région, hier encore presque inconnue, sera-t-elle certainement accueillie avec faveur. Les observations qui ont servi de base à ce travail ont été faites de 1887 à 1890, sous les auspices de la Société de Géographie de Berlin et des administrateurs du fonds Ritter.

Indépendamment de l'intérêt propre qui s'attache à la région étudiée, intérêt qu'augmente d'ailleurs sa situation intermédiaire entre l'Europe et l'Asie, le bel ouvrage de M. Philippson constitue, au point de vue de la méthode, un remarquable spécimen de ce que l'on nomme, en Allemagne, une *wissenschaftliche Landeskunde* : c'est bien ainsi que l'on comprend la « description scientifique d'une contrée », description à laquelle les données géologiques servent de noyau, les traits extérieurs du relief et la physionomie de la surface s'en déduisant ensuite comme des conséquences naturelles. M. Philippson a été formé aux hautes études géographiques par M. de Richthofen, et l'élève se montre ici de tous points digne du maitre : comme l'éminent auteur de *China*, le jeune voyageur allemand, sans jamais perdre de vue l'objet principal de ses recherches, n'a négligé aucune des occasions qui s'offraient à lui d'observer la végétation, les phénomènes atmosphériques, de noter les rapports, toujours si étroits, par lesquels l'homme est lié au sol qu'il occupe, et d'apporter ainsi sa part à la solution des grands problèmes historiques dont la Grèce est, par excellence, le terrain d'origine.

L'ouvrage, rédigé avec une grande clarté, comprend deux parties : une *partie descriptive* (p. 15-381), dans laquelle l'auteur passe successivement en revue les districts montagneux de l'est, du centre et de l'ouest; et une *partie générale* (p. 385-598), où il traite tour à tour de la stratigraphie du Péloponèse, de sa tectonique, de l'origine de ses articulations littorales; de son climat, du modelé topographique qui lui est propre; de sa flore, de sa faune et enfin des populations qui l'habitent. Ne pouvant tout résumer, faute de place, nous reproduirons seulement les conclusions principales des deux premiers chapitres.

D'après l'auteur, trois éléments essentiels entrent dans la constitution géologique du Péloponèse : 1° les schistes cristallins, plus ou moins verticaux ; 2° les terrains sédimentaires anté-néogènes, fortement plissés ; 3° les dépôts néogènes, découpés par des failles et portés à des altitudes très variables, tout en conservant une horizontalité approximative. La première série, comprenant des micaschistes, des quartzites et des marbres, est identique à celle de la Grèce orientale (Attique, Eubée, Thessalie), et son âge absolu n'est pas mieux défini : on ne peut affirmer que son antériorité au terrain crétacé supérieur.

La série franchement sédimentaire débute, dans l'Argolide, par les *calcaires à Ellipsactinia de Cheli*, appartenant au Tithonique ou la base du Crétacé. Dans le centre du Péloponèse, les schistes cristallins sont recouverts directement par les *calcaires de Tripolitza*, massifs et géné-

---

1. *Der Peloponnes. Versuch einer Landeskunde auf geologischer Grundlage.* Berlin, R. Friedländer, 1892. — Nous avons déjà donné (1893, p 63) un compte rendu sommaire de cet ouvrage.

ralement foncés, dont l'épaisseur atteint 1000 mètres; cet étage est remplacé, dans l'ouest, par les *calcaires de Pylos*, siliceux et de couleur claire, qui sont probablement plus récents, du reste, que la masse principale des calcaires de Tripolitza. Puis vient le *Flysch*, formé de grès, de conglomérats et de schistes, avec bancs calcaires renfermant des Nummulites; le tout est couronné par des calcaires en plaquettes, les *calcaires de l'Olonos*, que le microscope montre formés en majeure partie d'organismes (Globigérines et Textularia, Radiolaires siliceux); ces calcaires reposent sur le Flysch en un grand nombre de points : ils représentent par conséquent le terme supérieur de l'Eocène grec.

Une question délicate est celle de l'âge des calcaires de Tripolitza et de Pylos, qui renferment à la fois, d'après M. Philippson, des Rudistes et des Nummulites; pour le second de ces étages, en particulier, l'association de formes crétacées et tertiaires *dans les mêmes bancs* serait constante. C'est là un fait qui paraît être général sur tout le front sud de la presqu'île balkanique, de l'Istrie à la Crète et à l'Asie Mineure; les Nummulites appartenant toutes à des espèces éocènes, il faudrait en conclure que les Rudistes ont continué à vivre en Grèce plus longtemps que dans les contrées voisines. Ce point fondamental de la stratigraphie du Péloponèse demanderait évidemment à être éclairci par de nouvelles recherches; dans tous les cas, et malgré cette incertitude sur la question des limites, il semble bien que la sédimentation ait été continue, l'ensemble des calcaires à Rudistes et à Nummulites de la Grèce formant, au point de vue des conditions physiques, un tout indivisible (p. 398).

Si l'on ajoute que le Flysch et les calcaires de l'Olonos pourraient bien ne représenter que deux faciès synchroniques, et non deux étages successifs (p. 403), et que, de plus, le Flysch renferme peut-être, comme dans les Carpathes, des couches crétacées (p. 402), on restera convaincu que le Péloponèse n'est décidément pas un pays favorable aux études stratigraphiques. Toutes ces difficultés ne pourront être tranchées que le jour, sans doute fort éloigné encore, où l'on possédera en Grèce des cartes à grande échelle.

Le Néogène forme une ceinture continue au nord et à l'ouest, avec ramifications pénétrant parfois assez loin dans l'intérieur (Élide, Messénie); à l'est, au contraire, on n'en trouve que des lambeaux isolés. Cette série, s'élevant jusqu'à l'altitude de 1 800 mètres, est exclusivement pliocène; elle comprend les marnes sableuses de l'*étage levantin*, atteignant 600 mètres de puissance sur les bords du golfe de Corinthe, et des conglomérats très épais (800 mètres), à éléments volumineux, d'origine torrentielle; le Pliocène supérieur n'est connu jusqu'à présent que dans l'isthme de Corinthe. Les dépôts d'origine marine se montrent cantonnés au voisinage des côtes. M. Philippson n'a constaté dans les hautes montagnes de la presqu'île aucune trace glaciaire authentique (p. 413).

Au point de vue orogénique, les recherches de M. Philippson viennent compléter heureusement les études publiées il y a quelques années par Neumayr et ses collègues sur la Grèce continentale; l'auteur retrouve dans le Péloponèse la même opposition entre la région de l'est, où prédominent les terrains anciens, les marbres et les roches cristallines (Argolide), et la région du centre et de l'ouest, où se montrent cantonnés les sédiments éocènes; dans la première, les couches et les chaînons montagneux

sont dirigés de l'est à l'ouest, comme en Attique, ou disposés en courbes s'ouvrant vers le nord; dans la seconde, c'est l'orientation du nord-nord-ouest qui l'emporte exactement comme dans l'Etolie et l'Acarnanie, avec tendance très marquée de la part des plis à se renverser vers l'ouest, suivant une règle qui paraît d'ailleurs être générale tout le long de l'Adriatique. La dernière région nous offre elle-même deux moitiés dont l'aspect est assez différent : d'une part, les avant-monts de l'ouest (Élide, Messénie), où dominent les terrains les plus récents; de l'autre, les puissants noyaux montagneux du centre qui, en Laconie notamment (Taygète et Parnon), jouent vis-à-vis de cette zone latérale un rôle presque comparable à celui des « massifs centraux » de l'intérieur des Alpes. La nature des relations qui peuvent exister entre les deux « systèmes » orogéniques qui se partagent ainsi la surface de la Grèce est encore des plus obscures : doivent-ils être considérés comme indépendants l'un de l'autre et d'âge différent, ainsi que le voulait Neumayr, celui de l'est étant alors le plus ancien? Ou bien, comme le pense M. Suess, ce dernier représente-t-il simplement l'amorce d'un faisceau concentrique au second, déviée à sa rencontre avec les rides extérieures? L'examen détaillé de la ligne de contact permettra seul d'éclaircir définitivement ce point important de l'histoire du sol hellénique; en tout cas, il est désormais acquis, pour le système occidental, que les grands mouvements de plissement sont post-éocènes, et antérieurs au dépôt des couches miocènes, restées horizontales dans les îles Ioniennes : M. Philippson n'hésite pas à y voir le prolongement direct du faisceau dinarique, qui s'infléchirait progressivement vers le sud-est pour aller rejoindre, par la Crète et l'île de Rhodes, l'Anatolie, dessinant ainsi le premier des grands arcs montagneux à convexité méridionale, dont la présence constitue l'un des caractères distinctifs du continent asiatique.

A ce ridement d'ensemble a succédé, dans le Péloponèse comme dans tant d'autres régions, une phase caractérisée par l'ouverture de nombreuses failles, qui sont venues morceler les plis antérieurs suivant des directions variables; on leur doit, en particulier, la formation du sillon oblique qui correspond aux golfes de Patras, de Corinthe et d'Égine, et qui semble se prolonger, dans l'Archipel, par la profonde dépression séparant l'île de Crète du plateau des Cyclades : cette ligne est du reste jalonnée par les pointements volcaniques de Méthana, de Milo et de Santorin. D'autres effondrements remarquables nous sont offerts par la vallée de l'Eurotas et par la basse Messénie; celui de l'Arcadie orientale qui, de même que les précédents, s'oriente parallèlement aux rides adjacentes (N.-N.-O. – S.-S.-E.), paraît plus récent, les dépôts néogènes y faisant entièrement défaut. La cassure la plus importante de tout le Péloponèse serait celle qui borde la presqu'île du côté du sud-ouest : il y a là un escarpement sous-marin de 3 600 mètres de chute, qui n'a certainement son pareil dans aucune autre partie du globe; et les fréquents tremblements de terre qui désolent la Messénie et l'Élide témoignent que le sol est encore loin d'avoir acquis une stabilité définitive dans ces parages[1].

---

1. Depuis la rédaction de cet article, le tremblement de terre du 31 janvier 1893 est venu donner une triste actualité aux considérations développées à ce sujet par M. Philippson; M. E. Ardaillon, auquel on doit un intéressant rapport sur le phénomène (*Annales de Géographie*, 15 avril 1893), envisage l'origine des secousses sous un jour identique.

M. Philippson est très affirmatif sur un point de théorie, fort discuté parmi les géologues dans ces derniers temps : le sens absolu des mouvements de l'écorce terrestre qui ont donné naissance à ces failles. C'est toujours là où le Pliocène monte le plus haut qu'il se montre le plus disloqué; dans les parties profondes il l'est beaucoup moins; on doit donc admettre un *soulèvement* réel du Péloponèse, autrement le niveau de la mer aurait dû subir un abaissement général de 1 800 mètres sur tout le pourtour du globe, et l'on sait que la géographie de l'Europe était, à l'époque pliocène, à très peu près semblable à ce qu'elle est aujourd'hui (p. 432).

Signalons, dans l'*Appendice*, une note de M. R. Lepsius sur les échantillons de roches rapportés par l'auteur (Gabbros, Serpentines, Porphyres divers, Porphyrites, Trachytes, etc.), et des renseignements sur les Foraminifères fossiles du Péloponèse déterminés par Schwager et M. de Hantken. Une bibliographie fort étendue et bien divisée (p. 611-616) et un copieux *Index alphabétique* (p. 617-642) complètent l'ouvrage. Ajoutons que l'intérêt du texte est puissamment augmenté par les cartes au 1 300 000ᵉ

qui en forment le complément et représentent, en somme, le résultat principal des recherches de l'auteur. La planimétrie a été dressée d'après la carte française du Dépôt de la Guerre (1852) et les cartes marines de l'Amirauté anglaise; quant au figuré du terrain, exprimé au moyen de courbes de niveau dont l'équidistance est de 100 mètres, il repose essentiellement sur les nombreuses observations barométriques de l'auteur, qui ont permis de donner à certaines parties de la carte un aspect tout nouveau, au point de vue du relief du sol. Le trait, établi sur quatre feuilles, a été publié en deux éditions simultanées, dont l'une est pourvue de teintes géologiques (au nombre de 18), tandis que l'autre a reçu un coloriage hypsométrique par tranches de 500 en 500 mètres, avec distinction de la zone 0 à 100. L'exécution matérielle de ce beau travail ne laisse rien à désirer [1].

EMM. DE MARGERIE.

1. On consultera avec fruit, pour ce qui a trait à la structure du Péloponèse, la carte schématique de la Grèce publiée par l'auteur dans le compte rendu du IXᵉ Congrès des Géographes Allemands (Berlin, D. Reimer, 1891)

CHRONIQUE GÉOGRAPHIQUE

AFRIQUE

Maroc. — Le sultan a quitté Fez pour se rendre à l'oasis du Tafilelt, soit à environ 250 kilomètres de Figuig et à 300 kilomètres de l'oasis Gourara, du Touat. Il a emporté avec lui ses trésors et il est accompagné d'une véritable armée. Son intention est d'ailleurs de ne point rentrer à Fez avant trois ans et, d'ici là, d'adopter un autre lieu de résidence. Présentement nous ne devons pas considérer avec indifférence un pareil déplacement. Tout excès de sympathie du côté saharien, qu'il soit manifesté par Mouley Hassan ou tout autre sultan du Maroc, doit nous intéresser. Il ne serait même pas intempestif qu'une mission très officielle allât, de l'Algérie, témoigner cet intérêt à l'empereur marocain, jusqu'au Tafilelt même, par la voie de Figuig et autres lieux litigieux.

Sénégal. — M. Léon Fabert, l'explorateur du Sahara occidental, est depuis le 16 juin à N'Diago, où il attend que le gouvernement du Sénégal ait exécuté à son sujet les prescriptions transmises par le sous-secrétariat des colonies. Ces prescriptions ont pour objet de procurer à M. Fabert certaines choses indispensables pour la mission nouvelle dont il est chargé. Notre compatriote, aussitôt pourvu, se dirigera vers l'Adrar, où sa visite est annoncée.

Ajoutons, à propos de l'Adrar, que le gouvernement français, après avoir tout d'abord demandé quelques modifications au traité signé par M. Fabert avec le cheik de cette région, a fini par adopter purement et simplement le texte de M. Fabert. C'est celui que nous avons publié en son temps.

Congo belge. — On annonce de Belgique que le Congo belge va être pourvu d'une armée coloniale. Celle-ci serait composée de volontaires, mais dans des conditions exceptionnelles de solde et d'avancement. Cette innovation n'est pas pour surprendre si l'on considère que depuis quelques années on ne fait que se battre au Congo belge. Mais comme cela nous éloigne de la conférence de Berlin et des théories humanitaires qui ont servi de point de départ à la constitution de l'État indépendant!

Défaites des Arabes. — Dans la séance du 6 juillet de la Chambre des représentants, le chef du gouvernement belge, M. Beernaert, a communiqué les nouvelles suivantes :

Un télégramme de Boma annonce que les Arabes ont attaqué la station des Stanley Falls, et que le résident, M. Tobback, soutenu par une partie des forces réunies au camp de Basoko sous le commandement de M. Chaltin, les a complètement battus et dispersés. Les Arabes ont abandonné sur le champ de bataille beaucoup d'armes et de munitions, et notamment une centaine de barils de poudre.

Presque au même moment arrivait de Zanzibar un télégramme du capitaine Jacques, portant qu'il avait mis les esclavagistes en complète déroute et que ceux-ci avaient repassé en désordre le Loukouga.

Ces bonnes nouvelles, suivant de si près celle de la prise de Nyangoué par le capitaine Dhanis, permettent d'espérer que le péril arabe est conjuré pour cette partie de l'Afrique centrale. La région comprise entre le camp de Bazoko à l'embouchure de l'Arouhouimi et les Stanley Falls d'une part, Bena-Kamba sur le Lomami et Nyangoué d'autre part, est débarrassée des esclavagistes, qui y avaient de nombreux établissements. Mounié-Mohara, le chef de Nyangoué, a été tué dans un combat que lui a livré Dhanis; Séfou, de Kassongo, fils de Tippo-Tip, battu par le même officier, est en fuite; Nserera, le chef de Riba-Riba, dont les bandes ont massacré Hodister et ses compagnons, a dû céder devant les forces du lieutenant Chaltin; enfin, Rachid, le neveu de Tippo-Tip, qui, jusque dans ces derniers temps, s'était maintenu aux Stanley Falls, a été battu par le capitaine Tobback. Cette série d'heureuses opérations militaires met fin à l'occupation des rives du Haut-Congo par les traitants arabes.

Togo. — Nous trouvons dans les *Verhandlungen* de Berlin un résumé du dernier voyage du capitaine Kling dans le Hinterland du Togo.

Parti de Togo en avril 1891, le capitaine Kling arrivait le 31 août à Salaga, et il en repartait le 7 septembre pour la station de Bismarckburg, que dirigeait alors le docteur R. Büttner. Il s'y s'arrêta quelque temps afin de préparer son voyage vers le nord.

Le 21 octobre il quittait Bismarckburg et séjournait bientôt après à Parataou, la capitale du Tchou-tcho, dont le sultan avait déjà passé avec le docteur Wolf un traité de protectorat. Par Ouangara le capitaine Kling passait à Birni dans le Borgou méridional. Le 19 novembre enfin il arrivait au petit village de Yalo, qui ne se trouve qu'à une douzaine de kilomètres de la capitale du Borgou occidental, Kouembé. Là un envoyé du sultan de Kouembé lui enjoignit de retourner sur ses pas, le roi ne voulant voir aucun blanc dans son pays. Sous peine d'être abandonné par ses porteurs, le capitaine Kling fut forcé de revenir par Aledjo à Salaga. En chemin il reconnut la grande route des caravanes haoussa qui passe par Bafilo, Basari, San Sougou et qu'aucun Européen n'avait encore visitée. De Salaga, après quelque repos, il entreprit un voyage géographique dans la région où se réunissent les trois branches de la Volta, séjourna à Kintampo, puis revint à Salaga. Puis il redescendit la Volta jusqu'à Kratye et regagna Bismarckburg par une voie nouvelle; mais la dysenterie dont il souffrait déjà depuis quelque temps empira et il dut être ramené à la côte. On sait que le capitaine Kling est mort peu de temps après son retour en Allemagne. Le récit de son voyage a été fait, d'après ses notes, par le docteur von Danckelmann.

Sud-Ouest Africain. — Le comte J. Pfeil donne dans les *Proceedings* de Londres un compte rendu de son voyage dans le Sud-Ouest Africain Anglais et Allemand, qu'il a étudié spécialement au point de vue économique. Parti de Port Nolloth (colonie du Cap) en 1892, il se dirigea d'abord vers l'est, puis, après avoir traversé l'Orange à Schnit-drift et visité la petite ville d'Upington, il remonta au nord et gagna, par Rietfontein, Rehoboth et Windhœk, la baie de Walvisch.

Port Nolloth, qui n'a de port que le nom, se compose de quelques maisons situées à la limite du désert de sable qui s'étend comme une ceinture tout le long de la côte au delà de l'Orange jusqu'au Souakob. Un chemin de fer à voie étroite relie Port Nolloth à Ookiep, district minier situé sur un plateau où l'eau et la végétation sont rares. Au nord d'Ookiep, le pays devient plus plat et l'étendue sablonneuse n'est interrompue que de loin en loin par des collines isolées dénuées de toute végétation. En approchant de l'Orange on rencontre des pics basaltiques, puis on traverse un district ondulé où le quartz abonde. Toute cette région, qui est excessivement pauvre en eau, est imprégnée de soude. Au delà de l'Orange, qui n'est dans cette partie de son cours qu'une rivière indigente et boueuse, on s'élève sur le plateau, et la physionomie du pays change. Une vaste plaine onduleuse couverte d'herbe s'étend devant le voyageur. L'eau néanmoins est rare et insuffisante pour l'agriculture. Plus loin cette plaine herbeuse fait place aux dunes que les vents dominants ont rangées en longs bourrelets parallèles ayant une direction presque invariable du nord-ouest au sud-est. Ces dunes atteignent à certains endroits une très grande élévation. Le district est complètement aride et l'on y chercherait en vain une goutte d'eau; néanmoins il y croît une herbe, le *toa grass*, qui fournit aux troupeaux un excellent pâturage.

Au delà de Rietfontein, qui est un lieu pauvre et malsain, le pays s'améliore. L'herbe est plus serrée et l'eau est un peu moins rare.

Jusqu'à Rehoboth s'étend un vaste plateau calcaire ondulé, couvert de dépressions ou *vleys*. La plus grande partie de la pluie qui tombe est absorbée par le calcaire poreux comme par une immense éponge, aussi trouve-t-on un peu d'eau, même dans la saison sèche, au fond d'un grand nombre de vleys. Lorsque ceux-ci font défaut, on rencontre facilement le précieux liquide en creusant des puits à la profondeur voulue.

Toute cette contrée, éminemment propre à l'élevage, est, à de très rares exceptions près, peu favorable à l'agriculture.

Au delà de Rehoboth on pénètre dans le district montagneux : l'eau devient plus abondante et la végétation (les brousses, *bush*) augmente, mais en dehors de l'inévitable mimosa on ne trouve que peu de bois utile.

Après avoir traversé les monts Aouas on rencontre des plaines herbeuses et des districts entiers couverts de mimosas. Quelques endroits seraient favorables à la culture restreinte s'il était possible de créer un marché pour les produits.

A Windhoek il existe un grand nombre de sources chaudes, mais il n'y a malheureusement pas de terres labourables.

A l'ouest de Windhoek on s'élève sur le plateau de Komaab, qui atteint une altitude assez considérable. Le pays n'est encore que peu connu, mais l'eau doit y être assez abondante, et les fermiers qui ont visité cette région s'accordent à dire qu'elle offre aux troupeaux d'excellents pâturages.

Le plateau s'incline vers l'ouest; les parties les plus élevées sont herbeuses et la brousse reprend dans les parties basses. A mesure qu'on se dirige vers l'ouest, la végétation décroît et l'eau redevient rare. A l'ouest d'Abokheibis, le manque d'eau est presque absolu et le peu de bétail qu'on y élève est misérable. Il faut faire une exception pour le lit du Souakob, qui, quoique parfaitement à sec, contient néanmoins assez d'humidité pour faire vivre, non seulement une riche végétation, mais même, à certains endroits, un peu de culture.

Abokheibis peut être considéré comme marquant la limite de la région qui peut-être mise en valeur par les moyens ordinaires qui sont à la portée des simples colons. Il ne reste plus qu'à savoir comment ils doivent s'y prendre pour y parvenir. L'histoire du développement de la colonie du Cap, dit l'auteur, répond à la question. En effet, dans l'Afrique du Sud, la civilisation n'est pas partie de la côte pour s'étendre graduellement vers l'intérieur; au contraire, elle s'est d'abord développée au loin dans l'intérieur, puis, après s'être transformée selon les exigences du pays, elle s'est constamment étendue, jusqu'au jour où, parvenue à la côte, elle rencontra de nouveaux colons fraîchement débarqués dont les établissements naissants n'auraient pu prospérer sans son aide.

Ce développement de la colonisation n'est pas le résultat du hasard, mais bien des conditions physiques de l'Afrique du Sud. Plus encore qu'au Cap, où les terrains côtiers sont favorables, il faudra dans le Sud-Ouest Africain procéder de cette façon, car la ceinture aride et sablonneuse de la côte occidentale ne permet pas d'espérer y fonder des établissements sérieux; ce n'est que lorsque les grandes et fertiles plaines et les collines de l'Afrique occidentale auront été colonisées, que le commerce pourra traverser la ceinture aride et que des communications régulières et fréquentes s'établiront entre les plateaux fertiles de l'intérieur et la côte.

Dans ces contrées l'élevage est appelé à un grand développement, mais l'agriculture n'a que peu de chances de prospérer; quant aux richesses minières, le pays est encore trop mal connu, jusqu'à présent, pour qu'il soit possible de rien préjuger à cet égard.

Le commerce avec les indigènes semble devoir être

assez limité. Le Nama, paresseux et ivrogne, est appelé à disparaître devant la civilisation européenne comme autrefois l'Indien de l'Amérique du Nord. Quant aux Bastards, un meilleur sort semble leur être réservé, et une grande partie d'entre eux sont appelés à devenir les consommateurs des produits industriels importés.

Ouganda. — En annonçant, dans notre chronique de janvier dernier, l'envoi de sir Gerald Portal comme commissaire pour représenter le gouvernement anglais dans l'Ouganda après l'évacuation de ce territoire par les agents de l'Imperial British East African Company, nous exprimions l'espoir que ce pays serait replacé dans des conditions plus conformes au droit des États indigènes africains tel qu'il a été établi par les actes des conférences de Berlin en 1885 et de Bruxelles en 1891.

Le traité du 5 avril 1892, signé par les capitaines Lugard et William, confinait les Baganda catholiques, désignés par les officiers britanniques sous le nom de Français, dans la seule province du Bouddou, dont la limite au nord devait être la rivière Katonga.

Les catholiques possesseurs de fusils ne pouvaient sortir du Bouddou avec leurs armes. S'ils voulaient entreprendre un voyage quelconque en dehors de leur territoire, ils devaient en demander l'autorisation au chef de Kampala. Le drapeau de la reine d'Angleterre devait être arboré dans le pays. S'il plaisait aux gens de la Compagnie d'y fonder un ou deux établissements, les catholiques devaient leur aider gratuitement et les traiter avec l'honneur qui leur était dû. Le roi Mouanga était encore mentionné; les catholiques étaient tenus d'observer les conventions passées entre les officiers anglais et le souverain de l'Ouganda, et d'obéir à ses ordres. « Qu'ils sachent bien », portait l'article VIII, « qu'il n'y a pas dans l'Ouganda d'autre roi que Mouanga ».

Sir Gerald Portal est arrivé dans l'Ouganda à la fin de mars; les agents de l'Imperial British East African Company l'ont évacué le 31 mars. Le 7 avril le commissaire britannique adressait à son gouvernement un rapport sur actes et le confiait à M. Eugène Wolf, correspondant spécial du *Berliner Tagblatt*, qui est revenu de Kampala à la côte en quarante-huit jours, par une route nouvelle.

Dès la fin de mai, le *Berliner Tagblatt* annonçait à ses lecteurs que ces documents concernaient l'enquête du commissaire anglais et les arrangements qu'il avait conclus pour faire droit aux réclamations des missionnaires romains lésés par les agents de la Compagnie anglaise. Une interpellation a été adressée à ce sujet dans le Parlement; sir E. Gray a répondu que le gouvernement n'avait pas encore eu le temps d'étudier ces documents, dont la publication avait cependant été promise aux représentants du peuple anglais dès l'envoi du commissaire britannique. Quand le *Blue Book* renfermant ce rapport sera-t-il distribué au Parlement? Nous l'ignorons. En attendant, nous sommes réduits à ce qu'en ont dit les correspondants du *Times* et du *Berliner Tagblatt*, qui ont eu connaissance des arrangements conclus par le commissaire anglais. Après le *Times*, le haut commissaire britannique a eu, le 7 avril, une conférence à Kampala avec les évêques des missionnaires catholiques et protestants. Le *Berliner Tagblatt* donne le texte de l'arrangement intervenu avec eux en vue d'un nouveau partage des emplois et des territoires.

Art. 1. Deux *katikiros* (ministres de la justice) seront nommés, l'un pour les protestants, l'autre pour les catholiques. La nomination à ces emplois doit avoir l'assentiment du résident. L'office de *kinbougoui* (amiral de la flotte) est supprimé.

Art. 2. Deux *moujasi* (commandants des troupes) seront nommés, l'un pour les catholiques, l'autre pour les protestants. Ils devront résider tous les deux dans la capitale et seront sous les ordres du résident.

Art. 3. Deux *gaboungas* seront nommés, l'un pour les catholiques, l'autre pour les protestants. Ces nomination devront être approuvées par le résident.

Art. 4. A la mort de Boubouga, sœur du roi, qui est catholique, l'emploi qu'elle remplit sera supprimé.

Art. 5. Outre le Bouddou, les catholiques reçoivent la province de Kaïsna, l'île Sessé, et le district de Louekoula (environ un cinquième de la province de Singo), puis les plantations de Mouanika dans la province de Mougema jusqu'à la capitale.

Art. 6. Les fils de Kaléma seront immédiatement internés dans la capitale et demeureront sous la surveillance du résident dans l'enceinte de la forteresse.

Signé : Alfred, évêque de l'Afrique équatoriale oriental; Hirth, vicaire apostolique du Nyanza; G. H. Portal, commissaire et consul général de S. M. britannique; J. R. L. Macdonald, capitaine du génie royal.

D'après cet arrangement, les Baganda catholiques, auxquels Lugard appliquait le nom de « parti français », recouvrent la plus grande partie des territoires qui leur avaient été enlevés. C'est, nous paraît-il, reconnaître implicitement que ce ne sont pas eux qui sont responsables de la guerre civile du 24 janvier 1892. Au dire du *Berliner Tagblatt*, ils avaient, avant les troubles, deux missions florissantes dans l'île Sessé, qui est boisée, fertile et très peuplée. Ce sont les habitants de cette île qui possèdent la plus grande partie des canots du lac. Les Baganda catholiques auraient dû recevoir davantage encore, mais Sir Gerald Portal a craint d'exciter un trop grand mécontentement chez les protestants. L'évêque Tucker a maintenu ses prétentions sur le Torou, dans la région du Rouwenzori; il a cependant promis de ne pas y envoyer de missionnaires dans les six mois qui suivront l'arrangement. Ce délai lui a paru suffisant pour recevoir des instructions de Londres.

Le correspondant du *Times*, de son côté, s'exprime de manière à dissiper toutes les préventions que les journaux anglais avaient cherché à répandre contre les missionnaires français. « Rien n'a dépassé, dit-il, la bonté que nous ont témoignée l'évêque français et son parti; pas un seul incident ne vint jeter une ombre sur le charme de notre visite. J'ai été tout particulièrement frappé du tact et de la délicatesse dont ont fait preuve l'évêque et son parti en s'abstenant soigneusement de toute allusion à leurs griefs : à aucun moment je ne les ai entendus se livrer à des remarques désobligeantes ou peu charitables à l'égard de la mission anglaise. Malheureusement je ne peux pas en dire autant de leurs rivaux qui n'ont pas toujours observé la même réticence généreuse au sujet des missionnaires catholiques et de leur œuvre. »

En outre, le correspondant du *Times* reconnaît, qu'au point de vue pratique, le système de travail adopté par la mission française est de beaucoup supérieur à celui de la Church Missionary Society. Dans la première règne la plus grande discipline. Chacun a son œuvre qui lui est assignée; la plus parfaite obéissance est rendue en tous temps par les membres subordonnés à leurs supérieurs. En entrant dans la mission, ceux qui s'y consacrent se rendent pleinement compte que le monde extérieur a fini pratiquement d'exister pour eux, et que leur exil volontaire et joyeux est pour toute la vie. Ils n'ont pas l'espoir de revoir leurs amis ou leur *home* comme les missionnaires anglais. Un autre point sur lequel insiste le correspondant du *Times*, est la façon énergique dont les missionnaires français appliquent leur système de visite dans les districts et de contact personnel avec leurs convertis dans leurs propres maisons. Leur exemple pourrait être avantageusement suivi par les missionnaires anglais, qui, jusqu'ici, ne paraissent pas avoir fait de grands efforts dans cette direction.

ASIE

Indo-Chine. — Le conflit franco-siamois, après avoir pris un instant une tournure menaçante, semble aujourd'hui pacifiquement résolu. Deux canonnières françaises envoyées devant la barre du Ménam, pour remonter devant Bangkok, avaient essuyé le feu des forts siamois, sans avertissement préalable. A la suite de cet incident, le gouvernement français fit présenter un ultimatum, réclamant une indemnité de trois millions, avec la garantie éventuelle fournie par les douanes et fermages des deux provinces de Battambang et d'Angkor, et la reconnaissance des droits de la France sur la rive gauche du Mékong, depuis sa sortie de Chine jusqu'à Kratièh. Le Siam n'acceptant point d'abord la totalité de ces propositions, la France proclama le blocus de la côte siamoise. Cette démonstration a fait reculer le gouvernement siamois, qui consent aujourd'hui à accepter l'ultimatum.

AMÉRIQUE

Le plus haut sommet de l'Amérique du Nord. — D'après la triangulation exécutée en 1892 par le *G. S. Cost and Geodetic Survey*, l'altitude du mont Saint-Élie, la montagne qui passait pour la plus haute de l'Amérique du Nord, est fixée à 5 490 mètres; sa position géographique à 60° 17′ 35″ de latitude nord et 140° 55′ 20″ à l'ouest du méridien de Greenwich (soit 143° 15′ 35″ ouest de Paris). Le pic d'Orizaba, d'après de nouvelles mesures exécutées par J. S. Scorell en 1892, atteint 5 582 mètres et doit donc être tenu pour la cime maîtresse du continent du nord.

Brésil. — Nous avons parlé dans notre dernier numéro de la carte de la province de Minas Geräes par M. Chrockat de Sa en nous étendant sur les appréciations dues à la compétence de M. Gorceix. Voici encore quelques renseignements fournis par l'éminent ingénieur sur l'état des levés topographiques, modestement commencés dans le vaste état du Brésil.

Depuis bien des années, la question d'un levé géodésique de l'empire avait été mise à l'ordre du jour. Une première tentative avait échoué. Les difficultés et les lenteurs d'une œuvre aussi considérable étaient bien faites pour décourager les plus hardis. En 1885, la province de São Paulo l'avait reprise pour son compte, mais en ne s'occupant que de son propre territoire. Les premiers travaux de cette commission, placée sous les ordres de MM. Derby et Sampais, ont été publiés; nous en avons parlé ici même, et nous en avons donné une réduction dans le premier fascicule de notre *Année cartographique*. Bientôt de nouvelles publications leur succéderont, dont nous nous occupérons également.

En 1889-90, après les événements qui changèrent la forme du gouvernement, on adopta l'idée d'un levé général de l'État de Minas Geräes et l'on agita une série de projets, en général prématurés.

Une grande commission avait été créée, dont les promesses n'ont pas été toutes tenues, et dont l'œuvre n'a guère abouti. Heureusement la section [des travaux géodésiques et topographiques en a été séparée plus tard et confiée à M. Lacerda, ingénieur de l'École des mines d'Ouro Preto.

Il a eu d'abord à choisir lui-même son mode d'opération. Pour un territoire presque aussi étendu que la France, quatre grandes bases mesurées simultanément eussent à peine été suffisantes pour assurer au levé toute la rapidité désirable. Mais, faute de crédits et aussi d'un personnel capable de prendre la direction des sections, qui n'auraient pu être toutes placées sous son contrôle immédiat, il ne fallait pas songer, pour le moment, à mesurer plus d'une base. Le choix même de la localité où ce premier travail devait être entrepris offrait certaines

difficultés. Dans le nord, et surtout dans le nord-ouest, on trouve de vastes plateaux qui se prêtent bien à la mesure d'une grande base, mais ils sont éloignés des chemins de fer existants, des centres de population encore à peu près déserts et leur géographie n'a pas un intérêt immédiat, comme celle des zones plus rappprochées de la côte.

M. Lacerda s'est donc décidé à commencer ses opérations dans une vallée, près de la ville de São João de Rey; cette vallée est peu accidentée, mais elle l'était encore trop pour que la règle de Clerc y fût d'un usage commode. Il a donc dû mesurer cette première base avec un ruban d'acier de cent mètres de longueur, soutenu de cinq mètres en cinq mètres par des crochets oscillants fixés à des poteaux. En faisant toutes les corrections nécessaires, il a trouvé pour la longueur de la base projetée sur le niveau de la mer 4300^m,529, avec une erreur absolue inférieure à un centimètre, ce qui donnerait un résultat satisfaisant.

Puis il a procédé à une première triangulation avec un théodolite de Caulla, ayant soin, à chaque sommet de triangle bien déterminé par des repères appropriés, d'exécuter des tours d'horizon en visant les points remarquables de la région.

Ces triangles ont ensuite été répartis entre les brigades de topographes qu'il avait pu former et qui relevaient les détails avec une boussole, des podomètres et des odomètres, et recueillaient toutes les données intéressant la géologie et l'agriculture de la région parcourue. Comme à São Paulo, lorsque les trois sommets de triangles principaux étaient visibles, les topographes repéraient leur position au moyen de trois visées faites avec un théodolite.

M. Lacerda, pour s'assurer de l'exactitude sur laquelle il pouvait compter, a mesuré, avec un ruban de 30 mètres porté sur des galets cylindriques mobiles autour d'un axe horizontal, une deuxième base de 2663^m,2 qui faisait partie de la triangulation principale.

La commission, ne disposant au début que d'un personnel fort restreint et inexpérimenté, n'a pu d'abord que procéder lentement.

Malgré cette condition défavorable, M. Lacerda a pu réunir en deux ans de travaux environ, contrariés presque la moitié de l'année par des pluies continuelles, les documents nécessaires pour la projection, à l'échelle de 1/100 000, avec les coordonnées rectangulaires, de 10 minutes en 10 minutes, d'une étendue comprise entre le 20° et 23° degré de latitude sud et 3 degrés de part et d'autre du méridien de 1 degré compté à partir de celui de Rio de Janeiro.

M. Gorceix espère qu'il aura bientôt l'occasion de présenter ces travaux à la Société de Géographie de Paris; nous aurons donc également à en reparler dans cette Revue.

RÉGIONS POLAIRES

Expédition Nansen. — D'après un télégramme du 21 juillet, de Berlevaag, Norvège (à environ 90 kil. ou est de Vardö), M. Nansen allait quitter Vardö pour le détroit de Yougor, où il devait embarquer 30 chiens d'attelage. Il compte ensuite longer la côte de Sibérie jusqu'à l'embouchure de l'Olenetz, et de là prendre la direction du nord, pour atteindre vers la fin d'août la côte occidentale de l'archipel de la Nouvelle-Sibérie. Puis le *Fram* ira droit au nord, jusqu'à ce qu'il trouve la banquise, dans laquelle il se laissera prendre; s'il rencontre auparavant une nouvelle terre, il en longera la côte occidentale. M. Nansen se déclare très content de la manière dont son bateau a tenu la mer jusqu'ici. L'état de la glace paraît être assez mauvais dans la mer Blanche et la mer de Barents; mais il y a des probabilités pour qu'il s'améliore. M. Nansen termine en disant que s'il réussit à franchir la mer de Kara en temps utile, ses chances de succès seront bonnes.

BIBLIOGRAPHIE

REVUE DES PÉRIODIQUES

Articles signalés :

Annales de géographie, 15 juillet 1893. — *Explication d'une carte ae la répartition à la surface du globe*, avec carte en couleur, par J. Welsh, professeur de géologie à la Faculté des sciences de Poitiers. (Énumération des principales régions botaniques de la surface du globe et des diverses espèces qui leur sont particulières, avec l'indication, très sommaire, des différentes causes qui déterminent la répartition des espèces dans ces régions.) — *Observations sur la végétation de Sakalien, Kiou-Siou et Java*, par André Krasnov, professeur de géographie à l'Université de Kharkov. (L'article ne parle guère que de Sakalien. Cette ile, bien que située sous la latitude de Lyon, présente la faune et la flore des régions boréales, toundra, taïga, steppes et rennes. Cette anomalie est due, selon l'auteur, aux courants froids qui entourent l'ile ; il nous semble qu'il faut compter aussi pour beaucoup le fait d'être exposée, presque sans défense, aux vents glacés du pôle. Les herbes des steppes y atteignent la hauteur invraisemblable de 15 à 20 mètres. L'exemple de Sakalien, dit M. Krasnov, montre que la succession des toundras, des steppes et des forêts en Europe, à laquelle ont cru MM. Nehring et Natharst, n'est qu'une hypothèse basée sur des données trop insuffisantes, rien ne prouvant que ces diverses formations n'aient pas pu coexister aussi bien en Europe qu'à Sakalien. On trouvera en outre dans cet article quelques indications sur la géologie, la flore et la population de l'ile : indigènes et exilés russes). — *La grande carte d'Indo-Chine des capitaines Cupet, Friquegnon et de Malglaive*. (Après un historique rapide de la cartographie de l'Indo-Chine, dans lequel les travaux de l'expédition Pavie prennent naturellement la première place, l'auteur présente un tableau général de la géographie de l'Indo-Chine française.) — *Exemple de formation littorale; l'embouchure du Roubaud*, avec une gravure par A. Salaignac. (Le Roubaud est un petit cours d'eau qui se jette dans la mer près d'Hyères.) — *Bibliographie* (très étendue).

Geographical Journal, juillet 1893. — *The annual address on the Progress of geography*, 1892-93, par Sir Mountstuart E. Grant Duff (Revue des événements géographiques qui se sont déroulés en 1892-93). — *South-West Africa, english and german*, par le comte J. Pfeil (Voir la chronique). — *Historical Evidence as to the Zimbabwe Ruins*, par le docteur H. Schlichter. (Recherches historiques sur l'époque de la fondation du temple de Zimbabye. — *The Pevtsof Expedition and M. Bogdanovitch's Surveys*, par E. Delmar Morgan, avec carte. (Notre collaborateur M. D. Aïtoff a déjà rendu compte à plusieurs reprises, dans les Nouvelles géographiques, des travaux de MM. Pevtsoff et Bogdanovitch.)

Mitteilungen de Petermann, juin 1893. — *Die Anden des westlichen Kolumbiens. Eine orographische Skizze*, par le docteur A. Hettner. (M. le docteur A. Hettner, bien connu par ses belles études sur les Andes Colombiennes, boliviennes et péruviennes, continue la série de ses travaux par une intéressante esquisse des Andes de la Colombie occidentale, qu'il divise en cinq parties : 1° la cordillère Côtière ou cordillère de Choco ; 2° la cordillère Occidentale ; 3° la dépression interandine; 4° la cordillère centrale et 5° le massif d'Antioquia.) — *Einige Betrachtungen über die Kontraktionstheorie der Gebirgsbildung und die Beschaffenheit des Erdinnern*, par M. P. Rudski. (Considérations sur la théorie de la contraction dans la formation des montagnes et sur la constitution de l'intérieur du globe.)

Zeitschrift der Gesellschaft für Erdkunde zu Berlin, 1893 n° 2. — *Ueber das Klima von Quito*, par J. Hann. (M. J. Hann, après avoir déploré le peu de connaissances météorologiques et climatologiques qu'on possède sur l'Ecuador et sur Quito en particulier, réunit dans sa notice les principales observations de ce genre qui ont été faites dans cette ville depuis un certain nombre d'années). — *Von Beseva nach Soatala*, par le docteur A. Vœltzkow, second article. (Suite d'un récit de voyage dans l'ouest de Madagascar commencé dans le fascicule avec carte.)

Verhandlungen der Gesellschaft für Erdkunde, 1893, n° 6. — *Ueber seine Expedition in den Central-Himalaya von Kumaon, Hundis und Gahrwal* par Dr C. Diener, avec carte. (Compte rendu d'une expédition faite dans l'Himalaya Central en 1892 sous les auspices de l'Académie impériale des sciences de Vienne et dont l'auteur eut la 'direction scientifique.) — *Mitteilungen über die letzte Reise von Hauptmann Kling in die Hinterländer von Togo 1891-92*, par Dr von Danckelman. (Voir la chronique.)

COMPTES RENDUS

Henri Schirmer : *Le Sahara.* Paris, Hachette et Cie, 8°, 1893.

Une information très étendue, une méthode d'une rigueur toute scientifique, un grand charme d'exposition, telles sont les principales qualités de cet ouvrage. M. Schirmer, en réunissant les renseignements fournis par les explorateurs, en les comparant au besoin avec les connaissances que nous pouvons avoir des autres régions désertiques du globe, nous a donné tout à la fois une monographie très complète du Sahara, et un corps de doctrines sur le désert en général, qui détruit une quantité d'idées fausses et de légendes encore trop accréditées.

Quelles sont les « causes du Sahara » ? se demande d'abord l'auteur. Une discussion extrêmement serrée, un excellent travail de démonstration fait de près, sur des témoignages précis, sur les observations, malheureusement trop rares, que nous ont rapportées les explorateurs, amènent M. Schirmer à écarter les causes indiquées par la majorité des géographes. Ni la géologie, ni le relief ne peuvent expliquer l'existence du désert : ce sont les causes atmosphériques qui en sont responsables. Mais ni la théorie du vent polaire, ni celle de l'alizé ne sont vérifiées par les faits. Le Sahara, loin d'être sous l'influence d'un système de circulation des vents englobant tout l'hémisphère septentrional, est un centre particulier; il forme à lui seul un système complet. Hautes pressions en hiver, donc dispersion des vents tout autour du désert; basses pressions en été, donc convergence des courants vers le centre du Sahara, telles sont les conclusions auxquelles arrive l'auteur. La sécheresse croissante est le résultat de cette circulation les vents de mer eux-mêmes, arrivant en été sur une région surchauffée, éprouvent une diminution dans la tension de leur vapeur d'eau, et ne laissent tomber de pluies que sur quelques massifs montagneux.

Nous ne pouvons malheureusement résumer chacun des chapitres de cet intéressant travail. Signalons cependant l'étude très approfondie des températures, remarquables par leurs extrêmes diurnes annuels, si opposés, la discussion très serrée des théories qui veulent que le climat se soit modifié depuis les temps historiques, théories que M. Schirmer combat : les modifications dont il s'agit remontent aux temps géologiques, à l'époque quaternaire. Les transformations de la surface du sol sous l'influence des pluies, rares mais violentes, des vents dont la force est prodigieuse au Sahara, sont, elles aussi, étudiées avec le plus grand soin.

Quelles ressources l'homme peut-il trouver dans le grand désert? Bien des légendes sont en circulation à ce sujet, et M. Schirmer tente de les détruire, pour les remplacer par des idées plus justes, puisées à l'étude des faits. C'est ainsi qu'il combat à la fois l'opinion ancienne sur l'absence complète d'eau dans ce désert, et la théorie plus dangereuse, car elle est plus décevante, de l'existence de nappes d'eau presque continues et inépuisables sous la couche des sables. La flore et la faune du désert sont bien pauvres, mais s'adaptent d'une façon admirable à un climat peu propice à la vie.

Enfin les rapports de l'homme avec la nature font le sujet de plusieurs chapitres très attachants : nomades à la fois pillards et convoyeurs de caravanes, sédentaires, cultivateurs soumis aux exactions des nomades, sont successivement passés en revue et étudiés au double point de vue des conditions presque inéluctables de la terre et du climat, et de la lutte engagée pour tirer de ces conditions une existence plus facile.[1]

Nous ne saurions trop recommander la lecture des chapitres consacrés au commerce; M. Schirmer y détruit beaucoup d'idées fausses, trop en honneur parmi ceux qui dirigent l'opinion publique. Le commerce saharien existe, mais il n'a pas la valeur que certaines personnes lui attribuent : de plus, l'hostilité indéniable des habitants doit nous rendre circonspects à l'égard de projets aventureux, tels que le Transsaharien. Les documents, statistiques ou autres, en mains, M. Schirmer prouve que l'on se fait des illusions à la fois sur les facilités d'exécution de cet immense travail, et sur les produits que l'on en pourrait tirer. Un Transsaharien politique, pour amener rapidement nos troupes et notre influence au Tchad, peut être utile, un chemin de fer commercial ne sera pas rémunérateur, si tant est que les habitants le laissent construire.

En résumé, la lecture de cet ouvrage sera profitable non seulement pour les géographes, auxquels il donne une savante monographie du grand désert, mais aussi pour le public, qu'il mettra en garde contre les conclusions hâtives et décevantes auxquelles nous nous laissons trop facilement entraîner, hélas!   J.-G. KERGOMARD.

Olivier de Sanderval : *Soudan français. Kahel. Carnet de voyage* (avec 50 gravures et 5 cartes). Paris, Alcan, 1893.

L'auteur de ce nouveau volume a déjà publié jadis (1879-80) un excellent ouvrage sur le Fouta-Djallon. C'est même le meilleur, avant celui que nous présentons aujourd'hui, qui ait paru sur cette région du Soudan. En dehors d'Hecquard (1852), du lieutenant devenu général Lambert (1860), du lieutenant Plat et du docteur Fras (1888), rien de sérieux et de complet n'avait été écrit sur le Fouta-Djallon. Les notes sur Kahel recueillies par M. de Sanderval complètent bien son premier ouvrage, et nous donnent à peu près tout ce que nous désirons. Ici, point de mots inutiles, mais un enseignement magistral. « Il ne faut pas cent mille hommes pour conquérir l'Afrique, dit l'auteur; il en faut un; et celui-là en passant par le Fouta-Djallon, tissant les forces qui s'offrent à lui, s'il les comprend bien, *vires acquirit eundo*, celui-là sera le maître de Suez à Mogador. »

Le livre est largement écrit, comme il est largement pensé. Sa morale dépasse les limites du Djallon. Elle synthétise la uestion noire.   L. S.-D.

Bulletin de la Société Neuchâteloise de géographie. Tome VII, 1892-1893. Neuchâtel, 1893, in-8°.

Ce Bulletin, qui résume les travaux de deux années de la Société Neuchâteloise de géographie, forme un gros volume, de 680 pages. L'intérêt n'en est pas exclusivement local; au contraire les articles, dont plusieurs sont signés de noms connus, nous promènent à travers toutes les parties du monde. Mentionnons entre autres l'étude de M. Élie Reclus sur les *Racontars mythologiques des sauvages australiens*, celle de M. Collindridge sur les *Premières cartes de l'Australie*, et l'article sur le *Nicaragua*, de M. Désiré Pector, avec des cartes, des tableaux, et un vocabulaire géographique très complet, que devront consulter à l'avenir tous ceux qui s'occupent de l'Amérique Centrale.

Nous trouvons encore dans le Bulletin quelques récits de voyage originaux, dus à des missionnaires protestants, MM. Piton, en Chine, Presset, au Congo français, Junod et Grandjean à Lourenço Marquez, enfin Schlœfli-Glardon, au Transvaal et dans le bassin du Limpopo. Un missionnaire catholique français, M. Petitot, y joint le récit

d'une de ses explorations dans le grand Nord du Dominion.

N'oublions pas une lettre de notre collaborateur, M. Pittier de Fabrega, sur son récent voyage dans le sud-ouest de Costa-Rica.

Le Bulletin se termine par une revue géographique, très détaillée, très consciencieuse, de M. Knapp, et par une bibliographie raisonnée, qui nous a paru intéressante. Cette énumération, qui n'est pas même complète, montre assez la valeur de ce volume. Ajoutons qu'il est accompagné d'un grand nombre de cartes originales, gravées avec beaucoup de soin, par M. Maurice Borel. Tout cela nous fait bien augurer de la Société neuchâteloise, la plus jeune, croyons-nous, mais déjà l'une des plus actives des sociétés de géographie suisses. Nous nous permettrons pourtant d'adresser une critique au Bulletin : les *errata* y sont vraiment trop nombreux : ils ne tiennent pas moins de dix pages et demie pour l'ensemble du volume, et de treize pages (!) pour la seule étude sur le Nicaragua. S'il est honorable d'avouer ses fautes, il l'est plus encore d'éviter d'en commettre.   H. J.

CARTOGRAPHIE

Atlas de géographie historique, par une réunion de professeurs et de savants, sous la direction géographique de Fr. Schrader. Paris, Hachette, 1893, 1re livraison. (Prix de chaque livraison de 3 cartes, 1 fr. 50; de la livraison supplémentaire, 2 fr. 50; de l'Atlas complet : en feuilles, 30 fr., relié, 35 fr.)

Cette nouvelle publication est le pendant de l'*Atlas de géographie moderne*. C'est le même format et la même disposition, avec notices au verso des cartes. Les notices sont signées de noms pour la plupart bien connus. Citons entre autres MM. Lavisse, Sorel, Maspero, Rambaud, Lemonnier, L. Longnon, Guiraud, Debidour, Haussoullier, etc. Ces notices, dans lesquelles sont insérées de nombreuses figures, constitueront un ensemble de tableaux où se déroulera sans interruption l'histoire universelle dans ses rapports avec le milieu géographique qui lui a servi de cadre.

L'ouvrage entier se composera de 54 cartes doubles imprimées en huit couleurs. La deuxième livraison paraîtra au mois d'octobre prochain et à partir de ce moment il en sera publié une par mois. Avec la dernière (la 18e) paraîtra une livraison supplémentaire comprenant une notice bibliographique et un index alphabétique qui permettra de trouver immédiatement sur les cartes le nom cherché.

La livraison qui vient de paraître comprend : *La Grèce au temps de Périclès*, par M. B. Haussoullier, *Le monde à l'époque des grandes découvertes*, par M. A. Bernard, *L'Europe de 1715 à 1893*, par M. A. Sorel.

Une grande carte, la *Grèce au temps de Périclès*, suffisamment complète et très nette, tient les trois quarts de la page double, qui est complétée par trois cartes de moindre dimension : *Attique, Balance des forces vers 431, Grande Grèce et la Sicile vers 415*. Dans le texte de M. Haussoullier sont insérés deux plans : *Athènes et le Pirée, fortifications et longs murs*, d'après Curtius, et *Syracuse à l'époque du siège* (415-413).

La notice de M. Bernard accompagne une superbe planisphère où l'on trouve

les itinéraires de tous les grands voyages effectués de 1492 à 1560 et où des teintes diverses marquent avec une remarquable netteté le monde connu en 1492, les régions totalement ignorées, les régions inexplorées et les découvertes des Portugais, des Espagnols, des Anglais et des Français. Un carton spécial a été réservé aux itinéraires du plus illustre de ces découvreurs ; on y pourra suivre Colomb dans ses quatre voyages. Enfin, de part et d'autre de ce carton sont reproduits deux très intéressants documents : le globe de Martin Behaïm (1492) et le globe Doré (vers 1528), qui marquent d'une façon frappante les progrès faits en moins de quarante ans dans la connaissance du monde.

Quatre cartes d'égale dimension représentant l'Europe en 1715, en 1789, en 1815 et en 1893 sont éclairées par une remarquable notice où M. Sorel, après avoir marqué ce qui, en Europe, de 1715 à 1893, est resté identique ou semblable et ce qui a changé, montre dans une magistrale conclusion que « la force souveraine, qui a tout remué et tout porté, réside dans les nations, force profonde, cachée et permanente qui sous des accidents divergents, mais continus, a causé les événements et mené les hommes, poussant les médiocres, renversant les faibles, profitant aux forts et aux habiles ».

C'est bien là l'impression qui naît de la comparaison des quatre cartes. De cet ingénieux rapprochement sur une même feuille de ces diverses étapes de l'histoire tourmentée de l'Europe se dégage quelque chose de tragique. On sent la lutte, la concurrence effrénée et brutale qui édifie et qui tue. Ici s'agglomèrent, pour former de puissants individus, des éléments auparavant isolés; là au contraire se dessine la désagrégation. Les uns, pleins de force, s'étendent sans cesse; d'autres, frappés de caducité, décroissent et végètent; la Pologne agonise et disparaîtra.

Telle est la première livraison de cet atlas tout à fait intéressant, qui promet de rendre de grands services dans l'enseignement, et qui sera, pour les gens du monde, le guide indispensable de leurs lectures historiques.

Cartes hydrographiques; *Boletin del Instituto Geografico Argentino*, T. XIII, C°* VII, VIII, IX.

Nous ne saurions passer sous silence un travail dont l'intérêt est tout spécial, mais dont la valeur est de premier ordre, puisqu'il est la base des opérations topographiques qui peuvent être entreprises par la suite.

Il s'agit du tracé exact et définitif de certaines parties du littoral argentin, à une échelle considérable, et du sondage détaillé ainsi que de la structure des fonds submergés aux approches de ce littoral.

La corvette *La Argentina*, commandée par le capitaine Martin Rivadavia, a terminé les études qui lui avaient été confiées, et un des bulletins de l'Institut géographique argentin publie, en 8 planches, le résultat de ces travaux hydrographiques, préliminaires de beaucoup d'autres.

Ces opérations scientifiques seront d'un grand secours pour les tentatives de colonisation qui sont appelées à se réaliser le long de la côte patagonienne.   V. H.

NOUVELLES GÉOGRAPHIQUES

LE CANAL DE CORINTHE

LE CANAL de Corinthe a été inauguré le 6 août dernier par le roi des Hellènes, et va être ouvert définitivement à la navigation. Le premier coup de pioche a été donné le 18 avril 1882; en 1889, la première compagnie concessionnaire dut suspendre ses travaux, mais ils furent repris, bientôt après, par une compagnie hellénique.

A côté des grandes entreprises que notre siècle a vues s'accomplir, et malgré les difficultés techniques vaincues, le percement de l'isthme de Corinthe, devant lequel les anciens avaient reculé plusieurs fois, le considérant comme impossible, n'est pas une œuvre extraordinaire et les conséquences qu'il aura seront relativement restreintes. Néanmoins il vaut la peine d'être signalé.

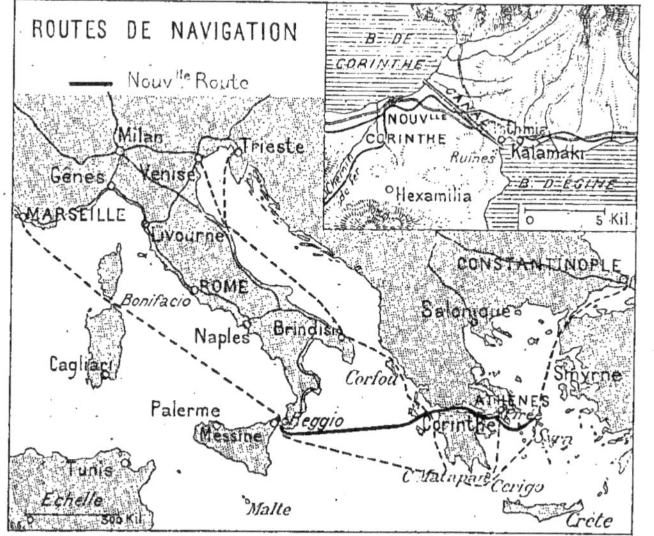

Le canal abrégera de 340 kilomètres, soit vingt heures environ, pour les bateaux à vapeur, la distance entre les ports de l'Adriatique et ceux de la mer Égée et de la mer Noire, et de 176 kilomètres, ou dix heures, le trajet des navires venant de la Méditerranée occidentale, Marseille, Gênes ou Naples. Ce changement d'itinéraire aura surtout de l'importance pour les bateaux de cabotage, auxquels il permettra d'éviter le long et parfois dangereux détour du cap Matapan.

Le canal de Corinthe est creusé dans la partie septentrionale, la plus basse, de l'isthme. Il est absolument rectiligne, et mesure 6300 mètres de longueur. Il a 8 mètres de profondeur d'eau et 22 mètres de largeur au plafond. Il passe, à son centre, par une tranchée dont les parois ont une hauteur maxima de 80 mètres. La pente, qui, sur 4 kilomètres, a dû être portée au 1/5 au lieu du 1/10, est revêtue, sur cette partie du trajet, de talus en maçonnerie. Les deux extrémités du canal sont protégées par des môles convergents, qui laissent libres des chenaux de 100 mètres de largeur.

Les déblais extraits du canal sont évalués à 9 500 000 mètres cubes. On conçoit qu'un semblable travail n'ait pu être mené à bien en un temps relativement rapide, qu'au moyen de substances explosives puissantes et de dragues et d'excavateurs très perfectionnés.

Parmi les ingénieurs auxquels on doit le percement de l'isthme, on compte plusieurs Français, au premier rang MM. de Saint-Yves, Fuchs et Quellenec.

Il est intéressant de remarquer que le tracé adopté, après des études minutieuses, est le même qu'on avait conçu du temps de Néron, et qui avait reçu un commencement d'exécution. Les restes de ces anciens travaux étaient encore bien visibles. « Les tranchées, dit M. Haussoullier, avaient une profondeur de 3 à 20 mètres et une largeur de 40 à 50. Un des tronçons avait 2 000 mètres de long, l'autre 1 500. Des lignes de puits de 37 à 42 mètres, creusées parallèlement aux tranchées, avaient servi aux sondages du terrain et devaient déterminer la pente des berges. Les débris entassés dans différentes parties de l'isthme ont été évalués à plus d'un demi-million de mètres cubes. Les travaux, interrompus par la révolte de Vindex, avaient duré probablement de trois à quatre mois, avec 5000 à 6000 ouvriers, prisonniers juifs envoyés par Vespasien. »

A défaut du canal, on avait imaginé de transporter mécaniquement les petits navires du golfe de Corinthe au golfe Saronique, et l'on avait construit à cet effet une voie spéciale, δίολκος, probablement entre Léchæon et Kenkhrées.

L'idée d'un percement de l'isthme de Corinthe, entièrement abandonnée pendant le moyen âge et jusqu'à la fin du régime turc, fut reprise aussitôt après la proclamation de l'indépendance de la Grèce. Sur la demande de Capo d'Istria, un projet fut étudié par M. Virlet d'Aoust, membre de la commission française de Morée. Mais les circonstances politiques obligèrent à renoncer à ce travail jusqu'au jour où s'organisa, sous la présidence du général Türr, la société qui l'entreprit définitivement.

Le canal n'aura pas seulement d'influence sur le commerce général de la Méditerranée, il redonnera de l'importance à la région un peu délaissée de l'isthme. La ville de Néa Korinthos, près de son extrémité nord-ouest, retrouvera une partie de la prospérité que lui avait fait perdre l'ouverture du chemin de fer de Patras, et la cité nouvelle d'Isthmia, à l'extrémité sud-est, sur le golfe d'Égine, bâtie non loin des restes du sanctuaire des jeux Isthmiques, ne saurait manquer de se développer.

H. J.

LES PYRÉNÉES

M. L. Camena d'Almeida, maître de conférences de géographie à la Faculté des lettres de Caen, vient de choisir pour sujet de sa thèse de doctorat l'étude de la chaîne des Pyrénées et du développement de la connaissance géographique de cette chaîne[1].

Celui qui écrit ces lignes, et qui a consacré une partie de sa vie à parcourir et à étudier les Pyrénées, a d'autant plus tenu à rendre compte d'un travail aussi considérable, que M. Camena d'Almeida a constaté de la façon la plus bienveillante la part que ces études avaient eue dans le renouvellement de nos connaissances pyrénéennes. Notre compte rendu commencera donc par un cordial remercîment. D'autre part, ce n'est pas sans hésitation que nous nous sommes décidé à parler d'une œuvre qui pourrait (M. Camena d'Almeida nous pardonnera notre franchise) mélanger d'un certain nombre d'erreurs ou de malentendus les notions que les explorateurs ou les historiens des Pyrénées croyaient définitivement acquises. Ce n'est donc pas la thèse de M. Camena d'Almeida qui nous amène à parler Pyrénées, ce sont les Pyrénées qui nous invitent à parler de cette thèse.

L'œuvre de M. Camena d'Almeida n'est point une étude complète des Pyrénées, comme par exemple celle par laquelle Élisée Reclus ouvrait si magistralement l'Itinéraire des Pyrénées de la collection Joanne. L'auteur n'a point cherché à donner une vue d'ensemble de la nature pyrénéenne ou une synthèse des connaissances générales relatives à cette région. Ainsi l'ethnographie pyrénéenne, objet de si nombreux travaux, n'est que mentionnée à la dernière page du volume, à propos de démographie. L'auteur, voulant sans doute éviter de trop embrasser, a volontairement rétréci son champ d'études; il s'est borné à étudier les phases successives de la découverte graduelle des Pyrénées au point de vue strictement géographique. Il se préoccupe, dans sa thèse, de suivre, si l'on peut ainsi dire, le dévoilement graduel de la forme matérielle de cette région qui, par une singulière fortune, ne s'est révélée à nous avec ses traits véritables que depuis si peu d'années, alors que depuis l'antiquité grecque on la considérait comme connue.

Dans son chapitre d'introduction, l'auteur examine les conditions et les difficultés particulières que présente l'étude des régions montagneuses. Sans doute pour un tel examen une première condition est nécessaire : l'expérience. Pour savoir et pour bien dire comment et dans quelles conditions on explore les montagnes, il n'y a guère qu'un moyen, c'est d'en avoir exploré. Sans cela, on risque de s'en tenir aux généralisations littéraires, où le seul mérite est celui du choix de l'expression.

Au cours des chapitres suivants, l'auteur examine successivement les descriptions des Pyrénées données par les historiens ou géographes grecs, romains, arabes, par les savants de la Renaissance, enfin par les géologues modernes et par les cartographes de ces dernières années. Est-ce une prédilection personnelle qui nous a fait trouver un si vif intérêt au déroulement de ce long tableau dont les traits, d'abord vagues et indécis, vont graduellement se précisant à mesure qu'on avance à travers les siècles? Nous ne le croyons pas. Ce qui fait le charme de cette étude, aride en apparence, c'est que M. Camena d'Almeida

1. *Les Pyrénées. Développement de la connaissance géographique de la chaîne.* Paris, A. Colin et Cie, 1893.

l'a tout le temps rattachée aux procédés que l'esprit humain appliquait à l'étude des montagnes, procédés qui tantôt ont fait progresser cette étude, et tantôt, à d'autres époques, l'ont ramenée en arrière. Ce point de vue élevé est celui que nous serons amené à prendre aussi, d'abord parce qu'il nous paraît le meilleur; ensuite, il nous faut bien l'avouer, pour chercher à comprendre comment un géographe distingué, armé de toutes les richesses de la science moderne, peut traiter un sujet de géographie déjà élucidé en partie par plusieurs de ceux qui l'ont précédé, et laisser ce sujet plus obscur ou plus nuageux qu'auparavant. C'est sans doute que sa disposition d'esprit se rapproche de celle des anciens géographes, et le rejette hors des voies de la géographie moderne, dont il est cependant un des adeptes les plus zélés. N'est-ce pas en effet cette disposition d'esprit qui, après avoir longtemps maintenu la géographie dans l'enseignement des lettres, permet aujourd'hui à un géographe, en écrivant une thèse sur les Pyrénées, d'en parler comme il le ferait d'un sujet purement abstrait? De là vient peut-être l'impression de désaccord qu'éprouve à la lecture de cette œuvre celui qui en connaît l'objet, et que ressentent même certains de ceux qui ne le connaissent pas. On sent qu'à des prémisses justes correspondent souvent des conséquences inexactes; que, les principes une fois posés, celui qui les a posés ne reconnaît pas au passage les faits qui devaient s'y appliquer, les confond les uns avec les autres, ou les laisse passer sans s'en apercevoir, et leur substitue des faits artificiels dont il étaye ses généralisations. Ici, il nous faut préciser : serrons donc le sujet de plus près.

Un des points qui ont le plus frappé M. Camena d'Almeida parmi les erreurs des géographes anciens, c'est leur tendance à orienter les Pyrénées du nord au sud. Je dis à dessein « tendance », car on aurait tort d'exiger de la précision dans ces brèves mentions d'orientation ou de longueur qui n'avaient pas la prétention de correspondre à des mesures précises. Cette orientation, Élisée Reclus l'a expliquée par la seule constatation d'un fait. Nous regrettons, à ce propos, que dans une thèse sur les Pyrénées le nom d'Élisée Reclus ne soit cité qu'à l'occasion d'une phrase malheureuse, alors que c'est à lui qu'on doit la plus belle étude d'ensemble de la chaîne et le premier fond de l'itinéraire Joanne.

Revenons à notre citation de Reclus : celui qui parcourt la base des Pyrénées de l'ouest à l'est, du pays atlantique au pays méditerranéen, pourrait croire, dit-il, s'être transporté de *plusieurs degrés de latitude vers le sud*, à cause de la différence du climat et de la végétation. M. Marcel Dubois fait, de son côté, remarquer, dans sa belle étude sur la géographie de Strabon, que la douceur des hivers bretons et aquitains a pu induire les cartographes à raccourcir du nord au sud le golfe de Gascogne. Donc, si cette fausse orientation des anciens s'explique par une cause naturelle, cette cause sera le climat.

M. Camena d'Almeida, partant de cette idée première, cherche à y appliquer les faits particuliers, c'est-à-dire le climat atlantique et le climat méditerranéen; et voici son explication : si les Pyrénées avaient été placées au sud de la Gaule, l'Espagne, placée plus au sud encore, aurait dû être beaucoup plus chaude. Or il n'en est rien. On fut donc porté à placer sous des latitudes voisines deux pays dont les climats offraient tant de ressemblances (p. 41). Eh bien, s'il y a un fait frappant dans la géographie des Pyrénées, c'est qu'elles séparent (comme le constate plus loin l'auteur) le climat de l'Europe de celui de l'Afrique. Mais ici il nous paraît confondre le climat de la lisière atlantique espagnole, frais et humide, avec celui de l'Espagne même, semi-africain, et explique par une analogie entre le nord et le sud ce que Reclus ou M. Marcel Dubois expliquaient par la diversité de l'est et de l'ouest. Qu'on veuille bien y réfléchir : toute la géographie physique des Pyrénées, toute la géographie physique de l'Espagne elle-même, sont ruinées dès leur base par cette hypothèse artificielle, présentée à l'encontre de tous les faits constatés.

Autre exemple : Strabon a dit avec raison que le versant méridional des Pyrénées était plus boisé que le versant nord. « Grosse erreur », répètent depuis longtemps ceux qui ne l'ont pas vérifié. « Fait très exact », avons-nous dit plus d'une fois, et d'autres avec nous. Non seulement, en effet, les grandes vallées de la haute montagne espagnole sont encore aujourd'hui noires de forêts, mais le relèvement des lignes isothermes fait monter ces forêts à 2 300 ou 2 400 mètres, alors que sur le versant français elles s'arrêtent à 1 800. De plus, les forêts d'Espagne croissent sur la roche nue, tandis que sur le côté français le gazon verdoie jusque entre les arbres. Voilà donc 600 mètres de pâturages français remplacés par des forêts en Espagne, ce que Strabon, à vrai dire, avait négligé d'expliquer. C'est seulement dans les avant-monts et dans les plaines que la dénudation ou l'envahissement des cultures ont fait disparaître les forêts; mais, puisque M. Camena d'Almeida a lu ce que nous et notre regretté ami Lequeutre avons écrit sur ce sujet, comment peut-il encore répéter la vieille histoire de « l'erreur de Strabon » ? Sans l'inviter à visiter les merveilleuses forêts — souvent vierges — des grandes Pyrénées espagnoles, nous l'engagerons simplement à relire la page 83 de sa thèse. Non seulement les hautes Pyrénées du versant sud étaient boisées au temps de Strabon comme elles le sont aujourd'hui, mais même les basses montagnes qui les précèdent au sud ont gardé leurs forêts intactes jusqu'au temps des Arabes. En parlant des luttes de cette époque, M. Camena d'Almeida cite « les magnifiques forêts de sapins des environs de Tortose », « dont le bois égale en beauté, en éclat, en épaisseur et en longueur ce qu'il y a de mieux au monde » « et qui servaient à la construction des navires, des tours de siège, des grues, des échelles », etc.

Quelle conclusion en tire l'auteur? Que Strabon peut bien avoir dit vrai? Non : que les voyages dans les Pyrénées étaient impossibles pour un Arabe. Rencontrant la preuve d'un fait qu'il avait cru faux, il ne rectifie pas sa pensée : « tant il est vrai (p. 88) que, en géographie, les erreurs sont plus vivaces que les vérités ».

Si nous nous sommes quelque peu arrêté sur ces deux points, lesquels en eux-mêmes ne sont pas plus importants que d'autres que nous citerons plus loin, c'est qu'il nous a paru nécessaire de bien préciser le sens de nos remarques, dont l'unique but est d'arrêter la science pyrénéenne sur la pente fâcheuse de l'à-peu-près, où elle ne pourrait que rétrograder.

Prenons encore un certain nombre de points de la thèse de M. Camena d'Almeida. Nous ne le suivrons pas dans le procès de tendance qu'il fait à la science ancienne de n'avoir pas connu les méthodes ou obtenu les résultats de la science moderne. Ce regret se traduit chez lui par le mot « malheureusement » qui revient à propos de toutes les erreurs d'observation. Il y a là quelque chose de plus qu'une expression accidentelle; il y a cette idée enracinée chez les esprits insuffisamment familiarisés avec les réalités physiques, que les faits sont évidents par eux-mêmes et qu'on n'a qu'à vouloir voir pour voir. Rien n'est plus faux; mais on ne s'en doute qu'à l'expérience : on ne voit vrai qu'à la longue. Les faits ne valent que par différenciation et par comparaison; ils ne prennent leur signification scientifique qu'à travers de longues fluctuations, à chacune desquelles leur aspect varie par l'angle sous lequel on les a aperçus ou par la réaction multiple de tous les faits connexes, qui peu à peu viennent former des groupements variables et faire naître des idées. S'étonner de ce que les anciens n'avaient pas les mêmes procédés ou les mêmes méthodes que nous, traiter de « vestige de rectification » toute idée isolée qui se rapproche par un côté de notre idée propre, « d'erreur » toute idée qui s'en éloigne, c'est demeurer dans la théorie et montrer qu'on n'a pas fréquenté la réalité. Prenons un exemple : M. Camena d'Almeida parle, en termes fort exacts, du reste, de l'erreur qui faisait descendre l'Ister et le Tartessos des Pyrénées. D'où venait cette erreur? D'un fait bien simple et bien général, que nous avons constaté souvent au cours de nos voyages dans les Pyrénées. L'ignorance est simpliste et amplificatrice. En toute région mal explorée, les naturels du pays ont tendance à simplifier les traits géographiques, à faire par exemple venir les cours d'eau de trop loin, en supprimant les traits intermédiaires. Voilà pourquoi, malgré les Alpes et les Cévennes, l'Ister paraissait descendre des Pyrénées. Il faut aussi compter avec l'imagination qui exagère volontiers. Voici un autre exemple, plus pyrénéen encore, mais inédit, croyons-nous, de disproportion imaginative. Dans la Chanson de Roland, le héros mourant, frappé à Roncevaux, fait quelques pas, se laisse tomber sur « quatre gradins de marbre » et de son épée frappe et

coupe la roche. Ces quatre gradins de marbre, que le poète déjà ne comprend plus, c'est le Marboré; la coupure, c'est la Brèche de Roland; l'image formidable du paladin a rapetissé la nature. Y a-t-il là erreur? Cela est-il fâcheux ou malheureux? Je ne le pense pas. C'est simplement une manière de voir, et il nous semble plus intéressant de chercher à la comprendre que de la déclarer fautive parce qu'elle s'écarte de nos habitudes d'esprit. Du reste, quand on n'a pas vu l'imagination où elle existe, on est amené à la voir où elle n'existe pas. Ainsi M. Camena d'Almeida, pour établir le manque de précision des géographes arabes, cite Édrisi, attribuant aux cols des Pyrénées une telle étroitesse, « qu'il ne peut y passer qu'un cavalier après un autre ». Et cependant, sauf les routes carrossables du Somport ou du col de la Perche, je ne connais pas plus qu'Édrisi un seul port pyrénéen où l'on puisse passer deux de front. L'auteur a dû pourtant en franchir quelques-uns.

C'est à ce manque de contact avec l'objet étudié qu'est dû le désaccord que nous constatons en commençant, désaccord qui se répand sur l'œuvre entière. Est-il question de Charpentier, l'auteur cite d'après lui des noms inexacts et introuvables, sans songer à les rectifier. De Ramond, il regrette la fâcheuse tendance de ce géologue à considérer les Alpes comme le type de toutes les montagnes, et cite à ce propos quelques pages, dont nous croyons être l'auteur, sans les rapprocher des faits qui leur donnent leur signification et qui seront exposés ailleurs (p. 164, 166). Notre ami Lequeutre a-t-il visité des traces glaciaires en Cerdagne, ces traces, citées par pur hasard et sans aucun rapprochement avec celles bien plus remarquables qui ont été constatées en cent autres lieux, sont données pour des « glaciers » visités par notre ami et qui descendaient à 1 300 mètres d'altitude. D'où Elie de Beaumont a-t-il pris l'idée du réseau pentagonal? d'un « procédé de notation » (p. 187). A propos des mesures barométriques de Monge et de d'Arcet, l'auteur attribue au baromètre un mouvement de baisse pendant la descente (sic). Avons-nous mentionné en Catalogne un centre peu connu de divergence des cours d'eau, en le comparant au plateau de Lannemezan, l'auteur le place en Cerdagne, c'est-à-dire dans une vallée de quelques kilomètres à peine de largeur. Faut-il citer parmi les pics nouveaux mesurés au sud de la crête des Pyrénées un sommet remarquable, il choisit par malheur le pic bien connu de la Munia (3150 mètres), qui se trouve précisément situé au fond de notre cirque de Troumouse et sur la ligne de séparation des eaux. Est-il question du Mont Perdu, il mentionne les ascensions de Ramond « presque » au sommet de ce mont remarquable, sans rien dire de celle qui le conduisit, sur le sommet même, à d'admirables généralisations. Les Petites-Pyrénées, qui jouent un si grand rôle dans les études géologiques de M. Leymerie, deviennent pour lui le chaînon du pic de Tabe. Il attribue à Reboul la découverte de ce fait « que la Maladetta appartient aux

Pyrénées » (p. 203). Il confond Port-Vendres, *Portus Veneris*, avec le temple d'Aphrodite élevé sur le cap de Creus, et revient sur cette confusion à plusieurs reprises. De la haute rangée de sierras que nous avons maintes fois décrite comme enveloppant les Pyrénées au sud, il fait des montagnes élevées, de 300 à 505 mètres (p. 312) plus hautes que la rangée précédente, ajoute-t-il. Or celle-ci atteint ou dépasse fréquemment 1 000 mètres.

Bornons-nous, et résumons notre impression. La thèse de M. Camena d'Almeida ne se présente point comme un travail original ; c'est un résumé de faits et d'opinions relatifs à la géographie pyrénéenne. Il est à regretter qu'un trop grand nombre de ces faits soient inexactement cités, et que les opinions n'aient pas été mieux étudiées.

Mais le mal n'est pas sans remède : nous savons que cette thèse est l'œuvre de jeunesse d'un homme de cœur et d'esprit, avec lequel nous nous rappelons quelques moments d'agréable collaboration. Si le souci de la vérité nous a obligé à dire la valeur de cette œuvre, nous sommes sans inquiétude. Homme d'esprit, il la reprendra par la base ; homme de cœur, il nous saura gré d'avoir pensé qu'estime et sincérité sont synonymes.

F. SCHRADER.

✠ ✠ ✠

NOTES SUR LA GÉOGRAPHIE DU COSTA-RICA[1]

Ce serait sans doute une tâche ardue que celle de vouloir critiquer la partie de l'œuvre monumentale de M. Élisée Reclus consacrée aux Indes Occidentales[2], c'est-à-dire aux Antilles, au Mexique et à l'Amérique du Centre. Dans ce beau volume, en effet, comme dans ceux qui l'ont précédé, l'éminent géographe a synthétisé avec une habileté consommée les matériaux recueillis par lui, et c'est à peine si l'on peut se douter parfois qu'ils ont été moins abondants en ce qui concerne certaines régions encore peu étudiées. Pour ne parler que de l'Amérique Centrale, il n'est pas douteux que le livre en question est ce qui a été écrit de plus complet et de plus exact.

Habitant le Costa-Rica depuis plusieurs années et connaissant peut-être mieux qu'aucun autre géographe-voyageur la majeure partie de son territoire, je désire rectifier quelques légères erreurs de détail relevées dans le volume et relatives à la géographie de ce dernier État.

Ces observations seront présentées dans l'ordre même suivi par la description de M. Reclus, et, pour commencer, nous indiquerons l'état actuel de la question des limites de la République, en ce qui concerne l'un et l'autre des côtés du pays non bornés par l'Océan.

I

Le traité de Canãs-Jerez, conclu en 1858, donne bien à Costa-Rica la rive droite du fleuve San Juan jusqu'à 3 milles anglais en aval du fort de Castillo Viejo, mais à partir de ce point, la frontière s'éloigne du cours d'eau suivant une courbe dont le centre est celui dudit fort, et le rayon *trois* milles et non *huit*, comme une erreur typographique le fait dire à l'auteur. Cette courbe se termine, du côté ouest du fort, à deux milles du fleuve, dont Costa-Rica reste ensuite séparé par une zone de deux milles de largeur également, qui se continue le long de la rive méridionale du lac de Nicaragua, jusqu'au rio Sapoa.

D'ici part une droite astronomique dont l'autre extrémité est au *centre géométrique de la baie de Salinas*, et non au rio de la Flor, dont le petit bassin reste entièrement dans le territoire du Nicaragua.

Le traité qui fixait ainsi, en apparence d'une manière définitive, les limites septentrionales du Costa-Rica, bien que dûment ratifié par les deux gouvernements intéressés, resta sans exécution jusqu'en 1888, date à laquelle le Président des États-Unis, appelé à se prononcer en qualité d'arbitre sur quelques points de douteuse interprétation, recommanda l'acceptation pure et simple de ce traité.

En 1890, les commissions de délimitation nommées de part et d'autre se rencontrèrent sur le fleuve San Juan, vers la bouche du San Carlos. Je faisais partie, à titre consultatif, de celle du Costa-Rica et je fus témoin des oiseux débats soulevés par les représentants du Nicaragua, lesquels, dès l'origine, entravèrent les opérations.

Le premier point litigieux fut la position de la Punta Castilla, extrémité orientale de la limite, « telle qu'elle existait le 15 avril 1858 ».

La partie de la côte qui s'étend au nord du delta du San Juan se trouve sous l'action directe d'un courant maritime venant du sud, qui balaye les sables apportés par le bras du fleuve nommé rio Colorado, et les place et les déplace sans cesse le long du littoral, en y produisant de constants changements. C'est à l'existence de ce courant que le port de Greytown doit son obstruction et c'est pour s'opposer à ses effets que l'entreprise du canal de Nicaragua a fait construire le brise-lames de plus de 600 mètres qui en protège actuellement l'entrée. Mais la difficulté qui en résultait de se pronon-

---

1. L'autorité de notre correspondant, M. Pittier de Fabregá, pour tout ce qui concerne la république de Costa-Rica nous a paru donner à ses observations assez d'importance pour que nous les publiions sans aucun changement. Tel a aussi été l'avis de M. Élisée Reclus, que nous avons consulté à ce sujet. Nous ferons toutefois remarquer qu'en ce qui concerne les questions de frontières des pays de l'Amérique latine, tout est encore matière à litige. Nos lecteurs trouveront à cet égard une série de cartes intéressantes dans le numéro de 1891 de l'*Année cartographique*. Espérons que ces litiges, dus en partie à l'ignorance des formes ou des positions géographiques, se régleront de plus en plus par voie d'arbitrage, et ne donneront pas lieu aux complications que paraît redouter notre collaborateur.

2. Élisée Reclus. *Nouvelle Géographie Universelle*, t. XVII. *Les Indes Occidentales*. Paris. Hachette et Cie, 1891. in-8°.

cer au sujet de l'ancienne position de la Punta Castilla était plus apparente que réelle, car il existe d'excellentes cartes du port, levées à des dates convenablement espacées et permettant de suivre avec une approximation suffisante le déplacement successif de ce point. La solution la plus favorable au Nicaragua place l'extrémité du littoral appartenant au Costa-Rica à quelques mètres de l'origine du brise-lames mentionné plus haut. Elle assure à ce dernier État sa part de souveraineté sur le port de San Juan et l'entrée du futur canal, ainsi que la possession des atterrissements auxquels donnent lieu les travaux exécutés récemment. Malgré les droits évidents du Costa-Rica, les délégués de Nicaragua se refusèrent absolument à procéder sur le terrain, cherchant à déplacer la question par d'inutiles dissertations sur le bras du delta qui doit conserver le nom de rio San Juan, et sur l'interprétation du texte de l'arbitrage.

L'accord étant manifestement impossible, il fut décidé d'aller commencer les travaux de délimitation à la baie de Salinas, en laissant aux gouvernements intéressés le soin de résoudre le litige. Les deux commissions remontèrent donc le San Juan, et traversèrent le lac de Nicaragua. Celle de Costa-Rica resta à Rivas, pendant que l'autre s'en allait à Managua, pour prendre des ordres. Elle ne revint que près d'un mois et demi plus tard, composée différemment, mais aussi peu préparée que jamais à procéder d'accord avec la sentence du président Cleveland.

La détermination du centre géométrique de la baie de Salinas donna lieu à d'interminables pourparlers, qui laissèrent percer les deux véritables motifs d'opposition du Nicaragua : d'une part, il voulait disputer pied à pied la possession du point appelé Cruz de Guanacaste, où sont installés les bureaux télégraphiques-frontières, et qui est une position stratégique de grande importance, en ce sens qu'elle commande absolument l'entrée du Costa-Rica du côté de sa voisine du nord ; d'autre part, la rive septentrionale de la baie de Salinas, de Conventillos vers l'ouest, est en général rocheuse et d'un abordage difficile, de sorte que la décision du président des États-Unis, tout en assurant au Nicaragua sa part de droits sur cette rade splendide, lui laisse peu d'espoir d'y avoir jamais un port. De là les efforts de la Commission du gouvernement de Managua pour reculer la limite du côté du sud, dans la mesure du possible. Un projet de traité, modifiant le *statu quo*, fut même broché entre le secrétaire d'État, Guerra et le plénipotentiaire du Costa-Rica ; mais celui-ci fut désavoué par son gouvernement, qui donna ordre à la commission, également modifiée dans l'intervalle par la démission de son chef et par mon retour à San José, de poursuivre les travaux avec ou sans le concours des délégués du Nicaragua.

Ainsi fut fait. Du centre de la baie de Salinas, précédemment fixé par Matamoros à 85° 43′ 28″ longitude ouest Greenwich et 11° 3′ 46″ nord, une droite astronomique fut tirée jusqu'à la bouche de la Quebrada de la Fortuna, située exactement à deux milles nautiques (3710) en amont de l'embouchure du Sapoa dans le lac de Nicaragua. De là, le levé de la côte de ce bassin et le tracé du parallèle à deux milles dans l'intérieur se poursuivirent sans interruption jusqu'au rio de las Haciendas, où ils furent arrêtés par le mauvais temps. Autour du Castillo Viejo, on localisa également la courbe de 3 milles de rayon, en plaçant des bornes de pierre à l'extrémité de chaque corde de 100 mètres.

Après cela, les travaux furent interrompus, et, quoi qu'on ait pu dire, la question est loin d'être résolue. Le gouvernement de Nicaragua s'est jusqu'ici obstinément refusé à reconnaître la valeur d'une ligne fixée en grande partie sans le concours de ses délégués ; la situation de la Punta Castilla reste pratiquement inconnue, et puis, il faut le dire, les opérations des commissaires qui succédèrent à M. Matamoros sont loin d'inspirer une confiance absolue. Luis Matamoros, ingénieur diplômé et lauréat de la Faculté Technique de Lausanne, d'une des meilleures écoles spéciales d'Europe, avait déterminé l'azimut et la longueur de la droite astronomique qui doit tenir lieu de frontière entre le lac de Nicaragua et la baie de Salinas, au moyen d'une triangulation soigneuse qui s'étendait des volcans d'Omotepe et de Madeira dans le lac, jusqu'à la pyramide de l'Orosi, avant-poste septentrional de la Cordillère de Costa-Rica. L'arpenteur Alpizar, nouveau chef de la commission, corrigea cette ligne au moyen de la boussole, et tandis que dans le plan de Matamoros son azimut est de 37° 20′ 00″ vrais, elle aurait 25° 25′ 00″ magnétiques suivant les rapports publiés et 25° 25′ vrais d'après le plan qui les accompagne ! De même, suivant le premier travail, ladite ligne aurait une longueur de 24 kilomètres, tandis que l'autre ne lui attribue que 17 580 mètres. La délimitation resterait à faire sur toute la section comprise entre le rio de las Haciendas et le rio Frio. Enfin, le traité de Cañas-Jerez, déclaré valable par M. Cleveland, parle formellement de milles anglais (1609 mètres), tandis que les rapports des commissaires de Costa-Rica montrent qu'ils ont employé partout du mille nautique de 1852 mètres.

II

Du côté de la Colombie, la solution du conflit ne promet guère d'être plus proche. M. Reclus lui refuse un caractère de gravité, qu'il possède cependant à un plus haut degré qu'au nord. Le Nicaragua, en effet, est à peu près égal à Costa-Rica pour sa force militaire, et le jour où la question devrait se résoudre à main armée, les chances se balanceraient. La Colombie, au contraire, est une puissance à même d'imposer sa volonté à sa petite sœur du nord. Comme on le sait, elle ne réclame rien moins que toute la côte de l'Atlantique jusqu'au Cabo Gracias a Dios, prétention qui peut être justifiée par les événements historiques, mais qui doit nécessairement tomber si l'on ne considère que les faits actuels. Costa-Rica défend comme limite une ligne droite, très artificielle, il est vrai, et qui va de la Punta Burica sur le Pacifique à l'Escudo de Veraguas, îlot de la mer des Antilles ; elle se contenterait des anciennes limites du duché de Veraguas, lesquelles suivent le rio Chiriqui Viejo jusqu'au faîte de la Cordillère, puis celui-ci jusqu'aux sources du Calobera, qu'elles redescendent pour aller se terminer également à l'Escudo de Veraguas.

Le différend avait été soumis à l'arbitrage de l'Espagne, dont la décision ne fut pas formulée dans les délais fixés ; mais il semblait que le retard eût l'assentiment des deux parties intéressées, lorsque tout à coup, au moment où la reine régente allait s'occuper définitivement de résoudre le litige, le gouvernement de Colombie prononça brutalement la caducité des pouvoirs de l'arbitre. Ce procédé, peu courtois en ce qui concerne la cour de Madrid, est attribué à ce que la Colombie désire gagner du temps, et le mettre à profit pour reculer autant que possible les frontières provisoires de sa juridiction le long du littoral de la mer des Antilles, sachant bien que la possession de fait prime tous les autres droits.

La limite du *statu quo*, que l'on peut considérer comme imposée par le gouvernement de Bogota, puisqu'elle reste bien en deçà de celle invoquée par Costa-Rica, remonte le rio Golfito, petit tributaire du golfo Dulce, suit de là les collines de las Cruces entre les bassins du rio Coto de Terraba et du Chiriqui Viejo, gagne ensuite le faîte de la grande Cordillère, et en redescend enfin le versant septentrional par les rios Yurquin (Zhorquin) et Tilorio. Il est à noter que cette ligne est tracée presque entièrement à travers une contrée géographiquement inconnue. Vers le nord, la Colombie occupe effectivement la plus grande étendue du territoire que lui concède la limite provisoire, mais, sur le versant du Pacifique, la région comprise entre le rio Coto du golfo Dulce et le rio Chiriqui Viejo, ainsi que tout le bassin du Coto de Terraba, sont déserts et pratiquement ignorés, si l'on excepte une étroite lisière de la côte, le long de laquelle il y a quelques huttes de pêcheurs.

Les explorations effectuées par la commission du chemin de fer intercontinental et par moi-même dans le courant des années 1892 et 1893, jettent un jour nouveau sur la géographie de ce district. A ne considérer que le relief, il semble que la frontière la plus naturelle serait formée par le chaînon, en apparence continu, qui descend de la grande Cordillère entre les bassins du Coto de Terraba et du golfo Dulce d'un côté, et celui des eaux tributaires du golfe de David de l'autre. Ce chaînon se termine à la Punta Burica, et ne figure, à ma connaissance, sur aucune carte. Vers le rio Chiriqui Viejo, qui roule des eaux d'une profondeur énorme comparée au niveau du bassin collecteur du Coto de Terraba, ce chaînon, dont la naissance n'est autre que le contrefort diversement figuré sous le nom de Cordilleras de las Cruces et Llanos de Santa Catalina, forme une véritable muraille qui sépare réellement les hautes vallées du Costa-Rica des plaines basses du Chiriqui. Les défrichements colombiens n'ont encore nulle part dépassé le profond sillon creusé par le fleuve Chiriqui Viejo, et seuls les repris de justice et les contrebandiers cherchent un refuge temporaire dans les vastes forêts qui s'avancent jusque dans la contrée des Indiens de Terraba et Boruca. Mais l'inégalité de force d'expansion des deux Etats et l'indifférence relative du Costa-Rica font prévoir que les empiètements du plus fort ne tarderont pas non plus à se produire dans cette zone.

III

Si l'on donne aux mots *terrasse* et *plateau* leur sens ordinaire, c'est-à-dire celui d'une étendue de pays relativement plane, supportée par un ensemble de chaînes de montagnes et plus ou moins entrecoupée de collines ou d'entailles au fond desquelles coulent les rivières, je ne conçois pas comment de telles désignations ont pu s'appliquer au Costa-Rica. En effet, le corps du continent, dont la largeur dépasse à peine 200 kilomètres, est ici occupé par une arête unique, interrompue vers le centre du pays par la dépression d'Ochomogo, et qui se prolonge du lac de Nicaragua jusque vers le pic de Chiriqui. La section septentrionale de cette chaîne, différant de celle du sud par ses allures plus uniformes, son âge probablement moindre, et le fait qu'elle porte tous les volcans actifs du

pays, peut s'appeler *Cordillère volcanique de Costa-Rica*, tandis que le nom de *Cordillère de Talamanca* est réservé à la partie méridionale.

La Cordillère de Costa-Rica commence au nord par la superbe pyramide de l'Orosi, qui s'élève d'un jet à près de 1 600 mètres[1] au-dessus du lac de Nicaragua, en face des merveilleux pics jumeaux d'Omotepe. De là elle s'avance vers le sud-est en montant graduellement, pour atteindre sa plus grande hauteur à l'Irazu (3 414 mètres), qui en est aussi l'extrémité méridionale. Bien qu'assez régulièrement alignée, elle ne semble pas être homogène au point de vue de sa formation, mais se composer d'un groupement linéaire de masses volcaniques dont les plus récentes seraient vers le nord ; entre ces masses s'étendent de profondes dépressions, dont les principales sont les cols de la Palma (1 520 mètres), du Desengaño (1 831 mètres), du Sarcero (1 768 mètres) et de las Cañas.

Au nord-est, les ramifications de cette chaîne descendent assez brusquement vers les plaines de San Carlos, du Sarapiqui et de Santa Clara, qui se succèdent le long du fleuve San Juan. Seul le rio Frio, qui coule vers le lac de Nicaragua en décrivant une vaste courbe, semble avoir un bassin supérieur plus développé, mais nulle part, pour autant du moins que l'état actuel de nos connaissances nous permet de l'affirmer, il n'y a place sur ce versant pour des plateaux proprement dits. Du côté sud existe, il est vrai, un système de montagnes parallèles, en partie lavé par les rivières qui descendent de la chaîne principale et dont le membre le mieux marqué se détache du Cerro de los Congos, au nord du golfe de Nicoya, et se prolonge sous différents noms jusqu'au golfe de Culebra. Mais le pays ondulé, couvert de savanes et d'une assez maigre végétation arborescente, qui s'étend au delà jusque vers le lac de Nicaragua, ne mérite pas le nom de plateau : on le désigne ordinairement sous le nom de plaines de Guanacaste, et son niveau moyen reste inférieur à 300 mètres.

La Cordillère de Talamanca, encore moins que la précédente, ne saurait être qualifiée de terrasse. L'arête principale, dont la hauteur moyenne est de près de 3 000 mètres (Buena Vista 3 299 mètres, Chirripo Grande 3 773 selon les cartes marines), et dépasse certainement 3 500 mètres (Pico Blanco 2 914 mètres, etc.), est très étroite et couronnée de cimes escarpées. Du côté septentrional, ses flancs sont creusés par des vallées profondes, descendant rapidement vers la côte et dont le thalweg encaissé et profond ne prend de l'ampleur que dans la zone côtière. Sur le versant opposé, le vaste bassin collecteur du Diquis ou rio de Terraba, parallèle à la grande Cordillère et supporté par les chaînes littorales, pourrait, à la vérité, être considéré comme un plateau, ou mieux comme une terrasse, mais la cuvette si caractéristique du Tiribi ou rio Grande de Tarcoles, que, bien plus pour la commodité qu'au nom de la logique, nous désignons si souvent comme *meseta central*, ne mérite pas plus la dénomination incriminée que le pays dans son ensemble.

Pour ces raisons, il me paraît que les termes de *plateau* ou *terrasse* ne peuvent, ni ne doivent être appliqués au Costa-Rica et qu'ils ont à disparaître non seulement de l'ouvrage de l'éminent géographe français, mais d'un grand nombre d'autres qui avant lui ont contribué à répandre cette hérésie touchant la morphologie des terres centro-américaines.

1. 1 616 mètres au-dessus de la mer, et non 2 638 mètres, comme l'indique M. Reclus.

IV

Toute la partie de la chaîne volcanique qui s'étend du lac de Nicaragua au col du Sarcero est encore peu connue. Les seuls voyageurs scientifiques qui l'aient visitée sont Wagner, Valentini et Karl von Seebach. Par leurs descriptions comme aussi par celles des habitants de la contrée avoisinante, nous savons que l'extrémité septentrionale de cette section des montagnes du Costa-Rica montre encore partout les signes d'une grande activité intérieure; en quelques points, de nombreuses crevasses laissent échapper des vapeurs sulfureuses, tandis qu'ailleurs jaillissent des sources thermales, ou des sources froides, dont les eaux ont une composition exceptionnelle. Quant à la région comprise entre le Tenorio et le Poas, elle est encore trop peu explorée pour qu'on puisse affirmer l'absence de ces phénomènes.

J'ignore où M. Reclus a rencontré l'indication que le Poas n'est qu'une « simple boursouflure au sommet du plateau ». Si cette énorme masse de basalte, recouverte de scories et de cendres, est une boursouflure, sa structure n'est certainement pas des plus élémentaires, et en tout cas elle ne se trouve pas au sommet de ce qu'on est convenu d'appeler, bien à tort, comme je viens de le dire, le plateau central du Costa-Rica. Celui-ci s'allonge, en effet, de l'est à l'ouest, comme un vaste plan incliné dont l'arête culminante repose contre le chaînon secondaire de la Carpintera — qui relie l'Irazu aux premières ramifications de la cordillère du sud, — tandis que son autre bord s'appuie sur le pied du mont Aguacate, prolongement méridional des Cerros de Tilaran. Entre ces deux extrémités, la vallée s'abaisse d'une façon régulière, à peu près normale à sa principale artère de drainage. Mais les deux chaînes qui l'accompagnent longitudinalement sont aussi inégalement élevées : celle du sud, correspondant à peu près en direction au cours du rio Tiribi, est relativement basse ; de sa base, le prétendu plateau s'élève d'une façon graduelle jusqu'au pied des grandes terrasses qui s'étagent le long des flancs du Poas, du Barba et de l'Irazu, et dont la continuité remarquable a fait croire, à tort sans doute, à des niveaux successifs d'un ancien lac.

En résumé, l'inclinaison normale de la vallée est de l'est à l'ouest, et le sommet du thalweg correspond non au Poas, qui est vers l'angle nord-ouest, mais à la Carpintera. L'inclinaison du nord au sud est due au fait que les alluvions des rivières qui descendent de la cordillère volcanique ont refoulé le Tiribi, ou rio Grande, vers le pied des collines de l'Iscazu, phénomène qui s'observe partout, chaque fois que le système fluviatile d'un bassin a un caractère fortement unilatéral.

Pour en finir avec le Poas, j'ajouterai que ce n'est pas le cratère supérieur, mais bien l'inférieur, entouré par les arêtes à demi écroulées d'un troisième plus ancien, qui contient un laguet d'eau chaude dont la température varie, d'après les observations anciennes de Frantzius et les miennes, de 39,1 à 64,2 degrés centigrades. L'eau, qui est saturée d'acide sulfurique, n'a pas d'écoulement apparent. Ce volcan en est à sa période geysérienne, et de puissants jets d'eau — et non seulement de vapeurs — s'en élèvent à des intervalles irréguliers pour retomber sur la masse liquide avec un bruit retentissant. De San José, on voit parfois la colonne de vapeur qui accompagne ces éruptions se détacher subitement sous forme d'un panache

d'une éclatante blancheur, au-dessus du sommet tronqué du cône le plus élevé. Les bords de ce dernier, couverts d'une végétation rabougrie mais très épaisse, entourent un lac ravissant, morceau de ciel tombé des nues, auquel la fraîche verdure des montagnes tropicales, mélangée, à certaines époques, d'une profusion de fleurs roses du *monochète des volcans*, forme un cadre admirable. De ce bassin cratérique, absolument circulaire, s'écoule une eau pure et fraîche, qui court au San Juan par les rivières Angel et Sarapiqui.

A l'est du Poas s'élève la masse, aussi d'origine volcanique, du Barba, qui du plateau central se reconnaît aux trois dômes qui la couronnent. Actuellement on n'y observe plus aucun signe d'activité et on peut même admettre qu'il était déjà éteint à l'origine de la période historique. Mais toute la zone supérieure est aussi recouverte de scories et de cendres, spécialement vers le sud-ouest des deux sommets plus élevés.

Avant M. Reclus, plusieurs auteurs ont affirmé que l'Irazu est la seule cime de l'isthme centro-américain d'où l'on aperçoive à la fois les deux océans. Cependant, à ne considérer que la structure orographique de la région qui s'étend au sud du lac de Nicaragua, caractérisée par la grande prédominance de la chaîne principale sur les cordillères et massifs latéraux, on pouvait admettre, *a priori*, que la plupart des cimes maîtresses partagent le même privilège. Gabb a vu les mers des Antilles et du Sud du haut du Pico Blanco, et moi-même j'ai pu les distinguer du Poas, une seule fois, il est vrai, et dans des circonstances exceptionnellement favorables. D'autre part, quelques sommets du sud, comme le Chirripo Grande, le Duricah, s'aperçoivent nettement des deux côtes, ce qui laisse supposer qu'ils jouissent également de la perspective dont on a voulu faire l'apanage exclusif de l'Irazu.

Sur cette dernière cime, la limite supérieure des cultures de pommes de terre, selon mes dernières observations, serait à 2 843 mètres, hauteur du Rancho de Birris, mais il est à supposer que cette ligne est actuellement dépassée, étant donnée l'extension considérable qu'ont pris les défrichements dans les dernières années.

Dans la gravure du sommet de l'Irazu, à la page 539 du volume, l'artiste a fait une large part à son imagination. La photographie qui a servi d'original représente au premier plan le bord de la croupe de scories et de sable volcanique qui forme le point culminant de la cime; au second plan à gauche, la crête de même nature qui se dégage de la dernière vers le nord, puis, à droite, les divers entonnoirs cratériques, presque tous éteints. Le petit lac qu'on voit à moitié figuré dans la gravure est de trop. Au troisième plan, en face de la dépression formée par les cratères, se trouve le Turialta, puis, au delà, plus rien, l'immense vide au fond duquel, à quelque 3 000 mètres, s'étalent les plaines de Santa Clara, du Tortuguero, puis l'océan. De sorte que la haute chaîne de montagnes qui, dans la gravure, forme l'arrière-plan, est aussi tout à fait imaginaire.

V

Deux questions douteuses, relatives l'une à la nature géologique d'un des anneaux du système côtier du sud, le mont Turubales ou Herradura, l'autre à l'acception à donner au nom de Dota comme terme orographique, ont été définitivement résolues depuis l'apparition du volume de M. Reclus.

Si le Turubales a été généralement considéré jusqu'à nos jours comme un volcan, cela tient à deux raisons. Premièrement, les habitants du Costa-Rica donnent au terme *volcan* la signification que nous attribuons à « pic, piton, mont », etc., excluant toute idée de phénomènes ignivomes. C'est ainsi qu'on parle du volcan de Turubales, comme de ceux de Chirripo ou de Baru, qui n'en sont pas davantage, ou de celui du Barba, qui est depuis des siècles rayé de la liste des cratères actifs. Ensuite, le mont Turubales, grâce à son élévation et à sa position isolée, est le foyer de fréquents orages électriques. Les vapeurs du littoral, portées par les brises diurnes ascendantes, s'élèvent le long de ses flancs et se massent vers le sommet qui, vers le soir, est alors déchiré par des éclairs fulgurants et continus. Les renseignements réunis de divers côtés, durant les dernières années, permettent d'affirmer, une fois de plus, que le Turubales n'est pas d'origine volcanique, mais qu'au contraire il doit se rattacher au système calcaire de la côte.

Dans la plus ancienne carte du Costa-Rica que j'aie sous la main, et qui est celle de Felipe Molina, dressée vers 1850, on désigne sous le terme de Montaña Dota les contreforts, alors peu connus, de la Cordillère-mère, au delà du chaînon de Candelaria. Plus tard, dans la carte de Frantzius, publiée en 1869 dans les *Mittheilungen* de Petermann, le nom est restreint à un sommet qui paraît se trouver dans l'axe de la chaîne principale, et au haut duquel est un lac, dont les eaux se déversent d'un côté à l'Atlantique par les rios Macho et Pejivalle, de l'autre au Pacifique par le Naranjo.

La carte de Gabb, publiée dans la même revue en 1877, représente la Dota sous forme d'un nœud de montagnes, ayant un lac à son centre et haut de 8 000 pieds. De ce nœud rayonnent le Baru, le Naranjo, le rio Macho, le Pejivalle et le Tiliri. Enfin, le *Mapa histórico-geográfico* de Peralta, le plus récent de tous, relègue le nom en question dans le chaînon qui sépare la vallée du Parrita Grande des bassins collecteurs du Naranjo et du Damas.

C'est cette dernière acception qui répond le mieux aux renseignements que j'ai pris sur les lieux mêmes, déjà en 1888, et qui m'ont été confirmés depuis à maintes reprises. Il est possible que jadis, alors que les défrichements ne s'étendaient guère au delà de la vallée de Candelaria, le nom de Dota ait été donné à toutes les montagnes, inconnues et inexplorées, qui se montraient vers le sud-est, et qui sont en partie des contreforts du puissant massif de Buena Vista. Mais depuis, à mesure que la contrée était mieux connue, les appellatifs se sont multipliés, et beaucoup d'entre eux, collectifs à l'origine, ont pris peu à peu un sens purement local. En réalité, la Dota d'aujourd'hui n'est plus guère qu'un court chaînon, long d'une huitaine de kilomètres, commençant vers San Marcos pour se terminer près de Santa Maria.

VI

Dans les lignes qui précèdent, j'ai essayé de rectifier, d'une manière aussi complète que possible, les erreurs de détail relevées dans la partie du tome XVII de la *Géographie Universelle* consacrée au Costa-Rica. J'aurais pu encore toucher certains points, démontrer par exemple, comme je l'ai déjà fait ailleurs, que tout essai de comparaison entre les données acquises sur l'histoire naturelle des divers États de l'Amérique centrale doit être considéré comme prématuré, en raison de l'état encore rudimentaire de nos connaissances. Il aurait aussi été possible de détailler les progrès réalisés dans les dernières années en ce qui regarde l'ethnographie, la flore et la faune. Enfin, un certain nombre de données statistiques, qui déjà ne correspondent plus à la réalité des faits, auraient pu être modifiées.

Mais je préfère m'arrêter ici, cela d'autant plus qu'une minutie outrée pourrait être interprétée dans un sens contraire à mon véritable objet, lequel a été, non de critiquer l'œuvre d'un de nos plus grands maîtres en géographie, mais d'apporter une modeste pierre à l'édifice de la vérité.

Pittier de Fabrega.

⸙ ⸙ ⸙

CHRONIQUE GÉOGRAPHIQUE

AFRIQUE

Sahara Occidental. — Le gouvernement français vient d'accorder à un Français la concession pour 75 ans de la partie française du territoire du Cap Blanc, depuis la pointe du Cap jusqu'au fond de la baie du Levrier, en vue d'y créer des établissements de pêcheries et de commerce.

Les tribus maures de l'Afrique française. — Une certaine agitation existe sur la rive droite du Sénégal depuis quelque temps, en particulier chez les Maures Braknas, qui sont immédiatement voisins de notre territoire de Podor. Voici sur ces Braknas quelques renseignements à peu près ignorés jusqu'à présent.

Leur nom signifie « maudits » (*karaha*) et leur a été donné par les Trarzas lorsqu'ils se séparèrent de ces derniers, avec lesquels ils ne formaient tout d'abord qu'une seule tribu. Mais, leurs véritables noms d'origine sont Oulad Abdalah et Oulad Mohamed, noms de deux frères, descendants de Majfarh, fondateur du royaume maure des Trarzas et descendant lui-même du prophète.

Majfarh avait quatre fils : Tayar, dont les descendants sont les Braknas ; Trarza, qui a donné son nom aux Maures habitant le territoire situé en face du cercle de Dagana ; Aïa Menasseman et M'Barka, dont les descendants n'ont point laissé de traces marquantes.

Tayar, fils aîné de Majfarh, ne laissa qu'un fils, Abdalah. Nous nous bornerons à dire que la branche régnante actuelle des Braknas porte le nom de Seïd, qui fut l'aîné des fils d'Abdalah.

Or, les Braknas, ou pour mieux dire les Oulad Abdalah ou Oulad Mohamed, se divisent en onze grandes tribus, ayant elles-mêmes d'autres tribus sous leur dépendance et qui sont généralement des tribus d'esclaves ou *Pourognes*, appelés aussi en maure *Aratines*.

Les onze grandes tribus sont : les Oulad Seïd (dont fait partie la famille régnante) ; Oulad Nagamasse ; Oulad

Bouisch; Oulad Hamet; Oulad Mansourh; Oulad Moctar; Oulad Ely; Oulad Naga; Oulad Ouisse; Oulad Lassacre; Oulad Litama.

Les Oulad Ely forment deux tribus : les Oulad Ely Beïda (blancs) et les Oulad Ely Kahel (noirs).

Les Oulad Hamet ont la préséance dans les grands palabres; les Oulad Nagamasse ont le commandement militaire; et la tribu des Oulad Seïd est celle dans laquelle on choisit les rois qui doivent avoir des relations avec le gouvernement français.

A propos de royauté chez les Maures, disons qu'elle ne se transmet pas en ligne directe. C'est la branche collatérale qui hérite du pouvoir, lorsqu'il en existe une. S'il n'y en a pas, les fils succèdent à leurs pères, même les bâtards. Le roi a droit de vie et de mort sur ses sujets et il en abuse généralement, d'autant qu'il rend la justice lui-même, selon la loi de Mahomet, mais avec toutes les modifications qu'il croit avantageuses pour lui.

La tribu des Oulad Ely, quoique régie par les mêmes lois et les mêmes coutumes que ses voisines, a cependant son gouvernement et son chef tout à fait indépendants du roi des Braknas.

Le commerce des gommes est la principale ressource des Braknas, qui vendent aussi des bœufs et des moutons dans nos escales du Sénégal, en échange de guinées, mil, marchandises diverses ou espèces. Les princes et les nobles ne font pas de commerce, mais ils perçoivent un droit très onéreux sur les Maures marchands et souvent les dépouillent presque entièrement.

Voici maintenant quelle est la position géographique de chaque tribu maure Brakna par rapport aux villages sénégalais de la rive gauche du fleuve.

Les Oulad Seïd, Mansour, Moctar, Naga, Ouisse et Lassacre campent sur les bords du fleuve entre le village de Gaé (Dimar) et celui de Oualaldé (Toro).

Les Oulad Hkmet campent dans l'intérieur des terres; les Oulad Nagamasse entre Oualaldé et Abdalah Moctar (Lao); les Oulad Ely Kahel entre Abdalah Moctar et M'Bagne (Irlabé Saint-Diéri); les Oulad Ely Beïda, entre M'Bagne et Diaoul (Bosséa).

Sierra-Leone. — Le major Crooke, agissant par ordre de sir Francis Flemming, gouverneur de Sierra-Leone, et au nom du gouvernement de la Reine, a pris possession effective du village de Port-Lokko, situé à environ 110 kilomètres au nord-est de Freetown, et un peu au-dessus de la rivière Rokelle.

Congo Français. — Trois missions, placées sous la haute direction de M. Le Châtelier, ont quitté Marseille ces jours derniers à destination du Congo. Toutes trois ont pour but d'étudier la création d'une voie ferrée de Loango à Brazzaville, en même temps que les ressources de la région au point de vue économique. La première de ces missions a pour chef le capitaine du génie Cornille, assisté du capitaine Goudard, du lieutenant Boidot, du docteur Alveruhe et de M. Dolisie, chef de station au Congo, et est chargée spécialement de l'étude du chemin de fer. La seconde a pour chef le docteur Lecomte, assisté du capitaine Lamy, et s'occupera de l'histoire naturelle. La troisième, dirigée par M. Regnault, ingénieur des mines, assisté de M. Vadon, chef de poste, fera des études géologiques.

Congo Belge. — Nous avons fait allusion, dans notre dernier numéro, à un projet de création, par le gouvernement belge, d'un corps de troupe destiné à l'État du Congo. Nos confrères belges affirment que ce projet ne sera pas exécuté.

La mission Van Kerckhoven dans le bassin supérieur de l'Ouellé. — Le correspondant bruxellois du *Times* a fourni à ce journal des informations sur les actes de cette mission depuis la mort de son chef. Les territoires sur lesquels le capitaine Van Kerckhoven avait fait reconnaître l'autorité de l'État indépendant du Congo ont été organisés par ses lieutenants, qui ont noué des relations amicales avec les chefs de la région, plus puissants que ceux du centre de l'État. Les forces militaires dont disposent les officiers de l'expédition leur permettent de protéger les populations indigènes contre les incursions des traitants arabes. D'ailleurs ceux-ci n'en entreprennent presque plus depuis la défaite que leur a fait subir le capitaine Ponthier au Bomokandi. Le territoire limité par les 22° et 29° longitude est, et situé entre l'Arouhouimi, au sud, et le pays des Niam-Niam, au nord-est, est actuellement divisé en trois zones, auxquelles sont préposés trois officiers. Une quatrième zone, la plus orientale, s'étend jusqu'à Ouadelaï sur le Nil. Le capitaine Delanghe, qui a succédé à Van Kerckhoven, y représente l'autorité de l'État indépendant.

A l'occasion de cet article du *Times*, le *Mouvement géographique* donne quelques détails sur la route suivie par l'expédition Van Kerckhoven du Congo au Nil. Nous en extrayons ceux qui se rapportent au bassin de l'Ouellé, et qui complètent les données fournies par les explorations de Schweinfurth et de Junker. La feuille nord-est de la carte d'Afrique de l'*Atlas universel* de Vivien de Saint-Martin et F. Schrader, publié tout récemment, permet de se rendre compte de la marche de la mission, à partir de Djabbir sur l'Ouellé, où elle était réunie au mois de juillet 1891. Son chef avait pour seconds MM. Ponthier, Milz, Delanghe et Daenen, plus un nombre considérable de blancs. Tandis que M. Milz poussait une pointe vers le nord jusqu'à la résidence du chef niamniam Zemio, sur la rive droite du M'Bomou, par 5° 30' latitude nord et 23° longitude est, M. Ponthier remontait l'Ouellé jusqu'au confluent du Bomokandi, où il établissait un poste. De là, M. Daenen alla par eau en fonder un autre en amont de la zériba Ali-Koba, pendant que, par la voie de terre, le gros de l'expédition traversait le pays des A-Barmbo, en suivant à peu près la ligne de faîte qui sépare le bassin de l'Ouellé de celui du Bomokandi. C'est un pays de collines herbeuses, aux vallées boisées et assez marécageuses, habité par une tribu anthropophage. Un nouveau poste fut établi au coude que l'Ouellé forme vers le sud, chez les A-Madi, où l'expédition fit un assez long séjour, pour reconnaître le territoire d'alentour jusqu'au Nepoko vers le sud-est. En amont, l'Ouellé a encore de 300 à 400 mètres de largeur. Après avoir créé encore un poste en amont de la zériba Haouaseh, la mission entra dans le pays des Mombouttou, qu'elle traversa le long de la ligne de partage des eaux entre le Bomokandi et la Gadda, affluent de gauche de l'Ouellé. En sortant du bassin de la Gadda vers l'est, l'aspect du pays change complètement. Tandis qu'à l'ouest le sol est plat et qu'il a quelques légères ondulations, de nombreux cours d'eau peu profonds et quantité de villages bien entretenus entourés de belles cultures, à l'est l'immense plaine herbeuse est accidentée et projette de toutes parts de gigantesques rochers affectant les formes les plus capricieuses. Au sud, dans le pays des Momfou, se dresse le mont Tena, au nord, le Mérou, le Gaddo et la Gaïma; le mont Aromou est un rocher énorme s'élevant au-dessus de la plaine à une hauteur d'environ 100 mètres, et dont le sommet est lui-même surmonté d'un bloc d'une seule pièce ayant 40 mètres d'élévation. Les contreforts de ces reliefs sont cultivés et habités par des Mombouttou et des Momfou. Des villages sont construits sur les plateaux que forment ces montagnes rocheuses.

Le pays situé entre 27° et 29° longitude était encore inexploré. L'expédition le traversa sous le 3° latitude nord environ, en passant par Bittima, où fut fondée une station,

Djma, Gaddo, près du mont Gaïma, où elle rejoignit l'Ouellé qui, dans cette partie de son cours, porte le nom de Kibali, et reçoit sur sa rive gauche le Zoro et l'Obi. Le pays est habité par la tribu des Loggo, qui cultivent du maïs, des fèves, des courges et de l'éleusine. Le terrain est montagneux et la marche y fut pénible. Du confluent du Zoro et de l'Obi, l'expédition suivit vers l'est-sud-est la ligne de faîte qui sépare ces deux rivières, et passa par Tagmalangi, gros village, d'où elle atteignit une région située à 1 400 mètres d'altitude. Elle traversa l'Ouellé qui, sous le nom de Kibbi, vient du sud, à 50 kilomètres de ses sources au pied du mont Abanga. A peu de distance de sa rive droite, elle arriva au village de Lemhin, par 28°32′ longitude est et 3°5′ latitude nord, où fut installé un poste provisoire, ainsi qu'à Ganda, par 3°35′ latitude nord, aux sources d'un petit tributaire du Nil qui se jette dans le fleuve entre Dufilé et Laboré. A trois journées de marche au sud-est de Lantrin, la mission atteignit Ouadelaï. Elle avait relevé plusieurs des parties du cours de l'Ouellé, de Yakoma jusqu'à la région de ses sources, et rattaché les itinéraires des explorateurs des affluents septentrionaux du Congo à ceux de la région du Nil. Les blancs que présentent encore dans cette région les cartes les plus récentes pourront donc être comblés.

La mort d'Emin-Pacha. — Des renseignements récents donnent cette fois comme une certitude la mort d'Emin-Pacha. Nous croyons cependant qu'il est encore prudent de n'admettre cette nouvelle qu'avec des réserves. L'ancien gouverneur des provinces équatoriales pour le compte de l'Égypte aurait été tué dans le Haut Congo, à la suite des combats livrés aux Arabes de cette région par l'expédition Van Kerckhoven. Emin se trouvait effectivement avec une bande d'Arabes sous les ordres d'un chef nommé Saïd ben Abed, et sa mort n'aurait été qu'une représaille exercée contre lui par les hommes de Saïd ben Abed, désireux de se venger sur un Européen des attaques du lieutenant Van Kerckhoven. Ce renseignement a été transmis à la fois par le docteur Baumann, à sa rentrée en Autriche, et par le R. Swan, membre de la société des Missions de Londres.

Mais, il faut ajouter que, vers le même temps, c'est-à-dire il y a un peu plus d'un mois, un voyageur allemand, le lieutenant Werther, annonçait au docteur Peters, commissaire général de l'Est-Africain Allemand, qu'il avait appris à Boukoba l'arrivée à Nyangoué d'Emin Pacha. Or, Nyangoué est occupé par les Belges qui n'y ont jamais entendu parler d'Emin. D'autre part, si le pacha n'est pas descendu jusqu'à Nyangoué, mais a rencontré, avec la bande de Saïd ben Abed, le lieutenant Van Kerckhoven dans la région de l'Ouellé ou du Haut Nil, on peut révoquer en doute la nouvelle de son massacre, par la raison qu'il était là en pays parfaitement connu de lui et au milieu de populations arabes et indigènes sur lesquelles son vieux prestige n'avait point diminué. Espérons que des informations plus précises ne tarderont pas à parvenir en Europe à ce sujet.

Télégraphe transafricain. — Les travaux de cette ligne vont commencer. On a fait des contrats pour une longueur de 400 milles (sans doute milles anglais, soit 640 kilomètres), en deux sections, l'une de Fort Salisbury au Zambèze, l'autre du Zambèze au Nyassaland : le matériel de la première section a été envoyé à Chindé, celui de la seconde à Beira. Le terminus actuel sera Zomba, près Blantyre. On compte obtenir, pour les travaux, une amicale coopération du Portugal, et l'on espère, s'il ne survient aucun accident, que la construction sera terminée en quelques mois. On se servira de poteaux en fer, comme pour la ligne Mafeking à Fort-Salisbury. Ce qui pourra occasionner quelques retards, ce sera la construction, le

long de la ligne, de stations séparées par des intervalles de 80 kilomètres au maximum.

De Zomba, la ligne télégraphique sera continuée, par la suite, vers Karouga, où se fait déjà un commerce important en ivoire et autres produits du pays. De là, par la route dite de Stevenson, elle atteindra le Tanganyika, à la baie d'Abercorn, au sud du lac, par 14° 30′ latitude sud et 31° 15′ longitude est, puis, de l'extrémité septentrionale du même lac, elle sera prolongée jusqu'au Victoria Nyanza et dans l'Ouganda. Quant à savoir si elle passera sur la rive occidentale ou sur la rive orientale du Tanganyika, cela dépendra des offres que pourront faire l'État indépendant du Congo et l'autorité coloniale allemande. Les promoteurs de l'entreprise croient que la ligne entière pourra être établie en deux ou trois ans. Les indigènes étant pacifiques, on ne prévoit pas de difficultés de leur part. Les spéculateurs comptent beaucoup, pour la réalisation de leur projet, sur le nom de M. Cecil Rhodes.

Svaziland. — C'est le 8 août dernier qu'a expiré la convention, conclue entre l'Angleterre et le Transvaal en 1890, qui établissait au Svaziland une sorte de *condominium* anglo-boer, et accordait au Transvaal le droit, dont il n'a pas fait usage, de construire un chemin de fer à travers le pays, en acquérant la souveraineté d'une bande de territoire d'une largeur maxima de trois milles.

La situation du Svaziland va donc être remise en question. La Grande-Bretagne déclare qu'elle n'a pas le droit d'en disposer en faveur du Transvaal, mais qu'elle autorise cet État à ouvrir des négociations avec le souverain du Svaziland pour y établir son protectorat, et qu'elle se retire en même temps du *condominium*. C'est dans ce sens qu'un projet de convention a été signé le 9 juin à Prétoria. Quant à la question du libre accès du Transvaal vers la mer, et de son entrée possible dans une union douanière sud-africaine, elle sera l'objet d'un arrangement subséquent. Un premier projet, fait dans une conférence à Colesberg, et qui liait cette question à celle du protectorat du Svaziland, avait été rejeté par le Volksraad transvaalien.

Afrique Orientale anglaise. — On annonce le retour à Mombaz de M. Gregory, qui vient d'accomplir une intéressante expédition au lac Baringo. Il est revenu à la côte par Leikipia, et le mont Kénia, sur les pentes duquel il a atteint une hauteur de 6 000 mètres. M. Gregory a exploré les glaciers qui forment les premières eaux du Tana, et la ligne de partage entre ce fleuve et l'Athi.

Comité anti-esclavagiste allemand. — On annonce que le comité va se dissoudre, après avoir dépensé sans aucun profit deux millions de marcs. Le comité devait faire transporter le vapeur le *Wissmann* jusqu'aux grands lacs ; faire des levées et des sondages dans le Victoria Nyanza, y creuser un dock et y transporter le *Peters*; explorer la contrée entre le Kilima N'Djaro et le Victoria Nyanza. Il n'a pu accomplir aucune de ces tâches ; le *Peters* pourrit et se rouille à Bagamoyo, et le *Wissmann* flotte dans le Nyassa, mais ne sera pas transporté plus loin. Le seul résultat un peu appréciable de si coûteux efforts est l'expédition du D' Baumann. Le comité fait retomber en partie sur le D' Peters la responsabilité de cet échec. C'est sur son avis qu'on a construit le bateau qui porte son nom, et l'on a appris seulement alors que les environs du lac ne donnaient pas assez de bois pour chauffer la machine.

Traités de délimitation. — Le gouvernement anglais a présenté au Parlement le texte de deux traités de délimitation concernant des territoires anglais en Afrique. Voici d'après le *Times* un résumé de ces traités.

Le premier avec l'Allemagne a trait au rio del Rey. Il

résulte de cet arrangement que pour éviter toutes difficultés douanières entre les deux pays, il a été arrêté que le point dénommé extrémité supérieure de la crique du rio del Rey dans le paragraphe 2 de l'article IV du traité anglo-allemand du 1er juillet 1890, sera le point situé à l'extrémité nord-ouest de l'île qui se trouve à l'ouest d'Oron à l'endroit où se rencontrent les deux criques nommées Ouroufian et Ikankan sur les cartes de l'Amirauté allemande 1889-90. De ce point, presque jusqu'à la mer la rive droite du rio del Rey formera la limite entre le protectorat des Rivières d'Huile (maintenant protectorat des côtes du Niger) et le Cameroun.

Les autorités allemandes s'engagent à ne permettre aucun établissement commercial sur la rive droite de la crique, et l'administration des Rivières d'Huile déclare n'en permettre aucun sur la rive occidentale de la péninsule Backasay dans de certaines limites.

Le second traité s'est fait avec le Portugal et se rapporte aux sphères d'influence au nord du Zambèze. Les deux gouvernements arrivent à établir un *modus vivendi* pendant les délimitations.

Les points principaux en sont ceux-ci : toutes les lignes naturelles de démarcation spécifiées dans le paragraphe 2 de l'article 1er du traité anglo-portugais de juin 1891 seront traitées comme les limites des sphères d'influence. Jusqu'à la détermination exacte du point où la latitude 13°30′ coupe le rivage oriental du lac Nyassa, Padimba, Makandjira et le rivage au sud de ces lieux seront reconnus comme étant dans la sphère d'influence anglaise et le rivage oriental au nord de la rivière Lomazi comme étant dans la sphère d'influence portugaise. Le poste érigé par M. Johnston comme point frontière sur la rive droite du Chiré sera accepté provisoirement comme étant le point situé « immédiatement au-dessous de Tchiouanga » mentionné dans la convention. La ligne formée par le Zambèze depuis les chutes de Kalima jusqu'à son confluent avec Kabompo, puis, au delà, le cours de cette dernière rivière formeront la limite provisoire entre les sphères d'influence des deux pays.

Partout où la limite provisoire paraîtra douteuse, les deux parties s'abstiendront de conclure des traités, de faire des acquisitions ou d'exercer une souveraineté sur des territoires qui pourraient, après délimitation, se trouver dans la sphère du pays rival.

Ni dans le Nyassaland, ni dans le Loangoua, ni dans les territoires des Barotsé le *modus vivendi* ne pourra être considéré comme préjugeant en aucune façon les derniers droits territoriaux de l'une ou l'autre puissance.

Cet arrangement doit durer jusqu'à juillet 1896 et pourra être ensuite dénoncé par l'une ou l'autre des parties après un avertissement préalable de trois mois. Le travail de délimitation devra alors commencer avant l'expiration de trois mois.

ASIE

Arabie. — Parmi les causes du choléra qui éclate si souvent à la Mecque, et qui fait tant de ravages cette année, il faut compter l'eau de la fameuse fontaine Zemzem, à laquelle les pèlerins viennent s'abreuver abondamment. Déjà analysée, il y a quelques années, par un chimiste anglais, qui s'en était procuré une bouteille, elle l'a été de nouveau, sur les lieux mêmes, par le colonel Bonkowsky Bey, chimiste du sultan. Dans les deux cas, l'analyse l'a montrée horriblement souillée par des matières excrémentielles. La Mecque n'a pas de système d'égouts ; les ordures de toute espèce sont enfouies dans la terre, et viennent empoisonner la source. Comme la religion musulmane fait un devoir aux pèlerins de boire de cette eau, il est urgent d'en empêcher la souillure.

AUSTRALIE ET OCÉANIE

Australie. — La population des cinq colonies d'Australie était, à la fin de 1892, non compris les indigènes, de 3 137 883 habitants, dont 1 172 895 pour la Nouvelle-Galles du Sud, 1 161 961 pour Victoria, 415 813 pour Queensland, 331 234 pour l'Australie du Sud, 55 980 pour l'Australie de l'Ouest.

On sait que l'Australie souffre actuellement d'une crise financière des plus graves. La cause en est à l'extrême facilité avec laquelle les colonies se sont laissé entraîner dans la voie des emprunts. Leur dette totale sur le marché de Londres atteint 145 millions de livres sterling (3 625 millions de francs). Ces emprunts ont été en grande partie dépensés en travaux publics hâtifs ou inconsidérés, et les profits de ces entreprises ne sont pas même suffisants pour payer les intérêts des dettes contractées. Ainsi le chemin de fer du Territoire du Nord, allant de Port Darwin à Pine Creek, a coûté, pour 235 kilomètres de longueur, la somme de 28 638 500 francs, et le produit net de la ligne, tous frais d'exploitation déduits, a été de 35 000 francs en 1892 !

Les travaux publics étant en partie arrêtés, une foule de travailleurs se trouvent actuellement sans emploi. Aussi la colonie d'Australie du Sud a-t-elle fait publier qu'étant « inondée » d'ouvriers de toute catégorie, elle déconseillait vivement l'immigration. Cet état de choses est le même dans les autres colonies. Les banques s'écroulent, les unes après les autres, comme des châteaux de cartes ; dans les premiers mois de 1893, on a enregistré les faillites de douze d'entre elles, ayant ensemble 195 670 000 fr. de dépôt.

Cette crise peut se prolonger quelque temps encore. Le mouvement qui poussait l'Australie en avant a été trop précipité. On comptait sur des ressources indéfinies ; or, d'une part, le continent a une quantité de terres absolument inutilisables ; d'autre part, les régions cultivées sont sujettes à de fréquentes sécheresses ; la rouille, les sauterelles s'attaquent souvent aux blés ; enfin les débouchés commerciaux des pays sont trop éloignés pour que le producteur réalise un bénéfice sérieux, après avoir supporté les frais de transport.

Nous avons parlé, l'année dernière, de l'échec de l'expédition Lindsay. Il a tenu à deux causes principales : la sécheresse qui régnait depuis longtemps déjà dans les régions parcourues, et la mauvaise organisation de la caravane, trop nombreuse et insuffisamment préparée à sa tâche. M. Lindsay, qui vient de publier les résultats de sa première expédition, en a entrepris une seconde, dont le but est encore un secret. D'après les derniers renseignements que nous possédions, il était parti du Gawler Range, et arrivé à Fowler Bay, après avoir parcouru, en terrain exploré, un itinéraire de 350 kilomètres. La pluie avait été relativement abondante dans la région.

On signale une nouvelle traversée du continent, dans la direction du nord au sud, accomplie par M. Guy Boothby et Longley. Partis de Normanton, sur le golfe de Carpentarie, en mars 1892, les voyageurs arrivaient, en mars 1893, à Morgan, sur le Murray (colonie d'Australie du Sud). Leurs principales étapes ont été le Flinders, la Diamantina, le Barcoo, le district de Warrego, et Bourke, sur le Darling, d'où leur voyage s'est achevé en bateau.

Une expédition, dirigée par le professeur Dahl, vient d'être envoyée dans l'Australie Occidentale sous les auspices de l'Université de Christiania. Elle se propose d'étudier les grottes, avec figures et inscriptions, découvertes jadis par sir George Grey dans le nord-ouest de la colonie, et attribuées par lui à une population antérieure aux indigènes actuels.

La seconde chambre du Queensland a adopté, en septembre dernier, un bill divisant la colonie en deux États distincts, celui du Nord et celui du Sud. Ce bill a été rejeté par la première chambre. Il est néanmoins probable que la séparation se fera un jour, à cause de la divergence des intérêts entre les deux régions.

(D'après Greffrath, *Deutsche Rundschau*).

AMÉRIQUE

Lignes d'Europe au Canada. — La compagnie franco-canadienne de navigation à vapeur vient de créer un service régulier de bateaux de Rouen à Québec et Montréal, touchant à la Rochelle et à Saint-Pierre et Miquelon. Le premier bâtiment qui fera le service a été acheté à Glasgow. C'est le *Marlaban,* qu'on a rebaptisé l'*Olbia*.

En même temps, une compagnie anglaise a proposé au gouvernement canadien d'établir un service de paquebots rapides d'Angleterre à Montréal. La durée de la traversée, par les lignes actuellement existantes, est de 9 jours.

Canada. — L'hiver, si terrible en Canada, vient d'y montrer sa puissance par des congélations de hautes ou grandes cascades que d'ordinaire il respecte.

Ainsi, le 12 janvier de cette « benoîte » année 1893, la célèbre chute du Montmorency a été entièrement cristallisée : du haut en bas elle était devenue bloc de glace; or, elle n'a pas moins de 75 à 80 mètres de plongeon, et le torrent qui s'y précipite, à 10 kilomètres en aval de Québec, tire des eaux abondantes d'une foule de lacs enchâssés dans le granit des Laurentides. Il y a quelque soixante ans que la cascade ne s'était pas solidifiée du haut en bas, ou plutôt du bas en haut, puisque la consolidation des cascades commence par le bas.

A Ottawa, ou plus exactement en face d'Ottawa, à Hull, sur la rive québecquoise de la grande rivière, gel total de la fameuse Chaudière, aussi en janvier. Le fait est des plus rares : non que la chute soit très élevée, 18 à 19 mètres seulement, mais il faut un froid plus que froid pour comprimer en glace l'énorme masse d'eau, qui tombe en un arc de cercle de 64 à 65 mètres de corde.

Colombie Britannique. — On vient de commencer les travaux de fortification de Port Esquimalt, au sud de l'île Vancouver, sur le détroit de San Juan de Fuca. Port Esquimalt n'était jusqu'ici qu'une station navale. Les travaux qu'on y faits ont pour but de le mettre à l'abri d'un coup de main, au cas, par exemple, d'une guerre avec la Russie, et de protéger le dépôt de charbon qui y est établi, et qui s'alimente dans l'île même. Port Esquimalt deviendra ainsi le port avancé du Dominion, et de tout l'empire britannique.

Les pêcheurs de la mer de Bering. — Le tribunal d'arbitrage international, réuni depuis plusieurs mois à Paris pour trancher la question des droits des Etats-Unis sur les pêcheries de la mer de Bering, vient de rendre sa sentence. Elle déclare que, bien que par ukaze de 1821, la Russie ait réclamé la juridiction de la mer de Bering jusqu'à 100 milles italiens des côtes, elle n'en a pas moins admis, dans les traités de délimitation conclus en 1824 avec les Etats-Unis et en 1825 avec la Grande-Bretagne, que sa juridiction ne s'étendait qu'à une portée de canon du rivage; que, par conséquent, à l'époque de la cession de l'Alaska aux Etats-Unis, la Russie n'exerçait aucun droit exclusif sur les pêcheries de phoques, en dehors de la limite ordinaire des eaux territoriales. Elle déclare ensuite que la Grande-Bretagne n'a jamais reconnu une juridiction exclusive de la Russie sur les pêcheries à phoques de la mer de Bering, en dehors des eaux territoriales ; que la mer de Bering était comprise dans les mots « océan Pacifique » du traité de 1825, et que par conséquent elle n'est point une mer fermée, comme le prétendaient les Etats-Unis. Elle reconnaît que la Russie a transmis tous ses droits aux Etats-Unis par la cession de l'Alaska, le 30 mars 1867. Enfin, en ce qui concerne les îles de la mer de Bering appartenant aux Etats-Unis (îles Pribyloff), elle déclare qu'en dehors de la limite ordinaire des eaux territoriales (trois milles), les Etats-Unis n'ont aucun droit de protection ou de propriété sur les pêcheries de phoques à fourrures.

Cette sentence arbitrale est suivie d'un règlement en neuf articles, dont voici les dispositions principales : interdiction de tuer, capturer ou poursuivre les phoques à fourrures dans une zone de 60 milles autour des îles Pribyloff; interdiction de cette pêche du 1er mai au 31 juillet dans toute la partie de la mer de Bering située au nord de 35° latitude nord, et à l'est du 180° longitude est de Greenwich; établissement d'une licence spéciale dont les bateaux (voiliers seulement) qui prennent part à la pêche doivent être munis; interdiction des filets, des armes à feu et des explosifs; enfin exemption de ces formalités pour les Indiens péchant pour leur compte.

Ces décisions du tribunal arbitral sont accueillies avec satisfaction dans les deux pays. En principe, c'est la théorie de la liberté de la mer, soutenue par la Grande-Bretagne, qui l'a emporté. Mais en pratique ce sont vraisemblablement les Etats-Unis qui bénéficieront de la sentence; la pêche la plus fructueuse est celle qui se fait dans les eaux territoriales, et l'interdiction de trois mois privera les pêcheurs de l'Océan de leur meilleure saison. Aussi un certain mécontentement s'exprime-t-il au Canada.

Le tribunal a fait suivre ses résolutions de deux vœux dont la sagesse nous parait incontestable. Le premier est qu'il serait juste d'établir un règlement pour la pêche dans les eaux territoriales; le second que, pour prévenir la disparition des phoques à fourrures, les deux pays intéressés devraient s'entendre pour interdire complètement la chasse pendant une, deux ou trois années.

Guyane Brésilienne. — En 1876, le P. Nicolino, Brésilien, guidé par le texte de manuscrits, qu'il avait découverts au séminaire d'Aix, sur les itinéraires des anciens missionnaires jésuites à travers l'Amérique méridionale, résolut d'explorer les vastes plaines qui se trouvent dans le bassin amazonien au sud des monts Tumuc-Humac et des Guyanes hollandaise et française.

Il partit du confluent du Trombetas, au-dessus d'Obidos, atteignit les plaines en question, mais chercha en vain la tribu d'Indiens blancs dont avaient parlé les Pères Jésuites et qu'aurait effectivement rencontrés M. Coudreau en 1885.

Forcé de retourner en arrière pour s'approvisionner, il tenta l'année suivante une nouvelle expédition à travers les forêts, mais dut encore revenir. En 1882, engagé dans un troisième voyage, le Père Nicolino mourut de la fièvre jaune.

Le rio Trombetas, en amont du confluent du rio Cumina, est fort peu connu : durant ces vingt dernières années, cinq ou six expéditions ont quitté Obidos dans le but de l'explorer, et ne sont jamais revenues.

En 1890, une inondation de l'Amazone dévasta les plaines où paissent les troupeaux du district d'Obidos. A ce moment, le gouvernement de la province brésilienne de Para songea à redécouvrir les moyens de communication avec les pleines décrites autrefois par les Jésuites et il organisa une expédition commandée par l'ingénieur Gonçalves Tocantins.

Le 6 octobre 1890, l'expédition quitta Obidos, remonta le Trombetas jusqu'au confluent du Cumina, lequel, entrecoupé de roches et de rapides, est à peu près impraticable à la navigation, et s'engagea ensuite pendant dix jours dans la vallée de l'Urucuriana, affluent de gauche du Cumina. Les bords de cette rivière sont couverts de forêts épaisses, et les arbres et les lianes gigantesques tombés en travers du courant obstruent à tout instant la navigation.

Comme la fièvre commençait à se manifester, les explorateurs revinrent au Cumina, qu'ils continuèrent à remonter. Sur la rive gauche, ils découvrirent un village d'Indiens, dont les habitants s'enfuirent à leur approche. L'expédition laissa des présents et se retira. Quand ils revinrent, les présents étaient mis en lieu sûr, mais les Indiens continuaient à se cacher. Dans le village, des outils témoignaient évidemment de leurs relations avec la colonie hollandaise de Surinam.

Le 28 novembre, l'expédition atteint les savanes recherchées : du sommet d'une colline dominant de 450 mètres le lit du Cumina, la vue découvre de grasses plaines, libres de toute forêt sur une immense étendue. Vers le nord, les monts Tumuc-Humac ferment très loin l'horizon ; au sud les forêts s'étendent jusqu'à l'Amazone ; vers l'est les plaines semblent illimitées : M. Tocantins pense qu'elles vont jusqu'aux rios Aporuna, Arapuoni, Aucapa et Oyapock. Enfin, du côté de l'ouest, leurs confins sont difficiles à discerner ; elles se prolongent sans doute au delà du rio Branco. Le plateau tout entier est arrosé de nombreux cours d'eau. A cet endroit, le Cumina est large de 250 mètres, parfaitement navigable, complètement débarrassé de brisants et de chutes d'eau. A l'époque où voyageait M. Tocantins, les vents du nord dominaient, le climat était tempéré et salubre, selon toute apparence. Ces vastes plaines sont propres à l'élevage d'innombrables têtes de bétail.

République Argentine. — Bien qu'il faille attendre, encore longtemps les résultats des missions de topographie qui s'exécutent un peu partout sous les auspices des différentes sociétés savantes de la République Argentine, il est intéressant de les signaler au passage. C'est ainsi que le docteur Ten Kate nous donne quelques notes sur le dernier voyage qu'il vient de faire avec M. Francisco P. Moreno. L'expédition du musée de la Plata, qu'avait organisée M. Moreno avait un but à la fois géographique et archéologique. Elle a parcouru surtout la région andéenne désolée, qui s'étend sur la frontière de l'Argentine et du Chili, depuis Tinogasta jusqu'à 22° 30′ latitude près de la limite bolivienne. Les différents itinéraires qui ont été parcourus ont fait ressortir que la grande carte de l'intérieur de la République Argentine, par Brackebusch, est très inexacte et pleine d'erreurs de toute sorte. Les travaux de MM. Lange et Bovio, ingénieurs de la mission, seront une véritable contribution à la topographie de ces régions isolées et imparfaitement connues. Le premier, ainsi que le géologue Hauthal, sont encore en campagne.

RÉGIONS POLAIRES

Expédition Peary. — La seconde expédition arctique du lieutenant Peary, a dû quitter récemment le port de Philadelphie sur le steamer *Falcon*. L'expédition doit durer deux ans au minimum. La route suivie sera la même qu'en 1891, c'est-à-dire la mer de Baffin, le détroit de Smith et la baie de Mac Cormick, où le lieutenant compte hiverner. Le but qu'il se propose n'est pas d'atteindre le pôle nord, mais de déterminer, aussi exactement que possible l'étendue et la nature de l'archipel septentrional qui existe au nord de la terre-ferme. Jusqu'à quelle distance du pôle s'avancent les différentes terres détachées, c'est ce dont lieutenant Peary s'efforcera de se rendre compte, et si la glace permet l'usage du traîneau,

il est probable qu'il quittera sa base d'opérations et s'avancera aussi loin qu'il le pourra dans la direction du pôle.

Expédition Nansen. — Dans une dépêche adressée au *Times* de Vardö, 23 août, mais écrite au commencement du mois, dans le détroit de Yougor, le D* Nansen donne les détails suivants sur son expédition :

« Le passage de Norvège à la Nouvelle-Zemble a été bon, sauf que nous avons eu des vents et du brouillard. Le 25 juillet, nous sommes arrivés en vue de la Terre des Oies, dans la Nouvelle-Zemble ; nous avons rencontré la première glace le 27, par 69°50′ latitude nord, 50° longitude est, à environ 10 milles au nord des îles Kolgouyeff. Nous l'avons franchie, et nous avons pu voir, à cette occasion que le *Fram* se comporte admirablement dans les glaces. Le 29 juillet, nous arrivâmes au détroit de Yougor, à 250 milles du point où nous avons rencontré la banquise. Le bateau qui doit nous apporter du charbon n'est point encore signalé, mais notre approvisionnement nous suffit. Nous emmenons avec nous 34 chiens à traîneaux de Sibérie. Le détroit de Yougor est ouvert depuis le 3 juillet, et il semble qu'il n'y ait pas beaucoup de glace dans la partie méridionale de la mer de Kara, le vent l'ayant poussée au nord. J'estime que nous sommes dans des conditions très favorables, et que nous ferons rapidement notre route le long de la côte. A moins que la glace ne soit mauvaise, nous espérons atteindre les îles de la Nouvelle Sibérie avant la fin d'août ; si nous parvenons à le faire, notre succès est à peu près certain. Si nous en avons le temps, nous nous arrêterons à l'Olenek, et de là nous pourrons encore envoyer de nos nouvelles en Europe ».

Ajoutons qu'un certain nombre de bâtiments sont en route pour les fleuves de la Sibérie, spécialement en vue du transport des matériaux pour le chemin de fer transsibérien en cours d'exécution.

NOUVELLES DIVERSES

— Dans sa séance du 3 juillet dernier la Société Royale de Géographie *de Londres a refusé d'admettre des dames comme membres ordinaires. Cette décision a été prise par* 172 *voix contre* 158. *Dans une première consultation faite par lettre, il s'était trouvé au contraire, en faveur de l'innovation proposée, une majorité de* 1 165 *voix contre* 466.

— L'été si chaud que nous traversons occasionne en Espagne une sécheresse extraordinaire. L'Ebre n'a plus assez d'eau pour faire mouvoir ses moulins ou pour couler dans ses canaux d'irrigation ; le Tage est guéable à Tolède.

— Le câble télégraphique qui relie le Portugal aux Açores a été inauguré le 28 août à Lisbonne, en présence du roi, de la famille royale et du corps diplomatique.

— M. Binger, gouverneur de la Côte de l'Ivoire, s'est embarqué le 9 août sur la canonnière Capitaine Ménard *à destination de son poste.*

— Le Volksraad du Transvaal vient d'autoriser la prolongation du réseau des chemins de fer du Natal, à partir de Charlestown jusque dans le territoire de la République.

BIBLIOGRAPHIE

REVUE DES PÉRIODIQUES

Articles signalés :

Revue de géographie. juillet 1893. — *D'où venons-nous et où allons-nous au point de vue colonial?* par L. Drapeyron. — *La population de la Grande-Bretagne*, avec figures relatives au mouvement de la population, par D. Bellet. — *Chypre et ses principales productions* en 1892 (suite), par P. Mouillefert. — *Une île déserte du Pacifique. L'île des Cocos (Amérique)*, par D. Lièvre (fin). — *Les colonies chinoises aux États-Unis* (suite), par G. N. Tricoche. — *Les lacunes dans notre connaissance du relief français*, par A. Thalamas. (Le jeune et distingué professeur s'occupe aujourd'hui de l'état de nos connaissances sur le relief français et des lacunes qu'elles présentent, lacunes beaucoup plus considérables qu'on ne le croit généralement. Pour connaître sous toutes ses formes accessibles le *relief local* ou *topographique*, il en faudrait avoir des représentations en carte en relief, en profil et en perspective; pour ces dernières, pour chaque région il suffirait d'un certain nombre de vues caractéristiques, soit dessins à main levée (la trop grande complexité des formes empêchant d'employer la perspective mathématique), soit surtout vues photographiques, aériennes ou prises sur le sol. Or la première de ces diverses sortes de représentations est la seule qui existe d'une façon tout à fait complète et satisfaisante; les profils sont rares et imparfaits; les vues photographiques, surtout celles qui sont caractéristiques, manquent à peu près complètement; quant au relief solide, à de très rares exceptions près, il est à faire. L'auteur indique comment ces lacunes pourraient être assez aisément comblées avec le concours des diverses sociétés de géographie et de photographie et celui des simples amateurs et des élèves de nos écoles militaires.)

Revue de géographie, août 1893. — *Le commerce et les voies de communication de la Perse,* par E. Le Cointe. (Intéressant article, plein d'utiles renseignements sur les principales villes commerciales de la Perse, les distances qui les séparent, la durée des voyages, le prix du transit, la production des marchandises qui en sont l'objet, l'avenir enfin du commerce de ce pays. L'auteur préconise vivement l'établissement par une compagnie française, sinon d'une voie ferrée, au moins d'une route carrossable, entre Tabriz, Erzeroum, Trébizonde; Français, Turcs et Persans y seraient également intéressés.) — *Chypre et ses principales productions en 1892* (suite), par P. Mouillefert.— *La population de la Grande-Bretagne,* par D. Bellet (suite). — *Les colonies chinoises aux États-Unis* (suite), par G. N. Tricoche.— *Corfou,* par Mme d'Harrasowsky, d'après Ferdinand Gregorovins.

Geographical Journal, août 1893. — *Journeys in French Indo-China,* par G. N. Curzon (Étude générale sur les possessions françaises de l'Indo-Chine, la manière d'y voyager, etc., 1er article). — *With the Railway Survey to Victoria-Nyanza,* par le capitaine J. W. Pringle. (Compte rendu des opérations effectuées sous les ordres du capitaine Mac Donald, par MM. le capitaine J. W. Pringle, les lieutenants P. G. Twining et H. H. Austin et le sergent F. H. Thomas pendant l'année 1892, entre Mombaz et l'Ouganda, pour l'étude d'un tracé de chemin de fer entre la côte et le Victoria Nyanza, avec une carte au 1/1 000 000e très détaillée de ce tracé. Nous reparlerons plus longuement dans notre prochain numéro de ce très intéressant article.) — *The ancient trade route across Ethiopia,* par J. Th. Bent. (Recherches sur une des anciennes routes commerciales, qui aurait eu pour point de départ le port d'Adulis (Zoula), et qui, passant par Coloé, dont M. Bent a retrouvé les ruines, et Yeha, l'ancienne Ava, aurait conduit à Axoum, la capitale de cette partie de l'Abyssinie, d'après l'auteur du *Périple* et éventuellement jusque dans la vallée du Nil, à l'île de Méroé.) — *The Surveys of India,* 1891-1892. (Résumé du rapport annuel des opérations topographiques exécutées dans l'Inde, sous la direction du colonel H. R. Thuillier pendant l'année qui s'est terminée à la fin de septembre 1892. Ce rapport contient une grande quantité de renseignements scientifiques et administratifs des plus intéressants. Nous aurons l'occasion d'y revenir.)

Mitteilungen de Petermann, juillet 1893. — *Ueber die Bodenverhältnisse des Nordwestlichen Teiles der Argentinischen Republik, mit Bezugnahme auf die Vegetation,* par le Dr L. Brackebusch. (Depuis de longues années déjà, le Dr Brackebusch, bien connu par ses intéressants travaux sur la République Argentine, préparait un important ouvrage sur ce pays, ouvrage qui devait être accompagné de nombreuses cartes et gravures et dans lequel l'auteur se proposait de traiter spécialement l'orographie, l'hydrographie, la géologie, la minéralogie, la nature des terrains et leur influence sur les rapports de la végétation. Malheureusement les troubles récents de la République ainsi que sa longue et ruineuse crise financière en ont provisoirement empêché la publication, qui devait être faite aux frais de l'État. Le travail que présente M. Brackebusch est un extrait de cette œuvre, il est accompagné de deux cartes très soigneusement établies et du plus haut intérêt.) — *Das grosse Erdbeben auf der Insel Zante im Jahre* 1893, par le Dr Constantin Mitzopoulos. (Notice détaillée sur le tremblement de terre de l'île de Zante, en janvier 1893).

COMPTES RENDUS

J. Thoulet, professeur à la Faculté des Sciences de Nancy : *Introduction a l'étude de la géographie physique.* Paris, Société d'Éditions scientifiques, 1893, in-8°.

Voici un livre courageusement original, plein de faits et de pensées, et qu'il est impossible de lire sans en retirer une impression profonde. Il étonnera plus d'un lecteur : nous sommes si habitués à voir la parole ou la pensée faire un peu de toilette pour se présenter sous la forme écrite, qu'il nous faut un effort pour admettre la pure et simple reproduction d'un cours parlé, sans aucune modification, surtout si ce cours est l'œuvre d'un professeur de Faculté. En cela, nous obéissons à la fois à une bonne et à une mauvaise habitude. La bonne habitude, c'est d'exiger un certain ordre dans le déroulement de la pensée; la mauvaise, c'est de confondre avec cet ordre un décorum extérieur qui n'en est que l'apparence, et que M. Thoulet a volontairement écarté de sa composition. Ce livre, dit-il, a été pensé tantôt dans un laboratoire, tantôt dans une forêt, puis parlé à un cours. Il reste tel que l'avaient fait la pensée et la parole, sans préoccupation d'examen, sans autre souci que la recherche de la vérité pour la vérité. On le lira moins pour apprendre que pour comprendre, mais nous n'hésitons pas à dire qu'à ce dernier point de vue il nous paraît vraiment supérieur. L'auteur — précisément à cause de sa méthode de composition — n'a pas hésité à mélanger la pensée aux faits, la synthèse à l'analyse, à s'arrêter longuement parfois pour tirer les extrêmes conséquences d'une même observation qui le conduit sur un terrain imprévu, ou à revenir à l'improviste sur un aspect nouveau de notions déjà étudiées précédemment. Depuis la formation des composés minéraux jusqu'aux problèmes les plus élevés de la nature humaine, il fait tout entrer dans sa géographie physique, et il a raison, disons-nous, à moins qu'on ne nous montre un phénomène terrestre complètement indépendant de la Terre. Cette sorte de promenade à travers la nature physique est parfois émue d'une émotion à la fois scientifique et poétique. Rien de plus curieux à cet égard que les pages consacrées à la cristallisation, ou à l'analyse des roches. Certains trouveront peut-être que ce sont là des hors-d'œuvre, et que la science doit garder une invariable sérénité; oui, mais à condition de demeurer étrangère à toute une partie de la vie. La conception de M. Thoulet, sa pensée qui se déroule un peu à bâtons rompus, nous paraissent au fond autrement vraies, élevées et profondes. Si la science veut pénétrer et modifier la vie générale, elle ne doit rester étrangère à rien de ce qui est humain.   F. S.

Dr Luiz Cruls : *Relatorio parcial apresentado as Ministro da Industria, Viacão e Obras publicas.* Rio de Janeiro, 1893, in-8°.

Cette relation contient l'exposé résumé des travaux de la *Commission du Plateau central brésilien,* chargée de reconnaître un emplacement propice à l'érection d'une nouvelle capitale fédérale.

Au centre de la province de Goyaz, sur

les plateaux qui séparent les versants du Tocantins et du Paraná, entre Pyrenopolis (autrefois Meia Ponte) et Formosa, on a tracé un quadrilatère représentant une superficie de 14400 kilomètres carrés, qui seront l'objet d'un levé au 1/10000e. C'est dans cette zone que s'élèvera la future métropole.

Le détail des travaux de la commission (calculs d'observations astronomiques, études météorologiques, cartes des itinéraires représentant un développement de plus de 4000 kilomètres, collection de plus de 100 photographies) sera publié prochainement dans un *Relatorio geral*.

L'aire du district fédéral délimitée et explorée présente une grande variété dans sa configuration topographique. A 18 kilomètres de Pyrenopolis, est situé le sommet culminant de la Serra dos Pyreneos (1583 m.). La détermination exacte de cette altitude rectifie une erreur considérable : on avait attribué à cette région jusqu'à 2 932 mètres de hauteur, ce qui en faisait la plus élevée de tout le Brésil et lui donnait un caractère montagneux qu'elle est loin d'avoir, puisque, Meia Ponte étant coté à 740 mètres, la différence de niveau ne dépasse pas 645 mètres.

Cette région consiste en *chapadaos* (plateaux arrondis), d'une altitude moyenne de 1000 à 1200 mètres, jouissant d'un climat frais et d'un air pur, ravinés par des cours d'eau limpides et couverts d'une végétation riche et variée. Les régions qui environnent Santa-Luzia, Corumba, Mestre d'Armas, Formosa, avec leurs beaux panoramas, et leurs *campinas* accidentées, abondantes en eaux potables, sont parmi les plus intéressantes qu'ait explorées la Commission.

V. H.

Peralta (Manuel M. de) y Alfaro (Anastasio) : *Etnologia centro-americana.* — *Catálogo razonado de los objetos arqueológicos de la república de Costa-Rica, en la Exposición histórico-americana de Madrid, 1892.* Madrid, 1893.

Du même auteur : *Etnologia centro-americana. Apuntes para un libro sobre los aborígenes de Costa-Rica.* Madrid, Murillo, 1893.

M. Manuel M. de Peralta est sans doute, parmi les historiens contemporains, celui qui est le mieux au courant de l'histoire de la république de Costa-Rica, qu'il représente avec la plus grande distinction auprès des principales cours d'Europe.

A l'occasion du récent congrès des Américanistes et de l'Exposition historique américaine de Madrid, il a publié en deux éditions les *Apuntes* ci-dessus, qui embrassent une claire exposition de la géographie actuelle de son pays d'origine, un essai important sur la distribution des diverses tribus indigènes durant le xvie siècle, et enfin, dans la première édition, une description complète de la partie marquante des précieuses collections nationales d'antiquités précolombiennes. Cette dernière section du livre est due à la plume autorisée de M. Alfaro, directeur du musée de Costa-Rica et délégué officiel aux Expositions de Madrid et de Chicago.

D'après M. de Peralta, les principaux groupes ethniques des populations aborigènes de la partie de l'Amérique centrale où se trouve le Costa-Rica étaient : les *Choro-*

tegas, les *Nahuas*, formant l'élément étranger et sporadique, et les *Guetares*.

Les premiers n'étaient pas restreints au Costa-Rica, mais habitaient tout le versant du Pacifique entre Nicoya et Chiapas, et occupaient les cinq provinces suivantes : *Choroteja-la-Vieille*, autour du golfe de Nicoya; *Nicoya*, sur le versant occidental de la presqu'île de ce nom et se prolongeant jusque vers le lac de Nicaragua; *Managua* ou *Xolotlan*, comprenant les tribus localisées entre les lacs de *Nicaragua* et *Managua*; *Nequepio*, autour du golfe de Fonseca, et *Chiapas*, vers l'extrémité nord de l'aire de dispersion du groupe.

Les *Nahuas* (Nahuatls) du Mexique avaient fondé plusieurs colonies dans la vallée du Tilorio, le long de la mer des Antilles, et, du côté du Pacifique, dans l'isthme de Rivas et la péninsule de Nicoya.

Le reste du Costa-Rica, au sud, était habité par de nombreuses peuplades, appartenant toutes, probablement, à la grande famille des Guetares, et dont les principales étaient les *Suerres*, les *Tariacas*, les *Viceitas*, les *Terratas*, les *Quepos*, les *Cotos* et les *Bruncas*. Les affinités des *Corobicis*, dont descendraient les *Guatusos* actuels, et des *Votos*, qui occupaient les grandes plaines le long du San Juan, et les pentes septentrionales de la Cordillère, ne sont pas connues.

La majeure partie de ces tribus ont disparu comme telles et ont fusionné avec les autres éléments qui constituent la population actuelle du pays. Elles ne sont guère connues que par la tradition, les récits des premiers *conquistadores* et surtout par les poteries et les objets de pierre et d'or qu'on a retirés de leurs nécropoles, et dont la plus belle série forme les collections du musée de Costa-Rica. Les seuls groupes existant encore à l'état d'organisation sociale sont les Bruncas, les Terratas, les Guatusos, les Chirripas, les Catextares et les Bribris, dont on a recueilli les dialectes d'une manière plus ou moins complète. Les produits céramiques, et autres, de leurs ancêtres sont moins connus, et, pour autant qu'on en peut juger, moins parfaits que ceux des Chorotégas et du reste des Guétares.

P. de F.

Montero Barrantes (Francisco). *Geografia de Costa-Rica. Obra escrita por comision del Gobierno de la República para las Exposiciones histórico-americana de Madrid y universal de Chicago, e ilustrada con grabados.* Barcelone, 1892.

Sous ce titre, l'auteur a réuni une nouvelle édition de sa « Géographie », dont la 3e édition avait paru en en 1890, puis divers extraits puisés dans des publications antérieures, un fragment de l'important rapport de Gabb sur son exploration de la Talamanca, effectuée par ordre du dictateur Guardia en 1873, et enfin la belle monographie de Frantzius sur les mammifères du Costa-Rica. Les emprunts, qui sont reproduits sans l'avertissement préalable qui eût été de rigueur dans la préface, forment de beaucoup la partie la plus volumineuse, et aussi la plus intéressante, de tout l'ouvrage. La « Géographie » proprement dite fourmille d'erreurs et de lacunes et réédite quelques hérésies surannées à propos de l'orographie et du climat du pays.

En revanche, le livre est copieusement illustré, et se termine par un dernier emprunt, la carte *historique-géographique* de M. de Peralta, laquelle sert surtout à mettre en relief les erreurs du texte.

Dans sa forme disloquée, et prolixe, la géographie de M. Montero Barrantes prétend être à la fois un manuel à l'usage de l'immigrant et un livre pour les écoles. Sans sortir des limites de la plus stricte impartialité, on peut assurer que l'un et l'autre but sont manqués : les minuties onomatologiques sont pour des colons d'un secours aussi inefficace que la terminologie scientifique des fauves, et la première condition à remplir, pour un bon texte scolaire, outre la sobriété et l'exactitude, est un prix qui le mette à portée de toutes les bourses.

P. de F.

Barberena (Dr S. J.) : *Descripción geographica y estadistica de la República del Salvador.* San Salvador, 1892.

Dans ses 114 pages, ce livre nous décrit d'une manière succincte et relativement bien pondérée la plus petite des cinq républiques du Centre-Amérique, en ajoutant une foule d'indications statistiques qui donnent une idée claire de la situation économique du pays, si toutefois on peut accorder un entier crédit aux chiffres reproduits, ce qui est rarement le cas lorsqu'il s'agit des républiques hispano-américaines. Cette fois, le livre a bien été écrit spécialement en vue de l'immigrant et se termine par la *Ley de Extranjería*, suivie d'une liste des agents consulaires et diplomatiques en résidence au Salvador, d'une part, et de ceux accrédités à l'extérieur par le gouvernement du pays, de l'autre.

Il est à noter que les limites du Salvador ne sont encore fixées par aucun traité spécial. M. Barberena, qui, en sa qualité d'ingénieur en chef de la Commission chargée de lever la carte du pays, a parcouru d'une extrémité à l'autre la ligne frontière telle qu'elle est aujourd'hui déterminée par les municipalités limitrophes, en donne une description très détaillée. La superficie du pays est de 34 126 kil. carrés et la population de 600 000 habitants, c'est-à-dire de 20 par kil. carré. Le Guatemala, qui suit comme densité, n'en a que 8,1 et Costa-Rica, selon le dernier recensement, à peine 4. Il y avait, en 1891, 657 écoles publiques avec 27 243 élèves; 70 kil. de chemins de fer en exploitation et 23 en construction; 3200 kil. de lignes télégraphiques avec 180 bureaux, et plus de 800 kil. de lignes télégraphiques.

P. de F.

CARTOGRAPHIE

Kaiser Wilhelms Land und Bismarck Archipel. 4 feuilles, au 1/1000000e. Berlin, *Deutsche Kolanialgesellschaft*, 1893.

Carte murale comprenant les parties allemande et anglaise de la Nouvelle-Guinée et l'archipel Bismarck. Elle est très claire, et mise au courant des découvertes récentes. On peut y voir que la connaissance de la grande île, malgré les progrès réels qu'elle a faits en ces dernières années, est encore bien imparfaite.

NOUVELLES GÉOGRAPHIQUES

LE MÉKONG [1]

L'HISTORIQUE de la question du Mékong présente ce phénomène curieux d'un fleuve qui a passionné l'opinion publique il y a trente ans environ et qui, après un peu d'oubli, redevient aujourd'hui l'objectif principal des efforts coloniaux des Européens, mais à un point de vue tout différent. En 1866, le but poursuivi était la pénétration du négoce français en Chine et au Tibet. La mission Doudart de Lagrée conclut à la non-navigabilité du Mékong, tant à cause du régime capricieux des eaux pendant les différentes saisons qu'à cause de son lit géologiquement trop nouveau et non encore régularisé. C'est alors que Francis Garnier se précipita sur le fleuve Rouge, où il découvrit la belle et unique route pour aborder au cœur de la Chine; pendant un temps, malgré les beaux travaux des docteurs Harmand (1875-77) et Néis (1883-84), le Mékong fut relégué parmi les questions secondaires.

Mais il y a trois ans la mission Pavie déboucha sur les riches plaines du Laos par des défilés et des vallées faciles mettant en communication le Mékong avec les côtes de l'Annam; et précisément ces routes nouvellement découvertes aboutissent au fleuve entre Kemmarat et Louang-Prabang, c'est-à-dire sur le grand bief reconnu entièrement navigable pour des bateaux à vapeur. En laissant des navires démontables par-dessus les rapides de Khône, nous pouvons drainer à notre profit tout le trafic du moyen Mékong et l'attirer vers notre port de Tourane.

La question du Mékong a donc changé de face; mais une chose reste, c'est la nécessité d'imposer notre influence sur ses rives au nom de la civilisation et de nos intérêts nationaux.

D'autre part, les voyages de MM. Pavie, Cupet, de Malglaive, Yersin, etc., ont fait ressortir combien notre occupation de la rive gauche, si avantageuse à notre commerce et à l'amélioration du sort des indigènes, devenait de plus en plus urgente à cause des empiétements des Siamois, ces oppresseurs des tribus sauvages, ces envahisseurs qui nous jetteraient bientôt à la mer, s'ils atteignaient la crête des monts d'Annam.

Quels sont les droits de la France, au nom de l'Annam, sur la rive gauche du Mékong envahie peu à peu par le Siam dans les régions les plus intéressantes? Les droits de l'Annam concordent-ils avec nos intérêts nationaux, avec ceux des indigènes, avec ceux de la civilisation en général? Telle est la question que nous nous proposons de résoudre dans cet article. Pour cela nous nous appuierons principalement sur les savantes recherches de M. le député D..., et les travaux de la mission Pavie, car ces deux noms représentent les plus hautes et les plus récentes connaissances que nous ayons sur le sillon commercial de l'Inde Transgangétique.

Mais avant d'aborder les régions qui viennent d'amener les conflits avec le Siam, jetons un rapide coup d'œil sur les hautes vallées du fleuve, afin que notre étude résumée du principal bassin de l'Inde postérieure soit complète sur tous les points.

C'est au sortir du Yun-Nan seulement que le Mékong, sous le nom de Nam-Kong, devient une artère commerciale de premier ordre; en amont de cette province chinoise, ses eaux ne font que bondir de chute en chute à travers une contrée inhabitée, et même dans cette riche province, son bassin étranglé reste en dehors des richesses minières, toutes réunies sur les faciles versants du fleuve Rouge et du Yang-Tsé-Kiang.

Il y a toute apparence que les sources de notre fleuve resteront voilées pendant de nombreuses années encore, parce qu'elles se trouvent juchées au sommet d'un fouillis de montagnes inaccessibles, prodigieusement hautes et égarées dans une région inhabitable qui n'est pas intéressante au point de vue économique. On sait vaguement que les premières fontaines ou les premiers glaciers de l'immense cours d'eau se cachent par 92° de longitude est et 33° de latitude nord, dans un massif qui donne aussi naissance à l'une des branches mères du Yang-Tsé-Kiang. Quelques explorateurs l'ont rapidement franchi sur des passerelles volantes oscillant à plus de 3 000 mètres, d'où ils le voyaient couler au fond des plus étonnantes cluses et parfois disparaître dans des profondeurs ténébreuses. C'est vers le point extrême nord de Tsiambo qu'il a été traversé, sous le nom de Satchou, par les voyageurs Huc et Gabet (1846), Bonvalot et le prince Henri d'Orléans et Bower (1891).

Mais si ce chenal gigantesque de la presqu'île indo-

---

1. On pourra consulter, en lisant cet article, la carte des voyages du capitaine Cupet, parue dans *le Tour du Monde*, 1er semestre, p. 178, et celle des missions Pavie en Indo-Chine, parue dans notre *Année cartographique*, 2e année, 1891.

chinoise est trop raboteux pour écouler l'étain et le cuivre du Yun-Nan, s'il ne peut servir à héler les massives cargaisons de sel marin que les indigènes préfèrent à l'amer sel gemme de leurs mines, il est possible du moins qu'il devienne le couloir de notre trafic d'articles plus aisément transportables avec le Tibet. L'Angleterre s'épuise à chercher une passe dans le Tibet par Dardjiling, dans l'Inde, mais la France peut y atteindre bien plus aisément par le Yun-Nan, comme l'a constaté le docteur Pichon, sans payer d'autres droits que ceux de la douane chinoise d'A-Teng-Zè, où nos produits parviendront à meilleur compte que ceux de nos concurrents. Déjà les pèlerins tibétains et les lamas eux-mêmes traversent les dangereuses rangées de crevasses pour apporter sur les marchés du Yun-Nan l'or, le musc, la cire, les étoffes, la laine brute. Les plus récentes évaluations estiment à 20 millions les échanges du Tibet de notre côté. Nos indiennes, nos draps de couleurs voyantes sont extrêmement appréciés par les sectaires du pontife de Lassa.

Après avoir coulé sous le superbe pont suspendu qui relie Bhamo à Talifou, après avoir laissé en Chine, à 70 kilomètres de sa rive gauche, la ville de Semâo qui sert d'étape au pénible sentier anglais de Mandalay à Montze, le Mékong entre dans la région laotienne à Xieng-Hong, point où la mission de Lagrée cessa de le remonter en 1866. Il y a trois ans, lorsque la mission Pavie atteignit le fleuve à 50 kilomètres en amont de Xieng-Hong pour se rendre dans les États Chans Birmans, personne n'en avait encore vu le cours dans le Yun-Nan, et ces explorateurs, qui eurent la chance de le descendre à l'époque des crues (juillet-septembre), y trouvèrent des conditions de navigabilité très favorables et tout à fait opposées à celles qu'avait constatées Francis Garnier à l'époque des basses eaux. Le régime du fleuve s'améliore pendant trois mois, dans ce tronçon de son cours, au point de devenir une très bonne voie commerciale.

Lord Lamington, qui remontait le Mékong entre Xieng-Sen (ville siamoise) et Xieng-Hong, la même année que M. Pavie, s'extasiait sur la fertilité des vallées du Nam-Ma et appelait l'attention de l'Angleterre sur ce point. Dans ces parages le fleuve s'étale sur une grande largeur, mais il s'embarrasse de roches qui forment de nombreux rapides. Il faudrait d'importants travaux pour y employer la navigation à vapeur, mais les populations riveraines s'en servent pour leur trafic en jonques.

De Xieng-Sen à Louang-Prabang, deux falaises calcaires érodées à pic enserrent le fleuve et semblent une profonde tranchée; les villages deviennent plus rares à mesure que la navigation devient plus impraticable. Cette inutilité du Mékong, comme route, entre Xieng-Sen et Louang-Prabang, tourne à l'avantage de nos ports tonkinois. En effet, la région de Sib-Song-Pan-Na, c'est-à-dire la contrée comprise entre le Mékong et le Nam-Ou, ne trouvant pas d'issue facile pour trafiquer avec Bangkok, écoulera nécessairement ses thés d'Ibang, ses benjoins de Louang-Prabang, son coton, sa badiane et sa cannelle par le Nam-Ou, le Ngoua et la Rivière Noire, sur le marché d'Hanoï. C'est pourquoi les administrateurs français des douze Chan-Thaï s'occupent en ce moment à multiplier les communications par où seront obligés de passer les produits européens qui font aujourd'hui l'immense détour du Yang-Tsé-Kiang.

Arrivons maintenant au grand bief du Mékong compris entre Louang-Prabang et Kemmarat, qui, grâce à ses affluents gauches en forme de dents de peigne, va attirer tout le négoce du riche Laos vers notre côte annamite.

Depuis le confluent du Nam-Ou jusqu'à celui du Sé-Bang-Hien, le Mékong, entièrement navigable, fait l'office d'un lac étroit et très long entrant profondément dans les massifs de l'Annam, par ses affluents comparables à des fiords. Mais au sortir de la plaine laotienne, au sud de Kemmarat, il se creuse un canal étroit dans une masse gréseuse, et là un phénomène géophysique extrêmement curieux fait de ce canal une interruption fâcheuse entre le tronçon du haut et du moyen Laos et celui du Laos méridional. La saison des crues dans les régions au nord de Kemmarat, due à la fonte des neiges du Tibet, a lieu à la même époque que la saison des basses eaux dans les régions au sud du grand couloir gréseux. De la sorte les eaux venant du bief supérieur s'engouffrent dans le chenal insuffisant et rejoignent avec une vitesse irrésistible le bief du sud qui termine aux rapides de Khône son ruban d'eau très abaissé par la sécheresse. Au contraire, pendant la saison pluvieuse (octobre-février), le bassin du bas Laos, gonflé par les avalanches du ciel, monte au niveau des bassins septentrionaux moins arrosés; pendant cette période, qui dure un mois seulement, le canal de Kemmarat devient praticable et les Laotiens s'y engagent.

Le Mékong s'impose à nous comme frontière de nos protectorats avec le Siam et la Birmanie. Il nous faut le bief du Laos supérieur et moyen à cause des passes faciles qui le relient aux côtes de l'Annam. Il nous faut le bief du Laos méridional, afin d'isoler les tribus Khas de leurs envahisseurs les Siamois et de civiliser les montagnards sauvages. Cette prise de possession, en leur assurant un sort meilleur, triplera en même temps l'importance de notre protectorat d'Annam. Tout cela est démontré par l'examen des cinq régions distinctes qui font l'objet de nos justes et loyales demandes. Ces cinq régions sont :

1° La rive droite du Mékong depuis Xieng-Sen jusqu'à Oubon.

2° Les Deux Sé.

3° Le Sé-Don et les Bolovens.

4° Le massif des Khas indépendants.

5° La région de Stung-Treng.

1° LA RIVE DROITE DU MÉKONG.

Cette région n'est autre que le versant ouest du Mékong compris entre les vingtième et quinzième parallèles; elle contient par conséquent tous les affluents de droite débouchant entre ces deux limites. C'est un pays plat que nul obstacle sérieux ne sépare des riches bassins du Nam-Moun et du Nam-Si. Autrefois un grand lac recouvrait ces plaines, devenues aujourd'hui les plus grasses rizières qu'on puisse voir.

Kemmarat serait le vrai cœur commercial de cette région et de l'Indo-Chine tout entière, si le Mékong était plus facilement navigable en toute saison au nord de Bang-Mouk, et si le Sé-Bang-Hien n'abaissait pas aussi longtemps ses eaux chaque année. Pour cette raison, le port de Pha-Nom, si heureusement situé plus au nord, aux confluents du Nong-Kam et du Sé-Bang-Faï, attire de préférence l'attention des voyageurs, qui y voient le point où aboutiront tous les produits du haut et du moyen Mékong. La rivière de Nong-Kam drainera l'exportation du Sakhône et permettra l'importation au cœur même du Laos, bien plus rapidement qu'on ne le pourrait faire par

Nong-Kaï ou par la très lente voie du Nam-Soung-Kham. D'autre part les importations françaises auront leur dépôt forcé à Pha-Nom pour rayonner par les routes de terre sur les Sep-Song-Panna, le Yun-Nan, le Pou-Eun et le Kham-Mon, car dans cette région la circulation des charrettes à bœufs est très facile.

Il existe déjà d'excellentes routes ; celle de Pham-Nom à Sakhon avec embranchements sur Nong-Kaï, sur Lakhon et Pou-Houa, sur le Si ; celles qui aboutissent à Kemmarat venant de Sisalaï et Amnat, d'Oubon, de Pak-Moun des Bolovens.

Tout ce versant dépendait jadis de l'Annam ; ses habitants sont les descendants directs des anciens sujets de Hué qui n'ont cessé de l'être par aucun traité. Ce sont d'abord les Laos purs (Laos-Thaïs), premiers occupants du territoire ; ils possèdent les sols les plus fertiles, le long des cours d'eau et dans les bas-fonds. Ce sont ensuite les Khas des montagnes, autrefois amenés en esclavage ; ils cultivent les terres de qualité inférieure où ils ont été répartis par village et attribués aux différents services de l'administration, comme des serfs, en dépit de tout droit diplomatique et humanitaire.

Cette race asservie, qui garde encore quelque souvenir de son indépendance, sera heureuse de pouvoir jouir du fruit de son travail. Quant aux Laos, entièrement livrés aux concussions de leurs mandarins, ils se consoleront de la suppression de l'esclavage par les avantages de notre équitable administration.

Donc en réclamant cette portion de la rive droite nous sommes dans notre droit ; de plus, nous faisons acte d'humanité et nous enrichissons notre protectorat d'Annam en même temps que les indigènes.

2° LES DEUX SÉ.

Le Sé-Bang-Faï avec la vallée calcaire, le Sé-Bang-Hien avec sa vallée de grès argileux, constituent, à la jonction de leurs enveloppes géologiques, un sillon profond et continu qui ouvre une passe naturelle de la côte d'Annam au Mékong. Ce sillon est constitué par le Sé-Baï, affluent du Sé-Bang-Faï, par le Tchépôn, branche principale du Sé-Bang-Hien, et par le Rao-Krong ou rivière de Quang-Tri. Cette route longe les monts de Sang-Hé, de Phou-Kha-Sac, puis franchit l'arête de l'Annam au nord des hauts massifs de l'A-Touât et du Double-Pic.

Dans le bassin du Sé-Bang-Faï on trouve la longue traînée de calcaires qui tracent une suite de falaises depuis le Song-Krong jusqu'aux environs de Louang-Prabang. Comme cette formation offre partout des gisements de charbon (Halong, Tourane), l'existence de mines de houille aux sources de tous les Sés est extrêmement probable. On rencontre également dans cette contrée : du plomb (*Pa-Ten*), de l'argent (*Len-Bac*), des pyrites, de l'alun (*Muong-Van*).

La route creusée par la séparation des grès et des calcaires est la plus praticable de toutes pour aller de la mer de Chine au Nam-Kong ; son plus grand obstacle est le col de Lang-Ho, et il n'a que 240 mètres. C'est ce qu'on a nommé la passe d'Aïlao.

Tout récemment le lieutenant de vaisseau Guinez a échoué à deux reprises dans ses tentatives pour remonter les rapides de Khône ; mais, dût-il réussir, cette voie intermittente, qui exigerait deux hivernages pour être parcourue et qui emprisonnerait nos bateaux pendant les trois quarts de l'année dans les biefs supérieurs, ne pourra jamais rendre les services du Sé-Baï et du Rao-Krong.

La route nouvelle exigera la construction d'un chemin de fer de Tourane à Quang-Tri, car à partir de Tourane jusqu'au Tonkin l'Annam n'a plus un port sérieux.

Comme on l'a dit déjà, le Nam-Nong est entièrement navigable depuis Bang-Mouk jusqu'à Louang-Prabang, en toute saison. Or tous les affluents gauches du fleuve et ses sous-affluents sont actuellement navigables aux jonques, de telle sorte qu'entre Maï-Lan, sur le Rao-Krong, et Sen-Leng, sur le Tchépôn, le trafic n'a que 45 kilomètres de route de terre à faire dans un terrain facile.

Le percement de cette voie dans des conditions favorables à la navigation permanente des bateaux à vapeur est l'unique solution qui reste à exécuter du problème. Le capitaine de Malglaive en a nettement indiqué le meilleur tracé. L'exécution d'un pareil travail s'impose, car la nation dont les vapeurs relieront sans interruption le Mékong à la mer sera la maîtresse incontestée du Laos, si péniblement atteint par les Anglais et les Allemands suivant les routes sans avenir du Ménam.

Le capitaine de Malglaive, à qui revient l'honneur d'avoir savamment étudié la région des Sé et d'avoir découvert la passe d'Aïlao (1891), trouva les Siamois installés en maîtres à Houé-San, si audacieusement que les indigènes (Pou-Thaïs) leur obéissaient servilement afin d'éviter la déportation en d'autres terres selon la coutume de Bangkok.

Or les droits du Siam sont absolument nuls. Peu à peu les Siamois se sont répandus à Pou-Houa, à Nam-Nao, à Phong, à Falan, à Song-Kon, à Phin, et tous ces Muongs payent un tribut au trésor de Bangkok, qui gagne déjà 8 300 piculs sur leurs riz. Récemment, en pleine paix, les envahisseurs ont occupé la région montagneuse de Kam-Lo, mais là ils ont dû se contenter de l'impôt en corvée. Comme ces corvées sont illimitées, la France va pouvoir les remplacer avantageusement par la corvée temporaire du service militaire, car ces indigènes font de très bons soldats.

La population des deux Sé appartient en presque totalité à deux races autrefois sujettes de l'Annam : celle des Pou-Thaïs ou Mouongs, celle des Khas laotisants ou Soués. Les Laos purs, qui à la rigueur pourraient eux-mêmes être considérés comme indépendants du Siam, y sont fort rares, sauf à Nam-Nao.

Mouongs et Soués, qui composent la meilleure partie de l'armée de Bangkok, dans laquelle ils servent par force et avec répugnance, se sont insensiblement séparés de l'Annam, à cause du déplorable système des douanes affermées intronisé par la cour de Hué. Au lieu d'administrer directement ses « marches », le roi d'Annam cédait la recette de l'impôt à des fermiers, qui gardaient en même temps jalousement le monopole du commerce ; ainsi les relations avec les Annamites cessèrent peu à peu, et les Siamois trouvèrent la porte ouverte pour s'introduire dans le pays.

Aujourd'hui la France a planté définitivement son drapeau sur les montagnes où les indigènes nous appelaient par l'intermédiaire de nos missionnaires catholiques. Notre résident supérieur en Annam, M. Brière, s'est promené dans la région avec une petite escorte et a partout été acclamé par les habitants, qui demandaient notre protectorat. A l'heure actuelle ces manifestations se renouvellent au passage du résident Dufresnil et de l'inspecteur Garnier.

Certes, si la région des Sé était sur le point de devenir entièrement siamoise, c'était par la plus grande faute de l'Annam, qui hier encore laissait braver ses *phus* de Kamlo et d'Aïlao par une poignée de soldats du Siam. Il était grand temps qu'au nom de notre protégé nous reprissions la passe que les Annamites eux-mêmes ont appelée : *Aïlao*, c'est-à-dire « porte de l'Annam ».

3° LE SÉ-DON ET LES BOLOVENS.

Au sud des falaises calcaires du Sé-Baï, s'étale la plaine du Sé-Don, puis le terrain se relève par le plateau des Bolovens. Ce dernier est un soulèvement porphyrique incliné au nord vers le Sé-Don et terminé au sud par des grès vers le Sé-Kong.

Les Bolovens produisent la cardamome, et, dans leur prolongement méridional, qui porte le nom de Nia-Heun, les indigènes récoltent le benjoin et les résines. Cette région, très saine et très fertile, est depuis longtemps considérée comme le futur sanitarium de l'Indo-Chine; de gras pâturages y permettent l'élevage de bestiaux-étalons. Malheureusement, la population, formée de Khas laotisants, se livre au commerce des esclaves, qu'elle va capturer chez ses frères les Khas indépendants, et sert de pourvoyeuse aux Laotiens.

Le Sé-Kong étant peu navigable, il est probable que le Sé-Don servira à l'écoulement de tous les produits forestiers, agricoles et miniers de la région. La ville de Saravan, sur le Sé-Don, a été jusqu'ici le centre commercial, à cause du trafic des esclaves pris dans les montagnes, mais ce point sera trop excentrique pour le négoce honnête qui va s'ouvrir en même temps que l'esclavage va finir; d'ailleurs la route pour l'atteindre est trop difficile. Le marché de Kam-Tong-Nhiai, situé aussi sur le Sé-Don, mais bien plus en aval, offre une grande supériorité.

Une route relie Bassac à Sa-Dia et Saravan; mais le point de départ de celle-ci ne vaudrait pas l'emplacement plus central de Kemmarat. Le capitaine de Malglaive, qui compare les pâturages des trois premières régions dont il vient d'être parlé à ceux de l'Australie, propose une nouvelle route destinée à détourner à notre profit l'exportation des Bolovens, soumise aujourd'hui à Bangkok. Elle partirait de Kam-Tong-Nhiai et se dirigerait sur Nong-Boc, à travers les Bolovens, et sur Siem-Pang, à travers le Nia-Heun et le Peu-Nong. Ce serait en même temps un véritable tracé stratégique, car toute cette région devra être semée de petits postes au début, pour empêcher la chasse à l'homme. En effet, la population soué de cette région, formée de toutes les races montagnardes, si elle constitue une main-d'œuvre de cultivateurs paisibles, n'en use pas moins d'esclaves pour son propre compte et pour son trafic. On conçoit aisément combien le Nam-Kong nous est indispensable comme frontière pour isoler les Khas laotisants des Laotiens auxquels ils vendent leurs frères, les Khas indépendants. Alors, privés de tout moyen de continuer leur triste métier, les Soués demanderont au négoce les bénéfices dont ils ont besoin pour acheter leurs articles d'importation. Quant aux princes soués qui font usage d'esclaves pour leur propre compte et qui possèdent dans les Bolovens des villages dont les habitants sont leur bien propre et dont les récoltes entrent tout entières dans les greniers des seigneurs, notre administration aura vite raison de ces exceptions.

4° MASSIF DES KHAS INDÉPENDANTS.

Nous entrons maintenant dans une contrée moins connue pour le moment que les précédentes et qui vient d'être le théâtre des beaux voyages du capitaine Cupet. Cet officier, grâce à une très grande intelligence de son rôle et à une initiative énergique, a arpenté cette région difficile, accourant partout où il pouvait arrêter la poussée siamoise.

C'est un massif de roches ignées pourvu de mines de fer, de plomb et d'or que les indigènes exploitent en partie. Son versant oriental est peuplé de Moïs tributaires de l'Annam. Habitants de forêts, ceux-ci vendent des bois et du rotin aux Annamites, auxquels ils facilitent les relations avec l'intérieur. Les plateaux centraux des montagnes Khas sont richement arrosés par les hautes rivières du Sé-Bang-Khan, du Sé-San, du Sé-Kong, d'une part, et du Song-Ta, du Quang-Nam, de l'autre. Le gouvernement de Hué a été suzerain de cette contrée en maintes périodes de l'histoire, mais il n'a fait que molester les habitants par de répugnantes concussions. Ce sont ces misérables sauvages que les Khas laotisants pourchassent. Enfin, les hauts soulèvements presque déserts de la grande chaîne sont d'une escalade difficile, sauf aux Soués, qui les franchissent trop aisément pour opérer leurs razzias sur les plateaux centraux.

Entre les Khas indépendants et les Khas laotisants il existe par conséquent une haine mortelle, qui est la cause de représailles continuelles. Phénomène étrange! les tribus pillées sont restées isolées et ennemies les unes des autres, au lieu de se grouper pour la défense commune. Superstition, terreur, méfiance, tel est le triste apanage de ces montagnards que l'insécurité permanente transforme en égoïstes farouches. Par leurs habitants et par leur situation géographique, observe le capitaine Cupet, ces Khas indépendants ont le douloureux rôle de tampon, entre les trois grandes races annamite, cambodgienne et Thaïs (Siamois, Chans, Muongs). Les Annamites sur le versant oriental, les Cambodgiens au sud, les Thaïs à l'ouest, enserrent ces races infortunées comme dans un étau. Les limites de leurs empiétements sont marquées par les points terminus de la navigabilité des cours d'eau, ce qui revient à dire que chez les Khas restés indépendants toutes les routes sont terrestres.

Les habitants de ce massif sont si arriérés qu'ils préfèrent à nos fusils les plus perfectionnés, la lance et le javelot comme les Dawaks et les Cedangs, l'arc comme les Radés, le sabre à deux mains comme les Djaraï et les Tiom-Poueun.

Mais si ces populations primitives sont restées jusqu'ici réfractaires au progrès et hostiles à leurs voisins, c'est qu'elles n'ont connu que des civilisateurs indignes de ce nom dans les races limitrophes. Les Khas indépendants sont très susceptibles de civilisation, comme le prouve l'exemple de la mission catholique des Banhars-Cédangs. En groupant leurs néophytes par cantons, les pères ont triomphé de la sauvagerie. Les lecteurs du *Tour du Monde* se rappellent certainement l'influence que le capitaine Cupet put constater chez ces apôtres français. « Bien qu'il n'ait jamais quitté la mission, dit-il en parlant du P. Guerlach à Kon-Toum, son nom est connu à plus de 100 kilomètres à la ronde. Sa popularité et sa renommée n'ont d'égale que la crainte presque superstitieuse qu'évoque sa personnalité.... »

Du jour où les Soués ne pourront plus communiquer avec les Laos par delà le Mékong, du jour où l'Annam fournira aux montagnards les articles dont ils ont besoin, la chasse à l'homme cessera d'elle-même et la civilisation fleurira sur ses ruines. Maîtres du Mékong, nous forcerons les familles éparses du massif Khas à sortir de leurs halliers et à venir à nous.

Il reste encore bien des champs d'exploration dans cette région pour découvrir des voies commerciales de pénétration. Seul Mang-Ha-Ting, sur le versant annamite, a des communications connues avec A-Roc et Py-Ey, au pied du massif de l'Atouat. Le commandant Trumelet-Fabert s'efforce en ce moment de découvrir d'autres accès.

5° LA RÉGION DE STUNG-TRENG.

Entre Stung-Treng sur le Mékong, et Attopeu sur le Sé-Kong, s'étend une région qui offre une grande analogie avec la vallée du Sé-Don. Jetons les yeux sur une carte. Nous y sommes frappés par l'heureuse situation apparente de Stung-Treng. Au nord, débouchent le Nam-Moun grossi de son affluent le Si, et ces deux artères très navigables drainent de riches vallées. Stung-Treng s'élève sur un triple confluent : celui du Sé-Ban-Kan, qui draine le pays des Peunongs, des Stiengs, des Tios et des Radés; celui du Sé-San, qui draine le pays des Banhars, des Cédangs, des Dawaks; celui du Sé-Kong, qui draine une partie des Bolovens et des peuples Khas du nord. La mission Pavie a reconnu que ces trois rivières sont facilement navigables durant les hautes eaux et pendant un long parcours. Le Sé-Kong en particulier l'est jusqu'aux extrémités de la région de Stung-Treng, jusqu'à Attopeu.

La majeure partie de cette contrée relevait du Cambodge ; le reste, de l'Annam.

Le capitaine Cupet a décrit récemment, dans *le Tour du Monde*, cette contrée d'aspect inégal, tantôt broussailleuse, tantôt revêtue de la monotone forêt-clairière et sans culture, tantôt abritée sous une puissante végétation ou tapissée de riches pâturages. Parfois on rencontre des terres bien labourées; c'est l'emplacement d'un bois défriché, et dans les environs on trouve généralement un village construit au centre d'un fourré impénétrable.

Les sauvages n'ont d'autre procédé de commerce que les échanges, car jamais une pièce de monnaie n'a pénétré dans leurs retraites; les produits du sol consistent surtout en essences fournissant de l'huile, en résine et en bois pour les constructions. Dans ces races nouvellement entrées sous notre protectorat nous allons trouver des hommes vigoureux et fiers, alliant la force à la souplesse. Ce sera la grandeur de notre tâche que de développer en eux les sentiments de fraternité dont leur douloureux sort les a écartés jusqu'ici.

Revenons à la position de Stung-Treng. Ce port qui se rattache au Cambodge et à la Cochinchine devrait être de premier ordre.

Malheureusement le Mékong est formé au nord par les rapides de Khône qui isolent Stung-Treng de la riche province de Korat. Ainsi une simple dépression de quelques mètres à un endroit de la plaine laotienne change du tout au tout les conditions de la vie de l'Indo-Chine. Elle est cause que les vallées du Nam-Moun et du Nam-Si resteront probablement toujours au pouvoir de Bangkok; et Stung-Treng en est réduit à se contenter du rôle de port d'attache des

trois bassins orientaux qui convergent sur lui. La région de ces trois rivières en éventail est trop peu connue encore pour qu'il soit permis de se prononcer sur son avenir, mais le Mékong s'imposait là, comme frontière, au même titre que dans la troisième région précédente, car les Siamois l'envahissaient avec une rapidité inquiétante. Il était temps de les rejeter sur la rive droite et d'assurer, en outre, sur cette rive une zone neutre où ils ne puissent entretenir aucun poste militaire, de façon à prévenir leurs envahissements.

CONCLUSION.

Par droit de suzeraineté, l'Annam revendique les quatre premières régions dont il vient d'être parlé et une partie de la cinquième; le Cambodge revendique le restant de la contrée du Stung-Treng. Le Siam n'a pas un seul titre de possession sur toute la rive gauche du Mékong. Toutes ses occupations ont été faites violemment; la déportation et l'esclavage en ont été la suite.

Toute la rive gauche du Mékong devrait donc nous revenir, ne fût-ce qu'au titre de premier occupant. De plus dans chacune de ces régions, le Mékong nous est indispensable. Il nous le faut dans la première pour atteindre le cœur du Laos et attirer à nous son commerce; il nous le faut dans la deuxième pour construire une route qui relie le fleuve à la côte d'Annam; il nous le faut enfin depuis Kemmarat jusqu'au Cambodge pour protéger les malheureuses familles khas indépendantes.

De toutes ces raisons à profiter de notre droit pour revendiquer le Mékong, le percement de la route de la mer par Aïlao était la principale, car ce débouché nouveau assure l'avenir de nos protectorats et facilite l'occupation du fleuve tout entier. Le commerce laotien va être complètement changé; la facilité des communications le rendra plus prospère pour les indigènes et pour nous. Si cette route avait été reconnue en 1890, les Pou-Thaïs et les Laotiens qui mouraient de faim à la suite d'une mauvaise récolte de riz auraient pu se procurer de l'Annam des céréales en échange des bestiaux qu'ils possédaient en surabondance.

Les récentes et infructueuses tentatives du lieutenant de vaisseau Guinez aux rapides de Khône semblent démontrer qu'il faut renoncer définitivement à braver les eaux du fleuve. D'autre part, quant à user du subterfuge des chaloupes démontables, autant le faire par des routes plus courtes. Seul un chemin de fer reliant les biefs méridionaux à travers notre nouvelle île plane de Khône, pourra rendre les communications aisées, quand les besoins du négoce l'exigeront, afin d'amorcer une partie du trafic au Cambodge et à Saïgon. Mais le Mékong inférieur ne sera jamais un grand débouché par ses propres flots, quoi qu'on fasse, car on ne peut atteindre son cours libre (Bang-Mouk, Pha-Nom) qu'après un hivernage dans chacun des biefs précités (1° du Cambodge à Khône; 2° de Khône à Kemmarat; 3° de Kemmarat à Bang-Mouk). Cent fois plus rapide et plus aisé sera le tracé d'écoulement commercial qui fera de Tourane le premier port de nos protectorats d'Indo-Chine.

En plantant le pavillon français sur toute la rive gauche du Mékong nous venons de remporter une victoire fructueuse pour la France, avantageuse pour les indigènes devenus nos protégés. Elle a été obtenue brillamment, avec une grande dignité, par la seule diplomatie, malgré les menées anglaises de Bangkok. La géographie s'enorgueillit de ce beau succès diplomatique remporté sans guerre, parce que c'est elle qui l'a préparé, avec ses explorateurs, ses cartes et ses livres.

MÉHIER DE MATHUISIEULX.

✤ ✤ ✤

LE XIVᴱ CONGRÈS NATIONAL

DES SOCIÉTÉS FRANÇAISES DE GÉOGRAPHIE, A TOURS

L E Congrès national de géographie pour l'année 1893 a tenu ses séances à Tours, du 31 juillet au 5 août. L'année dernière, à pareille époque, nous avons consacré quelques critiques à celui de Lille et, d'une manière générale, à toutes les assemblées du même genre. Il importe de dire une fois de plus que si, parmi les membres de ces Congrès, il en est qui ne s'illusionnent point sur la valeur expérimentale des choses, ils devront s'efforcer de modifier les programmes et l'allure de ces réunions périodiques, sous peine de voir se détacher d'elles l'intérêt de ceux qui peuvent les encourager.

Je me hâte cependant de déclarer que le Congrès de Tours, organisé par le président et le secrétaire de la *Société de Géographie* de cette ville, M. le colonel Blanchot, du 125ᵉ d'infanterie, et M. Chevrel, a répondu spontanément, dans l'exposé de son programme, à la plupart des observations que j'avais faites l'année dernière. Ce n'est assurément pas la faute de ces deux organisateurs si leur bon sens et leur modestie n'ont pas toujours prévalu dans la conduite des opérations.

Tout d'abord, et contrairement à ce qui s'était passé au Congrès de Lille, les Sociétés françaises de Géographie avaient été sollicitées de rendre compte de leurs travaux de l'année. Bon nombre d'entre elles ont témoigné qu'elles entendaient ainsi l'inéluctable raison d'être de tout Congrès national en apportant le bilan de leurs efforts et de leurs projets. Il s'est même passé à ce sujet un incident très significatif qui prouve combien les Sociétés de Géographie ont avantage à se communiquer ce qu'elles font. L'une d'elles, celle de l'Aisne, présentait un rapport sur un travail de monographies locales, lorsque le représentant de la Société de Lille, enthousiasmé par cette communication, demanda la parole pour inviter ses collègues à suivre l'exemple de la Société de l'Aisne et à faire des monographies. Or, il se trouva que presque toutes les Sociétés représentées au Congrès s'occupaient, elles aussi, et depuis longtemps, de monographies. C'est ce que déclarèrent les mandataires de ces Sociétés, à leur étonnement réciproque. D'où il résulte qu'une des meilleures choses accomplies par certaines Sociétés françaises de Géographie était ignorée parce que les Congrès ne jugeaient pas à propos de s'occuper des travaux de ces Sociétés.

Quelques questions fort intéressantes figuraient au programme du Congrès de Tours. Entre autres, la Société de cette ville avait proposé les suivantes : 1° De l'équilibre à établir entre l'écoulement artificiel des eaux pluviales et les ressources que présentent les collecteurs naturels pour l'écoulement de ces eaux ; — 2° De l'opportunité de maintenir l'enseignement de la géographie dans les attributions des Facultés des lettres ou de le faire passer dans le domaine des Facultés des sciences ; — 3° De l'utilité de dresser une carte de France à très grande échelle, pouvant servir à tous les services publics ; — 4° Chemins de fer transpyrénéens, état de la question, son avenir probable ou possible ; — 5° Entreprise d'un canal interocéanique entre l'Océan et la Méditerranée, dit canal des deux mers ; étude géographique de la question aux divers points de vue commercial, industriel et maritime ; de l'opportunité de l'entreprise.

Quelle somme d'études et de préparations représentent de pareilles questions pour ceux qui les exposent, c'est ce dont personne ne doute. Il est donc impossible d'admettre qu'il suffise que leurs auteurs les présentent pour les voir compromises. Aucune d'elles ne devrait courir le danger d'une discussion improvisée. C'est pourtant ce qui se passe, avec des conséquences déplorables. On ne veut pas se rendre compte qu'une douzaine de congressistes constituent un tribunal insuffisant pour infirmer l'opinion d'une Société de Géographie qui a dû étudier consciencieusement le sujet qu'elle présente à la sanction d'un Congrès. Est-ce, d'ailleurs, une sanction qu'il s'agit d'obtenir ? Évidemment non ! Nos Congrès nationaux de géographie n'ont pas même la souveraineté du nombre. Leur rôle doit se borner à accueillir des opinions et à les transmettre à qui de droit sous une forme convenable. Quant à émettre la prétention de résoudre quoi que ce soit, sans appel et une fois pour toutes, ainsi que cela a été exprimé par deux membres du Congrès de Tours à propos des compagnies de colonisation, c'est encore une idée insoutenable.

En somme, à quoi servent les Congrès nationaux de géographie s'ils doivent continuer à être ce qu'ils ont été jusqu'à ce jour ? A rien !

Tous ceux qu'intéresse le mouvement géographique national n'ont que faire d'assemblées aussi solennelles pour y entendre des conférences sur la situation de l'Algérie au xvᵉ siècle ou sur tel autre sujet de même importance !

Ce qu'on désire connaître, c'est l'état actuel des intérêts géographiques nationaux et celui des études géographiques faites par les Sociétés de Géographie. Celles-ci ont donc pour devoir d'imposer aux Congrès la communication de leurs travaux et l'expression de leurs vœux, et ce, autant que possible, par voie de délégations officielles et effectives ; de telle sorte que les travaux des différentes sociétés puissent être enfin profitables à tout le monde et que les vœux qui sont les résultats de ces travaux ne soient pas subordonnés aux discussions hâtives, capricieuses et généralement improvisées des Congrès, mais soient tout simplement exprimés au nom et sous la responsabilité de leurs auteurs.

Dans ces conditions, des questions comme celles dont j'ai donné le texte plus haut, de même que toutes celles qu'apporteront aux programmes des Congrès les Sociétés de Géographie qui les auront étudiées, ne seront plus exposées à tomber en poussière ou à être réduites à une expression sans valeur parce qu'un Congrès se croira le droit de les reprendre à son compte et de les triturer à son gré.　　　　　L. SEVIN-DESPLACES.

DEUX TRIBUS DE LA NOUVELLE-GUINÉE

(LES KARONS ET LES AMBERBAKS)

LES Karons et les Amberbaks sont deux tribus papouas qui habitent la presqu'île nord-ouest de la Nouvelle-Guinée, entre la baie du Geelvink et la mer des Moluques. Elles ont été visitées il y a quelque temps par un jeune naturaliste français, M. Léon Laglaize, qui en a rapporté des renseignements très intéressants.

Les Karons vivent au fond des forêts, sur les montagnes, et sont probablement parents des Berans dans l'intérieur du pays, au nord du golfe de Mac Cluer. Ils sont anthropophages; ils mangent peu ou point de sagou, et se nourrissent principalement de la sève d'un arbre appelé *sali* qui ressemble beaucoup au sagoutier, mais qui croît sur des terrains secs et non dans des terres marécageuses comme ce dernier. Ils se nourrissent aussi des racines d'arbres et de plantes, de la viande de porc et des serpents.

Ils mangent les prisonniers ou les esclaves, et tuent les enfants des familles qui en ont plus de deux. Cependant ceux qui habitent les côtes parlent avec horreur de cette coutume.

La rivière Wamangen forme la limite entre le pays des Karons et celui des Amberbaks. A l'intérieur elle touche au pays des Kebars. Les Karons habitent à deux journées de marche de la côte, les Kebars à cinq journées. L'expédition commandée par M. Léon Laglaize débarqua à Sakorem pour se rendre de là, en prahau, à Saokris. De ce dernier endroit notre explorateur se dirigea avec 11 chasseurs et 29 porteurs vers l'embouchure de la rivière Wamangén, dont il suivit le cours, campa la nuit au fond des forêts à une hauteur d'environ 60 mètres, et atteignit, après un voyage des plus pénibles, le pays des Karons à une altitude d'environ 600 mètres.

Depuis la côte jusqu'à leur première station, que les Karons appellent Sousoh, le terrain était légèrement incliné, quoique très accidenté et semé d'obstacles. De Sousoh à Soumgrentori, le but de l'expédition, le chemin était presque impraticable, et conduisait par-dessus des séries de montagnes de plus en plus hautes. De Soumgrentori, on a une vue superbe du côté de la mer, qu'on découvre au fond du panorama; mais vers l'intérieur, la vue est bornée par des parois de rochers de plus en plus élevés et escarpés. M. Léon Laglaize fit l'ascension d'une de ces montagnes et atteignit ainsi une altitude de 750 mètres.

Notre voyageur fit un séjour de plus d'un mois à Soumgrentori et vécut en très bonne intelligence avec les Karons, qui ne demeurent pas dans des villages, mais ont leurs cases éparpillées dans le pays. Ces cases sont exhaussées sur pilotis de 6 à 7 mètres et demi au-dessus du sol sur une largeur de 3 à 4 mètres, elles ont de 6 à 7 mètres de longueur. Les murs et le plancher sont faits d'écorces d'arbres fixées au moyens de nombreuses lattes qui se croisent; les toits sont en feuilles de sagoutier. L'intérieur de ces cases est sombre; la lumière ainsi que l'air n'y pénètrent que par deux ouvertures servant en même temps de portes, et par les fentes des murs et du plancher. Un tronc d'arbre, auquel on a fait des entailles assez grandes pour pouvoir poser le pied, est placé au bas de la porte et sert d'échelle.

Quoique chaque case ne compte en moyenne que huit habitants on y trouve souvent de 60 à 100 personnes de passage. L'intérieur est divisé en trois compartiments, dont celui du milieu sert de corridor et ceux des côtés de chambres pour les femmes et les enfants. On y entretient de grands feux, à la lueur desquels on aperçoit des piques, des arcs, des flèches, des amulettes accrochés aux cloisons. Tous ces objets sont noirs de fumée.

Les Karons couchent par terre; s'ils ont froid, ils se couvrent d'un morceau d'écorce d'arbre pareil à ceux que les femmes portent autour des hanches. Leurs chiens et leurs porcs logent avec eux et se vautrent avec les enfants dans les ordures qui, naturellement, ne manquent pas. Les Karons sont mauvais cultivateurs et diffèrent en cela complètement de leurs voisins les Amberbaks et les Kebars. Pour cette raison, ils sont souvent obligés d'acheter ou de voler à ces derniers ce qu'il leur faut pour vivre.

On voit fréquemment arriver à Saokris des habitants de Méfore, et même des Malais, pour faire du commerce. Dans ce cas les Karons descendent des montagnes; amènent avec eux des esclaves et apportent des peaux d'oiseaux, qu'ils échangent contre des coraux, des couteaux, des bracelets en coquillages, en cuivre ou en argent.

Avec les Kebars ils trafiquent constamment, et, comme ceux-ci ne quittent jamais leurs montagnes, les Karons sont obligés d'aller les trouver pour faire des échanges.

Les Kebars cultivent des légumes et du tabac en grandes quantités; ils les vendent aux Karons pour leur propre usage ou pour les revendre aux commerçants de Saokris, endroit dont nous parlons plus haut. Les Amberbaks craignent beaucoup les Karons, ont peu de rapport avec eux, mais ils trafiquent également avec les Kebars. La quantité de tabac que ceux-ci échangent annuellement avec les Karons et les Amberbaks est considérable. Ce tabac est très estimé sur toute la côte et dans les îles de la grande baie du Geelvink.

Lorsque les Kebars, pour une raison ou une autre, n'ont rien à offrir en échange des articles que les Karons leur apportent, ces derniers les attaquent à main armée, prennent leurs légumes, enlèvent leurs enfants pour les vendre comme esclaves.

Les hommes tués dans ces combats sont toujours mangés. M. Léon Laglaize indique comment les femmes préparent cette chair humaine et la font cuire dans des tiges de bambou. Nous croyons pouvoir nous dispenser de décrire cette application de l'art culinaire, qui, sauf quelques légères modifications, varie peu chez les anthropophages de l'Océanie.

Disons cependant que les femmes n'oublient pas de faire du bouillon et qu'elles se servent du crâne en guise de casserole pour faire cuire la cervelle. Ces repas sont pour les Karons de véritables festins, qu'ils arrosent en buvant de grandes quantités de vin de palmier (le suc fermenté de l'*Aeruga saccharifera*).

Les Karons attaquent aussi quelquefois les Amberbaks pour leur enlever des esclaves et se procurer la chair nécessaire à leurs festins. Il n'est donc pas étonnant que les paisibles Amberbaks craignent beaucoup leurs féroces voisins; aussi, lorsqu'ils entendent parler d'une incursion projetée des Karons dans leur pays, se sauvent-ils vers la côte, laissant tous leurs biens aux mains de leurs ennemis.

Les Karons ont un chef qui habite les montagnes, mais ils reconnaissent en outre l'autorité d'un vieux naturel de Méfore, qui demeure sur la côte dans le village de Wapoi. Il est très respecté, et les Karons lui payent un impôt consistant en peaux d'oiseaux et en esclaves que les Karons lui fournissent une fois par an. Le vieillard emploie les esclaves adultes pour cultiver ses terres et échange les autres ainsi que les peaux d'oiseaux contre du calicot, des couteaux, etc.

Les Karons errent la plupart du temps dans les forêts, sur les montagnes, pour chercher leur nourriture. Un de leurs principaux aliments consiste dans les feuilles d'arbres que les femmes ramassent et font cuire dans des tiges de bambou, qu'elles retournent constamment dans la flamme d'un feu peu ardent. Elles fendent ensuite le bambou pour en retirer le contenu.

Ces feuilles cuites sont mangées sans aucun assaisonnement. Cependant, lorsque les Karons visitent la côte, ils n'oublient jamais de rapporter des bambous remplis d'eau de mer à cause du sel que contient celle-ci.

Les Karons sont petits; leur taille ne dépasse pas 1 m. 60; ils sont bien constitués, nerveux, ont les jambes solides, gravissent les montagnes les plus escarpées, traversent les torrents sur un tronc d'arbre renversé avec une rapidité étonnante, tout en portant des fardeaux de 40 kilogrammes au moins. Les jeunes filles ont des traits agréables, mais ne les conservent pas longtemps. Les femmes ne sont pas attrayantes.

La langue des Karons paraît généralement dure; en voici quelques mots : couperet, *niom*; femme, *ngone*; œil, *gro*; eau, *gour*; feu, *bote*; barbe, *senhiwetkona*; ouvrir, *nakak*; parler, *natesouk*; apporter, *m'sa*; casser, *fotile*. Les Karons parlent beaucoup et en criant. Ils ne mâchent pas de bétel, mais du tabac; ils fument aussi

beaucoup de cigarettes faites avec des feuilles sèches de pandanus.

En fait de religion, ils ne croient qu'à des esprits malins, errant dans les forêts. Ils ne font fête que lorsqu'ils ont de la chair humaine à manger.

Les hommes morts naturellement ne sont pas mangés; on les enterre et l'on allume un petit feu de bois sur leur tombe. Si c'est un chef, le cadavre est posé sur une petite estrade entourée de tout ce qu'il possédait. On entretient ensuite un feu de bois au-dessous de cette estrade jusqu'à ce que le corps soit fumé.

Les femmes aussi bien que les hommes sont très habiles à manier le *parong*, espèce de couperet qu'ils se procurent à Saokris et dont ils se servent pour abattre les arbres. Ces outils ne les quittent jamais. Les hommes sont, en outre, armés de deux ou trois piques en bois de fer ayant près de deux mètres de long et munies au bout d'une pointe faite avec un os de porc sauvage. Ils s'en servent en guise de javelots et sont très adroits à les lancer. Ils ont aussi des arcs et des flèches, mais ces armes sont importées, tandis qu'ils fabriquent les piques eux-mêmes.

Ils n'ont, pour ainsi dire, pas de vêtements.

Les hommes s'entourent les hanches d'un morceau d'écorce d'arbre ayant six pieds de long et six pouces de large; ils passent les bouts entre les jambes et couvrent ainsi leur nudité.

Les femmes emploient à cette fin un morceau d'écorce plus large qui descend jusqu'aux genoux. Hommes et femmes portent aux bras et aux chevilles des anneaux de paille tressée, qu'ils fabriquent eux-mêmes et qu'ils exportent en les vendant aux indigènes de Méfore, qui aiment également cette espèce de parure. Ces anneaux sont généralement de quatre couleurs : blanc, jaune, noir et rouge. Ceux qu'ils portent lorsqu'ils sont en deuil sont blancs, unis et très serrés aux bras et aux jambes. Ils appellent les anneaux pour les bras *chiem-chin*, et ceux pour les jambes *chiem-gues*. Au moyen de l'échange, certains Karons se sont procuré des bracelets en écaille ou en coquillages, qui sont chez eux des objets de luxe. Les hommes portent aussi une ceinture en paille tressée, les femmes un cordon de paille. Ces espèces de ceintures s'appellent *soukfar*. Les femmes se font aussi des colliers en paille.

Lorsque les jeunes filles ont atteint l'âge de douze ans, on leur perce les ailes du nez pour y passer des os très fins de petits oiseaux ou quelquefois de petits morceaux de bois taillé. Ces ornements portent le nom de *soum*. Pour compléter cette toilette, les femmes attachent encore des bottes d'herbes à leurs bracelets. La verroterie est très estimée chez les femmes. Celles qui ont pu s'en procurer s'en font des colliers. Elles portent généralement les cheveux courts, ou bien elles se font un grand nombre de tresses au sommet de la tête et laissent tomber le reste de leurs cheveux sans aucun soin.

Les coiffures des hommes varient beaucoup : quelques-uns se rasent la tête et ne conservent qu'une mèche au sommet, d'autres portent les cheveux courts et tressés ou liés ensemble en huit bottes réparties sur la tête, dont une au centre, cinq autour de la tête et deux à l'occiput. Ils portent aussi quelquefois de petites tresses comme les femmes.

Ils se mettent souvent dans les cheveux une espèce d'huile qu'ils appellent *sri*. Pour se la procurer, ils creusent dans le tronc d'un certain arbre de petits trous dans lesquels ils recueillent le *sri* qui tombe goutte à goutte du tronc de l'arbre. Cette huile a une odeur aromatique très agréable lorsqu'elle est fraîche.

Les Karons portent d'ordinaire des feuilles rouges et vertes dans les cheveux et dans les oreilles. Ils s'ornent de plumes. Hommes et femmes ont les oreilles percées ; ils y portent des chaînettes, des anneaux en écaille, en coquillage, etc. A l'âge où l'on perce les ailes du nez chez les filles, on perce la cloison du nez chez les garçons. Comme on élargit ces trous constamment, ils deviennent très larges chez les hommes, qui y enfoncent des plumes de casoar, des morceaux de bois, etc., et surtout des anneaux de nacre, lorsqu'ils peuvent s'en procurer. Ils considèrent ces anneaux comme très précieux et croient que celui qui en porte est invulnérable. Ils les appellent *bobosio momockouer*.

Les Karons portent aussi quelquefois sur le front de larges anneaux en coquillage semblables à ceux des Arfaks et y ajoutent encore des feuilles. D'autres y substituent les défenses du porc sauvage placées de manière qu'elles forment un *v* sur le front.

Ils comptent sur leurs doigts et ferment la main chaque fois pour indiquer le nombre cinq ; ils montrent les deux poings et, en les rapprochant, ils veulent dire dix. Pour savoir combien ils sont, ils distribuent aux assistants de petits morceaux de bois qu'ils rassemblent ensuite pour les compter à leur aise. Lorsqu'on leur parle d'un nombre quelconque, ils n'en comprennent l'importance qu'après avoir compté sur leurs doigt depuis un jusqu'au nombre dont il s'agit.

Lorsque M. Laglaize dit au chef des Karons combien de temps il comptait séjourner chez eux, celui-ci prit une racine d'arbre mince et souple et y fit autant de nœuds que le nombre de jours indiqués. Chaque jour il coupa un nœud de cette racine, et, lorsqu'il n'en resta que deux, il fit comprendre à M. Laglaize qu'il était temps de retourner vers la côte.

Lorsque le voyageur fut de retour à la côte d'Amberbak, il fut témoin d'un singulier fait. Des Méfors, des Amberbaks et des Karons se réunirent à un endroit pour s'entendre au sujet d'un Karon qu'il s'agissait de faire disparaître parce qu'on le soupçonnait d'être possédé du démon et qu'il faisait toute espèce de mal. Ils tuèrent le Karon en question. Les Méfors et les Amberbaks s'en retournèrent ensuite chez eux ; les Karons commencèrent leurs festins et mangèrent la tête, les bras et les jambes du mort.

Près du cap Tandjong Jamouseba ou Indiamayou, situé à l'est du Méospalon, on aperçoit le kampong Keirer, et un peu plus loin le cap de Bonne-Espérance, connu chez les indigènes sous le nom de Tandjong Rouwé ou Kaïnkainbebu. C'est un rocher très escarpé, complètement désert, entouré de récifs de corail qui en rendent l'accès impossible aux navires et très dangereux aux chaloupes, d'autant plus que la mer y est toujours très agitée. Les Hollandais ont voulu élever ici un poteau avec un écusson aux armes du royaume, mais ils n'ont pu y réussir. Il en ont placé un dans l'île de Middelbourg, qu'on ne peut manquer d'apercevoir en passant entre cette île et le continent papouasien ou bien au nord des îles Méospalon.

A partir de Tandjong Sonsong, la côte nord de la Nouvelle-Guinée est formée entièrement de montagnes avec peu ou point de plage ; derrière les montagnes se trouvent d'autres chaînes de plus en plus hautes et séparées les unes des autres par des ravins peu profonds, de sorte que l'ensemble peut être comparé à un immense escalier qu'il faut franchir pour pénétrer dans l'intérieur du pays. La mer est très profonde, même à proximité des côtes. On ne peut guère jeter l'ancre que près des îles Méospalon. Les prahaus des indigènes sont amarrés dans les criques aux arbres et aux broussailles qui couvrent les rochers.

Les chaînes de montagnes dont nous venons de parler se prolongent à l'est jusqu'aux monts Arfaks, près de la côte ouest de la grande baie du Geelvink.

Derrière la pointe basse d'Inguesoï se trouve la petite baie du Geelvink, qui offre un bon mouillage pour les prahaus et autres petites embarcations ; mais il est difficile d'en découvrir l'entrée aujourd'hui. Peut-être est-elle masquée par des bancs de corail couverts d'une végétation touffue qui n'existait point en 1705, époque à laquelle Weyland visita cette baie.

Le pays des Amberbaks est situé entre le cap de Bonne-Espérance et la pointe ouest de la grande baie du Geelvink.

Les Amberbaks sont une tribu paisible, laborieuse, se livrant à la culture de divers produits du pays et ne se rendant jamais coupable de piraterie. Aussi sont-ils constamment l'objet des convoitises d'autres tribus voisines qui viennent les piller et les enlever pour en faire des esclaves ou pour les manger.

Dr Comte MEYNERS D'ESTREY.

❖ ❖ ❖

CHRONIQUE GÉOGRAPHIQUE

EUROPE

Ile d'Elbe. — Nous trouvons dans un des derniers rapports consulaires anglais quelques détails sur les conditions économiques actuelles de cette petite île de 24 000 habitants, qui fut pendant quelques mois le royaume de Napoléon. Son commerce n'est nullement en proportion de ses richesses et de sa fertilité. Ses mines de fer, qui occupent environ deux millions de mètres carrés, ses granits, ses marbres, ses ardoises, ses pêcheries de thons, de sardines et d'anchois, sa position géographique favorable, ses bons ports, son climat excellent, sa population laborieuse et sobre, pourraient en faire un centre beaucoup plus important qu'elle n'est. Une des causes de ce fâcheux phénomène, c'est le droit exercé par le gouvernement de louer les mines et de limiter la production du minerai. Sans ces restrictions, le minerai pourrait se vendre à un moindre prix, et la proximité de la mer, de même que les facilités du transport, lui donneraient certains avantages sur ceux d'Espagne et d'Afrique. Aujourd'hui la production est limitée à 180 000 tonnes de fer par an.

Quant aux vignes, ravagées par le phylloxera, elles sont déjà en partie replantées, et l'exportation du vin s'est légèrement accrue. Les vins de l'île d'Elbe sont excellents, mais les viticulteurs n'ont pas encore appris à les traiter avec une suffisante perfection.

AFRIQUE

Côte de l'Ivoire. — A la suite des négociations qui ont été engagées entre les deux gouvernements de France et d'Angleterre relativement à la délimitation des possessions respectives des deux pays à la Côte de l'Ivoire, une convention a été conclue le 12 juillet dernier qui fixe de la manière suivante cette délimitation.

La frontière part de Newton, sur la côte; suit le fleuve Tanoé qu'elle quitte à cinq milles en amont du village de Nougoua, déclaré français; coupe la colline de Ferra-Ferrako et gagne la rivière Boi, affluent de droite du Tanoé, à deux milles au sud-est du village Bamianko, qui reste également à la France. De là, elle suit le thalweg de la rivière Boi jusqu'au village de Dibi, et passe à 15 kilomètres à l'est du rivage de Iaou, sur la rivière Bva, et à 1 kilomètre au sud du village d'Abourouferrassi qui appartient à la France. Elle continue ensuite à 10 kilomètres à l'est de la route qui conduit d'Annibilékrou, à 20 kilomètres au nord d'Abourouferrassi, à Bondoukou ; puis elle atteint la Volta entre Bandagodi et Kirlsindi, toujours à 10 kilomètres à l'est de la route qui mène de Bondoukou à la Volta noire, et s'arrête au 9e de latitude nord, conformément à la Convention de 1889. Voilà donc réglée une question restée en suspens depuis le jour où le capitaine Binger, spécialement chargé de la résoudre, avait dû rentrer en France sans s'être entendu avec le capitaine Lang, le délégué de l'Angleterre, qui contestait précisément tous les points aujourd'hui sanctionnés en faveur de la France.

Mission Mizon. — La question de la mission Mizon a pris dans ces derniers temps des proportions qu'il importe de réduire à leur exacte expression. Nos lecteurs savent déjà les accusations formulées contre notre compatriote par la Compagnie anglaise du Niger. Nous en avons parlé ici même et nous croyons y avoir répondu selon le bon sens. Il n'en est pas moins vrai que la principale de ces accusations, celle d'avoir signé un traité pour la France avec le sultan du Mouri, pays soi-disant placé dans la sphère d'influence de l'Angleterre, a valu à M. Mizon d'être rappelé pour donner des explications, sous cette réserve, pourtant, que sa mission continuerait sa marche en avant selon son programme. Or, la Compagnie du Niger ne l'entendait pas ainsi. En chargeant M. Mizon d'accusations ridicules et en obtenant à force d'instances du gouvernement français le rappel de notre compatriote, elle s'est bercée de l'espoir que la mission tout entière de M. Mizon prendrait fin. Elle a refusé d'admettre dans le rappel temporaire de ce voyageur un moyen d'examiner contradictoirement une contestation territoriale ; elle y a vu l'occasion d'interrompre une bonne fois tous nos efforts en Adamaoua. Un autre de nos compatriotes, M. Hoellé, chargé de porter à M. Mizon les instructions du gouvernement français et de lui succéder, a été arrêté dans l'exercice de son mandat par les agents de la Compagnie du Niger et consigné à Akassa. Les susdits agents ont bien fait tenir à M. Mizon les instructions que lui portait M. Hoellé, mais celui-ci n'a pas le droit d'aller plus loin, et si M. Mizon avait obéi à l'ordre de rappel, ses compagnons seraient restés dépourvus de chef et, vraisemblablement, seraient revenus en arrière. C'était ce

qu'espéraient nos concurrents anglais. Les choses ne se sont point passées ainsi. M. Mizon, qui, pendant quelque temps, s'était trouvé arrêté par l'échouage d'un de ses bateaux, remettait celui-ci à flot et, malgré les instructions reçues, continuait sa route sur Yola, où il est présentement arrivé. Il est donc facile de s'expliquer le langage tenu en Angleterre contre M. Mizon et ses prétendus *crimes* par la déception qu'il vient d'infliger à ses accusateurs. A Yola, en effet, il est inattaquable et peut continuer sa mission en toute liberté. La Compagnie du Niger le sait si bien que, pour la première fois, son président, lord Aberdare, a osé insinuer publiquement que Yola était en territoire d'influence anglaise ! Nous ne nous arrêtons pas, pour le moment, à cette prétention. Une seule question reste en litige, celle du Mouri. Nous espérons qu'elle sera résolue conformément à une interprétation logique et loyale de la convention de 1890, autrement dit en faveur de la France. Car, là, il n'est pas question d'Hinterland et rien n'a été spécifié.

Mais une considération plus grave sollicite en ce moment notre intérêt, c'est l'attitude agressive prise par la Compagnie du Niger au cours et à la suite de ces événements. On n'a plus de nouvelles de M. Mizon, et la Compagnie anglaise ne craint pas de faire dire qu'elle est résolue à user de violence. Nous croyons donc que devant l'expression de pareils sentiments et en vertu de l'Acte général de Berlin qui garantit à toutes les puissances la libre navigation du Niger, le gouvernement français a le devoir d'envoyer au-devant de la mission Mizon un bâtiment de guerre qui retrouvera les traces de notre compatriote et, au besoin, saura le protéger.

Cameroun. — De l'aveu même de la *Kolonialzeitung*, aveu exprimé implicitement par les indications que donne ce journal sur le voyage du lieutenant de Stetten à Ngaoundéré et à Yola, il résulte que M. Ponel, l'agent de M. de Brazza, a devancé d'au moins deux mois M. de Stetten dans ces deux villes. Nous n'attachons, d'ailleurs, à cette priorité qu'un intérêt secondaire au point de vue des conclusions que l'Allemagne croirait pouvoir tirer du voyage de M. de Stetten. Il est, en effet, hors de doute que M. Mizon a suffisamment devancé toutes les tentatives étrangères en Adamaoua pour que toute réserve de ce côté soit désormais écartée.

Au Kilima N'Djaro. — Une convention délimitant les frontières des territoires allemands et anglais dans la région du Kilima N'Djaro a été signée à la fin de juillet par le baron Marschall, secrétaire d'État des affaires étrangères de l'Empire allemand, et le docteur Karl Peters, d'une part, et par sir Edouard Malet, ambassadeur d'Angleterre à Berlin, et M. Smith, d'autre part. Nos lecteurs se souviennent que le traité du 1er juillet 1890, par lequel l'Allemagne et l'Angleterre avaient déterminé leurs sphères respectives d'influence dans l'Afrique orientale, prévoyait la nomination d'une commission de délimitation pour préciser les frontières de la côte au Victoria-Nyanza. Cette commission a fait son travail en 1892. Les deux commissaires, MM. Peters et Smith, n'ayant pu arriver à une entente parfaite sur tous les points, le siège des négociations fut transféré à Berlin. Après plusieurs mois de pourparlers, on a pu conclure un arrangement qui fixe les limites sur une étendue de 320 kilomètres à partir de la côte. La difficulté provenait de ce que le traité du 1er juillet 1890 avait reconnu à l'Allemagne le Kilima-N'Djaro sans déterminer suffisamment le territoire compris sous cette désignation. Le nouvel arrangement donnerait satisfaction à l'Allemagne en lui laissant le district de Kimangalia; d'autre part, l'Angleterre bénéficierait d'une petite augmentation de territoire dans le voisinage de Tavesa.

Il y a un peu plus d'une année, le chef Meli, de Mochi, au pied méridional du Kilima N'Djaro, avait infligé une défaite sanglante aux troupes conduites contre lui par le commandant de Bülow et le lieutenant Wolfrum. Ceux-ci, de même qu'un grand nombre de soldats indigènes, avaient trouvé la mort dans le combat. Au mois de juillet dernier, le colonel von Schele, à la tête d'une forte colonne de troupes du protectorat, marcha contre Mochi, et, d'après une dépêche de Dar-es-Salaam du 28 août, il a pris le 12 août le camp fortifié du chef Meli. Ce chef était le seul ennemi que les Allemands eussent encore rencontré dans cette région.

Territoire allemand entre le Tanganyika et l'Albert-Edouard. — La partie du territoire de l'Afrique Orientale allemande comprise entre l'extrémité septentrionale du Tanganyika et le lac Albert-Edouard est demeurée jusqu'ici une des moins explorées de l'Afrique centrale. Le docteur Baumann cependant l'a traversée dans son dernier voyage, et il a donné, dans le *Mouvement géographique*, des renseignements inédits qui complètent ceux que nous avions publiés précédemment, d'après son rapport à la Société anti-esclavagiste allemande. D'après M. Baumann, le Tanganyika, le lac Albert-Edouard et l'Albert-Nyanza, s'étendent, dans la direction générale du sud au nord, au fond d'une faille immense, d'une assez faible largeur, dont les bords sont constitués, à l'est comme à l'ouest, par des plateaux élevés dominés par des pics. Entre l'Albert-Edouard et le Tanganyika, la faille se resserre, et l'on devine facilement, du village d'Ousigé, à la tête du dernier lac, la direction de l'étroite vallée de la Roussigi, qui vient du nord-nord-est.

Il est possible que le lac Oso, signalé par les Arabes et par Stanley, serve de réservoir à cette rivière, navigable aux pirogues dans son cours inférieur. Au nord du lac Oso se dresse, du fond de la faille, le massif volcanique du Mfoumbiro, sur lequel Stuhlmann, compagnon d'Emin-Pacha, a donné les premiers renseignements scientifiques. Au nord du Mfoumbiro commence le bassin du Nil. Cette faille explique l'étroitesse du bassin de la Roussigi. A l'est comme à l'ouest de la vallée de la rivière, dont le confluent dans le Tanganyika est à 811 mètres d'altitude, le pays s'élève brusquement jusqu'à des hauteurs de 3000 mètres, d'où les eaux descendent d'un côté vers le Congo, de l'autre vers le Nil. En somme, si le lac Oso existe réellement, ce qu'une prochaine exploration nous apprendra, la Roussigi joue, entre ce lac et le Tanganyika, le même rôle de canal naturel, que la Semliki entre l'Albert-Edouard et l'Albert-Nyanza. Le premier porte ses eaux vers le sud, le second vers le nord; le Mfoumbiro dresse sa muraille volcanique à travers la faille et sépare les deux bassins.

Le Rouanda, dont Baumann a traversé quelques districts orientaux, est peuplé d'une race analogue aux Ouaroundi, mais il est gouverné par des Ouahima. Ceux-ci, très sauvages, ressemblent fortement aux Gallas. Tout le Rouanda est sous le gouvernement d'un seul roi, Kegeré, résidant à Kiségé, à quelques journées au sud-est du Mfoumbiro. L'aspect du pays ressemble beaucoup à celui de l'Ouroundi septentrional, avec cette différence que dans le Rouanda il y a de plus beaux champs de sorgho, de patates et de bananes, que les villages sont plus propres et les huttes mieux bâties. Les armes à feu y sont encore inconnues. La caravane du docteur Baumann put s'y procurer des vivres en abondance.

La route Zambèze-Nyassa. — D'après une communication du lieutenant Sclater à la Société de Géographie de Londres, la voie du Zambèze-Nyassa présenterait de grands avantages sur la route par terre de Zanzibar au Tanganyika. Tandis que Stairs avait mis douze semaines, par cette dernière, avec une caravane toute fraîche et bien équipée, il ne lui en fallut au retour que six, de l'extrémité sud du Tanganyika à la côte, par le Nyassa, le Chiré et le Zambèze. M. A. Sharpe, vice-consul à Blantyre, est venu récemment d'Abercorn, au sud du Tanganyika, à Blantyre, en vingt-huit jours, le trajet par terre ne lui en ayant pris que quatorze; et M. Sclater lui-même est allée de Blantyre à la côte en six jours.

Un autre avantage de cette route, c'est qu'à Blantyre, à 320 kilomètres à l'intérieur, se trouve un dépôt des articles nécessaires aux voyageurs. Quand M. Sharpe a équipé son expédition pour le lac Moëro, il a pu se procurer à Blantyre, dans les divers entrepôts de la localité, des ustensiles, des provisions, des marchandises d'échange pour un voyage de six mois. De Chikouaoua, sur le Chiré inférieur, à Mpimbi, sur le haut Chiré, il existe une route carrossable bien nivelée. L'ancienne route construite par l'African Lakes Company a été améliorée, et le tracé en a été modifié dans les endroits où la pente était trop forte pour les chars. Trois vapeurs circulent déjà sur le Nyassa; deux canonnières pour le lac et un vapeur à roues à palettes pour le Chiré étaient en construction à Mpimbi, et l'on comptait les lancer au commencement d'août. Avant la fin de cette année le vapeur du major Wissmann sera mis à flot. La route de Karonga à Abercorn n'a que 350 kilomètres de longueur, et pendant les quatre dernières années les caravanes n'ont pas cessé de la parcourir. Il y a toujours à Karonga abondance de porteurs. Les expéditions Stairs, Sharpe, Delcommune, Bia, ont montré combien du Tanganyika il est facile d'atteindre le lac Moëro et le haut Congo. Enfin le voyage du docteur Baumann a fourni la preuve que l'on pourra se rendre de l'extrémité septentrionale du Tanganyika au Victoria-Nyanza en une quinzaine de jours. Par cette voie le voyage entier, de la côte jusque dans l'Ouganda, ne prendrait pas plus de douze semaines, dont quatre seulement par terre; le reste se ferait par vapeurs, ce qui offre un grand avantage sur la route de Mombas au Victoria-Nyanza. Les dépêches sont distribuées tous les mois ou toutes les six semaines à Abercorn pour toutes les stations du Tanganyika appartenant soit au territoire allemand, soit à l'État du Congo.

Emin Pacha. — La mort d'Emin Pacha est maintenant certaine. Il a été assassiné, sur des ordres du chef arabe Saïd Ben Abadi, vers le 20 octobre 1892, à un endroit distant de quatre jours de Kibonge.

On annonce qu'après la prise de Nyangoué, le capitaine Dhanis a découvert, parmi les objets ayant appartenu aux Arabes, une caisse ayant appartenu au pacha, et contenant des documents intéressants, ses collections et ses livres.

Rappelons qu'Emin Pacha, de son vrai nom le docteur Schnitzler, était né à Neisse, en Silésie, de parents israélites, le 28 mars 1840. Il avait fait ses études médicales à Breslau et à Berlin, et, après quelques années passées en Turquie, il était entré, en 1876, au service de l'Égypte.

Afrique Orientale Anglaise. — Un fonctionnaire du musée Britannique, M. Gregory, vient de revenir à Mombas en août, après une expédition au lac Baringo. Son voyage de retour s'est effectué par le mont Kénia, dont il a gravi les pentes jusqu'à la hauteur de 5200 mètres, et dont il a exploré les glaciers. Il a également visité les hauts affluents du Tana, et relevé la ligne de partage des eaux entre ce fleuve et l'Athi.

ASIE

Sibérie. — Les grands fleuves de l'ouest de la Sibérie sont navigables pour une période moyenne annuelle de 135 jours. La navigation y est assurée par 64 bateaux à vapeur, appartenant à 4 compagnies, et par 162 barques.

Le Iénisséi est parcouru par 6 bateaux à vapeur, la Léna par 9. Les transports du Baïkal sont effectués par 3 vapeurs, 4 barques et une vingtaine de bateaux à voiles ; ceux de la Selenga par 3 vapeurs, et ceux de l'Angara Supérieure par 4, sans compter, pour ces deux fleuves, un certain nombre de barques et de bateaux à voiles. La navigation de la Selenga dure du 26 avril au 1er octobre ; celle du lac Baïkal, du 15 mai au 11 décembre ; celle de l'Angara, du 20 avril au 20 novembre. L'Amour et ses affluents possèdent 45 bateaux à vapeur et 21 barques.

Asie Centrale Russe. — La petite expédition commandée par le colonel Yonoff, qui a quitté Marghilan au commencement de juin pour la région de l'Alaï et du Pamir, a reçu l'ordre de retourner au Ferghana le 15 août. Les Afghans se sont entièrement retirés de la rive gauche du Pandjah, branche de l'Oxus, et l'émir semble avoir abandonné toutes ses prétentions sur le Chougnan et le Rochan.

Djeddah. — L'importance commerciale de Djeddah, le port de la Mecque sur la mer Rouge, a décru dans ces dernières années. La ville a perdu deux débouchés, Souakim et Massaouah, qui aujourd'hui importent directement leurs marchandises d'Inde et d'Europe. La pêche des perles a été durement frappée par le droit de 8 pour 100 imposé par le gouvernement turc, et les pêcheurs préfèrent maintenant les ports de Souakim, de Massaouah ou d'Aden, où le droit perçu n'est que de 1 pour 100. La gomme de Djeddah, qui est de bonne qualité, est expédiée à Londres et surtout à Trieste ; mais elle est inférieure à celle du Kordofan. Le commerce de Djeddah se fait principalement avec l'Inde anglaise ; la valeur totale de ce commerce est plus grande que celle de toutes les autres importations réunies. Les principaux objets en sont le riz, embarqué à Calcutta, et les cotonnades. Le nombre des pèlerins arrivés l'an dernier dans le port a été de 58 000, dont 11 000 Javanais, environ 11 000 indigènes de l'Inde anglaise, 8 000 Égyptiens, à peu près autant de Turcs et Syriens, 4 800 Algériens, Tunisiens, Marocains, environ 3 000 Boukhares, etc. La plupart de ces pèlerins sont amenés par des bateaux anglais ; mais le nombre de ceux-ci est moins grand qu'auparavant.

Himalaya. — Une expédition s'est faite, l'an dernier, dans l'Himalaya central, sous le patronage de l'Académie des sciences de Vienne et du gouvernement indien. Elle était commandée par le Dr Diener, et comprenait en outre M. Grisebach et Meddleniss, représentants de l'Indian Survey. Le point de départ fut le *sanitarium* de Naini Tal dans le Koumaon, d'où l'expédition se rendit à Milam, à la frontière du Tibet, à 3431 mètres, le plus haut endroit habité de la région ; encore ne l'est-il que de mai à octobre. Les habitants cultivent dans le voisinage un peu de blé et de pommes de terre. Ils font le commerce avec les Tibétains ; les animaux qui leur servent aux transports sont les moutons et les chèvres ; quelques-uns en possèdent des troupeaux de plusieurs milliers de têtes. Le glacier de Milam, qui se termine à 3458 mètres, à 3 kilomètres environ nord-ouest du village, est le plus grand du massif du Nanda Devi ; il a 19 kilomètres de longueur. Il est de pente assez égale, a peu de grandes crevasses et est entièrement recouvert de débris de moraines.

Après de longs pourparlers avec les autorités tibétaines, l'expédition fut autorisée à explorer le pays situé immédiatement au delà de la frontière. Elle franchit le col d'Outadhoura (5365 mètres), puis ceux de Kiangour et de Kisgarh-Khaldou, dont l'altitude est légèrement inférieure. Puis elle séjourna du milieu à la fin de juillet dans la partie du Hundes non encore explorée géologiquement, et fit à quatre reprises l'ascension du pic Chitichoun n° 1

(5 411 mètres), et des deux sommets du Chanambaniali (5587 et 5600 mètres). Après une tempête de neige qui dura trois jours elle atteignit le sommet du Kangribingri (5846 mètres), d'où, par le col du Yandi, elle revint à Milam. Pendant les cinq semaines que dura le voyage au Tibet, les campements ne furent pas une fois à une altitude inférieure à 4400 mètres.

Du sommet du Chanambaniali, les voyageurs purent apercevoir les contours du bassin au fond duquel s'étendent les deux lacs Manasaraour, origines des eaux du Satledj. Dans la partie sud du cercle de montagnes qui les entouraient, s'élevaient majestueusement les trois sommets du Gourla Mandhata (7725 mètres), avec les puissants glaciers sur lesquels ils s'appuient, dominant toutes les régions avoisinantes.

L'obstacle le plus sérieux aux recherches scientifiques n'était pas la rareté ou la basse température de l'atmosphère, mais les vents qui soufflaient du Sud, si violents que pour faire des photographies il fallait protéger l'appareil par une vraie muraille circulaire. On pouvait constater une grande différence entre la température du jour et celle de la nuit : des cours d'eau, facilement guéables le matin par suite du froid nocturne, devenaient de gros torrents peu après le lever du soleil. La région des pâturages du Chitichoun est l'une des plus désolées de la province de Hundes.

Le fond des vallées ne descend pas au-dessous de 3200 mètres, la végétation y est si maigre que même les buissons de genévriers y sont très rares. La tourbe, la bouse de yak, sont les seuls moyens de chauffage.

Le pays a bien distinctement le caractère désertique. Les montagnes sont couvertes d'un manteau de débris ; les sommets seuls se détachent de ce chaos de roches. La morne uniformité du paysage n'est variée que par les teintes jaunâtres et violettes des montagnes.

L'expédition voulait pénétrer ensuite dans la chaîne de Lissar. Elle en fut empêchée, les chemins n'étant pas accessibles aux bêtes de somme. Aussi se décida-t-elle à s'avancer dans le territoire de Rimkin Paiar, revendiqué par les Tibétains. Le 19 août elle reprit sa marche par les cols d'Outadhoura et de Kiangour, et se dirigea vers le nord-ouest, longeant la chaîne de partage entre Gange et Satledj ; cette chaîne consiste en montagnes de schistes et grès dénudées, s'élevant de 5100 à 5500 mètres ; on y rencontre de nombreux chevaux des steppes, des kyangs, des moutons de montagnes (*Ovis Hodgsoni, Ovis Burrhal*), des traces d'ours, de léopards blancs, de loups tibétains (*Canis laniger*). Il est difficile de trouver des coupes géologiques naturelles aussi admirables que dans cette zone calcaire de l'Himalaya, au voisinage de Rimkin Paiar et du Silakank. Il est des endroits où l'on peut contempler d'un coup d'œil toute la série des dépôts sédimentaires depuis le silurien inférieur jusqu'à l'étage crétacé.

Le Rimkin a de grands pâturages alpestres, qui sont délicieux à la vue, après la région stérile qui va de Laptal à Barahoti. Dans les endroits abrités, le long des cours d'eau, on trouve d'épais fourrés de saules et de bouleaux. Des bouleaux isolés, aux troncs crochus, atteignent une hauteur de 5 à 7 mètres. On les trouve jusqu'à 4 200 mètres, tandis que dans le reste de l'Himalaya central la limite de la végétation arborescente est entre 3300 et 3600 mètres. Les bergers tibétains venaient précisément ramasser ces branches sèches, pour les fêtes qui avaient lieu à Garlok, sur le haut Indus. Dans un pays si pauvre en combustible, elles ont naturellement une grande valeur.

Après avoir franchi le col de Niti (4070 mètres), le plus fréquenté de l'Himalaya central, l'expédition descendit dans la vallée de Dhauli Ganga. On trouve, dans le voisinage du col, des débris glaciaires appartenant aux quartzites du carbonifère supérieur, et dans la vallée, à partir de 2700 mètres de hauteur environ, de puissants restes de vieilles moraines. Le village de Niti est à 3497 mètres, donc un peu plus haut que celui de Milam. Dans la vallée du Dhauli Ganga les forêts s'élèvent jusqu'à 3300 mètres de hauteur. Elles sont principalement composées de déodars, qui forment des bois magnifiques à Djouma Gourr.

De Jockimath, l'expédition suivit la route ordinaire des pèlerins de Badrinath, à travers le Lohab ; elle était définitivement de retour à Naini-Tal le 7 octobre 1392.

(D'après les *Verhandlungen* de Berlin.)

OCÉANIE

Nouvelle-Guinée. — D'après le rapport récent de M. Hutton Richards, la Nouvelle-Guinée Britannique aurait (sans les îles voisines) une superficie de 223 622 kilomètres carrés. Les habitants seraient évalués à 350 000. Sur ce nombre il n'y a que 272 blancs, dont 115 Anglais.

Le climat de la colonie est humide et énervant pour les immigrants de race blanche. Le chef-lieu, Port Moresby, a une moyenne température annuelle de 28 degrés, un minimum moyen de 21 degrés, un maximum moyen de 36 degrés, d'après les observations faites pendant ces dernières années. La chute de pluies mesurée est de 182 centimètres.

Nouvelles-Hébrides. — Voici, d'après un document anglais récent, quelles seraient les situations respectives, dans l'archipel, de la Compagnie française de la Nouvelle-Calédonie et de la Compagnie (anglaise) australasienne des Nouvelles-Hébrides. Les possessions de la Compagnie française se trouvent dans la partie sud-est de Santo, à Port Sandwich dans Mallicolo, à Villa Harbour dans la partie méridionale de Vaté ou Sandwich ; elles occupent environ 32 hectares ; en outre un colon français possède à Port Vila une plantation de café de 16 hectares environ. Il ne s'agit là, bien entendu, que des terrains effectivement occupés, plantations de café et champs de maïs. Car la Société française a acquis, par achat, de grandes étendues de terrain qu'elle ne peut tarder à mettre en valeur.

Quant à la Compagnie anglaise, fondée spécialement pour protéger les missionnaires presbytériens, et contrebalancer l'influence française, sa plus vaste plantation, qui a environ 12 hectares d'étendue, est dans la partie nord de Vaté. Elle en possède une autre dans le sud-ouest de Santo, où elle a concédé quelques terrains à des sujets britanniques, qui les cultivent pour leur propre compte. En somme, la superficie des terres de la Compagnie anglaise effectivement occupées et cultivées est inférieure à celles de la Compagnie française. Pour les terrains acquis et non encore mis en valeur l'infériorité est beaucoup plus manifeste.

Actuellement le commerce de l'archipel a peu d'importance ; le seul article d'exportation est le coprah, et le chiffre d'affaires des deux compagnies prises ensemble ne doit pas dépasser annuellement 75 000 à 100 000 fr.

Les Anglais se plaignent, paraît-il, d'être dans une situation légale moins favorable que leurs rivaux. L'importation des armes à feu et des munitions leur est interdite ; l'importation des travailleurs et celle des liqueurs fortes sont soumises à des restrictions sévères, par des actes de 1872 et de 1875. Ces défenses n'existent pas pour les sujets des autres pays. Aussi, chose bizarre, voyons-nous les missionnaires presbytériens eux-mêmes demander le retrait de ces mesures restrictives.

Nouvelle-Zélande. — Les Maoris de l'île du Nord ont tenu, en janvier de cette année, une grande assemblée à Waitangi, et ils y ont décidé la création d'un Parlement indigène, sur le modèle britannique, avec deux Chambres et un ministère responsable. L'enthousiasme qui avait salué ce projet s'est rapidement refroidi, car il a fallu prélever, pour les premiers frais, une taxe d'une livre sterling par tête de Maori. Le gouvernement britannique n'interviendra que si l'institution devait présenter des dangers pour son autorité. Mais il laissera aux Maoris le soin d'ordonner, comme ils l'entendront, leurs affaires intérieures.

MM. Herbert Jones et Charles Clive ont fait, en mars dernier, l'ascension fort périlleuse du mont Earnslaw, dans l'île du Sud, à l'extrémité septentrionale du lac Wakatipu, par 44° 35' latitude sud et 168° 40' longitude est. Sa hauteur est de 2795 mètres. En 1882, M. Green avait vainement tenté de l'escalader.

Iles Marshall. — D'après le rapport du commissaire impérial allemand, la population de cet archipel serait de 15 000 habitants seulement. Les indigènes, spécialement ceux du groupe occidental, ou de Ralik, mènent une existence nomade entre différentes îles. Ils s'établissent dans l'une, puis l'abandonnent lorsqu'ils en ont épuisé les moyens de subsistance. Il n'y a pas de terres sans propriétaires ; toutes appartiennent aux chefs, qui les donnent à cultiver à leurs sujets, et s'en font donner tous les produits, pour les répartir comme il leur convient. Mais cet état social est en voie de se transformer, principalement sous l'influence des missionnaires.

Le rapport donne quelques détails sur les fameuses « cartes » des Marshalliens, dont quelques-unes sont conservées dans nos musées d'Europe. « Jadis, dit-il, les indigènes savaient faire, avec des tiges de roseaux, des sortes de treillis, qui montraient aux initiés, non seulement la situation exacte des différentes îles, mais encore les courants dominants. Aussi permettaient-ils de naviguer d'une manière assez sûre. Ce talent et, par suite, ces connaissances maritimes sont aujourd'hui entièrement disparus. »

RÉGIONS POLAIRES

Expédition Nansen — Le *Times* a publié une lettre de M. Nansen, datée de Khabarova, détroit de Yougor, 2 août 1893. C'est probablement la dernière communication de l'intrépide explorateur qui atteindra l'Europe, avant que son bateau le *Fram* soit pris par les glaces, et entraîné, comme il l'espère, vers le pôle. Nous empruntons quelques détails à cette très intéressante communication. Ils compléteront ceux que nous avons déjà donnés.

Les premiers jours qui suivirent le départ de Vardö, le 21 juin, le *Fram* navigua presque constamment à travers les brouillards, ce qui l'empêcha d'aborder à la Terre des Oies de la Nouvelle-Zemble. Le 27 juin, il rencontra inopinément des glaces, mais n'eut pas de trop grandes difficultés à les traverser. « Le *Fram*, dit M. Nansen, est un bateau splendide pour la navigation à travers les glaces ; il est aussi facile à manier et à diriger entre les glaçons, qu'un canot. Il m'a déjà donné beaucoup de moments de joie, quand je voyais, du haut du mât de vigie, comme il se comportait bravement, et comme il est solide. Je le laissais, avec un sentiment de parfaite sécurité, naviguer tranquillement entre d'énormes blocs ; il les broie sous sa quille presque sans secousse, et sans résonance. »

Le 29 juillet le bateau était à l'ancre à Khabarova, sur le détroit de Yougor, où sont campées un petit nombre de familles samoyèdes ; elles y sont visitées en été par quelques marchands russes, qui leur prennent leurs fourrures, leurs peaux et leur huile.

Le Samoyède Trontheim, que M. Nansen avait chargé de lui acheter des chiens à traîneaux chez les Ostiaks, l'attendait depuis un mois à Khabarova. Parti de Tioumen, en Sibérie, il avait fait ses achats sur la Sosva, et avait amené sa meute à travers la toundra sibérienne et la chaîne de l'Oural, voyageant en traîneau en pleine saison d'été, sur les herbes et les pierres dépourvues de neige. Les chiens qu'il amenait sont de belle apparence, blancs et noirs, nez pointu, oreilles droites, d'ailleurs d'un bon naturel et faciles à diriger, mais fort hostiles à leurs congénères d'Europe.

Trontheim donna de bonnes nouvelles de l'état des eaux arctiques. Le détroit de Yougor était libre depuis le 3 juillet, et la mer de Kara ne devait pas, disait-il, avoir beaucoup de glace. En revanche, M. Nansen fut fort désappointé d'apprendre que le petit navire l'*Urania*, qui devait l'approvisionner de charbon, n'était pas arrivé. Mais il se décida à ne pas retarder son départ pour l'attendre.

M. Nansen et le capitaine Sverdrup explorèrent ensuite, en chaloupe, le détroit de Yougor jusqu'à l'entrée de la mer de Kara. La vue qu'ils en eurent, du sommet de petites collines dominant le détroit, leur fit une impression assez favorable. Il y avait beaucoup de glace, mais aussi une vaste étendue d'eau libre entre la banquise et la côte, de sorte que la navigation vers l'est ou plutôt le sud-est semblait devoir être facile.

M. Nansen se proposait de partir immédiatement après les quelques travaux nécessaires pour mettre le *Fram* en état, que l'*Urania* fût ou ne fût pas arrivée. Il naviguera le long de la côte sibérienne, jusqu'à l'embouchure de l'Olenek, à l'est du détroit de la Léna. S'il peut le faire sans perdre de temps, il pénétrera dans l'Olenek même, sur les rives duquel l'attendent vingt-six chiens supplémentaires, réunis là par les soins du baron Toll, explorateur sibérien bien connu, aux frais d'un Russe, Nicolas Alexandrovitch Kelch, et sous la garde d'un Norvégien, Torstensen. En outre une petite expédition a été envoyée à l'île Kotelny, la plus occidentale de la Nouvelle-Sibérie, où elle laissera deux dépôts de provisions, l'un sur la côte nord-ouest, l'autre sur la côte sud-ouest. M. Nansen ne pense pas en avoir besoin; cependant la précaution n'est, pense-t-il, pas inutile. Un pareil dépôt eût certainement sauvé le capitaine De Long et l'équipage de la *Jeannette*.

Après avoir dépassé l'Olenek, M. Nansen se dirigera au nord, en longeant la côte occidentale de la Nouvelle Sibérie, et se tenant aussi longtemps que possible dans la mer libre. Puis, les limites de la mer libre atteintes, le *Fram* n'aura plus rien à faire qu'à se laisser prendre dans les glaces, et entraîner par le courant, qui doit se diriger au nord ou au nord-ouest.

« Alors, dit en terminant M. Nansen, il se passera sans doute longtemps avant que nous ayons franchi la région polaire inconnue, et que nous soyons revenus à la mer libre, ou à quelque côte d'où le retour au pays nous sera possible. Pendant ce temps on n'entendra rien dire de nous. Mais quand des années se seront écoulées, j'espère que vous apprendrez que nous sommes tous revenus sains et saufs, et que les connaissances de l'homme ont encore avancé d'un pas vers le nord. »

Le docteur John Ræ. — On annonce la mort, le 22 juin, à l'âge de quatre-vingts ans, du docteur John Ræ, un explorateur polaire un peu oublié aujourd'hui, mais dont la réputation a été un instant considérable. Ce fut lui qui rapporta le premier en Angleterre, en 1854, des nouvelles de la perte de l'expédition Franklin. Il reçut, pour cela, la récompense de 10 000 livres sterling promise par le gouvernement. John Ræ était né aux Orcades en 1813; en 1833, aussitôt après l'achèvement de ses études de médecine, il fut nommé chirurgien d'un bateau de la compagnie de la baie d'Hudson, qui faisait chaque année le voyage de Moose Factory, sur le bord même de la baie. C'est ainsi que s'éveilla son goût pour les régions arctiques. Sa première expédition date de 1846; il réussit à lever 1 100 kilomètres de côte sur le littoral de l'Amérique du Nord,

réunissant ainsi les travaux de Ross dans la presqu'île de Boothia et ceux de Parry dans les détroits de la Furie et de l'Hécla. Deux ans après, il faisait partie d'une des premières expéditions envoyées à la recherche de Franklin, et explorait, dans ce dessein, toute la côte entre le Mackenzie et la rivière Coppermine. En 1850 il prit lui-même le commandement d'une nouvelle expédition, qui étendit ses recherches sur la terre de Wollaston, la côte à l'est du Coppermine, puis la terre et le détroit de Victoria. On peut juger par un simple fait des difficultés que rencontraient alors les voyages arctiques : à son retour, Ræ dut cheminer sur des raquettes à neige, en tirant un traîneau derrière lui, de l'océan Glacial jusqu'à la frontière des États-Unis. Une troisième expédition, également envoyée sous ses ordres en 1853, réunit les levés de Ross à ceux de Dease et Simpson, et prouva l'insularité de la Terre du Roi Guillaume. C'est dans ce dernier voyage que Ræ parvint à apprendre, par des rapports d'Esquimaux, la perte de l'*Erebus* et de la *Terror*, et la mort présumée de tous les membres de l'expédition; il put même rassembler et ramener en Angleterre quelques reliques qui leur avaient appartenu.

Durant les neuf ou dix ans qu'il a exploré les régions arctiques, Ræ a parcouru plus de 35 000 kilomètres, dont 2 500 à 3 000 en terrain inconnu. Il attribuait lui-même ses succès à la faculté qu'il avait de vivre absolument comme un Esquimau. Pour s'épargner l'ennui de transporter une tente, il lui arrivait de se construire chaque soir une hutte de neige, et, grâce à son adresse de chasseur, il pouvait réduire notablement la quantité des provisions qu'il transportait avec lui.

La carrière active du docteur Ræ ne se termina pas avec ses expéditions arctiques. A partir de 1860, il voyagea encore en Islande, au Grœnland, et dans diverses parties de l'Amérique du Nord, étudiant principalement le tracé de lignes télégraphiques.

Le docteur Ræ était surtout un homme d'action. Il n'a écrit sur ses voyages que des articles et des rapports très sommaires. Il a été enterré à Kirkwall, dans les Orcades, où ses concitoyens se proposent de lui élever un monument.

NOUVELLES DIVERSES

— *Un service postal à chameaux coureurs vient d'être institué sur les territoires français d'Obock et de la côte Somali.*

— *Quelques troubles assez graves qui avaient éclaté à Assinie au commencement de septembre ont été promptement apaisés, grâce à la présence à Assinie du gouverneur de nos établissements de la Côte de l'Ivoire. Ces troubles avaient eu lieu à la suite de malentendus entre des gérants de factoreries et quelques indigènes.*

— *La mission Monteil quittera décidément la France le 10 octobre courant à destination du Congo, où elle a déjà été précédée par le capitaine Decazes et le lieutenant Julien.*

— *Le 10 septembre est mort, à Alt-na-Craig (Ecosse), l'ancien médecin de l'expédition Stanley, le docteur Thomas Hazle Parke. Les lecteurs du voyage de Stanley se souviennent certainement du rôle important qu'il y joua, et des éloges mérités que lui prodigua son chef. C'est le cinquième des membres européens de l'expédition qui est ainsi enlevé, dans l'espace de quatre ans seulement.*

BIBLIOGRAPHIE

REVUE DES PÉRIODIQUES

Articles signalés :

Bulletin de la Société de Géographie de Paris, 1er trimestre 1893. — *Relation sommaire d'un voyage en Perse et dans le Kurdistan (1889-1891), avec carte dans le texte*, par J. de Morgan. (Fragment inédit de l'introduction à l'ouvrage que M. de Morgan va publier sur un grand voyage scientifique qu'il a fait en Perse, accompagné par Mme de Morgan. L'auteur y indique simplement son itinéraire, dont les principales étapes sont : Téhéran, le Demavend, Asterabad, le Mazandéran, le Ghilan, Lenkoran, la vallée de l'Araxe, Tabriz, les régions montagneuses du Kurdistan et du Louristan. L'itinéraire total représente environ 20 000 kilomètres. Le but du voyage était à la fois topographique, géologique et archéologique. L'auteur en a rapporté plus de 600 photographies. A en juger par le programme qu'il en esquisse, l'ouvrage dont il nous annonce la prochaine publication aura certainement beaucoup d'intérêt.) — *Aperçu général des Tumuc-Humac* (avec carte), par Henri Coudreau. (Description géographique de la partie de la chaîne qui s'étend entre les sources de l'Araguary, et celles de l'Itany, c'est-à-dire dans le prolongement de la Guyane française. C'est une sorte d'appendice scientifique au volume *Chez nos Indiens*, paru cette année même, et dont nous avons rendu le compte, p 96.) — *Voyage au Gourára et à l'Aouguéroût* (1866), par le commandant Colonieu. (Suite d'un récit dont la première partie avait paru l'an dernier. Nous lui avions emprunté des fragments étendus. Voir *Nouvelles Géographiques*, 1892, p. 18-24.) — *La rivière souterraine de Bramabiau* (Gard), 1888-1892, par E. A. Martel. (Étude fort intéressante sur cette rivière souterraine des Cévennes, traversée pour la première fois par M. Martel en 1888, puis minutieusement explorée depuis lors, et dont les ramifications aujourd'hui connues ont un développement de 6 350 mètres. Pour la longueur, c'est actuellement la première grotte de France et la troisième d'Europe. Elle vient immédiatement après Aggtelek en Hongrie, et Adelsberg en Carniole. L'étude est accompagnée d'un plan détaillé, et de trois vues des galeries intérieures.) — *Ouest de Java. La race soundanaise ; ses rapports avec les Hollandais, et les pays qu'elle habite*, par R. A. Eekhout.

Revue de géographie, septembre 1893. — *La vallée du Zérafchane*, par P. Gault. (Étude intéressante sur cette rivière, affluent de l'Amou-Daria, mais affluent théorique, puisque ses eaux n'atteignent pas le fleuve et se perdent dans des terres marécageuses. L'article contient quelques statistiques sur les cultures et les irrigations de la vallée.) — *Chypre et ses principales productions*, par P. Mouillefert (suite). — *Le défilé du Bas-Danube depuis Bazias jusqu'à Orsova* (suite), par A. de Gérando. — *La population de la Grande-Bretagne* (suite et fin), par

D. Bellet. — *Les colonies chinoises aux États-Unis* (suite et fin), par G. N. Tricoche. — *Le mouvement géographique*, par L. Delavaud. — *Corfou* (suite et fin), par Mme d'Harrasowsky, d'après Ferdinand Gregorovius. — *Le commerce d'importation en France, au milieu du xvie siècle, d'après un manuscrit de la Bibliothèque nationale* (suite), par A. Chamberland.

Geographical Journal. Septembre 1893. *Journeys in French Indo-China*, par George N. Curzon, suite. (Dernière partie d'un résumé des voyages faits dans l'Indo-Chine française par M. Curzon, membre bien connu du Parlement britannique, l'un des adversaires les plus véhéments de notre expansion dans la presqu'île. L'article est plutôt descriptif que critique. Mais il renferme çà et là quelques jugements utiles, et vaut qu'on y revienne avec quelques détails.) — *The Zoutpansberg Goldfields in the South African Republic*. (Description du territoire aurifère du district de Zoutpansberg, à l'extrémité septentrionale du Transvaal. Il occupe une superficie de 9 230 kilomètres carrés. L'or y a été découvert pour la première fois en 1858 ; la première exploitation sérieuse commença en 1871, mais ne donna pas de grands résultats. Les travaux ont été repris depuis lors. On a « proclamé » les premiers territoires aurifères en 1887, et on leur en a ajouté d'autres en 1892. Mais les mines ou du Zoutpansberg ont encore une production bien inférieure à celles du Witwaterstrand et du Kaap. Elles avaient donné, en 1892, 16 017,18 onces d'or, d'une valeur de 1 409 400 francs, sur une production totale pour l'Afrique de 13 325 304,5 onces, d'une valeur de 115 972 000 francs. La description est accompagnée d'une carte et de quelques vues.) — *The Stairs Expedition to Katangaland*, par J. Moloney. (Résumé d'une conférence sur l'expédition du Katanga faite à la Société de Géographie de Londres, par M. Moloney, le médecin qui accompagnait M. Stairs. *Le Tour du Monde* publiera prochainement le récit d'un autre de ses compagnons, M. de Bonchamps. Nous y renvoyons nos lecteurs). — *A Trip to Harar and Imé*, par le capitaine H. G. C. Swayne. — *The physical Geography of Antarctica*. — *The Geography of the Tatra Group*. — *Dr Diener's Expedition to the Central Himalaya* (voir la Chronique).

Mitteilungen de Petermann, août 1893. *Küstenänderungen im südwestlichen Schleswig*, par le Dr R. Hansen. (Description des changements de la côte sud-occidentale du Schleswig, amenés par des invasions de la mer. Les trois cartes qui indiquent l'état de la côte en 1240, en 1634, années signalées par des inondations particulièrement violentes, et en 1892, permettent de se rendre compte de l'étendue des terres disparues). — *Tschitral, Jassin und Kunjut*, par F. Emmanuel, avec carte. (Étude d'un intérêt tout actuel sur les pays indépendants qui occupent l'angle sud-ouest de l'Inde au

sud du Karakoram et de l'Hindoukouch. Placés entre l'Inde anglaise et le Pamir, dont les Russes sont maîtres depuis 1891, ces pays ont une grande importance pour l'Angleterre, qui a établi la même année une garnison à Gilgit, et qui l'a reliée à l'Inde par une route militaire et une ligne télégraphique. L'auteur résume brièvement les derniers événements qui ont eu pour résultat la mainmise de l'Angleterre sur tout le pays.) — *Uber Methoden in der Ethnologie*, par A. Bastian. — *Der Moeris See nach den neuesten Forschungen*, par G. Schweinfurth. — *Eine geographische Studie über Sicilien*, par Theobald Fischer.

COMPTES RENDUS

Le Mouvement anti-esclavagiste, revue mensuelle internationale illustrée. Bruxelles. — Imprimerie Goemaere. 5e année, 1893, en cours de publication.

Il y a déjà longtemps que nous nous proposons de signaler cette excellente revue, qui en est, d'ailleurs, à sa cinquième année d'existence. Son titre indique sa tendance. Il s'agit de soutenir le mouvement anti-esclavagiste, auquel la Belgique prend depuis quelques années une si grande part. C'est là une œuvre d'une moralité tellement élevée qu'il n'est personne au monde qui n'ait le devoir d'y applaudir, sauf à faire de très grandes réserves sur les moyens employés pour l'accomplir. La revue que nous signalons est donc une sorte de procès-verbal des opérations conduites en Afrique, et particulièrement dans la région des grands lacs, contre l'esclavagisme. Mais elle publie aussi, en les commentant souvent avec bonheur, tous les documents relatifs au continent noir ; et l'on ne peut que féliciter les Belges de se faire ainsi de plus en plus les historiens de cette mystérieuse Afrique, où leurs généreux sacrifices leur préparent des récompenses méritées.

Alfred Kirchhoff. *Unser Wissen von der Erde. Allgemeine Erdkunde und Länderkunde. 3ter Band : Länderkunde von Europa. Zweiter Theil. Zweite Hälfte : Rumänien :* par le Dr Paul Lehmann. *Die südeuropäischen Halbinseln*, par le professeur Dr Theobald Fischer. Un vol. in-8 de 780 pages, avec cartes et illustrations. Vienne et Prague, Tempsky ; Leipzig, G. Freytag, 1893.

Ce volume, le dernier paru de cette nouvelle géographie universelle allemande, forme la « deuxième moitié de la seconde partie » de la géographie de l'Europe. En France, où nous ne poussons pas si loin l'art des subdivisions, nous dirions qu'il est le cinquième volume de l'ouvrage. Le premier traitait de la géographie en général, le second contenait l'empire d'Allemagne, le troisième l'Autriche-Hongrie, la Suisse, les Pays-Bas et la Belgique, le quatrième la France, les îles Britanniques, les pays scandinaves et la Finlande. Celui-ci est consacré aux trois péninsules du Sud : la péninsule des Balkans, dénomination que l'auteur rejette d'ailleurs, pour lui substituer celui de « péninsule du Sud-Est », l'Italie et la péninsule Ibérique. La Roumanie forme un chapitre à part, écrit par M. Paul Lehmann. Le reste du volume est tout entier de la main de M. Théobald Fischer, un géographe déjà bien connu pour ses études sur le monde méditerranéen.

En parcourant ce nouveau volume nous y avons retrouvé les qualités des précédents : une grande richesse d'informations, beaucoup de renseignements précis, peut-être, à notre avis, un peu trop de géologie — mais c'est actuellement la mode en Allemagne — et une certaine disproportion entre la géographie physique et la géographie politique. Celle-ci nous paraît un peu sacrifiée. Prenons par exemple l'Italie, qui comprend 235 pages du volume. Après 8 pages d'introduction, nous en trouvons 20 sur l'histoire géologique, 18 sur les volcans et tremblements de terre, 24 sur les côtes, 94 sur la description topographique de la péninsule et des îles voisines, 19 sur le climat, la flore et la faune. Viennent ensuite 4 pages sur l'ethnographie, 28, fort intéressantes, sur la géographie économique et la démographie, et 16 seulement sur les villes et la constitution de l'État italien. Entre parenthèses, les conclusions de l'auteur sur la situation actuelle de l'Italie nous ont paru singulièrement optimistes.

On peut se rendre compte, par ce sommaire, de la façon dont l'ouvrage entier est conçu. Il est plus sévèrement, plus strictement géographique que celui d'Élisée Reclus. Nous n'y retrouvons pas cette belle ordonnance, et ces vastes synthèses du maître français, pour lequel la géographie embrasse tous les domaines, est vraiment la description complète de « la terre et des hommes ». Ici tout est classé et étiqueté. On y trouve à certains égards plus de détails précis, surtout pour la géologie, plus de cotes d'altitude, plus de chiffres divers, du moins dans le texte, car Élisée Reclus les rejette volontiers dans des notes. C'est un ouvrage excellent à consulter. Mais il ne se lit pas avec le même entraînement que l'ouvrage français. L'œuvre de science est à un moindre degré devenue œuvre d'art. D'ailleurs il n'en pouvait guère être autrement, puisque nous avons affaire à un grand nombre d'auteurs, et qu'il ne s'est pas trouvé au delà du Rhin un homme pour entreprendre à lui seul cette tâche herculéenne de décrire, en une vingtaine de volumes, les cinq parties du monde.

Cette comparaison n'est nullement pour déprécier l'ouvrage allemand, dont les sérieux mérites ne peuvent être contestés, et qui est aussi, il faut le reconnaître, un grand et beau monument élevé à la géographie.

On trouve dans le texte un certain nombre de cartes et de profils intéressants. Les illustrations, reproductions directes de photographies, sont en général bien faites. Mais elles ne nous donnent que des villes ou des paysages; n'aurait-on pu en varier l'intérêt, comme dans l'ouvrage français, par quelques types ethnographiques ?

H. J.

Noirot : *A travers le Fouta-Djallon et le Bambouc.* Paris, 1893, Marpon et Flammarion, un vol. in-18.

Récit d'un voyage accompli en 1881 avec le Dr Bayol; il n'ajoute rien aux très belles et très scientifiques relations publiées sur le même sujet par M. O. de Sanderval et le regretté lieutenant Plat. Mais c'est un document de lecture facile, propre à familiariser avec les mœurs locales tous ceux qu'intéresse cette partie des possessions françaises dans l'Afrique occidentale.

L. de Salma : *Obock. Exploration du golfe de Tadjoura, du Gubbet-Kharab et de Bahr-Assal.* Paris, Faivre, 1893, in-12.

Il existe encore peu de publications sur Obock; aussi ce petit volume sera-t-il le bienvenu. On ne peut que lui reprocher d'être un peu court. Il est écrit avec verve, et d'une lecture facile et agréable. La description de la colonie est un peu sommaire; elle laisse pourtant dans l'esprit quelques idées précises et l'on y trouve beaucoup de réflexions justes. L'auteur expose notamment (page 71-74) pourquoi les caravanes de l'intérieur se sont détournées de Djiboutil, pour s'acheminer sur Zeila. « C'est ainsi, dit-il, que s'est créé dans cette colonie anglaise un courant commercial important, qu'il nous eût été facile de diriger vers la nôtre, si elle eût possédé une installation moins rudimentaire et des moyens de communication mieux organisés. »

On lira avec intérêt la description du lac salin de Bahr-Assal (pages 104 à 117). Enfin, bien des gens pourront faire leur profit des passages où l'auteur critique avec esprit les coûteux et incessants déplacements de fonctionnaires, et les trop nombreux missionnaires « scientifiques » ou soi-disant tels qui encombrent les paquebots. Le dernier chapitre a quelques révélations assez surprenantes sur la mauvaise tenue des bateaux des Messageries Maritimes qui font le service entre Marseille et Alexandrie.

H. J.

P. L. M'Dermott : *British East Africa or Ibea. A history of the formation and work of the Imperial East Africa Company.* D'après les documents officiels et les rapports de la Compagnie. Londres, 1893.

Histoire de la Compagnie de l'Est Africain Britannique, par l'un de ses secrétaires. Elle a de l'intérêt, non seulement par les événements contemporains qu'elle résume, mais encore par les réflexions qu'elle inspire sur le caractère et l'œuvre des compagnies de colonisation en général.

D'après l'auteur, la Compagnie aurait obtenu de grands résultats, malgré la position ingrate dans laquelle elle se trouvait, mal soutenue par le gouvernement britannique, et luttant contre des entreprises rivales qui avaient l'appui officiel. La conclusion qu'il en tire, c'est qu'une compagnie à charte ayant des devoirs politiques, doit obtenir du gouvernement tous les droits qui leur correspondent.

Paul Robert : *La Terre Sainte. Notes et croquis d'un peintre.* Paris, Grassart, 1893, in-8.

Ce charmant volume est l'œuvre d'un peintre suisse, dont la réputation, digne du nom qu'il porte — il est le neveu de Léopold Robert — a déjà franchi les limites de son pays. Le texte est un journal de voyage, en Judée, en Samarie et en Galilée, écrit sans prétention littéraire, plein de fraîcheur et de sincérité. C'est en croyant que l'auteur a visité la Palestine, et son livre en acquiert une saveur assez rare parmi ceux des voyageurs modernes. C'est également en artiste, et ses dessins, fort bien reproduits en gravure, en zincographie et en phototypie, complètent admirablement son texte. Il est difficile de trouver de la Terre Sainte une représentation à la fois plus exacte et plus poétique.

H. Candelier : *Rio-Hacha*, Paris, Firmin-Didot, 1893, un vol. in-12.

Nous trouvons dans ce volume l'étude absolument inédite d'un territoire demeuré jusqu'ici très peu connu, la presqu'île Goajire, entre le territoire colombien dont elle dépend nominalement et celui du Venezuela. La petite population des Indiens Goajires avait échappé jusqu'à présent aux investigations des voyageurs. M. Candelier a séjourné pendant trois ans chez ces indigènes encore indépendants et nous donne sur leur existence et sur leur pays des renseignements pleins d'intérêt.

CARTOGRAPHIE

Generalkarte des Königreichs Serbien, au 200 000e, éditée par l'état-major serbe, en neuf feuilles. Belgrade, 1893, et en commission chez Artaria et Cie à Vienne.

Nous ne pouvons que signaler aujourd'hui cette carte de Serbie, publiée avant l'achèvement de la grande carte d'état-major au 75 000e. Elle est imprimée en quatre couleurs : les forêts sont en vert, les routes en rouge, la montagne en bistre, les cours d'eau en bleu. Elle est accompagnée d'un plan de Belgrade au 50 000e, et d'un tableau des divisions administratives du royaume.

Kaiser Wilhelms Land und Bismarck Archipel, 1 feuille, au 4 000 000e, Berlin, Deutsche Kolonial. Gesellschaft.

Nous avions annoncé dans notre dernier numéro (p. 144) une carte murale de la Nouvelle-Guinée allemande et de l'Archipel Bismarck au 1 000 000e. La Société coloniale allemande, qui l'avait éditée, nous en envoie une réduction au 4 000 000e.

Nous ajouterons ici que la côte septentrionale de l'île de Nouveau Mecklembourg (l'ancienne Nouvelle-Irlande) est dessinée d'après les levés, encore inédits jusqu'à la publication de la carte, du vice-amiral de Schleinitz. Quant à la péninsule longue et effilée que nous voyons sur la côte septentrionale de la Nouvelle-Poméranie (ancienne Nouvelle-Bretagne), nous ignorons sur la foi de quels levés on l'a dessinée. D'anciennes cartes figuraient à cet endroit un petit archipel. Plus récemment on a émis l'hypothèse que cet archipel devait être une presqu'île. Mais rien, à notre connaissance, n'est venu transformer cette hypothèse en certitude. D'ailleurs les formes de la presqu'île diffèrent beaucoup de celles qu'on lui donnait sur les atlas les plus récents.

NOUVELLES GÉOGRAPHIQUES

LES GLACIERS DU MOUSTAGH (HIMALAYA)

D'APRÈS L'EXPÉDITION RÉCENTE DE M. W. M. CONWAY

LES régions habitables du monde et même les déserts praticables sont, dès à présent, explorés dans leur ensemble.

« Il ne reste que de rares superficies planes de quelque étendue pour attirer les hommes aventureux. Seules les hautes altitudes neigeuses des montagnes et les latitudes polaires continuent à solliciter les ardeurs de l'exploration. Il n'est pas dans la nature de l'homme de décliner cette tâche, et vous ne voudrez pas refuser votre attention aux travaux des voyageurs qui l'ont acceptée. Les grandes chaînes de montagnes du monde sont les ateliers où se forment et où renaissent les continents. C'est là que les forces de la nature conservent leur activité la plus puissante, et peu nombreux sont ceux de ces ateliers dont l'exploration par les hommes ait pu approcher de la perfection. »

C'est ainsi que M. W. M. Conway a tracé, devant la Société Royale de Géographie de Londres, une partie du programme scientifique qui incombe à l'exploration future.

Il venait lui-même rendre compte de son voyage aux glaciers du Moustagh, un des plus difficiles qui aient été entrepris dans le nord de l'Inde, et un des plus fructueux pour la connaissance du gigantesque soulèvement orographique auquel participent les chaînes maîtresses du continent asiatique. La région explorée par M. Conway constitue en effet, qu'on me permette l'expression, l'articulation, depuis longtemps ankylosée, de trois chaînes de montagnes, l'Himalaya, le Karakoroum et l'Hindou-Kouch, qui forment comme l'ossature fondamentale du corps continental. Là, dans des paysages alpestres dont nulle comparaison ne pourrait évoquer la sauvage grandeur, se dressent, dans un ciel rarement limpide, les plus hautes montagnes après le géant du Népal, le Gaurisankar : le Rakipouchi qui a 7787 mètres d'élévation, le Goucherbroum qui atteint 7840 mètres, le Nanga Prabat qui en a 8116, et le Moustagh, ou pic K², appelé encore pic Godwin-Austen, qui s'élève jusqu'à 8 660 mètres.

Aux flancs de ces géants, alimentés par les formidables apports neigeux que les vents des moussons déposent dans les criques propices, les plus grands glaciers des régions tempérées coulent en fleuves de glace dont la lon-gueur dépasse 50 kilomètres. Ce n'est qu'au Grönland et dans les régions polaires qu'on rencontre des glaciers équivalents à ceux qui descendent des hautes vallées tributaires du Chayok et de l'Indus. En suivant la ligne supérieure des névés et des glaciers, dit Élisée Reclus, on pourrait probablement ne pas quitter la glace sur un espace de 150 kilomètres. Les principaux de ces fleuves cristallins sont le Baltoro, qui mesure 56 kilomètres au moins entre le cirque de réception et la moraine frontale, le Biafo, le Tchogo, le Soïtchar, l'Aroundou, etc.

« Peut-être, dit le capitaine T. G. Montgomerie, l'accumulation de tant de glaciers si étendus est-elle en rapport avec leur position en latitude, tous se trouvant entre 33° et 36°; mais leur présence est sans doute due également à l'énorme altitude qu'atteignent les pics voisins, qui sont les plus élevés de l'Himalaya, à l'exception de ceux du Népal. Dans la vallée supérieure de l'Indus il n'y a guère de région qui ne soit couverte de glaciers; mais les plus grands et les plus nombreux se trouvent dans le voisinage des grandes chaînes de l'Himalaya et du Karakoroum. Dans la haute vallée du Braldo, tributaire du Chigar, existe un glacier dont le passage demande de trois à quatre journées de marche. »

L'existence des grands bassins glaciaires du Baltistan n'est guère signalée que depuis une cinquantaine d'années. C'est Vigne qui le premier, avant la prise du Pendjab, en 1835, a découvert le grand glacier d'Aroundou, exploré depuis par Drew. Jacquemont, le grand Jacquemont, dont les admirables études sur l'Himalaya ont tant servi ses successeurs, n'avait malheureusement pas pu dépasser, vers le nord, les rives du lac Voullar.

En 1841 le docteur Falconer, puis en 1847-48 le docteur Thompson virent les extrémités de deux des grands glaciers. Neuf ans plus tard, l'infortuné Adolphe Schlagintweit, en se rendant à Yarkand, traversa, au sud-est, la région des grands glaciers, et l'ouvrage des frères Schlagintweit a pu donner des vues et des profils de cette partie du Baltistan : entre autres du glacier de Chorkondi et de ceux du Sasser-la.

Vers la même époque, en 1855, la triangulation du

Cachemire fut entreprise sur les ordres du colonel Waugh, le géodésien auquel on doit les déterminations d'altitude du Gaurisankar ou mont Everest. Les opérations géodésiques furent menées suivant une méthode rigoureusement scientifique, utilisant d'une façon très heureuse le système des signaux lumineux, héliotrope, lampes, etc. En 1860, le capitaine T. G. Montgomerie, qui dirigeait alors les levés topographiques, inaugure ces triangulations sur le Chayok supérieur dans le district de Noubra. Déjà l'année précédente, il avait signalé, dans le Karakoroum, un groupe de pics auquel il assignait alors une élévation de plus de 7 920 mètres. Jusqu'alors le Nanga Parbat était considéré comme la montagne la plus élevée de l'Himalaya septentrional, et ce n'est pas sans une fierté joyeuse que le capitaine Montgomerie, se trouvant à Haramouk, put apercevoir, pour la première fois, le sommet du pic Karakoroum n° 2, qui se dressait à une distance de 220 kilomètres au delà de la plaine de Deosaï. Tandis que Montgomerie mesurait, du Haramouk, les pics n° 1 et n° 2, le lieutenant Brownlow les observait de Kameri Nar. L'altitude du pic n° 2 fut fixée à 28 278 pieds anglais, chiffre que M. Godwin-Austen ramena, plus tard, à 28 265 pieds. Quelque temps après, le capitaine Austen put rassurer son chef au sujet de la position sur territoire cachemirien de cette belle montagne qu'on avait pu croire, à première vue, appartenir au Turkestan Oriental.

Les travaux de la brigade topographique purent profiter, à cette époque, de l'expédition que les troupes du maharadjah de Cachemire menaient dans ces parages et qui se termina par la conquête du Pounial, ou pays de Gilgit, après que le corps expéditionnaire eut pénétré jusqu'à Yassine. Pendant que le capitaine Godwin Austen levait en détail les grands glaciers de la vallée de Chigar, le lieutenant Melville ceux de Sourou, Zanskar et Boutuai, M. Ryall explorait ceux de la vallée de Baltoro et M. Todd ceux du groupe Brahma. Durant l'été de 1860, M. Godwin-Austen releva d'abord la chaîne du Macherbroum et les glaciers qui en descendent vers le Chayok. En 1861, partant d'Askoleh, il croisa l'extrémité du glacier Biafo et parvint à l'entrée de la passe Moustagh, où il découvrit le glacier Punmah. En remontant ensuite la vallée de Biafo, il se trouva tout à coup en présence de l'extrémité du Baltoro; il suivit le glacier pendant cinq journées de marche, mais il ne pénétra pas au delà du grand glacier qui descend du Macherbroum vers le sud. Aidé par des vues prises sur d'autres points, il ne put dresser qu'une esquisse approximative de la partie supérieure du bassin des glaciers. C'est à lui que revient le mérite de la découverte du troisième grand glacier et de la détermination de la limite des partages d'eau.

Depuis l'expédition et les travaux du lieutenant-colonel Godwin-Austen, aucun explorateur n'avait tenté de pénétrer dans ces régions de glace jusqu'à ce que, en 1886, le lieutenant Younghusband, du régiment des « dragons du roi », parvint à forcer la passe du Moustagh qu'aucun Européen n'avait visitée encore. Cette passe, qui est située, d'après Godwin-Austen, à 35° 49′ latitude nord et 76° 14′ longitude est de Greenwich (36° 1′ et 76° 2′ d'après A. Schlagintweit), à une altitude de 5 609 mètres (5 798 d'après A. Schlagintweit), se trouve à peu près vers le milieu du glacier de Baltoro, menant vers le nord, et à l'ouest du pic K² dans la vallée du Sarpo Laggo, d'où un sentier conduit dans le pays des Kandjoutis. Délaissée depuis une trentaine d'années par les indigènes à cause des difficultés énormes qu'opposent au passage les accumulations de neige et de glace, elle avait été remplacée temporairement par une passe située plus à l'ouest, à l'origine du glacier de Skinmang. Mais, depuis une dizaine d'années déjà, la nouvelle passe du Moustagh avait dû être abandonnée pour les mêmes raisons, et le Moustagh, ou « montagne de glace », méritait de plus en plus son nom. En 1886 le lieutenant F.-E. Younghusband venait d'achever, à partir de Pékin à travers la Mongolie, la Dzoungarie méridionale et la Kachgarie, un long itinéraire, lorsque, au lieu de suivre la route des caravanes qui se dirigent, régulièrement, sur Leh par la passe de Karakoroum, il résolut d'aborder la passe de Moustagh. Il traversa, sans encombres, avec sa caravane, le col d'Aghil-Davane, remonta le Sarpo Laggo et s'engagea sur le glacier qui descend, vers le nord, de la terrible passe. Obligé d'abandonner ses chevaux, il prit avec lui trois hommes, et, après des efforts inouïs, il arriva à forcer le passage. Suivant ensuite le Baltoro, il atteignit Askoleh, d'où il se dirigea sur le glacier de Punmah pour aller rejoindre sa caravane par la nouvelle passe qu'il n'avait pu aborder par le nord. Mais le Skinmang, comme auparavant à M. Godwin-Austen, lui opposa des obstacles insurmontables et le força au retour à Askoleh. Les résultats topographiques du passage de la vieille passe de Moustagh se trouvent condensés sur la petite carte spéciale qui accompagne la carte itinéraire de M. Younghusband dans les *Proc. of Royal Geogr. Society*, 1888, p. 485.

Tel est, en abrégé, l'historique de l'exploration de cette partie de la chaîne du Moustagh jusqu'au moment où M. W. M. Conway reçoit, de la Société royale de géographie de Londres et de la Société Royale, mission d'explorer les grands glaciers du Karakoroum. L'accès et l'étude de cette région pouvaient être favorisés par les circonstances politiques qui avaient ouvert à l'exploration scientifique le pays de Kandjout, ancien repaire de brigands de grande route. Alpiniste, topographe distingué et connu, entraîné depuis longtemps aux ascensions périlleuses dans la haute montagne, le choix de M. Conway faisait bien augurer des résultats de la mission. Celle-ci se composait, en outre, de M. C.-G. Bruce, lieutenant au 5ᵉ Gourkhas, d'un artiste peintre, M. A. D. M'Cormick, et d'un guide alpin, M. Zurbriggen. MM. J. H. Roudebush et O. Eckenstein ne purent accompagner l'expédition jusqu'au bout : après avoir traversé la passe de Nuchik-la, ils furent contraints par la maladie de s'arrêter. Il en fut de même du colonel Lloyd Dickin, qui accompagna la mission jusqu'à Hounza.

Partie de Srinagar (Cachemire) le 13 avril 1892, l'expédition de M. Conway emmène 4 cipayes, 70 coulis et un grand nombre de domestiques et de muletiers. Arrivée à Gilgit au commencement du mois de mai, elle se voit forcée d'attendre les progrès de la saison, avant de pouvoir s'engager dans la haute montagne. Cependant le mois de mai est employé à l'exploration de la belle vallée de Bagrot qui s'étend, charmante comme une vallée des Alpes, au flanc méridional du Rakipouchi. Sa partie supérieure se trouve occupée par un glacier de 310 kilomètres carrés de superficie.

On fait l'ascension de plusieurs pics qui atteignent près de 5 180 mètres d'élévation. Un des campements est établi à 4 573 mètres sur la pente d'un haut pic qui domine la vallée de Nagar. Mais le vent du sud-ouest ne cesse d'amener le gros temps, la neige, le froid et les ouragans. Les avalanches rendent les ascensions très dangereuses sinon impossibles, et comme on ne pouvait pénétrer, dans ces conditions, par-dessus la chaîne principale dans la vallée de Nagar, l'expédition rentre à Gilgit après avoir levé toute la vallée de Bagrot et recueilli d'importantes collections d'histoire naturelle.

Le 8 juin, elle se remet en route pour s'engager dans la faille étroite de la vallée de Hounza-Nagar, en face de Gilgit. La vallée de Hounza ou de Kandjout a été traversée en 1886 par un détachement du colonel Lockhardt, puis en 1889 par le capitaine russe Grombtchevski, enfin, cette année même, il y a deux mois à peine, par un de nos compatriotes, M. E. de Poncins. M. Conway décrit l'entrée de la vallée, en amont des anciennes moraines de Tachot, comme présentant un des tableaux de la nature les plus grandioses qu'on puisse contempler. Tandis que le fond est couvert de cultures dont l'exubérante fraîcheur contraste singulièrement avec l'aride nudité des parois abruptes de la montagne qui les enclosent étroitement, les deux cimes altières du Rakipouchi et du pic Hounza, distantes de plus de 30 kilomètres l'une de l'autre, dressent à 7 774 mètres et à 7 317 mètres d'élévation leurs puissants névés comme perdus dans le ciel. L'inclinaison de leurs pentes est telle, qu'une avalanche printanière, précipitée du sommet du Rakipouchi sur le flanc méridional, atteint presque le fond de la vallée.

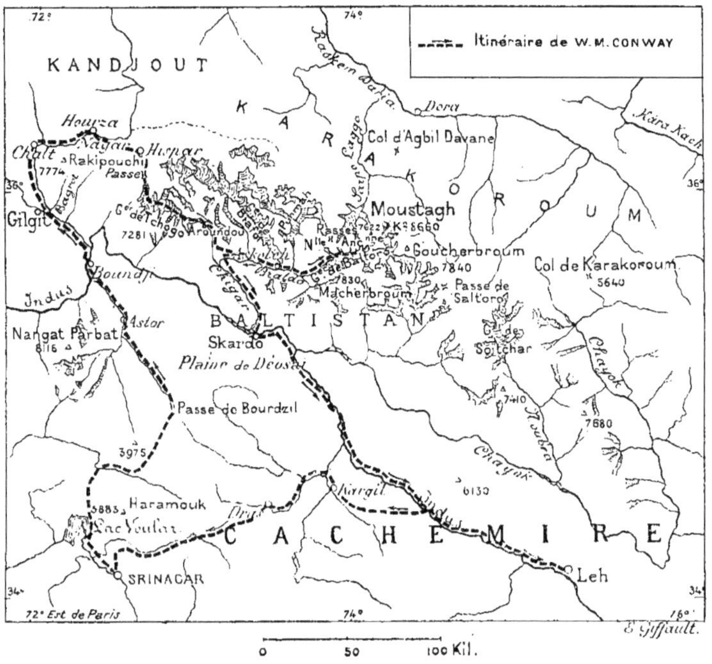

La seconde partie du mois de juin et la première du mois de juillet furent employées par la mission à explorer le Hounza et le Nagar entre Chalt et Hispar. Le mauvais temps, régnant sans discontinuité, permit de faire seulement deux hautes ascensions. Après une vaine tentative d'atteindre la passe de Bagrot par le nord, M. Conway rentra à Nagar pour se diriger, le 27 juin, vers le bassin de Hopar, inexploré jusqu'alors.

A 2 kilomètres et demi de Nagar on se trouva au pied du glacier de Hopar. Autrefois réunis, les deux fleuves de glace du Hopar et du Hispar ont reculé considérablement, après avoir abandonné des moraines qui constituent le sol actuel de Nagar. Le Hopar se divise lui-même en deux glaciers, en deux grandes branches descendant, l'une du sud, l'autre de l'est; celle-ci porte le nom de Barpou et bifurque en une série inattendue d'énormes bassins glaciaires. L'un d'eux, appelé Challihourou, est dominé par un pic dont l'ascension, tentée par M. Conway avec des peines considérables, durant 2 jours, lui permit de s'orienter au milieu de ce dédale d'arêtes, de pics dressés

sans liaison apparente et de fleuves de glace. Le lendemain 7 juillet, l'expédition traverse la chaîne qui sépare les vallées de Barpou et de Hispar, par un col dont l'altitude, de 4 878 mètres, atteint juste la limite des neiges éternelles. Cette journée fut la plus belle de toute la durée de la campagne. Le soleil, impatiemment attendu depuis des mois, dardait maintenant ses feux avec une ardeur extrême; les névés blancs, innombrables, des pics géants en ceinture étincelaient dans un ciel d'un bleu immaculé; au loin, vers la vallée de Hispar, une longue rangée de pics jalonnait la route vers les hautes régions inconnues qu'on allait aborder. La descente dans la vallée de Hispar fut extraordinairement pénible. Les amoncellements de débris rocailleux, les dépôts de sable sans consistance, les broussailles, les rocs surplombant les précipices, le torrent furieux et les avalanches de boue commandaient la plus grande prudence.

. Un soleil impitoyable concentrait ses rayons dans les précipices et les changeait en fournaises. Pour éteindre leur soif ardente, les voyageurs, sans vivres, n'avaient que l'eau grasse et boueuse du torrent rarement accessible.

Deux jours après, le 11 juillet, M. Conway se dirigea vers la passe de Hispar, qu'il traversa le 18 juillet.

MM. Bruce et Eckenstein, suivis de M. Roudebush, avaient pris la route du Nouchik-la. Le 26, l'expédition se trouvait réunie à Askoleh, à l'exception de M. Roudebush, qui était resté à Skardo.

La passe de Hispar, d'après l'estimation de M. Conway, est longue de près de 100 kilomètres, depuis l'extrémité du glacier du même nom jusqu'à celle du glacier de Biafo. Comme passe « glaciaire », elle est la plus longue du globe, à l'exception des passes arctiques. Le colonel Godwin-Austen rapporte qu'une troupe de Nagaris, au nombre de 700 ou 800, l'aurait traversée vers 1840; mais, des indigènes questionnés par M. Conway à Nagar et à Askoleh, les uns n'avaient aucun souvenir du passage par un des leurs, alors que les autres lui racontaient l'histoire, légendaire déjà, d'un certain Nagari, du nom de Wazir Hollo, qui serait venu par le Hispar dans le Baltistan, vers le mois de septembre, avec une troupe de cavaliers que la passe aurait tous, sauf lui-même, engloutis au retour.

Le 31 juillet, l'expédition, diminuée de M. Eckenstein dont la santé ne s'était pas améliorée, quitte Askoleh pour aborder le Baltoro. Cinq jours plus tard, après avoir traversé l'extrémité du Biafo, elle atteint l'extrémité du

Carte pour suivre l'expédition de M. Conway.

Baltoro, qu'elle remonte d'abord pendant quatre journées d'une marche difficile au milieu des débris accumulés sur le glacier. L'immense fleuve cristallin se constitue, au pied du Goucherbroum, de deux affluents principaux dont l'un, formé lui-même de la réunion de sept tributaires, descend du Watch Tower, tandis que l'autre, plus étendu, vient du sud-est. Il convient de dire ici que M. Conway propose de donner, et donne, au pic K² ou pic Godwin-Austen le nom de *Watch Tower of India*.

A 10 kilomètres environ en amont de la jonction, le glacier du sud-est bifurque lui-même en deux larges branches, et entre ces branches se dresse un groupe énorme de montagnes qui n'est indiqué sur aucune carte. Sa forme est celle d'un trône, et il semble veiné d'or : on lui donna le nom de *Golden Throne*. Émerveillé de la beauté de sa forme et des avantages de la situation, M. Conway résolut d'en faire l'ascension. Le 10 août il gravit une montagne évaluée à 6 097 mètres d'altitude et à laquelle il donna le nom de *Crystal Peak*. Contrairement à son attente, ce pic n'appartenait pas à la chaîne-arête qui sépare les glaciers du Baltoro de ceux du Watch Tower. L'ascension du Crystal Peak avait été au moins aussi difficile que l'est celle du Cervin.

Le 13 août, on avance jusqu'au pied du Golden Throne, et le 18 le campement est dressé à l'altitude de 4 900 mètres environ, à *Footstool Camp*. Dès lors, la grandeur sauvage du panorama atteint une magnificence croissante. A droite, à gauche se dressent des pics de plus de 7 700 mètres ; des précipices s'ouvrent béants aux flancs du « Trône d'or » et se colorent splendidement sous les rayons du soleil ou les ombres des nuages ; des glaciers rayonnent de toutes parts, et par-dessus tous ces fleuves de glace coulant entre des écueils gigantesques, la « Tour-Vigie de l'Inde » dresse sa cime altière inconquise.

Le 21 août, on atteint l'altitude de 5 487 mètres. Le campement reçoit le nom de *Serac Camp*. Le 23, on campe à 6 090 mètres environ, à *Upper Plateau Camp*, où MM. Conway, M'Cormick et Zurbriggen passent deux nuits. Enfin, le 25 août, on tente l'ascension finale. A 7 heures du matin, la caravane se met en route par un froid intense ; elle avance lentement à cause des arêtes de glace recouvertes d'une mince couche de neige à travers laquelle on est forcé de tailler des marches. La raréfaction de l'air, l'extrême stagnation, comme dit M. Conway, produit un malaise physique presque intolérable. Enfin, à 2 h. 45 de l'après-midi, après avoir déployé une énergie, un courage et une endurance extraordinaires, les vaillants alpinistes atteignent le sommet d'un troisième pic et le plus haut point que jamais le pied d'un homme ait foulé dans la montagne. D'après les observations de M. Conway, en effet, l'altitude atteinte à ce moment était de 7 012 mètres (23 000 pieds) environ.

Le pic reçut le nom de *Pioneer Peak*. Cependant une surprise y attendait les explorateurs. Le sommet du Golden Throne se dressait encore à près de 400 mètres au-dessus du Pioneer Peak, mais il en était séparé par une profonde dépression dont l'existence ne pouvait jusqu'alors être soupçonnée. On s'était trompé de pic : Le travail était fait. Il faut lire les pages dans lesquelles M. Conway retrace, de main de maître et avec un sentiment très subtil des beautés de la nature, les impressions du panorama sans rival qui s'offrait à lui, alors qu'au milieu du silence et du repos majestueux des fleuves de glace et des géants de la montagne une délicieuse lassi-

tude avait, avec l'oubli des peines et des fatigues, envahi son esprit.

Cependant les moments sont précieux et les observations à prendre importantes. A défaut du théodolite, qu'il a dû abandonner faute de porteurs, M. Conway relève ses angles au compas et au clinomètre ; il prend deux clichés photographiques du tour d'horizon et lève une esquisse de la région à la table planimétrique. Le thermomètre indique 12°,22 C. et le baromètre 337,6 millimètres.

« Nous étions à peu près à la limite de nos forces. Nous aurions bien pu monter à un millier de pieds plus haut, mais à la condition de ne pas devoir faire d'ascension difficile, et Zurbriggen se disait dans l'impuissance de pouvoir tailler davantage des marches. Si nous avions pu disposer de tentes et de couvertures chaudes, et passer la nuit à cet endroit, nous aurions pu, je crois, réparer nos forces et faire encore le lendemain une ascension de 3 000 pieds ; mais nous étions tous affaiblis, non pas tant par les fatigues des dernières heures que par le labeur incessant des dernières trois semaines ; nous avions tous conscience d'avoir fait le plus possible ; il ne nous restait plus qu'à descendre et à rentrer. »

M. Conway a découvert encore, de ce point extrême, une montagne qu'il considère comme la plus belle de forme et de majesté de toute la région et de toutes celles qu'il a vues, à l'exception du Cervin. Elle n'est marquée sur aucune carte, peut-être parce qu'on l'a confondue avec le Watch Tower. Elle s'élève, à 7 622 mètres environ, dans le voisinage immédiat et à l'est de la vieille passe de Moustagh, et portera dorénavant le nom de « Gardien du Moustagh » que lui a donné M. Conway.

Le 5 septembre, l'expédition était rentrée à Askoleh. Le mauvais temps était venu envelopper les montagnes d'un manteau de neige. Le 8, au passage du col de Skoro, estimé à 5 305 mètres d'altitude (5 183 mètres d'après M. Godwin-Austen), le temps était abominable. Descendant la charmante vallée du Chigar, puis la rivière du même nom jusqu'à l'Indus, on atteint Skardo, la capitale du Baltistan, le 10 septembre. Enfin, le 2 octobre, ayant passé par Leh et Srinagar, l'expédition rallie Abbottabad, juste sept mois après avoir quitté cette ville.

Les résultats de cette expédition sont des plus importants. Avant même d'avoir sous les yeux la relation complète de l'exploration, relation impatiemment attendue, nous pouvons retenir un certain nombre de points que M. Conway a indiqués, dès maintenant, d'une façon incidente, mais qui toutefois montrent déjà l'intérêt supérieur de ses travaux.

On se rappelle la terrible catastrophe de Saint-Gervais, où toute la plaine de l'Arve au débouché du Bon-Nant fut inondée par une avalanche de boue glaciaire et recouverte d'un dépôt limoneux de près de 2 mètres d'épaisseur. Ces avalanches de boue, d'eau, de débris rocailleux et de moraines sont très fréquentes dans la région visitée par M. Conway. Dans l'Himalaya on leur donne le nom de *chwa*, et M. Godwin-Austen les cite déjà comme très caractéristiques et fort dangereuses. M. Conway leur attribue une action géomorphique importante.

Il évalue à 3 800 mètres cubes le volume des débris charriés par les avalanches dans une seule journée, et déposés par elles dans une seule des vallées étroites qui avoisinent le glacier de Hispar. La vallée de Gilgit, typique à cet égard, est comblée de ces débris jusqu'à une hauteur de 150 à 300 mètres, et en supposant, dit M. Conway, qu'elle le soit jusqu'à une hauteur de 600 à 900 mètres, elle présenterait l'aspect des Pamirs et de toutes ces vallées profondément comblées qui caractérisent le plateau centre-asiatique, depuis le centre tibétain, à l'est, jusqu'aux régions du haut Oxus, à l'ouest.

Il est certain que l'action alluvionnaire des cours d'eau du haut bassin de l'Indus n'en est pas réduite, sur les versants méridionaux de l'Hindou-Kouch et du Karakoroum, ainsi que dans l'Himalaya, au seul appoint de l'érosion neptunienne, et que les débâcles de barrage, les avalanches sèches et humides contribuent fortement au dénivellement général. Mais au delà de ces chaînes transversales, où les conditions météorologiques sont très différentes et les conditions topographiques des vallées tout autres, leur appoint est infiniment plus réduit et il peut être nul pour les Pamirs, actuellement. Les cônes de déjection, si caractéristiques et si abondants dans les vallées latérales du Tchitral et jusque dans le Pounial, montrent bien les effets considérables des agents d'érosion fluviale là où les glaciers font défaut, et il ne me semble pas que les alluvions des vallées pamiriennes et prépamiriennes, au nord des grandes chaînes, puissent être mises en parallèle avec celles des versants méridionaux, où existent d'immenses bassins glaciaires. Ces bassins étaient autrefois beaucoup plus étendus, ainsi qu'en témoignent des traces nombreuses, et les glaciers du Karakoroum s'épandaient jusque dans la vallée de Cachemire, à plus de 200 kilomètres de leurs névés d'origine, emplissant les vallées et déposant leurs moraines, que reprenaient les eaux courantes. A en juger d'après les phénomènes actuels que signale M. Conway, ces moraines devaient être immenses et les débâcles sans doute formidables. Les débris dont se charge, en effet, la superficie de glaciers tels que le Baltoro, le Hispar, etc., avec une pente moyenne qui ne dépasse pas quelques degrés, représentent une masse énorme. Le fendillement et l'éclatement de la roche doivent être favorisés singulièrement par les fortes amplitudes de la température en présence de l'humidité de l'air.

M. Conway s'oppose à la théorie d'après laquelle les courants de la mousson du sud-ouest se dépouilleraient de la totalité de leur humidité au contact des pentes méridionales et de la chaîne première de l'Himalaya, avant d'atteindre les déserts situés au delà. Tel n'est pas le cas, d'après lui, en ce qui concerne du moins l'extrémité occidentale de la chaîne. Tandis que les couches atmosphériques inférieures se déchargent de leur humidité, les couches supérieures, enveloppant les pics, cachent régulièrement les sommets dans un voile de nuages, et la neige tombe en abondance dans la haute montagne alors que la vallée jouit du plus beau soleil. Pendant tout l'été, le courant du sud-ouest ou du sud-sud-ouest soufflait régulièrement, dans la proportion de sept jours sur huit, remplacé de temps à autre par un courant du nord qui faisait disparaître tous les nuages.

Je ne cite que pour mémoire une indication fournie par M. Conway, relativement à la limite des neiges éternelles. A la passe de Hispar, cette limite se trouvait à 4878 mètres ; mais les publications ultérieures de M. Conway nous donneront sans doute, à ce sujet, de plus amples informations.

Les observations de M. Conway sur la marche des glaciers du Baltistan sont d'un très grand intérêt. C'est là une étude à l'ordre du jour et je citerai à ce propos les *travaux du prince Roland Bonaparte dans les Alpes et de*

M. Rossikoff au Caucase. Or, comme dans les deux régions qui viennent d'être nommées, la marche des glaciers du Moustagh n'est pas uniforme : les uns avancent, d'autres reculent. En 1860-61, à l'époque où M. Godwin-Austen fit ses observations, tous les glaciers avançaient. Le grand glacier d'Aroundou avait, depuis la visite de Vigne, avancé de 366 mètres vers le village, ce qui constitue une marche relativement rapide. Le Baltoro progresse également, au jugement de M. Godwin-Austen, et on peut admettre que c'est le progrès des glaciers qui rend de plus en plus difficile l'accès de la passe du Moustagh. La gorge de Skinmang, sur le glacier de Punmah, a été trouvée obstruée de glace et de neige par M. Younghusband, probablement pour une cause du même genre.

Par contre, le Biafo, le Hopar, le Hispar sont en retraite : les deux derniers, autrefois réunis, ont diminué considérablement, laissant aux cultures villageoises un terrain fort apprécié ; quant au Biafo, la retraite est manifeste et rapide, depuis l'époque où M. Godwin-Austen l'a relevé, puisque, à présent, le glacier ne bloque plus la vallée principale du Braldo et que la rivière d'Askoleh ne traverse plus son extrémité sous un tunnel de glace.

M. Conway a probablement atteint la plus forte altitude à laquelle l'homme se soit élevé jusqu'alors dans la montagne. Il tient, suivant une expression de son pays qui tend à s'acclimater chez nous, le *record* de l'altitude. Si le calcul exact de ses observations barométriques vient confirmer les chiffres approximatifs d'estimation, il a dépassé la hauteur atteinte jadis par Schlagintweit dans le Népal, ainsi que celle à laquelle Graham est arrivé en 1883 au Kabrou. Il estime, en effet, à 7012 mètres environ l'élévation du Pioneer Peak, point extrême de son ascension.

Appartenant à cette phalange d'explorateurs ascensionnistes qui poursuivent avant tout un but scientifique, et parmi lesquels nous trouvons les Graham, Whymper, Johnson, Schlagintweit, Freshfield, de Déchy, Diener, Gussfeldt, Merzbacher, Hans Meyer, Purtscheller, etc., M. Conway a ajouté d'intéressantes observations physiologiques au chapitre sur les effets des hautes altitudes.

Lorsque, à 4878 mètres, à la passe de Hispar, un léger malaise accompagné de céphalalgie se manifeste, c'est plutôt le soleil très intense qu'il faut accuser que l'altitude. A 5180 mètres, à l'ascension du Crystal Peak, la raréfaction de l'air n'incommode pas, pourvu qu'on marche à pas égaux et lents et que la poitrine dégagée permette le libre jeu des poumons. Mais si l'on est obligé de prendre des positions forcées, de retenir la respiration, ou que la corde resserre la poitrine, une légère sensation de vertige se fait sentir, disparaissant, au reste, après quelques inspirations profondes. « A 7012 mètres, au Pioneer Peak, nous n'avons éprouvé aucune insuffisance d'oxygène, dit M. Conway, et Zurbriggen a fumé son cigare confortablement. J'ai finalement relevé au sphygmographe les pulsations de Zurbriggen et les miennes, et alors se sont manifestés les effets déprimants de l'altitude. Nos poumons fonctionnaient suffisamment bien, mais le cœur avait été mis à une dure épreuve, et le mien surtout était en mauvais état. Nous avions tous à peu près atteint les limites de nos forces. » Le principal inconvénient de l'alpinisme dans les hautes altitudes de ces régions résulte des fortes variations de températures extrêmes. Ces changements abattent les forces, et tout le corps en souffre.

Il n'est pas sans intérêt de mettre en opposition, avec l'expérience de M. Conway, celle du docteur Diener dont la mission a été récemment très éprouvée par le « mal de montagne » dans l'Himalaya central. M. Diener a fait, entre autres, l'ascension du Koungribingri, à l'altitude de 5844 m. et il a constaté, chose curieuse, que les effets du mal de montagne diminuent, d'une façon générale, au-dessus de 5 180 mètres. La question du mal de montagne, étudiée depuis si longtemps, et tout dernièrement encore par le docteur Egli-Sinclair au Mont Blanc, est sans doute très complexe, locale, individuelle, temporaire, changeante et se prêtant peu à des généralisations.

Les résultats géographiques de l'expédition Conway ne s'étendent pas, à vrai dire, sur une grande superficie, mais ils fixeront sûrement nos idées sur les grandes lignes des bassins glaciaires de la chaîne du Moustagh, qui reste encore, dans sa partie occidentale, au contact de l'Hindou-Kouch, une des régions les moins connues de l'Asie. Quelle est la superficie de l'Hindou-Kouch comprise sous le nom de Karakoroum ou Moustagh? M. Conway n'a pu résoudre cette question. L'entité orogénique du système himalayen est admise depuis Jacquemont, Thompson, Falconer, etc.; M. Conway insiste, comme ses prédécesseurs, sur le parallélisme des chaînes dans la partie nord-occidentale de l'Himalaya, chaînes qui se trouvent traversées presque normalement par les rivières de Hounza, de Nagar, puis par la grande faille de l'Indus dans le Chilas. Pour résoudre le problème de la corrélation ou de l'indépendance orogénique des chaînes du Moustagh ou Karakoroum, de l'Himalaya et de l'Hindou-Kouch, il faudrait entreprendre des études géologiques et géognostiques dans le sens du travail que M. Bogdanovitch a consacré à l'étude du Kouen-Loun. Il reste, dans le haut Kandjout, entre les passes de Baïkara et d'Ichkamane à l'ouest et celles du Tagdoumbach à l'est, une région montagneuse inexplorée où se trouve, à mon avis, le nœud de la question. Telle est du moins l'impression que m'a laissée, en 1887, l'exploration de la vallée de Baïkara.

En somme, l'expédition de M. W. M. Conway aux montagnes et aux glaciers du Moustagh marque une date dans l'histoire de l'exploration non seulement du Nord Indien, mais de la *montagne*. Les résultats en sont considérables, et pour la mener à bonne fin, il fallait toute la valeur et tout l'entraînement d'alpinistes émérites comme le sont M. Conway et ses compagnons.

Guillaume Capus.

❀ ❀ ❀

LE BRÉSIL

SES ITALIENS, SES PORTUGAIS, SES GALICIENS, SES ALLEMANDS

I

Un journal anglais connu par sa haine ou, pour mieux dire, son dédain pour ce qui est « latin » et plus spécialement français, en même temps que par son admiration pour ce qui est « saxon » et allemand, le *Standard*, qui crie tous les jours : « Nous sommes plus justes que ces hommes-là! », conseille aux Brésiliens de revenir au plus vite à la monarchie et de choisir pour pantocrator un prince de l'une quelconque des familles royales ou ducales d'Allemagne. Étant de la race supérieure, qui est l'anglo-saxonne, ce prince sera miraculeusement doué : il sera sage, savant, génial, fidèle, généreux, puissamment énergique; appuyé sur l'élément allemand déjà fixé en Brésil, il relèvera et renouvellera l'empire de Santa Cruz.

Le *Standard* pourrait aussi bien donner le même conseil à la République Argentine, au Pérou, au Venezuela, à l'Amérique centrale, au Mexique, et même à la France, tous pays qui se passeront très aisément d'un Hohenzollern ou d'un Cobourg et Gotha, notamment le Brésil. Ce grand pays ne s'est pas privé d'un Bragance pour aspirer avidement à un Battenberg ou à un Wittelsbach, et surtout il peut vivre d'une vie vigoureuse, sans aucun alliage teutonique : n'a-t-il pas sur ses plateaux la très solide race des Paulistas, des Mineiros, et ne reçoit-il pas à flots des Portugais, des Gallegos, des Italiens? Il ne méprise point les colons allemands, qui sont une très bonne souche d'hommes, voire d'excellents patriotes brésiliens dès la seconde génération, mais il ne les considère pas comme indispensables.

Car les temps ont bien changé depuis l'époque, récente encore, où le grand empire lusitano-américain ne recevait que deux sortes d'Européens : au nord et au centre, dans toutes les villes, des Portugais; au sud et dans les champs, des Deutsch. Ces Portugais pourvoyaient les classes ouvrières et le commerce; hommes de métiers, vendeurs et revendeurs, intermédiaires entre l'esclave noir, chargé de tous les travaux durs, de toutes les besognes sordides, et l'aristocratie des courtisans, des oisifs, des seigneurs, des manieurs d'argent, des *fazendeiros* ou propriétaires de grands domaines, ils mouraient de la fièvre jaune, alors terrible, à Pernambouc, à Bahia de Todos Os Santos, à Rio de Janeiro et autres lieux du littoral; ou bien ils vivotaient au jour le jour, contents ou mécontents de leur sort; quelques-uns devenaient riches, très riches même, et entraient dans la susdite aristocratie des grands marchands, des hommes de finance, des accapareurs d'entreprises; de ceux-ci, la plupart restaient au Brésil, qu'ils pouvaient considérer, vu la communauté de langue, de traditions, d'usages, comme une seconde patrie en tout semblable à la première, et seulement cent fois plus grande; beaucoup revenaient jouir de leur fortune en Portugal, dans le petit pays des aïeux, surtout dans la Lusitanie du Nord, berceau de presque tous les émigrants du royaume de Lisbonne dans l'empire du Rio, et chacun bâtissait son palais là où il avait eu sa chaumière, aux environs de Porto, de Guimarães, de Braga, de Vianna do Castello, d'Amarante, de Vizeu, de Coïmbre, et aussi, dans la banlieue de Lisbonne, la ville d'Ulysse. Quant aux Allemands, ces pauvres et braves rustres faisaient souche de paysans dans les provinces méridionales du Rio Grande do Sul, de Santa Catharina, de Parana, de São Paulo, peu dans ces deux dernières, beaucoup dans les deux premières; et ils s'enracinaient aussi dans celle d'Espirito Santo, entre le littoral du Nord et le littoral du Sud.

Mais voilà que depuis longtemps l'immigration germaine s'est presque réduite à rien, tandis que se développait grandement la lusitanienne et que l'italienne arrivait comme un torrent, comme un Niagara, comme une mer, tout au moins dans le São Paulo, province il y a trois ans et maintenant État autonome fédéré.

La colonisation allemande dans les provinces du Rio Grande do Sul et de Santa Catharina, devenues des États comme les dix-huit autres provinces du Brésil, commença, se continua, réussit au milieu de difficultés sans nombre, dont elle ne triompha pas sans honneur. La persévérance des « blonds colons », dont un très grand nombre de bruns, fut admirable; il fallait lutter contre le matto virgem, ou forêt vierge, le sertão ou solitudes de l'intérieur, absolument sans routes et routins, dans un pays presque absolument inconnu, lentement débrouillé par les picadores ou chercheurs de sentiers; il fallait créer là où il n'y avait rien, sans aucune aide ou presque, loin des villes, évoquer dans le néant; mais la contrée était belle, le ciel superbe, le climat très salubre, à des altitudes suffisantes pour conserver l'énergie à des Européens de patrie froide; la race était rustique, apte aux travaux de la terre, tenace en son propos, sans exigences de luxe et de « haute vie ». Voilà pourquoi, chaque jour suffisant à sa peine et le temps aidant, d'humbles embryons coloniaux, perdus dans les bois, ont lentement pris rang de villes, de bourgs, de villages industrieux, commerçants, vivants, prospères; pourquoi, dans le beau Rio Grande do Sul, boulevard méridional de l'ex-empire, il y a peut-être 120 000 Allemands parmi les 833 000 habitants reconnus par le dernier recensement, sur un territoire de 23 655 000 hectares, plus qu'égal aux deux cinquièmes de la France; pourquoi ils forment le quart des 250 000 à 300 000 Santa-Catharinenses vivant entre le Rio Grande au sud et l'État du Parana au nord, dans un pays de 7 416 000 hectares fait, comme le Rio Grande, le Parana, l'État de Saint-Paul, d'une chaude Beiramar ou littoral et de superbes « campos » sur des plateaux tempérés.

C'est silencieusement que naquit, que se développa jusqu'à pleine croissance l'élément teuton dans le Brésil du midi; de lui l'on pouvait dire, comme Horace de la gloire de Metellus : *Crescit occulto velut arbor ævo.* Et un jour vint où des Allemands enthousiastes appliquèrent au *Südbrasilianisches Deutschthum* la fin de cette strophe du poète, consacrée à l'astre de César : *Micat..., velut inter ignes, luna minores.*

Pourquoi n'auraient-ils pas cru que l'astre allemand brillerait comme un soleil entre les étoiles dans une Amérique éternellement condamnée, semblait-il, à l'emphase des avocats, journalistes et politiciens, aux pronunciamientos des chefs de clique, à la bataille entre blancs et *colorados*, à l'apathie des « latins » lusitanophones et castillanophones?

Sedan, Metz, Paris en flammes, la France abattue, déshonorée, l'Espagne déchirée, le maître d'école allemand devenu grand pontife de l'humanité moderne, les États-Unis au sommet de la grandeur, l'Angleterre au sommet de la richesse, comment ne pas croire que les temps étaient venus où pangermanisme et pansaxonisme absorberaient tous les hommes, là du fait des Anglais, ici du fait des Allemands, dans le nouveau monde comme dans l'ancien? Sur le vieux continent, à peine une rivale, la Slavie avec ses Russes, peuple d'ivrognes barbus et bottés; sur le nouveau, dans l'Amérique du Nord, rien que les Mexicains en face des Yankees; dans l'Amérique du Sud, des Indiens, des Guaranis, des Nègres, des Métis en face des Allemands, et, comme immigrants, quelques milliers de Latins de la décadence. De 1870 à 1875 ou 1880, l'orgueil gonfla le cœur des Germano-Brésiliens.

L'orgueil et l'espoir dans la « destinée manifeste » de la petite nation née obscurément entre mer et Serra, longtemps enfouie comme le germe d'un embryon, et comme à jamais perdue dans les selvas, les mattos, les chaparrales, c'est-à-dire dans les sylves, bois et taillis, puis éclatant tout à coup dans une explosion d'adolescence; des écoles prises pour modèles par les Lusitaniens et lusitanisants d'alentour, des journaux, des hommes d'État, des patriotes, un développement inouï des familles par beaucoup de naissances et très peu de morts, des arrivées continuelles de colons métropolitains, encore que les gouvernants, les savants, les dirigeants d'Allemagne eussent toujours combattu l'émigration vers le Brésil avec une extraordinaire inintelligence des intérêts supérieurs du *Deutschthum,* que de raisons d'ambitionner, d'espérer, de croire, de commander l'avenir!

Mais voici que presque aussitôt il fallut craindre, puis désespérer. Loin de s'épanouir en fleuve, le clair et court ruisseau de l'immigration teutonique tarit presque entièrement, tandis que les Italiens commençaient à inonder le Brésil, et, entre autres provinces, celles où les Allemands tendaient à se constituer en corps de nation. Rivalité redoutable parce que l'Italien possède les qualités essentielles, la sobriété, la rusticité, le contentement de peu; il trime sans se plaindre, il se prête avec la même bonne humeur au travail des champs, à l'établissement des routes, à la construction des chemins de fer, à l'édification des villes, à toutes sortes de métiers manuels; bref, on ne lui reproche que son instabilité relative, en ce sens que beaucoup d'entre eux, venus seulement pour économiser en une ou plusieurs saisons, repartent pour l'Europe les économies faites; mais l'immense majorité reste, elle se multiplie en familles fécondes, tôt assimilées, car les divers patois d'Italie ne sont, tout comme le portugais, que des dialectes du néo-latin, tandis que, sauf en science stricte, l'allemand et le lusitanien sont irréductibles.

II

L'Italie a présentement dans le monde un rôle d'apparat et une fonction sérieuse.

Le rôle d'apparat, c'est : *Italia fara da se*; c'est l'entrée parmi les grandes puissances, la Triple Alliance, la gallophobie, la mégalomanie, les visites impériales à Rome, les prétentions sur l'Albanie, la suprématie des nouveaux Romains sur le monde latin, sinon sur l'orbe entier des terres, le rétablissement de l'empire des Césars, l'hégémonie sur Carthage, la conquête de l'Érythrée, l'Abyssinie, *Africa o morte!*

La fonction sérieuse, supérieure, c'est de faire, bon gré mal gré, pour les jeunes peuples latins ce que l'Allemagne a fait pour les jeunes peuples anglais; c'est de leur envoyer sa riche surabondance de vie. Au siècle passé comme au siècle présent, les *Deutsch* ont autant contribué que les *Britons* au défrichement de l'Amérique yankee et ils les ont aidés partout ailleurs, au Canada, en Australie, dans l'Afrique. Ainsi des Italiens dans les pays français, espagnols et portugais. Ils nous sont d'un grand secours (moins toutefois que les Espagnols) en Algérie et en Tunisie, où ils nous donnent par milliers de familles des marins, des colons, des ouvriers et terrassiers; ils ont jeté en quelques années un grand et beau million d'émigrants sur les régions de la Plata, sans compter leurs pionniers d'avant-garde en toute autre terre hispano-américaine; enfin ils envahissent le Brésil avec la rapidité d'un raz de marée pour la plus grande gloire de la race de Guimarães.

Il y a maintenant une telle disproportion de nombre entre les arrivants italiens et les Allemands que même dans la région la plus germanisée du Brésil, c'est-à-dire tout à fait au sud de la confédération, l'élément teuton, qui fut si riche en promesse, et réellement si puissant, commence à tendre à l'insignifiance. En dix ans, sinon sept, de 1875 à 1881, le Brésil entier n'a reçu que 10 685 Germains, et depuis 1881 il n'en a pas recruté relativement beaucoup plus, voire peut-être pas autant; tandis que le seul Rio Grande do Sul a vu débarquer 12 000 Italiens en 1880 et 13 583 en 1881, années exceptionnelles à ce point de vue; mais en 1887, par exemple, ce même État, alors province, s'est augmenté de 5 330 nouveaux venus, dont 4 335 Italiens contre 537 Deutsch seulement; en 1889 les arrivages de colons y ont été de 4 927, parmi lesquels 4 241 Italiens et 277 Deutsch; et en 1890 de 9 792, dont 7 629 Italiens contre 423 Deutsch. Cela fait, plus ou moins, dix Ausoniens contre un Saxon; et bien plus encore si l'on quitte le Rio Grande pour s'intéresser à l'ensemble du grand Portugal américain.

En 1871, on ne comptait, paraît-il, que 2 519 Italiens au Brésil; il y en avait déjà 100 000 en 1881, et depuis lors leur nombre s'est prodigieusement augmenté : si telle année n'a donné, comme 1882, que 10 000 à 11 000 immigrants de la presqu'île en forme de botte, contre 1 538 Allemands, telle autre, comme 1888, en a fourni 115 000 à 116 000, sur 180 000 d'immigration totale; telle autre, comme 1889, en a donné 34 920 contre 1 903 Allemands, sur un ensemble de 61 165; telle autre encore, la dernière dont on puisse avoir le résultat final, 1892, s'est résumée par 54 993 transfuges de la très glorieuse péninsule d'entre les Alpes et la mer, contre seulement 749 enfants du Deutschland; sur les 38 290 « colons » débarqués à Rio de Janeiro dans le premier semestre de 1893, toute abstraction faite des arrivées à Santos, à Victoria et autres ports, qui peuvent doubler et au delà le nombre des arrivants à Rio, on n'a relaté que 371 Allemands contre 9 099 Italiens, 12 512 Espagnols, 14 864 Portugais. Enfin, sur 294 900 hommes, femmes, enfants européens qu'a vu atterrir le port de Santos, dans l'État de São Paulo, du 1ᵉʳ janvier 1882 au 31 décembre 1892, on a compté 227 248 Italiens, 29 562 Portugais, 17 952 Espagnols, 6 249 Allemands, le reste fait de Polonais, de Russes, d'Autrichiens, ce qui veut dire ici de Tyroliens italianophones, etc. Bref, pour parler populairement, le macaroni mange la choucroute!

Réveil de rêve : avoir cru partir du Rio Grande do Sul pour conquérir au loin l'Amérique, en Brésil, en Paraguay, en Uruguay, en Argentine, comme une eau qui s'épanche en océan, comme ce fleuve qui, dit magnifique-

ment Schiller, verse de son urne inépuisable un flot qui roule éternellement, et se replier déjà, vaincus, cernés, perdus sans espoir, sur les fidèles colonies du Rio Grande!

Là ils sont encore une centaine de mille d'hommes parlant allemand sur environ 120 000 d'origine teutonne, comprimés de plus en plus, voire traversés çà et là par les Italiens de Silveira Martins, de Caxias, du Conde d'Eu, de Dona Izabel, de Nova Petropolis, de Nova Palmira, de Picada Felez et autres « noyaux coloniaux » dont beaucoup sont devenus arbuste, puis grand arbre.

Dans l'État de Santa Catharina, où ils formèrent pendant quelques années le tiers de toute la population, et le tiers ambitieux, laborieux, hardi, conquérant, leurs superbes établissements de Blumenau, Brusque, São Bento, Dona Francisca, leur ville purement germaine qui a le nom français de Joinville, leurs 60 000 à 70 000 Néo-Allemands, tout ce jeune peuple a perdu sa force d'expansion; il n'a plus autour de lui le désert; les Latins et Romains l'environnent, qui commencent à le presser, plus que cela même, à l'infiltrer; et nombreux sont déjà les défrichements où les nouveaux conquistadores, les enfants de la terre de Saturne, avoisinent les colons germanophones qui les ont précédés sur ce sol.

Dans l'État de Parana, détaché du São Paulo en 1853 et vaste de 22 132 000 hectares, le Deutschthum brésilien n'est guère représenté que par une vingtaine de milliers de personnes sur plus de 200 000, et de ces 20 000 à peine la moitié parle-t-elle dans la vie courante la langue du Vaterland, le reste s'est perdu ou se perd, surtout à Curitiba, la capitale, dans la foule des nationaux lusitano-nophones et parmi les Italiens, les Mennonites russes, les Polonais de Silésie.

Dans le glorieux État de São Paulo, glorieux parce qu'il fit les Paulistas, l'indomptable race de métis lusitano-indiens qui furent les pionniers de l'empire, à peine s'ils sont 18 000, 20 000, dont 3 000 à 4 000 dans la capitale São Paulo, et 8 000 ou 10 000 au maximum faisant encore couramment usage du deutsch; or il y a dans ce magnifique pays de 29 087 600 hectares une population de 1 500 000 habitants, sinon plus, parmi lesquels, ce dit-on, un cinquième d'Italiens; et pour un nouvel Allemand qui vient s'y fixer il y arrive cent Italiens, sans compter les Portugais, les Galiciens, les Açoriens, les Canariotes, les Russes et des Polonais.

Dans l'État de Rio de Janeiro, tout ce qu'ils ont fondé, y compris Petropolis, qui fut la résidence d'été de la cour impériale, s'est décomposé à la lusitanienne; ils n'y comptent pas plus que dans le São Paulo, ou que dans l'énorme Minas Geraes, clef de voûte de la confédération, où ils ne sont même pas un sur mille, car il ne s'y trouve guère que 2 500 à 3 000 d'entre eux au milieu de 3 500 000 hommes, Mineiros, Italiens, Portugais de l'Europe et des « îles adjacentes ».

Enfin, les voici tout à fait relégués au second plan dans l'État d'Espirito Santo, au nord-nord-est de Rio de Janeiro. Il y avait là, vers 1872, quand arrivèrent les premiers enfants de la « patrie immortelle de la civilisation latine », une déjà solide population germaine établie à partir de 1858 autour de Santa Izabel et de Santa Leopoldina. Rapidement les nouveaux venus fondèrent des villages, qui rapidement se développèrent: Rio Novo, Castello, Conde d'Eu, Baixo, Timbohy, Santa Leocadia, Nova Venecia, Antonio Prado, Demetrio Ribeiro, Accioli de Vasconcellos, Costa Pereira, Moniz

Freire, etc. Si bien qu'ils forment aujourd'hui la totalité de l'importante comarca ou canton d'Alfredo Chaves, et la grande ou la petite majorité, ou tout au moins une minorité des plus respectables, dans celles de Santa Thereza, Pao Gigante, Benevente, Piuma, Itapemirim, Linhares Santa Cruz et São Matheus. Sur les 200 000 habitants au plus que peut contenir cet État de 4 484 000 hectares, le plus petit de la République des États-Unis du Brésil, il y a quelque 50 000 étrangers; et déjà là-dessus 30 000 Italiens contre tous les autres éléments non brésiliens réunis. Or un contrat récent, signé par le président de l'État d'Espirito Santo, pourvoit à l'immigration de 20 000 familles nouvelles d' « Ausoniens », et plus de 2 000 ont débarqué dans le port de Victoria. 5 000, 6 000, peut-être 8 000 hommes de langue germaine, c'est tout ce que vaut aujourd'hui l' « Allemagne de l'Espirito Santo ».

Pour finir, tous les autres États de la confédération réunis, de l'Espirito Santo à la Guyane, au Venezuela, à la Colombie, à l'Équateur, au Pérou, à la Bolivie, au Paraguay, renferment à peine 2 000 à 3 000 personnes originaires du jeune « Empire de la crainte de Dieu ».

En résumé, 220 000, 250 000, au très grand maximum 300 000 Allemands, desquels 175 000 à 200 000 ont conservé jusqu'à ce jour l'usage de leur langue. Selon qu'ils sont plus ou moins concentrés, plus ou moins éloignés des villes portugaises, plus ou moins dispersés au milieu des Italiens et des Brésiliens, ils restent Deutsch pendant une, deux, trois générations; puis de lusitanisation en lusitanisation, ils disparaissent, sauf le nom, dans la masse nationale. En face d'eux, à côté d'eux, autour d'eux, 500 000 à 600 000 Italiens, renforcés chaque année de 30 000, de 50 000, de 80 000, de 100 000 et au delà, pendant qu'eux, les Teutons, ne voient venir que 1 500, 2 000, 3 000 hommes de la patrie d'Arminius. L'heure est passée de crier : *Vorwærts !* « En avant! »

III

Un autre élément capital de l'immigration européenne au Brésil, c'est l'élément portugais, très inférieur en nombre à l'italien, mais il n'a besoin d'aucune assimilation et s'agglomère immédiatement à l'élément néo-lusitanien, qui est le ciment de Santa Cruz.

Par Portugais nous entendons ici non pas seulement les Portuguezes de la terre ferme, des Açores, de Madère, des îles du Cap-Vert, mais aussi ceux que les documents officiels nomment les *Hespanhoes* ou Espagnols.

Ces Espagnols-là ne sont en réalité que des Portugais, quant à l'idiome, arrivés de pays de la couronne d'Espagne où le parler maternel, fort éloigné du castillan des livres, se rapproche du lusitanien jusqu'à s'y confondre.

On peut dire que presque tous les Hespanhoes qui débarquent au Brésil viennent des régions de l'ancienne Galice, des provinces de Pontevedra, de la Corogne, de Lugo, d'Orense, et aussi du Vierzo, portion occidentale de la province de Léon, dans le bassin supérieur du Sil: ledit Sil est une rivière léonaise qui plus bas devient galicienne et s'unit au Minho, le fleuve essentiel de la terre des Gallegos.

Portuguezes et Hespanhoes ont pour lieu d'élection Rio de Janeiro, ville et banlieue; il y en a bien au moins 100 000 dans la capitale fédérale et dans ses faubourgs; à un moindre degré, naturellement, ils s'établissent dans les autres grandes cités de la République, à Bahia, Pernambouc, Para ou Belem, Santos, Saint-Paul, Porto Alegre, et aussi dans les petites villes et bourgades. Peu d'entre eux se vouent à la culture dans le Campo.

Sitôt arrivés, sitôt Brésiliens, sans nécessité d'accoutumance, quoiqu'il y ait bien des préjugés, des inimitiés, des propos aigres-doux, des insolences (c'est partout le cas de créole à métropolitain) entre les *pe de cabra* et les *pe de chumbo* : ceux-ci sont les fils du « petit royaume de quatre-vingt-dix lieues » ou Lusitanie d'Europe, traités de lourdauds par les fils de l' « empire de mille lieues » dans la Lusitanie d'Amérique; et par opposition aux « pieds de » plomb, les créoles des Vingt Provinces Unies aiment à se nommer les « pieds de chèvre ».

IV

Ainsi : des Italiens, surtout du Nord et du Midi, avec presque exclusion du Centre, et venant principalement de la Lombardie et du Piémont, puis des provinces méridionales, ensuite de la Vénétie et de la Ligurie; des Portugais du continent, des îles adjacentes et des Galiciens; des Allemands, de moins en moins nombreux chaque année, devenus en réalité un élément tout à fait secondaire. Le reste importe peu : Polonais, Juifs de Russie, Mennonites, Français, Anglais, Irlandais, Autrichiens, Canariotes, etc.

Les colons n'ont plus à se débattre contre autant de difficultés que celles qui assaillirent les premiers pionniers allemands. Avant tout, le Brésil leur offre ce qu'il ne leur offrait pas lors du début des établissements teutons, ce qui même n'existait encore nulle part dans le monde : des chemins de fer. Aujourd'hui l'État le plus peuplé, Minas Geraes, dispose déjà de 2 450 kilomètres de voies ferrées livrées au transport des hommes et des biens, et de 801 kilomètres en construction; plus, 1 763 dont le tracé a été approuvé, et 6 693 qui sont à l'étude : soit un réseau de 11 707 kilomètres. L'État qui reçoit, et de beaucoup, le plus d'immigrants, le São Paulo, a déjà ouvert 2 723 kilomètres de lignes ferrées; il en construit en ce moment 1 138, et il possède en outre 610 kilomètres de navigation fluviale.

Mais les chemins de fer ne transforment un pays que sur leur parcours même et dans un certain rayon à droite et à gauche des rails, surtout quand le pays n'est pas sillonné de routes et routins en tout sens : ce qui est justement le cas du Brésil.

Les colons ne peuvent donc s'établir utilement que dans les environs des grandes villes et sur le trajet des voies ferrées, c'est-à-dire dans la moindre partie du pays. Que font dix à douze mille kilomètres de lignes de fer dans ce Brésil qui proportionnellement à la France devrait en posséder quatre à cinq cent mille? Or la plupart des terres vacantes sont à 50, 100, 200 lieues des voies rapides et des rios navigables. Tout colon qui se fixe à de pareilles distances d'un chemin de fer ou d'une « route qui marche » signe aussitôt sa déchéance, quelquefois sa mort.

Par malheur le Brésil appartient en grande partie à de puissants fazendeiros, propriétaires d' « incalculables » hectares; en partie aussi à des sociétés de spéculateurs, à des compagnies de chemins de fer. Ces compagnies, ces sociétés tiennent leurs titres du gouvernement, qui a égard à la situation sociale, politique, financière des concessionnaires plus qu'à leur science, conscience, patriotisme et vertu; ces fazendeiros tiennent les leurs tantôt d'octroi royal au temps de l'exploration et de la conquête, tantôt d'actes plus ou moins loyaux passés avec des chefs indiens, tantôt de l'usurpation pure et simple. Il n'importe : leurs terres ne font plus partie du domaine public et ni le gouvernement fédéral, ni celui de l'un quelconque des vingt États fédérés n'y peut installer de colons à sa guise. De là tant de familles livrées au bon plaisir des compagnies ou des grands seigneurs terriens et tant de dénis de justice, de ruines, de morts qui ont assombri les débuts de bien des colonies, soit allemandes, soit italiennes ou autres.

Il n'y a pas assez de lots mesurés dans les contrées les plus accessibles, il y en a trop dans les régions reculées; telle compagnie arpente le sol là où elle espère son avantage et non où elle assurerait celui du colon; on se plaint du désordre, de la paresse, de la mauvaise foi des agrimenseurs, tant de ceux de l'État que de ceux des Sociétés ou des fazendeiros; on a vu de véritables bataillons de colons arriver sur un territoire à eux désigné, où l'on n'avait pas encore mesuré un seul lot; ailleurs les terres étaient depuis longtemps divisées, mais la végétation du tropique avait enfoui, dénaturé, détruit, effacé le bornage.

N'empêche que le Brésil grandit, de crise en crise, par une robuste adolescence, le São Paulo notamment, qui est devenu sous nos yeux, en ces dernières années, un des pays d'immigration les plus recherchés dans le monde entier. L'une des meilleures preuves de cette rapidité de croissance grâce à l'afflux des colons d'Europe, c'est qu'à côté de lots régulièrement occupés suivant toutes les lois de la propriété, l'on trouve des colonies irrégulières, mais en pleine sève de prospérité, nids d'Italiens qui se sont fixés sans aucune demande, sans aucun souci, sur des terres d'État, de société, de fazendeiro, et qui montrent les dents au propriétaire, à la Compagnie, au gouvernement qui fait mine de les exproprier.

On ne peut accorder qu'une confiance restreinte aux documents officiels concernant l'immigration au Brésil. Les relevés témoignent souventefois d'une certaine fantaisie; ils ne s'accordent pas tous entre eux; les uns donnent les arrivages dans tous les ports de l'ex-empire, les autres ne totalisent que ceux de Rio de Janeiro et de Santos; aucun ne nous donne le nombre des contre-colons, autrement dit des Européens qui repartent du Brésil pour l'Europe, par male réussite, dégoût, fatigue ou pour toute autre cause. Donc, impossible de connaître exactement le profit annuel retiré par le grand Portugal américain de l'intercourse des hommes d'Europe et d'Amérique. Voici cependant, tels quels, les nombres documentaires.

De 1855 à 1885 inclus, le Brésil a reçu 498 115 immigrants, soit 16 066 en moyenne par année, 1870, l'année la plus pauvre, ayant donné 4 556 colons seulement, et 1876, l'année la plus avantageuse, en ayant amené 30 557.

1886 =	25 741	immigrants
1887 =	54 990	»
1888 =	131 745	»
1889 =	65 161	»
1890 =	107 100	»
1891 =	218 956	(?) »
1892 =	85 213	»
	688 906	»

ou, en moyenne, 98 415 par an.

A ne considérer que les cinq dernières années, on voit que les arrivées varient du simple à plus du triple (si le nombre d'immigrants indiqué pour 1891 est bien exact);

mais malgré ces oscillations il y a progrès, énorme, ainsi qu'en témoignent la moyenne du septennaire 1886-1891 comparé aux trente et un ans qui l'ont précédé : 98 415 colons chaque année, c'est six fois plus que 16 066.

V

Devant un pareil accroissement de forces vives, les Brésiliens ont-ils raison de réclamer une immigration de Chinois, élément presque assimilable, eux qui disposent d'un élément d'avance assimilé, celui des Portugais et Gallegos, et d'un élément très aisément agglutinable, celui des Italiens?

Mais quoi ! le Brésil est grand, il est immense, presque égal à l'Europe, près de seize fois plus grand que la France, et bien plus de quatre fois supérieur à l'ensemble de douce France, de docte Allemagne, de fière Ibérie, d'exubérante Italie. Cette immensité même, aidée de la plastique du sol, beaucoup plus élevé au midi qu'au nord, c'est-à-dire dans la zone fraîche que dans la zone torride, lui vaut une telle diversité de climats que les Allemands ont pu coloniser sans douleur la marche méridionale de l'Empire, alors que son septentrion réserve peut-être de difficiles épreuves d'acclimatation aux Européens, même à ceux du Sud, à ces Italiens si magnifiquement trempés que des hommes de leur race ont pu poser à la fois des traverses de chemin de fer sur la ligne de Dakar à Saint-Louis dans le flambant Sénégal et sur la voie ferrée de Winnipeg à Vancouver dans le Nord-Ouest Canadien, qui est une demi-Sibérie.

On peut croire que les colons n'iront pas de longtemps s'établir en foules pressées dans les terras chàs ou terres plates et les selvas ou forêts de l'Amazonie, non plus que dans les régions basses, maremmatiques des fleuves au nord de Rio de Janeiro. Or les fazendeiros de la moitié septentrionale de la Confédération réclament des bras loués, à défaut des bras serviles que leur a ravis l'abolition de l'esclavage; ceux mêmes des plateaux tempérés du Centre et du Midi en demandent également, les Européens ne suffisant pas encore, tant s'en manque, à la mise en valeur des *Cafezales* ou champs de café, qui sont la très répandue, la très riche, la très essentielle culture du Brésil, l'on dirait presque sa vraie raison d'être dans le moment présent.

De là vient la passion dont se sont enfiévrés les Brésiliens pour l'immigration chinoise; non pas tous, car cette infusion des « Célestes » dans la Lusitanie neuve a rencontré de nombreux adversaires; mais ses partisans l'ont emporté dans les divers États, comme aussi dans le Parlement, dans le Sénat fédéral et l'on attend les premiers convois de travailleurs jaunes.

Il se passera probablement bien des années avant que l'immigration mongoloïde atteigne les proportions de l'italienne ou seulement de la portugaise; on peut même supposer qu'elle n'aura jamais grande envergure : le Brésil, dans son ensemble, tout au moins le Brésil central et méridional, s'adapte si bien aux entreprises des Européens, il est si favorable à la santé joyeuse des Méridionaux, si hospitalier aux Italiens, et l'Italie, la Galicie, le Portugal sont de telles officines d'hommes, qu'il y a tout lieu d'espérer pour le plus beau pays de la terre un avenir où n'entrera pas le Chinois.

Onésime Reclus.

❖ ❖ ❖

CHRONIQUE GÉOGRAPHIQUE

Comment comprenons-nous l'Hinterland algérien au point de vue du Touât-Gourara? — La question du Touât-Gourara a été plusieurs fois discutée ici-même. Il s'agit, en somme, de savoir qui l'emportera de l'influence française ou de l'influence marocaine. Tout ce qui peut favoriser la première semble devoir être entravé par nous. Est-ce ainsi pourtant que les choses se passent? Qu'on en juge!

Au dernier pèlerinage de la Mecque, organisé, comme chacun sait, sous la surveillance et avec l'aide du gouvernement d'Algérie, neuf indigènes du Gourara se présentent à Oran dans l'intention de prendre passage sur un des bateaux français allant à la Mecque avec des pèlerins algériens. Mais la police locale, qui a pour consigne de ne laisser embarquer à bord de ces bateaux que des Algériens munis de passeports, s'oppose à laisser partir dans les mêmes conditions que leurs congénères d'Algérie les neuf habitants du Gourara, bien qu'il y ait eu là une occasion intéressante de les accueillir en véritables protégés. On trouve plus simple de leur donner un permis de circulation pour se rendre à Tanger, où nos Gourara finissent par s'embarquer sur un bateau anglais allant dans la mer Rouge!

A leur retour du Hedjaz, d'où les avait ramenés un bateau français, le *Pictavia*, on les consigne aux mains de la police et on s'apprête à les diriger sur Tanger à titre de pèlerins marocains, sauf à les voir revenir à Oran comme simples voyageurs, lorsque, fort heureusement, le commissaire de la Commission supérieure d'hygiène, M. Allart, fait observer le peu de logique, en même temps que le danger de cette manière de faire, et les autorités algériennes consentent enfin à ne plus considérer comme des étrangers et à rapatrier directement les neuf indigènes du Gourara, qui, à force d'avoir entendu parler d'*Hinterland* et de protection de la France, s'étaient certainement figurés qu'on les traiterait comme des Algériens.

Mission Monteil. — La mission du commandant Monteil change de caractère. Destinée à n'être d'abord qu'une mission militaire, elle devient désormais une mission d'établissement et d'organisation. M. Gielle-Rogier, le mandataire chargé par la Belgique de régler avec notre gouvernement la contestation pendante entre nous et l'Etat libre du Congo à propos de nos frontières de l'Oubanghi et du M'Bomou, a repris les négociations. Il est au moins permis de supposer que celles-ci aboutiront à quelque résultat, dont le moindre effet sera d'empêcher tout conflit entre nos compatriotes du haut Oubanghi et ceux de l'État indépendant.

Sahara occidental. — On est sans nouvelles de l'explorateur Léon Fabert, dont la mission, après avoir été arrêtée pendant plus d'un mois à N'Diago, a dû subir un nouvel arrêt préjudiciable chez les Trarzas, par suite, dit-on, d'ordres venus de Saint-Louis et contredisant les instructions envoyées par le sous-secrétariat des colonies. Il y a là une question très grave sur laquelle nous aurons à revenir.

Yamar M'Bodge et quelques grands chefs du Sénégal. — On a remarqué ces jours passés à Paris un beau noir du Sénégal, couvert de décorations, et accompagné de jeunes garçons. Ses visites à nos monuments et à nos établissements publics ont nécessairement éveillé une curiosité qu'on s'est hâté de satisfaire, mais incomplètement ou d'une manière inexacte. Yamar M'Bodge, tel est le nom de ce Sénégalais, a le titre de commandant supérieur du Oualo, et doit cette situation autant aux services qu'il nous a rendus qu'à son origine. Il est le descendant de la famille royale des Bracks du Oualo et appartient à la branche des Djeusses. Élevé à l'École des otages de Saint-Louis, il en sortit à seize ans pour être nommé chef du canton de N'Diangué (Oualo), sous la tutelle d'un de ses oncles. C'est lui qui chassa Sidia du Oualo lors de la révolte de ce chef et le poursuivit jusque dans le Cayor. Il a d'ailleurs pris part avec nos colonnes aux expéditions du Cayor, du Djolof et du Fouta et nous a rendu des services qui ont été largement récompensés. Yamar est en effet titulaire de trois médailles d'honneur en or. Il a été fait successivement chevalier de l'ordre royal du Cambodge, commandeur du Nicham-Iftikar, puis chevalier de la Légion d'honneur.

Ce n'est que récemment, lors de la réunion du Oualo oriental au Oualo occidental, que Yamar M'Bodge a été nommé chef supérieur du Oualo. Il a quarante-quatre ans, et est doué d'une grande intelligence. Nous n'allons pourtant pas jusqu'à conclure de là qu'il est pour nous, pour nos idées de morale, un auxiliaire précieux, comme on s'est plu à le dire. Notre politique coloniale, il faut avoir le courage de l'avouer, est souvent faite de tristes compromis, qui ne sont pas pour mettre en valeur ce qu'il y a en nous de plus vertueux.

Ajoutons que Yamar est accompagné dans son séjour à Paris par deux jeunes garçons : son neveu Fara Penda et Abdou-Salom, tous deux, hier encore, élèves au collège des fils de chefs à Saint-Louis. Tous deux vont entrer au collège de Tunis.

Fara Penda est le fils de la sœur de Yamar et de Yoro Diao, lui-même ancien élève de l'école des otages et fils de Fara Penda, l'ancien notable du Oualo qui a rendu de si grands services à Faidherbe. Yoro Diao a été chef du Oualo oriental pendant longtemps et a démissionné au mois de novembre de l'année dernière. Fara Penda promet de devenir plus tard un bon serviteur de la France si on sait diriger sa jeune intelligence.

Abdou-Salom est le fils d'une fille de l'ancien cadi de Saint-Louis, Amat N'Diaye, et de Sirkh Mamadou, le chef du Damga qui a été assassiné en 1890 par Aly Boubakar, fils d'Abdoul-Boubakar du Fouta.

A propos de Yamar, voici maintenant quelques renseignements sur certains autres grands commandements indigènes.

Le Damga, dont nous venons précisément de parler, a pour chef Ibra Abdoul, neveu d'Ibra Almamy. Le caractère de ce chef peut se résumer ainsi : sans énergie et sans esprit de suite, il n'a pas su se faire aimer des habitants du Damga et il affecte cependant beaucoup de dévouement pour la France, ce qui n'est de sa part qu'une manifestation sans valeur.

Le Fouta a pour chef Tierno Molé, vieillard astucieux et cruel, rallié depuis peu à la cause française, après la fuite d'Abdoul Boubakar, qu'il a longtemps dominé par sa très réelle intelligence. C'était lui seul d'ailleurs qui dirigeait la politique du Fouta central. Aujourd'hui Tierno Molé, âgé de plus de 80 ans, a considérablement baissé, et on sera, avant peu, obligé de le remplacer. Son fils Ibra Rabi, âgé d'une trentaine d'années, semble tout indiqué pour lui succéder. Il est fort intelligent et passe pour sympathiser depuis longtemps avec les idées françaises.

A côté d'Ibra Rabi vient se placer la figure d'un autre personnage, un vieillard celui-là, Boumouille, chef de l'Argo Bosséa, et très influent dans cette partie du Fouta et dans le Founangué. Boumouille a le tempérament de Tierno Molé, mais avec moins d'intelligence, et il n'aime guère la France. Il faut espérer que son espoir de succéder à Molé ne se réalisera pas.

Le chef supérieur des Irlabés-Diéry est Ismaïlia, peu intelligent et d'un caractère très mou, dont le dévouement pour la France demeure sans effet.

Les Irlabés sont des Peuls qui ont abandonné la vie nomade et résident dans des villages. Ils se divisent en trois grandes familles : les Irlabés-Diéry (haute terre), les Irlabés-Pété (du nom de la capitale du chef) et les Irlabés-Aléidy (du nom du premier chef qui s'est affranchi de l'influence des Irlabés-Pété). Depuis 1891, les Irlabés-Diéry se sont réunis aux Irlabés-Pété. Soit dit en passant, il existe à Galoya, sur le territoire des Irlabés-Diéry, deux marabouts qui ont su conquérir dans leur pays, comme dans le Bosséa, une grande influence. Tierno Ahmadou et son frère Tierno N'Diaye sont deux intelligences qu'il serait bon de nous adjoindre, d'autant que ces deux hommes ont des liens de parenté avec des indigènes influents de Saint-Louis et sont loin de nous être hostiles.

Le chef des Irlabés-Aléidy est Racine Kane, frère aîné d'un de nos meilleurs interprètes, Abdoulaye Kane, dont le dévouement à la France n'est plus à se prouver. Racine est très intelligent, très actif, et pousse vraiment ses administrés vers nos idées.

Dans le cercle de Podor, Ibra Almamy, oncle d'Ibra Rabi, dont nous avons parlé plus haut, est depuis plus de vingt ans le chef incontesté du Lao. Fils d'un ancien almamy du Fouta, il jouit d'un grand prestige qui lui permet malheureusement de commettre des exactions et d'exercer sa tyrannie tout à son aise. Par intérêt plus que par sympathie il a embrassé la cause française, ce qui lui a donné le moyen de résister longtemps aux attaques de son ennemi mortel, Abdoul Boubakar, qu'il jalousait parce que celui-ci régnait sur un pays qui faisait partie de l'ancien empire de son père. Il nous a toujours prêté son concours efficace dans toutes nos expéditions contre le Bosséa, mais toujours avec le secret espoir de voir agrandir son territoire par l'adjonction du Fouta central, après la chute d'Abdoul. Cet espoir a été trompé en 1891, et Ibra, malgré la nomination de son neveu comme Elféki du Damga et la croix de la Légion d'honneur que lui a fait donner le général Dodds en récompense de ses services, ne peut cacher son désappointement. En 1892, pendant la période d'interdiction de vente de mil et de munitions de guerre aux gens de la rive droite, il envoyait à Alboury N'Diaye, roi fugitif du Djolof réfugié chez les Maures Douichs, des chameaux chargés de grains et entretenait des relations avec Ahmadou-Cheikhou, dont il avait d'ailleurs épousé une des filles, ramenée de Ségou par le colonel Archinard. Ibra Almamy a entrepris cette année le pèlerinage de la Mecque. Il y gagnera en influence. L. S.-D.

Côte de l'Ivoire. — Un courrier parvenu en France au commencement d'octobre a annoncé la mort du capitaine Manet, qui accompagnait le capitaine Marchand dans son exploration du Lahou au Libéria. Le malheureux officier s'est noyé dans les rapides du Lahou. Son corps a été retrouvé et inhumé à Thiassalé, ce même village que les deux voyageurs avaient dû il y a quelques mois soumettre par les armes et où la France a désormais un représentant, M. Pohéguin. Quant au capitaine Marchand, il est reparti de Thiassalé dans la direction du nord, vers le Baoulé.

D'autre part, le lieutenant Braulot, dont on a appris l'arrivée dans le courant de juin à Ouandarama, sur la frontière du pays de Kong, en est reparti à la fin de juillet pour se diriger vers le Gourounsi et le Mossi, but de sa mission.

Il est regrettable, à ce propos, que le commandant Decœur, que certains projets sur lesquels nous n'avons pas à insister pour le moment devaient amener, lui aussi, au Gourounsi et au Mossi, n'ait pu encore les réaliser par suite de la situation du Dahomey.

Congo Belge. — On annonce la mort du capitaine Piedbœuf, commandant par intérim la station des Stanley-Falls. Cet officier n'était que depuis quatre mois dans le Haut-Congo et a succombé à une attaque de dysenterie.

L'expédition Dhanis a pris d'assaut le 22 avril dernier la dernière des grandes forteresses arabes du haut Loualaba, la ville de Kassongo, résidence de N'sefou, un des fils de Tippo-Tip.

Afrique australe. — En vertu de la nouvelle Constitution qui permet à la colonie de Natal d'avoir un gouvernement responsable, un ministère vient pour la première fois d'être formé, à la tête duquel a été nommé sir John Robinson, natif de la colonie, et qui déjà a représenté celle-ci aux conférences de Londres en 1876 et 1887 et à celle de Capetown en 1888. Cet événement, qui mérite à tous égards d'attirer l'attention, est une nouvelle application du système en vertu duquel l'Angleterre émancipe graduellement ses colonies.

Le pays de Kondé, au nord du lac Nyassa. — Le Dr Merensky a lu, le 8 juillet, à la Société de géographie de Berlin, une communication sur le pays de Kondé, au nord du lac Nyassa, où la Société des missions de Berlin a fondé la station de *Wangewannshöhe*. Ce pays s'étend sur une superficie d'environ 5 000 kilomètres carrés. Il est arrosé par six grandes rivières, dont l'une, la Songoué, sépare les territoires de protectorat anglais et allemand; la Kivira, la Mbaka et la Loufira appartiennent à ce dernier. La fertilité du pays est due à la distribution des pluies. A l'ouest des monts Livingstone, les vents violents sont presque inconnus, ce qui favorise beaucoup la culture des bananes, dont sept variétés prospèrent dans cette région. La faune n'est pas très variée, mais on rencontre encore quelques éléphants et des troupeaux de buffles; les hippopotames sont nombreux et les crocodiles fort redoutés. La densité de la population explique que les antilopes et les zèbres soient devenus rares.

Les Ou-Kondé comptent une centaine de mille âmes; ils sont établis dans le pays depuis des siècles; la tradition rapporte qu'ils sont venus de l'est. Ils ont utilisé d'une manière remarquable les ressources naturelles de leur sol. Ils cultivent les bambous des Indes, et en obtiennent d'excellents matériaux de construction pour leurs maisons et leurs étables. L'agriculture et l'élève des bestiaux prospèrent chez eux. Leur caractère est aimable et pacifique, les missionnaires allemands n'ont pas entendu parler chez eux des cruautés pratiquées dans d'autres parties de l'Afrique. La propreté des maisons et des rues des villages est tout à fait remarquable. Une position élevée est reconnue à la femme, qui légalement est l'égale de l'homme. Le grand défaut des indigènes est d'être voleurs, mais ce vice ne les conduit que rarement au meurtre. D'autre part, les suicides sont fréquents.

Orographie de la partie septentrionale du Nyassa. — Le Dr Bumiller, qui accompagne le major de Wissmann dans son expédition au nord et au nord-ouest du Nyassa, a donné au comité de la Société antiesclavagiste allemande quelques renseignements nouveaux sur l'orographie de la partie septentrionale du lac Nyassa, en particulier sur les monts Livingstone. Ceux-ci s'élèvent graduellement du sud au nord et se composent de trois chaînes parallèles, dont la plus occidentale tombe abruptement dans le lac. Ils sont coupés dans toutes les directions par des gorges transversales, et présentent des parois de rochers entièrement nues s'élevant verticalement à de grandes hauteurs et d'où se précipitent des torrents qui font ressembler cette région aux parties les plus pittoresques de la Suisse et du Tyrol. Le point le plus élevé est le Béja, qui atteint 3 600 mètres. Le Doumwé, qui en a 3000, forme la ligne de partage des eaux entre le bassin du Nyassa et celui de la Rouaha ou Roufidji, qui se jette dans l'océan Indien. A la latitude de la station de Langenbourg, où le major de Wissmann a fondé un établissement allemand, la chaîne a 110 kilomètres de large; plus au sud, sa largeur augmente encore. Détaché des monts Livingstone proprement dits, s'élève le Béja, qui sépare l'Ousaga de l'Ouango. La flore des monts Livingstone est très intéressante, en ce sens qu'elle se rapproche beaucoup de celle de l'Europe à la même altitude : on y rencontre des ronces, des myosotis, des violettes, des églantines, des trèfles, des espèces de fougères et de bruyères semblables aux nôtres.

Steamers allemands sur le Nyassa et le Tanganyika.

— Après avoir fondé la station de Langenbourg, sur la côte orientale du lac Nyassa, le major de Wissmann l'a quittée pour se rendre au Tanganyika. Son but est d'ouvrir une route entre les deux lacs par le territoire allemand, pour pouvoir effectuer le transport d'un vapeur du Nyassa au Tanganyika sans emprunter la route Stevenson, qui passe sur le territoire de l'Afrique centrale anglaise. D'après les *Mitteilungen* de Gotha, il s'agirait probablement du vapeur *Docteur Peters*, qui attend déjà depuis un certain temps à la côte orientale d'Afrique. Quant au steamer *Wissmann*, il a été remonté à l'extrémité sud du Nyassa; actuellement on le munit de sa machine et de sa chaudière; il pourra commencer son service dès que l'administration coloniale l'aura accepté.

Expédition de M. G.-F. Scott Elliot dans l'Ouganda.

— Le *Geographical Journal* annonce que M. G.-F. Scott Elliot a entrepris, dans l'Ouganda, une expédition botanique et géologique. Il cherchera à atteindre le lac Victoria le plus rapidement possible; de là, il compte se rendre au mont Elgon; puis, pousser jusqu'au massif du Rouvenzori, où il espère pouvoir passer plusieurs mois, pour acquérir une connaissance aussi exacte que possible de la géographie et des produits naturels de cette région montagneuse. La Société Royale de Géographie de Londres a accordé à l'expédition une subvention de 8 750 francs. La durée du voyage sera de dix-huit mois à deux ans.

Expédition de MM. Astor Chanler et de Höhnel.

— Les directeurs de l'*Imperial British East African Company* ont reçu de M. Chanler une lettre datée du 21 juin, de Daïcho, sur le versant oriental des monts Djombéné. C'est à Hamayé, sur le Tana, que nos dernières nouvelles avaient laissé l'expédition (voy. p. 108). La halte qu'y fit l'expédition fut fatale aux bêtes de somme : tous ses chameaux périrent, elle perdit en outre 33 ânes, 10 têtes de gros bétail et beaucoup de chèvres et de moutons. En abandonnant un grand nombre de charges, M. Chanler put gagner Daïcho, afin d'y prendre ses quartiers pour la saison des pluies; celles-ci n'ont pas été très fortes et n'ont duré que cinq semaines. Les caravanes souahéli venant du nord avaient trouvé le pays traversé par elles en proie à la disette, ce qui obligea M. Chanler à se procurer beaucoup de bêtes de somme pour transporter les vivres nécessaires à l'expédition. Pendant qu'il en envoyait chercher à la côte, il voulait essayer de pousser une pointe vers le nord avec le lieutenant de Höhnel et 65 hommes pour acheter des ânes et des chameaux, et pour explorer le pays des Randhilé en suivant jusqu'à Marsabit la chaîne des monts du général Matthews.

Les Daïcho dépendent des Oua-Embé pour leurs subsistances, et comme ils leur sont de beaucoup inférieurs *en nombre, ils subissent jusqu'à un certain point leur* influence. Au mois de mars, ils avaient accueilli assez amicalement l'expédition; mais peu à peu ils se refroidirent, et finalement ne voulurent plus lui vendre de vivres. M. Chanler put heureusement conclure un traité avec les Oua-Embé. Après beaucoup de pourparlers, la fraternité du sang fut conclue avec les Oua-Embé, au nom de tous les Européens et des trafiquants souahéli, que les Oua-Embé s'engagèrent à ne molester jamais et à recevoir toujours amicalement.

La région des monts Djombéné est belle et salubre. Le sol est si fécond que toutes les semences peuvent y prospérer. M. Chanler a fait chercher à la côte des graines de cocotiers, de manguiers, d'orangers, de papayers; il a fait planter du café et on a appris aux indigènes la manière de le cultiver.

Madagascar. — Une triste nouvelle nous est récemment arrivée de Madagascar. Un explorateur français, M. Georges Müller, a été assassiné sur la route de Tananarive à Majunga, à quatre jours de marche à l'ouest de Mandritsara. Les auteurs de l'assassinat sont une de ces bandes de *fahavalos*, ou brigands, nombreuses, on le sait, en pays hova. Les compagnons indigènes de M. Müller, réfugiés dans le poste hova le plus voisin, purent revenir le jour suivant et recueillir les restes de l'infortuné explorateur.

M. Georges Müller était arrivé à Tananarive à la fin de mai dernier. Il se proposait de faire à ses frais une exploration scientifique de l'île. Déjà, dans une excursion à Antsirabé, il avait réussi à découvrir quelques ossements d'*Æpyornis*, le fameux oiseau géant de Madagascar. Revenu à Tananarive, il en était reparti avec le P. Roblet, et avait parcouru avec lui la rive occidentale du lac Alaotra. Le P. Roblet, ne disposant que d'un temps limité, était retourné à la capitale, laissant M. Müller achever seul cette exploration qui devait avoir une issue funeste.

RÉGIONS POLAIRES

Grönland. — Chaque année la Commission danoise des explorations au Grönland poursuit sa tâche avec une persévérance digne d'éloges à tous égards. Pendant l'été qui vient de s'écouler, elle avait organisé une nouvelle expédition, dont nous avons annoncé le départ il y a quelques mois et dont nous sommes aujourd'hui heureux de saluer le retour. L'expédition, composée de MM. Th. V. Garde, lieutenant de vaisseau, de Moltke, enseigne, et d'un catéchiste eskimo, devait combler les quelques lacunes existant encore dans la carte du Grönland méridional, exécuter l'hydrographie de la côte entre Arsak et Julianehaab, et enfin, si les circonstances le permettaient, pousser une reconnaissance sur l'*inlandsis* au sud de Frederikshaab. Grâce à l'énergie et à la connaissance du pays que possède son chef, M. Garde, l'expédition a remporté un succès complet.

Le 16 juin la caravane attaqua l'*inlandsis* immédiatement à l'ouest du glacier de Sermitsialik, sur la côte ouest. Le premier jour, la marche fut rendue très pénible par le mauvais état de la neige, ramollie par un soleil ardent. Pour éviter cet inconvénient, M. Garde décida de marcher désormais la nuit et de se reposer le jour. A minuit la petite troupe se mettait en marche, pour camper ensuite à huit heures du matin. De deux heures à sept heures du matin, la surface de la neige était gelée, et par suite la marche devenait facile et rapide. De minuit jusqu'à deux heures le névé restait encore mou, et dès sept heures il était détrempé par la fonte. Dans ces conditions, la caravane réussissait à parcourir, en huit heures, en moyenne une trentaine de kilomètres.

Durant la journée, le thermomètre s'élevait souvent

sous la tente à 20 et même 30 degrés au-dessus de zéro.

L'extrémité méridionale du Grönland est accidentée par de puissants massifs alpins. M. Garde s'attendait donc à trouver des *nunataks* [1] dans la région qu'il explorait. Cet espoir fut complètement déçu; dans toutes les directions s'étendait la nappe neigeuse blanche et uniforme. A environ 150 kilomètres au nord-ouest du glacier de Sermitsialik, M. Garde atteignit, par 61° 54′ de latitude nord, le point culminant de l'*inlandsis*. Son altitude est d'environ 2 200 mètres. Comme Nansen l'avait constaté plus au nord, la ligne de partage des eaux est plus rapprochée de la côte occidentale que de la côte est.

De ce point M. Garde, poursuivant sa marche à travers le glacier, fit route à l'est-sud-est pour atteindre dans cette direction les premiers pointements rocheux de la côte orientale. Le 26 juin, la caravane arriva à la base d'une chaîne de montagnes haute de 2 000 mètres, dressée comme une île élevée au milieu de la mer de glace. A l'ouest, cette arête rocheuse se trouvait précédée d'un petit *nunatak*, dont les voyageurs firent l'ascension. Ce massif domine et encadre un grand glacier qui débouche au fond du Sermilikfjord.

L'expédition du lieutenant Garde a ainsi effectué presque complètement la traversée de l'*inlandsis* de l'ouest à l'est, dans sa partie méridionale. Comparées à celles qu'a recueillies Nansen plus au nord, ses observations fourniront de très utiles renseignements sur la nature de cet immense glacier.

Du *nunatak* situé en vue du Sermilikfjord pour revenir sur la côte ouest du glacier de Sermitsialik, la caravane avait à parcourir une distance d'environ 130 kilomètres. Non loin du belvédère qu'elle avait gravi, elle fut arrêtée par l'état de la neige, qui, amollie par un soleil ardent, ne portait nulle part. A chaque pas, écrit M. Garde, on avait l'impression d'un engloutissement dans la neige. Pendant le court été grönlandais, l'ablation qui se produit à la surface de l'*inlandsis*, surtout dans les régions élevées, est colossale, suivant l'expression de cet explorateur. Très curieux est l'exemple qu'il cite de la rapidité de cette fusion. Chaque matin, au moment de l'établissement du campement, la nappe de neige au-dessus de laquelle était dressée la tente, après avoir été piétinée par les allées et venues, se trouvait à quelques centimètres en contre-bas de la surface normale du glacier. Pendant la journée, l'ablation et l'évaporation subies par l'*inlandsis* étaient telles qu'à minuit, au moment du départ de la caravane, le plan de la tente, préservé par la toile de l'action de l'air et des rayons solaires, se trouvait à quelques centimètres au-dessus du niveau général du glacier. Aucune expédition n'avait été jusqu'ici entreprise sur l'*inlandsis* au mois de juin; les observations de M. Garde, consciencieuses comme toutes celles dont la géographie lui est déjà redevable, empruntent à cette circonstance une importance particulière. Elles fournissent surtout de précieux renseignements sur la fonte des neiges dans cette région particulière du globe et par suite sur la formation de la glace, en d'autres termes sur l'alimentation du glacier, si je puis m'exprimer ainsi. La marche de la caravane a été particulièrement rapide. En onze nuits et demie elle a parcouru une distance de 370 kilomètres. C'est la vitesse la plus grande atteinte sur l'*inlandsis*. Pour parcourir les 600 à 650 kilomètres qui séparent la côte orientale de la côte ouest sous le parallèle de Godthaab, Nansen employa trente-six jours. Son voyage fut, il est vrai, exécuté à une saison moins favorable que celui de M. Garde.

La traversée de l'*inlandsis* exécutée par la mission danoise prouve l'inexactitude des hypothèses formulées

sur la nature du Grönland méridional. Au lieu d'un pays tourmenté, hérissé de montagnes sauvages comme le représentaient plusieurs autorités géographiques, l'*inlandsis* s'y étale, au contraire, en une haute plaine peu accidentée.

Après cette excursion, MM. Garde et de Moltke consacrèrent les deux mois de juillet et d'août à des travaux d'hydrographie. Même au Grönland, l'été qui vient de s'écouler a été remarquable par sa chaleur et sa sécheresse. L'eau, d'habitude abondante partout dans le pays, était rare cette année, dans le sud; les rivières et les lacs étaient à sec et la maigre végétation roussie en un grand nombre de localités. Le voyageur, écrit M. Garde, qui pour la première fois aurait visité le Grönland l'été passé, aurait pu se croire dans le pays du soleil et de l'éternelle gaîté.

Charles Rabot.

État des mers polaires dans l'été 1893. — Une flottille russe chargée de matériaux destinés au chemin de fer transsibérien a atteint l'embouchure du Iénisséi. Elle était accompagnée par un yacht anglais et un bâtiment de charge de même nationalité, l'*Orestes*, commandé par le capitaine Wiggins, qui avait déjà accompli heureusement plusieurs traversées d'Angleterre en Sibérie. L'*Orestes* et son compagnon sont actuellement de retour en Europe. Le premier est arrivé à Arkhangel pour y prendre une cargaison de bois, et le second à Vardö dans la Norvège septentrionale.

D'après les renseignements rapportés par l'équipage de ces bateaux, la navigation dans la mer de Kara a été particulièrement facile l'été dernier. Partout les glaces étaient minces et peu compactes. Ni l'un ni l'autre des navires n'a rencontré M. Nansen. Mais l'absence de banquises dans la mer de Kara fait supposer que l'expédition norvégienne a pu atteindre facilement les îles de la Nouvelle-Sibérie. D'après les pêcheurs d'Hammerfest, qui viennent de terminer leur campagne annuelle dans l'océan Glacial, de mémoire d'homme la navigation dans cette mer n'a été aussi facile qu'à la saison dernière. A la fin de septembre, entre la Nouvelle-Zemble et la terre François-Joseph, un pêcheur n'a pas aperçu un seul glaçon. La mer de Kara était, de même, complètement libre. Dans cette région le courant qui, à cette époque, porte généralement à l'ouest, avait cet été une orientation nord-nord-ouest, avec une vitesse de 24 milles en vingt-quatre heures.

NOUVELLES DIVERSES

<hr>

1. *Nunatak*. Sous ce nom adopté aujourd'hui par la science, les Grönlandais désignent les pointements rocheux émergeant au-dessus de l'*inlandsis*.

BIBLIOGRAPHIE

REVUE DES PÉRIODIQUES

Articles signalés :

Annales de Géographie. 15 octobre 1893.
— *Explication d'une carte de la répartition des animaux à la surface du globe*, avec 2 cartons et 1 carte en couleur, par J. Welsch. (Commentaire d'une carte fort intéressante des régions zoologiques du globe, dressée d'après les travaux de Sclater, Wallace, Trouessart, etc., et donnant, en même temps que les espèces existantes, les espèces éteintes pendant l'époque historique.) — *Contributions à la limnologie française. Les lacs du Jura*, par le docteur Ant. Magnin (Première partie d'une étude approfondie sur les lacs du Jura français et suisse. La plupart de ces 66 lacs, dont le plus étendu, le lac du Bourget, a 4 400 hectares et le plus petit, le lac Trouillot, un tiers d'hectare seulement, étaient encore très peu connus, avant les études de M. Delebecque et de ses collaborateurs, que M. Magnin résume en les complétant par ses recherches personnelles. C'est là une page à la fois intéressante et nouvelle de la géographie de la France. — *Études sur la Basse-Bretagne. II. La Cornouailles intérieure*, par L. Gallouédec. — *De l'Oubangui à la Bénoué à travers l'Afrique centrale*, par C. Maistre. — *L'Ararat*, par E. Chantre. — *Mission E. Gautier à Madagascar*, par E. Gautier. — *Carte de la frontière ouest des possessions françaises du Dahomey*. — *Notes sur le bas Yang-tsé-kiang*, par P.-H. Havret. — *Note sur le Méas et sur le commerce du Mékong*, par le capitaine Rivière. — *Carte de l'Afrique, au 17 000ᵉ* (Extraite de l'atlas Vidal-Lablache).

Bulletin de la Société de Géographie, 2ᵉ trimestre 1893. — *Rapport sur le concours au prix annuel fait à la Société de Géographie dans sa séance générale du 21 avril 1893*. — *De Telemsan à Melila*, par Henri Duveyrier, avec carte au 360 000ᵉ. (Récit d'un voyage dans le Rif fait en 1886 par le regretté explorateur, en compagnie de feu le chérif de Ouazzan. On y a conservé l'orthographe par trop phonétique à laquelle Duveyrier tenait si fort, et qui donne aux noms les plus connus une physionomie hérissée et farouche. Ainsi *Telemsan* n'est autre que *Tlemcen*, *Fez* devient *Fâs*, etc. Le récit de ce voyage, précis et consciencieux comme tout ce qui sortait de la plume de Duveyrier, emprunte un intérêt tout spécial aux événements qui se déroulent aujourd'hui autour de Melilla ; on y trouvera quelques détails sur cette place forte elle-même. Duveyrier l'estime inexpugnable, tant qu'elle n'aura à se défendre que contre les tribus voisines.) — *Explorations de la Haute Sangha et du Haut Oubangui* (1891), par Gaston Gaillard. (Récit d'une expédition faite il y a deux ans et demi, et dont nous avons parlé en son temps.) — *L'Exposition géographique de Moscou en 1892*, par Édouard Blanc. (Compte rendu fort intéressant de l'expo-

sition qui s'est tenue à Moscou en même temps que les deux congrès internationaux de zoologie et d'anthropologie. L'auteur traite d'abord de l'exposition russe et signale en particulier (p. 249-253) les cartes établies par les voyageurs, au fur et à mesure de leurs explorations, avec une rapidité qui tient du prodige, puis il passe en revue les envois faits par les pays étrangers, les salles d'archéologie préhistorique, etc., et parle enfin des conférences faites durant l'exposition.)

Geographical Journal, octobre 1893. — *Exploration in the Mustagh Mountains*, par W. M. Conway. (Voir, dans notre présent numéro, l'article de M. Capus consacré à cette remarquable exploration. La carte qui devait l'accompagner, dans le *Journal*, ne doit être publiée qu'à une date ultérieure.) — *Lieutenant Peary's Arctic Works*, par Cyrus C. Adams, avec carte. (Article rédigé d'après les notes mêmes du lieutenant Peary sur son expédition de 1891-1892 ; le départ de l'explorateur pour une nouvelle campagne l'a empêché de les mettre à jour lui-même. Il contient beaucoup de détails inédits. La carte nous montre le nouvel itinéraire projeté par le lieutenant, qui se propose de traverser obliquement le Grönland, de ses quartiers d'hiver sur la baie d'Inglefield, jusqu'à Independence Bay. A ce point l'expédition se divisera en deux parties : l'une se dirigera droit vers le pôle, tandis que l'autre longera la côte orientale jusqu'au cap Bismarck, pour retraverser le Grönland en droite ligne de l'est à l'ouest.) — *The Influence of Geographical Position on the development of the Australian Natives*, par Ernest Favenc. — *The Konde Country*, par le Rev. Dr Merensky. (Voir la chronique.) — *The North Polar Basin*, par H. Seebohm (conférence faite à la section géographique de l'Association britannique). — *On the teaching of geography*, par P. Krapotkin. — *Luigi Brichetti Robbechi's Journeys in the Somali Country*.

Mitteilungen de Petermann. — *Ueber die Aufzeichnung der Fernewirkung von Erdbeben*, par le Dr E. de Rebeur-Paschwitz. (Article sur la notation des effets lointains des tremblements de terre. Il y a là toute une série de phénomènes curieux, dont l'étude peut compléter les observations sismographiques proprement dites.) — *Kleinere Mitteilungen : Neue Forschungen der deutschen Antisklaverei-Expedition am Nyassa-See*. (Voir la chronique.) — *Die Erdbeben von Zante*, par le Dr A. Philippson. — *Wie sind die kartographischen Publikationen auf dem Laufenden zu erhalten, und worin besteht die Korrektur einer Karte?* par Vogel. (Article intéressant sur la manière de tenir constamment au courant les cartes géographiques.) — *Neue Arealbestimmung des Kontinents Afrika*, par B. Trognitz. (Résultats d'un nouveau calcul de la superficie de l'Afrique fait sur la carte de Habenicht en 16 feuilles. L'auteur arrive au chiffre total de 29 205 230 kilo-

mètres carrés.) — *Die Höhe des Mount Saint Elias*, par A. Lindenkohl.

Ymer : *Publication de la Société suédoise d'Anthropologie et de Géographie*, 1ᵉʳ fascicule 1892. Stockholm.

Ce fascicule débute par deux articles très intéressants sur l'archéologie du Colorado sud-occidental, dus à M. Gustav Nordenskiöld, le fils du célèbre voyageur dans les régions polaires. Avec une conscience au-dessus de tout éloge, M. G. Nordenskiöld a pendant plusieurs mois exploré les ruines des habitations des *Cliff Dwellers* dans les branches latérales du Manco's Cañon. On donne, comme on sait, ce nom à des vestiges d'habitations établies en balcon sur les parois escarpées des cañons, et à l'abri de grottes profondes. Dans ce pays particulièrement sec, et grâce à la protection des rochers sous lesquels elles ont été construites, ces ruines sont dans un état merveilleux de conservation, les murs sont encore debout et le plan des bâtiments peut être relevé. Ces habitations avaient les dimensions de véritables cités ; l'une d'elles, justement nommée *Cliff Palace*, ne renferme pas moins de 125 chambres. Presque toutes contiennent deux pièces circulaires où était constamment entretenu un brasier et où les hommes se livraient aux travaux domestiques. D'après les résultats des fouilles, les *Cliff Dwellers* étaient un peuple d'agriculteurs, cultivant principalement le maïs, sachant tisser la laine et connaissant l'art de la poterie. Aucun objet en métal n'a été mis à jour ; tous les armes et ustensiles découverts sont en pierre, en bois ou en os, principalement en os de dindon. D'énormes monceaux d'excréments de ces oiseaux entassés devant les mines indiquent que les *Cliff Dwellers* les avaient domestiqués et les élevaient en grand nombre. Cette population n'était pas entièrement absorbée par les soucis de la vie matérielle, dans ses heures de loisir elle se plaisait à orner ses ustensiles. Un grand nombre de vases découverts dans les mines portent une ornementation bichrome dénotant un art primitif. D'après M. G. Nordenskiöld, les *Cliff Dwellers* seraient les ancêtres des Indiens Maquis actuels.

Dans le numéro de l'*Ymer* que nous analysons ici, les érudits qui s'occupent de géographie historique liront avec intérêt un savant article critique de M. C. Bildt, ministre plénipotentiaire de Suède et Norvège à Rome, sur la *Chronique de Capistrano*, manuscrit du xvɪᵉ siècle de la bibliothèque Chigi.

Sous le titre de voyage dans la Sibérie occidentale (*En resa i vestra Sibirien*), M. F. R. Martin publie une étude sur les Ostiaks de la vallée du Jugan. Cet affluent de l'Obi a une longueur de plus de 1 000 kilomètres et, à 530 kilomètres de son embouchure, sa largeur n'est pas inférieure à 200 mètres. La différence entre les hautes et les basses eaux n'est pas moindre de 5 mètres ; les années sèches, cette rivière n'est accessible aux barques que dans sa partie inférieure. Les bords du Jugan sont habités actuellement par 1081 Ostiaks, répartis en 137 familles. La démographie de cette race est incomplète, aussi nous paraît-il très important de reproduire le mouvement de la population du Jugan depuis 1790, relevé par M. Martin dans les registres de l'église de Surgut.

	Nombre des indigènes.	Nombre des naissances.
1790	946	36
1800	927	37
1810	1070	36
1820	977	33
1830	1183	52
1840	1055	58
1850	1189	36
1860	1090	34
1870	1012	24
1889	1081	33

Comme le montre ce tableau, la natalité est très faible chez les Ostiaks.

Pendant son séjour à Sourgout, M. Martin a exploré les ruines d'une forteresse ostiake située à 10 ou 12 verstes de la ville, et détruite par les Cosaques de Iermak. Cette place se composait de six fortins mesurant 80 mètres de long sur 40 de large. Les fouilles mirent à jour une grande quantité de poteries brisées richement ornées. Dans les mêmes parages, notre voyageur découvrit un important cimetière préhistorique renfermant plus de cent tombes. Les squelettes étaient malheureusement en mauvais état de conservation. A côté de chaque corps étaient disposés une arme, un petit vase en argile couvert de dessins et des ornements en bronze, tels que pendants d'oreilles, bracelets, avec des représentations d'animaux. Quelques objets en argent ont été également trouvés, notamment une soucoupe portant une inscription koufique du xie ou xiie siècle. Ce serait avec le miroir figuré dans l'ouvrage de Strahlenberg le produit de l'industrie arabe le plus ancien trouvé en Sibérie.

Le fascicule de l'*Ymer* se termine par une note de M. Nathorst. Le savant paléontologiste suédois proteste contre le nom de baie de la Manche donné par le commandant de la *Manche* au cours du voyage exécuté par ce bâtiment au Spitzberg. Sur toutes les cartes, le mouillage en question est appelé Skansbay et on ne saurait trop s'élever contre cette manière de faire des découvertes destinées à amener les plus regrettables confusions.   Ch. Rabot.

COMPTES RENDUS

Illustrated official Handbook of the Cape and South Africa. Londres, Stanford, 1893, 1 vol. in-8°, avec carte et illustrations.

L'Afrique Australe s'est énormément développée en ces dernières années. La domination anglaise s'étend aujourd'hui de l'extrémité méridionale du continent jusqu'au delà du Zambèze, et si, sur une partie de cet immense territoire, elle n'est encore que nominale, des campagnes comme celle qui se fait actuellement contre les Matébélés ne tarderont pas à la rendre effective. La Grande-Bretagne n'occupe pas seule, il est vrai, ces immenses territoires. Elle est flanquée à l'ouest de l'Allemagne, à l'est du Portugal, et elle englobe en partie deux États, l'Orange et le Transvaal, l'un demeuré, l'autre resté indépendant. Mais ces États ne peuvent cependant se soustraire à l'influence britannique, de sorte qu'on peut dire, à peu près, que l'Afrique Australe est anglaise.

Cette immense région, dont les anciennes colonies du Cap et de Natal ne sont plus même la moitié, se transforme rapidement, à l'aide surtout des capitaux anglais et sous l'influence d'un homme d'État ambitieux et énergique, M. Cecil Rhodes. De divers points de la côte, les voies ferrées s'avancent aujourd'hui très loin déjà vers l'intérieur. Elles arrivent à Prétoria, à Mafeking, et la ligne de Beira, qui commence en terre portugaise, doit bientôt atteindre Fort Salisbury.

Un climat tempéré, des terres fertiles, où les Européens peuvent vivre, travailler, prospérer, plus encore de riches mines d'or et de diamants, qui seront lentes à s'épuiser, y attirent chaque année de nombreux immigrants. L'Afrique Australe devient donc un des centres les plus vivants du continent noir.

Aussi mérite-t-elle d'être sérieusement étudiée, et le volume que nous annonçons nous offre une occasion excellente d'acquérir sur elle de sérieuses notions. C'est un *Handbook* entièrement neuf, qui n'a rien de la sécheresse toute pratique inhérente à beaucoup de ces publications. Il peut presque se lire couramment. Les premiers chapitres renferment une description physique de l'ensemble du pays et l'étude très détaillée de sa géologie, de sa faune et de sa flore. Vient ensuite l'histoire de l'Afrique Australe, depuis les premiers établissements hollandais au Cap, jusqu'aux dernières annexions de l'Angleterre. Puis nous trouvons un court exposé du gouvernement et de l'administration de la colonie du Cap, de ses routes, chemins de fer, la statistique démographique, industrielle, commerciale, agricole. Des chapitres spéciaux sont consacrés à la viticulture, à l'élève du bétail, à celle des moutons, aux fermes d'autruches, enfin aux mines de diamants.

Après la colonie du Cap, l'auteur nous décrit celle de Natal, puis les États indigènes « protégés », l'Orange, le Transvaal et ses mines d'or, les possessions du Portugal et de l'Allemagne. Un dernier chapitre traite longuement du climat de l'Afrique du Sud.

Il y a ainsi dans ces 566 pages assez compactes une grande masse de renseignements, qui paraissent sûrs et de première main. Les chapitres particulièrement scientifiques ou techniques ont été confiés à des spécialistes. L'intérêt de l'ouvrage est encore rehaussé par un grand nombre d'illustrations excellentes, faites la plupart d'après des photographies, et qui nous montrent le pays, ses villes, ses cultures, ses mines, ainsi que les portraits des principaux personnages ayant joué un rôle dans son histoire. La carte en couleur placée au commencement a pour mérite principal d'indiquer très nettement les divisions politiques du pays.   H. J.

Prince E. E. Oukhtomsky : *Voyage en Orient, 1890-1891. Grèce, Égypte, Inde,* traduction de Louis Leger, professeur au Collège de France, préface d'Anatole Leroy-Beaulieu, membre de l'Institut. Un vol. in-4, avec 178 illustrations, par N. N. Kazarine.

Ce magnifique volume contient la relation de la première partie du voyage autour du monde fait en 1890-1891 par S. A. I. le tsarevitch. Les circonstances actuelles rendent cette relation doublement *intéressante*. Sans doute ce n'est point l'héritier du trône de Russie qui tient la plume; mais, comme le dit M. Leroy-Beaulieu dans la belle préface qu'il a mise en tête de l'ouvrage, on peut parfois lire entre les lignes les impressions que ce futur empereur ne se sent point libre de publier sur les hommes et les choses *qu'il* rencontre.

C'est le prince Oukhtomsky, un des compagnons du grand-duc héritier, qui s'est chargé de raconter son voyage. Il l'a fait d'une plume vive et alerte, sans pédantisme, mais sans, non plus, la légèreté d'un *globe-trotter* ordinaire. On sent dans ces pages un esprit observateur et réfléchi, préparé à sa tâche par de sérieuses lectures, et en même temps une vive imagination.

La plus grande partie de ce volume est consacrée à l'Inde. On y remarquera la part assez grande faite aux différentes religions. Nous reconnaissons là, avec M. Leroy-Beaulieu, un trait bien caractéristique de l'âme slave, qui est orientale par quelques côtés, et qui perçoit les religions de la vieille Asie avec une intuition vive, une spontanéité de sensation assez étrangères à l'Européen d'Occident.

La traduction française, due à M. Louis Leger, l'éminent professeur de langue et littérature slaves au Collège de France, est d'une netteté et d'une élégance parfaites. Quant aux illustrations de M. Kazarine, elles allient la précision à l'imagination la plus poétique. Les restitutions de la vie de l'Égypte des Pharaons et de l'Inde ancienne nous ont semblé particulièrement curieuses.   *H. J.*

CARTOGRAPHIE

Atlas de géographie historique, Paris, Hachette et Cie (2e livraison).

Nous avons annoncé dans notre numéro d'août l'apparition du premier fascicule de l'*Atlas historique* destiné à faire suite à l'*Atlas de géographie moderne* édité par la même librairie. La deuxième livraison paraît en même temps que ces lignes et sera désormais suivie d'une livraison par mois.

Cette deuxième livraison comprend les trois cartes suivantes : le Monde ancien en 720 avant J.-C.; l'Europe après la paix d'Utrecht; l'Expansion coloniale de la France et de l'Angleterre entre 1815 et 1893.

La première de ces trois cartes a été dressée avec la collaboration de M. Maspero, lequel a rédigé la notice qui en occupe le verso. Il suffit de nommer M. Maspero pour indiquer l'esprit et l'érudition profonde qui ont présidé à ce travail. Pour la deuxième carte, l'Europe après la paix d'Utrecht, et pour la notice qui l'accompagne, c'est M. E. Bourgeois, maître de conférences à l'Ecole normale, qui a apporté son concours. Nul plus que lui n'était capable de présenter dans un tableau clair et complet l'état de l'Europe à cette période si troublée de son histoire. Enfin la carte des colonies anglaises et françaises présente deux planisphères comparés, sur lesquels il est aisé de voir le progrès des établissements coloniaux de la France et de l'Angleterre depuis 1815. Une notice due à la plume de M. Aug. Bernard, si compétent pour les questions d'histoire et de géographie coloniale, accompagne, éclaire et complète cette carte.

NOUVELLES GÉOGRAPHIQUES

LE MOUVEMENT GÉOGRAPHIQUE EN FINLANDE

Nouvelle carte de Finlande — Exploration dans la presqu'île de Kola. — Reconnaissance géologique dans la Carélie russe. Observations sur l'épaisseur de la couche de neige en Finlande.

DEPUIS de longues années déjà la Finlande prend une part très honorable au mouvement scientifique européen. La science est une des formes du patriotisme, et par des publications dignes de l'attention des étrangers les travailleurs finlandais s'efforcent de faire honneur à leur patrie. Dans deux ordres d'études leurs travaux ont acquis une légitime autorité : de l'université d'Helsingfors sont sortis la plupart des mémoires qui nous ont fait connaître les ra es finnoises dans leur passé et leur présent; d'autre part, non moins que l'ethnographie et les sciences qui s'y rattachent, les diverses branches de l'histoire naturelle se sont enrichies de précieux travaux élaborés dans cet important établissement d'instruction publique. Le nombre des publications scientifiques d'Helsingfors témoigne du reste de l'activité intellectuelle des pays. Outre les mémoires de la célèbre société Finno-Ougrienne, trois recueils importants sont imprimés dans la capitale du Grand-Duché, les Actes de la Société pour l'étude de la flore et de la faune de la Finlande (*Acta Societatis pro fauna et flora fennica*), les publications de la Société des Sciences (*Finska Vetenskaps-Societaten, Bidrag till Kännedom af Finlands Natur och Folk.*) et celles de la Commission géologique. Plusieurs sociétés savantes éditent

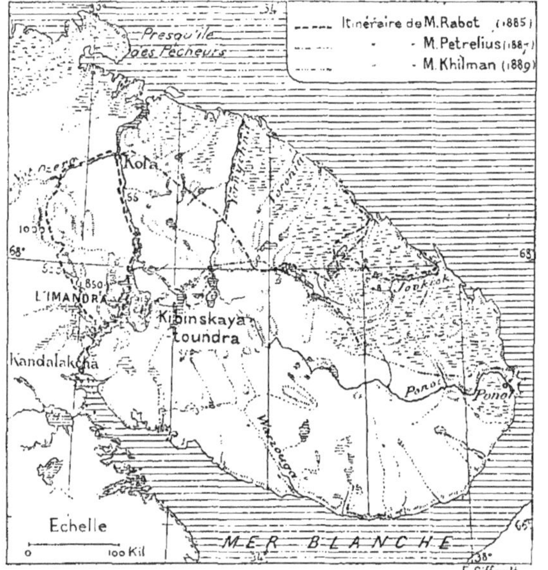

CARTE DE LA PRESQU'ILE DE KOLA.

en outre des périodiques intéressants, telles que les sociétés historique, forestière, des pêcheries, des touristes, etc.

Cette liste, déjà longue pour une ville de quarante mille habitants, vient de s'augmenter du Bulletin de la Société de géographie de Finlande (*Fennia*). Une Société de géographie existait déjà à Helsingfors, mais particulièrement consacrée à la vulgarisation. Les savants finlandais ont alors fondé une association d'ordre exclusivement scientifique qui, à peine née, peut être classée parmi les plus importantes d'Europe. La Société de géographie de Finlande a spécialement pour objet l'étude du Grand-Duché et des pays immédiatement voisins, et sur ces régions encore imparfaitement connues ses Bulletins contiennent des mémoires de valeur.

La Finlande a entrepris une grande œuvre géographique. La cartographie actuelle du pays n'a pas un degré de précision absolue; la carte générale en trente feuilles à l'échelle du 1/400 000, qui constitue aujourd'hui le principal document topographique du Grand-Duché, est une réduction des mappes d'arpentage « paroisses », encadrées dans un réseau de 66 points astronomiques. Très nombreuses sont, par suite, les inexactitudes de cette carte. Le tracé des côtes prête même à des rectifications. Ainsi le littoral sud-occidental est porté beaucoup trop à l'est, tandis que, plus au nord, la lignes des côtes est au contraire moins infléchie vers l'est. Dans ces conditions le gouvernement finlandais a résolu l'exécution d'une carte exacte et à grande échelle du Grand-Duché. Une commission composée de géodésiens a tout d'abord décidé l'établissement d'une triangulation de premier ordre et d'un nivellement de précision sur les chemins de fer, destinés à être reliés au réseau de l'Europe. Une œuvre aussi considérable exigera naturellement de longues années; en attendant son achèvement, la Société de géographie de Finlande a entrepris la publication d'une carte du pays où les principales erreurs seront corrigées. Ce sera un progrès sensible en attendant la perfection[1].

Par d'importantes explorations, la Société de géographie de Finlande a également donné une preuve de son activité scientifique.

Jusqu'ici la presqu'île de Kola ou Laponie russe était restée inconnue surtout dans sa partie orientale. A différentes époques des voyageurs avaient parcouru la longue dépression ouverte de l'océan Glacial à la mer Blanche, de Kola à Kandalaks, mais à part cette grande route et la région comprise entre le Peringareka et la Tulom[2], que nous avons traversée en 1885, tout le restant de la presqu'île était demeuré en dehors des investigations des explorateurs. Sur le large territoire situé à l'est de l'Imandra notamment, les géographes ne possédaient aucune observation précise, aucun renseignement exact. Cette lacune dans nos connaissances vient d'être comblée par une série d'explorations entreprises par des savants finlandais. En Finlande comme en Russie, les associations scientifiques ne bornent pas leur activité à encourager les voyageurs de vœux platoniques; aidées par les simples particuliers qu'intéressent les recherches géographiques, elles leur apportent l'appoint beaucoup plus positif de larges subventions, et au retour assurent la publication complète de leurs travaux. Ainsi les frais des explorations dans la presqu'île de Kola ont été couverts par l'Université d'Helsingfors, la *Societas pro fauna et flora fennica* et de généreux Mécènes, et plus tard, la Société de géographie a tenu à honneur de publier les résultats avec un luxe de cartes et de photographies qui mettent bien en relief la valeur des travaux[3]. Il y a là un exemple que nous signalons à l'attention de nos nombreuses sociétés de géographie.

Les recherches finlandaises dans la presqu'île de Kola furent inaugurées en 1887 par un voyage fécond

en découvertes. Une caravane composée de MM. Palmèn (zoologiste), Ramsay (géologue), Pétrélius (topographe) et Sjöstrand, quitta Kola, le 2 juillet, se dirigeant à l'Est vers Voroninsk, où l'attendaient depuis deux mois MM. Kihlman et Brotherus (botanistes). La seconde quinzaine de juillet fut employée à une excursion au Lujawr[1] qui donne naissance à la rivière Voronié. Sur les bords de cette nappe d'eau l'expédition découvrit un puissant massif montagneux jusque-là inconnu. Le plus haut sommet, l'All-Uajv[2], situé sur la rive orientale de l'Umpjawr, atteint l'altitude de 1 120 mètres. Après cette pointe dans l'intérieur la caravane revint sur ses pas à Voroninsk, où elle se partagea en deux troupes, MM. Kihlman et Ramsay filèrent vers l'est à travers les *toundras* pour suivre et étudier dans cette région la limite septentrionale des forêts, pendant que MM. Pétrélius et Palmèn retournaient au Lujawr. De là, au prix de grandes difficultés, ces deux explorateurs atteignirent la vallée de Ponoi et la descendirent jusqu'à la mer. Dans cette première campagne les voyageurs finlandais avaient ainsi opéré la traversée de la presqu'île de Kola de l'ouest à l'est, suivant deux routes différentes.

En 1889 fut entreprise une seconde expédition par le docteur Kihlman. Partant de Kandalaks, ce naturaliste gagna à la fin de mars Varsinsk dans la haute vallée de Jovkjok. A cette époque la Laponie russe est encore recouverte d'une épaisse couche de neige et ce long voyage fut entièrement effectué en traîneaux à rennes. Dans la région du lac Imandra, généralement un seul animal tire le véhicule; plus à l'est, l'attelage en comprend au moins deux et quelquefois six, lorsque la neige ne porte pas ou que le parcours doit être effectué rapidement. Un renne traîne de 80 à 100 kilos. Sa vitesse et sa résistance dépendent de la température. A 0 degré, ces animaux se couchent sur la neige et refusent d'avancer. Par un pareil temps, même avec de nombreux relais, on ne peut guère parcourir plus de 20 à 30 kilomètres par jour. Si le froid est vif, la vitesse moyenne est de 6 à 9 kilomètres à l'heure et peut même atteindre 12 à 15, lorsque l'étape est courte. Par une température suffisamment froide, un attelage de rennes parcourt de 80 à 90 kilomètres par jour. Lorsque le voyage est de longue durée, un repos de vingt-quatre heures tous les deux jours est nécessaire aux animaux. De Varsinsk M. Kihlman atteignit Lumbowsk, puis, le phare Orlov à l'entrée de la mer Blanche.

Conduites par des spécialistes, ces deux explorations ont obtenu des résultats considérables intéressant toutes les branches des sciences.

Les cartes et les descriptions publiées par les membres de l'expédition révèlent l'aspect de la partie orientale de la presqu'île de Kola, jusque-là inconnue. Elles comblent un blanc important de la

---

1. L'historique de la cartographie officielle en Finlande et les rapports soumis à la commission géodésique sont reproduits dans le fascicule 6 du *Fennia*.

2. Charles Rabot. *Exploration dans la Laponie russe*, 1884-1885. Bulletin de la Société de Géographie de Paris. Tome X. Paris, 1889-1891.

3. *Wissenschaftliche Ergebnisse der Finnischen Expeditionen nach der Halbinsel Kola in den Jahren* 1887-1892. Helsingfors, 1890-1892.

1. *Jawr* ou *jauri*, en transcription française : « lac » en lapon.

2. *Uajv* ou *oaïvi* en transcription française : « montagne » en lapon.

carte d'Europe. Le principal accident topographique de cette région est le massif du Lujawr-Urt, continuation vers l'Est de celui de l'Umptek[1] situé sur la rive orientale de l'Imandra. Entourée de plaines marécageuses doucement inclinées, cette large protubérance forme le centre d'irradiation des eaux dans cette partie de la presqu'île. Vers le nord s'écoulent la Voronié, vers le nord-est l'Harlofka, vers l'est le Jovk-Jok et le Ponoi, vers le sud-est la Warsuga, enfin vers le sud l'Umba. Nulle part entre les différentes vallées une ligne de partage des eaux n'est nettement marquée; souvent un même marais donne naissance à deux cours d'eau coulant dans des directions opposées. A l'est de la vallée du Voronié on ne rencontre aucune crête rocheuse; les principaux reliefs du sol sont de simples mamelons. En résumé, dans sa partie orientale, la presqu'île de Kola constitue un haut plateau légèrement ondulé, découpé par des vallées divergentes du Lujawr et dont le réseau ramifié n'est séparé que par des isthmes étroits. Cette haute plaine, d'une altitude de 150 mètres environ, s'abaisse brusquement vers la mer.

Ce territoire est constitué par les mêmes roches primitives que la plus grande étendue de la péninsule scandinave et de la Finlande. Au milieu de ces terrains anciens s'élève au Lujawr un puissant massif de syénite néphélinique. Une variété de cette roche constitue également la chaîne de l'Umptek. Il y a donc au centre de la presqu'île un gisement important de cette syénite dont la présence n'était connue jusqu'ici que dans de très rares localités.

Depuis longtemps l'existence d'assises sédimentaires avait été signalée sur les côtes nord et est de la péninsule de Kola, notamment à la presqu'île des Pêcheurs et à l'île de Kildin.

Une passe étroite sépare l'île de Kildin du continent. Tandis que la rive sud du détroit ne présente que des roches primitives, l'île est entièrement constituée de couches presque horizontales de grès et de dolomie. D'après M. Ramsay, ce lambeau sédimentaire serait le témoin d'une puissante formation située ac-

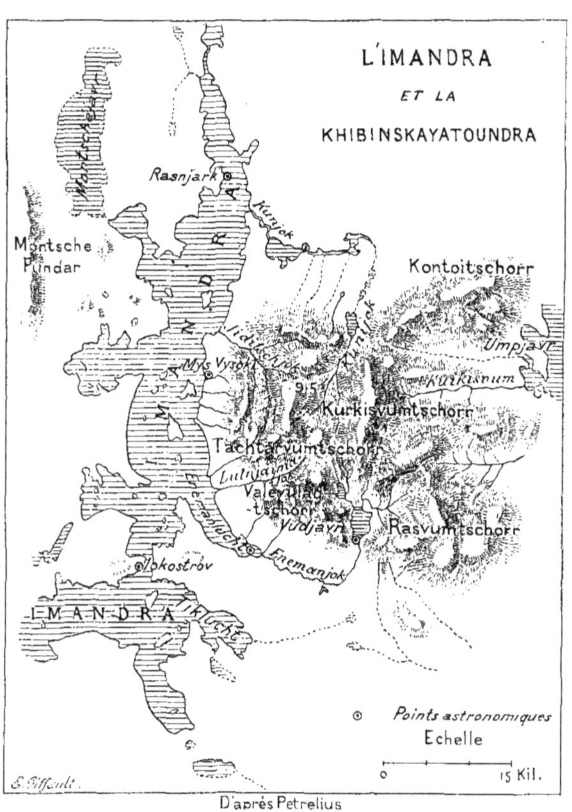

tuellement à un niveau différent de celui qu'elle occupait primitivement. Depuis l'époque de leur dépôt, par l'effet des mouvements subis par l'écorce terrestre, les terrains cristallins du continent et les couches sédimentaires de l'île, jadis situés à des altitudes différentes, se sont d'abord abaissés à un niveau unique. Les formations sédimentaires très étendues, suivant toute vraisemblance, au nord de Kildin, se sont ensuite abîmées dans l'océan Glacial. Seul un fragment de ce massif, la petite île de Kildin, s'est arrêté dans un mouvement d'affaissement et est resté au niveau des roches primitives. Quant aux calcaires et aux grès surmontant les gneiss de la presqu'île de Kola, ils ont disparu dans le cours des âges sous l'action des différentes érosions. Le même *processus* a dû se produire à la presqu'île des Pêcheurs.

Au delà de Kildin on n'observe plus que des gneiss granitoïdes. A l'est de cette île, la côte est formée par l'escarpement abrupt d'un plateau, très uni, élevé de 130 à 140 mètres, s'étendant à à 30 ou 50 kilomètres dans l'intérieur des terres. Sur quelques points seulement, par exemple autour du phare Orlov, l'horizontalité de cette zone est due, comme à l'île de Kildin, à la présence de couches sédimentaires. Ailleurs, notamment entre le Sviatoïnos et l'embouchure du Ponoi, région où dominent les schistes cristallins, cet aspect du terrain est dû à une autre cause. Presque partout au sommet du plateau la roche primitive présente elle-même une surface plane. La découverte d'éboulis gréseux dans des crevasses indique l'ancienne existence de formations sédimentaires au-dessus des roches cristallines. Le plateau actuel est donc la surface d'abrasion sur laquelle ces couches sédimentaires se sont déposées. L'exploration de ces différents gisements n'a mis à jour aucun fossile permettant de fixer l'âge de ces grès.

La région parcourue par les expéditions finlandaises comme celle située à l'ouest de l'Imandra, ne présente que de rares affleurements rocheux; presque partout le sous-sol est masqué sous d'épaisses formations glaciaires. Dans la partie occidentale de la presqu'île la puissance de ce recouvrement atteint 250 mè-

1. En lapon. En russe *Khibinskaya toundra*.

tres, mais à l'est elle diminue sensiblement. Cette nappe est principalement constituée par les moraines profondes des anciens glaciers. Aucun dépôt d'origine marine n'a été observé non plus que des *Asar*.

A côté des terrains glaciaires les tourbières occupent des étendues considérables. M. Kihlman distingue les tourbières d'*Empetrum*, généralement peu épaisses[1], situées presque toutes sur les côtes, celles de *Sphagnum*, très abondantes dans la région forestière, celle de *Dicranium*, enfin des tourbières composées de lichens, de racines, etc., dont le feutrage est formé par des mousses. Ces couches de végétaux en décomposition sont fréquemment accidentées de monticules, hauts de 3 à 4 mètres, produits par le développement de la tourbe autour de matériaux inorganiques. En divers points de ces marais l'existence d'une couche de glace permanente a été constatée à une faible profondeur. Dans la presqu'île de Kola cette strate ne présente ni la continuité ni l'étendue qu'elle acquiert en Sibérie. Ici elle est purement locale, subordonnée à certaines conditions. Elle se rencontre principalement dans les tourbières de mousses, notamment à l'intérieur des monticules. A une profondeur variant de 10 à 50 centimètres ces mamelons ne dégèlent guère. En règle générale la glace se rencontre beaucoup plus bas dans les endroits humides que dans les tourbières relativement sèches. Dans un marais, M. Kihlman creusa un trou de 2 mètres sans trouver la glace. En un seul point de la région forestière, sur une île du Lujawr, ce voyageur a observé la présence d'une strate glacée, à une profondeur variant de 40 à 60 centimètres. Cette terre gelée portait un arbre haut de 7 mètres, dont la tige à hauteur de la poitrine mesurait une circonférence de 25 centimètres. Au point de vue botanique la presqu'île de Kola se divise en deux zones nettement distinctes : celle des *toundras* le long des côtes nord et nord-est, et en arrière celle des forêts. D'après les observations de M. Kihlman, la limite septentrionale de la végétation forestière doit être reportée beaucoup plus au nord que ne l'indiquaient jusqu'ici les cartes. La frontière de la *toundra* est généralement nette, mais dans les endroits abrités se trouvent des îlots boisés qui forment le passage entre la forêt et la plaine stérile. Dans le sud-est de la presqu'île, aux environs de Sosnovetz, se rencontre, au milieu de la zone forestière, un petit canton dépouillé de bois. M. Kihlman attribue leur absence sur ce point à des causes locales. D'autre part, toujours d'après les observations de ce savant botaniste, la végétation de la presqu'île de Kola ne présente pas un caractère arctique aussi accusé que des renseignements incomplets l'avaient fait supposer jusqu'ici. L'habitat des espèces arctiques est limité à la région littorale[2].

La presqu'île de Kola forme le territoire le plus oriental occupé par les Lapons. Comme nous-même l'avons longuement expliqué[1] ailleurs, ces indigènes diffèrent profondément de leurs congénères de la Scandinavie et de la Finlande. Tous tirent leurs principales ressources de la chasse et de la pêche; pour eux l'élevage du renne est une industrie secondaire. L'effectif des Lapons russes, comme celui de toutes les populations nomades, est très difficile à établir. Aussi, pour compléter sur ce point les renseignements déjà publiés, nous paraît-il intéressant de reproduire les statistiques recueillies par M. Kihlman auprès des autorités russes.

	Hommes.	Femmes.	Total.	Nombre des rennes.
1880 . . .	873	876	1 749	18 925
1882 . . .	912	922	1 834	18 341
1884 . . .	696	702	1 398[2]	18 266
1887 . . .	884	904	1 788	20 328
1889 . . .	874	889	1 763	27 487

En 1885, d'après les documents recueillis sur place, nous avions évalué à 2 500 le nombre des Lapons établis dans la presqu'île de Kola.

Au cours de leurs deux expéditions les explorateurs finlandais n'ont négligé aucune recherche. Grâce à leurs travaux, la presqu'île de Kola est aujourd'hui connue dans ses traits principaux. Maintenant, avec autant d'ardeur que de succès, ces mêmes savants appliquent leur féconde activité à l'état des détails du pays. C'est ainsi qu'une troisième expédition a été entreprise en 1891 par M. Ramsay, Hackman et Pétrélius dans la région de l'Imandra.

Le 31 mai, l'expédition quitta Helsingfors pour gagner Kandalaks sur les bords de la mer Blanche, par Uleåborg et la Carélie russe. Dans cette région le printemps de 1891 fut très tardif. Pendant la première quinzaine de juin le sol resta couvert de neige et les lacs emprisonnés sous leur carapace hivernale. Seulement dans la nuit du 26 au 27 juin, la débâcle se produisit sur l'Imandra, et jusqu'à la fin du mois cette vaste nappe d'eau resta bordée d'une murette de glaçons empilés, haute de 3 à 4 mètres. En nombre d'endroits ces glaces avaient refoulé sur la rive des blocs de pierres. Cette observation confirme les effets de l'action mécanique des glaces dont nous avons signalé la puissance sur les rives des fleuves et des lacs du nord. Depuis la réaction qui s'est produite contre les théories diluviennes les géologues n'ont pas, à notre avis, suffisamment tenu compte de l'importance de ce phénomène.

L'exploration de MM. Ramsay, Hackman et Pétrélius a été limitée au lac Imandra et au puissant massif de la Khibinskaya toundra ou Umptek, situé

---

1. Leur puissance varie de 0 m. 10 à 0 m. 30.

2. Au cours de ses deux voyages M. Kihlman a recueilli un grand nombre d'observations sur la flore de cette région et les a consignées dans un travail du plus haut intérêt que nous signalons à l'attention des botanistes (*Pfanzenbiologische Studien aus Russich Lappland*. Helsingfors).

1 Ch. Rabot. *Exploration dans la Laponie russe. Ethnographie*. Bulletin de la Société de Géographie de Paris, troisième trimestre 1890.

2. Cette année-là une terrible épidémie de variole décima la population.

sur sa rive orientale. A cette tâche, nos voyageurs n'ont ménagé ni leur temps ni leurs peines, et, grâce à leur persévérance, ils sont parvenus à dresser une carte précise de cette région.

La carte levée par M. Pétrélius (p. 179), basée sur une triangulation et des observations astronomiques, fixe les véritables contours de l'Imandra et de la Khibinskaya toundra esquissés par nous en 1885[1]. Elle atteste l'exactitude des nombreuses digitations signalées par nous pour la première fois et qui donnent à ce lac un aspect tout différent de celui sous lequel il était représenté jusqu'ici.

La Khibinskaya toundra est, comme nous l'avions indiqué nous-même, le relief le plus important de la presqu'île de Kola et le massif montagneux le plus élevé situé entièrement en Russie. Ses deux points culminants, la Tachtarwumtschorr et le Lawitschorr, atteignent respectivement les altitudes de 1240 et de 1220 mètres. C'est un énorme massif de plateaux entaillé profondément par des vallées. Les grandes vallées situées dans l'intérieur du massif sont larges, plates, et représentent en coupe un U gigantesque. Leurs murailles s'élèvent d'abord en dessinant une légère concavité, puis, à partir de l'altitude de 400 à 500 mètres, se dressent brusquement en escarpements abrupts. Le sol de ces dépressions est partout couvert d'éboulis à travers lesquels les cours d'eau se sont creusé un lit. Les petites vallées situées sur la périphérie du massif s'ouvrent, au contraire, étroites comme des crevasses, en affectant la forme d'un V. Sur le versant occidental, la masse montagneuse, découpée perpendiculairement à sa direction par une succession de vallées

de cette catégorie, prend par suite un aspect d'arête déchiquetée.

La Khibinskaya toundra offre cet intérêt particulier d'être constituée entièrement par de la syénite nephélinique[1]. A la présence de cette roche profonde sur les sommets doit être attribué, d'après M. Ramsay, le *facies* campiforne de ce groupe montagneux.

Comme toute l'Europe septentrionale, la presqu'île de Kola a été recouverte par une carapace de glace à deux reprises différentes pendant la période quaternaire. Durant la première époque glaciaire une *inlandsis* s'étendit sur tout le pays. Plus tard, après le retrait de ce glacier, des massifs glaciaires ont persisté à la Khibinskaya toundra et au Lujawrurt, s'écoulant dans des directions différentes de celle suivie par l'*inlandsis* primitive. Les grandes vallées en forme d'U ont été les lits des glaciers de cette seconde période, fonction à laquelle elles étaient déjà préparées par une érosion antérieure. Dans l'état actuel de notre connaissance du pays, les limites atteintes en dehors de la Khibinskaya toundra par les glaciers de cette seconde phase de glaciation ne peuvent être indiquées. La présence de moraines à l'entrée des vallons occidentaux indique l'arrêt des courants pendant un certain temps à la base du massif. Plus tard, le retrait s'est accentué, et ce nouveau recul est marqué par des moraines situées à une plus grande altitude.

Les résultats des expéditions finlandaises dans la presqu'île de Kola sont considérables; mais tel est le soin que les naturalistes d'Helsingfors apportent à leurs explorations qu'une quatrième expédition a été entreprise en 1892 dans cette région. Dans ce nou-

CARTE DE LA GRANDE MORAINE CARÉLIENNE.

1. Charles Rabot. *Loc. cit.*

1. Le *Bulletin de la Société de Géographie de Paris* (1891) contient une étude détaillée de cette roche d'après les échantillons recueillis au cours de mon exploration.

veau voyage, les géologues ont étudié les régions de la Khibinskaya toundra et du Lujawr-urt, demeurées jusqu'ici inconnues.

Pendant l'accomplissement de ce grand travail dans la Laponie russe, la Société de géographie d'Helsingfors confiait à M. Rosberg l'étude des formations glaciaires de la Carélie russe, continuation de la grande moraine frontale de la Finlande méridionale. Le voyage n'intéresse pas moins les géographes que les géologues. Dans les plaines boisées de la Carélie, les anciennes moraines constituent les principaux accidents du sol; en fixant leur position et leur relief, le naturaliste fait œuvre de topographe, et ce travail emprunte une importance particulière à l'absence de cartes exactes pour toute la région comprise entre le Ladoga et la mer Blanche. De l'extrémité sud-est de l'archipel d'Åland aux environs de Joensu, la Finlande méridionale est accidentée par une chaîne d'anciennes moraines presque parallèle à la mer et connue sous le nom général de Salpausselkä. La largeur de ce relief varie de quelques centaines de mètres à plusieurs kilomètres, et son altitude de 30 à 40 mètres; partout il se trouve précédé au nord, à une distance variant de 10 à 20 kilomètres, d'une seconde rangée morainique. Dans cette longue chaîne de collines, les géologues reconnaissent la limite atteinte par les glaciers quaternaires scandinaves lors de leur seconde extension.

Au delà de Joensu, la Salpausselkä, après une solution de continuité, se dirige au nord-est et pénètre en Russie. A partir de la frontière, sa direction et son relief étaient inconnus; pour combler cette lacune, la Société de géographie de Finlande a confié à M. Rosberg la mission de poursuivre la reconnaissance de cette moraine.

La partie de la Carélie russe parcourue par M. Rossberg est la continuation vers l'est du plateau finlandais. Comme dans le Grand-Duché, les principaux accidents du sol y affectent une direction générale nord-est ou sud-est, et, de part et d'autre de la frontière, ce sont les mêmes aspects de terrain : des plaines boisées, parsemées de centaines de lacs, avec de molles ondulations dominant le désert de verdure et d'eau. Le principal relief, le Vuoloma, est situé entre le 63° et le 64° de latitude N. à l'ouest du Seesjärvi[1], entre les eaux tributaires de l'Onega et celles qui s'écoulent vers le golfe de Finlande. Il est formé par un plateau d'une altitude moyenne de 200 mètres surmonté de monticules dessinant plusieurs crêtes. Ainsi, sur la rive orientale du Voijärvi s'étend une longue arête haute de 200 à 250 mètres; au nord de cette nappe d'eau s'en élève une seconde, le Kuusionienvaarat, se prolongeant, au nord-ouest, à travers la haute vallée du Tschirkkakemi joki, jusqu au sud du Njuokkijärvi. Enfin, à l'ouest de l'Ondajärvi et de l'Ondajoki, on rencontre une troisième ligne de hau-

teurs orientée au nord-nord-ouest jusqu'au Kyperäisvaara, situé sur la rive droite du Kemijoki, par 64°30'. Autour de cette région bombée, le sol affecte des allures très différentes; vers l'ouest, il présente de larges dépressions remplies par de grands lacs, tandis que vers le nord il s'abaisse en larges pentes très douces.

Ces diverses chaînes sont presque toutes constituées par des quartzites. Autour se montrent des gneiss, des granits et des roches d'âge plus récent, telles que de la dolomie et la diorite, dans la vallée moyenne du Tschirkkakemijoki, et du gabbro dans la vallée moyenne du Lieksanjoki. Ici comme dans la presqu'île de Kola, les pointements rocheux sont peu nombreux; presque partout le sous-sol est dissimulé sous un épais revêtement de matériaux détritiques. Sur ces affleurements, les stries glaciaires sont assez rares. Leur direction soigneusement relevée par M. Rosberg établit pour la Carélie comme pour la Scandinavie l'existence de deux périodes glaciaires. Dans le nord les stries affectent en général la direction ouest-est. A l'est de la Salpausselkä toutes les rayures observées sur les roches présentent également cette orientation : à l'intérieur de cette moraine, dans les localités où l'on observe des stries entre-croisées, celles dirigées est-ouest sont moins nettes que les autres, et par suite plus anciennes. Elles ont été creusées par des glaciers très puissants qui s'étendaient au delà de la Salpausselkä et dont la direction n'était guère affectée par le relief du sol. Pendant la seconde période de glaciation, la nappe de glace était moins épaisse et, par suite, subissait davantage l'influence du sol, d'où le défaut de parallélisme des stries datant de cette époque.

Une grande partie des dépôts glaciaires de la Carélie, provient des moraines de fonds (*Krosstengruss*). D'après M. Rosberg, ces moraines affectent trois aspects différents. Ce sont, d'abord de longues croupes de terrains meubles déposés sur des dos de roches en place, ayant l'aspect de dômes dans les terrains anciens ou alignées en rangées orientées du nord-ouest au sud-est dans les terrains plus récents. Les premières paraissent correspondre aux *elliptical* et *mamillary hills*, les secondes aux *linear ridges* des géologues américains. Le second type de moraine est caractérisé par de hautes plaines, parfois accidentées de longs monticules très larges, à pentes douces, comparables au *till* américain. Sur plusieurs points ces plaines sont constituées par du sable. La troisième catégorie comprend des chaînons orientés du nord-ouest au sud-est, tous situés entre deux marais.

En outre des monticules formés par les moraines de fond, la Carélie russe est accidentée par de nombreux *Åsar*; M. Rossberg n'en signale pas moins de 34, dont quelques-uns atteignent un développement considérable. Dans le sud la vallée du Koitajoki est traversée par le Kelsimäsärkka[1] et l'Orisärkkä, *Åsar* dont la longueur dépasse 100 kilomètres.

<hr>

1. *Järvi,* « lac » en finnois.

Tous les *Asar* sont orientés suivant des directions parallèles à celles des stries. La question de la genèse des *Asar* est très débattue, comme on sait, et ne pourra être élucidée que par de nombreuses observations appuyées par la plus vigilante critique. Après une étude très attentive de ces levées dans la Carélie russe, M. Rosberg attribue leur formation à des cours d'eau coulant sous le glacier.

Dans la Finlande méridionale la Salpausselkä se compose de deux lignes de moraines distantes de 10 à 20 kilomètres. M. Rosberg a constaté la continuation de la chaîne extérieure jusqu'au village de Soimivaara (63° 15), situé à la frontière russo-finlandaise. Au delà, la direction de cet alignement morainique n'a pu être observée. La chaîne interne a pu, au contraire, être suivie par M. Rosberg à travers la Carélie. Du Koitajärvi elle passe à l'est des Lentierajärvi, Tiiksajärvi, Kalmajärvi et du Tschirkkakemijoki jusqu'au village de Kellovaara. A l'ouest de cette dernière rivière elle se dirige à l'est des Juskyjärvi, Alakuittijärvi, Kostamusjärvi et finalement traverse le Tuoppajärvi. La moraine interne présente ainsi à travers la Carélie russe une direction nord ou plutôt nord-nord-est. En avant de cette longue moraine s'étendent de vastes espaces couverts de sables mobiles. D'après M. Rosberg, il s'est passé là un phénomène semblable à celui dont le Grönland est aujourd'hui le théâtre. Lorsque le glacier bâtissait sa moraine frontale, il n'était séparé de la mer Blanche que par une étroite bande de côte, comme aujourd'hui l'*inlandsis*, au Grönland. A cette époque lointaine, suivant toutes probabilités, soufflait de la nappe glacée un vent sec et chaud ayant les propriétés du *fœhn*[1]. Ce vent desséchait les fines particules sablonneuses constituant les moraines et allait les déposer plus loin en mer sous forme de bancs de sable qui plus tard ont émergé. Dans la Norvège septentrionale, au fond du Holandsfjord, où débouche une branche du Svartisen, nous avons observé la formation d'une plage dans les conditions indiquées par M. Rosberg. Devant le glacier s'étendent plusieurs rangées de moraines constituées en majeure partie de particules sablonneuses. Lorsque souffle le *fœhn*, des tourbillons de poussière s'élèvent de ces amas de débris et vont se déposer dans le fiord en accroissant graduellement les dimensions de la plage.

Au point de vue hydrographique, la Carélie russe présente les mêmes caractères que la Finlande. Comme le Grand-Duché elle est parsemée de centaines de lacs; ses cours d'eau ne sont guère que des suites de nappes unies par un torrent comme les perles d'un collier par un fil. Seul, dans sa vallée supérieure, le Tschirkka-

kemijoki présente réellement l'aspect d'un fleuve. D'après les observations de M. Rosberg, ce puissant cours d'eau occupe la place d'un torrent qui s'écoulait le long du glacier, lorsque l'*inlandsis* déposait la moraine frontale de la Carélie. Aux époques préglaciaires, les rivières de la région, selon toutes probabilités, avaient des cours orientés du nord-ouest au sud-sud-est, d'après la direction générale des reliefs du sol. Avant le grand développement des glaciers, les torrents sous-glaciaires s'écoulèrent également suivant les mêmes directions. Mais lorsque l'*inlandsis* atteignit la Carélie, toutes les eaux provenant de la fonte du glacier suivirent la pente générale du terrain et se réunirent en un puissant fleuve dont le Tschirkkakemijoki occupe la place.

Dans la multitude des lacs M. Rosberg reconnaît cinq types différents. Il distingue les lacs des moraines de fond (*Grundmoränenseen* de Wahnschaffe), amas d'eau remplissant une dépression de la moraine. En Carélie ils sont pour la plupart de faible étendue, peu profonds et envahis par la tourbe. Viennent ensuite les lacs formés par le barrage de la moraine frontale, ceux en croissant produit par le saillant d'un *Asar* ou de la moraine, les lacs d'érosion; enfin une dernière catégorie est due au déblayage par les glaciers de dépressions préexistantes. Les glaciers nettoyèrent des matériaux qui les encombraient des cavités produites principalement par le débilement de la roche.

Bien qu'entrepris dans un but géologique, le voyage de M. Rosberg aura été très utile à la géographie proprement dite.

L'activité des naturalistes d'Helsingfors s'applique à toutes les sciences d'observation qui ont pour objet la connaissance de la terre et des phénomènes physiques dont elle est le théâtre. Nous venons de la voir consacrée à l'étude de la géologie et de la flore de diverses régions; pour terminer, nous devons la montrer employée à la météorologie, qui est un des principaux facteurs de l'aspect du sol. De janvier à mai 1891, la Société de géographie d'Helsingfors a fait entreprendre des observations sur l'épaisseur de la couche de neige et sur ses variations en Finlande. A la fin de décembre de 1891 des feuilles d'observation furent envoyées à trois cents personnes de bonne volonté et les résultats se trouvent résumés dans un fort intéressant travail de M. Sundell. Pour cette étude météorologique, comme pour les explorations, la Société a trouvé le plus précieux concours dans l'initiative privée. Les frais entraînés par ces observations ont été généreusement couverts par un simple particulier.

Dans certaines parties du pays l'épaisseur totale[1] de la couche de neige a été très faible, par exemple sur les bords des golfes de Bothnie. A Eckerö, dans l'ar-

---

le nom générique de *Särkkä*, dans le nord celui de *Syrjä* ou *Syrä*.

1. De toutes les chaînes de montagnes et de toutes les *inlandsis* souffle aujourd'hui un *fœhn*. Il est donc permis de supposer que ce phénomène météorologique s'est produit à l'époque quaternaire lorsque le pays présentait les conditions topographiques nécessaires à sa production.

1. Sous cette expression on désigne la somme de la première couche mesurée et des quantités dont elle s'est augmentée ultérieurement.

chipel d'Aland, elle ne dépasse pas 16 centimètres; plus au nord, à Sastmola, elle atteint 41 centimètres, et à Kexholm 46 centimètres. A Ekenäs, dans le golfe de Finlande, l'épaisseur augmente et atteint 60 centimètres, ainsi que dans un grand nombre de localités ; à Helsingfors on a noté de 70 à 80 centimètres, dans le *län* de Viborg de 80 à 90 centimètres. Les couches les plus profondes ont été naturellement observées dans la Laponie, 1 m. 44 à Utsjoki et 1 m. 57 à Puumala.

L'épaisseur de la tranche de neige est dans une dépendance étroite de la nature du sol sur laquelle elle se dépose. Dans les endroits ouverts à tous les vents elle est naturellement moins grande, tandis qu'elle atteint son maximum dans les forêts. Ainsi, à Kexholm, tandis que dans les champs la hauteur totale de la neige était 46 centimètres, elle s'élevait à 56 dans les forêts. D'après les calculs de M. Sundell, la hauteur totale de la couche de neige étendue sur toute la surface du pays est de 61 centimètres et la quantité d'eau emmagasinée dans cette masse cristalline serait pour tout le pays de 109 millimètres.

Ces recherches, poursuivies et soumises à une critique aussi judicieuse que celle de M. Sundell, donnent des renseignements pleins d'intérêt pour toutes les branches des sciences. Dès leur publication nous ne manquerons pas de les faire connaître aux lecteurs des *Nouvelles géographiques* comme de les tenir toujours au courant des travaux de la Société de géographie d'Helsingfors. Le Bulletin *Fennia* est, nous ne saurions trop le répéter, un des plus importants recueils géographiques d'Europe, un modèle pour nos Sociétés de géographie et une preuve de l'intérêt des études géographiques comprises dans un large esprit scientifique.

Charles RABOT.

❊ ❊ ❊

CHRONIQUE GÉOGRAPHIQUE

GÉNÉRALITÉS

M. H. G. Schlichter, dans un intéressant article publié par le *Geographical Journal* de novembre, fait connaître une nouvelle méthode, inventée par lui, pour déterminer astronomiquement les longitudes. Comparant d'abord les différentes méthodes usitées jusqu'ici, l'auteur constate qu'en dehors de la méthode des occultations d'étoiles, que très peu de voyageurs se sentent capables d'employer, les autres procédés (distances lunaires, observations des éclipses des satellites de Jupiter), quoique très simples et pouvant être employées très fréquemment, ne donnent que des résultats médiocres et souvent bien inférieurs à ceux que l'on obtient avec un bon itinéraire. Aussi n'existe-il guère dans toute l'Afrique, malgré les nombreuses observations qui y ont été faites depuis cent ans, qu'une douzaine de bonnes longitudes.

Pour remédier à la difficulté du premier système et au peu de précision du second, M. Schlichter a eu l'idée de combiner dans une méthode nouvelle les avantages des procédés employés jusqu'ici, c'est-à-dire de joindre à la précision de la méthode des occultations, la simplicité et la facilité de celle des distances lunaires. La méthode de M. Schlichter consiste à photographier, sur une même plaque, la lune et une des principales planètes ou étoiles fixes, un certain nombre de fois dans un temps très court.

On déduit ensuite la longitude du lieu, en mesurant micrométriquement sur le cliché la distance entre la lune et l'étoile fixe à chaque exposition.

Naturellement il faut connaître comme à l'ordinaire le temps local et la latitude du lieu ainsi que la température et la pression barométrique. L'approximation, par ce procédé, est d'environ 2″ d'arc pour une moyenne de seize observations, soit une exactitude vingt fois supérieure à celle qu'il est permis d'espérer par toute autre méthode.

AFRIQUE

Quelques grands chefs du Sénégal. — Nous continuons la nomenclature, commencée dans notre dernier numéro, des grands commandements indigènes du Sénégal.

Le cercle de Dakar-Thiès comprend des territoires protégés et des territoires d'administration directe, soit trois pays de protectorat, le Baol, le Cayor et les provinces Serrères autonomes.

Le Baol est administré par le Teigne Tanor Dieuz depuis 1888. Nommé par nous après avoir commis dans la même année l'assassinat du lieutenant d'infanterie de marine Minet et de l'interprète français Bou-el-Mogdad, on s'est demandé avec juste raison ce qui avait pu motiver l'élévation au trône du Baol d'un homme dont les antécédents et les crimes avaient rendu le nom déjà tristement célèbre au Sénégal. Tanor avait été chassé du Baol par les princes régnants à cause de ses pillages. Réfugié dans le Saloum, il en avait été également chassé, lorsqu'il fut imposé par nous à la suite de l'expédition du Dieghem (1888) : expédition qui eut pour résultat immédiat la destitution de Tieyacine Fal, le vrai roi du Baol. Tanor, musulman fanatique dans la plus mauvaise acception du mot, exerce son autorité sur une population de 300 000 individus dont 250 000 sont fétichistes ou Tiedos. Le Baol est terrorisé par lui et se dépeuple lentement mais sûrement. Tanor est en relations constantes avec Samory, le fameux almamy du Ouassoulou. Presque toutes les amendes qu'il inflige annuellement et qui s'élèvent à plus de 200 000 francs sont envoyées du village de Gate à Samory par la voie anglaise de Gambie.

Le Cayor est administré par Demba Ware, avec la collaboration de : Ogo Diawdine M'Boul, chef de la province du M'Boul (25 000 habitants); — Bounama Sal, chef de la province du Saniokhor occidental (30 000 habitants) ; — Ibra Fatime Sar, chef de la province du Guet M'Baouar (30 000 habitants); — Meissa M'Baye, chef de la province du Samokhor oriental (15 000 habitants).

Le Cayor forme une confédération depuis la mort du Damel Samba Laobé, tué dans un combat corps à corps par le lieutenant de spahis Chauvet, à quelques kilomètres de Tivaouane, en 1886. Demba Ware a été nommé par nous. Il est président de la confédération et porte le titre de président de l'assemblée des chefs du Cayor. Ancien captif de la couronne du Cayor, Demba Ware nous a loyalement combattus dans toutes les expéditions que nous avons eu à soutenir dans cette région. A la mort du Damel Samba Laobé, il est venu spontanément nous faire sa soumission à Coki. Depuis, il a combattu bravement à nos côtés, soit dans le Fouta, soit dans le Rip. Il est couvert de médailles et de distinctions et porte un culte à tout ce qui est français. D'une nature brave, loyale, et surtout d'une franchise frisant quelquefois la brutalité, il est estimé de tout le Cayor. Aussi le pays est-il calme; le commerçant y circule librement et nos transactions ont fait un progrès immense dans cette région où, il y a 6 ans à peine, le meurtre et l'assassinat étaient à l'ordre du jour. Demba Ware, en un mot, est l'antithèse du Teigne du Baol.

Ogo Yoro (Diawdine M'Boul) est un chef énergique, honnête et dévoué à la cause française. Il n'a guère que trente ans et peut, dans l'avenir, être appelé à diriger le Cayor, tant à cause de l'illustration de sa naissance que de la considération dont il jouit déjà. C'est un collaborateur sérieux pour Demba Ware. Il n'en est pas de même de Bounama Sal (province du Saniokhor occidental), oncle de Demba Ware, et qui ne doit qu'à ce seul titre les fonctions qu'il remplit. C'est un homme d'environ 60 ans, déjà usé et qui ne possède aucune influence.

Ibra Fatime Sar (Guet M'Baouar) a quarante ans. Il est énergique et brave jusqu'à la témérité; mais voleur, pillard et plein d'astuce. La province du Guet M'Baouar est le refuge naturel de tous les gredins du Cayor. Heureusement, Ibra Fatime, usé par les excès de tous genres, ne tardera sans doute pas à disparaître.

Meissa M'Baye (Saniokhor oriental) est fils de Demba Ware et est âgé de 28 ans. Comme son père, c'est une nature loyale et généreuse. On peut compter sur son dévouement à la France.

Les provinces Serrères autonomes (qui comptent 60 000 habitants) comprennent le Djeghem, le M'Badane, le Sandoz et les Diobas, et sont administrées par Sanor N'Diaye. Celui-ci a 32 ans. Ancien percepteur du roi du Baol, Tieyacine Fal, il doit véritablement ses fonctions actuelles à son intelligence, son courage et son dévouement à la cause française. Si le sort n'est pas injuste envers lui, Sanor est appelé à recueillir de belles récompenses. Des sauvages pays Serrères, considérés comme intraitables, il a fait, en sept ans, un marché ouvert à tout notre commerce. De cette magnifique région, déboisée par les guerres et les luttes incessantes des partis, il a fait un des plus beaux territoires de la Sénégambie. Spontanément, il a créé deux écoles à Fissel, favorisé les constructions en maçonnerie et ouvert des routes partout.

A Dakar même réside le chef Massamba Coki Diop, qui commande la banlieue de Dakar, comprenant les villages de Yof Tiaroye, Gueith Tiaroye, Kor Hann et N'gor Ouakana (5 000 habitants). On peut dire de ce chef qu'il n'est intéressant qu'au point de vue des élections locales. Il représente, en effet, pour les divers candidats un appoint sérieux par les voix dont il dispose.

La banlieue de Rufisque (8 000 habitants) est sous le commandement du chef Abd-el-Kader, âgé de trente-cinq ans, ex-élève du collège des otages. Celui-ci est malheureusement un fourbe et un débauché, que ne retient plus le souvenir de son père, mort au service de la France.

Le canton de Thor Diander (6 000 habitants) est administré par Sagana Fal, âgé de soixante-cinq ans, ancien surveillant retraité du télégraphe, et à qui l'on a donné ce commandement en récompense de ses services. Ce chef, sans énergie et sans valeur, termine ses vieux jours en tirant le plus possible de ses administrés afin de laisser après lui une situation convenable à sa nombreuse famille.

Le canton de Pont-Thiès (11 000 habitants) est sous

les ordres de Malic Coumba Fal, de famille royale et candidat éventuel au trône du Baol. Le gouvernement de Saint-Louis ne verse annuellement qu'un modeste traitement de 2 000 francs à Malic. Mais celui-ci augmente ce faible revenu dans des proportions considérables et malheureusement désastreuses pour ses administrés.

Le canton de Maning (8 000 habitants) a eu pour chef jusqu'à l'année dernière Mambaye M'Baye, vieillard de soixante-dix ans, ancien infirmier major, révoqué en 1892 pour exactions. C'est Abd-el-Kader (de Rufisque) qui, depuis cette destitution, exerce par intérim le commandement du Maning. Mambaye promène son inutilité dans les rues de Dakar, où il est, d'ailleurs, profondément méprisé.

Le Sine Saloum (120 000 habitants) a pour roi Guédel M'Bodj (Saloum), âgé de quarante ans. Guédel est un Guélawarre, c'est-à-dire est issu de famille royale, et possède par droit de naissance le trône qu'il occupe. C'est un homme intelligent et de réelle distinction, qui sait se faire respecter et aimer dans le Saloum. Très ami des Français, il travaille sérieusement à l'amélioration de son pays. Il a créé deux écoles dans le Saloum, et son fils suit les cours à l'école laïque de Saint-Louis. Le commerce l'estime et l'apprécie beaucoup. Enfin, le Sine (90 000 habitants) a pour roi M'Baké, âgé de quarante-deux ans, digne émule de Tanor du Baol. Aussi, le Sine est-il terrorisé comme le Baol, et, comme celui-ci, demande-t-il à grands cris un autre chef.

L. S. D.

Sénégal. — Amar Saloum, ancien roi des Maures Trarzas, détrôné en août 1891 par son neveu Ahme Saloum, a été tué dans une rencontre avec les partisans de celui-ci. Cette mort met fin à la querelle persistante et gênante pour nous qui existait entre l'oncle et le neveu.

Mission Méry. — L'explorateur Méry, qui était reparti le 24 octobre dernier de l'oasis d'Ourir, à 100 kilomètres au sud de Biskra, pour retourner chez les Touareg-Azdjer, a été dès le début de son nouveau voyage tellement éprouvé par la maladie qu'il a dû revenir à Biskra et abandonner la direction de la mission. C'est M. d'Attanoux, ancien officier de chasseurs à pied et correspondant du *Temps* à Alger, qui a été désigné pour le remplacer. M. d'Attanoux était déjà membre de la mission.

Guinée française. — Des négociations sont engagées entre la France et l'Angleterre, et ce, nous pouvons le dire, sur les louables instances du colonel Archinard, au sujet de la délimitation de nos frontières avec la colonie de Sierra-Leone. Cette délimitation avait donné lieu, il y a deux ans, entre M. Lamadon, commissaire français, et le capitaine Kenny, commissaire anglais, à des difficultés identiques à celles qu'a rencontrées un peu plus tard le capitaine Binger à la Côte de l'Ivoire avec le capitaine anglais Lang.

Les commissaires français sont MM. Hanotaux, directeur des affaires commerciales au Ministère des affaires étrangères, et Haussmann, chef de division au sous-secrétariat des Colonies; tous deux assistés des colonels Archinard et Combes. Les commissaires anglais sont MM. Phipps et Crowe, de l'ambassade d'Angleterre à Paris, assistés de M. Ewin, du Colonial Office, et du capitaine Kenny, l'ex-partner de M. Lamadon.

Nous ferons justement observer à ce propos que la colonie de Sierra-Leone, qui devait, dès la fin du mois d'octobre, diriger une expédition militaire contre les Sofas, a suspendu cette opération dont les conséquences ne manqueraient pas d'embrouiller les négociations relatives à la délimitation. Si tel est le vrai motif, nous ne pouvons qu'y applaudir.

Côte de l'Ivoire. — Il résulte d'une très intéressante correspondance adressée à un de ses amis par le capitaine Marchand et publiée par *la Politique coloniale*, que cet officier se trouvait le 13 septembre dernier au village de Singonobo, dans le Baoulé, à 40 kilomètres nord de Thiassalé. Il annonçait son arrivée pour le surlendemain au village de Ouossou, à 38 kilomètres au nord de Singonobo, et sa présence probable, du 23 au 24 septembre, à Totogné, première ville des territoires bambaras, à environ 90 kilomètres au nord de Singonobo.

« Le Baoulé, dit le capitaine Marchand, commence à partir du Bandama et se divise en trois provinces : le Baoulé sud, capitale Brimbo ou Broubrou ; le Baoulé central, capitale Ouossou ; le Baoulé nord, capitale Tumodi. Le Baoulé comprend toute la région située dans le triangle formé par le Zini et le Bandama. Le Zini est la rivière que Binger appelle Isy ou Agniby entre Bandama et Comoé dans la lagune de Grand-Bassam. L'Isy se jette donc dans le Bandama, au nord de Thiassalé. La rivière qui vient tomber dans la lagune à côté de Dabou et que Binger appelle Isy a à peine 40 ou 50 kilomètres de cours. »

Après avoir dit que les commerçants du Baoulé ne trouvent plus d'entrave dans Thiassalé, désormais pacifié, et peuvent descendre en paix jusqu'à nos comptoirs de Lahou, le capitaine Marchand ajoute : « Vous savez que la forêt équatoriale, qui borde toute la côte africaine du golfe de Guinée sur une épaisseur moyenne de 300 à 400 kilomètres et qui constitue l'obstacle presque infranchissable entre le littoral et le Soudan central, *n'a que* 93 *kilomètrès d'épaisseur sur la ligne du Bandama ou fleuve Lahou*. La lisière nord de cette forêt vierge qui, dans le bassin du Cavally à l'ouest et dans celui de la Comoé à l'est, suit à peu près le 7° 20′ de latitude nord, se creuse dans le bassin du Bandama un angle rentrant immense dont la pointe est dirigée au sud et vient toucher le 6° de latitude nord. En d'autres termes, l'épaisseur de la forêt équatoriale, la *grande barrière* entre l'Atlantique et le Soudan central, a, dans le bassin du Bandama, une épaisseur de 93 kilomètres au lieu de 270 kilomètres dans le bassin de la Comoé, et près de 300 dans celui du Cavally.

« De plus, le fleuve Bandama est navigable pour des chalands pendant trois à neuf mois de l'année jusqu'à Thiassalé, soit à 63 kilomètres à vol d'oiseau de la côte (106 par le fleuve) ; la route à faire par voie terrestre pour atteindre le Soudan est donc de 30 kilomètres. Cette route est excellente et se parcourt ici en une journée de six heures.

« Le fleuve n'est pas navigable de Thiassalé à Abouatié sur un parcours de 8 kilomètres ; c'est ce qui empêche d'arriver au Soudan par eau en huit ou dix heures en partant de Lahou ; après Abouatié, le fleuve est navigable pendant une centaine de kilomètres, mais cette distance navigable est coupée par la cataracte de Manfou, où le Bandama tombe de 40 mètres de hauteur.

« Plus haut, je ne connais pas encore le fleuve, je le connaîtrai entièrement dans un mois ou deux. Je reste toujours sur la rive gauche, tenant le fleuve comme un bouclier entre moi et les territoires de la rive droite où je pourrais me heurter aux bandes de Samory.

« La voie du Bandama est donc le chemin le plus rapide de pénétration au Soudan ; c'est la grande route du Soudan, route très commode, ne nécessitant aucun frais d'aménagement. »

Le commerce est considérable ici, le pays est vraiment riche ; ce qui arrêtait le commerce (qui va décupler à Lahou), c'était d'abord Thiassalé, la terreur du Baoulé. En outre, chaque chef de village, étant roi dans le Baoulé, prélevait une dîme de douane sur les caravanes ; une caravane commerciale qui avait fait 100 kilomètres dans le Baoulé était donc « séchée », rien qu'en droits de passage. J'espère transformer tout cela, quoique les commencements, les débuts de la mission soient terriblement durs ».

Dahomey. — Nous avons dit, dans notre dernier numéro, que la crue exceptionnelle des eaux avait quelque peu retardé les opérations nouvelles projetées par le général Dodds. Ces opérations ont cependant été reprises, malgré tout, avec une rapidité d'exécution telle qu'elles ont été couronnées d'un plein succès. Après quelques reconnaissances préalables, le général a concentré le corps expéditionnaire, formé de quatre colonnes, à Agony, village situé à environ 40 kilomètres au nord-est d'Abomey et à une faible distance de l'Ouémé, dont la flottille avait pu amener une partie assez considérable des troupes. Le 30 octobre, il quittait Agony avec ses quatre colonnes, fixant à celles-ci pour point de convergence le village d'Atchéribé, à 50 kilomètres environ au nord d'Abomey et résidence présumée de Béhanzin. Deux des colonnes (colonel Dumas) avaient pour mission d'opérer dans l'ouest ; les deux autres (lieutenant-colonel Mauduit) marchaient avec le général.

Le 7 novembre, Atchéribé était occupé sans résistance par nos troupes, et le général voyait aussitôt venir à lui de nombreuses députations des villages environnants qui lui apportaient l'assurance de la fidélité des habitants et de l'abandon dans lequel était laissé Béhanzin. En même temps, la population d'Atchéribé livrait spontanément au général Dodds 400 fusils, 4 canons et de nombreuses munitions.

D'autre part, et pendant que se passaient ces événements, quatre ambassadeurs du roi Béhanzin arrivaient en Europe, sous la conduite d'un habitant de Lagos, nommé Jackson et vraisemblablement sujet anglais. Ces quatre ambassadeurs, débarqués à Liverpool le 3 novembre, arrivaient à Paris le 10 et faisaient aussitôt connnaître au gouvernement l'objet de leur mission, c'est-à-dire l'ordre qu'ils avaient reçu de Béhanzin de venir traiter de la paix avec le Président de la République. Mais le gouvernement, considérant qu'en l'état des choses le général Dodds avait seul qualité pour traiter, a refusé de revoir les susdits ambassadeurs, qui ont repris la route du Dahomey.

État du Congo. — La ligne du chemin de fer de Matadi à Léopoldville a été visitée récemment par deux directeurs de la compagnie, MM. Theys et de Laveleye. La ligne est achevée aujourd'hui dans sa partie la plus difficile, entre Matadi et Palaballa, sur une longueur de plus de 30 kilomètres. On doit établir, près de N'Kengé, au 40ᵉ kilomètre, une station d'où partiront les marchandises destinées au haut fleuve.

Expédition Gregory. — Nous avons déjà parlé de l'expédition Gregory au Kénia. Une lettre du voyageur, datée de Kikouyou, 10 juillet, nous apporte quelques détails supplémentaires.

M. Gregory devait suivre l'expédition Villiers au lac Rodolphe. Cette expédition ayant échoué, il partit pour Mombas, où il organisa une petite expédition à lui tout seul. De Mombas, il se rendit à Fort Smith, par Szavo et Machakos, puis il alla au lac Baringo, étudier la géologie de cette grande dépression. Du Baringo il atteignit Kikouyou par le Leikipia.

N'ayant pas d'instruments, il n'a pas fait un grand travail géographique. Il a un peu étudié le drainage des lacs Baringo et Hannington, et le petit lac qui se trouve au sud-est de ce dernier. Mais les principaux sujets de ses études ont été le Leikipia et le Kénia. Il a traversé le premier pays par une nouvelle route, passant à travers les monts d'Aberdare. Le caractère de cette chaîne de montagnes a été méconnu par ses prédécesseurs. D'après les cartes de Thomson et de Höhnel, il s'attendait à trouver une double chaîne de montagnes, séparée par la vallée d'Ourouri. Mais l'Ourouri et le Nyiri ne désignent qu'une seule et même chose et les deux chaînes consistent en une seule masse volcanique, dressée sur le rebord de l'escarpement du Leikipia. Les deux montagnes nommées Kinangop et Settima d'après les cartes susdites n'en forment qu'une en réalité, portant le nom de Settima.

Du Settima, le voyageur se rendit au Kénia, où il dépassa d'environ 1 000 mètres la hauteur atteinte par l'expédition de Teleki. Il y fut arrêté par une moraine inaccessible. D'après son évaluation, le Kénia aurait environ 5 800 mètres; la description qu'en a donnée Teleki ne serait point exacte. Le sommet ne fait point partie de la paroi d'un vaste cratère rempli de neige; elle est plutôt le noyau central d'un ancien volcan, dont le cratère aurait depuis longtemps disparu. Il s'y trouve trois glaciers principaux. Autrefois les glaciers du Kénia étaient beaucoup plus étendus; on en voit la preuve dans une de leurs vallées, qui possède un certain nombre de moraines terminales et une ancienne moraine médiane. Le glacier terminal avance de nouveau; mais cet avancement constaté peut fort bien n'être que temporaire.

Pays des Somalis. — Le capitaine Bottego, déjà connu par une expédition dans le pays des Danakils, de Massaouah à Assab, a fait récemment un voyage remarquable dans la péninsule somalie, qu'il a traversée obliquement sur une route située plus à l'ouest que celle de Robecchi. Parti en septembre 1892 de Berbera, il atteignit, par Milmil et Hen, Ime sur le Ouebi Chehbeli. De là, il se rendit au Ouebi Ganana, ou Gannabe Diggo (petit Gannale), affluent nord du Djouba. Croyant avoir atteint le bras principal de ce fleuve, l'expédition le remonta pendant vingt-huit jours, à travers un pays inhabité. Puis, après avoir franchi encore de nombreux affluents, elle pénétra dans le pays des Cormosas, tribu galla. Là elle apprit que le Gannale Gudda (« grand Gannale »), le Ouebi des Sidama des informations antérieures, coulait plus au sud, et elle l'atteignit après dix jours de marche. A ce point, M. Grixoni, compagnon de Bottego, se décida à retourner à la côte, son congé étant expiré. Mais le capitaine Bottego voulut poursuivre ses plans, c'est-à-dire relier le cours du Djouba, d'un côté au lac Rodolphe, de l'autre au Kaffa, et redescendre le Djouba jusqu'à l'océan Indien. Il est possible que dans ce voyage de retour il rencontre l'expédition Astor Chanler et Höhnel, dont nous avons déjà parlé.

De son côté, M. Grixoni, accompagné d'une petite escorte, se dirigea vers la côte, en prenant la direction du sud. Après sept jours de marche à travers un pays inhabité et sans eau, il atteignit le Dau, tributaire du Djouba, et le suivit pendant huit jours. Puis il se dirigea obliquement jusqu'à Luck ou Logh, centre important de population somalie. Ayant souffert beaucoup de privations, il se rendit ensuite à Bardera, que le capitaine Ferrand avait dû abandonner, après l'attaque de sa caravane, à peu de distance de la côte. De Bardera, Grixoni, par le chemin le plus direct, atteignit Barawa, où il parvint au commencement de mars dernier.

En suivant une route plus méridionale que celle de Bottego, le prince Ruspoli est arrivé jusqu'au Ganana ou Djouba supérieur. Parti de Bardera en décembre 1892, il atteignit la rivière le 14 mars suivant, et, comme ce jour était l'anniversaire de la naissance du roi d'Italie, il crut devoir lui donner le nom de souverain. Les *Mitteilungen* espèrent avec raison que cette fantaisie ne sera point adoptée, car il règne déjà dans les cartes suffisamment de confusion.

Swaziland. — La convention définitive entre la Grande-Bretagne et le Transvaal, au sujet du Swaziland, a été signé le 12 novembre, et publiée le surlendemain. Elle accorde le pays au Transvaal, ou République Sud-Africaine, moyennant le consentement des Swazis eux-mêmes, lequel, nous dit-on, ne fait pas de doute.

Retour du lieutenant D. Werther du Victoria-Nyanza à Bagamoyo. — D'après une lettre du lieutenant Werther à la *Deutsche Kolonialzeitung*, l'expédition du lieutenant Werther a d'abord côtoyé le lac Eïassi, découvert l'année dernière par le docteur Baumann, puis traversé la steppe de Ouambéré, d'une trentaine de kilomètres de large. A partir de là elle se trouve en plein inconnu. Elle fut fréquemment attaquée par des troupes d'énormes rhinocéros, ce qui lui occasionna une grande consommation de cartouches, fait regrettable, vu le manque de communication avec un centre civilisé. La température moyenne observée à 3 heures de l'après-midi était de 40 degrés centigrades. Les monts Issanzou (Oussanzou, de la carte de Stieler), d'une forme cônique, s'élèvent à 600 mètres environ au-dessus du niveau de la steppe. Deux rivières y prennent leur source, le Mtourou au sud et le Pombo au nord, tous les deux tributaires du Ouambéré. Les indigènes de ces montagnes parlent la langue iramba; ils sont très laids, mais grands et bien découplés; ils construisent leurs tembés comme les Oua-Tatourou, élèvent du bétail et possèdent une certaine quantité d'ânes. Les monts Issanzou renferment du minerai de fer que les natifs transportent dans l'Iramba. Après avoir traversé la steppe de Gimbou, la caravane se trouva en pays inexploré, et atteignit bientôt une vallée très encaissée, d'une longueur approximative de 30 kilomètres sur 12 kilomètres de large, dans le fond de laquelle existe un lac couvrant à peu près le quart de la superficie de la vallée enchâssée entre des pics sauvages, couverte d'une végétation exubérante et peuplée d'une quantité innombrable de fauves de toutes sortes. Comme fond de décor à ce sévère, mais splendide paysage, une montagne à pentes abruptes s'élève à l'extrémité du lac Salé, dont l'existence semble inconnue aux indigènes, la vallée étant absolument inhabitée. Après avoir contourné la steppe dans la direction du nord-est, l'expédition fit l'ascension de la montagne qui domine le lac et atteint une altitude de 2 600 à 2 800 mètres. Dans cette région montagneuse, la température variait beaucoup; le thermomètre descendait jusqu'à 3 degrés. De là, les voyageurs entrèrent sur le territoire des Oua-Tatourou d'où ils aperçurent le mont Gourmé, qui s'élève jusqu'à 3 600 ou 3 800 mètres. Les Oua-Tatourou forgent des armes renommées avec le minerai de fer dont leurs montagnes abondent; leurs hauts-fourneaux sont ingénieusement construits. Après avoir subi de grandes fatigues, par des chemins à peine tracés et sous une pluie torrentielle, l'expédition atteignit Bagamoyo le 24 mai dernier.

Remise de l'administration de Vitou au sultan de Zanzibar. — La décision du gouverneur anglais de remettre au sultan de Zanzibar l'administration de ce territoire est, dit la *Gazette de Cologne*, vivement combattue par les cercles coloniaux allemands au point de vue international. Lorsque le droit de protectorat a été cédé par l'Allemagne à l'Angleterre, on ne doutait pas que l'Angleterre ne l'exerçât elle-même et que l'ordre ne fût garanti à Vitou. Les capitalistes allemands qui y ont des intérêts, en particulier les frères Denhardt, qui ont reçu du précédent sultan toutes sortes de droits dans diverses parties du pays, sont fort mécontents du nouvel ordre de chose, et comptent prendre leurs mesures en conséquence.

Soumission du sultan Meli au Kilimandjaro. — Une dépêche de Dar-es-Salaam a annoncé que le sultan Meli qui était en guerre avec les forces allemandes au Kilimandjaro, a demandé la paix. Il a accepté les conditions que l'autorité allemande lui a imposées : cession d'une partie de son territoire, livraison de tous les fusils et de son ivoire et construction d'un aqueduc pour amener l'eau à la station allemande, à laquelle il fournira gratuitement des provisions; il donnera du terrain aux membres de la mission allemande et leur fournira des porteurs. Il construira sa maison dans la localité qui lui sera assignée. Deux compagnies des troupes coloniales resteront au Kilimandjaro.

Exploration de la Djouma, affluent de droite du Kouango. — Le major Parminter, administrateur de la Société du Haut-Congo, vient de rentrer à Bruxelles après avoir exploré le bassin de la Djenna, le plus important des nombreux cours d'eau qui, dans une direction générale sud-nord, portent leur tribut au Kouango, entre la rive droite de cette rivière et le Kassaï inférieur. Les explorateurs Wissmann, Kund et F. Vandevelde l'avaient traversée dans son cours supérieur, en se rendant de l'ouest à l'est, vers le Kassaï. A. Delcommune en avait reconnu le confluent en 1888, et une partie du cours inférieur. M. Parminter, le premier, en a remonté tout le cours navigable jusqu'au 7° latitude sud et en a rapporté un levé fait pour le capitaine Cartier, commandant du steamer l'*Archiduchesse Stéphanie*. Il ressort des informations fournies au *Mouvement géographique*, que la Djouma est une magnifique rivière, de l'importance du Sankourou, navigable sur plus de 700 kilomètres, depuis son confluent dans le Kouango, jusque par 7 degrés environ, où son cours est obstrué par une triple barrière de rapides infranchissables auxquels l'explorateur a donné le nom de Rapide Stéphanie.

En cet endroit, la Djouma mesure 80 mètres de large. Le pays qu'elle traverse est plat et présente une longue suite de savanes parsemées de forêts. Par 7 degrés de latitude, il devient légèrement rocheux et montre quelques reliefs de terrain. La population est d'une densité extrême, surtout le long des rives du cours supérieur. En certains endroits, M. Parminter a trouvé des agglomérations qui pouvaient compter jusqu'à 10 000 habitants. En ces parages, les indigènes appartiennent à la tribu des Bayakas sur la rive droite, et à celle des Kinkangas, sur la rive gauche.

Ils sont pêcheurs, chasseurs et trafiquants. Ils accueillirent le vapeur avec des démonstrations tout à fait pacifiques. Au village de Molembé, des milliers d'indigènes, hommes et femmes, accourus sur la rive, poussaient des acclamations de joie. Un seul affluent de quelque importance a été rencontré : le Quengué, tributaire de la rive gauche par 6 m. 20. L'*Archiduchesse Stéphanie* l'a remonté sur un parcours de 25 kilomètres. Il fait un coude assez brusque, puis s'infléchit vers le sud, courant entre la Djouma et le Saïa, affluent du Kassaï. Au confluent des deux cours d'eau se trouve une vaste agglomération de villages S. M. Parminter a fondé près du village de Ouamba, par 6° latitude sud, un établissement commercial pour la Société du Haut-Congo.

Lac Léopold II. — Un nouveau levé de ce lac fait par M. Mohun, conseil des États-Unis au Congo, a été rapporté par M. De Meuse qui, au cours de son dernier séjour en Afrique, a visité trois fois ce grand bassin, dont on ne possédait jusqu'ici que le levé fait par Stanley à la suite de son expédition de 1882. En 1891, M. De Meuse en a exécuté, seul, la circumnavigation en pirogue, pendant 6 semaines. Quelques mois plus tard, il y retournait à bord du petit vapeur *Baron Lambermont* pour ravitailler l'établissement d'Inongo fondé à l'est du lac par la Société du Haut-Congo ; enfin, au mois d'avril de l'année dernière, il faisait une nouvelle exploration sur le lac en compagnie de M. Mohun. D'après les renseignements fournis par M. De Meuse, le lac déverse le trop-plein de ses eaux dans le Loukenié Mfini par un étroit chenal, dont le confluent se trouve par 18° 5′ longitude est et 2° 45′ latitude sud. Son extrémité la plus septentrionale est par 1° 5′ latitude sud. Il a très peu de profondeur ; le long de ses rives, où apparaissent quelques îlots rocheux, la navigation est, en tout

temps, très dangereuse ; les pirogues indigènes ne s'y aventurent qu'avec crainte.

En certains endroits, les plages sont formées d'un sable blanc ; ailleurs se dressent des élévations qui peuvent aller jusqu'à 10 mètres ; les rives nord-ouest présentent d'immenses marécages ; la forêt s'avance jusqu'à la plage inondée. Le lac ne reçoit aucun affluent important ; la plus considérable, le Kalengé, se verse à la côte nord-ouest par 1° 20′ latitude sud. Il sort de vastes marais et n'arrive au lac qu'après avoir décrit toutes sortes de méandres. Sa source se trouve près du village de Bosango, situé sur la ligne de partage des eaux entre le bassin du lac et celui du Congo. A l'époque des pluies, toute cette région est inondée et l'on n'aperçoit plus au-dessus des plaines submergées que les arbres et les sommets des termitières. La différence du niveau des eaux entre la saison sèche et la saison pluvieuse étant de 1 m. 50 et la pente de terrain au nord-ouest du lac étant insensible, on voit, à l'époque des crues, le Kalengé remonter vers sa source et inonder le pays où se trouve le village de Bosango. La population est très dense dans le bassin du lac, quoique sur la rive du Léopold II il n'y ait guère de villages ; ceux-ci sont construits dans l'intérieur, en arrière des fourrés de végétation. Les différentes tribus, des Tombas à l'ouest du lac, et des Goundous à l'est, sont constamment en guerre. A chaque instant, on rencontre dans les anses et les criques que forme la découpure des vastes baies du lac, des flottiles armées en guerre, allant au pillage des villages, à la chasse des esclaves au vol des chèvres ; la guerre sévit à l'état permanent.

Le lac Rougourou. — En 1891, un chef Arabe, Taki, avait signalé à M. Hodister l'existence d'un lac de ce nom à l'ouest du Lomami, par 2° latitude sud environ. M. De Meuse, revenu du Congo, en a rapporté les témoignages des Arabes de Stanley Falls et des indigènes du Haut Lukenié, qui confirment le dire de M. Hodister. D'après les premiers, cette nappe d'eau s'étendrait au centre des plateaux, jusqu'ici inexplorés, situés à l'ouest du Lomami, et au nord-est du coude du Sankourou dans les parages où les cartes indiquent les sources du Tchouapa et du Loukenié. Du confluent de Lomami dans le Congo, il faudrait vingt jours de marche pour l'atteindre ; il n'en faudrait que six pour y arriver du Haut Lomami. Les Arabes y avaient un établissement appartenant à Muni-Mueni, ancien *nyampara* de Tippo-Tip. Les rives du lac seraient rocheuses, et l'on y rencontrerait des sources chaudes. De leur côté, les indigènes du Haut Loukenié assurent que le lac n'est qu'à quatre jours de marche des rapides où MM. Mohun et De Meuse ont été arrêtés avec le steamer *Baron Lambermont* ; d'après eux, la rivière sortirait du lac.

ASIE

Rapports consulaires sur le commerce avec l'Asie. — Les nouvelles de ce dernier mois, en ce qui concerne le mouvement géographique en Asie continentale sont d'ordre et de valeur divers au point de vue de la science géographique pure. Si nous relevons ce fait apparemment banal, c'est pour constater la part de plus en plus grande que prennent dans le mouvement géographique les entreprises commerciales et l'initiative industrielle.

L'Afrique tient le premier rang dans ces préoccupations utilitaires, non moins que dans l'attention de la grande masse du public. L'Asie se trouve, momentanément il faut l'espérer, beaucoup plus à l'abri de la curiosité générale, à moins que des événements d'ordre politique comme ceux dont la frontière franco-siamoise a été le théâtre ne viennent détourner les regards de la grande scène africaine où se joue une partie de l'avenir des nations. L'Asie mérite cependant mieux que de l'indifférence croissante, et si la France a des intérêts puissants engagés entre le Congo et l'Algérie, elle en a également dans l'Extrême-Orient, où l'âpre lutte des intérêts avec la puissance rivale par excellence sollicite une attention soutenue et des études incessantes. Nous avons sous les yeux les rapports commerciaux des agents diplomatiques et consulaires de France en Orient. Ces rapports, parus en octobre, traitent, l'un du commerce extérieur et de la navigation du port de Calcutta en 1892-93 ; l'autre a pour objet le commerce et la navigation de Canton en 1892 ; le troisième traite du commerce extérieur du Japon en 1892.

Le port de Calcutta a vu son commerce baisser de 1 1/2 pour 100 sur l'année précédente, baisse due à la diminution des importations. Les États-Unis, l'Allemagne, Ceylan, l'Autriche, l'Italie et la Russie d'Asie sont en augmentation, tandis que les établissements des Détroits, la France, l'Australie, la Belgique, Maurice et l'Égypte indiquent des moins-values. La France compte cette année à l'entrée de l'Hougli 29 navires jaugeant au total 22 707 tonneaux, et à la sortie 30 navires jaugeant 23 150 tonneaux ; c'est une diminution sensible, pour le nombre des navires et le jaugeage, sur l'année précédente. S'il intervient là des causes générales qui affectent même le commerce de l'Angleterre, il n'en est pas ainsi à Canton, où le consul de France, M. Imbault Huart, regrette une fois de plus l'état stationnaire de notre situation commerciale, qu'il attribue au manque d'initiative des négociants français. Il engage notamment les négociants de Lyon à créer des agences, dirigées par des spécialistes sérieux et intelligents, qui leur permettraient de s'affranchir des maisons allemandes et anglaises et de les supplanter dans la spécialité de la commission des soies. A présent que la concession française de l'île de Shameen est définitivement organisée, ils pourront s'établir à Canton d'une façon permanente et durable.

Au Japon, la baisse considérable du change a créé, comme à Calcutta, des conditions défavorables pour le commerce d'importation, sans que l'exportation en puisse profiter dans une mesure équivalente. « Notre situation commerciale au Japon, dit M. Goudareau, gérant du consulat de France à Yokohama, se soutient péniblement, elle est loin de prendre le développement que l'on serait en droit d'attendre. Les neuf dixièmes, sinon plus, de nos transactions commerciales sont entre les mains de négociants étrangers, le plus souvent anglais, allemands ou suisses ! Devenus peu à peu concurrents, ces négociants imitent ou copient nos produits, les remplacent à la longue par ceux de leur propre pays, nous chassant ainsi d'un marché que nous leur avons quelquefois ouvert et qu'ils exploitent à nos dépens. »

Il faut convenir que l'initiative seule, fût-elle largement appuyée par des capitaux à engager, ne suffit pas toujours pour assurer le succès de grandes entreprises commerciales ou industrielles dans l'Extrême-Orient. Encore faut-il la connaissance exacte du terrain sur lequel on veut opérer et l'aide efficace des spécialistes. C'est le conseil, superflu semble-t-il, que le consul anglais de Tien-tsin donne à ses compatriotes dans son dernier rapport commercial à propos des mécomptes qu'a éprouvés le syndicat français du Comptoir d'Escompte de Paris, établi à Tien-Tsin depuis 1885 et qui vient de clore ses opérations. La seule affaire importante pour laquelle, paraît-il, le syndicat put traiter avec les Chinois a été la construction des docks et des ateliers de Port-Arthur, alors que toutes les autres grandes entreprises n'ont jamais dépassé l'état de projet. Dans une étude que nous qualifierons volontiers d'ethnographique et commerciale, le consul britannique insiste sur le travail préliminaire de suggestion qu'il faut faire subir au Chinois et surtout au fonctionnaire chinois, afin de faire *naître en lui l'idée du besoin et le désir de la satisfaction*

aussi immédiate que possible, afin encore d'être le premier et le seul à profiter du succès de la suggestion. Les Allemands seraient passés maîtres en cet art et plus à même de profiter du premier mouvement progressif que les Anglais.

Le rapport consulaire signale également la prospérité croissante d'une fabrique de ciment Portland, créée il y a trois ans et fonctionnant sous la direction d'un Anglais. Cette usine est située à Tongchan, à 128 kilomètres de Tien-Tsin, et les 300 tonnes de produits qu'elle fournit par semaine sont entièrement consommées par les travaux du gouvernement chinois. Un laboratoire d'analyse et d'essai de tous les minéraux des mines du gouvernement est rattaché à l'usine, qui se trouve, en outre, reliée par une ligne de chemin de fer secondaire à la ligne ferrée de Tien-Tsin.

Chemins de fer en Chine. — Les chemins de fer chinois rencontrent parfois de bien singuliers obstacles. Nous lisons, dans le *Times* du 8 octobre, le fait suivant : à propos de la construction du tronçon de voie ferrée qui doit relier Moukden, la capitale de la Mandchourie, à la ligne principale de Kirin au port de Niouchwang, le gouverneur tatare de la capitale s'opposa à l'exécution du projet conçu par les ingénieurs en invoquant la sainteté de la ville de Moukden. Les sorciers, en effet, avaient manifesté la conviction que la pose des rails aurait pour effet de briser les vertèbres du dragon sacré couché en rond autour de la cité sainte, qui est la patrie d'origine de la dynastie régnante. Les ingénieurs furent forcés de porter l'affaire devant le vice-roi Li-Houng-Tchang, qui, tout en félicitant le gouverneur de sa sollicitude, lui fit savoir qu'à son avis la grandeur de Moukden ne pouvait que gagner à l'exécution du projet, mais que néanmoins la question devait être soumise à la décision de l'empereur ; d'ici là, les travaux seraient suspendus. Le gouverneur, sérieusement alarmé de cet avis, fit procéder à une seconde expertise par les sorciers, et quand ceux-ci eurent désigné comme inoffensif un tracé déviant d'une centaine de mètres du tracé primitif, il se déclara satisfait et redemanda l'autorisation de faire continuer les travaux !

Li-Houng-Tchang paraît, du reste, prendre sérieusement à cœur le développement commercial et industriel de l'empire. D'après un ordre récent, émanant de lui, défense est faite d'introduire à Changhaï des machines de fabrication étrangère. Il ne s'agissait, dans le principe, que de l'introduction, au Japon, de machines à giner le coton ; mais la défense, étendue à toutes les autres, paraît être approuvée par le Tsong-Li-Yamen malgré les protestations que fit entendre le colonel Denby, ministre des États-Unis, le doyen du corps diplomatique à Pékin. La défense équivaut à une mesure de protectionnisme en faveur des établissements indigènes.

Rappelons encore que la Kachgarie sera bientôt reliée par une ligne télégraphique à la Chine orientale. Cette ligne sera forcément reliée, à son tour, à l'extrémité de celle du Ferghanah, de sorte que le continent asiatique ne tardera pas à posséder deux fils transcontinentaux, l'un sibérien et l'autre chinois, à environ 10 à 15 degrés de latitude d'intervalle.

La Corée. — La Corée, si peu connue il y a une vingtaine d'années à peine, fait les plus louables efforts pour sortir rapidement de l'état d'isolement et de barbarie qui l'a différenciée jusqu'ici d'avec le Japon. Malheureusement, le système adopté ne porte pas les meilleurs fruits, à en juger du moins par le rapport du consul général anglais. Animé des meilleures intentions, le roi subventionne de ses deniers personnels une foule d'établissements industriels et d'utilité publique, tels que : manufactures de papier — l'industrie du papier est très développée en Corée, — d'allumettes, magnaneries modèles, fermes et jardins d'essai, écoles étrangères, hôpitaux, système postal, école d'instruction militaire, etc. Or, les résultats de cette royale et large initiative seraient fort anodins, à cause surtout de l'exploitation des largesses royales par les fonctionnaires indigènes et le manque d'élément étranger. Le gouvernement de Séoul se propose maintenant, après la suppression de la révolte dans l'intérieur, d'organiser une marine nationale et de fonder une école de guerre et de marine. Il a déjà fait l'achat d'un steamer allemand, qui est entré à Séoul au mois de juin avec un chargement de 11 000 sacs de riz, et deux instructeurs européens sont engagés dès maintenant.

Puisque nous sommes en Corée, signalons le projet du gouvernement russe d'ériger en province autonome, sous le nom d'Anadyr, l'extrême nord-est de la Sibérie entre le 62° et le 70° latitude nord et le 134° et le 160° longitude est. La population de la province est estimée à 200 000 habitants.

Asie centrale. Missions diplomatiques, etc. — Il est question de modifier dans une certaine mesure l'organisation administrative du gouvernement de l'Asie centrale russe dans le sens d'une extension des pouvoirs du Gouverneur-Général. Cette mesure serait prise dans un intérêt défensif contre les progrès de l'influence anglaise dans les pays limitrophes du nord de l'Inde. On sait que les Anglais ont occupé dernièrement, à la suite d'événements politiques intéressant plus particulièrement la tranquilité de leur frontière, le Chilzas et le Houna-Nagar, qui est une des portes d'entrée, quoique peu aisée, des Pamirs dans le Cachemire; ils ont également resserré à la mort du mehtar de Tchitral, les liens de vassalité qui liaient ce pays au gouvernement de l'Inde, et ils viennent d'entrer en relations, derechef très amicales, avec l'émir Abdourhaman-Khan de Caboul, qui serait, pour le moins, très désireux de garder le Ouakhan et de prendre le Kafiristan. La mission de Sir Henry Mortimer Durand, chef du département des Affaires étrangères du gouvernement de l'Inde, a été reçue avec de grands honneurs à Caboul le 2 octobre. Le général Ghoulam Haïdar l'avait escortée depuis la frontière, par la route de Djellalabad, que le général lord Roberts devait prendre il y a deux ans lorsque les troubles en Afghanistan engagèrent l'émir à différer l'entrevue actuelle. Abdourhaman-Khan a sans doute des craintes pour l'avenir. Il n'est pas sûr d'avoir exterminé tous ses ennemis; sa santé laissait à désirer dans les derniers temps, et son fils aîné, héritier présomptif du trône, n'est pas fils de princesse du sang; de plus il est bègue, ce qui peut contribuer à diminuer son prestige et ses chances de succès.

Sur la frontière russo-afghane, le colonel Yate, délégué du gouvernement de l'Inde pour la délimitation de la frontière sur le Kouchk, a conclu un arrangement satisfaisant avec son collègue envoyé par le gouvernement russe. Plus à l'est, la frontière afghano-bokhare va devenir également limite de zone douanière russe, lorsque les études que poursuit actuellement le général Baïef à l'effet de régler le nouveau service auront été terminées. Cette mesure atteindrait quelque peu le commerce anglo-indien, qui a gardé jusqu'à présent des ramifications dans la Boukharie. Parallèlement à la mission douanière, le général Baïef opère une mission d'études militaires et de navigabilité du cours moyen de l'Amou-Daria. Le commandant Nachkiévitch est chargé plus spécialement d'étudier le fleuve sur un steamer plat construit à cet effet.

Chemin de fer transsibérien. — Il n'est pas dans le tempérament slave de précipiter inconsidérément une vaste entreprise reconnue utile et bonne. Mais, dès que la réalisation en est définitivement projetée, on l'entoure de la plus grande sollicitude et l'on marche résolument vers le but. C'est ainsi que le chemin de fer transsibérien, œuvre gigantesque à laquelle le général Annenkof apporte le fruit précieux de son expérience acquise dans la construction du Transcaspien, se déroule peu à peu à travers les immensités à peine connues de la Sibérie, en apportant à la géographie des données nouvelles et des connaissances meilleures. Trente-cinq géodésiens et topographes doivent exécuter, entre le lac Baïkal et le confluent de l'Amour et de l'Oussouri, des levés topographiques d'une bande de terrain qui n'a pas moins de 2 500 kilomètres de longueur sur une largeur de 40 kilomètres. Ailleurs les géologues sont à l'œuvre pour déterminer la valeur des terrains intéressés à la construction du chemin de fer ou pouvant servir de centres nouveaux de colonisation. C'est dans ce dessein que M. Bogdanovitch, accompagné de MM. Javorovsky, Yatchefsky, Zaïtzef et Derchavine, ont exploré le gouvernement de Iénisséisk et les steppes d'Akmolinsk. Dans les steppes, la question de l'eau courante et des irrigations acquiert une importance de premier ordre : elle a déjà sollicité bien des travaux en Asie centrale. Or, d'après les recherches de M. Bogdanovitch, les environs de certains lacs d'eau douce des steppes kirghizes pourraient admettre la colonisation agricole et les eaux d'irrigation s'augmenter, en certains endroits, du débit de puits de forage à succès probable.   G. C.

NOUVELLES DIVERSES

— Les journaux ont donné la nouvelle d'une convention conclue entre l'Angleterre et l'Allemagne, au sujet des territoires non encore délimités qui s'étendent entre la Bénoué et le lac Tchad. Cette convention, sans tenir compte des explorations de nos compatriotes, partagerait la région entre l'Allemagne et l'Angleterre.

Deux délégués français viennent de partir pour Berlin, avec la mission de défendre les droits de la France. Nous espérons pouvoir annoncer, le mois prochain, que cette question a été heureusement résolue.

MOUVEMENT COMMERCIAL[1]

(D'après le rapport consulaire anglais n° 1292)

Mouvement de la navigation

	Voiliers.	Vapeurs.	Total des navires.	Tonnage.
Entrées .	3 886	3 820	7 706	1 663 601
Sorties. .	3 883	3 804	7 637	1 653 333

Mouvement du commerce (en francs)

	Maritime.	Terrestre.	Total.
Importations .	391 572 425	345 118 725	736 691 150
Exportations .	327 089 725	300 900 675	627 990 400

Part des principales nations.

	Importations.	Exportations.
Autriche-Hongrie.	239 644 800	253 329 550
Italie .	60 895 725	42 287 625
Grande-Bretagne.	52 387 950	15 929 425
Allemagne.	12 859 200	1 504 950
France .	8 675 200	1 042 650
Grèce.	8 536 825	10 737 175
Russie.	3 950 250	32 025
Suède et Norvège.	3 936 350	1 335 800
Turquie.	507 700	473 650

1. Nous nous proposons de publier désormais, à la fin de chacun de nos numéros, un ou plusieurs tableaux de statistique commerciale ou industrielle, d'après les documents officiels les plus récents.

BIBLIOGRAPHIE

REVUE DES PÉRIODIQUES

Articles signalés :

Geographical Journal, novembre 1893. — *Journeyings in the Pamirs and Central Asia*, par le comte de Dunmore, avec carte (Voir la chronique). — *Routes and districts in Southern Nyasaland*, avec carte, par le lieutenant B. L. Sclater (Description de quelques routes dans les hauts plateaux du Chiré, partie méridionale du Nyassaland. L'auteur a passé deux ans dans le pays, comme assistant de M. H. H. Johnston, commissaire de l'Afrique centrale britannique. Il décrit d'abord la route fluviale de Chindé à Chiromo, la plus rapide par où se peut atteindre le Nyasaland, puis les divers districts de la colonie, Chiromo, West Shire, Blantyre, Milangi, Zomba, Upper Shire, South Nyassa, et les routes qui les relient. Son article donne des détails non seulement sur la configuration physique du pays, mais encore sur ses produits naturels et sur les cultures que les Anglais y ont introduites. C'est donc un chapitre intéressant de l'histoire actuelle de l'Afrique. La carte qui accompagne le texte a été dressée d'après les levés à la boussole de l'auteur. Mais, comme celui-ci n'a pas pris de positions astronomiques, elle est basée sur celles de Katunga, Chiromo, Blantyre et Zomba, déterminées précédemment par MM. Keane, O'Neill et Last). — *The determination of geographical longitudes by photography*, par Henry G. Schlichter. (Voir la chronique.) — *A voyage toward the Antarctic Sea, september 1892 to June 1893*. (Nous renvoyons pour cet article à notre prochaine chronique — *The ruins in Mashonaland*, par Théodore Bent (Cet article mentionne la découverte de nouvelles ruines, semblables à celle de Zymbabye, faites par M. Swan dans son voyage à Fort Victoria, ainsi qu'un court rapport sur les ruines mêmes de Zymbabye, fait par le major sir John C. Willoughby). — *Formosa* (Analyse d'un récent rapport commercial de M. Hosie sur l'île de Formose, spécialement au point de vue de ses ressources et de son commerce). — *Journey through Central Manchuria*, par le Rév. J. A. Wylie (Voyage d'un missionnaire anglais dans la Mandchourie centrale). — *Hausa Pilgrimages from the Western Sudan, together with a native account of the death of general Gordon*. (Récit recueilli par M. Robinson, du pèlerinage du *hadji* haoussa Abou-Bekre, qui, se rendant à la Mecque, passa par Khartoum, peu de jours après sa prise par le mahdi. Le récit qu'il fait de cet événement, et de la mort de Gordon, diffère en quelques points de ceux que nous connaissons. La résistance de Khartoum aurait été plus sérieuse qu'on ne l'a cru jusqu'ici.)

Mitteilungen de Petermann, octobre 1893. — *Die Binnenseen von Celebes*, par le professeur docteur A. Wichmann. (Première partie d'une étude fort intéressante, et sur laquelle nous aurons à revenir, des lacs intérieurs de l'île de Célèbes). — *Die Pampa-Ebene im Osten der Sierra von Cordoba*, par le professeur Dr W. Bodenbender (Article sur la structure géologique de la Pampa Argentine. Bien que l'on soit suffisamment instruit sur cette formation géologique, il nous manque encore l'exposition de son procédé de développement si étrange. Les théories admises jusqu'ici (cataclysmes, vents, etc.) avaient le tort de reposer sur des données assez arbitraires ou sur des observations faites à un point de vue tout exclusif. L'auteur dit que c'est le Dr Burmeister qui a reconnu que l'eau, le vent, la végétation, sont les véritables forces fondamentales, mais il ajoute qu'elles sont toutefois insuffisantes pour expliquer le phénomène dans son entier développement et qu'il faut y adjoindre d'autres facteurs qui ont également concouru à la formation générale et dont l'étude fait l'objet de cet article qui aura sa suite dans un numéro ultérieur.). — *Kleinere Mitteilungen : Beiträge zur Kenntniss der Deutschen Schutzgebiete*, par Paul Langhans, avec carte, par Paul Langhans. — *Vollendung der 500 000 teiligen Karte des Deutschen Reichs. — Die Veränderlichkeit der geographischen Breite*, par le professeur E. Hammer. — *Die Verteilung der Wärme auf der Erdoberfläche unter Berücksichtigung der mittleren Erhebung des Landes*, par le docteur W. Ule. — *Zur Kartographie Teneriffas*, par le docteur E. von Rebeur-Paschwitz. — *Aus Neu-Seeland*, par le docteur A. Vollmer.

COMPTES RENDUS

Ed. Fuchs et L. de Launay : *Traité des gîtes minéraux et métallifères. — Recherche, étude et conditions d'exploitation des minéraux utiles ; description des principales mines connues ; usages et statistique des métaux.* 2 vol. grand in-8, avec de nombreuses figures, et 2 cartes en couleurs. Paris, Baudry et Cie, 1893.

Ce traité des gîtes minéraux et métallifères est un ouvrage considérable, qui, malgré son titre surtout géologique, peut rendre les plus réels services aux géographes et aux voyageurs. C'est, en effet, un véritable répertoire méthodique et descriptif de toutes les grandes exploitations minières du monde. Les diverses substances utiles renfermées dans l'écorce du globe y sont successivement passées en revue et étudiées, aussi bien au point de vue de leurs centres de production et de leurs prix de vente ou de revient qu'à celui de leur mode de formation ou de l'allure de leurs dépôts. Et ces substances minérales utiles ont été entendues dans un sens très large : l'auteur y a compris le diamant, le pétrole ou le soufre, le phosphate de chaux ou le nitrate de soude, etc., au même titre que le fer, le plomb, l'or ou l'argent.

La première idée de ce travail est due à M. Ed. Fuchs, qui, frappé subitement par la mort en 1889, n'avait pu que commencer à en réunir les matériaux. M. L. de Launay, son successeur dans la chaire de géologie appliquée à l'École supérieure de Nîmes, et notre collaborateur ici-même, a su mettre à profit ces notes précieuses en les encadrant dans son travail personnel. Le goût des longs voyages et la connaissance des langues étrangères, qu'il a en commun avec son prédécesseur, lui ont permis d'introduire dans son livre un très grand nombre d'observations originales et de renseignements de première main ; en outre, la bibliographie a été tout particulièrement développée et soignée.

Ce travail n'avait encore, on peut le dire, aucun équivalent ni en France, ni même à l'étranger ; car, si l'on avait déjà publié (notamment en Allemagne) divers bons traités des gîtes métallifères, jamais encore on n'y avait introduit, comme dans celui-ci, l'étude industrielle et statistique des mines ; jamais non plus on n'avait, par la multitude des monographies régionales, relié aussi étroitement la géologie minière à la géographie. Il comble donc une lacune, et il le fait avec une grande clarté, un luxe remarquable de cartes de toute espèce, de figures, de tables et d'index, en se mettant presque toujours à la portée de ceux-là même qui n'ont pas, en géologie, de connaissances très approfondies.

J. Vallot et H. Vallot : *Annales de l'Observatoire météorologique du Mont-Blanc*, 1 fascicule, Paris, 1893.

Nous nous bornons pour aujourd'hui à signaler l'apparition du premier fascicule de cette importante publication, due à M. J. Vallot, le généreux fondateur de l'Observatoire du Mont-Blanc, et à son cousin et dévoué collaborateur, M. H. Vallot. Ce n'est pas en quelques lignes qu'on peut analyser et apprécier le contenu de cette substantielle brochure ; nous y reviendrons donc prochainement, en nous occupant de l'ensemble des travaux qui s'exécutent en ce moment au Mont-Blanc.

Albert Falsan : *Les Alpes françaises*, 2 vol. in-12. — **Ernest Trutat** : *Les Pyrénées*, 1 vol. in-12, avec gravures. Paris, J.-B. Baillière, 1893.

La Bibliothèque scientifique internationale, publiée par la librairie J.-B. Baillière et fils, vient de s'enrichir de trois volumes consacrés, les deux premiers aux Alpes, le troisième aux Pyrénées. Les premiers sont l'œuvre de M. Albert Falsan, l'auteur de tant d'œuvres remarquées sur la région alpine occidentale ; le dernier est dû à M. E. Trutat, l'érudit conservateur du musée d'histoire naturelle de Toulouse, auquel une longue fréquentation a rendu familier tout ce qui concerne les Pyrénées. La géographie proprement dite joue un rôle peu considérable dans le plan de ces deux volumes. Ils sont bien plutôt consacrés à l'examen des phénomènes physiques, de la flore, de la faune, classés par catégories. Ce sont des résumés aussi complets que pouvait le permettre l'espace dont les auteurs disposaient. Ajoutons que des illustrations nombreuses, de valeur très inégale, viennent en aide au texte et le complètent. Un grand nombre sont empruntées aux publications du Club Alpin français, qui les a gracieusement communiquées ; mais le souci de la vérité nous oblige à dire que, dans le volume des Pyrénées notamment, ces illustrations, sérieuses et fidèles, se trouvent parfois en singulière compagnie, à côté de fantaisies où ni la ressemblance, ni la fidélité scientifique ne sont respectées.　　　　S.

Guillaume Vautier : *La Hongrie économique*. Berger-Levrault, Paris et Nancy, 1893, 1 vol. in-8.

L'influence prépondérante que les nouvelles voies de communication donnent à la Hongrie sur le marché des nouveaux États balkaniques, rend particulièrement intéressante l'étude des ressources actuelles et latentes de ce pays.

C'est un travail de ce genre, complet et méthodique, que vient de publier M. G. Vautier. Son livre est divisé en trois parties : *les Moyens; la Production; le Commerce*. Dans la première, on trouve une description sommaire du sol, de la population, du régime politique, de la politique commerciale, du développement des voies de communication, de l'état des finances publiques et des établissements de crédit, de la législation économique et de l'état de l'enseignement de la Hongrie.

Dans la seconde partie, il montre quelles sont les ressources que l'agriculture tire du sol, en donnant d'intéressants détails, peu connus en France, sur l'état de la propriété foncière en Hongrie, sur les vignobles, les forêts et l'élevage de ce pays; puis il indique l'essor récent pris par les établissements industriels en Hongrie, qui apprend à tirer peu à peu d'elle-même tous les objets manufacturés qu'elle demandait il y a quelques années, qu'elle demande encore en partie aujourd'hui à l'étranger.

Enfin, dans la partie réservée au commerce, il étudie le jeu du développement des ressources naturelles dans les rapports de la Hongrie avec l'Autriche, avec l'Orient et particulièrement avec les nouveaux États de la presqu'île des Balkans, puis avec l'Occident, et notamment avec l'Allemagne et avec la France. Il en ressort clairement que l'individualité hongroise est en voie de croissance continue, qu'elle est destinée à prendre de plus en plus, dans le dualisme austro-hongrois, la part prépondérante, tant par le rôle qu'elle peut jouer à l'intérieur vis-à-vis de l'Autriche, que par l'influence que lui donne sa situation géographique sur les États des Balkans et aussi bien par l'intérêt supérieur qu'ont les États de l'Occident, notamment la France, à s'adresser directement à elle et à s'affranchir de l'intermédiaire inutile et onéreux de l'Autriche.

Livre intéressant à lire pour ceux qui savent prévoir les évolutions des différents groupes européens, instructif, en tous cas, et rempli de faits, de chiffres et de renseignements précis sur les ressources économiques de la Hongrie.　　　　L. R.

L'Égypte et les Égyptiens, par le duc d'Harcourt. Paris, 1893, in-12, Plon, Nourrit et Cⁱᵉ.

Cet ouvrage est l'un des plus originaux et des plus savoureux qui aient été écrits sur l'Égypte, ou plutôt sur les Égyptiens, car l'auteur, négligeant volontairement la nature du pays, ne nous parle que de ses habitants. Mais il le fait avec l'esprit le plus fin, l'observation la plus aiguisée, la plus complète indépendance de jugement. Ce petit livre de 300 pages en dit plus que de gros

volumes; il condense, en une forme aisée et familière, la substance de longues expériences, de lectures attentives, et surtout d'une réflexion toute personnelle. Les conclusions auxquelles l'auteur est arrivé sur l'influence fatale de la religion musulmane, son opinion sur le faible rôle joué par les musulmans eux-mêmes dans la prétendue civilisation arabe, contredisent sans doute les idées admises : mais il y aboutit par des voies si sûres et si ingénieuses, que le lecteur le plus prévenu finit par partager sa conviction. Et c'est le propre de ce beau livre, qu'entraînant comme un roman, il est en même temps solide et substantiel et laisse une forte empreinte dans l'esprit.

Il est surtout d'un vif intérêt pour ceux qui s'intéressent à la philosophie politique. L'auteur analyse avec infiniment d'humour le caractère du peuple égyptien, et le trait qui le frappe dès l'abord, c'est « son aptitude à recevoir des coups ». Ce peuple est si bien fait pour servir qu'il a été gouverné pendant des siècles par les Mamelouks, une aristocratie d'esclaves, qui se recrutaient par l'esclavage même. Phénomène unique peut-être dans l'histoire. Et c'est dans ce peuple que d'habiles hommes politiques avaient découvert, lors de la révolte d'Arabi, la formation d'un « parti national » !

Hélas! comment rire de cette bizarre illusion, lorsqu'on pense aux suites qu'elle a eues, à l'abandon par la France de cette Égypte qu'elle avait la première, en 1798, fait entrer dans le monde moderne, et à son occupation par la Grande-Bretagne? Les dernières lignes de l'ouvrage sont un chef-d'œuvre d'ironie : « Est-ce à dire qu'il soit absolument impossible que notre influence renaisse jamais en Égypte? Assurément non : il suffirait en effet que, de l'autre côté de la Manche, on eût notre gouvernement, et que de notre côté nous prissions le leur; or on voit dans l'histoire bien des vicissitudes pareilles, et il n'est pas improbable que, dans le cours des siècles à venir, les Anglais se laissent aller à sacrifier à leur tour leurs intérêts les plus positifs à la beauté des principes. »

　　　　　　　　　　H. J.

J. A. Hoose. : *Typographische geologische, mineralogische en Mynbouw Kundege Beschrijving van een gedeelte der afdeeling Martapoera in de Residentie Zuider en Ooster afdeeling van Borneo*. Gr 8° 431 pages. Avec carte en couleurs 10 feuilles. Amsterdam 1893 J. G. Stemler.

Ouvrage très important publié pour le compte du ministère des colonies à la Haye. L'auteur, un des ingénieurs des mines les plus distingués de la Hollande, est mort avant la publication de son travail. Quoique l'ouvrage contienne surtout des renseignements techniques de géologie et de minéralogie on y trouve beaucoup de détails géographiques sur les parties sud et est de Bornéo, spécialement dans le premier chapitre où l'auteur donne une description très étendue de la contrée qui longe le fleuve Barito jusqu'à Schans Van Tuyl et des bassins de rivières de Martapoura et de Ream. Vient ensuite une description du district de Tanah-Laut avec beaucoup de détails sur les routes et les montagnes. L'excellente carte qui accompagne ce travail est la meilleure qui existe aujourd'hui sur cette région de Bornéo.　　　　Dʳ M. D'E.

CARTOGRAPHIE

J.-F. Niermeyer. *Zur Geschichte der Kartographie Hollands in den vorigen Jahrhunderten*. Rotterdam, 1893, Wenk et Birkhoff.

Cet ouvrage est, on peut le dire, le premier qui ait été publié jusqu'à présent sur la cartographie hollandaise qui ait paru jusqu'à présent. Il contient un aperçu sur les cartes et les atlas existant en Hollande et une revue analytique et critique de toutes celles qui ont été publiées depuis le XVIᵉ siècle.

　　　　　　Dʳ M D'E.

C. Vogel : *Karte des deutschen Reichs*. Gotha, Justus Perthes, 14ᵉ et dernière livraison, 1893.

Cette carte en 21 feuilles, à l'échelle de 1 : 500 000, gravée et imprimée sur cuivre en plusieurs couleurs, doit être considérée comme la plus belle carte générale de l'Allemagne. La finesse du trait et de la lettre, le relief saisissant du figuré du terrain et même jusqu'au repérage impeccable dans l'impression des nombreuses couleurs : tout y est à louer.

On pourrait peut-être regretter que l'auteur n'ait pas fait coïncider les cadres des feuilles avec les méridiens et les parallèles, de façon que chaque feuille de sa carte représente par exemple 25 feuilles de la carte d'état-major. Mais ce n'est qu'un détail.

La carte du Dʳ C. Vogel n'est pas surchargée de noms dans les parties représentant les régions relativement peu peuplées, ce en quoi elle se distingue favorablement des œuvres du même genre publiées en Allemagne.　　　　D. A.

Paul Langhans : *Das Schutzgebiet der Neu-Guinea Kompanie*, au 2 000 000ᵉ, en 6 feuilles, avec 69 cartons. Gotha, 1893, Justus Perthes.

Nous avons déjà parlé de l'atlas colonial de Paul Langhans, publié par la maison Justus Perthes à Gotha. Nous en recevons aujourd'hui, en une édition séparée, les 6 feuilles consacrées aux territoires de protectorat administrés par la Compagnie de la Nouvelle-Guinée.

Ces six cartes sont exécutées avec la perfection à laquelle nous ont habitués les éditeurs de Gotha. Les nombreux cartons qu'elles renferment nous renseignent avec le plus grand détail sur les établissements de la Compagnie et les plantations qu'elle a entreprises, l'ethnographie des îles, l'histoire de leur découverte, etc. La Nouvelle-Guinée britannique n'est pas traitée avec moins de soin que le Kaiser Wilhemsland et l'archipel Bismarck.

Ces cartes sont accompagnées d'une notice de M. Paul Langhans, où nous trouvons des détails fort intéressants sur les cultures et le commerce du protectorat; nous aurons l'occasion d'y revenir dans le cours de nos chroniques mensuelles. La liste des documents cartographiques employés ne renferme pas moins de 186 numéros. On peut en conclure que rien n'a été négligé pour que cette carte du protectorat néo-guinéen fasse réellement autorité en géographie.

⚜

TABLE DES MATIÈRES

INDEX ALPHABÉTIQUE

DES NOMS DE PAYS ET DE LOCALITÉS

28 074. — PARIS, IMPRIMERIE LAHURE

Rue de Fleurus, 9.